개인정보보호법과 신용정보법

신종철

박영사

머리말

2020년 개인정보보호법 해설을 출간하였고 2023년 개정판 격인 개인정보보호법과 신용정보법 해설을 출간한 바 있다. 그동안 출간되었던 책은 관련 법률에 대한 해설이라는 의미에서 "법 해설"이라는 제목이었으나 이번에는 기존 통신법 해설, 전파법 해설, 단말기유통법 해설, 개인정보보호법 해설을 출간해 주신 IT 전문 출판회사인 진한M&B가 아닌 법률 전문 출판회사인 박영사와 개인정보보호법과 신용정보법을 새롭게 출간하게 되었다. 개인정보보호법과 신용정보법을 출간하게 된 것은 2023년 개인정보보호법 개정에 따른 개인정보보호법 시행령의 제1차 개정은 2023년 하반기에 완료되었으나 이후 개인정보보호법 시행령의 제2차와 제3차 개정 사안들은 개인정보보호법과 신용정보법 해설 발간 이후 진행되어 개인정보보호법과 신용정보법 해설 개정판 성격의 신간인 개인정보보호법과 신용정보법을 출간하는 것이 불가피한 점에 있다. 특히 개인정보보호법에 도입된 마이데이터(My data) 관련 시행령을 반영하여야 했는데 재입법예고로 인해 동 시행령의 개정이 예상한 것보다 시일이 걸리게 되어 수업과 강의 일정을 고려하여 출간을 추진하게 되었다. 또한 그동안 개인정보보호법에 대한 주요 판례들이 대법원에서 확정된 사안들도 발생하였고 국내 개인정보보호법 관련 제도들의 변화가 있었는데 이러한 관련 판례와 정책 변화 사안들을 모두 반영하여 개인정보보호법과 신용정보법 해설의 개정판을 집필하게 되었다.

한편 개인정보보호법의 모태(母胎)가 되는 EU GDPR(General Data Protection Regulation, EU의 일반 개인정보보호법) 이외에도 EU Artificial Intelligence Act(EU의 인공지능법), EU Digital Service Act(EU의 디지털 서비스법), EU Digital Market Act(EU의 디지털 시장법) 등이 제정·시행되게 되었는데 이러한 법들은 개인정보보호에 큰 영향을 미칠 수 있는 법이라도 생각되어 관련 사안들을 설명하고자 하였다. 또한 기존 출간된 개인정보보호법과 신용정보법 해설에서는 미국과 유럽의 개인정보보호법과 제도들에 대한 설명이 이루어졌으나 일본과 중국의 개인정보보호법과 제도들에 대한 설명이 이루어지지 않았는데 이번 개정판에서는 일본과 중국의 개인정보보호법과 제도들을 설명하고자 하였다.

특히 이번 개인정보보호법과 신용정보법의 집필에 주안점을 둔 것은 기존 개인정보보호법 해설, 개인정보보호법과 신용정보법 해설의 가독성이 낮고 오탈자가 많다는 지적이 많았는데 이를 수용하여 가독성을 높이고 오탈자를 줄이기 위해 최대한으로 노력하였다. 이는 연세대학교에서 학부생들을 대상으로 개인정보보호법을 강의하게 되면서 오탈자와 가독성에 문제가 있다는 점을 다시 한번 깊게 깨달은 바에 따른 것이다. 물론 이러한 노력에도 부족한 부분이 많을 것으로 생각되는데 이것은 모두 다 저자의 부족함이라고 생각한다. 또한 이번 개인정보보호법과 신용정보법에는 개인정보보호법과 신용정보법을 이해하기 위해서 정보통신망법이 연관되는 부분을 설명하였는데 이는 연세대학교 법무대학원에서 정보통신망법을 강의하게 되면서 개정판을 출간하게 된다면 개인정보보호법, 신용정보법, 정보통신망법을 유기적으로 연계하여 설명하는 것이 필요하다는 것을 느끼게 된 점에 있다.

이번 개인정보보호법과 신용정보법은 2020년 출간된 개인정보보호법 해설의 사실상 2번째 개정판으로서 이렇게 책이 지속하여 출간된다는 것은 저자에게는 큰 의미가 있다. 부족한 책을 읽어주시는 독자들이 있으시다는 것에 대해 감사를 드리고 싶다. 이번에 부족한 개인정보보호법과 신용정보법을 박영사에서 흔쾌히 출간하도록 도와주신 조성호 기획이사님께 감사드린다. 그리고 이번에 교정을 도와준 안지현 조교님께 감사드리며 앞으로 학문적 성취를 기원한다. 항상 가족에게 감사하며 마지막으로 앞으로 이 책을 읽고 관심을 보여주신 독자분들과 가족의 건강과 행복을 기원한다.

2025년 2월
연세대학교에서
신종철

목 차

제3장   개인정보와 개인신용정보의 안전한 관리를 위해
        어떻게 규제하는가?

제 4 장　정보주체와 개인인 신용정보주체의 권리보장을 위해 어떻게 규제하는가?

제 6 장 누가 개인정보와 개인신용정보를 규제하는가?

표 목차

그림 목차

제1장

왜 개인정보와 개인신용정보를 규제하는가?

통신과 컴퓨터 기술이 발달함에 따라 과거와 달리 더욱 많은 다양한 종류의 개인 정보가 클라우드(Cloud)에 집적되고 이러한 데이터들이 심리학과 통계학 및 컴퓨터 공학 등이 결합하여 발전하고 있는 데이터 분석기술에 활용되면서 개인정보의 오남용 가능성이 지속하여 제기되고 있는 한편, 과거에 없었던 새로운 해킹(Hacking) 등 개인 정보 침해사고가 주기적으로 발생함에 따라 개인정보의 중요성이 커지는 상황이다. 전통적인 민법이나 형법 등과 달리 개인정보 보호법은 현대에 새로이 등장한 환경법 이나 노동법 등과 같이 새로운 기술의 발전과 이로 인한 사회환경의 변화에 따라 발전하고 있는 새로운 법의 영역으로 이해된다. 최근에도 지속·주기적으로 발생하고 있는 개인정보 침해사고[1]들을 통해 알 수 있듯이 개인정보는 한 번 유출되면 유출된 개인정보들이 악용되어 추가적인 2차 피해가 발생할 수 있으므로 개인정보 보호가 중요해지고 있다. 한편 이러한 개인정보 보호의 중요성과 함께 개인정보 활용의 중요성 또한 커지고 있는데 과거와 달리 스마트폰(Smart Phone), 사물인터넷(IoT, Internet of Things)[2] 등을 통해 이종(異種)의 다양한 데이터가 생성되어 집적되고 이러한 데이터 들을 빅데이터(Big Data)[3] 분석기술을 활용함으로써 합리적 의사결정과 생산성 향상이 가능해지게 됨에 따라 데이터 활용이 중요해지고 있는 것으로 이해된다.

---

1) LG유플러스의 개인정보 유출 피해자가 29만 7117명으로 최종 확인됐다. 개인정보가 유출되는 동안에도 LG유플러스는 이를 실시간으로 감시하고 통제할 수 있는 자동화된 시스템이 없었던 것으로 파악됐다. 과학기술정보통신부와 한국인터넷진흥원이 구성하고 운영한 특별조사점검단은 유출 경로로 고객인증 DB(데이터베이스) 시스템을 지목했다. 2018년 6월 이후 LG유플러스의 고객인증 DB 시스템은 웹관리자 계정 암호가 시스템 초기암호로 설정돼 있었는데, 관리자 계정으로 악성코드를 쉽게 설치할 수 있었다는 것이다. 관리자의 DB접근제어 등 인증체계 역시 미흡해 해커가 악성코드를 이용해 파일을 유출해 나갈 수 있었을 것으로 추정했다. 고객정보 등이 포함된 대용량 데이터가 외부로 유출되고 있음에도 LG유플러스에는 이를 실시간으로 감시하고 통제할 수 있는 자동화된 시스템이 없었던 것으로 조사됐다. 네트워크 내·외부 대용량 데이터 이동 등 이상 징후를 탐지하고 차단할 수 있는 실시간 감시체계가 부재했다. 또 시스템별 로그 저장 기준과 보관기간도 불규칙했다. 백연식 디지털 투데이 기자, LG유플러스 개인정보 약 30만건 유출…"보안 시스템·인력 투자 부족", 2023.4.23. (https://www.digitaltoday.co.kr/news/articleView.html?idxno=475109).

2) 사물인터넷(Internet of Things)은 사물에 센서를 부착해 실시간으로 데이터를 인터넷으로 주고받는 기술과 환경으로, 인터넷에 연결된 기기들은 사람의 도움 없이도 서로 알아서 정보를 주고받을 수 있게 된다. 신종철 외, Why Data? : 알기 쉬운 데이터와 금융의 이해, 진한 M&B(2022), p15.

3) 빅데이터(Big data)의 사전적 의미는 디지털 환경에서 생성되는 수치, 문자, 영상 등을 포함하는 다양하고 거대한 데이터의 집합으로, 빅데이터는 대규모 용량(Volume), 빠른 속도(Velocity), 데이터 유형의 다양성(Variety), 많은 데이터로 인한 모호성으로부터 가치를 찾아내는 정확성(Veracity), 데이터 양의 폭증으로 인한 복잡성(Complexity)을 특징으로 한다. 신종철 외, 앞의 책, p15.

특히 인공지능(AI, Artificial Intelligence) 기술의 발달로 인해 ChatGPT 등 대규모 언어모델(LLM, Large Language Model)[4]을 기반으로 개발된 생성형 AI(Generative AI)[5]는 놀라운 성능을 보여주고 있지만 개인정보를 학습데이터로 활용하고 있어 이로 인한 개인정보 침해에 대한 우려 또한 커지는 상황이나 인공지능 등 기술 진보를 위한 개인정보 활용 또한 불가피한 것으로 생각된다.[6] 제1장에서는 개인정보와 개인신용정보의 개념, 2020년 데이터 3법(개인정보 보호법, 신용정보의 이용 및 보호에 관한 법률(이하 약칭 "신용정보법"), 정보통신망 이용촉진 및 정보보호 등에 관한 법률(이하 약칭 "정보통신망법")의 개정으로 도입된 가명정보와 익명정보의 개념, 개인정보 규제의 근거와 이유, 개인정보 보호법 해석의 기본철학인 개인정보의 보호와 활용 등에 대해 설명하고자 한다.

제1절 개인정보와 개인신용정보의 개념

〈개인정보 보호법〉 제2조(정의) 이 법에서 사용하는 용어의 뜻은 다음과 같다.
 1. "개인정보"란 살아 있는 개인에 관한 정보로서 다음 각 목의 어느 하나에 해당하는 정보를 말한다.

---

4) 대규모 언어 모델(LLM)은 방대한 양의 데이터를 학습하여 자연어 및 기타 유형의 콘텐츠를 이해하고 생성하여 광범위한 작업을 수행할 수 있는 기초 모델로 이해된다. IBM, What are large language models(LLMs)? https://www.ibm.com/topics/large-language-models(2008. 8. 7).
5) Gen AI라고 불리기도 하는 생성형 AI는 사용자의 프롬프트 또는 요청에 따라 텍스트, 이미지, 비디오, 오디오 또는 소프트웨어 코드와 같은 독창적인 콘텐츠를 생성할 수 있는 인공지능(AI)으로서 생성형 AI는 인간 두뇌의 학습 및 의사 결정 과정을 시뮬레이션하는 알고리즘인 딥 러닝 모델이라고 하는 정교한 머신러닝 모델에 의존하는 것으로 이해된다. IBM, What is generative AI? https://www.ibm.com/topics/generative-ai(2024. 8. 7).
6) 개인정보보호위원회는 최근 개인정보 유출이 발생한 오픈AI에 대해 신고 의무 위반으로 과태료 360만원을 부과했다고 27일 밝혔다. 올해 3월 20일 오후 5시부터 21일 오전 2시 사이(한국시간) 오픈AI의 챗GPT 플러스 서비스에 접속한 전 세계 이용자 일부의 성명, 이메일, 결제지, 신용카드 번호 4자리와 만료일이 다른 이용자에게 노출됐다. 한국 이용자는 687명(한국 IP기준)이 포함된 것으로 확인됐다. 서비스 속도 증가를 위한 오픈소스 기반 캐시(임시저장소) 솔루션에서 알려지지 않은 오류(버그)가 발생한 것이 유출 원인이었다. 김윤구 연합뉴스 기자, 챗GPT 한국 이용자 687명 정보 유출…과태료 360만원, 2023. 7. 27. (https://www.yna.co.kr/view/AKR20230727055500530).

가. 성명, 주민등록번호 및 영상 등을 통하여 개인을 알아볼 수 있는 정보

나. 해당 정보만으로는 특정 개인을 알아볼 수 없더라도 다른 정보와 쉽게 결합하여 알아볼 수 있는 정보. 이 경우 쉽게 결합할 수 있는지 여부는 다른 정보의 입수 가능성 등 개인을 알아보는 데 소요되는 시간, 비용, 기술 등을 합리적으로 고려하여야 한다.

다. 가목 또는 나목을 제1호의2에 따라 가명처리함으로써 원래의 상태로 복원하기 위한 추가 정보의 사용·결합 없이는 특정 개인을 알아볼 수 없는 정보(이하 "가명정보"라 한다)

〈신용정보법〉 제2조(정의) 이 법에서 사용하는 용어의 뜻은 다음과 같다.

2. "개인신용정보"란 기업 및 법인에 관한 정보를 제외한 살아 있는 개인에 관한 신용정보로서 다음 각 목의 어느 하나에 해당하는 정보를 말한다.

가. 해당 정보의 성명, 주민등록번호 및 영상 등을 통하여 특정 개인을 알아볼 수 있는 정보

나. 해당 정보만으로는 특정 개인을 알아볼 수 없더라도 다른 정보와 쉽게 결합하여 특정 개인을 알아볼 수 있는 정보

개인정보 보호법은 개인정보란 살아 있는 개인에 관한 정보로서 다음, 가. 성명, 주민등록번호 및 영상 등을 통하여 개인을 알아볼 수 있는 정보, 나. 해당 정보만으로는 특정 개인을 알아볼 수 없더라도 다른 정보와 쉽게 결합하여 알아볼 수 있는 정보(이 경우 쉽게 결합할 수 있는지 여부는 다른 정보의 입수 가능성 등 개인을 알아보는 데 소요되는 시간, 비용, 기술 등을 합리적으로 고려하여야 한다), 다. 이 법 제2조(정의)제1호가목 또는 나목에 해당하는 개인정보를 동법 제2조제1호의2에 따라 가명처리함으로써 원래의 상태로 복원하기 위한 추가 정보의 사용·결합 없이는 특정 개인을 알아볼 수 없는 정보(이하 "가명정보"라 한다)의 어느 하나에 해당하는 정보를 말한다고 규정하고 있다(개인정보 보호법 제2조제1호).

한편 개인에 관한 신용(信用, Credit)정보인 개인신용정보에 대해 신용정보법은 개인신용정보란 기업 및 법인에 관한 정보를 제외한 살아 있는 개인에 관한 신용정보로서 다음, 가. 해당 정보의 성명, 주민등록번호 및 영상 등을 통하여 특정 개인을 알아볼 수 있는 정보와 나. 해당 정보만으로는 특정 개인을 알아볼 수 없더라도 다른 정보와 쉽게 결합하여 특정 개인을 알아볼 수 있는 정보를 말한다고 규정하고 있다(신용정보법 제2조제2호). 또한 신용정보법은 추가정보를 사용하지 아니하고는 특정 개인인 신용정

보주체를 알아볼 수 없도록 개인신용정보를 처리하는(그 추가정보를 분리하여 보관하는 등특정 개인인 신용정보주체를 알아볼 수 없도록 개인신용정보를 처리한 경우를 포함한다), 즉 가명처리한 개인신용정보인 가명정보를 개인신용정보에 포함하고 있는 것으로 해석된다(동법 제2조제15호와 제16호).

1. 살아 있는 개인에 관한 정보

개인정보 보호법의 개인정보와 신용정보법의 개인신용정보는 살아 있는 개인, 즉 생존하고 있는 자연인(自然人)에 관한 정보이므로 사망하였거나 「민법」 제27조(실종의 선고)에 따른 실종선고 등에 의해 관계 법령에 따라 사망한 것으로 간주(看做)되는[7] 자에 대한 정보는 개인정보로 볼 수 없다고 하겠다. 다만, 사망자에 대한 정보라고 하더라도 사망자의 유족과의 관계를 알 수 있는 정보는 유족의 개인정보 또는 개인신용정보에 해당되는 것으로 해석된다. 한편 정보통신망법은 "누구든지 정보통신망에 의하여 처리·보관 또는 전송되는 타인의 정보를 훼손하거나 타인의 비밀을 침해·도용 또는 누설하여서는 아니 된다."라고 규정하고 있는데(정보통신망법 제49조), 대법원은 동법 제49조(비밀 등의 보호)의 타인에는 생존하는 개인뿐만 아니라 이미 사망한 자도 포함된다고 보는 것이 체계적이고도 논리적인 해석이라 판시하고 있다.[8]

---

7) 간주(看做)는 반대의 증거 제출을 허용하지 않고서 법률이 정한 효력을 당연하게 생기게 하는 것인 반면, 추정(推定)은 반대의 증거가 제출되면 법률이 정한 효력을 면할 수 있는 것이라 하겠다. 곽윤직, 민법총칙, 박영사(2010), p41.

8) '타인'에 이미 사망한 자가 포함되는지에 관하여 보건대, '정보통신망의 이용을 촉진하고 정보통신서비스를 이용하는 자의 개인정보를 보호함과 아울러 정보통신망을 건전하고 안전하게 이용할 수 있는 환경을 조성'(제1조)한다는 입법 취지에서 제정된 법은 정보통신망의 이용촉진(제2장) 및 개인정보의 보호(제4장)에 관한 규정과 별도로 정보통신망의 안정성과 정보의 신뢰성 확보를 위한 규정들을 두고 있는데(제6장) 그 중의 하나가 제49조인 점, 이미 사망한 자의 정보나 비밀이라고 하더라도 그것이 정보통신망에 의하여 처리·보관 또는 전송되는 중 다른 사람에 의하여 함부로 훼손되거나 침해·도용·누설되는 경우에는 정보통신망의 안정성 및 정보의 신뢰성을 해칠 우려가 있는 점, 법 제2조 제1항 제6호는 '개인정보'가 생존하는 개인에 관한 정보임을 명시하고 있으나 제49조에서는 이와 명백히 구분되는 '타인의 정보·비밀'이라는 문언을 사용하고 있는 점, 정보통신서비스 이용자의 '개인정보'에 관하여는 당해 이용자의 동의 없이 이를 주고받거나 직무상 알게 된 개인정보를 훼손·침해·누설하는 것을 금지하고 이에 위반하는 행위를 처벌하는 별도의 규정을 두고 있는 점(법 제24조, 제62조 제1 내지 3호), 형벌법규에서 '타인'이 반드시 생존하는 사람만을 의미하는 것은 아니며, 예컨대 문서의 진정에 대한 공공의 신용을 그 보호법익으로 하는 문서위조죄에 있어서 '타인의 문서'에는 이미 사망

2. 개인에 관한 정보

개인정보 보호법과 신용정보법의 보호 대상이 되는 개인정보와 개인신용정보의 주체는 자연인(自然人)이어야 하며, 법인(法人)이나 기업(企業) 또는 단체(團體)에 관한 정보는 개인정보와 개인신용정보에 해당되지 않는 것으로 이해된다. 즉, 법인이나 단체의 명칭, 소재지 주소, 이메일 주소나 전화번호와 같은 대표 연락처 및 업무별 연락처, 대표이사의 성명, 이사와 감사 등 임원의 정보, 자산 및 영업실적 등은 개인정보나 개인신용정보에 해당되지 않는 것으로[9] 해석된다. 그리고 개인사업자의 상호명, 사업장 주소, 전화번호, 사업자등록번호, 매출액과 납세액 등은 사업체의 운영과 관련된 정보로서 원칙적으로 개인정보나 개인신용정보에 해당되지 않는 것이라 하겠으나, 다만 법인이나 단체에 관한 정보이면서 동시에 개인에 관한 정보인 대표자, 임원, 업무 담당자의 이름, 주민등록번호, 집주소 및 개인의 연락처, 사진 등 그 자체로서 개인을 식별할 수 있게 하는 정보는 개별적 상황과 맥락(脈絡)에 따라 법인이나 단체에 관한 정보가 아닌 개인정보나 개인신용정보에 포함될 수 있다고 하겠다.

한편 자연인이 아닌 사물에 관한 정보는 원칙적으로 개인정보나 개인신용정보에 해당되지 않으나, 만일 사물에 관한 정보라도 특정한 개인과 관련성이 있다면 개인정보나 개인신용정보가 될 수 있는 것으로 해석되며,[10] 또한 개인정보나 개인신용정보는 개인에 대한 사실, 판단, 평가 등 그 개인과 관련성을 지닌 정보이어야 하므로, 이에 따라 특정 개인과 관련된 모든 정보는 개인정보나 개인신용정보에 해당된다고 하겠다. 다만, 개인정보나 개인신용정보에서의 개인에 관한 정보는 특정 개인과 관련된 정보이어야 하나 해당 정보를 통해 직간접적으로 1인 이상을 특정할 수 있는 경우에는 각각의 특정한 개인이 해당 정보에 대해 관련성 있는 특정 정보주체가 된다고

한 자의 명의로 작성된 문서도 포함되는 것으로 해석하고 있는 점(대법원 2005. 2. 24. 선고 2002도 18 전원합의체 판결 참조) 등에 비추어 보면, 법 제49조 및 제62조 제6호 소정의 '타인'에는 생존하는 개인뿐만 아니라 이미 사망한 자도 포함된다고 보는 것이 체계적이고도 논리적인 해석이라 할 것이다. 대법원 2007. 6. 14. 선고 2007도2162.

9) 다만, 영업비밀은 부정경쟁방지 및 영업비밀보호에 관한 법률에 따라 보호되는 경우가 있을 수 있다고 하겠다.
10) 예를 들면, 특정한 부동산이나 차량 또는 항공기 등의 소유자가 자연인인 경우 그 부동산이나 동산의 주소와 식별번호 등이 특정한 소유자를 알아볼 수 있게 한다면 개인정보에 해당된다고 하겠다.

하겠다.[11] 즉, 개인에 관한 정보는 반드시 특정한 한 사람에 대한 정보이어야만 한다는 의미가 아니며 직간접적으로 두 사람 이상에 관한 정보도 특정한 한 사람 각각의 개인정보나 개인신용정보에 해당될 수 있는 것으로 이해된다.

3. 개인을 알아볼 수 있는 정보

개인을 알아볼 수 있는 정보, 즉 개인을 식별(識別)할 수 있는 정보에 해당되는 경우에 모든 종류 및 형태의 정보가 개인정보나 개인신용정보가 될 수 있다고 하겠다. 즉, 성명, 주민등록번호 및 영상 등을 통하여 개인을 알아볼 수 있는 정보와 같이 정보의 내용과 형태 등에 대한 특별한 제한이 없으므로 개인을 알아볼 수 있는 모든 정보가 개인정보나 개인신용정보가 될 수 있는 것으로 이해된다. 또한 정보의 처리형식이나 매체에 대한 제한이 없고,[12] 개인정보나 개인신용정보가 되기 위해서는 그 정보가 반드시 사실이거나 증명될 필요도 없으므로 부정확한 정보이거나 허위의 정보라 할지라도 특정한 개인과 관련성을 갖는다면 개인정보나 개인신용정보가 될 수 있다고 해석된다.

한편 개인을 알아볼 수 있는, 즉 개인을 식별(識別)할 수 있다는 것의 의미는 해당 정보를 처리하는 개인정보처리자[13] 또는 신용정보회사등[14]의 입장에서 합리적으로 활용될 가능성이 있는 수단을 고려하여 개인을 알아볼 수 있다면 개인정보나 개인신용

---

11) 예를 들면, Facebook과 같은 SNS(Social Network Service)에 단체사진 또는 동영상을 올린다면 동 사진 또는 동영상에 있는 모든 사람 각각에 대한 개인정보에 해당된다고 하겠으며, 학교나 병원 등에서 미성년자에 대한 상담 또는 치료를 진행하면서 미성년자의 부모에 대한 신상정보 등을 조사하여 작성한 경우 상담 카드 또는 치료 카드 속에 기재된 미성년자와 부모의 정보는 각각의 개인정보에 해당되는 것으로 해석된다.

12) 예를 들면, 컴퓨터 등에 저장된 문서파일 등 전자기(電磁氣)적 형태의 정보, 종이문서에 기록된 수기(手記) 형태의 정보, 녹음된 음성정보, CCTV에 찍힌 영상정보, 기타 문자 · 부호 · 그림 · 숫자 · 사진 · 그래픽 · 이미지 · 음성 · 음향 · 영상 · 화상 등의 형태로 처리된 정보도 모두 개인정보에 포함될 수 있다.

13) 개인정보 보호법은 "개인정보처리자"란 업무를 목적으로 개인정보파일을 운용하기 위하여 스스로 또는 다른 사람을 통하여 개인정보를 처리하는 공공기관, 법인, 단체 및 개인 등을 말한다고 규정하고 있으며(개인정보 보호법 제2조제5호), "개인정보파일"이란 개인정보를 쉽게 검색할 수 있도록 일정한 규칙에 따라 체계적으로 배열하거나 구성한 개인정보의 집합물(集合物)을 말한다고 규정하고 있다(동법 제2조제5호).

14) 신용정보법은 신용정보회사, 본인신용정보관리회사, 채권추심회사, 신용정보집중기관 및 신용정보제공 · 이용자(이하 "신용정보회사등"이라 한다)는 신용정보를 수집하고 이를 처리할 수 있다고 규정하고 있다(신용정보법 제15조제1항).

정보에 해당된다고 해석할 수 있는데, 이러한 개인정보처리자 또는 신용정보회사등은 현재 개인정보를 처리하는 자 이외에도 개인정보의 제공 등을 통해 향후 처리가 예정되는 자도 포함된다고 하겠다. 또한 개인을 알아볼 수 있는 정보로는 이전에 친분(親分)관계 등이 있는 사람이 특정한 개인을 알아보는 것뿐만 아니라 특정한 개인을 전혀 모르던 경우라 하더라도 객관적으로 특정한 개인을 다른 사람과 구별할 수 있다면 개인정보나 개인신용정보에 포함된다고 이해된다.[15] 아래의 〈표 1〉은 개인정보의 유형과 그 구체적인 예시이며, 개인정보는 개인신용정보를 포함한다고 하겠다.

표 1 개인정보의 유형과 예시

유형	개인정보의 예시
인적 사항	성명, 주민등록번호, 여권번호, 주소, 본적지, 전화번호 등 연락처, 생년월일, 출생지, 이메일 주소, 가족관계 및 가족구성원 정보 등
신체적 정보	얼굴, 지문, 홍채, 음성, 유전자정보, 키 몸무게 등 신체(바이오)정보, 건강상태, 진료기록, 신체장애, 장애등급, 병력(病歷) 등 의료(건강)정보
정신적 정보	도서와 영상물 등 대여기록, 잡지구독정보, 물품구매내역, 웹사이트 검색내역 등 기호(성향) 정보, 사상, 신조, 종교, 가치관, 정당 및 노조가입 여부와 활동내역 등 신념(내면)정보
재산적 정보	소득, 신용카드번호, 통장계좌정보, 부동산 및 동산 보유내역, 저축내역 등 개인금융정보, 신용평가정보, 대출 및 담보설정 내역, 신용카드 사용내역 등 개인신용정보
사회적 정보	학력, 성적, 출결상황, 자격증 보유내역, 상벌기록, 생활기록부 등 교육정보, 전과 및 범죄기록, 재판기록, 과태료 및 벌금 납부내역 등 법적 정보, 직장, 고용주, 근무처, 근무경력, 상벌기록, 직무평가기록 등 근로정보, 병역여부, 군번, 계급, 근무부대 등 병역정보
기타 정보	전화통화내역, 웹사이트 접속내역, 이메일 또는 전화메세지, GPS와 Wi-Fi 등을 통한 위치정보 등

개인신용정보는 기업 및 법인에 관한 정보를 제외한 살아 있는 개인에 관한 신용정보이므로 우선 신용정보가 무엇인지 이해하는 것이 필요한데, 신용정보법

---

15) 예를 들면, 주민등록번호와 같은 고유식별정보나 영상정보 등과 같이 해당정보를 통해 직접 개인을 식별하거나, 그 정보만으로는 누구인지 직접 알수는 없으나 성명, 주소 등 두 종류 이상의 정보를 통해 간접적으로 누구인지 개인을 식별할 수 있다면 식별가능성이 있는 개인정보에 해당된다.

은 신용정보를 금융거래 등 상거래에서 거래 상대방의 신용을 판단할 때 필요한 정보로서, 가. 특정 신용정보주체[16]를 식별할 수 있는 정보(다만, 나목부터 라목까지의 어느 하나에 해당하는 정보와 결합되는 경우만 신용정보에 해당한다), 나. 신용정보주체의 거래내용을 판단할 수 있는 정보, 다. 신용정보주체의 신용도를 판단할 수 있는 정보, 라. 신용정보주체의 신용거래능력을 판단할 수 있는 정보, 마. 가목부터 라목까지의 정보 외에 신용정보주체의 신용을 판단할 때 필요한 정보로 규정하고 있다(신용정보법 제2조제1호). 아래의 〈표 2〉는 신용정보법에서 규정하고 있는 개인신용정보의 유형과 예시이다.

표 2 　개인신용정보의 유형과 예시

유형	개인신용정보의 예시
식별정보	성명, 주소, 전화번호 및 그 밖에 이와 유사한 정보(이메일, SNS 주소), 법령에 따라 특정 개인을 고유하게 식별할 수 있도록 부여된 정보(개인식별번호), 개인의 신체 일부의 특징을 컴퓨터 등 정보처리장치에서 처리할 수 있도록 변환한 문자, 번호, 기호 또는 그 밖에 이와 유사한 정보
신용거래 정보	신용정보제공·이용자에게 신용위험이 따르는 거래로서 거래의 종류, 기간, 금액, 금리, 한도 등에 관한 정보(신용공여, 신용카드, 시설대여 및 할부금융 거래), 금융거래의 종류, 기간, 금액, 금리 등에 관한 정보, 보험상품의 종류, 기간, 보험료 등 보험계약에 관한 정보 및 보험금의 청구 및 지급에 관한 정보, 금융투자상품의 종류, 발행·매매 명세, 수수료·보수 등에 관한 정보, 상행위에 따른 상거래의 종류, 기간, 내용, 조건 등에 관한 정보
신용도 정보	금융거래 등 상거래와 관련하여 발생한 채무의 불이행, 대위변제, 그 밖에 약정한 사항을 이행하지 아니한 사실과 관련된 정보, 금융거래 등 상거래와 관련하여 신용질서를 문란하게 하는 행위와 관련된 정보(금융거래 등 상거래에서 다른 사람의 명의를 도용한 사실에 관한 정보, 보험사기, 전기통신금융사기를 비롯하여 사기 또는 부정한 방법으로 금융거래 등 상거래를 한 사실에 관한 정보, 금융거래 등 상거래의 상대방에게 위조·변조하거나 허위인 자료를 제출한 사실에 관한 정보, 대출금 등을 다른 목적에 유용(流用)하거나 부정한 방법으로 대출·보험계약 등을 체결한 사실에 관한 정보)

---

16) 신용정보법은 "신용정보주체"란 처리된 신용정보로 알아볼 수 있는 자로서 그 신용정보의 주체가 되는 자를 말한다고 규정하고 있다(신용정보법 제2조제3호).

신용거래 능력 정보	개인의 직업 · 재산 · 채무 · 소득의 총액 및 납세실적
기타 정보 (공공정보, 개인신용 평점)	법원의 재판, 행정처분 등과 관련된 정보(국세 · 지방세 · 관세 또는 국가채권의 체납에 관한 정보), 조세, 국가채권 등과 관련된 정보(벌금 · 과태료 · 과징금 또는 추징금 등의 체납에 관한 정보), 채무조정에 관한 정보(회생 · 간이회생 · 개인회생과 관련된 결정에 관한 정보, 파산 · 면책 · 복권과 관련된 결정에 관한 정보), 개인의 신용상태를 평가하기 위하여 정보를 처리함으로써 새로이 만들어지는 정보로서 기호, 숫자 등을 사용하여 점수나 등급 등으로 나타낸 정보(개인신용평점)

4. 다른 정보와 쉽게 결합하여 개인을 알아볼 수 있는 정보

성명, 주민등록번호 및 영상 등을 통하여 개인을 알아볼 수 있는 정보 이외에도, 해당 정보만으로는 특정 개인을 알아볼 수 없더라도 다른 정보와 쉽게 결합하여 알아볼 수 있는 정보도 개인정보나 개인신용정보에 포함된다(개인정보 보호법 제2조제1호나목과 신용정보법 제2조제1호나목). 다만, 개인정보 보호법은 이 경우 쉽게 결합할 수 있는지 여부는 다른 정보의 입수 가능성 등 개인을 알아보는 데 소요되는 시간, 비용, 기술 등을 합리적으로 고려하여야 한다고 규정하고 있다(개인정보보호법 제2조제1호나목). 입수 가능성은 두 종류 이상의 정보를 결합하기 위해서는 결합에 필요한 정보에 합법적으로 접근하여 입수할 수 있어야 하는 것을 의미하므로 해킹(Hacking) 등과 같이 불법적인 방법으로 취득한 정보는 포함되지 않는 것으로 해석된다. 결합 가능성은 현재의 기술 수준을 고려하여 비용이나 노력이 비합리적으로 요구되지 않는 것을 의미하므로, 만일 현재의 기술 수준에서 결합이 사실상 불가능하거나 결합하는데 비합리적인 수준의 비용이나 노력이 요구된다면 결합이 용이(容易)하지 않은 것으로 해석되고 개인정보로 보기 어려울 것으로 이해된다.[17]

한편 만일 개인을 알아볼 수 있는 정보나 다른 정보와 쉽게 결합하여 개인을 알아볼 수 있는 정보, 즉 개인정보가 통계적 처리 등과 같이 개인을 더 이상 알아볼 수 없게 익명처리된 경우에는 개인정보라고 할 수 없다 하겠다. 개인정보 보호법에서도

---

17) 예를 들면, 공개나 공유될 가능성이 희박한 정보는 합법적인 입수 가능성이 없다고 하겠으며, 만일 일반적으로 사업자가 구매와 이용을 하기 어려운 정도의 고가의 컴퓨터가 필요한 경우라면 쉽게 결합하기 어렵다고 이해된다.

동 법은 시간·비용·기술 등을 합리적으로 고려할 때 다른 정보를 사용하더라도 더이상 개인을 알아볼 수 없는 정보에 대해서는 적용되지 아니한다고 규정하고 있다(개인정보 보호법 제58조의2). 즉, 이렇게 개인정보 보호법이나 신용정보법이 적용되지 않는 정보는 익명정보에 해당된다고 하겠는데 익명정보에 대해서는 뒤에서 설명하도록 하고자 한다. 또한 주목할 점은 지난 2020년 2월, 「개인정보 보호법」과 「신용정보법」의 개정을 통해 개인을 알아볼 수 있는 정보 또는 다른 정보와 쉽게 결합하여 개인을 알아볼 수 있는 정보, 즉 개인정보의 일부를 삭제하거나 일부 또는 전부를 대체하는 등의 방법으로 추가 정보가 없이는 특정 개인을 알아볼 수 없도록 하는 가명처리 또는 비식별조치를 한 개인정보 또는 개인신용정보인 가명정보의 개념을 도입하고 이러한 가명정보를 개인정보의 범위에 포함하였다는 점이다.

참고자료 및 질문

1. **데이터산업과 개인정보.** 데이터(Data)는 제4차 산업의 원유 또는 중요자원이라고 이야기되고 있으며, 데이터 산업의 중요성에 대해 누구도 의심하지 않는다. 그러나 현실에서 데이터만을 통해 수익을 내는 것이 어려운 것이 현실이며, 데이터를 활용하는 사업 중 가장 유망한 분야가 금융과 의료라 하겠다. 데이터 산업의 본질은 합리적인 의사결정과 생산성 향상을 위한 것으로 인식되는데, 데이터 산업의 수익모델(Business Model)은 인간의 기본적 욕망인 부(富)와 건강의 증진을 위한 것이므로, 데이터 산업에서 개인정보를 활용하는 것은 불가피하다고 생각된다. 한편, 개인신용정보는 금융산업과 금융시장의 핵심 기반으로서 대출 등 금융거래 시 금융회사와 금융소비자들 간의 정보 비대칭성(Asymmetry of Information) 문제를 해소하는 기능을 하고 있으나 개인신용정보의 오남용과 유출 문제 또한 꾸준히 제기되고 있다.

2. **IMEI와 USIM의 개인정보 여부(스마트폰 증권시세 검색 앱 증권통 사건).** IMEI(International Mobile Equipment Identity, 단말기 식별번호)는 총 15자리(형식 승인코드 6자리, 단말기 모델 제조코드 2자리, 단말기 모델별 일련번호 6자리, 검증용 숫자 1자리)로 이루어진 이동전화 단말기 식별번호로서 제조사 출고 시 부여되며, 분실 및 도난이 발생할 경우 통화를 차단하기 위한 것이다.[18] 한편, 스마트폰 어플리케이션 개발업체가 사용자의 동의 없이 단말기의 고유한 식별자인 IMEI와 USIM(Universal Subscriber Identify Module, 범용 이동전화 가입자식별모듈) 일련번호의 조합정보를 전송해 서버에 저장토록 하는 증권통이라는 증권정보제공 어플리케이션이 (구)「정보통신망 이용촉진 및 정보보호 등에 관한 법률(약칭 "정보통신망법")」의 위반이 문제가 된 사안에서 법원은 기계적인 정보라도 특정 개인에게 부여됐음이 객관적으로 명백하고, 이러

한 정보를 통해 개인이 식별될 가능성이 크다면 이를 개인정보로 봐야 한다고 판단하였다. 법원은 이러한 정보가 개인의 소유로 귀속되기 전까지는 기기나 특정 카드에 부여된 고유번호이지만 어느 개인이 소유하는 순간부터 이들 번호는 기기나 특정카드에 부여된 고유번호라는 의미 이외에 특정 개인이 소유하는 '휴대폰의 기기번호 및 USIM카드의 일련번호'라는 의미를 함께 지니게 된다고 판시하였다.[19] 동 판결은 IMEI를 처리하는 개인정보처리자가 다른 정보의 입수 가능성이 없더라도 기술적으로 결합하여 개인을 식별할 수 있다면 개인정보에 해당한다고 한 것인데, 동 판례에 대해서는 자기도 모르게 개인정보처리자가 될 수 있다는 문제점이 제기되어 왔다. 한편, 2020년 2월, 개인정보 보호법의 개정을 통해 동법 제2조제1호나목에서 "해당 정보만으로는 특정 개인을 알아볼 수 없더라도 다른 정보와 쉽게 결합하여 알아볼 수 있는 정보. 이 경우 쉽게 결합할 수 있는지 여부는 다른 정보의 입수 가능성 등 개인을 알아보는 데 소요되는 시간, 비용, 기술 등을 합리적으로 고려하여야 한다."라고 규정하고 있는데, 동 개정 조항에 따라 기존 IMEI 판결을 평가한다면 기존 판결과 다른 결론이 가능하겠는가?

2. **휴대전화 전화번호 뒷자리 4자리의 개인정보 여부(동 정보의 타인 제공 사건).** 경찰로부터 도박 현장을 단속당한 피고인이 경찰에 신고자를 알려달라는 부탁에 휴대전화 뒷자리 4자리를 알려주었고 이를 통해 신고자가 누구인지 알 수 있게 되었던 사안에 대해 법원은 휴대전화 사용이 보편화되면서 휴대전화 번호 뒷자리 4개 숫자에 생일이나 기념일 등의 일정한 의미나 패턴을 담는 경우가 많고 집 전화번호의 뒷자리와 일치시키는 경우, 한 가족이 동일한 휴대전화 번호 뒷자리 4자를 사용하는 경우도 적지 않다는 점. 그리고 휴대전화 번호 뒷자리에 그 전화번호 사용자의 정체성이 담기는 현상이 점점 심화되고 있다는 점 등을 들어 개인정보로 판단한 바 있다. 특히 전화번호 사용자와 일정한 인적 관계를 맺어온 사람이라면 특정한 개인을 파악할 수 있는 가능성이 높으며, 휴대전화 번호 뒷자리 4자만으로는 그 전화번호 사용자를 식별하지 못한다 하더라도 뒷자리 번호 4자와 관련성이 있는 생일, 기념일, 집 전화번호, 가족 전화번호, 기존 통화내역 등을 통해 사용자가 누구인지 알아볼 수 있다는 것을 이유로 개인정보에 해당한다고 판시하였다.[20] 동 판례에 대해 개인정보의 개념을 지나치게 넓게 해석함으로써 제4차 산업혁명 시대의 데이터 활용에 장애가 될 수 있으므로 개인정보의 개념을 좁게 해석해야 한다는 주장과 동 판례와 같이 개인정보의 상품화나 프라이버시의 상업화를 막기 위해 넓게 해석해야 한다는 주장이 상반될 수 있다. 이러한 상반된 주장에 대한 당신의 입장은 무엇인가?

3. **MAC 주소와 IP 주소의 개인정보 여부(저작권 침해 채증(探證)을 위한 정보 수집 사건).** MAC 주소(Media Access Control Address)는 컴퓨터 등 기기에 내장된 네트워크 장비의 48비트 고유 식별정보이다. MAC 주소는 IEEE 802 계열의 네트워크에서 주로 사용되는 주소로서 컴퓨터 간 통신을 위한 이더넷(Ethernet)과 같은 NIC(Network Interface Controller) 자체에 부여된 고유 식별정보이며 변경이 어려우므로 일반적으로 식별자로 인식되고 있다. IP 주소(Internet Protocol

Address)는 컴퓨터 네트워크에서 컴퓨터끼리 서로 통신하기 위해 부여된 식별 주소, 즉 TCP/IP 프로토콜 내에서 사용되는 주소이며, 개인이 컴퓨터에 인터넷을 접속하기 위해서는 ISP(Internet Service Provider, 인터넷 서비스 제공자)로부터 IP 주소를 할당받아야 한다.[21] 이러한 MAC 주소와 IP 주소에 대해 법원은 명시적이지는 않으나 MAC 주소와 IP 주소가 개인정보에 해당한다는 것을 전제로 수집된 MAC 주소와 IP 주소를 분석한 결과물의 증거능력을 인정한 바 있다.[22]

제2절 가명정보와 익명정보의 개념

그림 1 개인정보, 가명정보, 익명정보의 구분

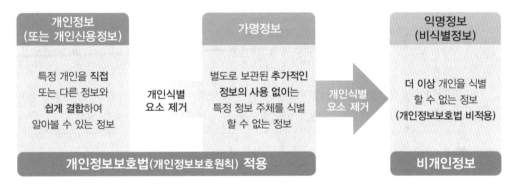

앞에서 설명한 바와 같이 〈그림 1〉의 개인을 알아볼 수 있는 정보 또는 다른 정보와 쉽게 결합하여 개인을 알아볼 수 있는 정보인 개인정보 또는 개인신용정보가 통

---

18) 신종철, 통신법 해설(개정판), 진한M&B(2019), p258.
19) 서울중앙지방법원 2011. 2. 23. 선고 2010고단5343.
20) 대전지방법원 논산지원 2013. 8.18 선고 2013고단17.
21) 할당된 IP 주소는 인터넷 서비스 제공자가 가입자에게 IP 주소를 할당하는 방식에 따라 고정 IP 주소(Static IP Address)와 유동 IP 주소(Dynamic IP Address)로 구분된다. 고정 IP 주소는 인터넷 서비스 제공자가 하나의 기기에 고정적으로 하나의 IP 주소를 할당하는 것이고, 유동 IP 주소는 각 기기에 IP 주소를 할당하는 DHCP(Dynamic Host Configuration Protocol) 장비를 통해 각 기기에 IP 주소를 할당, 갱신하는 것으로서 유동 IP 주소를 할당하는 경우 사용자는 매번 새로운 IP 주소를 할당받게 된다. 고정 IP 주소와 유동 IP 주소는 IP 주소 자체만으로는 구분할 수 없으나, 인터넷 서비스 사업자는 고정 IP 주소와 유동 IP 주소 할당 관련 세부 사항을 파악하고 자료를 보유하게 된다.
22) 서울고등법원 2014. 11. 20. 선고 2014나19631.

계적 처리 등 비식별조치를 통해 개인을 더 이상 알아볼 수 없게 된 경우에는 이러한 정보는 개인정보라고 할 수 없는 익명정보로서 개인정보 보호법과 신용정보법이 적용되지 않는다고 하겠다. 한편 개인정보 또는 개인신용정보의 일부를 삭제하거나 일부 또는 전부를 대체하는 등 비식별조치를 통해 추가 정보가 없이는 특정 개인을 알아볼 수 없도록 처리된 경우의 개인정보 또는 개인신용정보는 가명정보로서 개인정보 보호법과 신용정보법의 적용을 받게 되는 것으로 이해된다.

1. 가명정보

〈개인정보 보호법〉 제2조(정의) 이 법에서 사용하는 용어의 뜻은 다음과 같다.
1. "개인정보"란 살아 있는 개인에 관한 정보로서 다음 각 목의 어느 하나에 해당하는 정보를 말한다.
   다. 가목 또는 나목을 제1호의2에 따라 가명처리함으로써 원래의 상태로 복원하기 위한 추가 정보의 사용·결합 없이는 특정 개인을 알아볼 수 없는 정보(이하 "가명정보"라 한다)
1의2. "가명처리"란 개인정보의 일부를 삭제하거나 일부 또는 전부를 대체하는 등의 방법으로 추가 정보가 없이는 특정 개인을 알아볼 수 없도록 처리하는 것을 말한다.

〈신용정보법〉 제2조(정의) 이 법에서 사용하는 용어의 뜻은 다음과 같다.
15. "가명처리"란 추가정보를 사용하지 아니하고는 특정 개인인 신용정보주체를 알아볼 수 없도록 개인신용정보를 처리(그 처리 결과가 다음 각 목의 어느 하나에 해당하는 경우로서 제40조의2제1항 및 제2항에 따라 그 추가정보를 분리하여 보관하는 등 특정 개인인 신용정보주체를 알아볼 수 없도록 개인신용정보를 처리한 경우를 포함한다)하는 것을 말한다.
    가. 어떤 신용정보주체와 다른 신용정보주체가 구별되는 경우
    나. 하나의 정보집합물(정보를 체계적으로 관리하거나 처리할 목적으로 일정한 규칙에 따라 구성되거나 배열된 둘 이상의 정보들을 말한다. 이하 같다)에서나 서로 다른 둘 이상의 정보집합물 간에서 어떤 신용정보주체에 관한 둘 이상의 정보가 연계되거나 연동되는 경우
    다. 가목 및 나목과 유사한 경우로서 대통령령으로 정하는 경우
16. "가명정보"란 가명처리한 개인신용정보를 말한다.

가 가명정보의 개념

개인정보보호법은 "가명정보"를 살아 있는 개인에 관한 정보로서 이 법 제2조(정의)제1호가목 또는 나목의 개인을 알아볼 수 있는 정보나 다른 정보와 쉽게 결합하여 개인을 알아볼 수 있는 정보에 해당하는 개인정보를 동법 제2조제1호의2에 따라 가명처리, 개인정보의 일부를 삭제하거나 일부 또는 전부를 대체하는 등의 방법으로 추가정보가 없이는 특정 개인을 알아볼 수 없도록 처리함으로써 원래의 상태로 복원하기 위한 추가 정보의 사용·결합 없이는 특정 개인을 알아볼 수 없게 된 정보를 말한다고 규정하고 있다(개인정보 보호법 제2조제1호와 제2조제1호의2).

신용정보법에서는 "가명정보"란 가명처리한 개인신용정보를 말하며(신용정보법 제2조제16호), 이 법은 "가명처리"란 추가정보를 사용하지 아니하고는 특정 개인인 신용정보주체를 알아볼 수 없도록 개인신용정보를 처리하는 것을 말하는데, 그 처리 결과가 다음, 가. 어떤 신용정보주체와 다른 신용정보주체가 구별되는 경우, 나. 하나의 정보집합물(정보를 체계적으로 관리하거나 처리할 목적으로 일정한 규칙에 따라 구성되거나 배열된 둘 이상의 정보들을 말한다)에서나[23] 서로 다른 둘 이상의 정보집합물 간에서 어떤 신용정보주체에 관한 둘 이상의 정보가 연계되거나 연동되는 경우, 다. 동법 제2조(정의)제15호가목 및 나목과 유사한 경우로서 대통령령으로 정하는 경우의 어느 하나에 해당하는 경우로서, 신용정보법 제40조의2(가명처리·익명처리에 관한 행위규칙)제1항 및 제2항에 따라 그 추가정보를 분리하여 보관하는 등 특정 개인인 신용정보주체를 알아볼 수 없도록 개인신용정보를 처리한 경우를 포함한다고 규정하고 있다(동법 제2조제15호).

나 가명처리 또는 비식별조치

가명정보는 가명처리를 거친 개인정보 또는 개인신용정보이므로 가명처리가 무엇인지에 대해 우선 살펴보는 것이 필요하다고 생각된다. 가명처리는 비식별조치와 유사한 개념으로 혼용되어 사용되고 있는데, 가명처리 또는 비식별조치는 ISO/IEC 20889,

---

23) 신용정보법에서 규정하고 있는 정보를 체계적으로 관리하거나 처리할 목적으로 일정한 규칙에 따라 구성되거나 배열된 둘 이상의 정보들인 정보집합물은 데이터베이스(Data Base)로 이해된다.

NIST IR 8053 등에 규정되어 있으며 이는 개인정보를 안전하게 활용하기 위해 개발된 기술로 이해된다. 가명처리(Pseudonymisation) 또는 비식별조치(De-identification)는 주민등록번호와 같은 고유식별정보, 성명, 통장계좌나 신용카드번호 등 개인 또는 개인과 관련된 사물에 고유하게 부여된 값 또는 이름인 식별자(Identifier)의 일부를 제거하거나 일부 또는 전부를 대체하여 개인을 알아볼 수 없게 하는 것으로서 이러한 비식별조치를 위한 방법들로는 〈표 3〉과 같이, 가명처리(Pseudonymisation),[24] 총계처리(Aggregation),[25] 데이터 삭제(Data reduction),[26] 데이터 범주화(Data suppression),[27] 데이터 마스킹(Data masking)[28] 등이 있다.[29] 즉, 이러한 비식별조치는 데이터의 집합 또는 데이터와 데이터 주체 간의 연관성을 감소시킴으로써 개인정보를 보호하기 위한 절차라고 하겠다.[30]

---

24) 가명처리(Pseudonymisation)는 개인 식별이 가능한 데이터를 직접적으로 식별할 수 없는 다른 값으로 대체하는 기법이며, 데이터의 변형 또는 변질의 수준이 낮은 장점이 있으나 대체 값의 부여 시에도 식별 가능한 고유 속성이 계속 유지될 수 있는 단점이 있다고 알려져 있다.

25) 총계처리(Aggregation)는 통계 값의 전체 또는 부분을 적용하여 특정 개인을 식별할 수 없도록 하는 기법이며, 민감한 수치 정보에 대해 비식별조치가 가능하며 통계분석용 데이터 Set 작성에 유리한 장점이 있으나, 정밀 분석이 어려우며 집계 수량이 적을 경우 추론에 의한 식별 가능성이 있는 단점이 있다고 알려져 있다.

26) 데이터 삭제(Data reduction)는 개인의 식별이 가능한 데이터를 삭제 처리하는 기법이며, 개인 식별 요소의 전부 및 일부의 삭제처리가 가능하다는 장점이 있으나, 분석의 다양성과 분석결과의 유효성 및 신뢰성이 저하된다는 단점이 있다고 알려져 있다.

27) 데이터 범주화(Data suppression)는 특정 정보를 해당 Group의 대푯값으로 변환하거나 구간값으로 변환, 즉 범주화함으로써 개인의 식별을 방지하는 기법이며, 통계형 데이터 형식이므로 다양한 분석 및 가공이 가능하다는 장점이 있으나, 정확한 분석결과의 도출이 어려우며, 데이터 범위 구간이 좁혀질 경우 추론의 가능성이 있는 단점이 있다고 알려져 있다.

28) 데이터 마스킹(Data masking)은 데이터의 전부 또는 일부분을 공백, 노이즈 등 대체값으로 변환하는 기법이며, 개인 식별요소를 제거하는 것이 가능하며, 원 데이터 구조에 대한 변형이 적으나, 마스킹을 과도하게 적용할 경우 데이터의 필요 목적에 활용하기 어려우며 마스킹의 수준이 낮을 경우 특정한 값에 대한 추론이 가능하다는 단점이 있다고 알려져 있다.

29) 국무조정실 등 관계부처 합동, 개인정보 비식별조치 가이드라인(2016), pp2~8.

30) 김순석 외, 데이터 3법 개정에 따른 개인정보 비식별조치의 이해와 활용, 에이콘(2020), p53.

표 3	비식별조치 처리기법과 예시
처리기법	예시
가명처리 (Pseudonymisation)	홍길동, 35세, 서울 거주, 한국대 재학 → 임꺽정, 30대 서울 거주, 국제대 재학
총계처리 (Aggregation)	임꺽정 180cm, 홍길동 170cm, 이콩쥐 160cm, 김팥쥐 150cm → 물리학과 학생 키 합 : 660cm, 평균키 165cm
데이터 삭제 (Data reduction)	주민등록번호 901206-1234567 → 90년대 생, 남자
데이터 범주화 (Data suppression)	홍길동, 35세 → 홍씨, 30-40세
데이터 마스킹 (Data masking)	홍길동, 35세, 서울 거주, 한국대 재학 → 홍**, 35세, 서울 거주, **대학 재학)

개인정보가 되려면 세 가지 요건인, 1. 연결 가능성(Linkability), 2. 추론 가능성(Inference), 3. 선별 가능성(Single out)을 모두 갖추어야 하며, 이러한 세 가지 요건을 모두 갖는 정보가 개인이 식별가능한(Identifiable) 개인정보로 이해된다. 즉 개인정보는 특정 데이터와 특정 개인이 연결되고(Linkability) 특정 데이터로부터 특정 개인을 추론할 수 있으며(Inference), 특정 데이터가 한 개인과 대응되어야 하는데(Single out), 가명처리 또는 비식별조치는 이러한 연결 가능성, 추론 가능성, 선별 가능성 중 일부 또는 전부를 제거하는 것이라 하겠다.[31] 즉 가명처리 또는 비식별조치는 선별 가능성을 제외한 연결 가능성과 추론 가능성을 제거하는 것으로서, 이렇게 가명처리 또는 비식별조치가 된 가명정보는 선별 가능성으로 인해 추가정보의 사용·결합을 통한 원래 상태로의 상태인 개인정보로 복원이 가능할 수 있으므로 개인정보 보호법은 동법의 적용대상인 개인정보에 포함되게 입법한 것으로 이해된다.

가명처리 또는 비식별조치가 이루어진 가명정보는 제4차 산업혁명 시대에 빅데이터(Big data) 분석, IoT(Internet of Things, 사물인터넷), AI(Artificial Intelligence, 인공지능), 클라우드(Cloud computing) 등 정보통신 기술의 활용과 결합되어 새로운 데이터 산업의 활성화를 위한 필수 불가결한 데이터로 이야기되는데 향후 통신, 금융 등 다양한 이종(異種) 산업들이 보유하고 있는 데이터들이 가명처리 또는 비식별조치가 되

---

31) 한국인터넷진흥원, 개인정보 비식별화 관련 해외 현황 및 사례, KISA Report(2016년 5월), pp3~5.

고, 이러한 데이터들이 결합과 분석됨으로써 창출될 새로운 산업과 시장의 근간(根幹)이 될 수 있을 것으로 보이나 향후 합리적인 관련 규정과 규제의 재정비가 필요하다고 생각한다. 이러한 가명정보의 활용 필요성에 대해 개인정보 보호법은 가명정보를 정보주체의 동의 없이 통계작성, 과학적 연구, 공익적 기록보존 등을 위해 개인정보처리자가 가명정보를 처리할 수 있게 하고(개인정보 보호법 제28조의2제1항), 통계작성, 과학적 연구, 공익적 기록보존 등을 위한 서로 다른 개인정보처리자 간의 가명정보의 결합은 개인정보보호위원회 또는 관계 중앙행정기관의 장이 지정하는 전문기관이 수행한다고 규정하여(동법 제28조의3) 서로 다른 개인정보처리자 간의 가명정보들을 결합할 수 있도록 허용하고 있다.

신용정보법은 신용정보회사등이 가명처리 또는 비식별조치된 개인신용정보를 신용정보주체의 개별적 사전동의 없이도 타인에게 제공할 수 있도록 하고 있는데, 이러한 경우는 통계작성, 연구, 공익적 기록보존 등을 위하여 가명정보를 제공하는 경우로서 통계작성에는 시장조사 등 상업적 목적의 통계작성을 포함하고, 연구에는 산업적 연구를 포함한다고 규정하고 있다(신용정보법 제32조제6항제9호의2). 또한 신용정보법은 가명처리 또는 비식별조치된 정보집합물의 결합을 위한 목적으로 데이터전문기관이 가명정보를 제공하는 경우 또한 신용정보주체의 개별적 사전농의가 없더라도 가명정보의 제공이 가능하다고 규정하고 있다(동법 제32조제6항제9호의3).

한편 가명정보는 앞에서 설명한 바와 같이 추가정보의 사용과 결합을 통해 원래의 상태로 복원되어 특정 개인을 식별할 수 있는 가능성(Identifiable)이 있으므로 개인정보보호 관련 논란도 지속적으로 제기되고 있는 상황이다.[32] 가명정보의 활용에 대해 문제를 제기하고 있는 시민단체 등은 2016년 제정된 「개인정보 비식별조치 가이드라인」에 따라 가명정보를 생성하고 결합했던 기업들과 정부를 대상으로 개인정보 보호법의 위반 등을 이유로 2017년 11월 형사고발하였고 이에 대해 2019년 4월 검찰은

---

32) 2006년 미국 넷플릭스는 영화 추천 알고리즘의 정확성을 높이기 위해 경연대회를 열고 50만명 이용자의 6년 동안 영화 평가 1억 건을 공개했다. 이름 등 개인을 식별할 요소는 지웠지만 평가 점수, 평가 일시는 공개했다. 그런데 텍사스 대학 연구팀이 온라인 영화전문사이트에 공개된 영화평가와 넷플릭스의 데이터를 결합, 개인을 재식별해냈다. 비식별 조치가 금세 뚫릴 수 있다는 것이어서 미국 FTC(연방거래위원회)가 지적했고, 2차 경연대회는 취소됐다. 김성휘 머니투데이 기자, [런치리포트] 비식별조치, 빅데이터 시대 방아쇠, 2016.11.3. (https://news.mt.co.kr/mtview.php?no=2016110308367652246).

최종적으로 무혐의 처분한 바 있다.[33] 이러한 논란과 개인정보 활용에 대한 사회적 공감대 확대 등을 바탕으로 가명정보의 활용을 위한 법적 근거 마련 등을 내용으로 하는 데이터 3법(개인정보 보호법, 신용정보법, 정보통신망법)이 2020년 2월 개정된 것으로 이해된다. 이러한 가명정보에 대해 개인정보보호 관련 논란은 지속적으로 제기되고 있을 뿐만 아니라, 가명처리 또는 비식별조치에 관련 기술 또한 지속적으로 발전하고 있으나 개인정보를 직접 활용하는 것에 비해 효용이 떨어지므로 가명정보 활용의 활성화를 위해 가명정보를 개인정보의 범위에 포함하는 것에 대해 재고(再考)의 여지가 있다고 생각하며 향후 합리적인 가명정보 관련 규정과 규제의 재정비가 필요하다고 생각된다.

2. 익명정보

〈개인정보 보호법〉 제58조의2(적용제외) 이 법은 시간·비용·기술 등을 합리적으로 고려할 때 다른 정보를 사용하여도 더 이상 개인을 알아볼 수 없는 정보에는 적용하지 아니한다.

〈신용정보법〉 제2조(정의) 이 법에서 사용하는 용어의 뜻은 다음과 같다.
　17. "익명처리"란 더 이상 특정 개인인 신용정보주체를 알아볼 수 없도록 개인신용정보를 처리하는 것을 말한다.

---

33) 기업이 고객 동의 없이 개인정보를 익명화하는 등의 방법으로 재가공하더라도 개인정보 보호법 위반이 아니라며 검찰이 무혐의 처분하자 시민단체가 반발하고 나섰다. 1일 법조계에 따르면 서울중앙지검은 지난달 22일 개인정보 보호법 위반 혐의로 고발된 한국인터넷진흥원 등 24개사에 대해 증거불충분을 이유로 무혐의 처분했다. 시민단체들은 지난 2016년 10월부터 이듬해 8월까지 '개인정보 비식별 조치 가이드라인'에 따라 4개 비식별 전문기관과 20개 기업이 개인정보 3억4000만 건을 주고받은 것은 개인정보 보호법 위반이라며 지난 2017년 11월 고발했다. '개인정보 비식별 조치 가이드라인'은 지난 2016년 6월 6개 정부부처에서 합동으로 제정됐다. 비식별화 조치를 거친 정보는 개인정보가 아닌 것으로 보고 정보주체 동의 없이 기업 마케팅 등에 사용할 수 있게 했다. 검찰은 수사 결과 24개사가 취급한 정보집합물이 '개인정보'가 아니라고 결론을 내렸다. 암호화 등 비식별 조치를 거치면 특정 개인을 알아볼 수 없는 상태가 되기 때문에 개인정보 보호법이 보호하는 개인정보로 보기 어렵다는 것이 검찰의 판단이다. 박은비 뉴시스 기자, 검찰, '개인정보 결합' 무혐의 처분…시민단체 반발, 2019. 4. 1 (https://newsis.com/view/?id=NISX20190401_0000605948&cID=10201&pID=10200).

가 익명정보의 개념

개인정보 보호법은 이 법은 시간·비용·기술 등을 합리적으로 고려할 때 다른 정보를 사용하여도 더 이상 개인을 알아볼 수 없는 정보에는 적용하지 아니한다고 규정하고 있는데(개인정보 보호법 제58조의2), 익명정보는 시간·비용·기술 등을 합리적으로 고려할 때 다른 정보를 사용하여도 더 이상 개인을 알아볼 수 없는 정보로서 더 이상 개인을 식별(識別)할 수 없는 정보이므로 개인정보 보호법이 적용되지 않는 것으로 이해된다. 즉 개인을 알아볼 수 있는 정보 또는 다른 정보와 쉽게 결합하여 개인을 알아볼 수 있는 정보인 개인정보(개인정보 보호법 제2조제1호가목 또는 나목)가 통계적 처리 등의 비식별조치를 통해 개인을 더 이상 알아볼 수 없게 된 경우에 익명정보가 되는데, 개인정보 보호법은 개인정보처리자가 개인정보를 익명 또는 가명으로 처리하여도 개인정보 수집목적을 달성할 수 있는 경우 익명처리가 가능한 경우에는 익명에 의하여, 익명처리로 목적을 달성할 수 없는 경우에는 가명에 의하여 처리될 수 있도록 하여야 한다고 규정하고 있다(개인정보 보호법 제3조제7항).

신용정보법은 "익명처리"를 더 이상 특정 개인인 신용정보주체를 알아볼 수 없도록 개인신용정보를 처리하는 것으로 규정하고 있는데(신용정보법 제2조제17호), 이러한 익명처리(Anonymisation)는 가명처리 또는 비식별처리를 통해 더 이상 개인을 식별(識別)할 수 없게 하는 것으로, 더 이상 개인을 식별할 수 없게 하는 점에서 가명처리 또는 비식별조치가 되었더라도 추가적인 정보의 사용을 통해 특정 정보주체 또는 개인인 신용정보주체를 식별할 수 있는 가명정보와 구별되는 것으로 이해된다. 또한 신용정보법은 신용정보회사등이 개인신용정보에 대한 익명처리가 적정하게 이루어졌는지 여부에 대하여 금융위원회에 심사를 요청할 수 있고(동법 제40조의2제3항), 금융위원회가 이러한 요청에 따라 심사하여 적정하게 익명처리가 이루어졌다고 인정한 경우에는[34] 더 이상 해당 개인인 신용정보주체를 알아볼 수 없는 정보인 익명정보로 추정(推定)[35]한다고 규정하고 있다(동법 제40조의2제4항). 그리고 신용정보법은 신용정보회사

---

34) 한편 신용정보법은 금융위원회는 이 법 제40조의2제3항의 심사 및 제40조의2제4항의 인정 업무에 대해서는 대통령령으로 정하는 바에 따라 제26조의4에 따른 데이터전문기관에 위탁할 수 있다고 규정하고 있다(신용정보법 제40조의2제5항).
35) 추정(推定)은 반대의 증거가 제출되면 법률이 정한 효력을 면할 수 있는 것이다. 반대의 증거가 제출

등은 개인신용정보를 익명처리한 경우 다음, 1. 익명처리한 날짜, 2. 익명처리한 정보의 항목, 3. 익명처리한 사유와 근거의 구분에 따라 조치 기록을 3년간 보존하여 한다고 규정하고 있다(동법 제40조의2제8항).

나 익명처리: 연결 가능성, 추론 가능성, 선별 가능성

개인정보가 익명처리를 통해 익명정보로 변환되었는지를 판단하기 위해서는 앞에서 설명한 연결 가능성(Linkability), 추론 가능성(Inference), 선별 가능성(Single out)이 모두 고려되어야 할 것이다. 이미 설명한 바와 같이, 1. 연결 가능성(Linkability)은 특정 데이터와 특정 개인이 연결되는 것이고, 2. 추론 가능성(Linkability)은 특정 데이터로부터 특정 개인을 추론할 수 있는 것이며, 3. 선별 가능성(Single out)은 특정 데이터가 한 개인과 대응되는 것인데, 익명정보는 연결 가능성, 추론 가능성, 선별 가능성이 모두 없으므로 시간·비용·기술 등을 합리적으로 고려할 때 다른 정보를 사용하더라도 더 이상 개인을 알아볼 수 없게 된 것으로 이해된다. 〈표 4〉는 연결가능성, 추론 가능성, 선별 가능성을 고려하여 개인정보, 가명정보, 익명정보의 차이를 구분하여 설명한 것이다.

표 4　연결 가능성, 추론 가능성, 선별 가능성을 고려한 개인정보, 가명정보, 익명정보의 차이

구분	개인정보	가명정보	익명정보
연결 가능성 (Linkability)	있음	가능성 있음	없음
추론 가능성 (inference)	있음	가능성 있음	없음
선별 가능성 (Single out)	있음	있음	없음

되면 법률이 정한 효력을 부인할 수 있다는 점에서 반대의 증거 제출을 허용하지 않고 법률이 정한 효력을 당연하게 생기게 하는 간주(看做)와 구별된다. 곽윤직, 앞의 책, 박영사(2010), p41.

익명정보가 되기 위해서는 개인정보처리자(또는 신용정보회사등)와 정보주체(또는 개인인 신용정보주체)를 제외한 모든 사람인 제3자(Third party)가 합리적으로 이용할 수 있는 모든 수단을 사용하더라도 더 이상 개인을 식별할 수 없어야 하는데,36) 이러한 수단들이 합리적으로 이용할 수 있는 모든 수단 인지의 여부를 판단하기 위해서는 식별을 위해 요구되는 비용 및 시간과 같은 모든 객관적인 요소들과 함께 개인정보 또는 개인신용정보가 처리되는 시점에서의 기술 발전 추이와 적용 가능 기술 등을 종합적으로 고려해야 할 것으로 생각된다.37)

참고자료 및 질문

1. **k-익명성, l-다양성, t-근접성.** 비식별조치가 적정하게 되었는지를 평가하기 위한 방법론으로 k-익명성(Anonymity), l-다양성(Diversity), t-근접성(Closeness)이 있다. k-익명성은 개인정보보호를 위한 기본 방법론(Model)으로서 공개된 데이터 간의 연결로 인한 개인의 식별을 방지하기 위한 것으로, 예를 들면 데이터와 개인과의 관계를 1:1에서 1:k로 늘림으로써 쉽게 다른 정보로 결합하지 못하게 하는 것이다. l-다양성은 k-익명성의 취약점인 데이터 집합(Data set) 내의 개별 데이터(Record)가 다양하지 못한 정보로 구성되어 있지 않은 경우 또는 배경지식(Background knowledge)으로 인해 추론이 가능하게 됨으로써 개인정보의 식별이 되는 경우의 문제를 보완하기 위한 것으로, 예를 들면 비식별조치 과정에서 충분히 다양한(l개 이상) 시로 다른 정보를 갖도록 데이터 집합(Data set)을 구성하는 것이다. t-근접성은 l-다양성의 취약점인 정보가 특정한 값에 쏠려 있거나 데이터(Record)가 서로 비슷할 경우 추론이 가능하게 되어 개인정보가 식별되는 문제를 보완하기 위한 것으로, 예를 들면 데이터 집합(Data set)에서 특정 데이터(Record)의 분포가 전체 데이터 집합의 분포와 비교하여 특이(Outlier)하지 않도록, 즉 특정 데이터의 분포와 전체 데이터 집합에서 데이터의 분포가 t이하의 차이를 보이도록 해야한다는 것이다.

---

36) More precisely, the data must be processed in such a way that it can no longer be used to identify a natural person by using "all the means likely reasonably to be used" by either the controller or a third party. Article 29 Data Protection Working Party, Opinion 05/2014 on Anonymisation Techniques(2014), pp3~6.

37) To ascertain whether means are reasonably likely to be used to identify the natural person, account should be taken of all objective factors, such as the costs of and the amount of time required for identification, taking into consideration the available technology at the time of the processing and technological developments. EU, GDPR Preamble (26).

2. 암호화된 개인정보의 개인정보 여부(약학정보원 사건). 약학정보원 사건은 〈그림 2〉와 같이 일선 약국에 PM 2000이라는 조제료 및 복약지도료 청구 프로그램을 통해 얻게 된 환자성명, 주민등록번호, 의료기관의 명칭과 전화번호, 질병분류기호, 처방의약품의 명칭과 분량, 처방전 발급 연월일과 복용기간 등 개인정보를 약학정보원이 개인정보 의약품 관련 시장조사 회사인 한국 IMS에 대가를 받고 제공한 행위에 대한 개인정보 보호법 위반 여부가 문제 된 사안으로, 2011년 1월 동 프로그램의 업데이트 시 일선 약국에 저장된 정보를 약학정보원에 자동으로 전송하는 프로그램까지 자동으로 설치됨으로써 개인정보가 확보되었다.

| 그림 2 | 약학정보원 사건 |

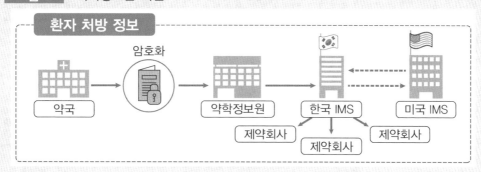

한편 약학정보원이 한국 IMS에 제공한 정보를 법원은 3단계로 나누었는데, 1단계에는 13자리 주민등록번호를 15자리 영문자로 대체한 양방향 암호화를, 2단계에는 주민등록번호를 복호화가 불가능한 SHA-512 방식으로 일방향 암호화를, 3단계에는 주민등록번호는 수집하지 않고 성명, 생년월일, 성별로 환자를 특정한 후 이를 복호화가 불가능한 SHA-512 방식으로 2기와 동일하게 일방향 암호화를 하였다. 동 사건에 대해 법원은 일방향 암호화를 통한 비식별조치를 한 2단계와 3단계의 정보는 개인정보로 볼 수 없다고 판결하였다. 즉 1단계의 정보는 양방향 암호화되었으나 양방향 암호화 방식은 암호화 규칙이 단순하여 특정한 값에 대한 다양한 추론을 통해 쉽게 복호화가 가능하고 한국 IMS 직원 1인에게 전적으로 정보접근 권한을 부여함으로써 암호화된 정보를 재식별하여 이용할 위험이 제대로 통제되고 있지 않아서 개인정보로 재식별될 가능성이 현저하다고 보았다. 이러한 1단계와 달리 2단계와 3단계의 정보는 난수를 생성하는 기법인 SHA-512 일방향 암호화를 사용함으로써 기존 1단계의 양방향 암호화에 비해 더욱 안전하고 효과적인 비식별조치가 이루어졌으며, 한국 IMS가 약학정보원으로부터 암호화 방식으로 생성된 환자의 고유번호와 이에 대응(Matching)되는 암호화 방식의 주민번호를 기재한 매칭 테이블을 제공받은 사실은 있으나 동 매칭 테이블이 제공되었더라도 한국 IMS가 암호화된 정보를 재식별할 경제적 유인이 없고 한국 IMS나 미국 IMS가 암호를 푸는 복호화를 시도하지 않았으므로 2단계와 3단계의 정보는 개인정보로 볼 수 없으며, 이를 제공한 행위는 통계작성 및

학술연구 등의 목적을 위해 필요한 경우로서 특정 개인을 식별할 수 없는 형태로 개인정보를 제공할 수 있도록 한 (구)개인정보 보호법 제18조제2항제4호에 해당되므로 정보주체나 제3자의 이익을 부당하게 침해할 우려가 없는 한 개인정보 보호법 위반에 해당되지 않는다고 판단하였다. 개인정보에 대한 판단 기준으로, 제1심인 서울중앙지방법원은 "개인정보는 해당 정보를 처리하는 자의 입장에서 특정 개인을 식별할 수 있는 정보이므로 개인정보에 암호화 등 적절한 비식별화 조치를 취함으로써 특정 개인을 식별할 수 없는 상태에 이른다면 이는 식별성을 요건으로 하는 개인정보에 해당한다고 볼 수 없으나, 다만 비식별화 조치가 이루어졌다고 하더라도 재식별 가능성이 현저하다면 적절한 비식별화 조치가 이루어지지 않은 것이다."라고 판시하였고,[38] 제2심인 서울고등법원은 "개인정보는 해당 정보를 처리하는 자의 입장에서 합리적으로 활용될 가능성이 있는 수단을 고려하여 특정 개인을 식별할 수 있는 정보이므로 개인정보에 암호화 등 적절한 비식별화 조치를 취함으로써 특정 개인을 식별할 수 없는 상태에 이른다면 이는 식별성을 요건으로 하는 개인정보에 해당한다고 볼 수 없으나, 다만 비식별화 조치가 이루어졌다고 하더라도 재식별 가능성이 합리적으로 존재한다면 적절한 비식별화 조치가 이루어지지 않은 것이다."라고 판시하였다.[39] 한편 대법원은 상고를 모두 기각하고 상고비용은 원고들이 부담한다고 선고하였다.[40][41] 이러한 약학정보원 사건에 대한 판결 등을 고려할 때 비식별 조치의 적정성을 판단하기 위한 근거는 무엇이 있겠는가?

---

38) 서울중앙지방법원 2017. 9. 11. 선고 2014가합508066, 2014가합538302(병합).

39) 서울고등법원 2019. 5. 3. 선고 2017나2074963, 2017나2074970(병합).

40) 대법원 2024. 7. 11. 선고 2019다242045, 2019다242052(병합).

41) 개인정보보호법 위반 혐의를 받았던 대한약사회와 약학정보원 전직 임원들이 모두 무죄가 확정됐다. 11일 대법원은 김대업 전 약사회장과 양덕숙 전 약정원장 등에 대한 2심 무죄 판결을 그대로 인용했다. 이날 대법원 제2부는 "상고의 주장을 모두 기각한다"고 선고했다. 2013년 압수수색 이후 확정 판결까지 만 11년이 소요된 사건이다. 앞서 2심에서도 재판부는 약정원과 한국IMS, 지누스 등에 대한 개인정보보호법 소송에서 무죄를 선고했었다. 당시 재판부는 "적절한 수준의 비식별화에 대해서는 일부 과실을 인정하지만, 복호화에 대한 인식과 의사가 인정되지 않는다"면서 "사건 당시엔 개인정보 비식별화 지침이 없었고, 이후 지침에서도 복호화 가능한 양방향 암호도 인정한다"며 검찰의 항소를 받아들이지 않는다고 판시했다. 2심 선고가 내려진 2021년 김대업 전 약사회장은 "사필귀정이다. 의약품 빅데이터를 통한 제약산업 발전에 기여하려는 선도적 노력을 개인정보 유출이라고 몰아서 시작된 검찰의 무리한 압수수색과 기소가 이뤄진 후 8년이 지났다"며 "개인의 명예훼손과 경제적, 심리적 피해가 크다. 검찰의 반성이 필요하다"고 평가했었다. 강혜경 데일리팜 기자, 약정원-IMS 개인정보보호법 위반 사건 11년만에 무죄 확정, 2024. 7. 11. (https://www.dailypharm.com/Users/News/NewsView.html?ID=313496).

개인정보의 규제근거와 개인정보 보호법 해석의 기본철학

1. 개인정보의 규제근거

개인정보는 사생활의 비밀과 자유인 Privacy의 보호와 필수 불가결한 관계가 있는 것으로 이해된다. 이러한 Privacy의 보호를 위해서는 비밀보장이 요구되는데, 과거에도 고해성사의 봉인(Seal of the confession)과 같은 비밀보장과 관련된 특별한 영역이 존재해 왔고 또한 산업혁명 이후 19세기부터 은행가, 법률가, 성직자, 우편 및 통신 서비스 종사자 등 다양한 직업군에게 취득한 개인정보에 대한 보호 관련 의무와 특권이 부여되었다. 이러한 개인정보의 보호는 개인과 사회에 모두 유익한 것으로 인정되었으며,[42] 2차 세계 대전 이후 개인정보와 Privacy 관련 권리들은 「UN ICCPR(International Covenant on Civil and Political Rights, UN 인권 및 정치적 권리에 대한 국제협약)」, 「EU ECHR(European Convention on Human Rights, 유럽 인권협약)」 등에 규정되어 왔다.

특히, 개인정보에 대한 보호는 최근 통신과 컴퓨터 기술의 발전 등으로 인해 별도로 구별되는 새로운 고유한(Sui generis) 권리로서 인정되고 있다.[43] 우리나라의 헌법재판소도 주민등록법 제17조의8 등에 대한 위헌법률심판[44]에서 개인정보자기결정권에 대해 "인간의 존엄과 가치, 행복추구권을 규정한 헌법 제10조 제1문에서 도출되는 일반적 인격권 및 헌법 제17조의 사생활의 비밀과 자유에 의하여 보장되는 개인정보자기결정권은 자기에 관한 정보가 언제 누구에게 어느 범위까지 알려지고 또 이용되도록 할 것인지를 그 정보 주체가 스스로 결정할 수 있는 권리이다. 즉, 정보주체가 개인정보의 공개와 이용에 관하여 스스로 결정할 권리를 말한다. 개인정보자기결정권

---

42) 예를 들면, 만일 개인의 비밀과 같은 개인정보가 보호되지 않는다면 성병이나 정치적 또는 종교적 극단주의 확산을 막기 위해 개인들이 당국에 필요한 정보를 공개하거나 도움을 요청하는 것을 꺼리게 될 것이고 이로 인해 공중 보건 및 사회적 편익이 훼손될 것이다.
43) Douwe Korff and Marie George, DPO Handbook(2016), pp8~10.
44) 헌법재판소 2005. 5. 26. 선고 99헌마513.

의 보호 대상이 되는 개인정보는 개인의 신체, 신념, 사회적 지위, 신분 등과 같이 개인의 인격 주체성을 특징짓는 사항으로서 그 개인의 동일성을 식별할 수 있게 하는 일체의 정보라고 할 수 있고, 반드시 개인의 내밀한 영역이나 사사(私事)의 영역에 속하는 정보에 국한되지 않고 공적 생활에서 형성되었거나 이미 공개된 개인정보까지 포함한다. 또한, 그러한 개인정보를 대상으로 한 조사 · 수집 · 보관 · 처리 · 이용 등의 행위는 모두 원칙적으로 개인정보자기결정권에 대한 제한에 해당한다."고 판시함으로써 개인정보자기결정권을 헌법의 명시되지 아니한 독자적 기본권으로 인정하고 있다.

한편, 사생활의 비밀과 자유인 Privacy에 관한 권리는 미국의 판사 Thomas M. Cooley가 혼자 있을 권리(Right to be alone)로 명명(命名)한 것으로부터 출발하여 미국의 판사인 Samuel D. Warren과 미국 연방대법원 대법관인 Louis D. Brandeis가 공동으로 쓴 논문이 The Right to Privacy[45]에서 보다 구체적으로 체계화되었고, 현대의 Privacy에 관한 권리는 통신과 컴퓨터 기술 발전에 따라 대량의 개인정보들이 처리될 수 있게 됨으로써 과거의 소극적인 Privacy에 관한 권리에서 개인이 적극적으로 자신의 개인정보를 통제할 수 있도록 하기 위한 개인정보자기결정권으로 발전되게 되었다고 하겠다. 즉 발전된 통신과 컴퓨터 기술을 통해 대량으로 집적된 개인정보가 심리학과 마케팅 기법 등을 통해 발전된 데이터 분석기술과 인터넷 플랫폼들을 통해 과거에 볼 수 없었던 개인의 선택과 행동에 대한 조작과 조종이 가능해질 수 있게 됨으로써 개인정보자기결정권의 중요성이 커지고 있다고 생각된다.

이러한 현실에 대응하기 위해 EU의 GDPR(General Data Protection Regulation)과 같이 일반 개인정보 보호법을 제정하여 운영하는 국가들도 있으나 미국과 같이 국가 전체적으로 통용되는 일반 개인정보 보호법이 없이 소비자 보호(Consumer protection), 의료정보(Medical information), 금융 신용정보(Financial records) 등 개별 분야의 개인정보를 분야별 개별법들을 통해 규제하고 있는 나라도 있다.

한편, 개인정보의 보호를 중시하는 입장 이외에도 통신과 컴퓨터 기술의 발전을 바탕으로 개인정보의 집적과 빅데이터(Big Data)의 분석 등을 통해 새로운 시장과 산업을 창출하자는 개인정보 활용의 중요성과 필요성을 강조하는 입장 또한 설득력을

---

45) Samuel D. Warren and Louise D. Brandeis, The Right to Privacy, 4 Harv. L. Rev. 193(1890), p195.

얻고 있다고 하겠는데, 데이터는 21세기의 새로운 원유(原油)로서 AI(Artificial Intelligence, 인공지능), 빅데이터(Big data) 분석, 클라우드(Cloud computing) 등 정보통신 신기술의 발전과 핀테크(Fintech) 등 새로운 데이터 경제(Data Economy)를 견인할 핵심 자원이며, 개인정보는 신기술에서 활용될 가장 중요한 데이터이므로 동 정보의 활용을 위한 개인정보보호 관련 제도설계가 필요하다는 것이다. 특히 인공지능 기술의 발전과 관련 시장 및 산업의 활성화를 위해서는 개인정보를 포함하는 학습데이터를 확보하고 활용하는 것이 불가피하다고 생각된다.

지난 2020년 2월 데이터 3법(개인정보 보호법, 정보통신망법, 신용정보법)을 개정함으로써 가명정보의 개념 도입과 가명정보의 결합근거 마련 및 개인정보의 수집을 위한 동의 없이도 처리할 수 있는 개인정보의 범위를 수집목적과 합리적 관련 범위 내에서 확대하도록 포함한 것 등은 개인정보 활용의 필요와 중요성을 강조하는 입장이 반영된 것으로써 향후 개인정보의 활용을 위한 중요한 제도적 기반이 될 것으로 생각되며 앞으로도 데이터 활용 제고를 위한 제도의 개선 노력은 지속되어야 할 것이다.

2. 개인정보 보호법 해석의 기본철학: 보호인가? 또는 활용인가?

앞에서 설명한 바와 같이 개인정보를 바라보는 두 가지 시각은 보호(保護)와 활용(活用)으로 대별(大別)된다고 하겠으며, 개인정보 보호법 해석의 기본철학은 이러한 보호와 활용에 있다고 생각된다. 통신과 컴퓨터 기술의 발전으로 대규모의 개인정보가 집적되고 심리학과 컴퓨터 공학 등을 통해 발전된 데이터 처리기술로 인해 과거와 달리 데이터를 처리할 수 있는 능력이 비약적으로 증대하여 개인정보의 오남용(誤濫用) 위험이 커지고 있는 것은 사실이라 하겠다. 예를 들면, 외부인에 의한 해킹(Hacking)이나 내부 직원의 고의 또는 과실로 인해 개인정보가 유출될 경우 이로 인한 이차적(二次的)인 경제상의 피해가 일어날 수 있으며, 정보주체 또는 개인인 신용정보주체가 개인정보의 수집과 이용에 동의하였어도 앞서 설명한 정보통신 기술의 발전으로 인해 개인정보들이 결합과 분석되어 동의한 범위 이상으로 개인정보가 오남용될 수 있는 위험성도 증가하고 있다. 즉, 통신과 컴퓨터 기술의 발전으로 정보주체 또는 개인인

신용정보주체의 개인정보자기결정권이 형해화(形骸化)될 가능성이 커지고 있다.

그러나 이러한 문제점 등으로 인한 개인정보 보호의 필요성과 함께 개인정보 활용의 중요성이 증대되고 있는 점 또한 주지의 사실이라 하겠다. 개인정보는 IoT(Internet of Things, 사물인터넷), AI(Artificial Intelligence, 인공지능), 클라우드(Cloud computing), 빅데이터(Big data) 분석 등 데이터를 활용하는 기술의 핵심 자원으로서 새로운 데이터경제(Data Economy)를 창출하는 촉매(觸媒)이며 제4차 산업혁명의 판도를 바꿀 게임체인저(Game changer)로서 세계 각국은 개인정보의 보호와 함께 개인정보의 활용을 확대하기 위한 관련 법과 제도의 정비를 진행하였거나 진행하고 있는 것으로 파악된다. 한편, 이론적으로는 개인정보의 보호와 활용의 조화를 통해 개인정보 보호법을 해석해야한다고 하겠으나 현실적으로는 개인정보의 보호와 활용 중 어느 한 측면을 더욱 고려해야 하는 상황이 흔한 것이 현실이라 하겠다. 개인정보 관련 정책 담당자들과 법률가들은 이러한 현실을 바탕으로 개인정보의 보호와 활용을 비교형량(比較刑量)하여 개인정보 보호법을 해석하는 것이 요구되며, 이러한 개인정보의 보호와 활용은 모든 개인정보 관련 법령 해석의 시발점(始發點)과 기본철학이 된다고 생각한다.

참고자료 및 질문

1. **Why Privacy Matters(왜 프라이버시가 중요한가).** 미국 Washington University School of Law의 Neil Richards 교수가 쓴 Why Privacy Matters라는 저서에 우리가 개인정보를 보호하는 이유에 대해 생각할 만한 점이 기술되어 있는데, 이 책은 개인정보를 보호하는 이유를 권력(Power)의 문제로 해석하고 있다. 우선 Privacy를, 1. Information about, 2. Human that is, 3. Used as well as known and is, 4. A matter of degree로 정의하고 있는데[46], 즉 Privacy(사생활의 비밀과 자유)는 사람에 관한 정보를 이용했거나 이용하는 것 또는 알았거나 알고 있는 것에 관한 문제로서, 이러한 Privacy는 절대적인 것이 아닌 정도의 문제라는 것이다. 즉 Privacy는 상황과 시점에 따라 사적(Private) 또는 공적(Public)인 것으로서 보호의 대상이 되기도 되지 않기도 한다는 것이다. 또한 Privacy에 대해, 1. Privacy is fundamentally about power, 2. Struggles over privacy are in reality struggles over the rules that constrain the power that human information confers, 3. Privacy rules of some sort are inevitable, 4. So privacy should be thought of instrumental terms to promote human values라고 설명하고 있는데,[47] Privacy는 근본적으로 권력에 대한 문제이며, 현실에 있어서 Privacy를 담보하기 위한 노력은 앞서 설명한 사람의 정보로 인해 생기는 권력을 통제하기 위한 규칙에 대한 노력이고

이러한 Privacy에 대한 규칙은 불가피한 측면이 있으므로, 이러한 Privacy는 인간의 가치를 증진하기 위한 도구가 되어야 한다는 것이다. 즉 사람들은 사회적인 존재이므로 생래적으로 숨기기를 원하고 숨길 수밖에 없는 개인적인 비밀이 있으며, 이러한 비밀은 약점으로 권력의 통제 수단으로 이용될 수 있으므로, 인간의 가치를 높이기 위해서 이러한 권력의 Privacy 오남용을 막기 위한 법과 제도를 만드는 것이 현실적 노력이라는 것이다. 이러한 현실적인 노력이 필요한 것은 과거의 Privacy는 국가로부터의 사생활의 비밀과 자유를 의미했으며 이러한 점을 고려하여 법과 제도가 구성되었으나, 지금의 Privacy는 개인정보를 활용하는 대규모 플랫폼 사업자의 등장 등으로 인해 국가 이외의 자들로부터의 사생활의 비밀과 자유를 보호하는 것이 중요해졌음에도 불구하고 법과 제도가 미흡하기 때문이라는 것이다. 마지막으로 인간의 자유(Freedom), 개인의 독자성(Identity) 사회적 신뢰(Trust)를 유지하기 우리는 좋은 Privacy rule을 만들어야 한다고 Neil Richards는 의견을 제시하고 있다.

2. **EU GDPR(General Data Protection Regulation, EU의 일반 개인정보 보호법).** EU(European Union)의 개인정보보호에 대한 일반법인 GDPR(General Data Protection Regulation)은 2016년 제정되어 2018년 5월부터 시행되고 있다. GDPR은 1995년부터 시행되던 기존 Data Protection Directive(개인정보 보호지침)를 상향입법한 것이다. 우선 EU 법체계의 Directive와 Regulation 간의 차이점을 이해할 필요가 있는데 Directive는 EU 내의 개별 회원국들에 대한 직접적인 구속력이 없어 EU 개별 회원국들은 Directive의 내용을 반영하여 각각 입법을 하거나 기존 법을 개정해야 하는 반면, Regulation은 EU 내의 개별 회원국들에게 직접적인 구속력을 갖게 되는 점에서 큰 차이가 있다고 하겠다. 한편 GDPR은 자연인에 관한 기본권과 자유를 보호하고 EU 역내(域內)에서의 개인정보의 자유로운 이동을 보장하기 위한 것을 목적으로 하며(GDPR Article 1), 서문(Preamble) 173항과 총 11장(Chapter)[48] 99조(Article)로 구성되어 있다. GDPR은 EU 내에 사업장(Establishment)을 운영하며 개인정보를 처리하거나 EU 시민에게 재화, 서비스를 제공 또는 EU 시민의 EU 내의 행동을 모니터링하는 경우 적용대상이 되는데(GDPR Article 3), 즉 GDPR은 국적이 아닌 정보주체의 위치를 기준으로 적용되는 것으로 이해된다. 또한 GDPR은 개인정보 처리의 7가지 원칙으로, 1. 적법성과 공정성 및 투명성, 2. 목적의 제한, 3. 개인정보 처리의 최소화, 4. 정확성, 5. 보유기간의 제한, 6. 무결성과 기밀성, 7. 책임성을 제시하고 있다(GDPR Article 5). 한편 GDPR은 과징금(Administrative fines)을 대폭 상향하였는데, 1. 일반적인 위반의 경우 전 세계 연간 매출액의 2% 이내 또는 1천만 유로 이내 중 높은 금액을, 2. 중대한 위반의 경우 전 세계 연간 매출액의 4% 이내 또는 2천만 유로 이내 중 높은 금액을 과징금으로 부과할 수 있도록 하였다(GDPR Article 83).

3. **EU Artificial Intelligence Act(EU의 인공지능법).** EU(European Union)의 인공지능에 대한 일반법인 EU 인공지능법(EU Artificial Intelligence Act)은 2024년 3월 EU의 입법기관인 유럽 의회

(European parliament)를 통과하고 2024년 5월 EU의 집행기관인 유럽연합 이사회(Council of the European Union)의 승인을 받아 2024년 8월 발효되었다. EU 인공지능법의 시행일은 발효일로부터 2년 후인 2026년 8월이나 일부 조항들은 시행이 순차적으로 진행된다. 우선 발효 6개월 후인 2025년 2월에는 제1장인 총칙(General Provisions)과 제2장인 금지된 인공지능 관행(Prohibited Artificial Intelligence Practices)이 시행되고 발효 1년 후인 2025년 8월에는 제3장인 고위험 인공지능 시스템(High-Risk AI System) 중 제4절인 통보기관과 피통보대상(Notifying authorities and notified bodies), 제5장인 범용 인공지능 모형(General-Purpose AI Models), 제7장인 거버넌스(Governance), 제12장인 벌칙(Penalties) 중 제101조인 범용 인공지능 모형의 제공자(공급자)에 대한 벌금(Fines for Providers of General-Purpose AI models)은 제외하고 제12장과 제78조인 비밀준수(Confidentiality)가 시행되는 한편 마지막으로 이 법 제6조제1항인 고위험 인공지능 시스템의 분류규칙(Classification rules for High-Risk AI systems) 및 이 규정에 상응하는 의무들은 3년 후인 2027년 8월부터 시행되게 된다(EU AI Act Article 113). EU 인공지능법은 서문(Preamble) 180항과 총 13장(Chapter)[49], 113조(Article) 및 13개의 부속서(Annex)로 구성되어 있다. EU 인공지능법은 세계 최초로 인공지능 규제를 위해 마련된 포괄적인 법체계로서 EU GDPR이 전 세계 개인정보 보호법 체계와 규제에 지대한 영향을 미친 것과 같이 다른 국가들의 인공지능의 규제에 큰 영향을 미칠 것으로 생각된다. EU 인공지능법은 위험기반(Risk-based) 규율체계로의 특징을 보이고 있는데 동법은 인공지능에 대한 위험을 수용 불가(Unacceptable risk), 고위험(High-Risk), 제한된 위험(Limited risk), 최소위험(Minimal risk)의 4가지 단계로 구별하고 규제 내용과 수준이 다르게 적용되도록 입법되었다. 한편 EU 인공지능법은 개인정보 보호에 대한 기본권은 특히 유럽 의회와 이사회의 규정인 EU GDPR에 따라 보호된다고 규정하고 있다.[50]

4. EU Digital Service Act(EU의 디지털 서비스법). EU(European Union)의 디지털 서비스법은 온라인 플랫폼 서비스 제공자의 정보서비스에 대한 투명성을 강화하고 온라인 플랫폼 서비스 이용자들의 개인정보를 보호하기 위한 것으로 2020년 12월 발의되어 2022년 7월 유럽 의회(European parliament)를 통과하였고 2023년 8월부터 시행되었다.[51] EU 디지털 서비스 법은 디지털 온라인 환경의 도래와 온라인 플랫폼의 세계화로 인해 나타나고 있는 개인정보의 유출, 불법 콘텐츠와 가짜 뉴스의 확산 등의 문제를 해결하고 디지털 서비스 이용자의 기본권을 보장하기 위하여 제정된 것으로 이해된다. EU 디지털 서비스법은 정보전송 방식과 기능에 따라 단순 전달 서비스(Mere conduit service), 캐싱 서비스(Caching service), 호스팅 서비스(Hosting service), 온라인 플랫폼(Online platform), 초대형 온라인 플랫폼·초대형 온라인 검색엔진(Very large online platform·Very large search engine)으로 대상 사업자를 분류하고 있다. 또한 EU 디지털 서비스법은 다크패턴(Dark pattern)[52] 금지, 미성년자에 대한 온라인 맞춤형 광고 규제, 민감정보를 활용한 이용자 타켓팅(Targeting) 광고 금지와 같은 온라인 광고의 투명성 향상, 추

천 시스템의 투명성 적용 확대 등 강화된 투명성 의무 부여와 개인정보 유출, 저작권 침해, 불법적 혐오 표현 등 EU의 법에 저촉되는 불법 콘텐츠에 대한 대응 의무 강화 등의 내용을 포함하고 있다.

5. EU Digital Market Act(EU의 디지털 시장법). EU(European Union)의 디지털 시장법은 개인정보 보호의 강화, 이용자 데이터에 대한 접근성 제고, 보다 경쟁적이고 공정한 디지털 산업과 시장환경의 조성을 위한 것으로서 2020년 12월 발의되어 2022년 7월 유럽 의회(European parliament)를 통과하였고 2024년 3월부터 시행되었다.[53] EU 디지털 시장법은 이용자의 수, 시장 영향력 등 여러 기준에 따라 대형 온라인 플랫폼을 게이트 키퍼(Gate keeper)로 정의하고 구체적인 준수사항들을 제시하고 있는데, 게이트 키퍼는 시장에 대한 영향력이 큰 기업으로서 EU 역내 시장에 상당한 영향을 미치며 최종 이용자에게 도달하는 중요한 통로(Gateway)의 역할을 하는 핵심 플랫폼 서비스를 운영하는 한편 견고하고 지속적인 지위를 보유하거나 장래에 이러한 지위를 보유할 것으로 예상되는 경우 지정되는 것으로 이해된다. 또한 EU 디지털 시장법은 타 기업에 대한 공정한 서비스 접근을 보장하기 위한 결합판매 · 자사우대 · 최혜국 대우 요구의 금지 확대, 광고주에 대한 광고효과 측정에 필요 데이터 제공, 이용자의 동의 없는 게이트 키퍼 자체의 서비스 · 플랫폼 간 이용자 데이터 공유 금지 등의 내용을 포함하고 있다.[54]

---

46) Neil Richards, Why privacy matters, Oxford University Press(2022), p22.
47) Neil Richards, *ibid*, p39.
48) 총 11장의 구체적인 내용을 설명하면, 1. 제1장은 총칙(General Provisions)으로 목적, 적용범위와 정의규정을, 2. 제2장은 원칙(Principle)으로 개인정보처리원칙, 처리의 적법성, 동의의 유효요건, 아동정보, 개인정보 보호법 및 범죄정보의 처리원칙을, 3. 제3장은 정보주체의 권리(Rights of the data subject)로 모든 통지 및 양식의 투명성을 보장하기 위한 개인정보처리의 투명화, 열람, 정정 및 삭제 요구권, 처리 제한권, 정보이동권, 반대권, 프로파일링 거부권을, 4. 제4장은 개인정보처리자와 개인정보취급자(Controller and Processor)로 Privacy by Design and Default, 대리인 지정, 처리활동 기록, 감독당국 협력 등 일반의무, DPIA(Data Protection Impact Assessment, 개인정보 영향평가) 및 사전협의, DPO(Data Protection Officer, 개인정보보호책임자) 지정, 행동규약 및 정보보호 인증을, 5. 제5장은 제3국 또는 국제기구로의 개인정보 이전(Transfers of personal data to third countries or international organisations)으로 적정성 결정(Adequacy Decision), 적절한 안전장치, BCRs(Binding Corporate Rules, 구속력 있는 기업규칙)을, 6. 제6장은 독립된 감독 당국(Independent Supervisory Authorities)의 독립성과 권능, 직무 권한을, 7. 제7장은 협력과 일관성(Cooperation and consistency)으로 총괄 감독기구인 EDPB(EU Data Protection Board, EU 개인정보 보호 이사회)와 EU 회원국 개별 개인정보 감독당국 간의 협력, 동 감독당국들 간 지원 및 공동 활동, EDPB의 독립성과 직무를, 8. 제8장은 구제, 법적 책임 및 벌칙(Remedies, liability and penalties)으로 민원제기권, 개인정보주체의 대리, 사법적 구제절차, 과징금(Administrative fines) 및 벌칙 등을, 9. 제9장은 특정한 처리상황에 대한 규정(Provisions relating to specific processing situations)으로 표현의 자유와 개인정보 보호, 공공 자료에 대한 접근, 개인식별 번호 처리, 고용 관련 개인정보 보호, 공공의 이익과 과학기술 및 역사와 통계적 목적을 위한 개인정보 처

리 특칙을, 10. 제10장은 위임입법과 이행입법(Delegated acts and implementing acts)으로 위임사항과 전문위원회 구성을, 제11장은 최종규정(Final provisions)으로 경과규정과 부칙을 규정하고 있다. ITGP, EU GDPR: An implementation and compliance guide(3rd Ed, 2019), pp1~4.

49) 총 13장의 구체적인 내용을 설명하면, 1. 제1장은 총칙(General Provisions)으로 목적, 적용범위와 정의규정, 인공지능 리터러시(AI literacy)를, 2. 제2장은 금지된 인공지능 관행(Prohibited AI Practices)으로 금지되는 인공지능 업무를, 3. 제3장은 고위험 인공지능 시스템(High-Risk AI Systems)으로 고위험 인공지능 시스템의 분류, 요건, 제공자(공급자)와 배포자(활용자) 및 기타 당사자의 의무, 통보기관과 피통보대상, 표준과 적합성 평가 및 인증과 등록 등을, 4. 제4장은 일부 인공지능 시스템 공급자(제공자)와 활용자(배포자)의 투명성 의무(Transparency obligations for providers and deployers of certain AI systems)로 사람과 상호작용하는 인공지능 시스템, 생성형 인공지능시스템(범용을 포함), 딥페이크를 생성하는 인공지능 시스템 배포자(활용자)의 의무 등을, 5. 제5장은 범용 인공지능 모형(General-Purpose AI Models)으로 분류규칙, 범용 인공지능 모형 공급자(제공자)와 시스템적인 위험을 갖는 범용 인공지능 공급자(제공자)의 의무, 실행 규범 등을, 6. 제6장은 혁신지원을 위한 조치(Measures in Support of Innovation)로 인공지능 규제 샌드박스의 구성과 기능, 인공지능 규제 샌드박스에서 공익을 위한 특정 인공지능 시스템 개발을 위한 개인 데이터의 추가 처리, 고위험 인공지능 시스템의 현장 실증, 인공지능 개발 스타트업과 중소기업를 위한 지원 조치 등을, 7. 제7장은 거버넌스(Governance)로 인공지능 사무소, 인공지능 위원회의 설립과 구조, 자문 포럼, 독립된 전문가로 구성된 과학 패널, 회원국 국내 관할 당국의 지정 등을, 8. 제8장은 고위험 인공지능 시스템을 위한 EU 데이터베이스(EU Database for High-Risk AI Systems)로 부속서(Annex) 3에 해당하는 고위험 인공지능 시스템을 위한 EU 데이터베이스의 구축과 운영을, 9. 제9장은 사후 시장관찰과 정보 공유 및 시장 감독(Post-market monitoring, Information Sharing and Market Surveillance)으로 고위험 인공지능 대상의 사후 시장 모니터링, 중내한 사고에 대한 보고와 집행 및 상호원조, 범용 인공지능 모형 공급자(제공자)에 대한 감독, 조사, 관철과 집행 등을, 10. 제10장은 행동강령과 지침(Codes of Conduct and Guidelines)으로 구체적 요건의 자발적 적용(준수)을 위한 행동강령과 EU 인공지능법 집행을 위한 집행위원회의 지침 등을, 11. 제11장은 권한의 위임과 위원회의 절차(Delegation of Power and Committee Procedure)로 위임의 행사, EU 27개 회원국의 대표와 집행위원회 의장인 조직 등을 포함하는 위원회의 절차 등을, 12. 제12장은 벌칙(Penalties)으로 벌금, EU 행정기관에 대한 과태료, 과징금 등을, 13. 제13장은 최종규정(Final provisions)으로 경과규정과 부칙을 규정하고 있다.

50) The fundamental right to the protection of personal data is safeguarded in particular by Regulations (EU) 2016/679 and (EU) 2018/1725 of the European Parliament and of the Council and Directive (EU) 2016/680 of the European Parliament and of the Council. EU AI Act Preamble (10).

51) 지난 8. 25. EU의 디지털서비스법(Digital Services Act, 이하 "DSA")이 예정대로 시행되었습니다. 2020. 12. EU 집행위원회가 제안하고, 2022. 7. 의회의 최종승인을 받아 약 3년의 시간이 지난 후 시행된 것이지만, 각종 디지털 사업자들을 대상으로 광범위한 규제와 높은 과징금 부과 제도를 갖추고 있어 그 파급효과가 어디까지 미칠지 예상하기 어렵습니다. 게다가 이번 시행은 선제적으로 거대 규모의 빅테크 기업들을 대상으로 적용되는 것이고, 내년부터는 규모와 관계없이 적용될 예정입니다. 더 이상 디지털 세계는 일상과 떼려야 뗄 수 없는 곳이 된 만큼, EU에서 시행되는 법률이지만 이미 EU 외 지역에까지 영향력을 행사할 것이라는 예측이 나오고 있습니다. 법률신문, EU Digital Services Act (DSA) 본격 시행, 2024.8.30. (https://www.lawtimes.co.kr/LawFirm-NewsLetter/191283).

52) 다크패턴(Dark Pattern)이란 이용자를 속이기 위해 교묘하게 설계된 사용자 인터페이스(UI)를 말한

다. 애플리케이션(앱)이나 쇼핑몰 등 웹사이트에서 이용자를 상대로 무료 또는 할인 가격으로 서비스를 제공한 뒤, 사전고지 없이 자동 결제를 하는 식이다. 이렇게 소비자를 기만하기 때문에, 다크패턴은 '눈속임 설계'라고도 부른다. 이런 눈속임 설계의 또 다른 사례로는 이용약관 글씨 크기를 조정해, 소비자가 제대로 된 판단을 할 수 없게 유도하는 경우도 있다. 예컨대 사업자에 유리한 선택지는 눈에 잘 보일 수 있도록 큰 문자, 화려한 색상으로 표기하고, 소비자에게 불리한 선택지는 잘 안 보이게 해놓는 식이다. 여기에 '마케팅 알람 수신'을 기본으로 설정하게 한 뒤, 지속해서 메시지를 보내는 유형의 앱도 있다. 한국소비자원 자료에 따르면 다크패턴 소비자 피해상담 건수는 2017년 36건에서 2021년 51건(42%)으로 늘었다. 피해 유형별로는 소비자의 의사에 반한 자동결제가 97건으로 가장 많았다. 온라인 콘텐츠 등의 이용해지 방해(80건), 가격 총액을 제대로 표시하지 않는 행위(16건), 상품이 1개 밖에 남아 있지 않다고 하여 소비자에게 구매 충동을 일으키게 하는 압박 판매(11건) 순이었다. 반면 다크패턴 피해에 대한 구제는 같은 기간 22건으로 전체 피해상담 건수의 10%에 불과했다. 소비자원 관계자는 "다크패턴은 소비자가 독립적이고 자율적인 의사결정을 하지 못하도록 정보의 비대칭, 정보의 제한 등을 이용한다는 점이 특징"이라고 설명했다. 한승곤 아시아 경제 기자, [뉴스속 용어]눈속임 설계 '다크패턴', 2023.1.12.(https://www.asiae.co.kr/article/2023011209114539856).

53) 유럽연합(EU) 27개국 전역에서 7일(현지시간)부터 이른바 '빅테크 갑질'을 규제하는 디지털시장법(DMA)이 전면 시행된다. DMA는 거대 플랫폼 사업자의 시장 지배력 남용을 방지하고자 일정한 규모의 플랫폼 사업자를 '게이트 키퍼'로 지정, 특별 규제하는 법이다. DMA는 거대 플랫폼 사업자의 시장 지배력 남용을 방지하고자 일정한 규모의 플랫폼 사업자를 '게이트 키퍼'로 지정, 특별 규제하는 법이다. 구글 모회사 알파벳, 틱톡 모회사 바이트댄스를 비롯해 아마존, 애플, 메타, 마이크로소프트 등 6곳이 게이트 키퍼로 지정됐다. EU는 6개사가 각각 운용 중인 운영 체제, 소셜미디어(SNS), 검색엔진, 온라인 광고 서비스 등 총 20여개 서비스에 대한 별도 의무 사항을 부여했다. 우선 지정 기업들은 외부 앱 및 대체 앱스토어 설치 등 자사 플랫폼과 제3자 서비스 간 상호 운용을 허용해야 한다. 서비스 운용을 통해 획득한 데이터의 결합·이전·광고 활용 행위나 자사 서비스를 경쟁업체보다 더 잘 노출되도록 하는 '우대 행위'가 금지된다. 구글, 메타처럼 여러 서비스를 운용하는 기업은 이용자 동의 없이 특정 플랫폼에서 개인정보를 획득한 뒤 이를 자사의 다른 플랫폼의 맞춤형 광고에 활용하는 관행도 규제 대상이다. 의무 위반 시 과징금 액수는 천문학적이다. 전 세계 연간 총매출액의 최대 10%가 과징금으로 부과될 수 있고 반복적으로 위반하면 이 비율이 20%까지 올라갈 수 있다. 정빛나 연합뉴스 기자, EU 디지털시장법 오늘 전면 시행…'빅테크 갑질' 막을까, 2024.3.7 (https://www.yna.co.kr/view/AKR20240306163700098).

54) 예를 들면, 게이트키퍼는 신원 확인 서비스·웹브라우저 엔진·결제 서비스 관련 기술 등을 결합 판매할 수 없고, 자사가 제공하는 재화·용역의 순위 관련 색인화(indexing)와 크롤링(Crawling)을 더 유리하게 취급해서는 안되는 한편, 순위에 투명하고 공정하며 비차별적인 조건을 적용해야 한다. 또한 게이트키퍼는 다른 사업자가 게이트키퍼의 온라인 중개 서비스를 통해 제공하는 것과 다른 가격·조건으로 최종 이용자에게 동일한 재화·용역을 제공하는 것을 방해할 수 없으며, 게이트키퍼의 운영체제·가상비서·웹브라저의 기본 설정을 최종이용자가 쉽게 변경할 수 있도록 허용하고 기술적으로 가능하게 해야 할 의무가 있는 한편, 광고주 등 에게 온라인 광고 관행에 관한 투명한 가격 및 보수 정보와 함께 성과 측정에 필요한 데이터에 대한 접근을 제공하여야 한다. 이와 함께 최종 이용자가 개별적으로 동의하지 않은 경우 개인정보를 결합하기 위해 게이트키퍼의 다른 서비스에 최종 이용자의 데이터 공유를 할 수 없다.

제 2 장

개인정보와 개인신용정보의 Life cycle에 따라 어떻게 규제하는가?

개인정보보호 관련 법률을 제정 또는 개정하는 입법자나 이러한 법률에 따라 규제를 집행하는 행정가 등은 금융, 의료, 교육 등 개별 분야별로 개인정보보호 관련 규정을 두는 경우가 많다. 그러나 인터넷을 통한 온라인 또는 온라인이 아닌 오프라인이건 금융, 의료, 교육 등 개별 분야이든지 유사한 개인정보의 Life cycle(생애주기(生涯週期))을 갖는 점을 고려하여 입법이나 행정을 하는 것이 필요하고 요구된다고 하겠다.

개인정보 또는 개인신용정보는 개인정보처리자나 신용정보회사등에 의해 정보주체 또는 개인인 신용정보주체의 동의 등을 통해 수집되어 수집된 목적 범위 내에서 이용되고, 수집된 개인정보나 개인신용정보는 개인정보처리자 또는 신용정보회사등의 처리와 보관을 통해 관리되는 한편, 개인정보나 개인신용정보는 제3자 등에게 제공되거나 이전되기도 한다. 마지막으로 개인정보 또는 개인신용정보는 이용 목적이 다된 경우에 파기(破棄)되게 되는데 이러한 전체의 과정이 사람의 생애주기(生涯週期)인 Life cycle과 유사하다고 하겠다. 제2장에서는 이러한 개인정보의 Life cycle에 따라 개인정보 또는 개인신용정보의 수집과 이용, 처리와 보관, 제공과 이전, 파기와 관련된 규제를 설명하고자 한다.

한편 2020년 개정된 데이터 3법(개인정보 보호법, 신용정보법, 정보통신망법) 중 오프라인을 중심으로 규율하던 개인정보 보호법은 온라인을 중심으로 규율하던 기존 정보통신망법을 특례(特例)로 흡수하는 형식으로 개정된 바 있다. 즉 2020년 데이터 3법 개정 시 기존 정보통신망법의 개인정보 보호 규정은 개정 개인정보 보호법의 특례(特例)로 편입되어 기존 개인정보 보호법의 규정과 병존(並存)하였으나, 2023년 개인정보 보호법 개정을 통해 2020년 개정된 개인정보 보호법 제6장에 있던 정보통신서비스 제공자 등의 개인정보 처리 등 특례 전체를 삭제하고 개인정보 보호법 내로 관련 규정들을 편입하였는데 이는 기존 온라인과 오프라인상의 개인정보 보호 관련 규제의 형평성(衡平性)을 제고하기 위한 것으로 이해된다.

개인정보와 개인신용정보의 수집과 이용

1. 개인정보와 개인신용정보의 수집과 이용의 의의

> 〈개인정보 보호법〉 제2조(정의) 이 법에서 사용하는 용어의 뜻은 다음과 같다.
>   2. "처리"란 개인정보의 수집, 생성, 연계, 연동, 기록, 저장, 보유, 가공, 편집, 검색, 출력, 정정(訂正), 복구, 이용, 제공, 공개, 파기(破棄), 그 밖에 이와 유사한 행위를 말한다.
>   4. "개인정보파일"이란 개인정보를 쉽게 검색할 수 있도록 일정한 규칙에 따라 체계적으로 배열하거나 구성한 개인정보의 집합물(集合物)을 말한다.
>
> 〈신용정보법〉 제2조(정의) 이 법에서 사용하는 용어의 뜻은 다음과 같다.
>   13. "처리"란 신용정보의 수집(조사를 포함한다. 이하 같다), 생성, 연계, 연동, 기록, 저장, 보유, 가공, 편집, 검색, 출력, 정정(訂正), 복구, 이용, 결합, 제공, 공개, 파기(破棄), 그 밖에 이와 유사한 행위를 말한다.

이상한 나라의 앨리스(In Alice in Wonderland)에는 하트 왕(The King of Hearts)이 흰 토끼에게 지당한 충고를 근엄하게 이야기해 주는데 "시작점에서 시작하고, 네가 갈 수 있는 끝까지 간 후 멈춰라."라는 내용이 있다.[1] 개인정보와 개인신용정보의 수집은 개인정보 Life cycle의 시작점에 해당하는 것으로서 개인정보나 개인신용정보의 수집은 정보주체나 개인인 신용정보주체로부터 직접 이름, 주민등록번호 등 고유식별정보, 주소 및 전화번호 등의 정보뿐만 아니라 정보주체나 개인인 신용정보주체에 관한 모든 형태에 관한 모든 개인정보 또는 개인신용정보를 취득하는 것이라 하겠다. 개인정보 보호법과 신용정보법은 개인정보와 개인신용정보의 수집을 개인정보와 개인신용정보 처리의 출발점으로 정하고 있다고 생각되는데, 개인정보 보호법은 처리를 개인정보의 수집, 생성, 연계, 연동, 기록, 저장, 보유, 가공, 편집, 검색, 출력, 정정(訂正), 복구, 이용,

---

1) In *Alice in Wonderland*, the King of Hearts offers sound advice to the White Rabbit: "'Begin at the beginning,' the King said gravely, 'and go on till you come to the end': then stop.'" William McGevern, Privacy and Data Protection Law, Foundation press(2016), p327.

제공, 공개, 파기(破棄), 그 밖에 이와 유사한 행위를 말한다고 규정하고 있으며(개인정보 보호법 제2조제2호), 신용정보법은 처리를 신용정보의 수집(조사를 포함한다), 생성, 연계, 연동, 기록, 저장, 보유, 가공, 편집, 검색, 출력, 정정(訂正), 복구, 이용, 결합, 제공, 공개, 파기(破棄), 그 밖에 이와 유사한 행위를 말한다고 규정하고 있다(신용정보법 제2조제13호). 한편, 뒤에서 설명하는 바와 같이 개인정보 보호법은 개인정보파일을 전제로 하여 개인정보 Life cycle에 따라 입법되었다고 생각되는데 개인정보 보호법은 신용정보법에 대한 일반법이므로 이러한 전제가 신용정보법에도 적용된다고 하겠다.

참고자료 및 질문

1. **개인정보파일.** 개인정보 보호법은 제2조제4호에서 "개인정보파일"이란 개인정보를 쉽게 검색할 수 있도록 일정한 규칙에 따라 체계적으로 배열하거나 구성한 개인정보의 집합물(集合物)을 말한다라고 정의하고 있는데(개인정보 보호법은 제2조제4호), 이러한 개인정보파일은 개인정보를 이름, 회원번호, ID 등을 색인(index)이나 검색값으로 하여 쉽게 검색할 수 있도록 체계적으로 배열·구성한 집합물을 의미한다고 하겠다. 즉 이러한 개인정보파일은 주로 컴퓨터, 하드디스크 등에 전자적 형태로 구성된 데이터베이스(Data Base, DB)로 이해되지만, 전자적 형태로 구성되지는 않았으나 체계적인 색인이나 부호 등으로 검색하기 쉽게 정리한 수기(手記) 문서자료 등도 포함된다고 이해된다.[2] 그러나 개인정보의 집합물이 아니고 여러 곳에 분산(分散)되어 있는 것과 같이 체계적으로 정리되어 있지 않다면 그것은 개인정보일 뿐 개인정보 보호법상의 개인정보파일은 아니라고 해석된다. 개인정보 보호법에서 개인정보파일의 개념이 문제가 되는 것은 후술하겠지만 개인정보 보호법은 규율 대상인 개인정보처리자에 대해 동법 제2조제5호에서 "개인정보처리자"란 업무를 목적으로 개인정보파일을 운용하기 위하여 스스로 또는 다른 사람을 통하여 개인정보를 처리하는 공공기관, 법인, 단체 및 개인 등을 말한다라고 정의하고 있기 때문이다(동법 제2조제5호). 이렇게 개인정보 보호법은 개인정보파일을 운용하는 개인정보처리자를 전제로 법의 규율 대상을 정하고 있다고 이해되나, 동법 제59조의 금지행위에서 "개인정보를 처리하거나 처리하였던 자는, 1. 거짓이나 그 밖의 부정한 수단이나 방법으로 개인정보를 취득하거나 처리에 관한 동의를 받는 행위, 2. 업무상 알게 된 개인정보를 누설하거나 권한 없이 다른 사람이 이용하도록 제공하는 행위, 3. 정당한 권한 없이 또는 허용된 권한을 초과하여 다른 사람의 개인정보를 이용, 훼손, 멸실, 변경, 위조 또는 유출하는 행위의 어느 하나에 해당하는 행위를 하여서는 아니 된다.", 즉 개인정보파일 운영을 전제로 하지 않아도 법의 규율 대상이 되도록 넓게 규정하고 있어(동법 제59조), 동일 법률 내에서 규율 대상의 범위가 다르게 되는 법적 정합성의 문제가 있다고 생각된다. 한편 개인정보파일에 대한 개념은 신용정보법과 정보통신망법에는 규정되어 있지 않으나, 개인정보 보호법은 신용정보법과 정보통

신망법에 대한 일반법이므로 개인정보파일에 대한 개념은 금융회사이든 정보통신서비스 제공자이든 상관없이 모든 개인정보처리자에게 적용된다고 하겠다. 개인정보보호법이 개인정보파일을 전제로 하고 있는 입법의 이유는 무엇이며 과연 이러한 입법이 타당하다고 생각하는지와 만일 이러한 입법에 대한 개선방안이 있다면 무엇이 가능하겠는가?

2. **쿠키(Cookies)와 ADID(광고 ID).** 통신과 컴퓨터 기술의 발달로 인해 스마트폰 앱과 인터넷을 통한 www(world wide web, 월드와이드웹) 이용이 증가함에 따라 개인정보와 Privacy 보호 관련 논란이 있는 것들이 쿠키와 ADID이다. 쿠키와 ADID는 기기 식별자로 이러한 기기 식별자는 맞춤형 1:1 Targeting 광고와 마케팅을 위해 많이 이용되고 있으며, 모바일에서는 주로 ADID가 이용되고 PC에서는 주로 쿠키가 이용되고 있다. 쿠키(Cookies)란 문장 파일(Text file)로서 인터넷 웹사이트를 운영하는 컴퓨터 서버(Server)가 동 인터넷 웹사이트를 방문하는 이용자의 컴퓨터에 심어 놓은 것인데,[3] 쿠키에는 인터넷 웹사이트 이용자가 동 사이트를 방문할 때마다 웹 응용 프로그램에서 읽을 수 있는 정보가 포함되어 있으며, 쿠키의 형태는 "Set-Cookie: name=value; expires=[Date]; domain=[Domain]; path=[Path]; [secure]"와 같으며 쿠키에는 유효기간, 패스, 도메인, 보안이 포함된다.[4] 인터넷 웹 서버는 인터넷 웹사이트의 이용자가 동 사이트에 접속(Log in)한 이후 쿠키를 동 이용자에게 전송하고 이용자의 접속에 대한 인증 (Authentication)이 필요할 때마다 확인하게 된다. 예를 들면, 인터넷 쇼핑몰인 쿠팡(Coupang)에 접속하여 관심 상품을 검색하거나 구매한 기록이 쿠키에 저장되게 되는데, 이러한 쿠키는 인터넷 웹사이트의 운영을 위해 필요한 동 사이트 이용자의 활동에 대한 정보를 확보할 수 있게 해주는 반면, 인터넷 웹사이트 이용자에게는 개인정보가 유출될 수 있는 위험이 커지게 되는 문제가 있다고 하겠다. 한편, 쿠키는 인터넷 검색 브라우징(Browsing) 시점이 완료되면 쿠키의 기능이 종료되어 더 이용될 수 없는 임시쿠키(Session Cookies)와 인터넷 웹사이트 이용자의 컴퓨터에 쿠키가 저장되어 지속하여 이용될 수 있는 영속 쿠키(Persistent Cookies)로 구분될 수 있으며, 또한 인터넷 웹사이트 이용자가 주로 이용하는 웹사이트에 의해 설정된 당사자 쿠키(First party Cookies)와 주로 이용하는 웹사이트와 연관된 다른 웹사이트에 의해 설정된 제3자 쿠키(Third party Cookies)로 구분될 수 있다. 한편 ADID(광고ID, 온라인 맞춤형 광고 식별자)는 온라인 맞춤형 광고를 통해 이용자에게 상품이나 서비스에 대한 선별적 광고와 마케팅 (1:1 Targeted marketing)을 가능하게 하는 것으로서, 모바일 앱 환경에서 구글(Google)과 애플 (Apple)은 단말기(Device) 단위로 고유성을 갖는 광고ID를 제공하는데, 구글의 플레이스토어 (Play Store)가 제공하는 광고 식별 값을 ADID, 애플의 애플스토어(App Store)가 제공하는 광고 식별 값을 IDFA(IDentity For Advertisers)라 하며, 이름은 다르나 제공목적과 기능은 유사한 것으로 이해된다. 이러한 ADID는 이용자의 웹사이트 방문 이력, 앱 사용 이력, 구매 및 검색 이력 등 이용자의 관심, 흥미, 기호 및 성향 등을 파악하고 분석을 가능하게 하는 온라인상에서 이용자의 활동과 행태정보에 대한 식별과 분석을 가능하게 하는 것이다. ADID는 이러한 행태

정보를 처리하여 이용자의 관심, 흥미, 기호 및 성향 등을 분석하고 추정한 후 맞춤형으로 제공되는 온라인 맞춤형 광고를 위한 개인정보로 이해되며, 소비자행태 심리학 등을 바탕으로 발달하고 있는 빅데이터(Big data) 분석기법과 다양한 알고리즘(Algorithm)을 통해 개인에 대한 조작 가능성과 Privacy 침해에 대한 논란을 야기하고 있다.[5] 이러한 쿠키와 ADID에 대한 바람직한 법과 제도 관련 입법정책 방안은 무엇이라고 생각하는가?

2. 정보주체와 개인정보처리자 또는 개인인 신용정보주체와 신용정보회사등

〈개인정보 보호법〉 제2조(정의) 이 법에서 사용하는 용어의 뜻은 다음과 같다.
3. "정보주체"란 처리되는 정보에 의하여 알아볼 수 있는 사람으로서 그 정보의 주체가 되는 사람을 말한다.
5. "개인정보처리자"란 업무를 목적으로 개인정보파일을 운용하기 위하여 스스로 또는 다른 사람을 통하여 개인정보를 처리하는 공공기관, 법인, 단체 및 개인 등을 말한다.

---

2) 예를 들면 인터넷 홈페이지의 회원 정보 DB, 제품발송 대장, 고객상담 기록, 행정기관의 민원사무 처리기록, 과태료 부과기록 등이 전자적으로 기록된 개인정보파일이라고 할 수 있으며, 주민자치센터에 수기로 작성된 주민등록표, 병원에서 수기로 기록한 진료기록부, 수기로 기록된 방문자 명부, 제도의 개선이나 탄원을 제기하기 위해 수기로 작성된 서명부 등 또한 개인정보파일에 포함된다.
3) William McGevern, *Ibid*, Foundation press(2016), pp328~332.
4) 김윤현, 이태승, 인터넷사이트 쿠키(Cookie)의 주요 이슈 및 취약점 분석, 한국인터넷진흥원(2014년 8월), pp80~82.
5) 이미 일상으로 자리 잡은 소셜네트워킹서비스(SNS)인 페이스북의 경우 내밀한 성향까지도 빅데이터에 의해 분석되고 있음을 알게 했다. 페이스북 화면 오른편에 뜨는 '알 수도 있는 사람'이 바로 페이스북이 빅데이터를 이용하고 있음을 보여준다. 그러나 페이스북은 여기서 한발 더 나아가 숨기고 싶은 성향조차도 분석해 '맞춤형 서비스'를 제공하고 있다. 자신이 '게이'임을 숨기며 살고 있는 맷의 사례는 인터넷 기사에 댓글 하나 쓰는 것조차 조심해야 한다는 경고로 다가온다. 지난 3월 맷은 아주 친한 친구에게 '커밍아웃'에 대한 조언을 듣고자 페이스북을 통해 메시지를 보냈다. 그랬더니 자신의 페이스북에 '커밍아웃? 도움이 필요하세요?'라는 '스폰서 스토리'가 떴다. 페이스북은 전화나 휴대폰 메시지가 아니라 '댓글'을 분석해 맷이 동성애자임을 분석해냈다. 많은 웹사이트들이 댓글 활성화를 위해 댓글을 페이스북과 연동되도록 해놨는데 이 댓글 분석을 통해 성향을 알아낸 것이다. 맷의 경우 '롭 포트만 오하이오 상원의원이 동성결혼 지지를 발표했다'는 '버즈피드'(이슈영상과 사진, 뉴스기사 등을 올리는 커뮤니티)의 기사에 댓글 2개를 단 것으로 알려졌다. 유병철 머니투데이 기자, 여고생 딸 '임신' 엄마보다 마트가 먼저안다? 빅데이터가 '돈'이다… 빅데이터 활용, 프라이버시 침해 '우려', 2013.5.19. (https://news.mt.co.kr/mtview.php?no=2013050910338060817).

〈신용정보법〉 제2조(정의) 이 법에서 사용하는 용어의 뜻은 다음과 같다.

　3. "신용정보주체"란 처리된 신용정보로 알아볼 수 있는 자로서 그 신용정보의 주체가 되는 자를 말한다.

〈신용정보법〉 제15조(수집 및 처리의 원칙) ① 신용정보회사, 본인신용정보관리회사, 채권추심회사, 신용정보집중기관 및 신용정보제공·이용자(이하 "신용정보회사등"이라 한다)는 신용정보를 수집하고 이를 처리할 수 있다.

가　정보주체와 개인정보처리자 등

(1) 정보주체와 개인정보처리자

　정보주체는 처리되는 정보에 의하여 알아볼 수 있는 사람으로서 그 정보의 주체가 되는 사람을 말하는데(개인정보 보호법 제2조제3호), 정보주체는 수집되는 개인정보의 원천(原泉)이라 하겠다. 개인정보처리자란 업무를 목적으로 개인정보파일을 운용하기 위하여 스스로 또는 다른 사람을 통하여 개인정보를 처리하는 공공기관, 법인, 단체 및 개인 등을 말하는데(동법 제2조제5호), 이는 EU GDPR의 Controller에6) 해당하는 것으로서 개인정보 보호법의 규율 대상으로 이해된다.

　앞에서 설명한 바와 같이 개인정보처리자는 업무를 목적으로 개인정보파일을 운용하는 것을 전제로 하고 있는데, 개인정보보호법은 개인정보파일이란 개인정보를 쉽게 검색할 수 있도록 일정한 규칙에 따라 체계적으로 배열하거나 구성한 개인정보의 집합물(集合物)로 규정하고 있다(동법 제2조제4호). 따라서 친목을 목적으로 지인들의 연락처를 파일형태로 수집 및 보유하고 있거나, 서면 또는 전자적 형태를 불문하고 개인정보를 파일형태로 운용하지 않는 자는 개인정보처리자에 해당하지 않는다고 해석되며, 대법원은 "개인정보처리자의 개념에 비추어 보면 피고인에게 다른 자가 운용하는 개인정보파일에 접근할 권한이 있다는 사정만으로 피고인 역시 곧바로 개인정보처리

---

6) EU GDPR은 개인정보처리자(Controller)를 다음과 같이 정의하고 있다. 'Controller' means the natural or legal person, public authority, agency or other body which, alone or jointly with others, determines the purposes and means of the processing of personal data(개인정보처리자는 자연인, 법인, 공공기관 등 독자적으로 또는 공동으로 개인정보의 처리 목적과 수단을 결정하는 주체를 의미한다). EU, GDPR Article 4(7).

자에 해당한다고 보기 어렵다."라고 판시한 바 있다.[7]

개인정보를 처리하는 공공기관은 다음, 가. 국회, 법원, 헌법재판소, 중앙선거관리위원회의 행정사무를 처리하는 기관, 중앙행정기관(대통령 소속 기관과 국무총리 소속 기관을 포함한다) 및 그 소속 기관, 지방자치단체와 나. 그 밖의 국가기관 및 공공단체 중 대통령령으로 정하는 기관인데(동법 제2조제6호), 이 법 제2조(정의)제6호나목에서 "대통령령으로 정하는 기관"이란 다음, 1. 「국가인권위원회법」 제3조(국가인권위원회의 설립과 독립성)에 따른 국가인권위원회, 1의2. 「고위공직자범죄수사처 설치 및 운영에 관한 법률」 제3조(고위공직자범죄수사처의 설치와 독립성)제1항에 따른 고위공직자범죄수사처, 2. 「공공기관의 운영에 관한 법률」 제4조(공공기관)에 따른 공공기관, 3. 「지방공기업법」에 따른 지방공사와 지방공단, 4. 특별법에 따라 설립된 특수법인, 5. 「초·중등교육법」, 「고등교육법」, 그 밖의 다른 법률에 따라 설치된 각급 학교의 기관을 말한다(동법 시행령 제2조).

(2) 개인정보취급자

개인정보 보호법에는 개인정보처리자(Controller)와 구별되는 개념으로 개인정보취급자(Processor)가 규정되어 있는데, 개인정보취급자(Processor)[8]는 개인정보처리자의 지휘·감독을 받아 개인정보를 처리하는 자로서 개인정보처리자의 임직원, 파견근로자, 시간제근로자 등이 이에 해당이 되는 것으로 이해된다. 개인정보 보호법은 개인정보처리자가 개인정보를 처리함에 있어서 개인정보가 안전하게 관리될 수 있도록 임직원, 파견근로자, 시간제근로자 등 개인정보처리자의 지휘·감독을 받아 개인정보를 처리하는 자(이하 "개인정보취급자"라 한다)의 범위를 최소한으로 제한하고, 개인정보취급자에 대하여 적절한 관리·감독을 하여야 하며(동법 제28조제1항), 개인정보처리자는 개인정보의 적정한 취급을 보장하기 위하여 개인정보취급자에게 정기적으로 필요한 교육을 실시하여야 한다고 규정하고 있다(동법 제28조제2항).

---

7) 대법원 2019. 7. 25. 선고 2019도3215.
8) EU GDPR은 개인정보취급자(Processor)를 다음과 같이 정의하고 있다. 'processor' means a natural or legal person, public authority, agency or other body which processes personal data on behalf of the controller (개인정보취급자는 개인정보처리자를 위해 개인정보처리자를 대신하여 개인정보를 처리하는 자연인, 법인, 공공기관을 의미한다). EU, GDPR Article 4(8).

2023년 개인정보 보호법 이전에는 개인정보 보호법 제39조의5(개인정보의 보호조치에 대한 특례)에서 "정보통신서비스 제공자등은 이용자의 개인정보를 처리하는 자를 최소한으로 제한하여야 한다."라고 규정하고 있었으나 온라인과 오프라인 개인정보처리자에 대한 규제 일원화(一元化)를 위해 이 법 제39조의5을 삭제하고 동법 제28조제1항에 통합한 것으로 이해된다. 한편 개인정보취급자에 대해 대법원은 "개인정보취급자란 스스로 개인정보를 처리하는 경우가 아니라 다른 사람을 통하여 개인정보를 처리하는 경우에 상응하는 개념으로서, 자신의 의사에 따라 개인정보를 처리할 수 없고 오로지 개인정보처리자의 지휘·감독을 받아 개인정보파일 운용에 직접 관여하는 행위를 하는 자를 의미한다."라고 판시한 바 있다.[9]

나 개인인 신용정보주체와 신용정보회사등

신용정보법은 신용정보주체란 처리된 신용정보로 알아볼 수 있는 자로서 그 신용정보의 주체가 되는 자를 말하고(신용정보법 제2조제3호), 개인신용정보란 기업 및 법인에 관한 정보를 제외한 살아 있는 개인에 관한 신용정보로 규정하고 있으므로(동법 제2조제2호), 개인정보 보호법과 신용정보법의 보호 대상이 되는 자는 기업 및 법인이 아닌 개인인 신용정보주체, 즉 살아있는 사람으로 해석된다.

신용정보법은 신용정보회사, 본인신용정보관리회사, 채권추심회사, 신용정보집중기관 및 신용정보제공·이용자(이하 "신용정보회사등"이라 한다)는 신용정보를 수집하고 이를 처리할 수 있다고 규정하고 있는데(동법 제15조제1항), 동법의 신용정보회사등은 개인정보 보호법의 개인정보처리자에 대응되는 규율 대상으로 이해되며, 또한 신용정보법은 금융위원회는 신용정보회사등에 데이터전문기관을 포함하여 동법 또는 동법에 따른 명령의 준수 여부를 감독한다고 규정하고 있다(동법 제45조제1항).

한편 신용정보제공·이용자는 고객과의 금융거래 등 상거래를 위하여 본인의 영업과 관련하여 얻거나 만들어 낸 신용정보를 타인에게 제공하거나 타인으로부터 신용정보를 제공받아 본인의 영업에 이용하는 자와 그 밖에 이에 준하는 자로서 대통령령으로 정하는 자를 말하는데(동법 제2조제7호), 대통령령으로 정하는 자란, 1. 「우체국예

---

9) 대법원 2020. 10. 15. 선고 2019노4259.

금·보험에 관한 법률」에 따른 체신관서, 2.「상호저축은행법」에 따른 상호저축은행중앙회, 3.「벤처투자 촉진에 관한 법률」에 따른 중소기업창업투자회사 및 벤처투자조합 및 개인투자조합, 4.「국채법」에 따른 국채등록기관, 5. 특별법에 따라 설립된 조합·금고 및 그 중앙회·연합회, 6. 특별법에 따라 설립된 공사·공단·은행·보증기금·보증재단 및 그 중앙회·연합회, 6의2. 특별법에 따라 설립된 법인 또는 단체로서, 가. 공제조합, 나. 공제회, 다. 그 밖에 이와 비슷한 법인 또는 단체로서 같은 직장·직종에 종사하거나 같은 지역에 거주하는 구성원의 상호부조, 복리증진 등을 목적으로 구성되어 공제사업을 하는 법인 또는 단체, 7. 감사인, 8. 그 밖에 금융위원회가 정하여 고시하는 자의 어느 하나에 해당하는 자이며(동법 시행령 제2조제18항), 이러한 신용정보제공·이용자에는 금융기관 이외에도 일반 기업이나 법인도 포함될 수 있는 것으로 해석된다.

(1) 신용정보회사와 본인신용정보관리회사

신용정보회사등에 포함되는 신용정보회사(CB, Credit Bureau)는 신용정보업에 대하여 금융위원회의 허가를 받은 자로서, 1. 개인신용평가회사(개인신용평가업[10] 허가를 받은 자), 2. 개인사업자신용평가회사(개인사업자신용평가업[11] 허가를 받은 자), 3. 기업신용조회회사(기업신용조회업[12] 허가를 받은 자), 4. 신용조사회사(신용조사업[13] 허가를 받은 자)의 어

---

[10] 신용정보법은 "개인신용평가업"이란 개인의 신용을 판단하는 데 필요한 정보를 수집하고 개인의 신용상태를 평가(이하 "개인신용평가"라 한다)하여 그 결과(개인신용평점을 포함한다)를 제3자에게 제공하는 행위를 영업으로 하는 것을 말한다고 규정하고 있다(신용정보법 제2조제8호).

[11] 신용정보법은 "개인사업자신용평가업"이란 개인사업자의 신용을 판단하는 데 필요한 정보를 수집하고 개인사업자의 신용상태를 평가하여 그 결과를 제3자에게 제공하는 행위를 영업으로 하는 것을 말하나, 다만「자본시장과 금융투자업에 관한 법률」(이하 약칭 "자본시장법")」 제9조제26항에 따른 신용평가업인 다음, 1. 금융투자상품, 2. 기업·집합투자기구, 3. 그 밖에 대통령령으로 정하는 자인, 가. 국가, 나. 지방자치단체, 다. 법률에 따라 직접 설립된 법인, 라.「민법」, 그 밖의 관련 법령에 따라 허가·인가·등록 등을 받아 설립된 비영리법인에 대한 신용평가업은 제외한다고 규정하고 있다(신용정보법 제2조제8호의2 및 자본시장법 제9조제26항과 동법 시행령 제14조의3).

[12] 신용정보법은 "기업신용조회업"이란 다음, 가. 기업정보조회업무(기업 및 법인인 신용정보주체의 거래내용, 신용거래능력 등을 나타내기 위하여 대통령령으로 정하는 정보인 기업신용등급 및 기술신용정보를 제외한 신용정보를 수집하고, 대통령령으로 정하는 방법인 신용정보를 금융거래 등 상거래에 활용하도록 하기 위해 신용정보회사가 아닌 자에게 제공하는 방법(다만 공시를 통해 일반 대중에 공개하는 등 금융위원회가 정하여 고시하는 방법은 제외한다)으로 통합·분석 또는 가공하여 제공하는 행위), 나. 기업신용등급제공업무(기업 및 법인인 신용정보주체의 신용상태를 평가하여 기업신용등급을 생성하고, 해당 신용정보주체 및 그 신용정보주체의 거래상대방 등 이해관계를 가지는 자에게 제공하

느 하나에 해당하는 자를 말한다(동법 제2조제5호).

본인신용정보관리회사란 본인신용정보관리업에 대하여 금융위원회로부터 허가를 받은 자를 말하며(동법 제2조제9호의3), 본인신용정보관리업이란 개인인 신용정보주체의 신용관리를 지원하기 위하여 신용정보법과 동법 시행령에서 정한 전부 또는 일부의 신용정보를 신용정보제공·이용자 또는 「개인정보 보호법」에 따른 공공기관이 보유한 개인신용정보 등을 수집하고 수집된 정보의 전부 또는 일부를 신용정보주체가 조회·열람할 수 있게 하는 방식으로 통합하여 그 신용정보주체에게 제공하는 행위를 영업으로 하는 것을 말하는 것으로 신용정보법은 규정하고 있다(동법 제2조의제9호의2 및 동법 시행령 제2조제21항). 즉 본인신용정보관리업은 EU GDPR Article 20의 데이터 이동권(Right to data portability, 또는 개인정보 이동권)에 따라 도입되고 입법된 마이데이터(My data) 사업이라 하겠다. 한편 2023년 개인정보 보호법도 기존 신용정보법의 본인신용정보관리업과 유사하게 이 법 제35조의2(개인정보의 전송 요구)에 개인정보의 전송 요구권과 동법 제35조의3(개인정보관리 전문기관)에 개인정보관리 전문기관을 입법한 바가 있다.

(2) 채권추심회사와 데이터전문기관

채권추심회사는 채권추심업에 대하여 금융위원회로부터 허가를 받은 자로서(동법 제2조제10호의2), 채권추심업이란 채권자의 위임을 받아 변제하기로 약정한 날까지 채무를 변제하지 아니한 자에 대한 재산조사, 변제의 촉구 또는 채무자로부터의 변제금 수령을 통하여 채권자를 대신하여 추심채권을 행사하는 행위를 영업으로 하는 것을 말한다(동법 제2조제19호). 신용정보집중기관은 신용정보를 집중하여 관리·활용하는 자로서 금융위원회로부터 허가받은 자를 말하는데(동법 제2조제6호), 신용정보법은 신용정보를 집중하여 수집·보관함으로써 체계적·종합적으로 관리하고, 신용정보회사등 상호 간

는 행위), 다. 기술신용평가업무(기업 및 법인인 신용정보주체의 신용상태 및 기술에 관한 가치를 평가하여 기술신용정보를 생성한 다음해당 신용정보주체 및 그 신용정보주체의 거래상대방 등 이해관계를 가지는 자에게 제공하는 행위) 각 목에 따른 업무를 영업으로 하는 것을 말하나, 다만 「자본시장과 금융투자업에 관한 법률」 제9조제26항에 따른 신용평가업은 제외한다고 규정하고 있다(신용정보법 제2조제8호의3 및 동법 시행령 제2조제19항과 제2조제20항).

13) 신용정보법은 "신용조사업"이란 제3자의 의뢰를 받아 신용정보를 조사하고, 그 신용정보를 그 의뢰인에게 제공하는 행위를 영업으로 하는 것을 말한다고 규정하고 있다(신용정보법 제2조제9호).

에 신용정보를 교환·활용(이하 "집중관리·활용"이라 한다)하려는 자는 금융위원회로부터 신용정보집중기관으로 허가를 받아야 하며(동법 제25조제1항),[14] 동법에서는 이러한 신용정보집중기관은, 1. 종합신용정보집중기관(대통령령으로 정하는 금융기관 전체로부터의 신용정보를 집중관리·활용하는 신용정보집중기관)과 2. 개별신용정보집중기관(제1호에 따른 금융기관 외의 같은 종류의 사업자가 설립한 협회 등의 협약 등에 따라 신용정보를 집중관리·활용하는 신용정보집중기관)의 구분에 따라 허가를 받아야 한다고 규정하고 있다(동법 제25조제2항).

한편 신용정보법에서는 금융위원회는 동법 제17조의2에 따른 정보집합물의 결합 및 동법 제40조의2에 따른 익명처리의 적정성 평가를 전문적으로 수행하는 법인 또는 기관(이하 "데이터전문기관"이라 한다)을 지정할 수 있도록 규정하고 있는데(동법 제26조의4제1항), 데이터전문기관은 다음, 1. 신용정보회사등이 보유하는 정보집합물과 제3자가 보유하는 정보집합물 간의 결합 및 전달, 2. 신용정보회사등의 익명처리에 대한 적정성 평가, 3. 제1호 및 제2호와 유사한 업무로서 대통령령으로 정하는 업무인, 가. 정보집합물 간의 결합과 가명처리 또는 익명처리에 관한 조사·연구 및 이와 유사한 업무, 나. 정보집합물 간의 결합과 가명처리 또는 익명처리의 표준화에 관한 업무, 다. 데이터전문기관 간 업무 표준화 등을 위한 상호 협력에 관한 업무, 라. 그 밖에 가부터 다까지와 유사한 업무로서 금융위원회가 정하여 고시하는 업무를 수행한다(동법 제26조의4제2항 및 동법 시행령 제22조의4제7항). 이러한 신용정보법의 데이터전문기관은 개인정보 보호법의 제28조의3에 규정되어 있는 가명정보의 결합전문기관과 사실상 동일(同一)한 것으로 이해된다.

---

14) 신용정보집중기관은 금융회사, 공공기관으로부터 받은 신용정보를 집중·관리하여 이를 금융회사, 신용정보회사(CB, Credit Bureau)와 공유하는 공적 정보인프라로 이해되며, 신용정보회사와 달리 신용등급(Credit rating) 등 새로운 신용정보를 생산하지 않고, 수집·관리하는 원천정보(Raw data)만을 금융권에만 제공하고 있다. 현재 한국신용정보원이 신용정보법에 따라 2015년 12월 금융위원회의 허가를 받아 종합신용정보집중기관 업무를 수행 중이며, 이는 기존 5개 금융협회(은행연합회, 금융투자협회, 생명보험협회, 손해보험협회, 여신금융협회) 및 보험개발원의 신용정보업무를 승계받아 2016년 통합·출범한 것으로서 한국신용정보원은 민법상 비영리 사단법인이다.

1. **정보통신서비스 제공자와 이용자.** 정보통신망법 제2조제1항제3호는 "정보통신서비스 제공자"란 전기통신사업법 제2조제8호에 따른 전기통신사업자와 영리를 목적으로 전기통신사업자의 전기통신역무를 이용하여 정보를 제공하거나 정보의 제공을 매개하는 자를 말한다라고 규율하고 있는데(정보통신망법 제2조제1항제3호), 정보통신서비스 제공자는 통신과 컴퓨터 기술의 발전으로 주목받게 된 개인정보처리자로서, 이러한 정보통신서비스 제공자는 정보통신서비스 제공자가 제공하는 정보통신서비스를 이용하는 자인 이용자를 전제로 하고 있는 것으로 이해된다(동법 제2조제1항제4호). 전기통신사업자는 기간통신사업자와 부가통신사업자로 구분되는데 기간통신사업자는 기간통신역무(役務, Service)를 제공하는 사업자로서 SKT나 KT 등과 같이 이동전화 서비스나 초고속인터넷 서비스 등을 제공하는 사업자를 예로 들 수 있겠으며 부가통신사업자는 기간통신역무 이외의 역무인 부가통신역무를 제공하는 사업자로서 네이버(Naver)나 쿠팡(Coupang) 등과 같이 검색·이메일 서비스나 온라인 쇼핑 서비스 등을 제공하는 사업자를 예로 들 수 있다. 또한 전기통신사업법은 이 법 제2조제1항제2호에서 "정보통신서비스"란 전기통신사업 제2조제6호에 따른 전기통신역무와 이를 이용하여 정보를 제공하거나 정보의 제공을 매개하는 것을 말한다고 규정하고 있어(동법은 제2조제1항제2호), 정보통신서비스 제공자는 전기통신사업자의 전기통신역무를 이용하여 정보통신서비스를 제공하는 자로 해석된다. 한편 정보통신서비스 제공자는 영리를 목적으로 정보통신서비스를 제공하는 자이므로 영리를 목적으로 하는 것의 의미를 살펴볼 필요가 있다고 생각된다. 영리를 목적으로 하는 것은 재산상의 이익을 취하거나 이윤을 추구하려는 목적이 있는 것으로 이해되는데, 이에 대해, 1. 학술·종교·자선단체 등 비영리단체가 해당 단체의 설립목적을 실현하기 위해 웹사이트 개설과 운영을 통해 정보통신역무를 이용한 정보를 제공하는 것은 비영리법인이므로 정보통신서비스 제공자로 보기 어렵다는 견해와 2. 비영리단체라 하더라도 이러한 비영리법인의 영리를 목적으로 하지 않는 행위란 학술·종교·자선·기예·사교 등 영리 아닌 사업을 목적으로 하는 것을 말하며 비영리사업의 목적을 달성하는데 필요하나 그 본질에 반하지 않는 정도의 수익사업을 통한 영리행위는 할 수 있으므로[15] 이러한 비영리단체도 경우에 따라서는 정보통신서비스 제공자로 볼 수 있다는 견해가 있을 수 있는데, 전자(前者)인 법인의 설립목적과 형태에 따라 영리의 목적을 일률적으로 해석하기보다는 후자(後者)인 비영리단체가 구체적으로 전기통신역무를 이용하여 정보를 제공하거나 정보의 제공을 매개하는 형태 등을 고려하여 영리를 목적으로 하는지의 여부를 해석하는 것이 바람직하다고 생각한다.[16] 앞에서 설명한 바와 같이 2020년 개정된 개인정보 보호법은 정보통신망법의 정보통신서비스 제공자를 개인정보 보호법 제6장 정보통신서비스 제공자 등의 개인정보 처리 등 특례로 이관하였으나, 2023년 개정을 통해 동법은 제6장 특례(特例) 전체를 삭제하였는데 이는 개인정보처리자로 개인정보 보호법의 규율 대상을 일원화(一元化)하고자 하는 것으로 이해된다. 이러한 개정에 대한 당신의 견해는 무엇이며 더욱 바람

직한 방안이 있다면 무엇이 있을 수 있겠는가? 한편 정보통신망법은 동법 제49조에서 누구든지 정보통신망에 의하여 처리·보관 또는 전송되는 타인의 정보를 훼손하거나 타인의 비밀을 침해·도용 또는 누설하여서는 아니 된다고 규정하고 있으며(정보통신망법 제49조), 동법 제49조의2제1항에서는 누구든지 정보통신망을 통하여 속이는 행위로 다른 사람의 정보를 수집하거나 다른 사람이 정보를 제공하도록 유인하여서는 아니 된다고 규정하고 있는데(동법 제49조의2제1항), 정보통신망법은 개인정보 보호법에 대한 특별법적인 지위가 있고 현실적으로 대부분의 개인정보 침해는 온라인(On-line)상에서 일어나고 있으며, 동 조항들은 개인정보 보호법 보다 규율하려는 대상의 범위가 넓다는 점에서 앞에서 언급한 개인정보 보호법 내의 정합성 문제와 함께 개인정보 보호 관련 법령체계 전체에 대한 문제에 대해 고민이 필요하다고 생각된다.

2. 고유업무, 겸영업무, 부수업무. 신용정보법은 금융 관련 법이므로 금융법의 구조를 이해하는 것이 필요하다고 생각되는데, 이러한 것 중 하나가 고유업무, 겸영업무, 부수업무이다. 고유업무는 금융회사가 영위하는 고유사업으로 은행업, 보험업, 신용카드업 등을 예로 들 수 있다. 한편 겸영업무는 금융규제기관으로부터 별도의 승인을 통해 다른 금융업권의 고유업무를 영위하는 것으로서 은행이 영업창구에서 보험상품이나 펀드를 파는 것을 예로 들 수 있겠으며, 부수업무는 본업인 고유업무는 아니지만 이와 관련성이 높은 업무로서 금융규제기관에 별도로 신고하면 영위할 수 있는 사업이다. 이러한 업무의 구분은 미국의 금융법으로부터 영향을 받은 것에 기인하는데, 미국의 금융법은 1929년 대공황 이후 1933년 글래스-스티걸법(Glass-Steagall Act)을 제정하여 은행과 투자회사의 겸영을 금지하는, 즉 금융자본과 산업자본의 분리를 원칙으로 함으로써 금융회사의 안정성을 담보하기 위해 열거된(Enumerated powers) 업무만을 허용하였는데 이러한 열거된 업무들이 고유업무로 이해된다. 이러한 열거된 업무로부터 업무의 영역을 확대하기 위해 미국 금융회사들로 인해 금융규제기관으로부터의 승인(Un-enumerated powers but approved)을 얻기 위한 법적 다툼이[17] 야기되었고, 금융업무를 수행하기 위해 필수불가결한 부수업무(Incidental powers)를 확대하기 위한 금융회사들로부터의 법적 다툼도[18] 발생하였다. 미국의 금융규제기관은, 1. 금융에 대한 데이터나, 2. 금융과 관련된 파생 데이터를 활용하는 데이터 처리, 데이터 전송, 데이터 설비제공 등의 데이터 서비스를 금융업무를 수행하기 위한 필수불가결한 부수업무로 보고 있다.[19] 한편 신용정보법은 이 법 제11조(겸영업무)에서 겸영업무에 대해, 동법 제11조의2(부수업무)에서 부수업무에 대해 규정하고 있다. 신용정보법은 신용정보회사, 본인신용정보관리회사 및 채권추심회사는 총리령으로 정하는 바에 따라 금융위원회에 미리 신고하고[20] 신용정보주체 보호 및 건전한 신용질서를 저해할 우려가 없는 업무(이하 "겸영업무"라 한다)를 겸영할 수 있으며, 이 경우 이 법 및 다른 법률에 따라 행정관청의 인가·허가·등록 및 승인 등의 조치가 필요한 겸영업무는 해당 개별 법률에 따라 인가·허가·등록 및 승인 등을 미리 받아야 할 수 있다고 규정하고 있고(동법 제11조제1항), 동법은 신용정보회사, 본인신용정보관리회사 및 채권추심회사는 해당 허가를 받은 영업에 부수하는 업무

(이하 "부수업무"라 한다)를 할 수 있다. 이 경우 신용정보회사, 본인신용정보관리회사 및 채권추심회사는 그 부수업무를 하려는 날의 7일 전까지 이를 금융위원회에 신고하여야 한다고 규정하고 있다(동법 제11조의2제1항). 금융위원회는 개인정보 보호법에 위한 가명정보의 결합전문기관에 대해서는 부수업무로, 신용정보법에 의한 데이터전문기관에 대해서는 겸영업무로 본 바가 있는데, 이에 대한 근거는 무엇이라고 생각되며 또한 이에 대한 당신의 입장은 무엇인가?

3. 개인정보와 개인신용정보의 수집과 이용을 위한 동의와 동의 이외의 방법

개인정보와 개인신용정보의 수집과 이용을 위해서 개인정보처리자와 신용정보회사 등은 정보주체와 개인인 신용정보주체로부터 동의를 받거나 아니면 법률에 규정이 있거나 법령상 의무를 준수하기 위하여 불가피한 경우 등과 같이 동의 이외의 방법을 통하여 개인정보와 개인신용정보의 수집과 이용을 하여야 한다. 개인정보 보호법과 신용정보법은 정보주체 또는 개인인 신용정보주체로부터 동의를 받거나 동의 이외의 방법으로 개인정보나 개인신용정보의 수집과 이용이 가능한 경우들을 규정하고 있다.

가 개인정보와 개인신용정보의 수집과 이용을 위한 동의

〈개인정보 보호법〉 제15조(개인정보의 수집·이용) ① 개인정보처리자는 다음 각 호의 어느 하나에 해당하는 경우에는 개인정보를 수집할 수 있으며 그 수집 목적의 범위에서 이용할 수 있다.
  1. 정보주체의 동의를 받은 경우

---

15) 김준호, 민법강의(제21판), 법문사(2015), p131.
16) 신종철, 개인정보보호법 해설, 진한M&B(2020), p46.
17) National Bank of North Carolina v. Variable Annuity Life Insurance Co., 513 U.S. 251(1955).
18) Arnold Tours, Inc. v. Camp, 427 F.2d 427(1st Cir. 1972).
19) Richard Scott Carnell, The Law of Financial Institutions(6th Ed), Wolters Kluwer(2017), pp133~147.
20) 여기에서의 신고(申告)는 강학(講學)상의 수리를 요하는 신고인 승인(承認)으로 이해된다.

> 〈신용정보법〉 제15조(수집 및 처리의 원칙) ② 신용정보회사등이 개인신용정보를 수집하는 때
> 에는 해당 신용정보주체의 동의를 받아야 한다. 다만, 다음 각 호의 어느 하나에 해당하는
> 경우에는 그러하지 아니하다

> 〈신용정보법〉 제34조의2(개인신용정보 등의 활용에 관한 동의의 원칙) ① 신용정보회사등은 제
> 15조제2항, 제32조제1항·제2항, 제33조제1항제2호, 제34조에 따라 신용정보주체로부터
> 동의(이하 "정보활용 동의"라 한다. 이하 이 조 및 제34조의3에서 같다)를 받는 경우「개인정
> 보 보호법」 제15조제2항, 제17조제2항 및 제18조제3항에 따라 신용정보주체에게 해당 각
> 조항에서 규정한 사항(이하 이 조에서 "고지사항"이라 한다)을 알리고 정보활용 동의를 받아
> 야 한다. 다만, 동의 방식이나 개인신용정보의 특성 등을 고려하여 대통령령으로 정하는
> 경우에 대해서는 그러하지 아니하다.

(1) 개인정보와 개인신용정보의 수집과 이용을 위한 동의의 의의

개인정보 보호법에서는 개인정보처리자는 정보주체의 동의를 받은 경우에는 개인
정보를 수집할 수 있으며 그 수집 목적의 범위에서 이용할 수 있다고 규정하고 있는
데(개인정보 보호법 제15조제1항), 이 법에서는 개인정보처리자는 이러한 동의를 받을 때
에는, 1. 개인정보의 수집·이용 목적, 2. 수집하려는 개인정보의 항목, 3. 개인정보
의 보유 및 이용 기간, 4. 동의를 거부할 권리가 있다는 사실 및 동의 거부에 따른
불이익이 있는 경우에는 그 불이익의 내용을 정보주체에게 알려야 하며, 이러한 사항
중 어느 하나의 사항을 변경하는 경우에도 이를 알리고 동의를 받아야 한다고 규정하
고 있다(동법 제15조제2항).

신용정보법은 신용정보회사등이 개인신용정보를 수집하는 때에는 해당 신용정보주
체의 동의를 받아야 한다고 규정하고 있는데(신용정보법 제15조제2항),[21] 신용정보회사등

---

21) 신용정보법은 다만, 다음, 1. 「개인정보 보호법」 제15조(개인정보의 수집·이용)제1항제2호부터 제7호
   까지의 어느 하나에 해당하는 경우, 2. 다음, 가. 법령에 따라 공시(公示)되거나 공개된 정보, 나. 출
   판물이나 방송매체 또는 「공공기관의 정보공개에 관한 법률」 제2조(정의)제3호에 따른 공공기관의 인
   터넷 홈페이지 등의 매체를 통하여 공시 또는 공개된 정보, 다. 신용정보주체가 스스로 사회관계망서
   비스 등에 직접 또는 제3자를 통하여 공개한 정보(이 경우 대통령령으로 정하는 바에 따라 해당 신용
   정보주체의 동의가 있었다고 객관적으로 인정되는 범위 내로 한정한다)를 수집하는 경우, 3. 제1호 및
   제2호에 준하는 경우로서 대통령령으로 정하는 경우의 어느 하나에 해당하는 정보의 경우에는 해당
   신용정보주체의 동의를 받지 아니한다고 규정하고 있다(신용정보법 제15조제2항).

은 신용정보법 제15조(수집 및 처리의 원칙)제2항, 제32조(개인신용정보의 제공·활용에 대한 동의)제1항·제2항, 제33조(개인신용정보의 이용)제1항제2호, 제34조(개인식별정보의 수집·이용 및 제공)에 따라 신용정보주체로부터 동의(이하 "정보활용 동의"라 한다. 이하 이 조(제34조의2(개인신용정보 등의 활용에 관한 동의의 원칙) 및 제34조의3(정보활용 동의등급)에서 같다)를 받는 경우 「개인정보 보호법」 제15조(개인정보의 수집·이용)제2항, 제17조(개인정보의 제공)제2항 및 제18조(개인정보의 목적 외 이용·제공 제한)제3항에 따라 신용정보주체에게 해당 각 조항에서 규정한 사항(이하 이 조에서 "고지사항"이라 한다)을 알리고 정보활용 동의를 받아야 하나, 다만 동의 방식이나 개인신용정보의 특성 등을 고려하여 대통령령으로 정하는 경우에[22] 대해서는 그러하지 아니하다고 규정하고 있다(동법 제34조의2제1항).

사전동의 방식(Opt-in)은 개인정보와 개인신용정보의 수집과 이용을 합법적으로 하기 위한 여러 가지 방식 중 하나임에도 불구하고 개인정보 보호법과 신용정보법은 사전동의를 원칙으로 하는, 즉 사전동의 만능주의에 따라 입법되고 운영되고 있다고 생각된다. EU GDPR에서는 동의를 개인정보를 활용하기 위해 GDPR에 규정된 6가지 합법적인 방식[23] 중 하나일 뿐이라고 설명하고 있으며,[24] 동의가 다른 방식들보다 우월하다고 규정하고 있지는 않다. 다만 EU GDPR은 "개인정보처리자가 무엇을 하려고 하는지를 명확하게 설명하고 정보주체의 명시적인 허락을 얻어내기만 한다면 동

---

22) 신용정보법 시행령은 대통령령으로 정하는 경우란 다음, 1. 전화 등 동의 방식의 특성상 동의 내용을 전부 표시하거나 알리기 어려운 경우로서 신용정보회사등의 인터넷 홈페이지 주소나 사업자 전화번호 등 동의내용을 확인할 수 있는 방법을 안내하고 동의를 받는 경우와 2. 그 밖에 이와 유사한 경우로서 금융위원회가 정하여 고시하는 경우의 어느 하나에 해당하는 경우를 말한다고 규정하고 있으며(신용정보법 시행령 제29조의2제1항), 금융위원회가 정하여 고시하는 경우란 신용정보법 또는 다른 법령에서 별도로 정한 경우를 말한다고 규정하고 있다(신용정보업감독규정 제39조의3).

23) EU GDPR에서 규정하고 있는 이러한 6가지의 합법적 방식은, 1. 정보주체가 하나 또는 그 이상의 구체적인 목적을 위해 자신의 개인 데이터 처리에 대해 동의를 한 경우, 2. 정보처리자가 부담하는 법적 의무를 이행하기 위해 필요한 경우, 3. 공익을 위해 수행되는 업무의 처리에 필요한 경우, 또는 정보처리자에게 부여된 공적 권한을 행사하기 위해 필요한 경우, 4. 정보주체와 맺은 계약의 이행을 위해 필요한 경우 또는 계약의 체결에 앞서 정보주체의 요청에 따른 조치를 위한 경우, 5. 정보주체 또는 다른 자연인의 중대한 이익(vital interests)을 보호하기 위해 필요한 경우, 6. 정보처리자 또는 제3자가 추구하는 정당한 이익(legitimate interests)을 달성하기 위해 필요한 경우이다.

24) Contrary to popular belief, the EU GDPR (General Data Protection Regulation) does not require businesses to obtain consent from people before using their personal information for business purposes. Rather, consent is just one of the six legal bases outlined in Article 6 of the GDPR, https://gdpr.eu/gdpr-consent-requirements/

의를 통한 데이터는 이를 갖고 무엇이든 할 수 있게 해주기 때문에 동의를 개인정보 처리의 합법성을 충족시키는 가장 쉬운 방법 중의 하나이다"라고 설명하고 있다.[25] 이렇게 동의는 개인정보와 개인신용정보의 수집과 이용을 합법화하는 방식 중 하나임에도 불구하고 자기정보결정권 또는 자기정보통제권 확보를 이유로 하여 뒤에서 설명할 동의 이외에 개인정보 또는 개인신용정보 수집 방식들을 실질적으로 무력화할 정도로 개인정보 보호를 위한 기본철학으로 자리잡고 있는데, 향후 데이터를 활용하는 새로운 산업과 시장의 발전을 위해서는 동의 이외의 방식이 더욱 활성화되고 사전동의(Opt-in)뿐만 아니라 사후거절 또는 사후철회(Opt-out)와 같은 다른 시각의 입법이 필요하고 요구된다고 생각한다.

동의(同意)는 개인정보처리자나 신용정보회사 등이 개인정보를 수집과 이용하는 것에 대한 정보주체 또는 개인인 신용정보주체의 자발적 승낙의 의사표시로서, 동의는 서명날인, 전자서명, 홈페이지상의 동의, 구두(口頭) 등을 통해 정보주체나 개인인 신용정보주체의 동의여부를 명확하게 확인할 수 있어야 하고, 개인정보처리자 또는 신용정보회사등은 정보주체나 개인인 신용정보주체의 개인정보에 대한 자기결정권 또는 자기정보통제권의 보장을 위해 어떠한 정보를 왜 수집하고 언제까지 보유할 것인지 등에 대해 알기 쉽고 명확하게 알 수 있도록 알려야 하는 것이 요구된다. 그러나 동의를 하는 주체들이 법적인 효과와 요건에 대해 정확하게 알고 동의자 자신의 의사에 따라 동의가 이루어져야 하나 현실에서는 동의의 주체들이 동의 관련 내용조차 읽지 않고 동의를 하는 것이 다반사이며,[26] 소위 홈플러스 1㎜ 깨알고지 판결[27] 등에서

---

25) Consent is one of the easiest to satisfy because it allows you to do just about anything with the data — provided you clearly explain what you're going to do and obtain explicit permission from the data subject, https://gdpr.eu/gdpr-consent-requirements/

26) "우리 사이트에서 물건을 구매함과 동시에 당신이 가진 영혼의 권리는 영원히 우리에게 넘어오게 됩니다." 이런 황당한 약관에 동의할 소비자가 있을까? 그런데 있다. 영국의 한 게임회사 고객 7500여명이 이 황당한 약관에 동의하는 일이 일어났다. 폭스뉴스는 15일 영국의 게임 판매회사 '게임스테이션(Game Station)'이 자사의 약관에 이와 같은 내용을 담아 변경한 이후 7500여명이 이 약관에 동의해 자신의 영혼을 팔고 게임을 구매했다고 보도했다. 변경된 약관을 자세히 살펴보면 "2010년 4월 1일부터 이 사이트에 주문함과 동시에, 당신은 당신의 불멸하는 영혼을 우리에게 양도하는 것을 허락한다. 만약 우리가 이 권리를 행사할 경우 당신은 영혼을 포기하는데 동의하는 것으로 간주한다. 또한 고지후 5일이 지날 경우 어떤 불만제기도 받아들여지지 않는다"고 명시돼 있다. 물론 해당 약관에 표시된 날짜에서 알 수 있듯이, 이는 만우절을 이용한 이 회사의 농담이었던 것으로 밝혀졌다. 하지만 이에 대한 보도가 나기 전까지 어떤 소비자도 변경된 약관의 내용을 눈치 채지 못했다. 이 회사는 자사 사

알 수 있듯이 과연 이러한 사전동의가 개인정보에 대한 자기정보결정권 또는 자기정보통제권을 과연 담보할 수 있는가에 대한 근원적인 의문이 제기된다고 하겠다.

또한 개인정보 보호법은 개인정보처리자는 개인정보의 처리 목적을 명확하게 하여야 하고 그 목적에 필요한 범위에서 최소한의 개인정보만을 적법하고 정당하게 수집하여야 한다고 규정하고 있으며(개인정보 보호법 제3조제1항), 신용정보법에서는 신용정보회사등은 신용정보를 수집하고 이를 처리할 수 있고 이 경우 이 법 또는 정관으로 정한 업무 범위에서 수집 및 처리의 목적을 명확히 하여야 하며, 이 법 및 「개인정보 보호법」 제3조(개인정보 보호 원칙)제1항 및 제2항에 따라 그 목적 달성에 필요한 최소한의 범위에서 합리적이고 공정한 수단을 사용하여 신용정보를 수집 및 처리하여야 한다고 규정하고 있다(신용정보법 제15조제1항).

한편 2014년 정보통신망법 개정으로 정보통신서비스제공자가 정보통신서비스 제공 시 필수동의와 선택동의를 구분하여 정보통신서비스이용자에게 사전동의를 받도록 한 규정[28])이 2020년 개인정보 보호법 개정 시 (구)개인정보 보호법 제6장에 정보통

이트에 회원 가입을 하는 고객들이 가입 약관을 자세히 읽어보지 않는 것에 착안해 이런 장난을 쳤다고 전했다. 조선일보, 제품 약관 제대로 안 읽었다가 영혼까지 '판' 소비자들, 2010.4.18. (https://www.chosun.com/site/data/html_dir/2010/04/18/2010041801174.html).

27) 경품행사로 대량 수집한 고객 정보를 당사자 동의 없이 보험사에 판매한 유통업체 홈플러스가 피해 고객들에게 10만원씩 배상하라는 판결이 나왔다. 대법원이 올 4월 대형마트 등이 1㎜ 크기의 작은 글씨로 개인정보 제공 동의를 받고 이를 영리 목적으로 이용한 행위는 개인정보 보호법 위반이라고 판시(2016도13263)한 이래 민사소송에서도 업체의 배상책임을 인정하는 판결이 잇따르고 있다. 서울중앙지법 민사11부(재판장 박미리 부장판사)는 김모씨 등 4명이 홈플러스를 상대로 낸 손해배상소송(2016나83466)에서 최근 원고패소 판결한 1심을 뒤집고 홈플러스의 배상 책임을 인정했다. 재판부는 "홈플러스가 경품행사 당시 회원들에게서 개인정보 제3자 제공에 관한 동의를 받긴 했으나, 의도적으로 관련 부분의 글씨를 작게 해 김씨 등이 행사의 주된 목적을 인식하지 못하게 했다"며 "고객들의 개인정보 자기결정권을 침해했다"고 밝혔다. 검찰도 같은 해 2월 개인정보 보호법 위반 등의 혐의로 홈플러스 법인과 전현직 임원 8명을 기소했다. 이 사건의 1,2심은 "홈플러스가 경품 응모권에 '개인정보가 보험회사 영업에 활용될 수 있다'는 내용의 고지 사항을 1㎜ 크기로 적어뒀고, 이 정도 글자 크기는 복권이나 의약품 사용설명서 등의 약관에서도 통용된다"며 무죄를 선고했다. 그러나 대법원은 지난 4월 "1㎜ 크기의 작은 글씨로 개인정보 제공 동의를 받은 경우 정상적으로 개인 정보 활용 동의를 받은 것이라고 볼 수 없다"며 무죄를 선고한 원심을 파기하고 사건을 유죄 취지로 서울중앙지법으로 돌려보냈다(2016도13263). 이순규 법률신문 기자, '1㎜ 깨알고지' 홈플러스… 법원 "고객에 10만원씩 배상", 2017.10.25. (https://m.lawtimes.co.kr/Content/Case-Curation?serial=122226).

28) (구)정보통신망법은 정보통신서비스 제공자는 이용자의 개인정보를 수집하는 경우에는 정보통신서비스의 제공을 위하여 필요한 범위에서 최소한의 개인정보만 수집하여야 한다고 규정하고 있었으며((구)정보통신망법 제23조제2항), 정보통신서비스 제공자는 이용자가 필요한 최소한의 개인정보 이외의 개인

신서비스 제공자 등의 개인정보 처리 등 특례로 그대로 이관되었는데, 2023년 개인정보 보호법 개정 시 2023년 개정 전 (구)개인정보 보호법 제6장에 있던 정보통신서비스 제공자 등의 개인정보 처리 등 특례 전체를 삭제하여 필수동의와 선택동의 구분을 폐지한 바 있다. 또한 2023년 개인정보 보호법 개정을 통해 개정 전 이 법 제15조(개인정보의 수집·이용)제1항제4호에서 개인정보처리자는 "정보주체와의 계약의 체결 및 이행을 위하여 불가피하게 필요한 경우"에는 개인정보를 수집할 수 있으며 그 수집 목적의 범위에서 이용할 수 있다고 규정하고 있던 조항에서 "정보주체와 체결한 계약을 이행하거나 계약을 체결하는 과정에서 정보주체의 요청에 따른 조치를 이행하기 위하여 필요한 경우"로 '불가피하게'를 삭제하는 개정이 된 것은 필수동의와 선택동의로 구분하는 관행을 개선하기 위한 것으로 이해되는데 이와 관련된 사항은 뒤에서 자세하게 설명하고자 한다.

(2) 동의를 받는 방법 등

(가) 개인정보 보호법의 동의를 받는 방법

동의를 받는 방법에 대해 개인정보 보호법은 개인정보처리자는 이 법에 따른 개인정보의 처리에 대하여 정보주체(동법 제22조의2(아동의 개인정보 보호)에 따른 법정대리인을 포함한다)의 동의를 받을 때에는 각각의 동의 사항을 구분하여 정보주체가 이를 명확하게 인지할 수 있도록 알리고 각각 동의를 받아야 하고, 이 경우 다음, 1. 동법 제15조(개인정보의 수집·이용)제1항제1호에 따라 동의를 받는 경우, 2. 동법 제17조(개인정보의 제공)제1항제1호에 따라 동의를 받는 경우, 3. 동법 제18조(개인정보의 목적 외 이용·제공 제한)제2항제1호에 따라 동의를 받는 경우, 4. 동법 제19조(개인정보를 제공받은 자의 이용·제공 제한)제1호에 따라 동의를 받는 경우, 5. 동법 제23조(민감정보의 처리 제한)제1항제1호에 따라 동의를 받는 경우, 6. 동법 제24조(고유식별정보의 처리 제한)제1항제1호에 따라 동의를 받는 경우, 7. 재화나 서비스를 홍보하거나 판매를 권유하기 위하여 개인정보의 처리에 대한 동의를 받으려는 경우, 8. 그 밖에 정보주체를 보호하기 위하여 동의 사항을 구분하여 동의를 받아야 할 필요가 있는 경우로서 대통령령으로 정

정보를 제공하지 아니한다는 이유로 그 서비스의 제공을 거부하여서는 아니 된다. 이 경우 필요한 최소한의 개인정보는 해당 서비스의 본질적 기능을 수행하기 위하여 반드시 필요한 정보를 말한다고 규정하고 있었다(동법 제23조제3항).

하는 경우에는 동의 사항을 구분하여 각각 동의를 받아야 한다고 규정하고 있으며(개인정보 보호법 제22조제1항), 개인정보 보호법 시행령은 개인정보처리자는 이 법 제22조(동의를 받는 방법)에 따라 개인정보의 처리에 대하여 정보주체의 동의를 받을 때에는 다음, 1. 정보주체가 자유로운 의사에 따라 동의 여부를 결정할 수 있을 것, 2. 동의를 받으려는 내용이 구체적이고 명확할 것, 3. 그 내용을 쉽게 읽고 이해할 수 있는 문구를 사용할 것, 4. 동의 여부를 명확하게 표시할 수 있는 방법을 정보주체에게 제공할 것의 조건을 모두 충족해야 한다고 규정하고 있다(동법 시행령 제17조제1항).

또한 개인정보보호법은 개인정보처리자는 이러한 동의를 서면(「전자문서 및 전자거래기본법」 제2조제1호에 따른 전자문서를 포함한다)으로 받을 때에는 개인정보의 수집·이용 목적, 수집·이용하려는 개인정보의 항목 등 대통령령으로 정하는 중요한 내용을[29] 개인정보보호위원회가 고시로 정하는 방법에 따라 명확히 표시하여 알아보기 쉽게 하여야 한다고 규정하고 있으며(동법 제22조제2항), 개인정보처리자는 정보주체의 동의 없이 처리할 수 있는 개인정보에 대해서는 그 항목과 처리의 법적 근거를 정보주체의 동의를 받아 처리하는 개인정보와 구분하여 이 법 제30조(개인정보 처리방침의 수립 및 공개)제2항에 따라 공개하거나 전자우편 등 대통령령으로 정하는 방법에 따라 정보주체에게 알려야 한다고 하는 한편(동법 제22조제3항), 이 경우 동의 없이 처리할 수 있는 개인정보라는 입증책임은 개인정보처리자가 부담한다고 규정함으로써(동법 제22조제3항), 입증책임을 개인정보처리자에게 전환(轉換)하고 있다.

한편 개인정보 보호법은 이 법 제22조(동의를 받는 방법)제1항부터 제5항까지에서 규정한 사항 외에 정보주체의 동의를 받는 세부적인 방법에 관하여 필요한 사항은 개인정보의 수집매체 등을 고려하여 대통령령으로 정한다고 규정하고 있는데(개인정보 보호법 제22조제7항), 개인정보 보호법 시행령은 개인정보처리자는 이 법 제22조에 따라 개인정보의 처리에 대하여 다음, 1. 동의 내용이 적힌 서면(書面)을 정보주체에게 직접

---

[29] 개인정보 보호법 시행령은 이 법 제22조(동의를 받는 방법)제2항에서 대통령령으로 정하는 중요한 내용이란, 1. 개인정보의 수집·이용 목적 중 재화나 서비스의 홍보 또는 판매 권유 등을 위하여 해당 개인정보를 이용하여 정보주체에게 연락할 수 있다는 사실, 2. 처리하려는 개인정보의 항목 중, 가. 민감정보, 나. 동법 시행령 제19조(고유식별정보의 범위)제2호부터 제4호까지의 규정에 따른 여권번호, 운전면허의 면허번호 및 외국인등록번호, 3. 개인정보의 보유 및 이용 기간(제공 시에는 제공받는 자의 보유 및 이용 기간을 말한다), 4. 개인정보를 제공받는 자 및 개인정보를 제공받는 자의 개인정보 이용 목적의 사항을 말한다고 규정하고 있다(개인정보 보호법 시행령 제17조제3항).

발급하거나 우편 또는 팩스 등의 방법으로 전달하고, 정보주체가 서명하거나 날인한 동의서를 받는 방법, 2. 전화를 통하여 동의 내용을 정보주체에게 알리고 동의의 의사표시를 확인하는 방법, 3. 전화를 통하여 동의 내용을 정보주체에게 알리고 정보주체에게 인터넷주소 등을 통하여 동의 사항을 확인하도록 한 후 다시 전화를 통하여 그 동의 사항에 대한 동의의 의사표시를 확인하는 방법, 4. 인터넷 홈페이지 등에 동의 내용을 게재하고 정보주체가 동의 여부를 표시하도록 하는 방법, 5. 동의 내용이 적힌 전자우편을 발송하여 정보주체로부터 동의의 의사표시가 적힌 전자우편을 받는 방법, 6. 그 밖에 동법 시행령 제17조(동의를 받는 방법)제2항제1호부터 제5호까지의 규정에 따른 방법에 준하는 방법으로 동의 내용을 알리고 동의의 의사표시를 확인하는 방법의 어느 하나에 해당하는 방법으로 정보주체의 동의를 받아야 한다고 규정하고 있다(동법 시행령 제17조제2항).

(나) 필수동의와 선택동의

정보통신망법의 2014년 개정을 통해 도입된 조항이 필수동의와 선택동의의 구분이다. 2014년 개정된 (구)정보통신망법은 정보통신서비스 제공자는 이용자의 개인정보를 수집하는 경우에는 정보통신서비스의 제공을 위하여 필요한 범위에서 최소한의 개인정보만 수집하여야 한다고 규정하고 있었으며((구)정보통신망법 제23조제2항), 정보통신서비스 제공자는 이용자가 필요한 최소한의 개인정보 이외의 개인정보를 제공하지 아니한다는 이유로 그 서비스의 제공을 거부하여서는 아니 된다. 이 경우 필요한 최소한의 개인정보는 해당 서비스의 본질적 기능을 수행하기 위하여 반드시 필요한 정보를 말한다고 규정하고 있었다(동법 제23조제3항). 이에 따라 온라인 서비스 가입 시 필수동의와 선택동의로 구분하는 관행이 지속되었는데, 필수동의는 정보통신서비스 제공자가 개인정보 주체인 이용자로부터 서비스의 본질적 기능을 수행하기 위하여 반드시 필요한 개인정보인 아이디, 이름, 생년월일, 결제정보 및 택배발송을 위한 주소지 등을 수집·이용 등 개인정보 활용 사전동의를 받는 것으로, 선택동의는 재화나 서비스의 홍보 또는 판매 권유 등 마케팅(Marketing) 관련 개인정보 활용동의는 선택동의를 받는 것이 요구된다고 해석되어 왔다.

개인정보 보호법은 개인정보처리자는 정보주체가 선택적으로 동의할 수 있는 사항을 동의하지 아니하거나 이 법 제22조(동의를 받는 방법)제1항제3호 및 제7호에 따른 동의를 하지 아니한다는 이유로 정보주체에게 재화 또는 서비스의 제공을 거부하여서는 아니 된다고 규정하고 있는데(동법 제22조제5항), 필수동의와 선택동의 논란과 관련하여 2023년 개인정보 보호법 개정을 통해 2023년 개정 전 (구)정보통신망법 제23조(개인정보의 수집 제한 등)를 그대로 계수(繼受)한 2020년 개정된 (구)개인정보 보호법 제6장에 있었던 정보통신서비스 제공자 등의 개인정보 처리 등 특례 중 제39조의3(개인정보의 수집·이용 동의 등에 대한 특례)제1항이 삭제되었으며, 또한 2023년 개인정보 보호법 개정 전 이 법 제15조(개인정보의 수집·이용)제1항제4호에서 개인정보처리자는 "정보주체와의 계약의 체결 및 이행을 위하여 불가피하게 필요한 경우"에는 개인정보를 수집할 수 있으며 그 수집 목적의 범위에서 이용할 수 있다고 규정하고 있던 조항을 "정보주체와 체결한 계약을 이행하거나 계약을 체결하는 과정에서 정보주체의 요청에 따른 조치를 이행하기 위하여 필요한 경우"로 개정하여 '불가피하게'가 삭제되었으므로 필수동의와 선택동의의 구별로 인한 논란이 없어지거나 해소되었다는 견해가 있을 수 있으나, 여러 가지 노력에도[30] 불구하고 현실에서는 이러한 문제는 해결되지 않고 있는 것으로 생각하며 계약을 위해 필요한 개인정보 수집의 관행이 크게 개선되지 않는 것으로 생각된다.

2023년 개인정보 보호법 개정 이전에도 서비스의 본질적 기능을 수행하기 위하여 반드시 필요한 정보는 필수동의를 통해 개인정보를 취득하는 것이 필요하고 마케팅(Marketing) 관련 정보는 선택동의를 통해 개인정보를 취득하는 것이 필요하다고 해석되어 왔기 때문에 근원적인 해결책은 개인정보 보호법 제22조(동의를 받는 방법)제1항제7호에서 "재화나 서비스를 홍보하거나 판매를 권유하기 위하여 개인정보의 처리에 대한 동의를 받으려는 경우"로 규정하고 있는 조항과 이 법 제22조제1항제8호에서 "그 밖에 정보주체를 보호하기 위하여 동의 사항을 구분하여 동의를 받아야 할 필요가 있는 경우로서 대통령령으로 정하는 경우"로 규정하고 있는 조항들 전체를 삭제하는 것이나 사전동의(Opt-in)가 아닌 사후거절 또는 사후철회(Opt-out)로 정책과 입법의 방향을 전면 수정하는 것이라고 생각한다.

신용정보법에서는 신용정보회사등은 개인신용정보의 제공 및 활용과 관련하여 동의를 받을 때에는 대통령령으로 정하는 바에 따라 서비스 제공을 위하여 필수적 동의

---

30) 개인정보보호위원회, 개인정보 필수동의 관행 개선한다, 보도자료(2024.9.12.).

사항과 그 밖의 선택적 동의사항을 구분하여 설명한 후 각각 동의를 받아야 하며(신용정보법 제32조제4항),[31] 신용정보회사등은 개인신용정보의 제공 및 활용과 관련하여 동의를 받을 때에는 대통령령으로 정하는 바에 따라 서비스 제공을 위하여 필수적 동의사항과 그 밖의 선택적 동의사항을 구분하여 설명한 후 각각 동의를 받아야 한다고 규정하고 있는데(동법 제32조제5항), 신용정보법에서는 뒤에서 설명하는 바와 같이 필수동의와 선택동의가 구별되어 규정되어 있는 것으로 이해되며 향후 필수동의와 선택동의를 구별하는 현재의 규정을 개정할 필요가 있다고 생각한다.

(다) 신용정보법의 동의를 받는 방법 등

신용정보법에서는 신용정보회사등은 이 법 제15조(수집 및 처리의 원칙)제2항, 제32조(개인신용정보의 제공·활용에 대한 동의)제1항·제2항, 제33조(개인신용정보의 이용)제1항제2호, 제34조(개인식별정보의 수집·이용 및 제공)에 따라 신용정보주체로부터 동의(이하 "정보활용 동의"라 한다. 이하 이 조(제34조의2(개인신용정보 등의 활용에 관한 동의의 원칙) 및 제34조의3(정보활용 동의등급)에서 같다)를 받는 경우 「개인정보 보호법」 제15조(개인정보의 수집·이용)제2항, 제17조(개인정보의 제공)제2항 및 제18조(개인정보의 목적 외 이용·제공 제한)제3항에 따라 신용정보주체에게 해당 각 조항에서 규정한 사항(이하 이 조에서 "고지사항"이라 한다)을 알리고 정보활용 동의를 받아야 하나, 다만 동의 방식이나 개인신용정보의 특성 등을 고려하여 대통령령으로 정하는 경우에[32] 대해서는 그러하지 아니하다고 규정하고 있다(신용정보법 제34조의2제1항). 그리고 신용정보법 제34조의2제2항에서는 대통령령으로 정하는 신용정보제공·이용자는 다음, 1. 보다 쉬운 용어나 단순하고 시청각적인 전달 수단 등을 사용하여 신용정보주체가 정보활용 동의 사항을 이해할 수 있도록 할 것, 2. 정보활용 동의 사항과 금융거래 등 상거래관계의 설정 및 유지

---

31) 신용정보법에서는 이 경우 필수적 동의사항은 서비스 제공과의 관련성을 설명하여야 하며, 선택적 동의사항은 정보제공에 동의하지 아니할 수 있다는 사실을 고지하여야 한다고 규정하고 있다(신용정보법 제32조제4항).
32) 신용정보법 시행령은 대통령령으로 정하는 경우란 다음, 1. 전화 등 동의 방식의 특성상 동의 내용을 전부 표시하거나 알리기 어려운 경우로서 신용정보회사등의 인터넷 홈페이지 주소나 사업자 전화번호 등 동의내용을 확인할 수 있는 방법을 안내하고 동의를 받는 경우와 2. 그 밖에 이와 유사한 경우로서 금융위원회가 정하여 고시하는 경우의 어느 하나에 해당하는 경우를 말한다고 규정하고 있으며(신용정보법 시행령 제29조의2제1항), 금융위원회가 정하여 고시하는 경우란 신용정보법 또는 다른 법령에서 별도로 정한 경우를 말한다고 규정하고 있다(신용정보업감독규정 제39조의3).

등에 관한 사항이 명확하게 구분되도록 할 것, 3. 정보를 활용하는 신용정보회사등이나 정보활용의 목적별로 정보활용 동의 사항을 구분하여 신용정보주체가 개별적으로 해당 동의를 할 수 있도록 할 것[동법 제32조(개인신용정보의 제공·활용에 대한 동의)제4항의 선택적 동의사항으로 한정한다]의 사항을 고려하여 개인인 신용정보주체로부터 정보활용 동의를 받아야 한다고 규정하고 있다(동법 제34조의2제2항).

또한 신용정보법에서는 대통령령으로 정하는 신용정보제공·이용자는 고지사항 중 그 일부를 생략하거나 중요한 사항만을 발췌하여 그 신용정보주체에게 알리고 정보활용 동의를 받을 수 있으나, 다만 개인인 신용정보주체가 고지사항 전부를 알려줄 것을 요청한 경우에는 그러하지 아니하며(동법 제34조의2제3항), 고지사항 중 그 일부를 생략하거나 중요한 사항만을 발췌하여 정보활용 동의를 받는 경우에는 신용정보주체에게 고지사항 전부를 별도로 요청할 수 있음을 알려야 한다고 규정하고 있는데(동법 제34조의2제4항), 이러한 규정들은 신용정보주체가 정보활용 동의 내용을 충분히 알고 동의할 수 있도록 쉬운 용어나 단순하고 시청각적인 전달 수단 등을 활용하고, 정보활용 동의를 받을 때에는 고지사항의 중요사항을 발췌한 요약정보를 신용정보주체에게 알려야 하며 만일 신용정보주체가 요청할 경우 고지사항 전부를 알려야 하는 것으로 이해된다.

한편 신용정보법에서는 대통령령으로 정하는 신용정보제공·이용자는 정보활용 동의 사항에 대하여 금융위원회가 평가한 등급(이하 이 조에서 "정보활용 동의등급"이라 한다)을 신용정보주체에게 알리고 정보활용 동의를 받아야 하며, 정보활용 동의 사항 중 대통령령으로 정하는 중요사항인, 1. 고지사항, 2. 이 법 제34조의3(정보활용 동의등급)제1항에 따른 정보활용 동의등급, 3. 그 밖에 금융위원회가 정하여 고시하는 사항을 변경한 경우에도 또한 같다고 규정하고 있는데(동법 제34조의3제1항), 이러한 정보활용 동의등급제에 대해서는 뒤에서 설명하고자 한다.

(라) 아동의 개인정보 보호를 위한 동의의 방법

2023년 개정 전 (구)개인정보 보호법에서 개인정보처리자는 만 14세 미만 아동의 개인정보를 처리하기 위하여 이 법에 따른 동의를 받아야 할 때에는 그 법정대리인의 동의를 받아야 하며, 이 경우 법정대리인의 동의를 받기 위하여 필요한 최소한의 정보는 법정대리인의 동의 없이 해당 아동으로부터 직접 수집할 수 있다고 규정되어 있던 것을((구)개인정보 보호법 제22조제6항), 2023년 개인정보 보호법 개정을 통해 이 법 제22조의3(아동의 개인정보 보호)을 신설한 바 있다. 동 조항은 기존에 분산되어 있던 아동의 개인정보 보호에 관한 규정을 통합하여 아동의 개인정보 보호에 관한 일반규정을 마련함으로써 아동의 개인정보 보호 강화를 위한 국가와 사회의 노력을 제고하기 위한 것으로 이해되는데, 3세부터 9세인 아동의 인터넷 이용률은 91.7%이고 10대의 인터넷 이용률은 99.5%로[33] 아동의 인터넷 사용률은 매우 높은 수준인 것으로 보이나, 아동은 성인과 비교하여 언어나 인지능력이 부족하고 개인정보자기결정권에 대한 인식이 취약하므로 개인정보의 침해 위험 수준이 크다는 우려가 있는 현실을[34] 고려한 것이라 하겠다.

한편 개인정보 보호법은 개인정보처리자는 만 14세 미만 아동의 개인정보를 처리하기 위하여 이 법에 따른 동의를 받아야 할 때에는 그 법정대리인의 동의를 받아야 하며, 법정대리인이 동의하였는지를 확인하여야 하나(개인정보 보호법 제22조의2제1항), 이 법 제22조의2(아동의 개인정보 보호)제1항에도 불구하고 법정대리인의 동의를 받기 위하여 필요한 최소한의 정보로서 대통령령으로 정하는 정보는[35] 법정대리인의 동의 없이 해당 아동으로부터 직접 수집할 수 있으며(동법 제22조의2제2항), 개인정보처리자는 만 14세 미만의 아동에게 개인정보 처리와 관련한 사항의 고지 등을 할 때에는 이해하기 쉬운 양식과 명확하고 알기 쉬운 언어를 사용하여야 한다고 규정하고 있다(동법 제22조의2제3항). 또한 개인정보보호법은 이 법 제22조의2제1항부터 제3항까지에서 규정한 사항 외에 동의 및 동의 확인 방법 등에 필요한 사항은 대통령령으로 정한다고 규정하고 있는데(동법 제22조의2제4항), 개인정보 보호법 시행령은 개인정보처리자는 개인정보 수집 매체의 특성상 동의 내용을 전부 표시하기 어려운 경우에는 인터넷주소 또는 사업장 전화번호 등 동의 내용을 확인할 수 있는 방법을 법정대리인에게 안내할 수 있다고 규정하고 있다(동법 시행령 제17조의2제3항).[36]

---

33) 한국지능정보사회진흥원, 2020 인터넷 이용실태조사, NIA 통계 · 실태조사(2023년 5월), p21.
34) 한국인터넷진흥원, 온라인 환경에서 아동에 특화된 개인정보보호 연구, 수탁기관 : 서울대학교 소비자정보 · 유통 연구실(2019년 12월), p2.
35) 개인정보 보호법 시행령은 이 법 제22조의2(아동의 개인정보 보호)제2항에서 "대통령령으로 정하는 정보"란 법정대리인의 성명 및 연락처에 관한 정보를 말한다고 규정하고 있다(개인정보 보호법 시행령 제17조의2제2항).
36) 개인정보 보호법 시행령은 개인정보처리자는 이 법 제22조의2(아동의 개인정보 보호)제1항에 따라 법

1. **필수동의와 선택동의.** 2014년 정보통신망법 개정으로 도입되어 정보통신서비스제공자가 정보통신서비스 제공 시 필수동의와 선택동의를 구분하여 정보통신서비스이용자에게 사전동의를 받도록 한 (구)정보통신망법의 조항이[37] 2020년 개인정보 보호법 개정 시 개인정보 보호법 제6장에 있던 정보통신서비스 제공자 등의 개인정보 처리 등 특례로 계수(繼受)되어 필수동의와 선택동의를 구분하는 관행이 유지되어 왔다. 2020년 개정을 통한 개인정보 보호법으로 편입 이전의 (구)정보통신망법과 편입 이후 2023년 개정으로 삭제된 (구)개인정보 보호법 제6장에 있던 정보통신서비스 제공자 등의 개인정보 처리 등 특례에서는 정보통신서비스 제공자는 이용자가 필요한 최소한의 개인정보 이외의 개인정보를 제공하지 아니한다는 이유로 그 서비스의 제공을 거부해서는 아니 된다. 이 경우 필요한 최소한의 개인정보는 해당 서비스의 본질적 기능을 수행하기 위하여 반드시 필요한 정보를 말한다라고 규정되어 있었다((구)개인정보 보호법 제39조의3제1항). 이에 따라 개인정보처리자인 정보통신서비스 제공자는 개인정보 주체인 이용자로부터 개인정보를 수집할 때 아이디, 이름, 생년월일, 결제정보 및 택배발송을 위한 주소지 등 서비스의 본질적 기능을 수행하기 위하여 반드시 필요한 정보는 필수동의를 통해 개인정보를 취득하는 것이 요구되는 한편 재화나 서비스의 홍보 또는 판매 권유 등 마케팅(Marketing) 관련 정보는 선택동의를 통해 개인정보를 취득하는 것이 요구된다고 해석이 되어 왔다. 한편 필수동의 사항에 대한 범위와 관련하여 논란이 지속되었었는데, 관련 IT산업계 등 개인정보의 활용의 확대를 요구하는 측은 필수동의의 범위를 넓히기를 희망하는 반면, 시민단체 등 개인정보의 보호를 강조하는 측은 필수동의가 아닌 선택동의를 통해 개인정보 주체의 개인정보자기통제권을 확대하는 것을 요구해 왔다. 개인정보보호위원회는 개인정보 필수동의 관행 개선을 위한 정책 방안을 발표하였는데[38] 그 주요 내용은, 1. 개인정보처리자는 서비스 이용 등 계약과 관련하여 필요한 개인정보는 정보주체에게 동의를 요구할 필요가 없다는 점을 적극적으로 홍보하고, 2. 서비스

정대리인이 동의하였는지를 확인할 때에는 다음 각, 1. 동의 내용을 게재한 인터넷 사이트에 법정대리인이 동의 여부를 표시하도록 하고 개인정보처리자가 그 동의 표시를 확인했음을 법정대리인의 휴대전화 문자메시지로 알리는 방법, 2. 동의 내용을 게재한 인터넷 사이트에 법정대리인이 동의 여부를 표시하도록 하고 법정대리인의 신용카드·직불카드 등의 카드정보를 제공받는 방법, 3. 동의 내용을 게재한 인터넷사이트에 법정대리인이 동의 여부를 표시하도록 하고 법정대리인의 휴대전화 본인인증 등을 통해 본인 여부를 확인하는 방법, 4. 동의 내용이 적힌 서면(書面)을 법정대리인에게 직접 발급하거나, 우편 또는 팩스를 통하여 전달하고 법정대리인이 동의 내용에 대하여 서명날인 후 제출하도록 하는 방법, 5. 동의 내용이 적힌 전자우편을 발송하여 법정대리인으로부터 동의의 의사표시가 적힌 전자우편을 전송받는 방법, 6. 전화를 통하여 동의 내용을 법정대리인에게 알리고 동의를 얻거나 인터넷주소 등 동의 내용을 확인할 수 있는 방법을 안내하고 재차 전화 통화를 통하여 동의를 받는 방법, 7. 그 밖에 제1호부터 제6호까지의 규정에 따른 방법에 준하는 방법으로 법정대리인에게 동의 내용을 알리고 동의의 의사표시를 확인하는 방법의 어느 하나에 해당하는 방법으로 하여야 한다고 규정하고 있다(개인정보 보호법 시행령 제17조의2제1항).

이용계약 이행 등과 관련이 없는 개인정보에 대하여 수집과 이용 동의를 받으려는 때에는 정보주체가 동의내용을 충분히 알 수 있도록 쉬운 문구 등을 사용하여 알리고 자유로운 의사에 따라 동의 여부를 결정할 수 있도록 하는 등의 조치를 하도록 하며, 3. 필수동의를 받아 온 동의 내용에 계약 이행 등에 필요한 개인정보가 포함되어 있다면 해당 항목은 삭제하고 그 외의 개인정보는 정보주체의 자유로운 의사에 따라 동의 여부를 결정할 수 있도록 필요한 조치를 하도록 하는 한편, 4. 계약 이행이나 서비스 제공 특성상 정보주체의 민감정보나 고유식별정보(주민등록번호 제외)의 처리가 불가피하게 필요한 경우에는 정보주체에게 동의내용을 충분히 알린 후 별도로 필수동의를 받아 처리하여야 하나, 다만 법령에 규정이 있는 경우에는 동의 없이 처리할 수 있도록 하는 것이다. 이러한 개인정보보호위원회의 개인정보 필수동의 관행 개선을 위한 정책 방안은 필수동의와 선택동의의 구별을 유지하는 것으로 이해된다. 한편 신용정보법에서는 신용정보회사등은 개인신용정보의 제공 및 활용과 관련하여 동의를 받을 때에는 대통령령으로[39] 정하는 바에 따라 서비스 제공을 위하여 필수적 동의사항과 그 밖의 선택적 동의사항을 구분하여 설명한 후 각각 동의를 받아야 한다. 이 경우 필수적 동의사항은 서비스 제공과의 관련성을 설명하여야 하며, 선택적 동의사항은 정보제공에 동의하지 아니할 수 있다는 사실을 고지하여야 한다고 규정하고 있으며(신용정보법 제32조제4항), 신용정보회사등은 신용정보주체가 선택적 동의사항에 동의하지 아니한다는 이유로 신용정보주체에게 서비스의 제공을 거부하여서는 아니 된다고 규정함으로써(신용정보법 제32조제5항), 필수동의와 선택동의의 구분을 유지하고 있다. 2023년 개인정보 보호법 개정을 통해 2023년 개정 전 (구) 정보통신망법 제23조(개인정보의 수집 제한 등)를 그대로 계수(繼受)한 2020년 개정된 (구)개인정보 보호법 제6장에 있었던 정보통신서비스 제공자 등의 개인정보 처리 등 특례 중 제39조의3(개인정보의 수집·이용 동의 등에 대한 특례)제1항이 삭제되었고, 개정 전 이 법 제15조(개인정보의 수집·이용)제1항제4호에서 개인정보처리자는 "정보주체와의 계약의 체결 및 이행을 위하여 불가피하게 필요한 경우"에는 개인정보를 수집할 수 있으며 그 수집 목적의 범위에서 이용할 수 있다고 규정하고 있던 조항을 "정보주체와 체결한 계약을 이행하거나 계약을 체결하는 과정에서 정보주체의 요청에 따른 조치를 이행하기 위하여 필요한 경우"로 개정하여 '불가피하게'가 삭제되었으므로 필수동의와 선택동의 구별의 논란이 없어지거나 해소되었다는 견해에 대한 당신의 입장과 의견은 무엇인가? 또한 필수동의와 선택동의의 구분이 과연 개인정보자기통제권을 담보하는지에 대한 당신의 입장과 의견은 무엇이며 만일 개선방안이 있다면 무엇이라고 생각하는가?

2. EU GDPR의 동의(Consent). EU GDPR은 동의를 정보주체가 진술 또는 적극적인 행동을 통하여 자신의 개인정보처리에 대한 긍정적 의사를 표현하는 것을 의미하는 것이며, 이러한 동의의 유효조건으로, 1. 자유롭게 부여된 동의(Free or Freely given), 2. 개별적으로 특정한 동의 (Specific), 3. 사전 정보가 제공된 동의(Informed), 4. 정보주체의 명확한 의사표시(Unambiguous indication)를 제시하고 있다(GDPR Article 7).[40]

3. **명시적·실질적 동의의 조건.** 법원은 명시적·실질적 동의의 조건으로, 1. 적법한 동의에 해당하기 위해서는 이용자가 개인정보에 관한 결정권을 충분히 자유롭게 행사할 수 있도록 통상의 이용자라면 용이하게 법정 고지사항의 구체적 내용을 알아볼 수 있을 정도로 법정 고지사항 전부를 명확하게 게재하여야 하고, 2. 동의를 구하고 있는 사실 및 법정 고지사항에 관하여 이용자에게 인식 가능성만을 부여한 것으로는 충분하지 않고, 이용자로 하여금 명확히 인식·확인하게 한 상태에서 이용자의 자발적 의사에 따라 동의 여부를 판단·결정한 것이라고 볼 수 있어야 하며, 또한 3. 법정 고지사항을 게재하는 부분과 이용자의 동의 여부를 표시할 수 있는 부분을 밀접하게 배치하여 이용자가 법정 고지사항을 인지하여 확인할 수 있는 상태에서 동의 여부를 판단할 수 있어야 하고, 그에 따른 동의의 표시는 이용자가 동의를 한다는 명확한 인식 하에 행하여 질 수 있도록 그 실행방법이 마련되어야 한다고 판시한 바 있다.[41]

4. **포괄동의와 일괄동의(One-click 동의).** 앞에서 2023년 개정 이전 개인정보 보호법은 개인정보 수집을 위한 동의로서 필수동의와 선택동의로 구분하고 있다고 설명한 바 있다. 이러한 필수동의와 선택동의의 구분과 관련하여 이해가 필요한 개념이 일괄동의와 포괄동의이다. 포괄동의는 법적으로 동의를 받아야 할 사항에 대해 동의사항을 불명확하게 알린 상태에서 포괄적으로 동의를 받는 방식으로써 위법하다고 이해되는 반면, 일괄동의는 「약관의 규제에 관한 법률(약칭: 약관법)」, 「전자금융거래법」 등에 따라 필수동의 사항에 대해 명확하게 이용자에게 알린 상태에서 One-click을 통해 일괄동의를 받는 방식으로써 적법하다고 이해된다. 이러한 일괄동의와 포괄동의의 개념에 대해 혼란(混亂)이 있는 것으로 이해되는데, 2015년 7월 미래창조과학부의 「전자상거래 규제개선 추진현황 및 주요성과」에 따르면[42] 개별 약관마다 동의절차를 거쳐야 했던 약관동의 절차도 간소화하여 쇼핑몰 이용약관, 전자금융 이용약관 및 개인정보 수집·이용 동의를 회원가입 버튼 클릭으로 동의 받을 수 있도록 한 반면, 2019년 5월 공정거래위원회의 「구글 불공정약관 시정권고에 대한 이행결과」에 따르면[43] 서비스 약관 및 개인정보 수집 등에 관한 포괄적 동의 간주 조항을 시정했는데, 시정 전에는 서비스 약관에 대한 동의와 개인정보 수집 등에 대한 동의를 한 번에 받고 있어 고객이 각각의 내용에 대한 숙지 없이 동의할 우려가 있었으므로, 이에 서비스 약관과 개인정보 수집 등에 관한 사항을 구분하고 이용자가 그 내용을 숙지하도록 각각 동의를 받는 것으로 했다고 하는 등 포괄동의와 일괄동의에 대한 개념의 혼란이 있는 것으로 생각된다. 정보주체의 개인정보자기결정권의 관점에서 One-click으로 일괄동의를 받는 것에 대한 당신의 의견은 무엇인가?

5. **정보활용 동의등급제.** 신용정보법은 이 법 제34조의3(정보활용 동의등급)제1항에서 대통령령으로 정하는 신용정보제공·이용자는 정보활용 동의 사항에 대하여 금융위원회가 평가한 등급(이하 이 조에서 "정보활용 동의등급"이라 한다)을 신용정보주체에게 알리고 정보활용 동의를 받아야 하고, 정보활용 동의 사항 중 대통령령으로 정하는 중요사항을 변경한 경우에도 또한 같

다고 규정하고 있다(신용정보법 제34조의3제1항). 이러한 정보활용 동의등급제는 금융회사 등의 정보활용 동의사항에 대하여 사생활 침해위험, 소비자혜택, 가독성(可讀性) 등을 평가하여 정보활용 동의등급을 부여하는 것으로 이해된다. 즉, 금융위원회는 정보활용 동의등급 평가를 할 때 다음. 1. 정보활용에 따른 사생활의 비밀과 자유를 침해할 위험에 관한 사항[활용되는 개인신용정보가 「개인정보 보호법」 제23조(민감정보의 처리 제한)에 따른 민감정보인지 여부를 포함한다], 2. 정보활용에 따라 신용정보주체가 받게 되는 이익이나 혜택, 3. 신용정보법 제34조의2(개인신용정보 등의 활용에 관한 동의의 원칙)제2항제1호 및 제2호의 사항, 4. 그 밖에 제1호부터 제3호까지의 규정에서 정한 사항과 유사한 사항으로서 대통령령으로 정하는 사항을 고려하여 정보활용 동의등급을 부여하여야 한다(동법 제34조의3제2항). 한편 신용정보법의 정보활용 동의등급제와는 취지가 다르지만 정보통신망법은 이 법 제47조(정보보호 관리체계의 인증)에 따라 정보보호 관리체계 인증을 받은 자는 기업의 통합적 정보보호 관리수준을 제고하고 이용자로부터 정보보호 서비스에 대한 신뢰를 확보하기 위하여 과학기술정보통신부장관으로부터 정보보호 관리등급을 받을 수 있다고 규정함으로써(정보통신망법 제47조의5제1항), 정보보호 관리등급 부여 도입을 통해 '우수'와 '최우수' 등급을 부여하고 있다. 이러한 신용정보법의 정보활용 동의등급제를 개인정보 보호법으로 확대해야 한다는 의견이 있는데, 이에 대한 당신의 입장은 무엇이며 만일 확대한다면 나타날 문제점과 문제점을 해소할 수 있는 방안은 무엇이겠는가?

---

37) (구)정보통신망법은 정보통신서비스 제공자는 이용자의 개인정보를 수집하는 경우에는 정보통신서비스의 제공을 위하여 필요한 범위에서 최소한의 개인정보만 수집하여야 한다고 규정하고 있었으며((구)정보통신망법 제23조제2항), 정보통신서비스 제공자는 이용자가 필요한 최소한의 개인정보 이외의 개인정보를 제공하지 아니한다는 이유로 그 서비스의 제공을 거부하여서는 아니 된다. 이 경우 필요한 최소한의 개인정보는 해당 서비스의 본질적 기능을 수행하기 위하여 반드시 필요한 정보를 말한다고 규정하고 있었다(동법 제23조제3항).
38) 개인정보보호위원회, 개인정보 필수동의 관행 개선한다, 보도자료(2024.9.12.).
39) 신용정보법 시행령은 신용정보제공·이용자가 필수적 동의사항과 그 밖의 선택적 동의사항을 구분하는 경우에는 다음. 1. 신용정보주체가 그 동의사항에 대하여 동의하지 아니하면 그 신용정보주체와의 금융거래 등 상거래관계를 설정·유지할 수 없는지 여부, 2. 해당 신용정보주체가 그 동의사항에 대하여 동의함으로써 제공·활용되는 개인신용정보가 신용정보제공·이용자와의 상거래관계에 따라 신용정보주체에게 제공되는 재화 또는 서비스(신용정보주체가 그 신용정보제공·이용자에게 신청한 상거래관계에서 제공하기로 한 재화 또는 서비스를 그 신용정보제공·이용자와 별도의 계약 또는 약정 등을 체결한 제3자가 신용정보주체에게 제공하는 경우를 포함한다)와 직접적으로 관련되어 있는지 여부, 3. 신용정보주체가 그 동의사항에 대하여 동의하지 아니하면 법 또는 다른 법령에 따른 의무를 이행할 수 없는지 여부의 사항 등을 고려해야 한다고 규정하고 있으며(신용정보법 시행령 제28조제8항), 또한 신용정보제공·이용자가 이 법 제32조(개인신용정보의 제공·활용에 대한 동의)제4항 전단에 따라 필수적 동의 사항과 그 밖의 선택적 동의사항을 구분하여 동의를 받는 경우 동의서 양식을 구분하는 등의 방법으로 신용정보주체가 각 동의사항을 쉽게 이해할 수 있도록 해야 한다고 규정하고 있다(동법 시행령 제28조제9항).
40) 방송통신위원회와 행정안전부, 우리 기업을 위한 EU 일반 개인정보 보호법 가이드북(개정판), 한국인

나 개인정보와 개인신용정보의 수집과 이용을 위한 동의 이외의 방법

개인정보 보호법은 동의 이외에 개인정보의 수집과 이용을 위해, 이 법 제15조(개인정보의 수집·이용)제1항제2호부터 제7호까지 법률에 특별한 규정이 있거나 법령상 의무를 준수하기 위하여 불가피한 경우 등을, 동법 제58조(적용의 일부 제외)에서 국가안전보장과 관련된 정보 분석을 목적으로 수집 또는 제공 요청되는 개인정보, 공개된 장소에 영상정보처리기기를 설치·운영하여 처리되는 개인정보, 개인정보처리자가 동창회, 동호회 등 친목 도모를 위한 단체를 운영하기 위하여 개인정보를 처리하는 경우 등에는 정보주체의 동의 없이도 개인정보를 수집·이용할 수 있도록 규정하고 있다.

또한 신용정보법은 동의 이외의 방법을 통한 개인신용정보의 수집과 이용을 위해, 「개인정보 보호법」 제15조(개인정보의 수집·이용)제1항제2호부터 제7호까지의 어느 하나에 해당하는 경우와 법령에 따라 공시(公示)되거나 공개된 정보나 공공기관의 인터넷 홈페이지 등의 매체를 통하여 공시 또는 공개된 정보 또는 신용정보주체가 스스로 사회관계망서비스 등에 직접 또는 제3자를 통하여 공개한 정보를 수집하는 때와 같은 경우 등에는 개인인 신용정보주체의 동의 없이도 개인신용정보를 수집·처리할 수 있도록 규정하고 있는데(신용정보법 제15조제2항), 개인정보 보호법의 규정 보다 넓게 동의 이외의 방법을 규정하고 있는 것으로 이해된다.

한편 2020년 데이터 3법(개인정보 보호법, 신용정보법, 정보통신망법) 개정을 통해 입법되어 제도화된 가명정보에 대해 개인정보처리자나 신용정보회사등은 정보주체나 개인인 신용정보주체의 동의 없이도 가명정보를 처리할 수 있게 되었으며, 또한 동 개정을 통해 개인정보처리자나 신용정보회사등은 당초 수집 목적과 합리적으로 관련된 범위 또는 당초 수집한 목적과 상충되지 아니하는 목적에 해당하는 경우에는 정보주체나 개인인 신용정보주체의 동의 없이도 개인정보나 개인신용정보를 제공할 수 있도록 되었는데 이에 대해서는 뒤에서 설명하고자 한다.

터넷진흥원(2018), pp49~56.
41) 서울고등법원 2014. 1. 9. 선고 2013누14476 및 대법원 2016. 6. 28. 선고 2014두2638.
42) 미래창조과학부, 전자상거래 규제개선 추진현황 및 주요성과, 보도자료(2015.5.4.).
43) 공정거래위원회, 구글의 시정 권고 이행에 따라 불공정 약관 시정 완료, 보도자료(2019.5.30.).

〈개인정보 보호법〉 제15조(개인정보의 수집·이용) ① 개인정보처리자는 다음 각 호의 어느 하나에 해당하는 경우에는 개인정보를 수집할 수 있으며 그 수집 목적의 범위에서 이용할 수 있다.

2. 법률에 특별한 규정이 있거나 법령상 의무를 준수하기 위하여 불가피한 경우
3. 공공기관이 법령 등에서 정하는 소관 업무의 수행을 위하여 불가피한 경우
4. 정보주체와 체결한 계약을 이행하거나 계약을 체결하는 과정에서 정보주체의 요청에 따른 조치를 이행하기 위하여 필요한 경우
5. 명백히 정보주체 또는 제3자의 급박한 생명, 신체, 재산의 이익을 위하여 필요하다고 인정되는 경우
6. 개인정보처리자의 정당한 이익을 달성하기 위하여 필요한 경우로서 명백하게 정보주체의 권리보다 우선하는 경우. 이 경우 개인정보처리자의 정당한 이익과 상당한 관련이 있고 합리적인 범위를 초과하지 아니하는 경우에 한한다.
7. 공중위생 등 공공의 안전과 안녕을 위하여 긴급히 필요한 경우

〈개인정보 보호법〉 제58조(적용의 일부 제외) ① 다음 각 호의 어느 하나에 해당하는 개인정보에 관하여는 제3장부터 제8장까지를 적용하지 아니한다.

1. 삭제
2. 국가안전보장과 관련된 정보 분석을 목적으로 수집 또는 제공 요청되는 개인정보
3. 삭제
4. 언론, 종교단체, 정당이 각각 취재·보도, 선교, 선거 입후보자 추천 등 고유 목적을 달성하기 위하여 수집·이용하는 개인정보

② 제25조제1항 각 호에 따라 공개된 장소에 고정형 영상정보처리기기를 설치·운영하여 처리되는 개인정보에 대해서는 제15조, 제22조, 제22조의2, 제27조제1항·제2항, 제34조 및 제37조를 적용하지 아니한다.

③ 개인정보처리자가 동창회, 동호회 등 친목 도모를 위한 단체를 운영하기 위하여 개인정보를 처리하는 경우에는 제15조, 제30조 및 제31조를 적용하지 아니한다.

〈개인정보 보호법〉 제28조의2(가명정보의 처리 등) ① 개인정보처리자는 통계작성, 과학적 연구, 공익적 기록보존 등을 위하여 정보주체의 동의 없이 가명정보를 처리할 수 있다.

〈신용정보법〉 제15조(수집 및 처리의 원칙) ② 신용정보회사등이 개인신용정보를 수집하는 때에는 해당 신용정보주체의 동의를 받아야 한다. 다만, 다음 각 호의 어느 하나에 해당하는 경우에는 그러하지 아니하다.

1. 「개인정보 보호법」 제15조제1항제2호부터 제7호까지의 어느 하나에 해당하는 경우
2. 다음 각 목의 어느 하나에 해당하는 정보를 수집하는 경우

(1) 법률에 특별한 규정이 있거나 법령상 의무를 준수하기 위하여 불가피한 경우

법률에 특별한 규정이 있거나 법령상 의무를 준수하기 위하여 불가피한 경우에는 개인정보처리자는 정보주체의 동의 없이 개인정보를 수집할 수 있으며 그 수집 목적의 범위에서 이용할 수 있는데(개인정보 보호법 제15조제1항제2호), 법률에 특별한 규정이 있는 경우는 법률에서 개인정보의 수집과 이용을 구체적으로 허용하거나 요구하는 것으로서 수집과 이용되는 개인정보의 대상과 범위가 막연한 경우는 특별한 규정이라고 보기는 어렵다고 하겠으며, 법률에 특별한 규정이 있어야 하므로 모법(母法)의 위임근거가 없는 시행령이나 시행규칙에 개인정보의 수집·이용 근거를 두는 것은 허용되지 않는다. 또한 법률의 규정을 통한 개인정보의 수집과 이용은 정보주체뿐만 아니라 정보주체가 아닌 제3자로부터 수집·이용되는 경우도 포함하므로 법률에서 개인정보의 수집·이용을 요구하거나 허용하는 규정을 두고 제3자에게 개인정보의 제공의무를 규정하고 있지 않더라도 제3자는 정보주체의 동의 없이도 개인정보를 제공할 수 있는 것으로 해석되며,[44] 이렇게 법률에 특별한 규정이 있는 법률로는 「병역법」, 「의료법」, 「보험업법」, 「자동차손해배상 보장법」, 「통신비밀보호법」 등이 있다.

법령상 의무를 준수하기 위하여 불가피한 경우는 법령에서 개인정보처리자에게 일정한 의무를 부과하고 있는 경우로서 개인정보처리자가 의무의 이행을 위해서는 불가피하게 개인정보를 수집하거나 이용할 수밖에 경우를 말하며 법령은 법률뿐만 아니라 시행령, 시행규칙도 포함된다고 하겠다. 불가피한 경우는 개인정보를 수집하지 않고는 법령에서 부과하는 의무를 이행하는 것이 불가능하거나 개인정보처리자가 다른 방법을 사용하여 의무를 이행하는 것이 현저(顯著)하게 곤란한 경우로 이해되는데, 예를 들면 법령에 따라 본인확인이나 연령(年齡)의 확인이 필요한 경우 등을 들 수 있으며, 법률상 의무를 준수하기 위해 개인정보의 수집과 이용이 요구되는 법률로는 「소비자기본법」, 「공직선거법」, 「청소년보호법」, 「금융실명거래 및 비밀보장에 관한 법률」 등이 있다.

(2) 공공기관이 법령 등에서 정하는 소관 업무의 수행을 위하여 불가피한 경우

공공기관이 법령 등에서 정하는 소관 업무의 수행을 위하여 불가피한 경우에는 공공기관은 정보주체의 동의 없이 개인정보를 수집할 수 있으며 그 수집 목적의 범위에서 이용할 수 있는데(개인정보 보호법 제15조제1항제3호), 공공기관의 경우 개인정보를 수집할 수 있도록 허용하는 명시적인 법률 규정이 없더라도 법령 등에서 소관 업무를 정하고 있고 소관 업무의 수행을 위하여 불가피하게 개인정보를 수집·이용해야 하는 경우에는 정보주체의 동의 없이도 개인정보의 수집이 허용된다고 하겠다. 한편 법령 등에서 정하는 소관 업무의 수행을 위하여 불가피한 경우는 앞에서 설명한 법령상 의무를 준수하기 위하여 불가피한 경우에 포함된다고 해석될 수 있으나 법령상 의무준수와 소관 업무의 수행 간의 차이를 명확히 하기 위하여 별도로 규정한 것으로 생각

---

44) 검사 또는 수사관서의 장이 수사를 위하여 전기통신사업법 제54조 제3항, 제4항에 의하여 전기통신사업자에게 통신자료의 제공을 요청하고, 이에 전기통신사업자가 위 규정에서 정한 형식적·절차적 요건을 심사하여 검사 또는 수사관서의 장에게 이용자의 통신자료를 제공하였다면, 검사 또는 수사관서의 장이 통신자료의 제공 요청권한을 남용하여 정보주체 또는 제3자의 이익을 부당하게 침해하는 것임이 객관적으로 명백한 경우와 같은 특별한 사정이 없는 한, 이로 인하여 해당 이용자의 개인정보자기결정권이나 익명표현의 자유 등이 위법하게 침해된 것이라고 볼 수 없다. 대법원 2016. 3. 10. 선고 2012다105482.

된다. 이러한 법령 등에서 정하는 소관 업무로는 「정부조직법」과 각 기관 별 조직법 및 직제 관련 시행령·시행규칙 등에서 정하고 있는 소관 사무와 함께, 「주민등록법」, 「국세기본법」, 「의료법」, 「국민건강보험법」 등 법령으로부터 부여된 권한과 의무, 지방 자치단체의 경우에는 자치 규칙인 조례(條例)에서 정하고 있는 의무 등을 의미하는 것 으로 이해된다.

(3) 정보주체와 체결한 계약을 이행하거나 계약을 체결하는 과정에서 정보주체의 요청에 따른 조치를 이행하기 위하여 필요한 경우

정보주체와 체결한 계약을 이행하거나 계약을 체결하는 과정에서 정보주체의 요청 에 따른 조치를 이행하기 위하여 필요한 경우에는 개인정보처리자는 정보주체의 동의 없이 개인정보를 수집할 수 있으며 그 수집 목적의 범위에서 이용할 수 있도록 하고 있는데(개인정보 보호법 제15조제1항제4호), 2023년 개정을 통해 개정 전 "정보주체와의 계약의 체결 및 이행을 위하여 불가피하게 필요한 경우"에서 "정보주체와 체결한 계 약을 이행하거나 계약을 체결하는 과정에서 정보주체의 요청에 따른 조치를 이행하기 위하여 필요한 경우"로 개정된 것은, 2023년 개정 전 조항에서 규정하고 있었던 "불 가피하게 필요한 경우"인, 즉 불가피성의 범위가 명확하지 않아 정보주체와의 계약을 위해 필요한 경우에도 개인정보를 수집·이용하기 위해서는 정보주체의 동의에 의존 하고 있는 현실상의 문제점을 개선하기 위한 개정으로 생각된다.

만일 정보주체와 체결한 계약을 이행하거나 계약을 체결하는 과정에서 정보주체의 요청에 따른 조치를 이행하기 위하여 필요한 경우까지 정보주체의 동의를 받도록 한 다면 동의 획득을 위한 거래비용(去來費用)으로 인해 합리적 경제활동의 장애요소가 될 것인데, 2014년 (구)정보통신망법 개정을 통해 도입된 이래 유지 중인 필수동의와 선 택동의를 구별하는 현실의 관행이 해소되고 있지 못하고 필수동의의 범위에 대해 실 무적으로 혼선이 지속되는 현재 상황을 해소하기 위해서 앞서 설명한 바와 같이 근원 적인 해결책은 개인정보 보호법 제22조(동의를 받는 방법)제1항제7호에서 "재화나 서비 스를 홍보하거나 판매를 권유하기 위하여 개인정보의 처리에 대한 동의를 받으려는 경우"로 규정하고 있는 조항과 이 법 제22조제1항제8호에서 "그 밖에 정보주체를 보 호하기 위하여 동의 사항을 구분하여 동의를 받아야 할 필요가 있는 경우로서 대통령령으로 정하는 경우"로 규정하고 있는 조항들 전체를 삭제하는 것이나 사전동의(Opt-in)가 아닌 사후거절 또는 사후철회(Opt-out)로 정책과 입법의 방향을 전면 수정하는 것이라고 생각한다.

계약체결에는 계약 체결과 관련된 사전조사 등 계약체결을 위한 준비단계도 포함되나, 만일 계약을 체결하지 않게 된다면 수집된 개인정보는 즉시 파기되어야 할 것으로 이해된다. 계약의 이행은 온라인 상거래를 통한 물건의 배송이나 신용카드 결제와 같이 서비스의 제공을 위한 주된 의무의 이행뿐만 아니라 부수적(附隨的)인 의무, 예를 들면 경품(景品)의 배송, 포인트(마일리지)와 멤버십 관리, 애프터서비스 등의 이행도 포함된다고 해석된다. 대리인을 통한 계약체결의 경우 본인으로부터 정당한 대리권을 부여받았는지에 대한 확인이 필요한데, 이러한 대리권의 확인을 위한 목적으로 대리인의 개인정보를 수집·이용할 수 있다고 하겠다. 일반적으로 본인이 대리인에게 수여하는 위임장에는 대리인의 이름, 주소, 전화번호 등이 기재되어 있는데, 대리권을 확인하기 위한 대리인의 개인정보 수집과 이용은 계약체결 등 법률행위를 위해 불가피한 경우에 해당하므로 단순히 대리인인지 진위(眞僞)여부를 확인하기 위해서 대리인의 개인정보를 수집·이용할 수 있다고 해석되나, 개인정보 보호법 제24조(고유식별정보의 처리 제한)와 동법 제24조의2(주민등록번호 처리의 제한)에 따른 주민등록번호 등 고유식별정보는 이 법의 관련 규정들에 따라 수집이 제한되는 것으로 이해된다.

근로자가 사용자에게 근로를 제공하고 사용자가 이에 대해 임금을 지급하는 것을 목적으로 하는 근로계약을 체결하는 경우에 동 근로계약을 이행하기 위해 근로자의 개인정보를 수집·이용하는 것은 계약의 체결 및 이행을 위하여 불가피하게 필요한 경우에 해당되므로 사용자는 근로자의 임금지급, 계약서에 명시된 복리후생 제공 등 근로계약을 이행하기 위해 근로자의 동의 없이 개인정보를 수집·이용할 수 있다고 해석된다. 법원도 근로계약상의 의무를 부담하고 있는 근로자들이 보유하는 개인정보에 대한 자기정보통제권은 일반 국민이 공공기관에 대해 갖는 개인정보에 대한 자기정보통제권에 비해 보다 제한적이라고 판시한[45] 바가 있다. 다만 근로계약에 있어서

---

45) 한국철도공사가 소속 근로자들의 개인정보를 전사적 자원관리시스템(Enterprise Resource Planning)에 집적하여 관리해 온 사안에서, 법원은 사용자가 인사노무관리를 행함에 있어 협조할 근로계약상의 의무를 부담하고 있는 근로자들이 보유하는 자기정보관리·통제권은 일반 국민이 공공기관에 대해 갖는 자기정보관리·통제권보다 제한적일 수밖에 없고, 제반 사정상 위 시스템에 집적되어 있는 개인정

일반적으로 근로자는 고용주나 사용자에 비하여 경제적·사회적 지위가 낮은 경우가 많으므로 근로자의 개인정보를 더욱 중요하게 보호할 필요성이 있다고 생각된다. 따라서 사용자는 근로계약의 체결 시 근로자 개인의 동의를 받는 것이 바람직하며 만일 동의를 받지 않는 경우라도 근로계약서 등을 통해 근로자에 대한 개인정보의 수집·이용에 관한 사항을 알리는 것이 요구된다고 하겠다.

(4) 명백히 정보주체 또는 제3자의 급박한 생명, 신체, 재산의 이익을 위하여 필요하다고 인정되는 경우

명백히 정보주체 또는 제3자의 급박한 생명, 신체, 재산의 이익을 위하여 필요하다고 인정되는 경우에는 개인정보처리자는 정보주체의 동의 없이 개인정보를 수집할 수 있으며 그 수집 목적의 범위에서 이용할 수 있는데(개인정보 보호법 제15조제1항제5호), 2023년 개정을 통해 개정 전 "정보주체 또는 그 법정대리인이 의사표시를 할 수 없는 상태에 있거나 주소불명 등으로 사전동의를 받을 수 없는 경우로서 명백히 정보주체 또는 제3자의 급박한 생명, 신체, 재산의 이익을 위하여 필요하다고 인정되는 경우"에서 "명백히 정보주체 또는 제3자의 급박한 생명, 신체, 재산의 이익을 위하여 필요하다고 인정되는 경우"로 개정되었다. 동 조항은 형법 제22조(긴급피난)의 긴급피난과[46] 같은 일종의 위법성 조각 사유처럼 이해되는데, 2023년 개정 전에는 "정보주체 또는 그 법정대리인이 의사표시를 할 수 없는 상태에 있거나 주소불명 등으로 사전동의를 받을 수 없는 경우로서"의 제한으로 인해 사전동의의 예외가 불가피한 경우에도 불구하고 널리 적용이 되지 못한 점이 있었다고 생각된다. 즉 이러한 제한은 사전동의의 예외가 필요한 현실적인 필요성이 있음에도 불구하고 구체적인 사실관계에서 비교형량과 적용에 있어서 애로사항이 되었다고 하겠는데, 이러한 제한을 삭제(削除)함으로써 적용의 범위가 넓어질 소지가 생기게 됨으로써 바람직하다고 하겠다. 물

보가 불필요하다거나 시스템의 보안이 취약하여 개인정보 유출의 위험성이 크다고 볼 수 없으므로, 위 시스템에 의한 개인정보의 집적·관리행위가 근로자들의 행복추구권, 사생활의 비밀과 자유를 침해받지 않을 권리, 자기정보관리·통제권 등을 침해한다고 인정하지 아니한다고 판시하였다. 대전지방법원 2007. 6. 15. 선고 2007카합527.

46) 형법 제22조(긴급피난)제1항은 자기 또는 타인의 법익에 대한 현재의 위난을 피하기 위한 행위는 상당한 이유가 있는 때에는 벌하지 아니한다고 규정하고 있다.

론 추후 해석과 적용을 함에 있어 기존의 제한을 고려하여 좁게 해석할 여지도 많다고 하겠으나 2023년에 삭제된 입법 취지를 고려하여 사전동의의 예외를 넓게 해석하는 것이 바람직하다고 생각한다.

개인정보의 수집과 이용의 목적이 명백하게 정보주체 또는 제3자의 생명, 신체, 재산상의 이익을 위한 것이어야 하므로 정보주체 또는 제3자에 이익이 되나 동시에 손해가 될 수 있는 경우에는 정보주체의 동의 없이 개인정보를 수집할 수 없는 것이며, 만일 제3자에게는 명백하게 이익이 되지만 정보주체에게 손해가 되는 경우라면 제3자의 이익이 정보주체의 이익보다 월등히 큰 경우에만 개인정보처리자는 동의 없이 개인정보를 수집할 수 있다고 해석되고, 제3자의 재산상의 이익은 정보주체의 생명, 신체상의 이익과 비교될 수 없다고 하겠다. 또한 생명, 신체, 재산상의 이익이 급박해야 하므로 정보주체 또는 정보주체의 법정대리인의 동의를 받을 수 있는 충분한 시간적 여유나 다른 수단이 있다면 급박한 생명, 신체, 재산상의 이익을 위해 필요한 경우라 할 수 없을 것이다. 한편 급박한 상황이 해소된 경우에 개인정보처리자는 사후적으로 정보주체의 승인을 받아야 하고 개인정보처리자는 급박한 상황을 발생시킨 사유가 해소된 때에는 개인정보의 처리를 즉시 중단하여야 하며, 정보주체에게 사전 동의 없이 개인정보를 수집하거나 이용한 사실, 이유와 내용 등을 알려야 할 것이라 하겠다. 또한, 만일 급박한 사유가 해소된 이후 계속해서 정보주체의 개인정보를 이용하려는 경우에는 정보주체의 동의를 받아야 할 것으로 이해된다.

(5) 개인정보처리자의 정당한 이익을 달성하기 위하여 필요한 경우로서 명백하게 정보주체의 권리보다 우선하는 경우

개인정보 보호법은 개인정보처리자의 정당한 이익을 달성하기 위하여 필요한 경우로서 명백하게 정보주체의 권리보다 우선하는 경우에는 개인정보처리자는 정보주체의 동의 없이 개인정보를 수집할 수 있으며 그 수집 목적의 범위에서 이용할 수 있으나, 다만 이 경우 개인정보처리자의 정당한 이익과 상당한 관련이 있고 합리적인 범위를 초과하지 아니하는 경우에 한한다고 규정하고 있다(개인정보 보호법 제15조제1항제6호). 개인정보처리자의 정당한 이익으로는, 예를 들면 요금의 징수, 소송의 제기 및 수행 등을 위하여 증거자료를 조사·확보하는 경우, 도난의 방지 등을 위해 출입이 통제되고 있는 사업장 내 시설의 안전을 목적으로 한 CCTV의 설치 등과 같이 법률상 개인정보처리자의 정당한 이익이 존재해야 한다고 하겠다. 또한 명백하게 정보주체의 권리보다 개인정보처리자의 권리가 우선해야 하는데, 예를 들면 정보주체의 사생활을 침해하거나 다른 이익을 침해하는 경우에는 개인정보처리자의 정당한 이익을 위한 것이라고 하더라도 정보주체의 동의 없이는 개인정보를 수집할 수 있다고 단정할 수 없다고 해석된다. 그리고 명백하게 정보주체의 권리보다 개인정보처리자의 이익이 월등히 커야 하며, 마지막으로 상당한 관련성과 합리적 범위 내의 개인정보 수집이 요구되는데, 개인정보처리자의 정당한 이익이 존재하고 그것이 명백하게 정보주체의 권리보다 우선한다고 하더라도 수집된 개인정보가 개인정보처리자의 정당한 이익과 관련성이 낮거나 합리적 범위를 초과하여서는 아니 될 것으로 생각된다.

(6) 공중위생 등 공공의 안전과 안녕을 위하여 긴급히 필요한 경우

공중위생 등 공공의 안전과 안녕을 위하여 긴급히 필요한 경우에는 개인정보처리자는 정보주체의 동의 없이 개인정보를 수집할 수 있으며 그 수집 목적의 범위에서 이용할 수 있는데(개인정보 보호법 제15조제1항제7호), 동 조항은 2023년 개정을 통해 신설된 항목이다. 2023년 개정 전에는 개인정보 보호법 제58조(적용의 일부 제외)제1항제3호에서 "공중위생 등 공공의 안전과 안녕을 위하여 긴급히 필요한 경우로서 일시적으로 처리되는 개인정보에 관하여는 제3장(개인정보의 처리)부터 제7장(개인정보 분쟁조정위원회)까지를 적용하지 아니한다"라고 규정되어 있었는데 이를 삭제하고 동 항목을 신설한 것이다. 지난 코로나19의 확산으로 지역사회에서 음식점, 카페 등 출입을 위해 수기(手記)명부나 전자출입명부(QR코드) 작성을 의무화하였고 감염병 예방을 위해 확진자의 동선 등도 각 지방자치단체의 인터넷 홈페이지 등을 통해 공개하였으나, 작성된 방문자 출입명부의 유출로 인해 개인정보의 침해가 빈번히 발생하였으며 확진자의 동선 등이 공개됨에 따라 개인의 사생활이 과도하게 침해된다는 논란이 제기되었었는데,[47] 동 항목의 신설은 공중위생 등 공공의 안전과 안녕을 위한 개인정보는 현

---

47) 신종 코로나바이러스감염증(코로나19) 확산 방지를 위해 작성하는 출입명부의 유출본이라고 불리는 수백만건의 개인정보가 텔레그램에서 판매되고 있다. 19일 아시아경제가 텔레그램을 통해 한 업자로부터 입수한 이른바 '코로나 명부'에는 총 1만2000명의 개인정보가 빼곡히 적혀있었다. 이 자료에는 이름과 전화번호, 거주지를 비롯해 측정된 체온, 암호화된 것으로 추정되는 의미모를 숫자 등이 기재됐다. 특

행법을 전면 적용받도록 하되 개인정보의 수집·이용·제공 사유로 포함함으로써 코로나19 확산과 같은 공중위생 등 공공의 안전과 안녕을 적절히 보호할 수 있도록 하려는 취지로 이해된다. 또한 2020년 9월에 개정된 「감염의 예방 및 관리에 관한 법률」을 통해 공중위생 등의 필요에 의한 개인정보 처리에 관한 구체적인 기준이 마련되었으므로 개인정보 보호법에서의 폭넓은 적용배제를 인정할 실익이 없고 오히려 국민의 권익 보호를 위해서는 개인정보 처리의 적법한 근거로 추가할 필요가 있는 점을 고려한 것이라 하겠다.

(7) 보칙(補則)상의 적용의 일부 제외에 따라 동의가 요구되지 않는 경우

개인정보 보호법은 다음, 2. 국가안전보장과 관련된 정보 분석을 목적으로 수집 또는 제공 요청되는 개인정보와 4. 언론, 종교단체, 정당이 각각 취재·보도, 선교, 선거 입후보자 추천 등 고유 목적을 달성하기 위하여 수집·이용하는 개인정보에 관하여는 이 법 제3장(개인정보의 처리)부터 제8장(개인정보 단체소송)까지를[48] 적용하지 아니한다고 규정하고 있는데(개인정보 보호법 제58조제1항), 2023년 개정 이전에는 다음, 1. 공공기관이 처리하는 개인정보 중 「통계법」에 따라 수집되는 개인정보와 3. 공중위생 등 공공의 안전과 안녕을 위하여 긴급히 필요한 경우로서 일시적으로 처리되는 개인정보를 적용의 일부 배제 항목으로 규정하고 있었으나 2023년 개정 시 동 조항에서 이 항목들을 삭제하였다.

또한 개인정보 보호법은 이 법 제25조(영상정보처리기기의 설치·운영 제한)제1항의 각 호에 따라 공개된 장소에 고정형 영상정보처리기기를 설치·운영하여 처리되는 개인정보에 대해서는 동법 제15조(개인정보의 수집·이용), 제22조(동의를 받는 방법), 제22조의2(아동의 개인정보 보호), 제27조(영업양도 등에 따른 개인정보의 이전 제한)제1항·제2항, 제34조(개인정보 유출 등의 통지·신고) 및 제37조(개인정보의 처리정지 등)를 적용하지 아니한다고 규정하고 있는데(동법 제58조제2항), 고정형 영상정보처리기기란 일

정 업소의 상호는 적혀있지 않았다. 해당 업자는 이 같은 DB를 200만건 정도 더 갖고 있다고 했다. 아시아경제 특별취재팀, "코로나 명부 팝니다"···개인정보 200만건 유통, 2020.11.20. (https://www.asiae.co.kr/article/2020112011413399869&mobile=Y)

48) 개인정보 보호법의 제3장 개인정보의 처리, 제4장 개인정보의 안전한 관리, 제5장 정보주체의 권리 보장, 제6장 정보통신서비스 제공자 등의 개인정보 처리 등 특례, 제7장 개인정보 분쟁조정위원회, 제8장 개인정보 단체소송 중 2023년 개정으로 이 법의 제6장은 전체가 삭제되었다.

정한 공간에 설치되어 지속적 또는 주기적으로 사람 또는 사물의 영상 등을 촬영하거나 이를 유·무선망을 통하여 전송하는 장치로서 대통령령으로 정하는 장치를 말하며(동법 제2조제7호), 개인정보 보호법 시행령은 이러한 고정형 영상정보처리기기로 폐쇄회로 텔레비전(CCTV, Closed Circuit Television)[49]과 네트워크 카메라를[50] 규정하고 있다(동법 시행령 제3조제1항).

한편 개인정보 보호법은 개인정보처리자가 동창회, 동호회 등 친목 도모를 위한 단체를 운영하기 위하여 개인정보를 처리하는 경우에는 이 법 제15조(개인정보의 수집·이용), 제30조(개인정보 처리방침의 수립 및 공개) 및 제31조(개인정보 보호책임자의 지정 등)를 적용하지 아니한다고 규정하고 있는데(동법 제58조제3항), 친목단체란 온라인과 오프라인을 막론하고 취미, 종교, 자원봉사 등 공통의 관심사나 목표를 바탕으로 단체를 구성하는, 즉 구성원 상호 간의 친교를 목적으로 하는 모임으로서 친교를 목적으로 한다는 점에서 외부적 단체의사표시 또는 외부적 영향력 행사를 목적으로 하는 언론, 종교단체, 정당과 구별된다고 하겠다. 또한 이러한 친목단체의 운영을 위한 사항이란 친목단체 가입을 위한 성명, 연락처 등과 같은 인적 사항, 친목단체의 유지를 위한 회비납부 등과 같은 재무적 사항, 참석여부 및 활동내역 등 활동내용 관련 사항 등으로 이해된다.

(8) 가명정보의 처리를 위해 동의가 요구되지 않는 경우

개인정보 보호법은 개인정보처리자는 통계작성, 과학적 연구, 공익적 기록보존 등을 위하여 정보주체의 동의 없이 가명정보를 처리할 수 있다고 규정하고 있다(개인정보 보호법 제28조의2). 또한 신용정보법은 신용정보회사등(이 법 제32조(개인신용정보의 제공·활용에 대한 동의)제6항제9호의3을 적용하는 경우에는 데이터전문기관을 포함한다)이 개인신용

---

49) 개인정보 보호법 시행령은 폐쇄회로 텔레비전은 다음, 가. 일정 공간에 설치된 카메라를 통하여 지속적 또는 주기적으로 영상 등을 촬영하거나 촬영한 영상정보를 유무선 폐쇄회로 등의 전송로를 통하여 특정 장소에 전송하는 장치와 나. 이 법 시행령 제3조(영상정보처리기기의 범위)제1항가목에 따라 촬영되거나 전송된 영상정보를 녹화·기록할 수 있도록 하는 장치의 어느 하나에 해당하는 장치를 말한다고 규정하고 있다(개인정보 보호법 시행령 제3조제1항제1호).
50) 개인정보 보호법 시행령은 네트워크 카메라는 일정한 공간에 지속적으로 설치된 기기로 촬영한 영상정보를 그 기기를 설치·관리하는 자가 유무선 인터넷을 통하여 어느 곳에서나 수집·저장 등의 처리를 할 수 있도록 하는 장치를 말한다고 규정하고 있다(개인정보 보호법 시행령 제3조제1항제2호).

정보를 제공하는 경우로서 다음, 9의2. 통계작성, 연구, 공익적 기록보존 등을 위하여 가명정보를 제공하는 경우(이 경우 통계작성에는 시장조사 등 상업적 목적의 통계작성을 포함하며, 연구에는 산업적 연구를 포함한다)와 9의3. 이 법 제17조의2(정보집합물의 결합 등)제1항에 따른 정보집합물의 결합 목적으로 데이터전문기관에 개인신용정보를 제공하는 경우에 해당하는 경우에는 신용정보주체로부터 미리 개별적으로 동의를 받지 않아도 된다고 규정하고 있다(신용정보법 제32조제6항). 2020년 2월 데이터 3법(개인정보 보호법, 신용정보법, 정보통신망법)의 개정을 통해 개인정보 보호법과 신용정보법에 정보주체나 개인인 신용정보주체의 동의 없이도 가명정보의 처리가 가능하도록 근거 규정을 신설한 것은 가명정보를 산업적 연구 등의 목적으로 처리할 수 있게 함으로써 IoT(Interet of Things, 사물인터넷), 핀테크(Fintech) 등 새로운 데이터 산업과 서비스 창출을 도모하기 위한 것으로 이해되는데, 이러한 가명정보의 처리에 대한 자세한 사항들은 뒤에서 자세히 설명하고자 한다.

(9) 신용정보법상 개인신용정보의 제공·활용에 대한 동의가 요구되지 않는 경우

신용정보법은 다음, 1.「개인정보 보호법」제15조(개인정보의 수집·이용)제1항제2호부터 제7호까지의 어느 하나에 해당하는 경우, 2. 다음, 가. 법령에 따라 공시(公示)되거나 공개된 정보, 나. 출판물이나 방송매체 또는「공공기관의 정보공개에 관한 법률」제2조(정의)제3호에 따른 공공기관의 인터넷 홈페이지 등의 매체를 통하여 공시 또는 공개된 정보, 다. 신용정보주체가 스스로 사회관계망서비스 등에 직접 또는 제3자를 통하여 공개한 정보(이 경우 대통령령으로 정하는 바에 따라 해당 신용정보주체의 동의가 있었다고 객관적으로 인정되는 범위 내로 한정한다)를 수집하는 경우, 3. 제1호 및 제2호에 준하는 경우로서 대통령령으로 정하는 경우의 어느 하나에 해당하는 정보의 경우에는 해당 신용정보주체의 동의를 받지 아니한다고 규정하고 있는데(신용정보법 제15조제2항), 신용정보법은 신용정보주체가 스스로 사회관계망서비스 등에 직접 또는 제3자를 통하여 공개한 정보 등에 대해서도 신용정보회사등이 개인인 신용정보주체의 동의를 받지 아니하도록 함으로써 개인정보 보호법의 규정 보다 넓게 동의 이외의 방법을 규정하고 있는 것으로 이해된다.

또한 신용정보법은 신용정보회사등(제9호의3을 적용하는 경우에는 데이터전문기관을 포함한다)이 개인신용정보를 제공하는 경우로서 다음, 1. 신용정보회사 및 채권추심회사가 다른 신용정보회사 및 채권추심회사 또는 신용정보집중기관과 서로 집중관리·활용하기 위하여 제공하는 경우, 2. 이 법 제17조(처리의 위탁)제2항에 따라 신용정보의 처리를 위탁하기 위하여 제공하는 경우, 3. 영업양도·분할·합병 등의 이유로 권리·의무의 전부 또는 일부를 이전하면서 그와 관련된 개인신용정보를 제공하는 경우, 4. 채권추심(추심채권을 추심하는 경우만 해당한다), 인가·허가의 목적, 기업의 신용도 판단, 유가증권의 양수 등 대통령령으로 정하는 목적으로 사용하는 자에게 제공하는 경우, 5. 법원의 제출명령 또는 법관이 발부한 영장에 따라 제공하는 경우, 6. 범죄 때문에 피해자의 생명이나 신체에 심각한 위험 발생이 예상되는 등 긴급한 상황에서 제5호에 따른 법관의 영장을 발부받을 시간적 여유가 없는 경우로서 검사 또는 사법경찰관의 요구에 따라 제공하는 경우(이 경우 개인신용정보를 제공받은 검사는 지체 없이 법관에게 영장을 청구하여야 하고, 사법경찰관은 검사에게 신청하여 검사의 청구로 영장을 청구하여야 하며, 개인신용정보를 제공받은 때부터 36시간 이내에 영장을 발부받지 못하면 지체 없이 제공받은 개인신용정보를 폐기하여야 한다), 7. 조세에 관한 법률에 따른 질문·검사 또는 조사를 위하여 관할 관서의 장이 서면으로 요구하거나 조세에 관한 법률에 따라 제출의무가 있는 과세자료의 제공을 요구함에 따라 제공하는 경우, 8. 국제협약 등에 따라 외국의 금융감독기구에 금융회사가 가지고 있는 개인신용정보를 제공하는 경우, 9. 제2조제1호의4 (신용정보주체의 신용도를 판단할 수 있는 정보)나목 및 다목의 정보를 개인신용평가회사, 개인사업자신용평가회사, 기업신용등급제공업무·기술신용평가업무를 하는 기업신용조회회사 및 신용정보집중기관에 제공하거나 그로부터 제공받는 경우, 9의2. 통계작성, 연구, 공익적 기록보존 등을 위하여 가명정보를 제공하는 경우(이 경우 통계작성에는 시장조사 등 상업적 목적의 통계작성을 포함하며, 연구에는 산업적 연구를 포함한다), 9의3. 제17조의2(정보집합물의 결합 등)제1항에 따른 정보집합물의 결합 목적으로 데이터전문기관에 개인신용정보를 제공하는 경우, 9의4. 다음 각, 가. 양 목적 간의 관련성, 나. 신용정보회사등이 신용정보주체로부터 개인신용정보를 수집한 경위, 다. 해당 개인신용정보의 제공이 신용정보주체에게 미치는 영향, 라. 해당 개인신용정보에 대하여 가명처리를 하는 등 신용정보의 보안대책을 적절히 시행하였는지 여부의 요소를 고려하여 당초 수집한 목적과 상충되지 아니하는 목적으로 개인신용정보를 제공하는 경우, 10. 이 법 및 다른 법률에 따라 제공하는 경우, 11. 제1호부터 제10호까지의 규정에 준하는 경우로서 대통령령으로 정하는 경우에는[51] 신용정보주체로부터 미리 개별적으로 동의를 받지 않아도 된다고 규정하고 있다(동법 제32조제6항).

1. 위치정보의 보호 및 이용 등에 관한 법률(약칭: 위치정보법). 위치정보법은 위치정보의 유출과 오남용으로부터 사생활의 비밀 등을 보호하고 위치정보의 안전한 이용환경을 조성하여 동 정보의 이용을 활성화를 목적으로 하는 법률로서(위치정보법 제1조), 위치정보를 규제하기 위해 따로 개별 법률을 제정·운영하는 것이 전 세계에서 보기 드문 입법이고 현실적인 필요성을 고려할 때 과연 바람직한지에 대해 고민할 필요가 있다고 생각한다. 위치정보법은 위치정보란 이동성이 있는 물건 또는 개인이 특정한 시간에 존재하거나 존재하였던 장소에 관한 정보로서 전기통신사업법 제2조(정의)제2호 및 제3호에 따른 전기통신설비 및 전기통신회선설비를 이용하여 측위(測位)된 것을 말하며(동법 제2조제1호), 개인위치정보란 특정 개인의 위치정보(위치정보만으로는 특정 개인의 위치를 알 수 없는 경우에도 다른 정보와 용이하게 결합하여 특정 개인의 위치를 알수 있는 것을 포함한다)를 말한다고 규정하고 있는데(동법 제2조제2호), 사물위치정보는 개인위치정보에 대한 반대해석(反對解釋)을 통해 개인위치정보가 아닌 위치정보로 해석된다. 2021년 10월 동법의 개정을 통해 기존의 수집(收集)을 측위(測位)로 변경하였는데, 이는 신용카드 사용기록이나 CCTV 영상과 같이 부수적으로 수집되는 정보를 위치정보에서 제외함으로써 의도적으로 측위(測位)하는 위치정보가 아닌 부수적으로 수집되는 정보가 광범위하게 포함되는 불합리함을 해소하여 수법자들의 혼란을 최소화하기 위한 것으로 생각된다. 한편 위치정보법은 개인정보 보호법이 개인정보파일을 규율 대상으로 전제하고 있는 것과 유사하게 위치정보시스템을 규율 대상으로 전제하고 있다고 이해되는데, 위치정보법은 "위치정보시스템"을 위치정보사업 및 위치기반서비스사업을 위하여 정보통신망법 제2조(정의)제1항제1호에 따른 정보통신망을 통하여 위치정보를 수집·저장·분석·이용 및 제공할 수 있도록 서로 유기적으

---

51) 신용정보법 제32조(개인신용정보의 제공·활용에 대한 동의)제6항제11호에서 "대통령령으로 정하는 경우"란 다음, 1. 장외파생상품 거래의 매매에 따른 위험 관리 및 투자자보호를 위해 장외파생상품 거래와 관련된 정보를 금융위원회, 금융감독원 및 한국은행에 제공하는 경우, 2. 「상법」 제719조(책임보험자의 책임)에 따른 책임보험계약의 제3자에 대한 정보를 보험사기 조사·방지를 위해 신용정보집중기관에 제공하거나 그로부터 제공받는 경우, 3. 「상법」 제726조의2(자동차보험자의 책임)에 따른 자동차보험계약의 제3자의 정보를 보험사기 조사·방지를 위해 신용정보집중기관에 제공하거나 그로부터 제공받는 경우를 말한다(신용정보법 시행령 제28조제11항).
52) 사물위치정보를 이용하는 경우는 신고의 대상에서 제외하고 있었는데, 즉 사물위치기반서비스사업에

로 연계된 컴퓨터의 하드웨어, 소프트웨어, 데이터베이스 및 인적자원의 결합체를 말한다고 규정하고 있다(동법 제2조제8호). 또한 위치정보법은 위치정보의 활용사업을 〈그림 3〉과 같이 위치정보사업과 위치기반서비스 사업으로 구별하고 있는데, 위치정보사업은 위치정보를 수집하여 위치기반서비스사업을 하는 자에게 제공하는 것을 사업으로 영위하는 것이며(동법 제2조제6호), 위치기반서비스사업은 위치정보를 이용한 서비스(이하 "위치기반서비스"라 한다)를 제공하는 것을 사업으로 영위하는 것을 말한다고 규정하고 있다(동법 제2조제7호).

그림 3 **위치정보사업과 위치기반서비스사업**

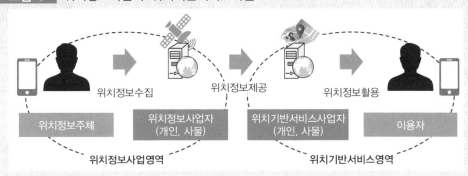

한편 2021년 10월 동법의 개정 이전에는 진입규제로서 개인위치정보사업에 대해서는 허가(許可)가,[52] 나머지 사물위치정보사업, 개인위치기반서비스사업에 대해서는 신고(申告)가 요구되었으나,[53] 동 개정을 통해 개인위치정보사업에 대한 진입규제는 허가에서 등록(登錄)으로 변경되었다.[54]

2. **전기통신사업자 종류의 변천(變遷).** 2018년 12월 전기통신사업법 개정 이전에는 전기통신사업자로 〈표 5〉와 같이 기간통신사업자, 별정통신사업자, 부가통신사업자인 3가지의 종류가 존재하였다. 기간통신사업자와 별정통신사업자는 기간통신역무를 제공하는 사업자라는 점에서 공통점이 있었으나 기간통신사업자는 전기통신회선설비를[55] 설치하고 그 전기통신회선설비를 이용하여 기간통신역무를 제공하는 사업자이나, 반면 별정통신사업자는, 1. 기간통신사업의 허가를 받은 자(즉 기간통신사업자)의 전기통신회선설비 등을 이용하여 기간통신역무를 제공하거나, 2. 대통령령으로 정하는 구내(構內)에 전기통신설비를 설치하거나 그 전기통신설비를 이용하여 그 구내에서 전기통신역무를 제공하는 사업자라는 점에서 차이가 있었다.[56] 이러한 별정통신사업자는 1997년 WTO 협정체결에 따라 외국 통신사업자의 국내시장 진입을 용이(容易)하게 하려고 시작되었으나, 기간통신사업자의 초과 이익(Rent)이 존재하는 기존시장에 별정통신사업자를 진입시켜 요금 인하의 유도를[57] 의도한 목적도 이면에 존재하는 제도였다고 이해된다. 기간통신사업자나 별정통신사업자와 달리 부가통신사업자는 전기통신회선설비의 설치 없이 기간통신역

무 외의 전기통신역무인 부가통신역무를 제공하는 사업자이다. 2018년 12월 전기통신사업법 개정 이전에는 기간통신사업자의 경우 기간통신사업허가를 통해, 별정통신사업자는 별정통신사업 등록을 통해, 부가통신사업자는 부가통신사업신고(다만 특수한 유형의 부가통신역무제공사업자는 등록)를 통해 시장에 진입하도록 하였다.

구분	설비 설치 · 보유	제공역무	시장진입방식
기간통신사업자	설비 설치 · 보유	기간통신역무	허가
별정통신사업자	설비 미설치 · 미보유	기간통신역무	등록
부가통신사업자	설비 미설치 · 미보유	부가통신역무	신고(예외적 등록)

표 5 2018년 전기통신사업법 개정 전 전기통신사업자의 종류

한편 2018년 12월 전기통신사업법의 개정을 통해 기존 별정통신사업자와 기간통신사업자를 기간통신사업자로 일원화(一元化)하고 기간통신사업자의 시장진입 방식을 허가에서 등록으로 개편한 바 있다.

대해서는 허가나 신고와 같은 진입규제가 요구되지 않았던 것으로 이해된다. 신종철, 개인정보보호법 해설, 진한M&B(2020), pp47~48.
53) 신종철, 앞의 책, p64.
54) 방송통신위원회, 위치정보 산업 활성화를 위한 위치정보법 공포 – 위치정보사업 진입은 간편하게, 보호는 엄격하게 –, 보도자료(2021.10.12)
55) 전기통신사업법은 전기통신설비란 전기통신을 하기 위한 기계 · 기구 · 선로 또는 그 밖에 전기통신에 필요한 설비를 말하며(전기통신사업법 제2조제2호), 전기통신회선설비란 전기통신설비 중 전기통신을 행하기 위한 송신 · 수신 장소 간의 통신로 구성설비로서 전송설비 · 선로설비 및 이것과 일체로 설치되는 교환설비와 이들의 부속설비를 말한다고 규정하고 있다(동법 제2조제3호).
56) 신종철, 통신법 해설(개정판), 진한M&B(2019), pp49~50.
57) 요금의 인하를 유도하는 목표는 신규로 시장에 진입하는 별정통신사업자들이 기존 기간통신사업자들에 비해 낮은 요금을 설정하여 기간통신사업자들이 향유하고 있던 초과이윤(Rent)에 대해 선별적 이윤추구(Cream-skimming 또는 Cherry-picking)를 할 수 있게 함으로써 기존 기간통신사업자들도 요금을 내릴 수밖에 없도록 유인하기 위한 필요를 위해 추진된 측면도 있는 것으로 이해된다.

4. 당초 수집 목적과 관련되거나 상충되지 않는 개인정보와 신용정보의 이용·제공

〈개인정보 보호법〉 제15조(개인정보의 수집·이용) ③ 개인정보처리자는 당초 수집 목적과 합리적으로 관련된 범위에서 정보주체에게 불이익이 발생하는지 여부, 암호화 등 안전성 확보에 필요한 조치를 하였는지 여부 등을 고려하여 대통령령으로 정하는 바에 따라 정보주체의 동의 없이 개인정보를 이용할 수 있다.

〈개인정보 보호법〉 제17조(개인정보의 제공) ④ 개인정보처리자는 당초 수집 목적과 합리적으로 관련된 범위에서 정보주체에게 불이익이 발생하는지 여부, 암호화 등 안전성 확보에 필요한 조치를 하였는지 여부 등을 고려하여 대통령령으로 정하는 바에 따라 정보주체의 동의 없이 개인정보를 제공할 수 있다.

〈신용정보법〉 제32조(개인신용정보의 제공·활용에 대한 동의) ⑥ 신용정보회사등(제9호의3을 적용하는 경우에는 데이터전문기관을 포함한다)이 개인신용정보를 제공하는 경우로서 다음 각 호의 어느 하나에 해당하는 경우에는 제1항부터 제5항까지를 적용하지 아니한다.
9의4. 다음 각 목의 요소를 고려하여 당초 수집한 목적과 상충되지 아니하는 목적으로 개인신용정보를 제공하는 경우
　　가. 양 목적 간의 관련성
　　나. 신용정보회사등이 신용정보주체로부터 개인신용정보를 수집한 경위
　　다. 해당 개인신용정보의 제공이 신용정보주체에게 미치는 영향
　　라. 해당 개인신용정보에 대하여 가명처리를 하는 등 신용정보의 보안대책을 적절히 시행하였는지 여부

　　지난 2020년 2월 개정된 개인정보 보호법과 신용정보법에서는 개인정보처리자 또는 신용정보회사등이 당초 개인정보나 개인신용정보의 수집 목적과 합리적으로 관련된 범위 내에서 또는 상충되지 아니하는 목적으로 정보주체나 개인인 신용정보주체로부터의 동의가 없이도 개인정보나 개인신용정보의 이용 또는 제공을 할 수 있도록 개정이 이루어진 바가 있는데, 동 사안은 동의 이외의 방법에 포함되어야 하나 중요성을 고려하여 별도로 설명하고자 한다.

　　개인정보 보호법은 개인정보처리자는 당초 수집 목적과 합리적으로 관련된 범위에서 정보주체에게 불이익이 발생하는지 여부, 암호화 등 안전성 확보에 필요한 조치를 하였는지 여부 등을 고려하여 대통령령으로 정하는 바에 따라 정보주체의 동의 없이

개인정보를 이용할 수 있다고 규정하고 있고(개인정보 보호법 제15조제3항), 개인정보처리
자는 당초 수집 목적과 합리적으로 관련된 범위에서 정보주체에게 불이익이 발생하는
지 여부, 암호화 등 안전성 확보에 필요한 조치를 하였는지 여부 등을 고려하여 대통
령령으로 정하는 바에 따라 정보주체의 동의 없이 개인정보를 제공할 수 있다고 규정
하고 있는데(동법 제17조제4항), 개인정보 보호법 시행령은 개인정보처리자는 이 법 제
15조(개인정보의 수집·이용)제3항에 또는 동법 제17조(개인정보의 제공)제4항에 따라 정보
주체의 동의 없이 개인정보를 이용 또는 제공(이하 "개인정보의 추가적인 이용 또는 제공"이
라 한다)하려는 경우에는 다음, 1. 당초 수집 목적과 관련성이 있을 것, 2. 개인정보를
수집한 정황 또는 처리 관행에 비추어 볼 때 개인정보의 추가적인 이용 또는 제공에
대한 예측 가능성이 있는지 여부, 3. 정보주체의 이익을 부당하게 침해하는지 여부,
4. 가명처리를 또는 암호화 등 안전성 확보에 필요한 조치를 하였는지 여부의 사항을
고려해야 한다고 규정하고 있다(동법 시행령 제14조의2제1항).

개인정보 보호법의 동 조항은 EU GDPR Article 6[58])의 수집 목적과 양립(兩立)
가능한(Compatibility) 범위 내에서 추가적 처리를 허용하는 요건과 유사하게 규정된
것인데, 최초의 동 시행령 조항에 대한 입법예고(안)에서는, 1. 개인정보를 추가적으로
이용하려는 목적이 당초 수집 목적과 상당한 관련성이 있을 것, 2. 개인정보를 수집
한 정황과 처리 관행에 비추어 볼 때 추가적으로 이용할 수 있을 것으로 예측 가능할
것, 3. 개인정보의 추가적 이용이 정보주체 또는 제3자의 이익을 부당하게 침해하지
아니할 것, 4. 가명처리를 하여도 추가적 이용 목적을 달성할 수 있는 경우에는 가명

---

58) EU GDPR Article 6(Lawfulness of processing) 4. Where the processing for a purpose other
than that for which the personal data have been collected is not based on the data subject's
consent …, the controller shall, in order to ascertain whether processing for another purpose
is compatible with the purpose for which the personal data are initially collected, take into
account, inter alia: (a) any link between the purposes for which the personal data have
been collected and the purposes of the intended further processing; (b) the context in which
the personal data have been collected, in particular regarding the relationship between data
subjects and the controller; (c) the nature of the personal data, in particular whether special
categories of personal data are processed, pursuant to Article 9, or whether personal data
related to criminal convictions and offences are processed, pursuant to Article 10; (d) the
possible consequences of the intended further processing for data subjects; (e) the existence
of appropriate safeguards, which may include encryption or pseudonymisation.

처리하여 이용할 것의 사항 모두를 충족하도록 규정이 제시되었던 바가 있다.[59] 앞에서 설명한 바와 같이 동 조항은 2020년 2월 개인정보 보호법의 개정을 통해 신설된 것으로서 동 조항의 하위법령인 개인정보 보호법 시행령의 제정 과정에서 개인정보의 활용보다 보호에 치우친 행정입법이란 논란이 제기되었으나,[60] 행정입법 절차를 통해 개인정보의 활용이라는 입법 취지에 따라 당초의 입법예고(안)과 비교하여 보다 전향적(前向的)으로 현재의 조항으로 입법된 바가 있다. 그러나 이러한 개인정보 보호법과 이 법 시행령의 입법 이후에도 현실에서 적용이 널리 이루어지지 않고 있어 사전동의 만능주의의 문제점을 해소하는데 제대로의 역할을 하지 못하고 있다고 평가되므로 사후거절 또는 사후철회(Opt-out)와 같은 다른 시각의 새로운 입법 방향의 필요성을 보여주는 단적인 사례라고 생각한다.

한편 개인정보 보호법 시행령은 개인정보처리자는 이 법 시행령 제14조의2(개인정보의 추가적인 이용·제공의 기준 등)제1항 각 호의 고려사항에 대한 판단 기준을 동법 제30조(개인정보 처리방침의 수립 및 공개)제1항에 따른 개인정보 처리방침에 미리 공개하고, 동법 제31조(개인정보 보호책임자의 지정)제1항에 따른 개인정보 보호책임자가 해당 기준에 따라 개인정보의 추가적인 이용 또는 제공을 하고 있는지 여부를 점검해야 한다고 규정하고 있다(동법 시행령 제14조의2제2항).

---

59) 행정안전부·방송통신위원회·금융위원회, 데이터 3법 시행령 개정안 입법예고, 보도자료(2020.3.30.).
60) 데이터3법(개인정보보호법·정보통신망법·신용정보법) 시행을 한 달 앞둔 가운데 업계에서는 국내 데이터 관련 법안이 오히려 데이터 거래 활성화를 막고 있다는 지적이 쏟아지고 있다. 민간에서는 적극적으로 데이터 사업을 신사업으로 추진하는 반면 국내 법은 여전히 개인정보 보호라는 압박 속에서 규제 일변도라는 지적이 나온다. 이처럼 데이터3법이 오히려 활발한 데이터 거래를 막는다는 지적에 따라 행정안전부는 지난달 말 예정됐던 고시를 미루고 추가 의견 수렴 절차에 돌입한 상태여서 결과가 주목된다. 행안부 관계자는 "8월 초계 시행령을 최종 확정할 계획"이라고 말했다. 업계에서는 8월 시행되는 데이터3법 중 개인정보보호법 시행령 제14조제2항이 문제라고 입을 모은다. 이 조항에 따르면 △개인정보를 추가적으로 이용하기 위해서는 당초 수집 목적과 상당한 관련성이 있고, 개인정보를 수집한 정황과 처리 관행에 비춰볼 때 추가적으로 이용할 수 있을 것으로 예측 가능해야 하며, 개인정보의 추가적 이용이 정보 주체 또는 제3자 이익을 부당하게 침해해서는 안 되고, 추가적 이용 목적을 달성할 수 있는 경우 가명 처리하도록 의무화해야 한다고 규정하고 있다. 시행령에서는 네 가지 조건을 모두 충족해야 개인정보의 추가 이용이 가능하다는 것이다. 대한상공회의소는 최근 간담회에서 제14조 2항 첫 번째 조건에서 제시한 '상당한 관련성'의 의미가 불명확한 데다 두 번째 조건의 '수집한 정황과 처리 관행에 비춰 추가 이용을 예측'하도록 규정한 것이 지나치게 엄격한 규제라고 지적했다. 문일호·이새하 기자, 시행앞둔 데이터3법, 개인정보 규제 과도해…행안부 추가 의견 수렴, 2020.7.6(https://www.mk.co.kr/news/economy/view/2020/07/692204/).

뒤에서 다시 설명할 개인정보의 제공에 대해 신용정보법은 이 법 제32조(개인신용정보의 제공·활용에 대한 동의)제6항에서 데이터전문기관을 포함한 신용정보회사 등이 개인신용정보를 제공하는 경우로서, 1. 목적 간의 관련성, 2. 신용정보회사 등이 신용정보주체로부터 개인신용정보를 수집한 경위, 3. 해당 개인신용정보의 제공이 신용정보주체에게 미치는 영향, 4. 해당 개인신용정보에 대하여 가명처리를 하는 등 신용정보의 보안대책을 적절히 시행하였는지 여부를 고려하여 당초 수집한 목적과 상충되지 아니하는 목적으로 개인신용정보를 제공하는 경우에는 개인인 신용정보주체로부터 미리 개별적으로 동의를 받지 아니 하도록 규정하고 있는데(신용정보법 제32조제6항제9호의4), 당초 수집목적과 다른 개인정보의 이용에 대해 개인정보 보호법은 "당초 수집 목적과 합리적으로 관련된 범위에서"로 규정하고 있는 것에 반해, 신용정보법은 "당초 수집한 목적과 상충되지 아니하는 목적으로" 규정하고 있어 양자(兩者) 간의 조화로운 해석이 요구된다고 하겠다.

한편 신용정보법은 신용정보제공·이용자가 개인신용정보를 타인에게 제공하려는 경우에는 대통령령으로 정하는 바에 따라 해당 신용정보주체로부터 다음 각 호의 어느 하나에 해당하는 방식으로 개인신용정보를 제공할 때마다 미리 개별적으로 동의를 받아야 하나, 다만 기존에 동의한 목적 또는 이용 범위에서 개인신용정보의 정확성·최신성을 유지하기 위한 경우에는 그러하지 아니하다고 규정하고 있는데(동법 제32조제1항), "기존에 동의한 목적 또는 이용 범위에서 개인신용정보의 정확성·최신성을 유지하기 위한 경우"가 당초의 수집 목적과 합리적으로 관련되거나 상충되지 않는 개인정보나 신용정보의 이용·제공에 해당하는 사례라고 이해된다.

참고자료 및 질문

1. **민감(敏感)정보.** 민감정보(Special categories of personal data)는 인종·민족, 정치적 견해, 종교적·철학적 신념, 노동조합의 가입 여부를 나타내는 개인정보의 처리와 유전자 정보, 개인을 고유하게 식별할 수 있는 생체 정보, 건강 정보, 성생활·성적 취향에 관한 정보이다.[61] 뒤에서 설명하겠지만 개인정보 보호법은 개인정보처리자가 사상·신념, 노동조합·정당의 가입·탈퇴, 정치적 견해, 건강, 성생활 등에 관한 정보, 그 밖에 정보주체의 사생활을 현저히 침해할 우려가 있는 개인정보로서 대통령령으로 정하는[62] 정보(이하 "민감정보"라 한다)를 처리하여서는 아니 되나, 다만, 1. 정보주체로부터 별도로 동의를 받은 경우와 2. 법령에서 민감정보의 처리

를 요구하거나 허용하는 경우에는 그러하지 아니하다라고 규정하고 있다(개인정보 보호법 제23조제1항). 한편 민감정보를 가명처리하여 이를 활용할 수 있는지의 여부에 대해 논란이 제기되고 있는데, 이에 대해, 1. 개인정보 보호의 측면에서 민감정보는 특별히 보호가 필요한 정보이므로 민감정보를 가명처리하기 위해서는 추가적인 법적 근거가 신설되어야 한다는 입장과 2. 개인정보 활용의 측면에서 가명정보는 그 자체로서 개인을 식별하기 어려운 정보이므로 민감정보의 가명처리로 인한 개인정보 침해의 우려가 크지 않고 국가와 사회 전체적인 효용의 증대를 위해 활용이 필요한 점 등을 고려하여 허용되어야 한다는 입장이 있다. 이러한 입장들에 대한 당신의 의견은 무엇인가?

2. **생체정보(바이오정보).** 생체정보는 지문, 얼굴, 홍채, 정맥, 음성, 필적 등 개인의 신체적, 생리적, 행동적 특징에 관한 정보로서 특정 개인을 인증·식별하거나 개인에 관한 특징(연령·성별·감정 등)을 알아보기 위해 일정한 기술적 수단을 통해 처리되는 정보를 말하는데[63], 개인정보 보호법 시행령 제18조(민감정보의 범위)제3호의 "개인의 신체적, 생리적, 행동적 특징에 관한 정보로서 특정 개인을 알아볼 목적으로 일정한 기술적 수단을 통해 생성한 정보"를 민감정보로 포함하여 개정한 사항을 반영하기 위해, 기존 바이오정보[64]를 생체정보로 용어와 개념 정의를 변경한 것이다.[65] 생체정보는 〈그림 4〉와 같이 개인정보의 일부이면서 생체인식정보를 포함하는 개념이라고 하겠는데, 생체인식정보는 생체정보 중 특정 개인을 인증·식별할 목적으로 일정한 기술적 수단을 통해 처리되는 정보로서, 1. 생체인식정보 중 입력장치 등을 통해 수집·입력된 즉 특징정보 생성에 이용되는 정보인 생체인식 원본정보와 2. 원본정보로부터 특징점을 추출하는 등의 일정한 기술적 수단을 통해 생성되는 정보인 생체인식 특징정보를 포함하는 것으로 이해된다.[66]

생체정보와 생체인식정보

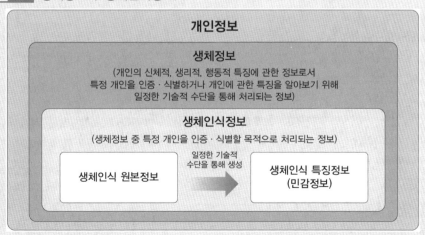

이러한 생체인식정보는 개인의 생체정보를 기기 등에 저장된 1개의 생체정보와 대조하여 특정 개인 본인임을 확인하는 인증(Verification or Authentication)과 개인의 생체정보를 데이터베이스(Data Base)에 저장된 다수의 생체정보와 대조하여 여러 사람 중 특정 개인 본인임을 확인하는 식별(Identification)을 위해 이용된다. 한편, 지문, 홍채와 같이 죽을 때까지 변화하지 않는 생체인식정보에 대해서는 개인정보 유출이나 해킹(Hacking) 시 회복할 수 없는 피해가 발생할 수 있으나 음성과 같이 변화될 수 있는 생체인식정보는 지문, 홍채 등에 비해 상대적으로 문제점이 적어 수집과 이용 등과 관련된 규제를 완화해야 한다는 주장이 제기되고 있는데, 이러한 주장에 대한 당신의 의견은 무엇이며, 만일 규제를 완화해야 한다면 필요한 조치들은 무엇이 있겠는가?

3. **의료정보(Medical Information).** 의료정보는 앞에서 설명한 대표적인 민감정보 중 하나로서, 고대 히포크라테스 선서(Hippocratic Oath), 의사와 환자 간 비밀특권(Doctor–patient previledge), 의사의 환자비밀 보호의무 등을 통해 개인의 의료정보는 보호되어 왔다. 한편 개인의 의료정보는 신약(新藥)과 새로운 치료법의 개발, 의료보험의 효율화 등을 위해 필요한 산업적 가치를 갖는 정보이기도 하다. 2020년 2월, 데이터 3법(개인정보 보호법, 정보통신망법, 신용정보법)의 개정 과정에서도 의료정보의 활용 문제는 가장 주요한 논란 중 하나였었다. 즉, 「의료법」, 「국민건강보험법」, 「생명윤리 및 안전에 관한 법률(약칭: 생명윤리법)」 등에서 규정하고 있는 이러한 의료정보를 개인정보 보호법의 민감정보와 가명정보 처리 관련 규정에 따라 활용이 가능한지에 대한 논란이 제기되는데, 이에 대해, 1. 개인정보 보호의 측면에서 의료정보는 민감정보이므로 민감정보를 가명처리하기 위해서는 추가적인 법적 근거가 신설되어야 한다는 입장, 2. 개인정보 활용의 측면에서 개인정보 보호법의 가명정보 처리 특례규정에 따라 의료정보의 가명처리가 가능하다는 입장, 3. 개인정보 보호법의 가명정보 처리특례에 따라 의료정보의 가명처리가 가능하나 생명윤리법 시행규칙 제2조(인간대상연구의 범위)는 개인을 식별할 수 있는 정보를 이용하는 연구를 연구대상자를 직접 · 간접적으로 식별할 수 있는 정보를 이용하는 연구로 규정하고 있어(생명윤리법 제2조제1항제3호) 간접적이라는 문구(文句)를 삭제하는 개정과 같은 관련 규정들의 정비가 수반되어야 한다는 입장 등이 제기되고 있다. 의료정보의 활용과 관련된 이러한 입장들에 대한 당신의 견해는 무엇인가?

4. **전자처방전 서비스의 개인정보 보호법과 의료법 위반 여부(SKT 전자처방전 서비스 사건).** (주)SK텔레콤은 2010년 12월 전자처방전 서비스를 도입하여 병원과 의원에서 의사들이 작성한 전자처방전 정보를 의사들과 환자들의 동의 없이 중계 서버로 전송받아 저장하고, 이를 약국들에 제공하는 방법으로 환자들의 민감정보를 불법 수집하고 누출한 혐의로 2015년 기소된 사건에[67] 대해, 대법원은 개인정보보호법 위반, 의료법 위반 혐의로 재판에 넘겨진 (주)SK텔레콤과 담당 임직원 5명에게 개인정보보호법과 의료법 위반으로 볼 수 없어 무죄, 공소기각을 선고한

원심을 그대로 확정하였다.[68] 제1심인 서울지방법원은 (주)SK텔레콤이 병원과 의원의 환자정보, 처방정보 등을 서버로 수집·저장·보유한 부분은 법령에 따라 민감정보를 처리할 수 있는 병원과 의원으로부터 민감정보의 처리를 위탁받은 것이고, 이와 같이 민감정보를 병원과 의원으로부터 위탁받는 경우에는 정보주체인 환자들의 동의가 필요하지 않으므로, (구)개인정보 보호법 제23조(민감정보의 처리 제한) 본문에 위반하여 민감정보를 처리하였다고 볼 수 없고, 병원과 의원의 처방을 약국에 단순히 중계하는 역할만 했다며 개인정보보호법상 개인정보 처리자에 해당하지 않는다고 판단하여 무죄를 선고하였다.[69] 또한 항소심인 제2심 서울고등법원도 (주)SK텔레콤은 병원이 약국에 처방전을 전송하는 것을 단순 중계하는 역할만 하였고 환자의 민감정보를 병원으로부터 수집·저장·보유하거나 약국에 제공해 처리했다고 보기 어렵다며 검찰의 항소를 기각하고 무죄로 판단했다. 또한 의료법 위반 혐의에 대해서는 전송받은 암호화된 정보를 (주)SK텔레콤이 탐지·지득했다고 인정하기 어렵고, 전자적 방법으로 전송한 것을 전자처방전에 담긴 개인정보를 누출한 것으로 보기 어렵다고 판시하였다.[70] 동 판결에 대한 당신의 입장과 의견은 무엇인가?

---

61) EU GDPR Article 9(Processing of special categories of personal data) 1. Processing of personal data revealing racial or ethnic origin, political opinions, religious or philosophical beliefs, or trade union membership, and the processing of genetic data, biometric data for the purpose of uniquely identifying a natural person, data concerning health or data concerning a natural person's sex life or sexual orientation shall be prohibited.

62) 개인정보 보호법은 이 법 제23조(민감정보의 처리제한)제1항 각 호 외의 부분 본문에서 "대통령령으로 정하는 정보"란, 1. 유전자검사 등의 결과로 얻어진 유전정보, 2. 「형의 실효 등에 관한 법률」 제2조 제5호에 따른 범죄경력자료에 해당하는 정보, 3. 개인의 신체적, 생리적, 행동적 특징에 관한 정보로서 특정 개인을 알아볼 목적으로 일정한 기술적 수단을 통해 생성한 정보, 4. 인종이나 민족에 관한 정보의 어느 하나에 해당하는 정보를 말한다고 규정하고 있다(개인정보 보호법 시행령 제18조).

63) 개인정보보호위원회와 한국인터넷진흥원, 생체정보보호 가이드라인(2021), p3.

64) 바이오정보는 지문, 홍채, 음성, 필적 등 개인의 신체적·행동적 특성에 관한 정보로서 개인을 인증 또는 식별하기 위하여 기술적으로 처리되는 개인정보이며, 기술적 처리란 센서 입력장치 등을 통해 이미지 등 원본 정보를 수집·입력하고 해당 원본 정보로부터 특징점을 추출하는 등 개인을 인증 또는 식별하기 위해 전자적으로 처리되는 전 과정을 말한다. 방송통신위원회와 한국인터넷진흥원, 바이오정보보호 가이드라인(2017), p2.

65) 또한 이와 함께 개인정보 보호법의 하위법령인 고시 중 하나인 「개인정보의 안전성 확보조치에 관한 기준」과 「개인정보의 기술적·관리적 보호조치 기준」에서 암호화 대상으로 규정하는 정보를 '생체인식정보'로 정의하여 암호화의 범위도 명확히 한 바 있다.

66) 개인정보보호위원회와 한국인터넷진흥원, 앞의 책, p6.

67) 검찰은 (주)SK텔레콤이 전자처방전 서비스를 통해 2011년부터 2014년까지 병원과 의원 2만3000여곳에서 7800만건의 정보를 받아내 건당 50원씩 수수료를 챙겨 총 36억 원의 이득을 취득했다고 봤다. 한수현 법률신문 기자, [판결] "SK텔레콤 전자처방전 서비스' 개인정보보호법·의료법 위반 아냐", 2024. 8. 9 (https://www.lawtimes.co.kr/news/200483)

68) 대법원 2024. 7. 11. 선고 2020도13960.

5. 개인정보와 개인신용정보의 수집 제한과 목적 외 이용·제공의 제한

가 개인정보와 개인신용정보의 수집 제한

> 〈개인정보 보호법〉 **제16조(개인정보의 수집 제한)** ① 개인정보처리자는 제15조제1항 각 호의 어느 하나에 해당하여 개인정보를 수집하는 경우에는 그 목적에 필요한 최소한의 개인정보를 수집하여야 한다. 이 경우 최소한의 개인정보 수집이라는 입증책임은 개인정보처리자가 부담한다.
> ② 개인정보처리자는 정보주체의 동의를 받아 개인정보를 수집하는 경우 필요한 최소한의 정보 외의 개인정보 수집에는 동의하지 아니할 수 있다는 사실을 구체적으로 알리고 개인정보를 수집하여야 한다.
> ③ 개인정보처리자는 정보주체가 필요한 최소한의 정보 외의 개인정보 수집에 동의하지 아니한다는 이유로 정보주체에게 재화 또는 서비스의 제공을 거부하여서는 아니 된다.
>
> 〈신용정보법〉 **제15조(수집 및 처리의 원칙)** ① 신용정보회사, 본인신용정보관리회사, 채권추심회사, 신용정보집중기관 및 신용정보제공·이용자(이하 "신용정보회사등"이라 한다)는 신용정보를 수집하고 이를 처리할 수 있다. 이 경우 이 법 또는 정관으로 정한 업무 범위에서 수집 및 처리의 목적을 명확히 하여야 하며, 이 법 및 「개인정보 보호법」 제3조제1항 및 제2항에 따라 그 목적 달성에 필요한 최소한의 범위에서 합리적이고 공정한 수단을 사용하여 신용정보를 수집 및 처리하여야 한다.

개인정보 보호법은 개인정보처리자는 개인정보 보호법 제15조(개인정보의 수집·이용) 제1항 각 호의[71] 어느 하나에 해당하여 개인정보를 수집하는 경우에는 그 목적에 필

---

69) 서울중앙지방법원 2020. 2. 14. 선고 2015고합664.
70) 서울고등법원 2020. 9. 24. 선고 2020노544.
71) 이미 앞에서 설명한 개인정보 보호법 제15조제1항 각 호는 다음. 1. 정보주체의 동의를 받은 경우, 2. 법률에 특별한 규정이 있거나 법령상 의무를 준수하기 위하여 불가피한 경우, 3. 공공기관이 법령 등에서 정하는 소관 업무의 수행을 위하여 불가피한 경우, 4. 정보주체와 체결한 계약을 이행하거나 계약을 체결하는 과정에서 정보주체의 요청에 따른 조치를 이행하기 위하여 필요한 경우, 5. 명백히 정보주체 또는 제3자의 급박한 생명, 신체, 재산의 이익을 위하여 필요하다고 인정되는 경우, 6. 개인정보처리자의 정당한 이익을 달성하기 위하여 필요한 경우로서 명백하게 정보주체의 권리보다 우선하는 경우(이 경우 개인정보처리자의 정당한 이익과 상당한 관련이 있고 합리적인 범위를 초과하지 아니하는 경우에 한한다), 7. 공중위생 등 공공의 안전과 안녕을 위하여 긴급히 필요한 경우이다.

요한 최소한의 개인정보를 수집하여야 하며, 이 경우 최소한의 개인정보 수집이라는 입증책임은 개인정보처리자가 부담한다고 규정하고 있는데(개인정보 보호법 제15조제1항), 동 조항은 개인정보처리자가 필요 최소한 이상의 개인정보를 수집·저장하고 있을 경우 해킹(Hacking)이나 내부 직원의 고의 또는 과실로 인해 개인정보가 유출 또는 남용될 우려가 크므로 목적에 필요한 최소한의 개인정보를 수집하도록 하는 취지로 생각된다. 또한 최소한의 개인정보 수집이라는 입증책임은 개인정보처리자가 부담한다고 규정하고 있는 것은 입증책임을 정보주체가 아닌 개인정보처리자에게 전환(轉換)시킴으로써 정보주체의 권리보호를 강화하기 위한 것으로 이해된다.

개인정보보호법은 개인정보처리자는 정보주체의 동의를 받아 개인정보를 수집하는 경우 필요한 최소한의 정보 외의 개인정보 수집에는 동의하지 아니할 수 있다는 사실을 구체적으로 알리고 개인정보를 수집하여야 하며(동법 제16조제2항), 개인정보처리자는 정보주체가 필요한 최소한의 정보 외의 개인정보 수집에 동의하지 아니한다는 이유로 정보주체에게 재화 또는 서비스의 제공을 거부하여서는 아니 된다고 규정하고 있는데(동법 제16조제3항), 앞에서 이미 설명한 바와 같이 2023년 개인정보 보호법 개정을 통해 2023년 개정 전 (구)개인정보 보호법 제6장에 있던 정보통신서비스 제공자 등의 개인정보 처리 등 특례 전체를 삭제함으로써 선택동의와 필수동의의 구분이 폐지되거나 문제가 해소되었다는 입장과 의견이 있으나 이에 대해 현실과 실무적으로는 큰 의미나 변화가 있다고 보기는 어렵다고 생각한다.

신용정보법은 신용정보회사, 본인신용정보관리회사, 채권추심회사, 신용정보집중기관 및 신용정보제공·이용자(이하 "신용정보회사등"이라 한다)는 신용정보를 수집하고 이를 처리할 수 있는데, 이 경우 이 법 또는 정관으로 정한 업무 범위에서 수집 및 처리의 목적을 명확히 하여야 하며, 이 법 및 「개인정보 보호법」 제3조(개인정보 보호 원칙)제1항 및 제2항에[72] 따라 그 목적 달성에 필요한 최소한의 범위에서 합리적이고 공정한 수단을 사용하여 신용정보를 수집 및 처리하여야 한다고 규정하고 있다(신용정보법 제15조제1항).

---

[72] 개인정보 보호법 제3조(개인정보 보호 원칙)제1항은 개인정보처리자는 개인정보의 처리 목적을 명확하게 하여야 하고 그 목적에 필요한 범위에서 최소한의 개인정보만을 적법하고 정당하게 수집하여야 한다고 규정하고 있으며, 동법 제3조제2항은 개인정보처리자는 개인정보의 처리 목적에 필요한 범위에서 적합하게 개인정보를 처리하여야 하며, 그 목적 외의 용도로 활용하여서는 아니 된다고 규정하고 있다.

한편 2020년 2월 데이터 3법(개인정보 보호법, 신용정보법, 정보통신망법)이 개정되기 이전의 신용정보법은 이 법 제16조(수집·조사 및 처리의 제한)에서 신용정보회사등은 다음, 1. 국가의 안보 및 기밀에 관한 정보, 2. 기업의 영업비밀 또는 독창적인 연구개발 정보, 3. 개인의 정치적 사상, 종교적 신념, 그 밖에 신용정보와 관계없는 사생활에 관한 정보, 4. 확실하지 아니한 개인신용정보, 5. 다른 법률에 따라 수집이 금지된 정보, 6. 그 밖에 대통령령으로 정하는 정보를 수집·조사하여서는 아니 되며((구)신용정보법 제16조제1항), 신용정보회사등이 개인의 질병에 관한 정보를 수집·조사하거나 타인에게 제공하려면 미리 이 법 제32조(개인신용정보의 제공·활용에 대한 동의)제1항에 따른 해당 개인의 동의를 받아야 하며 대통령령으로 정하는 목적으로만 그 정보를 이용하여야 한다고 규정하고 있었으나((구)신용정보법 제16조제1항), 개인신용정보의 처리와 개인인 신용정보주체의 보호에 관하여 「개인정보 보호법」 등과의 관계를 명확히 하고 유사·중복 조항을 정비하기 위해 동법 제16조(수집·조사 및 처리의 제한)를 삭제한 바 있다. 다만 신용정보법 제33조제2항의 개정을 통해 신용정보회사등이 개인의 질병, 상해 또는 그 밖에 이와 유사한 정보를 수집·조사하거나 제3자에게 제공하려면 미리 제32조(개인신용정보의 제공·활용에 대한 동의)제1항 각 호의 방식으로 해당 개인의 동의를 받아야 하며, 대통령령으로 정하는 목적으로만 그 정보를 이용하여야 한다고 규정하고 있다(신용정보법 제33조제2항).

나 개인정보와 개인신용정보의 목적 외 이용·제공의 제한

〈개인정보 보호법〉 제18조(개인정보의 목적 외 이용·제공 제한) ① 개인정보처리자는 개인정보를 제15조제1항에 따른 범위를 초과하여 이용하거나 제17조제1항 및 제28조의8제1항에 따른 범위를 초과하여 제3자에게 제공하여서는 아니 된다.
② 제1항에도 불구하고 개인정보처리자는 다음 각 호의 어느 하나에 해당하는 경우에는 정보주체 또는 제3자의 이익을 부당하게 침해할 우려가 있을 때를 제외하고는 개인정보를 목적 외의 용도로 이용하거나 이를 제3자에게 제공할 수 있다. 다만, 제5호부터 제9호까지에 따른 경우는 공공기관의 경우로 한정한다.
1. 정보주체로부터 별도의 동의를 받은 경우
2. 다른 법률에 특별한 규정이 있는 경우

3. 명백히 정보주체 또는 제3자의 급박한 생명, 신체, 재산의 이익을 위하여 필요하다고 인정되는 경우

4. 삭제

5. 개인정보를 목적 외의 용도로 이용하거나 이를 제3자에게 제공하지 아니하면 다른 법률에서 정하는 소관 업무를 수행할 수 없는 경우로서 보호위원회의 심의·의결을 거친 경우

6. 조약, 그 밖의 국제협정의 이행을 위하여 외국정부 또는 국제기구에 제공하기 위하여 필요한 경우

7. 범죄의 수사와 공소의 제기 및 유지를 위하여 필요한 경우

8. 법원의 재판업무 수행을 위하여 필요한 경우

9. 형(刑) 및 감호, 보호처분의 집행을 위하여 필요한 경우

10. 공중위생 등 공공의 안전과 안녕을 위하여 긴급히 필요한 경우

〈신용정보법〉 제33조(개인신용정보의 이용) ① 개인신용정보는 다음 각 호의 어느 하나에 해당하는 경우에만 이용하여야 한다.

1. 해당 신용정보주체가 신청한 금융거래 등 상거래관계의 설정 및 유지 여부 등을 판단하기 위한 목적으로 이용하는 경우

2. 제1호의 목적 외의 다른 목적으로 이용하는 것에 대하여 신용정보주체로부터 동의를 받은 경우

3. 개인이 직접 제공한 개인신용정보(그 개인과의 상거래에서 생긴 신용정보를 포함한다)를 제공받은 목적으로 이용하는 경우(상품과 서비스를 소개하거나 그 구매를 권유할 목적으로 이용하는 경우는 제외한다)

4. 제32조제6항 각 호의 경우

5. 그 밖에 제1호부터 제4호까지의 규정에 준하는 경우로서 대통령령으로 정하는 경우

(1) 개인정보와 개인신용정보의 목적 외 이용 · 제공의 제한의 의의

개인정보 보호법은 개인정보처리자가 개인정보를 제15조(개인정보의 수집·이용)제1항에 따른 범위를 초과하여 이용하거나 제17조(개인정보의 제공)제1항 및 제28조의8(개인정보의 국외 이전)제1항에 따른 범위를 초과하여 제3자에게 제공하여서는 아니 된다고 규정하고 있다(개인정보 보호법 제18조제1항). 즉 개인정보 보호법은 개인정보의 수집·이용 목적 외 이용과 제공을 금지하고 있는데, 예를 들면 애프터서비스(After Service, AS) 센터에서 서비스의 제공과 관련된 고객 불만 또는 불편 사항을 처리하기 위해 수집한

개인정보를 자사의 신상품 광고 등에 활용하거나 홈쇼핑 회사가 주문상품을 배달하기 위해 수집한 개인정보를 정보주체의 동의 없이 계열사인 콘도미니엄사의 콘도미니엄 판매용 홍보자료 발송에 이용하는 것과 같이 당초의 수집목적과 다른 목적으로 이용하거나 제3자에게 제공하는 것은 금지되는 것으로 이해된다.

신용정보법에서는 개인신용정보는 다음, 1. 해당 신용정보주체가 신청한 금융거래 등 상거래관계의 설정 및 유지 여부 등을 판단하기 위한 목적으로 이용하는 경우, 2. 제1호의 목적 외의 다른 목적으로 이용하는 것에 대하여 신용정보주체로부터 동의를 받은 경우, 3. 개인이 직접 제공한 개인신용정보(그 개인과의 상거래에서 생긴 신용정보를 포함한다)를 제공받은 목적으로 이용하는 경우(상품과 서비스를 소개하거나 그 구매를 권유할 목적으로 이용하는 경우는 제외한다), 4. 이 법 제32조(개인신용정보의 제공·활용에 대한 동의)제6항 각 호의 경우, 5. 그 밖에 제1호부터 제4호까지의 규정에 준하는 경우로서 대통령령으로 정하는 경우의 어느 하나에 해당하는 경우에만 이용하여야 한다고 규정하고 있다(신용정보법 제33조제1항).

또한 신용정보법은 신용정보회사등이 개인의 질병, 상해 또는 그 밖에 이와 유사한 정보를 수집·조사하거나 제3자에게 제공하려면 미리 이 법 제32조(개인신용정보의 제공·활용에 대한 동의)제1항 각 호의 방식으로 해당 개인의 동의를 받아야 하며, 대통령령으로 정하는[73] 목적으로만 그 정보를 이용하여야 한다고 규정하고 있는데(동법 제33조제2항), 이러한 목적에 벗어나는 개인신용정보의 이용과 제공에 대해서는 일반법인

---

[73] 신용정보법 시행령은 이 법 제33조(개인신용정보의 이용)제2항에서 "대통령령으로 정하는 목적"이란 다음, 1. 「보험업법」 제2조(정의)제6호에 따른 보험회사가 수행하는 같은 조 제2호에 따른 보험업 또는 같은 법 제11조의2(보험회사의 부수업무)에 따른 부수업무로서 개인의 건강 유지·증진 또는 질병의 사전예방 및 악화 방지 등의 목적으로 수행하는 업무, 2. 「여신전문금융업법」 제2조(정의)제2호의2에 따른 신용카드업자가 수행하는 같은 법 제46조(업무)제1항제7호에 따른 부수업무로서 신용카드회원으로부터 수수료를 받고 신용카드회원에게 사망 또는 질병 등 특정 사고 발생 시 신용카드회원의 채무(같은 법 제2조(정의)제2호나목과 관련된 채무에 한정한다)를 면제하거나 그 채무의 상환을 유예하는 업무, 3. 「우체국예금·보험에 관한 법률」에 따라 체신관서가 수행하는 보험업무, 4. 공제조합등이 수행하는 공제사업, 5. 본인신용정보관리회사가 수행하는 본인신용정보관리업으로서 개인인 신용정보주체에게 본인의 질병에 관한 정보를 통합하여 제공하기 위한 업무, 6. 이 법 제25조의2(종합신용정보집중기관의 업무)에 따라 종합신용정보집중기관이 수행하는 업무, 7. 제1호부터 제6호까지에서 규정한 업무 외에 금융기관이 금융소비자에게 경제적 혜택을 제공하거나 금융소비자의 피해를 방지하기 위해 수행하는 업무로서 총리령으로 정하는 업무의 어느 하나에 해당하는 업무를 수행하기 위해 필요한 경우에 해당 각 호의 자가 개인의 질병, 상해 또는 그 밖에 이와 유사한 정보를 그 업무와 관련하여 이용하기 위한 목적을 말한다고 규정하고 있다(신용정보법 시행령 제28조의2).

개인정보 보호법 제18조(개인정보의 목적 외 이용·제공 제한)가 적용된다고 해석되고 개인 의료 관련 정보의 이용에 대해서는 더욱 엄격한 요건을 요구하는 것으로 이해된다. 한편 2023년 개인정보 보호법 개정에서는 2023년 개정 전 (구)개인정보 보호법 제6장에 있던 정보통신서비스 제공자 등의 개인정보 처리 등 특례 전체를 삭제하여 온라인과 오프라인의 규제 형평성을 제고하고자 하였는데, 이러한 개정과 같은 취지에서 2023년 개정 전 (구)개인정보 보호법의 제18조(개인정보의 목적 외 이용·제공 제한)제2항 단서에 따라 정보통신서비스 제공자가 개인정보를 수집한 목적 이외의 용도로 사용하거나 제3자에게 제공할 수 있는 사유가 개인정보처리자에 비해 제한적으로 규정되어 있던 것[74]을 삭제(削除)한 바가 있다.

(2) 개인정보와 개인신용정보의 목적 외 이용의 제한·제공에 대한 예외

개인정보 보호법은 이러한 개인정보의 수집·이용 목적 외 이용을 금지하고 있음에도 불구하고, 개인정보처리자는 다음, 1. 정보주체로부터 별도의 동의를 받은 경우, 2. 다른 법률에 특별한 규정이 있는 경우, 3. 명백히 정보주체 또는 제3자의 급박한 생명, 신체, 재산의 이익을 위하여 필요하다고 인정되는 경우, 4. 삭제, 5. 개인정보를 목적 외의 용도로 이용하거나 이를 제3자에게 제공하지 아니하면 다른 법률에서 정하는 소관 업무를 수행할 수 없는 경우로서 개인정보보호위원회의 심의·의결을 거친 경우, 6. 조약 또는 그 밖의 국제협정의 이행을 위하여 외국정부 또는 국제기구에 제공하기 위하여 필요한 경우, 7. 범죄의 수사와 공소의 제기 및 유지를 위하여 필요한 경우, 8. 법원의 재판업무 수행을 위하여 필요한 경우, 9. 형(刑) 및 감호, 보호처분의 집행을 위하여 필요한 경우, 10. 공중위생 등 공공의 안전과 안녕을 위하여 긴급히 필요한 경우의 어느 하나에 해당하는 경우에는 정보주체 또는 제3자의 이익을 부당하게 침해할 우려가 있을 때를 제외하고는 개인정보를 목적 외의 용도로 이용하거나 이를 제3자에게 제공할 수 있도록 규정하고 있으나(동법 제18조제2항), 다만, 제5호부터 제9호까지에 따른 경우는 공공기관의 경우로 한정한다고 규정하고 있다(동법 제18조제2항 단서).

---

74) 2023년 개인정보 보호법 개정 이전에는 다만, 이용자(「정보통신망 이용촉진 및 정보보호 등에 관한 법률」 제2조(정의)제1항제4호에 해당하는 자를 말한다)의 개인정보를 처리하는 정보통신서비스 제공자(동법 제2조(정의)제1항제3호에 해당하는 자를 말한다)의 경우 제1호·제2호의 경우로 한정한다고 규정하고 있었다((구)개인정보 보호법 제18조제2항 단서).

한편 지난 2023년 개정 시에도 개인정보 보호법 제15조(개인정보의 수집·이용)제1항 제6호인 "개인정보처리자의 정당한 이익을 달성하기 위하여 필요한 경우로서 명백하게 정보주체의 권리보다 우선하는 경우(이 경우 개인정보처리자의 정당한 이익과 상당한 관련이 있고 합리적인 범위를 초과하지 아니하는 경우에 한한다)"를 이 법 제18조(개인정보의 목적 외 이용·제공 제한)제2항의 예외 요건으로 포함하지 않았는데, 지난 2023년 개정을 통해 개인정보 보호법 제17조(개인정보의 제공)제1항을 개정하면서 "이 법 '제15조(개인정보의 수집·이용)제1항제2호, 제3호 및 제5호부터 제7호까지에 따라 개인정보를 수집한 목적 범위에서 개인정보를 제공하는 경우'에는 개인정보처리자가 정보주체의 개인정보를 제3자에게 제공(공유를 포함한다)할 수 있다"고 규정함으로써 "개인정보처리자의 정당한 이익을 달성하기 위하여 필요한 경우로서 명백하게 정보주체의 권리보다 우선하는 경우"를 개인정보 제공의 적법 요건으로 포함한 것과 대비(對比)된다고 하겠다.

EU GDPR Article 4(2)에서는 개인정보의 처리(Processing)를 "자동화 수단에 의한 것인지 여부에 관계없이 단일의 또는 일련의 개인정보에 행해지는 단일 작업이나 일련의 작업으로서, 수집, 기록, 편집, 구성, 저장, 가공 또는 변경, 검색, 참조, 사용, 이전을 통한 제공, 배포나 기타 방식으로의 제공, 연동이나 연계, 제한, 삭제 또는 파기 등이 이에 해당한다"라고 정의하고 있어[75] 수집·이용 및 제공을 모두 포함하고 있는 것으로 이해되고, 또한 EU GDPR Article 6에서 개인정보처리자 또는 제3자의 정당한 이익을 목적으로 처리가 필요한 경우에 정보주체의 동의가 없어도 개인정보를 처리할 수 있도록 규정하고 있어[76] 개인정보의 처리 전체인 수집·이용 및 제공 모두에 동 적법 요건이 적용되고 있음에도 불구하고 개인정보 보호법 제18조(개인정보의

---

75) EU GDPR Article 4(Definitions) (2) 'processing' means any operation or set of operations which is performed on personal data or on sets of personal data, whether or not by automated means, such as collection, recording, organisation, structuring, storage, adaptation or alteration, retrieval, consultation, use, disclosure by transmission, dissemination or otherwise making available, alignment or combination, restriction, erasure or destruction;

76) EU GDPR Article 6(Lawfulness of processing) 1. Processing shall be lawful only if and to the extent that at least one of the following applies: (f) processing is necessary for the purposes of the legitimate interests pursued by the controller or by a third party, except where such interests are overridden by the interests or fundamental rights and freedoms of the data subject which require protection of personal data, in particular where the data subject is a chil

목적 외 이용·제공 제한)에 "개인정보처리자의 정당한 이익을 달성하기 위하여 필요한 경우로서 명백하게 정보주체의 권리보다 우선하는 경우"가 예외 요건으로 포함되지 않은 것에 대해서 과연 개인정보의 처리를 세분화하여 다른 규제를 하는 것이 바람직한지에 대한 근원적 고민을 바탕으로 동 적법 요건을 포함하는 개인정보 보호법의 개정이 이루어져야 한다고 생각한다.

(가) 정보주체로부터 별도의 동의를 받은 경우 또는 다른 법률에 특별한 규정이 있는 경우

개인정보처리자는 정보주체로부터 별도의 동의를 받은 경우나 다른 법률에 특별한 규정이 있는 경우에는 정보주체 또는 제3자의 이익을 부당하게 침해할 우려가 있을 때를 제외하고는 개인정보를 목적 외의 용도로 이용하거나 이를 제3자에게 제공할 수 있다(개인정보 보호법 제18조제2항제1호 및 제2호). 개인정보의 수집·이용 목적을 넘어서 이용하거나 이를 제3자에게 제공하는 경우에는 다른 개인정보의 처리에 대한 동의와 분리해서 개인정보의 목적 외 이용 및 제3자 제공에 대한 별도의 동의를 받아야 하며 다른 법률에 개인정보의 목적 외 이용과 제3자 제공에 대한 특별한 규정이 있는 경우에는 이에 따라 목적 외 이용과 제3자에 대한 제공이 가능하나, 다만 법률로 한정되어 있으므로 모법(母法)의 위임근거 없이 시행령과 시행규칙 등 하위법령에만 관련 규정이 있는 때에는 개인정보의 목적 외 이용과 제3자 제공이 허용되지 않는다고 이해된다. 또한 개인정보의 목적 외 이용은 법률에 특별한 규정이 있는 경우에 허용되므로 법령상 의무이행 등과 같이 포괄적인 규정의 경우에는 적용되지 않는 것으로 해석된다고 하겠다.

(나) 명백히 정보주체 또는 제3자의 급박한 생명, 신체, 재산의 이익을 위하여 필요하다고 인정되는 경우

개인정보처리자는 명백히 정보주체 또는 제3자의 급박한 생명, 신체, 재산의 이익을 위하여 필요하다고 인정되는 경우에는 정보주체 또는 제3자의 이익을 부당하게 침해할 우려가 있을 때를 제외하고는 개인정보를 목적 외의 용도로 이용하거나 이를 제3자에게 제공할 수 있는데(개인정보 보호법 제18조제2항제3호), 2023년 개정을 통해 개정 전 "정보주체 또는 그 법정대리인이 의사표시를 할 수 없는 상태에 있거나 주소불명

등으로 사전동의를 받을 수 없는 경우로서 명백히 정보주체 또는 제3자의 급박한 생명, 신체, 재산의 이익을 위하여 필요하다고 인정되는 경우"에서 "명백히 정보주체 또는 제3자의 급박한 생명, 신체, 재산의 이익을 위하여 필요하다고 인정되는 경우"로 개정되었다. 이미 앞에서 설명한 개인정보 보호법 제15조(개인정보의 수집·이용)제1항제5호와 같은 개정 취지와 해석을 갖는 조항으로 이해되며, 동 예외가 적용되기 위해서는 명백하게 정보주체 또는 제3자의 생명, 신체, 재산상의 이익을 위한 것이어야 하므로 정보주체 또는 제3자에 이익이 되나 동시에 손해가 될 수 있는 경우에는 적용될 수 없을 것으로 해석된다.

(다) 개인정보를 목적 외의 용도로 이용하거나 이를 제3자에게 제공하지 아니하면 다른 법률에서 정하는 소관 업무를 수행할 수 없는 경우로서 개인정보보호위원회의 심의·의결을 거친 경우

개인정보처리자인 공공기관은 개인정보를 목적 외의 용도로 이용하거나 이를 제3자에게 제공하지 아니하면 다른 법률에서 정하는 소관 업무를 수행할 수 없는 경우로서 개인정보보호위원회의 심의·의결을 거친 경우에는 정보주체 또는 제3자의 이익을 부당하게 침해할 우려가 있을 때를 제외하고는 개인정보를 목적 외의 용도로 이용하거나 이를 제3자에게 제공할 수 있다(개인정보 보호법 제18조제2항제5호 및 단서). 동 조항은 공공기관 등이 다른 법률에서 정하는 소관 업무를 수행하기 위하여 목적 외 이용과 제3자 제공이 불가피한 경우가 있겠으나 소관 업무의 수행이라는 목적하에 개인정보의 이용을 무조건 허용하게 되면 개인정보가 오남용될 소지가 크기 때문에 개인정보보호위원회의 심의·의결을 거치게 한 것으로 이해된다. 또한 법률에서 정하는 소관 업무로 한정되어 있으므로 모법(母法)의 위임근거 없이 시행령과 시행규칙 등 하위 법령에만 관련 규정이 있는 때에는 개인정보의 목적 외 이용과 이를 제3자에게 제공하는 것이 허용되지 않는 것으로 해석된다.

(라) 조약, 그 밖의 국제협정의 이행을 위하여 외국정부 또는 국제기구에 제공하기 위하여 필요한 경우

개인정보처리자인 공공기관은 조약, 그 밖의 국제협정의 이행을 위하여 외국정부 또는 국제기구에 제공하기 위하여 필요한 경우에는 정보주체 또는 제3자의 이익을 부당하게 침해할 우려가 있을 때를 제외하고는 개인정보를 목적 외의 용도로 이용하거나 이를 제3자에게 제공할 수 있다(개인정보 보호법 제18조제2항제6호 및 단서). 「헌법」은 헌법에 의하여 체결·공포된 조약과 일반적으로 승인된 국제법규[77]는 국내법과 같은 효력을 가진다고 규정하고 있는데(헌법 제6조제1항), 조약(條約)이란 단일의 문서에 의해 또는 둘 또는 그 이상의 관련 문서에 의해 구현되고 있는가에 관계없이 그리고 그 특정의 명칭(名稱)에 관계없이 서면(書面)의 형식으로 국가 간에 체결되고 또한 국제법(國際法)에 의하여 규율되는 국제적 합의를 말한다(조약법에 관한 비엔나협약 제2조). 한편, 조약이 국내법과 동일한 효력을 가지면서 양자(兩者)의 관련 규정이 상충될 때에는 특별법 우선의 원칙이 적용된다고 일반적으로 이해되고 있는데, 특별법 우선의 원칙이란 일반적인 사항과 다른 특정의 경우를 한정하거나 특정의 사람 또는 지역을 한정하여 적용하는 법령인 특별법이 일반법에 대해 우선하여 적용된다는 것이다. 만일 법률의 효력을 갖는 조약이나 국제협정에서 개인정보의 목적 외 이용을 규정하고 있다면, 이러한 조약 등의 이행을 위해서는 개인정보처리자는 정보주체의 동의 없이도 개인정보를 목적 외로 이용하거나 이를 제3자에게 제공할 수 있다 하겠다.

(마) 범죄의 수사와 공소의 제기 및 유지를 위하여 필요한 경우

개인정보처리자인 공공기관은 범죄의 수사와 공소의 제기 및 유지를 위하여 필요한 경우에는 정보주체 또는 제3자의 이익을 부당하게 침해할 우려가 있을 때를 제외하고는 개인정보를 목적 외의 용도로 이용하거나 이를 제3자에게 제공할 수 있다(개인정보 보호법 제18조제2항제7호 및 단서). 공공기관 이외의 개인정보처리자에 대해서는 범죄의 수사와 공소의 제기 및 유지를 목적으로 하더라도 원칙적으로 형사소송법 등의 규정에 따라 개인정보의 제공을 요구할 수 있는 반면, 공공기관의 경우 수사기관이 범죄의 수사와 공소의 제기 및 유지를 위해서 필요하다고 개인정보를 요청하는 경우 정보주체의 별도의 동의 없이 수사기관에 제공할 수 있는 것으로 이해되는데, 동 조항

---

77) 일반적으로 승인된 국제법규라 함은 국제법의 일반원칙과 국제관습법 등을 말하는 것으로서 국내 입법행위 없이 자동적으로 국내법에 수용되며, 이러한 일반적으로 승인된 국제법규의 예로는 세계 우편연맹 규정이나, 포로 대우에 관한 제네바협약 등을 들 수 있다. 권영성, 헌법학원론(2009년판), 법문사(2009), p175

은 형사절차에 개인정보 보호법을 그대로 적용할 경우 수사기밀이 유출되거나 수사에 장애가 초래될 우려가 있는 점 등을 고려하여 공공기관이 보유하고 있는 개인정보에 대해서는 정보주체의 동의 없이도 목적 외로 이용하거나 이를 제3자에게 제공할 수 있도록 한 것으로 이해된다.

(바) 법원의 재판업무 수행을 위하여 필요한 경우 또는 형(刑) 및 감호, 보호처분의 집행을 위하여 필요한 경우

개인정보처리자인 공공기관은 법원의 재판업무 수행을 위하여 필요한 경우나 형(刑) 및 감호, 보호처분의 집행을 위하여 필요한 경우에는 정보주체 또는 제3자의 이익을 부당하게 침해할 우려가 있을 때를 제외하고는 개인정보를 목적 외의 용도로 이용하거나 이를 제3자에게 제공할 수 있는데(개인정보 보호법 제18조제2항제8호와 제9호 및 단서), 동 조항들은 법원이 자료제출명령 등을 통해 원활한 재판의 수행을 할 수 있도록 공공기관이 보유하고 있는 개인정보에 대하여 정보주체의 동의 없이 목적 외로 이용 또는 이의 제3자 제공을 할 수 있게 하는 한편, 형(刑), 보호감호 및 치료감호, 보호처분의 원활한 집행을 위하여 공공기관이 보유하고 있는 개인정보의 목적 외 이용과 이의 제3자 제공을 정보주체의 동의 없이도 가능하도록 한 것이라 하겠다.

(사) 공중위생 등 공공의 안전과 안녕을 위하여 긴급히 필요한 경우

개인정보 보호법은 개인정보처리자가 공중위생 등 공공의 안전과 안녕을 위하여 긴급히 필요한 경우에는 정보주체 또는 제3자의 이익을 부당하게 침해할 우려가 있을 때를 제외하고는 개인정보를 목적 외의 용도로 이용하거나 이를 제3자에게 제공할 수 있다고 규정하고 있는데(개인정보 보호법 제18조제2항제10호), 동 조항은 2023년 개정을 통해 신설된 항목이다. 또한 앞에서 설명한 바와 같이 2023년 개정을 통해 개인정보 보호법은 공중위생 등 공공의 안전과 안녕을 위하여 긴급히 필요한 경우에는 개인정보처리자가 정보주체의 동의 없이 개인정보를 수집할 수 있으며 그 수집 목적의 범위에서 이용할 수 있다고 규정하고 있는데(개인정보 보호법 제15조제1항제7호), 동 조항은 이러한 개정과 같은 취지를 갖는 것으로 이해된다.

(2) 개인정보와 개인신용정보의 목적 외 이용·제공에 대한 동의 방법 등

개인정보처리자는 개인정보를 목적 외의 용도로 이용하거나 이를 제3자에게 제공하기 위한 동의를 받은 때에는, 1. 개인정보를 제공받는 자, 2. 개인정보의 이용 목적(제공 시에는 제공받는 자의 이용 목적을 말한다), 3. 이용 또는 제공하는 개인정보의 항목, 4. 개인정보의 보유 및 이용 기간(제공 시에는 제공받는 자의 보유 및 이용 기간을 말한다), 5. 동의를 거부할 권리가 있다는 사실 및 동의 거부에 따른 불이익이 있는 경우에는 그 불이익의 내용을 정보주체에게 알려야 하며, 이렇게 정보주체에게 알려야 하는 어느 하나의 사항을 변경하는 경우에도 이를 알리고 동의를 받아야 한다(개인정보 보호법 제18조제3항). 개인정보를 목적 외로 이용하거나 이를 제3자에게 제공하기 위해서 정보주체의 동의를 받을 때에는 당초에 받은 동의와 별도의 동의를 정보주체로부터 받아야 하는데, 목적 외 이용이나 제3자 제공에 대한 동의는 당초에 받은 동의의 범위를 벗어난 이용에 대한 동의이며 당초에 동의를 받은 이후 발생한 새로운 사정과 필요에 따라 이루어지는 것일 것이므로 개인정보 수집·이용을 위한 최초 동의 시에 받을 수는 없을 것으로 해석된다.

개인정보처리자인 공공기관은 개인정보 보호법 제18조(개인정보의 목적 외 이용·제공 제한)제2항제2호부터 제6호까지, 제8호부터 제10호까지에 따라 개인정보를 목적 외의 용도로 이용하거나 이를 제3자에게 제공하는 경우에는 그 이용 또는 제공의 법적 근거, 목적 및 범위 등에 관하여 필요한 사항을 개인정보보호위원회가 고시로 정하는 바에 따라 관보 또는 인터넷 홈페이지 등에 게재하여야 하며(동법 제18조제4항), 개인정보처리자는 이 법 제18조(개인정보의 목적 외 이용·제공 제한)제2항 각 호의 어느 하나의 경우에 해당하여 개인정보를 목적 외의 용도로 제3자에게 제공하는 경우에는 개인정보를 제공받는 자에게 이용 목적, 이용 방법, 그 밖에 필요한 사항에 대하여 제한을 하거나, 개인정보의 안전성 확보를 위하여 필요한 조치를 마련하도록 요청하여야 하고, 이 경우 요청을 받은 자는 개인정보의 안전성 확보를 위하여 필요한 조치를 하여야 한다(동법 제18조제5항).

1. 공개된 개인정보의 동의 없는 처리(로앤비 인물정보 제공 사건). 개인정보 보호법은 개인정보의 수집·이용 또는 제3자 제공을 위해서는 동의나 법률의 특별한 규정과 같은 동의 이외의 처리 근거를 요구하고 있으나 개인정보의 수집·이용 또는 제3자 제공의 대상인 개인정보의 공개 여부를 구분하여 규정하고 있지 않다. 한편 법과대학의 학과 홈페이지 등에 공개된 교수의 사진, 성명, 성별, 출생연도, 직업, 직장, 학력, 경력 등의 개인정보를 해당 교수의 동의 없이 수집하여 유료로 제3자에게 제공한 종합 법률정보 제공 사이트 로앤비(Lawnb)에 대해 당사자인 교수가 개인정보자기결정권 침해라고 주장하면서 손해배상을 청구하는 소송이 제기되었는데, 이 사건에서는 공개된 개인정보를 정보주체의 동의 없이 수집하여 제공하는 행위가 개인정보자기결정권을 침해하거나 개인정보 보호법에 위반되는지 여부가 쟁점이 되었고, 이에 대해 대법원은 "정보주체의 의사에 따라 국민 누구나가 일반적으로 접근할 수 있는 정보원(情報源)에 공개된 개인정보로서 그 내용 또한 민감정보나 고유식별정보에 해당하지 않고 대체적으로 공적인 존재의 직업적 정보에 해당하며, 영리목적으로 개인정보를 수집하여 제3자에게 제공하였더라도 그에 의하여 얻을 수 있는 법적 이익이 그와 같은 정보처리를 막음으로써 얻을 수 있는 정보주체의 인격적 법익에 비하여 우월하다고 할 것이므로 정보주체의 개인정보자기결정권 침해하는 위법한 행위가 있었다고 평가할 수 없다."고 최초로 판시한 바 있다.[78]

2. 동의받은 목적과 다른 목적으로 이용한 행위(선불폰 부활충전 사건). 개인정보 보호법상의 동의받은 목적과 다른 복적으로 개인정보를 이용한 대표적인 사례로 선불폰 부활충전 사건이 있는데, 선불폰 서비스는 이용자가 미리 일정한 금액을 충전한 뒤 충전금액 또는 충전금액에 따른 사용기간의 범위 내에서 이동전화 서비스를 이용할 수 있게 하는 것이다. 부활충전 사건은 (주)SK텔레콤이 개인정보정보 취급을 위탁했던 SK C&C로부터 개인정보를 받아 선불폰 전용대리점에 동 개인정보를 제공하여 선불폰 전용대리점들이 동 서비스 이용자들을 대상으로 수회에 걸쳐 임의로 충전하도록 한 사건으로, 법원은 1. 번호유지기간 내에 있는 선불폰 서비스 이용자들을 대상으로 개인정보를 이용하여 임의로 일정한 금액을 충전하는 이른바 부활충전은 이용자의 충전금액에 따라 서비스 사용기간이 변동되고 이용자가 더 이상 충전하지 않으면 일정기간 경과 후 자동으로 해지되는 것이 이용계약의 핵심적인 내용인 점에 비추어 선불폰 서비스 제공자가 고객인 이용자들을 위하여 일정한 금액을 충전하여 주는 것도 이용자들의 의사에 합치할 때에만 허용된다고 보아야 하는 점, 2. 선불폰 서비스를 계속 이용할 의사가 확인되지 아니한 이용자에게 원고가 임의로 일정 금액을 충전한 것은 동 서비스 이용계약을 체결한 이용자들이 당연히 예상할 수 있는 범위 내의 서비스라고 보기 어려운 점, 3. 선불폰 서비스 이용계약에서 정한 일정기간이 경과하면 당연히 계약이 해지될 것을 기대하고 있던 이용자의 경우에는 더 이상 자신의 명의로 사용할 의사가 없는 선불폰 가입번호가 계속 사용할 수 있는

상태로 유지됨으로 인하여 예상하지 못한 손해를 입게 될 염려도 배제할 수 없는 점 등의 사정을 종합하면 정보통신망 이용촉진 및 정보보호 등에 관한 법률(약칭: 정보통신망법) 제24조(개인정보의 이용 제한)에서 금지하는 이용자로부터 동의받은 목적과 다른 목적으로 개인정보를 이용한 것에 해당된다고 판시한 바 있다.[79]

3. **인공지능 스피커(Artificial Intelligence Speaker).** 네이버의 클로버, 아마존의 알렉사, KT의 기가지니, SKT의 누구 등 인공지능 스피커는 우리 생활의 편리성 증진에 기여 하나 개인정보 침해의 우려도 제기되고 있는 사안이다. 인공지능 스피커 개발사들은 동 스피커의 음성인식 성능의 제고를 위한 연구개발 노력 중인데, 이와 관련하여 생체정보 중 하나인 음성(音聲) 개인정보의 수집에 대한 우려가 제기되고 있다. 인공지능 스피커 개발사들은 동 스피커의 음성 인식률 제고를 위해 인공지능 스피커에서 수집한 음성정보를 녹음하여 사람이 듣고 전사(녹음내용 문자화(즉, 필사(筆寫))하고 있는데, 구체적 과정으로는 〈그림 5〉와 같이, 1. 수집된 음성신호를 전사(傳寫) 과정(Transcript, 음성을 문자화)을 통해 음성 데이터베이스(Data Base)를 구축하고, 2. 수집된 음성 DB를 이용하여 음성인식 엔진을 구축한 뒤, 3. 구축된 음성 DB와 음성인식 엔진을 이용하여 문자화(전사)된 이용자의 음성을 AI에 입력함으로써 AI 스피커의 음성 인식률 향상을 도모하고 있다. 한편 국내 인공지능 스피커를 출시한 주요 사업자들은 이용자로부터 음성정보의 수집·이용을 동의받고 있으며, AI 스피커를 작동시키기 위한 명령어를 인식하기 전에는 음성정보를 기기 내에서만 수초 간 처리 후 파기하여 저장되지 않도록 하고 있다.

그림 5 인공지능 스피커의 음성 인식률 제고 과정

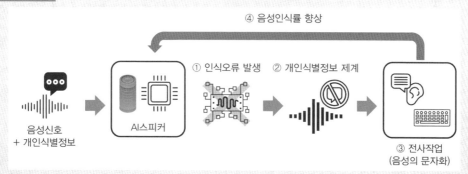

그러나 이러한 인공지능 스피커 개발자의 이용자 음성 수집에 대해 개인정보 통제권 보장을 위해 이용자가 언제든지 음성 저장을 거부할 수 있는 기능을 제공할 필요가 있다는 지적이 제기되고 있으며, 동 스피커 이용자의 음성을 장기간 수집하면 통신비밀보호법상의 도감청(盜聽聽) 문제가 제기될 수 있다는 논란도 제기되고 있는데 인공지능 스피커의 개인정보 보호를 위한 구체적인 방안은 무엇이 있겠는가?

개인정보와 개인신용정보의 처리와 활용

수집된 개인정보나 개인신용정보를 이용 또는 제3자에게 제공하기 위해서는 개인정보를 처리하고 활용하는 것이 요구되는 한편, AI(Artificial Intelligence, 인공지능), 빅데이터(Big data), 클라우드(Cloud computing) 기술 등의 발전으로 다양한 이종의 개인정보와 개인신용정보가 기하급수적으로 집적되고 있다. 또한 심리학과 통계학 및 컴퓨터공학 등을 활용한 데이터 분석기술의 적용이 확대됨에 따라 맞춤형 광고(Targeted marketing), 핀테크(Fintech) 등 다양한 분야에서 이렇게 집적된 개인정보와 개인신용정보의 이용이 폭발적으로 증가하고 있고 다크패턴(Dark pattern)과 같이 개인정보와 개인신용정보를 활용한 조작 및 조종 가능성이란 새로운 문제와 논란이 발생하고 있다.

한편, 이러한 개인정보나 개인신용정보 처리의 확대와 함께 외부로부터의 해킹(Hacking) 또는 내부 직원의 고의 또는 과실로 인해 보관된 개인정보와 개인신용정보가 유출되어 정보주체나 개인인 신용정보주체의 경제적·정신적 손해를 초래하는 사건들이 지속하여 발생하고 있고, 이러한 개인정보와 개인신용정보 유출 사건들의 규모와 숫자가 증대되고 있는 것으로 이해된다. 제2절에서는 개인정보와 개인신용정보의 처리와 활용에 대하여 설명하고자 하는데, 민감정보와 고유식별정보 및 주민등록번호의 처리 제한, 영상정보기기의 설치와 운영 제한, 업무위탁에 따른 개인정보와 개인신용정보의 처리 제한을 설명하고, 또한 2020년 2월 데이터 3법(개인정보 보호법, 신용정보법, 정보통신망법)의 개정을 도입된 가명정보의 처리에 관한 특례 등을 설명하고자 한다.

참고자료 및 질문

1. **주민등록번호.** 주민등록번호는 지방자치단체의 주민을 등록하게 함으로써 주민의 거주관계 등 인구의 동태(動態)를 항상 명확하게 파악하여 주민생활의 편익을 증진시키고 행정사무를 적정하게 처리하도록 하는 것을 목적으로 하는 것으로서(주민등록법 제1조), 시장·군수 또는 구청장은 주민에게 개인별로 고유한 등록번호(이하 "주민등록번호"라 한다)를 부여하여야 한다(동법

---

78) 대법원 2016. 8. 17. 선고 2014다235080.
79) 서울고등법원 2016. 10. 5. 선고 2016누30912, 대법원 2018. 7. 12. 선고 2016두55117.
80) 주민등록번호 뒷자리 번호 중 지역번호 네자리가 오는 10월부터 폐지된다. 행정안전부는 이 내용을

제7조의2제1항). 주민등록법은 이 법 제7조의2(주민등록번호의 부여)제1항에 따른 주민등록번호 는 생년월일·성별 등을 표시할 수 있는 13자리의 숫자로 부여하도록 규정하고 있으며(동법 시 행규칙 제2조), 주민등록번호는 〈그림 6〉과 같이 생년월일 6자리인 앞의 6자리와 성별, 지역번 호, 일련번호, 검증번호로 구성된 7자리로 구성되었으나, 2020년 10월부터 성별과 임의번호로 구성된 7자리로 구성이 변경되었다.[80)]

그림 6   주민등록번호 체계 개편

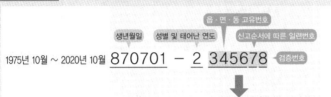

1: 1990년대 출생 남성   3: 2000년대 출생 남성
2: 1990년대 출생 여성   4: 2000년대 출생 여성

1962년부터 시행되고 있는 전국민 단일 식별번호 체계인 주민등록번호제도가 전 세계적으로도 그리 흔한 사례는 아닌 것으로 이해되는데, 미국의 SSN(Social Security Number, 사회보장번 호)이나 운전면허증 등과 같이 주민등록 목적 이외에 특별한 목적을 위해 개별 신청에 따라 영 역별로 개인 식별번호제도를 운영하는 나라들도 많으며, 물론 최근 일본의 경우처럼 우리의 주 민등록번호와 유사한 마이 넘버(My number)를 도입 중인 나라들도 있다. 한편 주민등록번호의 편의성에도 불구하고 개인정보 유출 등으로 인한 문제점으로 동 제도의 존치에 대한 논란은 지속하여 제기되어 왔다. 헌법재판소는 인터넷 포털 사이트 또는 온라인 장터의 개인정보 유출 또는 침해사고와 신용카드 회사의 개인정보 유출 사고로 인해 주민등록번호가 불법 유출되었 다는 이유로 각 관할 지방자치단체장에게 주민등록번호의 변경을 요청하였으나, 당시 주민등록 법상 주민등록번호 불법 유출을 원인으로 한 주민등록번호 변경은 허용하지 않는다는 이유로 변경거부를 받은 청구인들이 헌법소원을 제기한 사건에서, 동 법원은 "심판대상조항이 모든 주 민에게 고유한 주민등록번호를 부여하면서 이를 변경할 수 없도록 한 것은 주민생활의 편익을 증진시키고 행정사무를 신속하고 효율적으로 처리하기 위한 것으로서 그 입법목적의 정당성과 수단의 적합성을 인정할 수 있으나, 동 조항이 모든 주민에게 고유한 주민등록번호를 부여하면 서 주민등록번호 유출이나 오·남용으로 인하여 발생할 수 있는 피해 등에 대한 아무런 고려 없이 일률적으로 이를 변경할 수 없도록 한 것은 침해의 최소성 원칙에 위반되므로, 따라서 주 민등록번호 변경에 관한 규정을 두고 있지 않은 심판대상조항은 과잉금지원칙을 위반하여 청 구인들의 개인정보자기결정권을 침해한다."고 헌법불합치 결정을 판시한 바 있는데,[81)] 동 판결 은 주민등록번호제도의 개인정보자기결정권 침해 여부에 대해서는 별론으로 하고 주민등록번호

의 변경 불가가 개인정보자기결정권을 침해하였다는 것에 중점을 둔 판결로 생각된다. 주민등록번호제도에 대한 당신의 입장은 무엇이며, 정책적 개선방안은 무엇이 있다고 생각하는가?

2. **CI(Connecting Information, 연계정보).** 연계정보인 CI란 〈그림 7〉과 같이 주민등록번호를 복원될 수 없도록 일방향으로 암호화(HASH, 해시화)하여 주민등록번호 대신 사용할 수 있게 한 88 Byte의 값으로서, 계속된 주민등록번호 유출 사고로 인해 주민등록번호의 수집과 사용을 최소화하기 위한 목적으로 2009년 도입된 정책수단이며, CI는 신용평가3사(Nice신용평가정보, 서울신용평가정보, 코리아크레딧뷰로)를 통해 이동통신사, 인터넷 사업자 등에게 개인 식별정보로 제공되고 있다.

| 그림 7 | CI의 생성 과정 |

주민등록번호	HASH	CI (88 Byte)
770919-1234567	HASH화 (일방향 암호화)	yCP3v5vRAX9GVCSmHQozi5Utjzglz qZIC3IGRqrdzrfJz41S0M6yxB5i7eKL go6WGXIJ5r7hWGouc1/SBajMw==

CI는 주민등록번호와 1:1로 대응되어 하나의 주민등록번호 당 하나의 CI만이 존재하며 기술적으로는 주민등록번호로 원상회복할 수 없다. 이러한 CI와 구분되는 것이 DI(Duplication Information, 중복가입 확인정보)인데, 2006년 도입된 DI는 CI와 달리 주민등록번호와 1:1로 대응이 되지 않아 DI 발급기관과 DI를 이용하는 웹사이트 별로 다른 경우 상호연동과 호환은 불가능하다. 88 Byte로 일방향 암호화된 CI가 주민등록번호 대체 수단으로 CI를 이용하는 웹사이트들 간의 상호연동과 호환을 가능하게 하는 반면, 66 Byte로 일방향 암호화된 DI는 한 웹사이트에서 동일한 이용자를 구분하게 할 수 있을 뿐 DI를 통해서는 다른 웹사이트에서는 동일한 이용자를 구분할 수 없으므로 중복가입자 확인용으로 이용되고 있다. CI는 동 CI에 생년월일, 성별, 국적, 이동전화번호 등이 결합되어 저렴한 가격에 개인식별정보로 제공되어 간편결제 등 인터넷 서비스의 중복 및 부정이용 방지, 마일리지 등 제휴서비스 연동 등에 널리 활용되고 있다. 이러한 CI에 대해 CI의 안전성, CI의 법적 근거, CI의 부당한 과다 사용 등과 관련된 IT 산업계·금융권과 시민단체 등 간의 논란이 지속되고 있다. IT 산업계·금융권 등은 CI가 이미 주민등록번호의 대체 기능을 수행하여 개인정보 인증 분야 등에 저렴한 가격으로 편리하게 활용되고 있고 전자상거래와 전자금융 분야 등의 필수기반이므로 CI의 자유로운 활용을 희망하는 반면, 시민단체 등은 CI 역시 주민등록번호와 같이 개인정보 침해의 우려가 있으며 CI가 본인인증 시장을 독점하여 다른 주민등록번호 대체 수단이 성장하지 못하게 하고 있어 CI를 폐지해야 한다는 입장이어서 CI에 대한 견해가 대립되고 있다. CI에 대한 당신의 입장과 견해는 무엇이며, CI에 대한 바람직한 정책의 방향은 무엇이라고 생각되는가?

3. 연계정보(Connecting Information)의 법적 근거. 연계정보는 주민등록번호의 대체 수단으로서 인터넷 서비스의 신뢰성 확보를 위한 핵심 인프라(Essential Infrastructure)임에도 불구하고 그동안 법적 근거에 대한 논란이 제기되어 왔다. 특히 연계정보인 CI는 모바일 전자고지와 마이데이터 서비스에 없어서는 안되는 핵심 인프라인데 그동안 규제 샌드박스의 임시허가를 통해 CI가 동 서비스들에 제공되어 왔다. 2024년 1월 정보통신망법의 개정을 통해 이 법 제23조의5(연계정보의 생성·처리 등)와 제23조의6(연계정보의 안전조치 의무 등)이 규정되었는데, 정보통신망법은 연계정보를 "정보통신서비스 제공자의 서비스 연계를 위하여 이용자의 주민등록번호를 비가역적으로 암호화한 정보"로 규정하고 있다(정보통신망법 제23조의5제1항). 한편 정보통신망법은 본인확인기관은 다음. 1. 이용자가 입력한 정보를 이용하여 이용자를 안전하게 식별·인증하기 위한 서비스를 제공하는 경우, 2. 「개인정보 보호법」 제24조(고유식별정보의 처리 제한)에 따른 고유식별정보(이하 이 조에서 "고유식별정보"라 한다)를 보유한 행정기관 및 공공기관(이하 "행정기관등"이라 한다)이 연계정보를 활용하여 「전자정부법」 제2조(정의)제5호에 따른 전자정부서비스를 제공하기 위한 경우로서 다음. 가. 「전자정부법」 제2조제4호에 따른 중앙사무관장기관의 장이 행정기관등의 이용자 식별을 통합적으로 지원하기 위하여 연계정보 생성·처리를 요청한 경우와 나. 행정기관등이 고유식별정보 처리 목적 범위에서 불가피하게 이용자의 동의를 받지 아니하고 연계정보 생성·처리를 요청한 경우의 어느 하나에 해당하는 경우, 3. 고유식별정보를 보유한 자가 「개인정보 보호법」 제35조의2(개인정보의 전송 요구)에 따른 개인정보 전송의무를 수행하기 위하여 개인정보 전송을 요구한 정보주체의 연계정보 생성·처리를 요청한 경우, 4. 「개인정보 보호법」 제24조의2(주민등록번호 처리의 제한)제1항 각 호에 따라 주민등록번호 처리가 허용된 경우로서 이용자의 동의를 받지 아니하고 연계정보 생성·처리가 불가피한 대통령령으로 정하는 정보통신서비스를 제공하기 위하여 본인확인기관과 해당 정보통신서비스 제공자가 함께 방송통신위원회의 승인을 받은 경우의 어느 하나에 해당하는 경우를 제외하고는 정보통신서비스 제공자의 서비스 연계를 위하여 이용자의 주민등록번호를 비가역적으로 암호화한 정보(이하 "연계정보"라 한다)를 생성 또는 제공·이용·대조·연계 등 그 밖에 이와 유사한 행위(이하 "처리"라 한다)를 할 수 없다고 규정하고 있다(동법 제23조의5제1항). 또한 정보통신망법은 본인확인기관이 연계정보를 생성·처리하는 경우 「개인정보 보호법」 제29조(안전조치의무)에 따른 조치 외에 연계정보 생성·처리의 안전성 확보를 위한 물리적·기술적·관리적 조치를 하여야 하며(동법 제23조의6제1항), 연계정보 이용기관은 정보통신망법 제23조의5제1항 각 호에 따른 서비스를 제공하는 경우 「개인정보 보호법」 제29조에 따른 조치 외에 연계정보를 주민등록번호와 분리하여 보관·관리하고 연계정보가 분실·도난·유출·위조·변조 또는 훼손되지 아니하도록 조치(이하 "안전조치"라 한다)하여야 한다고 규정하고 있다(동법 제23조의6제1항). 한편 이러한 연계정보의 강제 생성과 처리는 위법이라는 헌법소원이 제기된 바 있다.[82] 이러한 입장과 달리 연계정보인 CI는 이미 주민등록번호의 대체수단으로 현실적인 기능을 하고 있으므로 활용의 측면을 고려할 때 2024년 도입된 CI 관련 법적 근거의 적용 대

1. 민감정보의 처리 제한

개인정보 보호법은 개인정보처리자가 사상·신념, 노동조합·정당의 가입·탈퇴, 정치적 견해, 건강, 성생활 등에 관한 정보, 그 밖에 정보주체의 사생활을 현저히 침해할 우려가 있는 개인정보로서 대통령령으로 정하는 정보(이하 "민감정보"라 한다)를 처리하여서는 아니 되나, 다만, 1. 정보주체에게 이 법 제15조(개인정보의 수집·이용)제2항 각 호 또는 제17조(개인정보의 제공)제2항 각 호의 사항을 알리고 다른 개인정보의 처리에 대한 동의와 별도로 동의를 받은 경우와 2. 법령에서 민감정보의 처리를 요구하거나 허용하는 경우에는 그러하지 아니하다고 규정하고 있다(개인정보 보호법 제23조제

골자로 한 '주민등록법 시행규칙' 개정안을 오는 26일 입법예고한다고 25일 밝혔다. 행안부에 따르면 개정안은 지역번호 대신 임의번호를 부여하는 방식의 새 주민등록번호 부여체계를 오는 10월부터 적용하도록 했다. 이는 1975년에 현재 주민등록번호 부여 체계가 정해진 지 45년 만의 개편이다. 이에 따라 오는 10월부터 주민등록번호를 새로 부여받거나 변경하는 경우 뒷자리 번호 7개 가운데 성별을 표시하는 첫 번째를 제외하고 나머지 6개를 임의번호로 채우게 된다. 현행 체계에서는 주민등록번호 13자리 가운데 앞부분 6자리는 생년월일로, 뒷부분 7자리는 성별·지역번호·신고 순서 일련번호·검증번호로 구성하고 있다. 정부는 지역번호 폐지로 개인정보 침해 우려와 특정 지역 출신에 대한 차별 논란 등을 해소할 수 있을 것으로 기대하고 있다. 김면수 이투데이 기자, 행안부, 10월부터 주민번호 뒷자리 지역표시번호 폐지, 2020.5.25. (https://www.etoday.co.kr/news/view/1898434).

81) 헌법재판소 2015. 12. 23. 선고 2013헌바68, 2014헌마499(병합).
82) 민주사회를위한변호사모임(민변) 디지털정보위원회 등 시민사회단체는 온라인 서비스에서 이용자의 연계정보(CI)를 강제 생성·처리하도록 한 정보통신망법 조항에 대해 헌법소원을 제기했다고 16일 밝혔다. 연계정보는 주민등록번호를 디지털코드로 변환한 것으로 고유·불변의 특성을 가진 표준식별코드를 말한다. 헌법소원 대상이 된 조항은 정보통신망법 제23조의5 제1항이다. 이들 단체는 해당 조항이 연계정보를 본인 동의 없이 식별목적으로 생성해 본인확인서비스 등 방송통신위원회가 고시한 서비스에 이용할 수 있도록 했다며 위법하다고 주장했다. 사실상 방통위가 필요성을 인정하면 연계정보를 제한 없이 생성·처리할 수 있도록 해 개인정보자기결정권, 사생활의 비밀과 자유, 익명표현의 자유를 과도하게 제한한다는 것이다. 이들 단체는 "당사자인 정보주체는 연계정보가 언제, 어떻게 생성됐는지조차 알 수 없고 형식적 동의만 거치면 다른 목적으로 그 처리 범위가 무한정 확장될 수 있다"며 "주민등록번호 대체수단으로서 연계정보에 대한 정보통신망법 규정과도 모순되며 주민등록번호에 관한 보호체계조차 무너뜨리는 것"이라고 지적했다. 김정진 연합뉴스 기자, "연계정보 강제 생성·처리는 위법"…시민단체 헌법소원 제기, 2024.10.16 (https://www.yna.co.kr/view/AKR20241016083200004).

1항). 앞에서 설명한 바와 같이 민감정보(Special categories of personal data)는 인종·민족, 정치적 견해, 종교적·철학적 신념, 노동조합의 가입 여부를 나타내는 개인정보의 처리와 유전자 정보, 개인을 고유하게 식별할 수 있는 생체 정보, 건강 정보, 성생활·성적 취향에 관한 정보로 이해된다.

개인정보 보호법 시행령은 이 법 제23조(민감정보의 처리 제한)제1항 각 호 외의 부분 본문에서 "대통령령으로 정하는 정보", 즉 대통령령으로 정하는 민감정보란 다음, 1. 유전자검사 등의 결과로 얻어진 유전정보, 2. 「형의 실효 등에 관한 법률」 제2조(정의)제5호에 따른 범죄경력자료에 해당하는 정보, 3. 개인의 신체적, 생리적, 행동적 특징에 관한 정보로서 특정 개인을 알아볼 목적으로 일정한 기술적 수단을 통해 생성한 정보, 4. 인종이나 민족에 관한 정보의 어느 하나에 해당하는 정보를 말한다고 규정하고 있다(동법 시행령 제18조).

개인정보 보호법 시행령은 다만, 공공기관이 이 법 제18조(개인정보의 목적 외 이용·제공 제한)제2항제5호부터 제9호까지의 규정에 따라 다음, 5. 개인정보를 목적 외의 용도로 이용하거나 이를 제3자에게 제공하지 아니하면 다른 법률에서 정하는 소관 업무를 수행할 수 없는 경우로서 개인정보보호위원회의 심의·의결을 거친 경우, 6. 조약, 그 밖의 국제협정의 이행을 위하여 외국정부 또는 국제기구에 제공하기 위하여 필요한 경우, 7. 범죄의 수사와 공소의 제기 및 유지를 위하여 필요한 경우, 8. 법원의 재판업무 수행을 위하여 필요한 경우, 9. 형(刑) 및 감호, 보호처분의 집행을 위하여 필요한 경우에 해당하는 정보를 처리하는 경우의 해당 정보는 제외한다고 규정하고 있어(동법 시행령 제18조 단서), 민감정보를 처리하는 경우 동 항목들은 동법 시행령 제18조(민감정보의 범위)의 적용 대상에서 제외하고 있다.

한편 신용정보법에서는 금융위원회는 정보활용 동의등급 평가를 할 때 정보활용에 따른 사생활의 비밀과 자유를 침해할 위험에 관한 사항(활용되는 개인신용정보가 「개인정보 보호법」 제23조(민감정보의 처리 제한)에 따른 민감정보인지 여부를 포함한다)을 고려하여 정보활용 동의등급을 부여하여야 한다고 규정하고 있다(신용정보법 제34조의3제2항제1호).

개인정보나 개인신용정보는 개인의 사생활의 비밀과 자유, 생명, 신체와 재산상의 안전에 중대한 영향을 미칠 수 있는 사안이므로 모두 보호받을 가치가 있는 것이나, 특히 민감정보는 더욱 현저한 사회적 차별과 인권의 침해를 초래할 수 있는 것이므로 민감정보에 대해 보다 엄격한 보호를 규정한 것으로 이해되는데, 개인정보 보호법 제23조(민감정보의 처리 제한)는 민감정보에 대한 개념을 정의하지 않고 종류를 열거하는 방식으로 규정되어 있다. 민감정보에는 개인의 신체적, 생리적, 행동적 특징에 관한 정보로서 특정 개인을 알아볼 목적으로 일정한 기술적 수단을 통해 생성한 정보인 생체인식정보 및 인종과 민족 정보 등이 포함하고 있는데, 생체인식정보(Biometric data)를 포함한 것은 특정한 개인을 알아볼 목적으로 사용되는 지문, 홍채, 안면(顏面) 등은 개인의 고유한 정보로서 유출 시 회복이 불가한 피해가 발생될 소지가 있는 점을 고려한 것이며, 인종과 민족 정보를 포함한 것은 우리 사회가 다문화 사회로 변화됨에 따라 개인정보의 처리 과정에서 개인을 차별하는데 개인정보가 이용되지 않도록 보호할 필요가 있는 점을 고려한 것으로 생각된다. 또한 개인의 신체적, 생리적, 행동적 특징에 관한 정보로서 특정 개인을 알아볼 목적으로 일정한 기술적 수단을 통해 생성한 정보란 특정 개인을 인증(認證) 또는 식별(識別)할 목적으로 신체적, 생리적, 행동적 특징에 관한 정보를 일정한 기술적 수단으로 처리한, 즉 특징점 분석을 한 것이라 하겠다.

한편 개인정보처리자가 개인정보 보호법 제23조(민감정보의 처리 제한)제1항 각 호에 따라 민감정보를 처리하는 경우에는 그 민감정보가 분실·도난·유출·위조·변조 또는 훼손되지 아니하도록 이 법 제29조(안전조치의무)에 따른 안전성 확보에 필요한 조치를 하여야 하며(개인정보 보호법 제23조제2항), 개인정보처리자는 재화 또는 서비스를 제공하는 과정에서 공개되는 정보에 정보주체의 민감정보가 포함됨으로써 사생활 침해의 위험성이 있다고 판단하는 때에는 재화 또는 서비스의 제공 전에 민감정보의 공개 가능성 및 비공개를 선택하는 방법을 정보주체가 알아보기 쉽게 알려야 한다(동법 제23조제3항).

2. 고유식별정보와 개인식별번호의 처리 제한

가 고유식별정보와 개인식별번호의 의의

개인정보 보호법은 고유식별정보란 법령에 따라 개인을 고유하게 구별하기 위하여 부여된 식별정보로서 대통령령으로 정하는 정보이며(개인정보 보호법 제24조제1항), 대통령령은 고유식별정보로, 1.「주민등록법」제7조의2(주민등록번호의 부여)제1항에 따른 주민등록번호, 2.「여권법」제7조(여권의 수록 정보와 수록 방법)제1항제1호에 따른 여권번호, 3.「도로교통법」제80조(운전면허)에 따른 운전면허의 면허번호, 4.「출입국관리법」제31조(외국인등록)제5항에 따른 외국인등록번호의 어느 하나에 해당하는 정보를 말한다고 규정하고 있다(동법 시행령 제19조). 다만 공공기관이 이 법 제18조(개인정보의 목적 외 이용·제공 제한)제2항제5호부터 제9호까지의 규정에 따라 다음, 5. 개인정보를 목적 외의 용도로 이용하거나 이를 제3자에게 제공하지 아니하면 다른 법률에서 정하는 소관 업무를 수행할 수 없는 경우로서 개인정보보호위원회의 심의·의결을 거친 경우, 6. 조약, 그 밖의 국제협정의 이행을 위하여 외국정부 또는 국제기구에 제공하기 위하여 필요한 경우, 7. 범죄의 수사와 공소의 제기 및 유지를 위하여 필요한 경우, 8. 법원의 재판업무 수행을 위하여 필요한 경우, 9. 형(刑) 및 감호, 보호처분의 집행을 위하여 필요한 경우의 어느 하나에 해당하는 정보를 처리하는 경우의 해당 정보는 제외한다고 규정하고 있는데(동법 시행령 제19조 단서), 공공기관에 대해서는 현실적 필요성을 고려하여 고유식별정보의 처리 제한에 대한 예외를 두고 있는 것으로 이해된다.

한편 신용정보법은 개인식별번호란 법령에 따라 특정 개인을 고유하게 식별할 수 있도록 부여된 정보로서 대통령령으로 정하는 정보이며(신용정보법 제2조제1호의2가목2)), 대통령령은 개인식별정보로, 1.「주민등록법」제7조의2(주민등록번호의 부여)제1항에 따른 주민등록번호, 2.「여권법」제7조(여권의 수록 정보와 수록 방법)제1항제1호에 따른 여권번호, 3.「도로교통법」제80조(운전면허)에 따른 운전면허의 면허번호, 4.「출입국관리법」제31조(외국인등록)제5항에 따른 외국인등록번호, 5.「재외동포의 출입국과 법적지위에 관한 법률」제7조(국내거소신고증의 발급 등)제1항에 따른 국내거소신고번호의 어느 하나에 해당하는 정보를 말한다고 규정하고 있다(동법 시행령 제2조제2항). 고유식별정보나 개인식별정보는 온라인상에서 데이터베이스(Data Base)들의 결합키(Matching key)로 중요한 역할을 하고 있어 개인정보와 개인신용정보 오남용과 유출 가능성에 대한 논란이 지속적으로 제기되고 있다.

나 고유식별정보와 개인식별번호의 처리 제한과 안전성 확보 조치

개인정보 보호법은 개인정보처리자는 다음, 1. 정보주체에게 이 법 제15조(개인정보의 수집·이용)제2항 각 호 또는 제17조(개인정보의 제공)제2항 각 호의 사항을 알리고 다른 개인정보의 처리에 대한 동의와 별도로 동의를 받은 경우와 2. 법령에서 구체적으로 고유식별정보의 처리를 요구하거나 허용하는 경우를 제외하고는 고유식별정보를 처리할 수 없다고 규정하고 있으나(동법 제24조제1항), 다만 이미 설명한 바와 같이 공공기관에 대해서는 고유식별정보의 처리 제한에 대한 예외를 두고 있다. 또한, 개인정보 보호법은 개인정보처리자가 고유식별정보를 처리하는 경우에는 그 고유식별정보가 분실·도난·유출·위조·변조 또는 훼손되지 아니하도록 대통령령으로 정하는 바에 따라 암호화 등 안전성 확보에 필요한 조치를 하여야 하는데(동법 제24조제3항), 개인정보 보호법 시행령은 이 법 제24조(고유식별정보의 처리 제한)제3항에 따른 고유식별정보의 안전성 확보 조치에 관하여는 동법 시행령 제30조(개인정보의 안전성 확보 조치)를 준용하며, 이 경우 "이 법 제29조(안전조치의무)"는 "동법 제24조제3항"으로, "개인정보"는 "고유식별정보"로 본다고 규정하고 있다(동법 시행령 제21조제1항).[83]

개인정보 보호법은 개인정보보호위원회는 처리하는 개인정보의 종류·규모, 종업원 수 및 매출액 규모 등을 고려하여 대통령령으로 정하는 기준에 해당하는 개인정보처리자가 이 법 제24조(고유식별정보의 처리 제한)제3항에 따라 안전성 확보에 필요한 조치를 하였는지에 관하여 대통령령으로 정하는 바에 따라 정기적으로 조사하여야 한다고 규정하고 있는데(동법 제24조제4항), 개인정보 보호법 시행령은 이 법 제24조제4항에서 "대통령령으로 정하는 기준에 해당하는 개인정보처리자"란 다음, 1. 1만명 이상

---

83) 대통령령으로 정하는 바에 따른 안전성 확보에 필요한 조치로 개인정보 보호법 시행령은 개인정보처리자는 이 법 제29조(안전조치의무)에 따라 다음, 1. 개인정보의 안전한 처리를 위한 내부 관리계획의 수립·시행 및 점검, 2. 개인정보에 대한 접근 권한의 제한을 위한 조치, 3. 개인정보에 대한 접근 통제를 위한 조치, 4. 개인정보를 안전하게 저장·전송하는데 필요한 조치, 5. 개인정보 침해사고 발생에 대응하기 위한 접속기록의 보관 및 위조·변조 방지를 위한 조치, 6. 개인정보처리시스템 및 개인정보취급자가 개인정보 처리에 이용하는 정보기기에 컴퓨터바이러스, 스파이웨어, 랜섬웨어 등 악성프로그램의 침투여부를 항시 점검·치료할 수 있도록 하는 등 개인정보 보호에 필요한 프로그램의 설치·운영과 주기적 갱신·점검 조치, 7. 개인정보의 안전한 보관을 위한 보관시설의 마련 또는 잠금장치의 설치 등 물리적 조치, 8. 그 밖에 개인정보의 안전성 확보를 위하여 필요한 조치의 안전성 확보 조치를 해야 한다고 규정하고 있다(동법 시행령 제30조제1항).

의 정보주체에 관하여 고유식별정보를 처리하는 공공기관, 2. 개인정보보호위원회가 법 위반 이력 및 내용·정도, 고유식별정보 처리의 위험성 등을 고려하여 이 법 제24조제4항에 따른 조사가 필요하다고 인정하는 공공기관, 3. 공공기관 외의 자로서 5만 명 이상의 정보주체에 관하여 고유식별정보를 처리하는 자의 어느 하나에 해당하는 개인정보처리자를 말한다고 규정하고 있다(동법 시행령 제21조제2항).

한편 개인정보 보호법 시행령은 개인정보보호위원회는 이 법 시행령 제21조(고유식별정보의 안전성 확보 조치)제2항 각 호의 어느 하나에 해당하는 개인정보처리자에 대하여 동법 제24조제4항에 따라 안전성 확보에 필요한 조치를 하였는지를 3년마다 1회 이상 조사해야 한다고 규정하고 있으나(동법 시행령 제21조제3항), 다만 다음, 1. 이 법 제11조의2(개인정보 보호수준 평가) 에 따라 개인정보 보호수준 평가를 받은 경우, 2. 동법 제32조의2(개인정보 보호 인증)에 따라 개인정보 보호 인증을 받은 경우, 3. 「신용정보의 이용 및 보호에 관한 법률」 제45조의5(개인신용정보 활용·관리 실태에 대한 상시평가)에 따른 개인신용정보 활용·관리 실태에 대한 상시평가 등 다른 법률에 따라 고유식별정보의 안전성 확보 조치 이행 여부에 대한 정기적인 점검이 이루어지는 경우로서 관계 중앙행정기관의 장의 요청에 따라 해당 점검이 동법 시행령 제21조제3항에 따른 조사에 준하는 것으로 개인정보보호위원회가 인정하는 경우의 어느 하나에 해당하는 경우로서 고유식별정보의 안전성 확보 조치에 대한 점검이 이루어진 경우에는 동법 시행령 제21조제3항에 따른 조사를 실시한 것으로 본다고 규정하고 있다(동법 시행령 제21조제4항).

또한 개인정보 보호법 시행령은 이 법 시행령 제21조제3항에 따른 조사는 동법 시행령 제21조제2항 각 호의 어느 하나에 해당하는 개인정보처리자에게 온라인 또는 서면을 통하여 필요한 자료를 제출하게 하는 방법으로 한다고 규정하고 있으며(동법 시행령 제21조제5항), 개인정보 보호법은 개인정보보호위원회는 대통령령으로 정하는 전문기관으로 하여금 이 법 제24조제4항에 따른 조사를 수행하게 할 수 있다고 규정하고 있는데(동법 제24조제5항), 개인정보 보호법 시행령은 이 법 제24조제5항에서 "대통령령으로 정하는 전문기관"이란 다음, 1. 「정보통신망 이용촉진 및 정보보호 등에 관한 법률」 제52조(한국인터넷진흥원)에 따른 한국인터넷진흥원(이하 "한국인터넷진흥원"이라 한다)과 2. 동법 제24조(고유식별정보의 처리 제한)제4항에 따른 조사를 수행할 수 있는 기술적·재정적 능력과 설비를 보유한 것으로 인정되어 개인정보보호위원회가 정하여 고시하는 법인, 단체 또는 기관을 말한다고 규정하고 있다(동법 시행령 제21조제6항).

신용정보법은 신용정보회사등이 개인을 식별하기 위하여 필요로 하는 정보로서 대통령령으로 정하는 정보를 수집·이용 및 제공하는 경우에는 이 법 제15조(수집 및 처리의 원칙), 제32조(개인신용정보의 제공·활용에 대한 동의) 및 제33조(개인신용정보의 이용)를 준용한다고 규정하고 있으며(신용정보법 제34조), 이 법 제34조(개인식별정보의 수집·이용 및 제공)에서 "대통령령으로 정하는 정보"란 개인식별번호를 말한다고 규정하고 있다(동법 시행령 제29조).

3. 주민등록번호의 처리 제한

가 주민등록번호 처리 제한의 의의

개인정보 보호법은 이 법 제24조(고유식별정보의 처리 제한)제1항에도 불구하고 개인정보처리자는 다음, 1. 법률·대통령령·국회규칙·대법원규칙·헌법재판소규칙·중앙선거관리위원회규칙 및 감사원규칙에서 구체적으로 주민등록번호의 처리를 요구하거나 허용한 경우, 2. 정보주체 또는 제3자의 급박한 생명, 신체, 재산의 이익을 위하여 명백히 필요하다고 인정되는 경우, 3. 앞의 두 경우인 제1호 및 제2호에 준하여 주민등록번호 처리가 불가피한 경우로서 개인정보보호위원회가 고시로 정하는 경우를 제외하고는 주민등록번호를 처리할 수 없도록 규정하고 있는데(개인정보 보호법 제24조의2제1항), 고유식별정보 중 주민등록번호는 온라인상에서 정보주체나 개인인 신용정보주체에 대한 식별자(Identifier)로서의 역할과 함께 각종 데이터베이스(Data Base)의 결합키(Matching key)로 다양한 이종의 정보들이 주민등록번호를 중심으로 결합됨으로써 개인정보나 개인신용정보들이 오남용될 가능성이 가장 크고 해킹(Hacking)이나 내부 직원의 고의 또는 과실 등으로 인해 주민등록번호의 유출 사고가 빈번하게 일어나고 있는 현실을 고려하여[84] 2013년 개인정보 보호법의 개정을 통해 원칙적으로 주민등

---

84) 국내 최대 포털 사이트 네이버에서 회원 2,200여명의 개인정보가 유출됐다. 유출된 주민등록번호는 암시장에서 싸게는 건당 단돈 1원에 거래됐고, 보이스피싱(전화 금융 사기) 등 금융 사기와 흉악 범죄 등에 사용되고 있다. 이처럼 심각해지고 있는 주민번호 유출로 인한 재산 피해 등 2차 피해를 예방하

록번호의 처리를 금지하고 예외적인 사유에 해당될 경우에만 허용하도록 한 것으로 이해된다.

즉 개인정보 보호법은 앞에서 설명한 예외적 허용 사유에 해당하지 않을 경우에는 설령 정보주체나 개인인 신용정보주체의 동의를 받았더라도 주민등록번호를 수집·이용하거나 제3자에게 제공 또는 저장·보유하는 것이 모두 금지되었다. 한편 법령에서 구체적으로 주민등록번호의 처리를 요구하거나 허용한 경우라고 함은 법률, 시행령, 시행규칙에서 개인정보보호처리자로 하여금 주민등록번호의 처리를 요구하거나 허용하도록 구체적인 규정이 존재해야 하는 경우로 이해되나, 2017년 4월부터는 부령인 시행규칙은 법령에서 구체적으로 주민등록번호의 처리를 요구하거나 허용한 경우에서 제외되었으므로 법률·대통령령·국회규칙·대법원규칙·헌법재판소규칙·중앙선거관리위원회규칙 및 감사원규칙에서 구체적으로 주민등록번호의 처리를 요구하거나 허용한 경우로 제한되게 된 것으로 해석된다.

신용정보법은 신용정보집중기관 및 대통령령으로 정하는[85] 신용정보제공·이용자

자는 취지로 출범한 주민등록번호변경위원회가 최근 2년간 1582건의 주민등록번호 변경 신청을 받아 955명의 주민번호 변경을 승인했다고 행정안전부가 10일 밝혔다. 주민번호 변경은 여성(636명)이 남성(319명)보다 배(倍)가 많았다. 신청 건수도 여성(964명)이 남성(618명)보다 많았다. 주민번호를 바꾼 여성의 주요 피해 사례는 보이스피싱이 182건으로 가장 큰 비중(28.6%)을 차지했다. 이어 가정 폭력(176건), 신분 도용(128건), 데이트 폭력 등 상해·협박(89건), 성폭력(37건) 순으로 나타났다. 주민등록번호 변경 승인을 받으면 주민번호 13자리 중 생년월일(앞 6자리)과 성별에 따른 숫자를 제외한 끝 6자리를 바꿀 수 있다. 1968년 도입된 주민등록번호는 담당 공무원의 실수로 오류가 있는 경우 등만 정정이 가능했다. 헌법재판소는 지난 2015년 12월 '주민등록번호의 변경'을 규정하지 않은 주민등록법이 헌법상 기본권을 침해한다며 2017년 말까지 법을 개정하라는 헌법 불합치 결정을 내렸다. 당시 헌재는 "주민등록번호는 단순한 개인 식별 역할에 그치지 않고, 다른 개인 정보와 연결돼 사용되고 있다"고 했다. 박해수 조선일보 기자, 개인정보 떠다니는 한국… 너도나도 "주민번호 바꿔달라", 2019. 6. 11. (http://news.chosun.com/site/data/html_dir/2019/06/11/2019061100320.html).

85) 신용정보법 제24조(주민등록전산정보자료의 이용)제1항에서 "대통령령으로 정하는 신용정보제공·이용자"란 제2조(정의)제6항제7호 각 목의 자를 말하며 이러한 자에는, 가. 「금융지주회사법」에 따른 금융지주회사, 나. 「기술보증기금법」에 따른 기술보증기금, 다. 「농업협동조합법」에 따른 농업협동조합, 라. 「농업협동조합법」에 따른 농업협동조합중앙회, 마. 「농업협동조합법」 제161조의11에 따른 농협은행, 바. 「무역보험법」에 따른 한국무역보험공사, 사. 「보험업법」에 따른 보험회사, 아. 「산림조합법」에 따른 산림조합, 자. 「산림조합법」에 따른 산림조합중앙회, 차. 「상호저축은행법」에 따른 상호저축은행, 카. 「상호저축은행법」에 따른 상호저축은행중앙회, 타. 「새마을금고법」에 따른 새마을금고, 파. 「새마을금고법」에 따른 새마을금고중앙회, 하. 「수산업협동조합법」에 따른 수산업협동조합, 거. 「수산업협동조합법」에 따른 수산업협동조합중앙회, 너. 「수산업협동조합법」에 따른 수협은행, 더. 「신용보증기금법」에 따른 신용보증기금, 러. 「신용협동조합법」에 따른 신용협동조합, 머. 「신용협동조합법」에 따른 신용협동조합중앙

는 다음, 1. 「상법」제64조(상사시효) 등 다른 법률에 따라 소멸시효가 완성된 예금 및 보험금 등의 지급을 위한 경우로서 해당 예금 및 보험금 등의 원권리자에게 관련 사항을 알리기 위한 경우와 2. 금융거래계약의 만기 도래, 실효(失效), 해지 등 계약의 변경사유 발생 등 거래 상대방의 권리·의무에 영향을 미치는 사항을 알리기 위한 경우의 어느 하나에 해당하는 경우에는 행정안전부장관에게 「주민등록법」제30조(주민등록전산정보자료의 이용 등)제1항에 따른 주민등록전산정보자료의 제공을 요청할 수 있으며, 이 경우 요청을 받은 행정안전부장관은 특별한 사유가 없으면 그 요청에 따라야 한다고 규정하고 있다(신용정보법 제24조제1항). 동 조항은 금융거래에 있어서 주민등록번호를 활용해야 하는 현실을 반영하기 위한 것으로 이해되며, 신용정보법 제24조(주민등록전산정보자료의 이용)제1항에 따라 주민등록전산정보자료를 요청하는 경우에는 금융위원회위원장의 심사를 받아야 하는데(동법 제24조제2항), 이 법 제24조제2항에 따라 금융위원회위원장의 심사를 받은 경우에는 「주민등록법」제30조제1항에 따른 관계 중앙행정기관의 장의 심사를 거친 것으로 보고 처리절차, 사용료 또는 수수료 등에 관한 사항은 「주민등록법」에 따르도록 하고 있다(동법 제24조제3항).

나 주민등록번호의 안전성 확보 조치 등

개인정보 보호법은 개인정보처리자는 이 법 제24조(고유식별정보의 처리 제한)제3항에도 불구하고 주민등록번호가 분실·도난·유출·위조·변조 또는 훼손되지 아니하도록 암호화 조치를 통하여 안전하게 보관하여야 하며, 이 경우 암호화 적용 대상 및 대상별 적용 시기 등에 관하여 필요한 사항은 개인정보의 처리 규모와 유출 시 영향 등을 고려하여 대통령령으로 정한다고 규정하고 있는데(개인정보 보호법 제24조의2제2항),

---

회, 버. 「여신전문금융업법」에 따른 여신전문금융회사(「여신전문금융업법」제3조제3항제1호에 따라 허가를 받거나 등록을 한 자를 포함한다), 서. 「예금자보호법」에 따른 예금보험공사 및 정리금융회사, 어. 「은행법」에 따라 인가를 받아 설립된 은행(같은 법 제59조에 따라 은행으로 보는 자를 포함한다), 저. 「자본시장과 금융투자업에 관한 법률」에 따른 금융투자업자·증권금융회사·종합금융회사·자금중개회사 및 명의개서대행회사, 처. 「중소기업은행법」에 따른 중소기업은행, 커. 「지역신용보증재단법」에 따른 신용보증재단과 그 중앙회, 터. 「한국산업은행법」에 따른 한국산업은행, 퍼. 「한국수출입은행법」에 따른 한국수출입은행, 허. 「한국주택금융공사법」에 따른 한국주택금융공사, 고. 외국에서 가목부터 버목까지 및 어목부터 허목까지의 금융기관과 유사한 금융업을 경영하는 금융기관, 노. 외국 법령에 따라 설립되어 외국에서 신용정보업 또는 채권추심업을 수행하는 자가 있다(신용정보법 시행령 제20조).

개인정보 보호법 시행령은 이 법 제24조의2(주민등록번호 처리의 제한)제2항에 따라 암호화 조치를 하여야 하는 암호화 적용 대상은 주민등록번호를 전자적인 방법으로 보관하는 개인정보처리자로 한다고 규정하고 있으며(동법 시행령 제21조의2제1항), 개인정보 보호법 시행령은 개인정보처리자에 대한 암호화 적용 시기는 다음, 1. 100만명 미만의 정보주체에 관한 주민등록번호를 보관하는 개인정보처리자는 2017년 1월 1일과 2. 100만명 이상의 정보주체에 관한 주민등록번호를 보관하는 개인정보처리자는 2018년 1월 1일과 같다고 규정하고 있다(동법 시행령 제21조의2제2항).

또한 개인정보 보호법 시행령은 개인정보보호위원회는 기술적·경제적 타당성 등을 고려하여 이 법 시행령 제21조의2(주민등록번호 암호화 적용 대상 등)제1항에 따른 암호화 조치의 세부적인 사항을 정하여 고시할 수 있다고 규정하고 있는데(동법 시행령 제21조의제3항), 이에 따라 개인정보의 안전성 확보조치 기준(개인정보보호위원회 고시 제 2023-6호(2023.9.22.))이 시행되고 있다. 그리고 개인정보 보호법은 개인정보처리자가 이 법 제24조의2(주민등록번호 처리의 제한)제1항 각 호에 따라 주민등록번호를 처리하는 경우에도 정보주체가 인터넷 홈페이지를 통하여 회원으로 가입하는 단계에서는 주민등록번호를 사용하지 아니하고도 회원으로 가입할 수 있는 방법을 제공하여야 한다고 규정하고 있으며(동법 제24조의2제3항), 개인정보보호위원회는 개인정보처리자가 이 법 제24조의2제3항에 따른 방법을 제공할 수 있도록 관계 법령의 정비, 계획의 수립, 필요한 시설 및 시스템의 구축 등 제반 조치를 마련·지원할 수 있다고 규정하고 있다(동법 제24조의2제4항).

한편 정보통신망법은 정보통신서비스 제공자가 다음, 1. 이 법 제23조의3(본인확인기관의 지정 등)에 따라 본인확인기관으로 지정받은 경우와 3. 「전기통신사업법」 제38조(전기통신서비스의 도매제공)제1항에 따라 기간통신사업자로부터 이동통신서비스 등을 제공받아 재판매하는 전기통신사업자가 이 법 제23조의3에 따라 본인확인기관으로 지정받은 이동통신사업자의 본인확인업무 수행과 관련하여 이용자의 주민등록번호를 수집·이용하는 경우의 어느 하나에 해당하는 경우를 제외하고는 정보통신서비스 이용자의 주민등록번호를 수집·이용할 수 없다고 규정하고 있으며(정보통신망법 제23조의2제1항), 또한 정보통신망법은 이 법 23조의3제1항제3호에 따라 주민등록번호를 수집·이용할 수 있는 경우에도 이용자의 주민등록번호를 사용하지 아니하고 본인을 확인하는 방법(이하 "대체수단"이라 한다)을 제공하여야 한다고 규정하고 있다(동법 제23조의2제2항). 이에 따라 정보통신망법은 방송통신위원회는 다음, 1. 본인확인업무의 안전성 확보를 위한 물리적·기술적·관리적 조치계획, 2. 본인확인업무의 수행을 위한 기술적·재정적 능력, 3. 본인확인업무 관련 설비규모의 적정성의 사항을 심사하여 대체수단의 개발·제공·관리 업무(이하 "본인확인업무"라 한다)를 안전하고 신뢰성 있게 수행할 능력이 있다고 인정되는 자를 본인확인기관으로 지정할 수 있다고 규정하고 있다(동법 제23조의3제1항).

참고자료 및 질문

1. **공인인증서 폐지와 전자서명법 개정.** 공인인증서는 「(구)전자서명법」 제15조(공인인증서의 발급)의 규정에 따라 공인인증기관이 발급하는 인증서를 말하는 것으로서((구)전자서명법 제2조제8호). 이러한 공인인증서는 온라인에서 전자거래를 안심하고 사용할 수 있도록 서명 또는 인감도장처럼 전자서명이 특정인에게 유일하게 속한다는 사실을 확인하고 이를 증명하는 전자정보인. 즉 〈그림 8〉과 같이 온라인 인감증명서로 이해된다.

그림 8 개정 전 공인인증서와 인감증명서

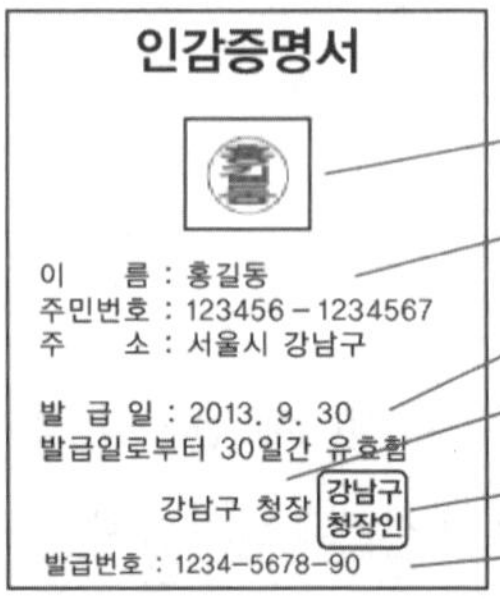

인감증명서	인증서
인감	공개키
인감 소유자명	인증서 소유자명
인증증명서 유효기간	인증서 유효기간
인감증명서 발급자명	인증서 발급자명
발급자 직인	발급자 서명
인감증명서 발급번호	인증서 일련번호

인감증명서

이   름 : 홍길동
주민번호 : 123456 – 1234567
주   소 : 서울시 강남구

발 급 일 : 2013. 9. 30
발급일로부터 30일간 유효함
강남구 청장   강남구 청장인

발급번호 : 1234-5678-90

1997년 7월, 전자서명법의 시행으로 도입된 공인인증서는 전자상거래와 인터넷 뱅킹 등 온라인 거래의 활성화에 큰 역할을 했으나 Active X 논란과 같이 기술과 보안상의 문제 또한 지속하여 제기되어 왔다. 한편 2020년 5월 20일, 전자서명법의 개정으로 공인인증서와 공인인증기관이 폐지되어 인증시장의 독점적 지위가 사라지게 되는데, 전자서명법의 개정은, 1. 공인인증서제도의 폐지와 다양한 전자서명에 대한 동등한 법적 효력 부여를 통한 전자서명 수단 간의 경쟁 활성화. 2. 전자서명의 신뢰성 제고와 이용자 선택에 필요한 정보제공을 위한 평가 인정제 등의 도입을 통한 전자서명 이용자 보호 강화. 3. 기존 공인인증서를 국민의 선택에 따라 계속 사용할 수 있도록 하는 경과조치 등을 포함하였다. 한편 공인인증서의 폐지와 전자서명법의 개정으로 기존 공인인증서는 〈표 6〉과 같이 공동인증서로 개편되었고, 금융인증서, 통신 3사의 Pass, 네이버 인증, 카카오 인증, 토스 인증, 국민은행과 신한은행 등의 다양한 민간 인증이 등장하여 활발한 경쟁이 진행되고 있다.[86]

표 6 공동인증서((구)공인인증서)와 금융인증서의 비교

구분	공동인증서 ((구)공인인증서)	금융인증서
발급기관	(구)공인인증기관(한국무역정보통신, 한국정보인증, 한국전자인증, 코스콤, 금융결제원)	금융결제원
유효(갱신)기간	1년	3년
비밀번호	영문, 특수문자, 숫자 혼합 10자리	숫자 6자리
보관방식	사용자 기기(PC, 휴대폰, USB 등의 저장공간)	금융결제원 클라우드

2. **본인확인기관.** 본인확인기관은 정보통신서비스 이용자의 주민등록번호를 사용하지 아니하고 본인을 확인하는 방법(이하 "대체수단"이라 한다)을 제공하는 자이며, 정보통신망법 제23조의3 (본인확인기관의 지정 등)제1항에 따라 방송통신위원회로부터 본인확인기관의 지정을 받아야 본인확인기관이 될 수 있다. 주민등록번호 유출 사고 등으로 인해 2012년 2월 정보통신서비스 제공자는 주민등록번호의 수집과 이용이 금지되었으나 연령(年齡)의 확인 등 법령상의 의무이행을 위해 본인확인이 계속 필요하였으므로 주민등록번호 대체 수단을 이용하게 하였다. 주민등록번호 대체 수단이란 온라인상에서 주민등록번호를 직접 이용하지 않고서도 본인임을 확인할 수 있는 수단으로, 휴대전화, 신용카드 등의 대체 수단을 통해 특정 주민등록번호에 해당하는 이용자를 구별한 후 주민등록번호 대신 사용이 가능한 식별번호를 생성·제공하는 정보통신서비스를 말한다. 방송통신위원회로부터 본인확인기관으로 지정받은 자만이 주민등록번호 대체 수단을 제공할 수 있는데 주민등록번호 대체 수단은 〈표 7〉과 같다. 2011년 10월 아이핀 서비스를 제공하는 신용평가 3개사가 본인확인기관으로 지정된 이래, 2012년 8월 공인인증기관 5개사가 본인확인기관으로 지정의제가 되었고, 2012년 12월 이동통신 3개사가 휴대전화 본인확인기관으로 지정되었으며, 2018년 신용카드 8개사가 신용카드 본인확인기관으로 지정된 바 있다. 한편 2020년 5월 20일 전자서명법이 개정됨에 따라 공인인증서와 공인인증기관이 폐지되었고, 이에 기존 「본인확인기관 지정 등에 관한 기준(방송통신위원회 고시 제2015-14호 (2015.8.1.))」제13조(본인확인기관의 의제)에서 "「전자서명법」제4조(공인인증기관의 지정)에 따라

지정된 공인인증기관은 이 기준에 따라 지정된 본인확인기관으로 본다."라고 규정한 것을 근거로 본인확인기관으로 의제된 공인인증기관들은 본인확인기관으로 재지정받아야 되어 2020년과 2021년에 기존 공인인증기관 5개사가 재지정받은 바 있다. 또한 2021년과 2022년에 은행권의 5개사가 본인확인기관으로 지정되었는데, 이는 공인인증서 폐지와 전자서명법 개정에 따라 다양한 민간 회사들이 인증시장에 진입을 위한 것으로 이해된다. 2023년 6월 기준, 총 24개 기관이 본인확인기관으로 지정되어 본인확인서비스를 제공하고 있다.

표 7 주민등록번호 대체 수단 제공 현황

종류		제공기관	인증방식
아이핀	민간	NICE평가정보, SCI평가정보, 코리아크레딧뷰로	• 아이핀 ID/PW 입력 • 모바일앱+추가인증(지문 등)
	공공	—87)	
공동인증서 ((구)공인인증서)		코스콤(한국증권전산), 한국정보인증, 한국전자인증, 금융결제원	• 공동인증서+인증서PW 입력
금융인증서 (금융)		금융결제원	• 공용인증서+인증서PW 입력
민간인증서		국민, 신한, 하나, 우리은행, 카카오뱅크, 비바리퍼블리카(토스)	• 민간인증서+인증서PW 입력 • 모바일앱+추가인증(지문 등)
휴대폰		SK텔레콤, KT, LG유플러스	• 휴대전화+SMS임시번호 입력 • 모바일앱+추가인증(지문 등)
신용카드		국민, 롯데, 삼성, 신한, 하나, 현대카드, 농협은행	• 신용카드+ARS 인증 • 신용카드+홈페이지 인증 • 모바일앱+추가인증(지문 등)

---

86) 민간인증서 시장에 활기가 돌고 있다. 신종 코로나바이러스 감염증(코로나19) 확산에 이어 백신 접종까지 이뤄지면서 민간인증서를 사용하는 사람이 늘어난 데다, 정부도 '전자서명인증사업자'를 속속 지정하며 구조를 정비하고 있어서다. 이동통신 3사에 빅테크(대형 IT 기업), 금융사까지 참전한 가운데 가입자 수도 나날이 늘어나고 있다. 가입자 추이를 보면 이동통신 3사가 운영하는 'PASS(패스)' 가입자가 가장 많은 것으로 집계됐다. 지난달에는 가입자 수만 3500만 명을 넘기며 순항 중이다. 통계청 기준 지난해 생산연령 인구가 3575만 명이니, 공공 인증이 필요한 국민 대부분이 PASS를 사용하는 셈이 된다. IT 기업도 속속 참여하고 있다. 카카오 인증서 사용자는 이달 말 기준 2400만 명을 기록했다. 지난해 말 200만 명에 불과했던 네이버 인증서 사용자 역시 최근 1800만 명을 넘어섰다. 여기에 토스, NHN페이코까지 진출하며 경쟁이 치열해졌다. 민간인증서가 널리 쓰이기 시작한 시점은 지난해 말 전자서명법 개정안 시행 시기를 꼽는다. 공인인증서(현 공동인증서)의 독점적 지위가 사라지면서 사설 인증서 시장의 경쟁이 본격화했다. 이동통신 3사에 이어 대형 IT 기업까지, 높은 수준의

4. 영상정보처리기기의 설치와 운영의 제한

> 〈개인정보 보호법〉 제2조(정의) 이 법에서 사용하는 용어의 뜻은 다음과 같다.
>
> 7. "고정형 영상정보처리기기"란 일정한 공간에 설치되어 지속적 또는 주기적으로 사람 또는 사물의 영상 등을 촬영하거나 이를 유·무선망을 통하여 전송하는 장치로서 대통령령으로 정하는 장치를 말한다.
>
> 7의2. "이동형 영상정보처리기기"란 사람이 신체에 착용 또는 휴대하거나 이동 가능한 물체에 부착 또는 거치(据置)하여 사람 또는 사물의 영상 등을 촬영하거나 이를 유·무선망을 통하여 전송하는 장치로서 대통령령으로 정하는 장치를 말한다.

가 영상정보처리기기의 설치와 운영 제한의 의의

개인의 사생활의 비밀과 자유인 Privacy를 침해할 수 있는 주요한 전자(電子)기기인 영상정보처리기기에 대해 개인정보 보호법은 개인 영상정보의 안전한 활용과 보호를 위하여 이 법 제25조(영상정보처리기기의 설치·운영 제한)와 제2조(정의)제7호를 통해 영상

기술력을 갖춘 사업자들이 시장에 등장했다. KB·신한 등 금융권도 속속 참전하며 민간인증서 개수가 늘어나고 있다. 정부도 '전자서명인증사업자' 인증을 발급하며 시장 확대에 힘을 싣고 있다. 전자서명인증사업자 인증은 사설 인증서 서비스의 안전성과 신뢰도를 높이기 위해 마련한 제도다. 지난달 NHN페이코는 국내 민간인증서 사업자 중 최초로 해당 인증을 받았다. 이어 네이버가 해당 인증을 획득했고, 금융권에서는 신한은행이 처음으로 선정됐다. 민간인증서 시장이 주목받는 이유로는 확장성이 꼽힌다. 민간인증서는 공공기관 알림이나 온·오프라인 본인인증뿐만 아니라 금융 거래, 간편결제 등 다양한 사업에 접목할 수 있다. 인증 시 발생하는 수수료 수익뿐만 아니라 블록체인, 빅데이터 등 신사업까지 넘볼 수 있는 점도 매력적이다. 이다원 이투데이 기자, "인증하셨나요?" 민간인증서 시장, 경쟁 '확전', 2021.9.27. (https://www.etoday.co.kr/news/view/2064393).

87) 공공아이핀이 2021년까지 폐지된다. 대신 공공아이핀 서비스를 민관으로 이전해 민간아이핀 서비스와 일원화한다. 공공아이핀은 주민등록번호 대체수단으로 도입된 온라인상 본인확인 수단이다. 당시 정부는 인터넷상 주민번호 수집 행위를 억제하고 개인정보 강화를 위해 주민번호를 대체할 수 있는 수단으로 아이핀을 기획했다. 행안부는 지난 2008년부터 공공기관을 대상으로 온라인에서 공공아이핀을 사용할 수 있도록 했다. 그러나 휴대폰, 신용카드 등 새로운 본인확인 수단이 등장하면서 공공아이핀의 사용 효용성이 감소했다. 또 공공아이핀과 민간아이핀은 다른 서비스지만, 이용자 입장에서는 같은 서비스로 인식돼 사용에 혼란을 초래해왔다. 해당 기간 정부는 공공아이핀 이용자에게 유효기간 만료 시점까지 본인확인 서비스를 제공해 불편을 최소화할 계획이다. 아이핀 이용자 지원 콜센터(전화상담실)를 기존 공공아이핀 서비스를 제공하던 한국지역정보개발원(KLID) 내에 한시적으로 운영해 기관 담당자와 이용자 민원처리를 지원할 예정이다. 성지은 아이뉴스24 기자, 공공아이핀 사라진다…7월부터 민간아이핀과 일원화, 2018.2.1(https://www.inews24.com/view/1075131).

정보처리기기의 설치 및 운영에 대한 별도의 규율을 하고 있었지만, 고정형과 이동형 영상정보처리기기를 구별하지 않고 단일한 규율을 하고 있었다. 한편 2023년 개인정보 보호법의 개정을 통해 고정형과 이동형 영상정보처리를 구별하여 이원화(二元化)된 규율을 하게 되었는데, "고정형 영상정보처리기기"란 일정한 공간에 설치되어 지속적 또는 주기적으로 사람 또는 사물의 영상 등을 촬영하거나 이를 유·무선망을 통하여 전송하는 장치로서 대통령령으로 정하는 장치를 말하며(개인정보 보호법 제2조제7호), "이동형 영상정보처리기기"란 사람이 신체에 착용 또는 휴대하거나 이동 가능한 물체에 부착 또는 거치(据置)하여 사람 또는 사물의 영상 등을 촬영하거나 이를 유·무선망을 통하여 전송하는 장치로서 대통령령으로 정하는 장치를 말한다(동법 제2조제7호의2).

즉 2023년 개정 전 (구)개인정보 보호법 제25조(영상정보처리기기의 설치·운영 제한)와 제2조(정의)제7호의[88] 영상정보처리기기가 2023년 개인정보 보호법 개정을 통해 개인정보보호법 제25조(고정형 영상정보처리기기의 설치·운영 제한)에 고정형 영상정보처리기기로 개정되고 이 법 제25조의2(이동형 영상정보처리기기의 운영 제한)와 제2조(정의)제7호의2가 신설되어 이동형 영상정보처리기기에 대한 규율을 추가한 것이라 하겠는데, 이는 영상 촬영과 처리 기술의 발전으로 드론·스마트폰·블랙박스 등 이동형 영상정보처리기기의 활용이 증가함에 따라 무분별한 영상 촬영과 유튜브·SNS 영상 공개 등으로 개인 영상정보에 대한 사생활 침해 우려가 함께 증가하고 있는 현실을 반영한 것으로 이해된다. 한편 2023년 개정 이전에는 영상정보처리기기에 대한 요건을 "일정한 공간에 지속적으로 설치되어"로 하였으나, 2023년 개정을 통해 고정형 영상정보처리기기에 대한 요건을 "일정한 공간에 설치되어 지속적 또는 주기적으로"로 개정하였는데, 이는 지난 코로나19의 확산으로 열화상카메라 등 사람·사물의 움직임을 감지하는 등 특정한 상황에서 주기적으로 영상 촬영이 이루어지는 경우가 증가하고 최근 고정형 영상정보처리기기의 종류가 많아지고 있으며 영상의 촬영 기법이 다양해지는 등 빠른 기술의 변화를 반영하기 위한 것으로 생각된다.

---

88) 2023년 개정 전 (구)개인정보 보호법은 누구든지 다음 각 호의 경우를 제외하고는 공개된 장소에 영상정보처리기기를 설치·운영하여서는 아니 된다고 규정하고 있었으며((구)개인정보 보호법 제25조제1항), "영상정보처리기기"란 일정한 공간에 지속적으로 설치되어 사람 또는 사물의 영상 등을 촬영하거나 이를 유·무선망을 통하여 전송하는 장치로서 대통령령으로 정하는 장치를 말한다고 규정하고 있었다(동법 제2조제7호).

개인정보 보호법 제2조(정의)제7호의 고정형 영상정보처리기에서 대통령령으로 정하는 장치는 다음, 1. 폐쇄회로 텔레비전과 2. 네트워크 카메라를 말하는데(동법 시행령 제3조제1항), 개인정보 보호법 시행령은 폐쇄회로 텔레비전(CCTV, Closed Circuit Television)은 다음, 가. 일정한 공간에 설치된 카메라를 통하여 지속적 또는 주기적으로 영상 등을 촬영하거나 촬영한 영상정보를 유무선 폐쇄회로 등의 전송로를 통하여 특정 장소에 전송하는 장치와 나. 가목에 따라 촬영되거나 전송된 영상정보를 녹화·기록할 수 있도록 하는 장치의 어느 하나에 해당하는 장치이며(동법 시행령 제3조제1항제1호가목과 나목), 네트워크 카메라는 일정한 공간에 지속적으로 설치된 기기로 촬영한 영상정보를 그 기기를 설치·관리하는 자가 유무선 인터넷을 통하여 어느 곳에서나 수집·저장 등의 처리를 할 수 있도록 하는 장치를 말한다고 규정하고 있다(동법 시행령 제3조제1항제2호).

또한 개인정보 보호법 시행령은 이 법 제2조제7호의2의 이동형 영상정보처리기기에서 대통령령으로 정하는 장치란 다음, 1. 착용형 장치, 2. 휴대형 장치, 3. 부착·거치형 장치를 말한다고 규정하고 있는데(동법 시행령 제3조제2항), 착용형 장치는 안경 또는 시계 등 사람의 신체 또는 의복에 착용하여 영상 등을 촬영하거나 촬영한 영상정보를 수집·저장 또는 전송하는 장치이고(동법 시행령 제3조제2항제1호), 휴대형 장치는 이동통신단말장치 또는 디지털 카메라 등 사람이 휴대하면서 영상 등을 촬영하거나 촬영한 영상정보를 수집·저장 또는 전송하는 장치이며(동법 시행령 제3조제2항제2호), 부착·거치형 장치는 차량이나 드론 등 이동 가능한 물체에 부착 또는 거치(据置)하여 영상 등을 촬영하거나 촬영한 영상정보를 수집·저장 또는 전송하는 장치를 말한다고 규정하고 있다(동법 시행령 제3조제2항제3호).

나 영상정보처리기기의 설치와 제한 및 운영 절차와 방법

(1) 고정형 영상정보처리기기의 설치와 제한 및 운영 절차와 방법

(가) 고정형 영상정보처리기기의 설치와 제한

개인정보 보호법은 누구든지 다음, 1. 법령에서 구체적으로 허용하고 있는 경우, 2. 범죄의 예방 및 수사를 위하여 필요한 경우, 3. 시설의 안전 및 관리, 화재 예방을 위하여 정당한 권한을 가진 자가 설치·운영하는 경우, 4. 교통단속을 위하여 정당한 권한을 가진 자가 설치·운영하는 경우, 5. 교통정보의 수집·분석 및 제공을 위하여 정당한 권한을 가진 자가 설치·운영하는 경우, 6. 촬영된 영상정보를 저장하지 아니하는 경우로서 대통령령으로 정하는 경우를[89] 제외하고는 공개된 장소에 고정형 영상정보처리기기를 설치·운영하여서는 아니 된다고 규정하고 있다(개인정보 보호법 제25조제1항). 2023년 개인정보 보호법의 개정을 통해 고정형 영상정보처리기 설치·운영 허용의 예외 요건에 "정당한 권한을 가진 자"를 추가하였는데, 이는 2023년 개정 이전 아파트 관리사무소에서 아파트 입구에 CCTV를 설치하여 불법 유턴 차량 신고 목적으로 사용하는 경우와 같이 영상정보처리기기의 실제 운영 과정에서 정당한 권한이 없는 자가 개정 전 (구)개인정보 보호법 제25조(영상정보처리기기의 설치·운영 제한)제1항 각 호의 예외 사유에 해당된다고 주장하면서 영상정보처리기기를 설치·운영함으로써 다툼이 발생하는 사례들로 인한 것으로서 정당한 권한이 없는 자에 의한 무분별한 영상 촬영을 방지하기 위한 목적으로 이해된다.

또한 지난 코로나19의 확산으로 열화상카메라 등을 통해 개인정보를 저장하지 않아 사생활 침해 위험이 낮은 경우에도 설치·운영 허용의 예외 사유에 해당하지 않아 운영상의 혼란이 야기되고 있다는 논란이 제기되었는데 2023년 개정에서는 촬영된 영상정보를 저장하지 않는 등 개인 영상정보의 침해 위험이 없는 경우에는 고정형 영상정보처리기기를 설치·운영할 수 있도록 하여 사생활 침해 위험이 없는 분야에서 영상정보 활용이 활성화되도록 한 것으로 생각된다. 한편 개인정보 보호법 제25조(고정형 영상정보처리기기의 설치·운영 제한)는 예외적으로 설치·운영이 허용된 경우를 제외하고 누구든지, 즉 공개된 장소에 고정형 영상정보처리기기를 설치·운영하는 모든 자에게 적용되며, 공개된 장소란 도로, 공원, 광장, 지하철역 등 공공장소와 같이 불특정 다수가 출입하거나 이용할 수 있도록 허용된 장소로 이해되므로 개인의 주택 등 순수한 사적(私的) 공간에 설치되어 있는 영상정보처리기기에 대해서는 개인정보 보호

---

89) 개인정보 보호법 시행령은 이 법 제25조(고정형 영상정보처리기기의 설치·운영 제한)제1항제6호에서 "대통령령으로 정하는 경우"란 다음, 1. 출입자 수, 성별, 연령대 등 통계값 또는 통계적 특성값 산출을 위해 촬영된 영상정보를 일시적으로 처리하는 경우와 2. 그 밖에 제1호에 준하는 경우로서 개인정보보호위원회의 심의·의결을 거친 경우의 어느 하나에 해당하는 경우를 말한다고 규정하고 있다(개인정보 보호법 시행령 제22조제1항).

법의 적용이 배제된다고 해석된다. 또한 허용되지 아니한 사람 또는 사물의 영상 등을 촬영하는 것 이외에도 만일 공개되지 아니한 타인 간의 대화를 녹음·청취한다면 「통신비밀보호법」을 위반하게 될 것으로 이해된다.

개인정보 보호법은 누구든지 불특정 다수가 이용하는 목욕실, 화장실, 발한실(發汗室), 탈의실 등 개인의 사생활을 현저히 침해할 우려가 있는 장소의 내부를 볼 수 있도록 고정형 영상정보처리기기를 설치·운영하여서는 아니 되나, 다만 교도소, 정신보건 시설 등 법령에 근거하여 사람을 구금하거나 보호하는 시설로서 대통령령으로 정하는 시설에 대하여는 그러하지 아니하다고 규정하고 있는데(동법 제25조제2항), 개인정보 보호법 시행령은 이 법 제25조(고정형 영상정보처리기기의 설치·운영 제한)제2항 단서에서 "대통령령으로 정하는 시설"이란 다음, 1. 「형의 집행 및 수용자의 처우에 관한 법률」 제2조(정의)제1호에 따른 교정시설과 2. 「정신건강증진 및 정신질환자 복지서비스 지원에 관한 법률」 제3조(정의)제5호부터 제7호까지의 규정에 따른 정신의료기관(수용시설을 갖추고 있는 것만 해당한다), 정신요양시설 및 정신재활시설을 말한다고 규정하고 있다(동법 시행령 제22조제2항).

(나) 고정형 영상정보처리기기의 운영 절차와 방법

개인정보 보호법은 이 법 제25조(고정형 영상정보처리기기의 설치·운영 제한)제1항 각 호에 따라 고정형 영상정보처리기기를 설치·운영하려는 공공기관의 장과 이 법 제25조제2항 단서에 따라 고정형 영상정보처리기기를 설치·운영하려는 자는 공청회·설명회의 개최 등 대통령령으로 정하는 절차를 거쳐 관계 전문가 및 이해관계인의 의견을 수렴하여야 하며(동법 제25조제3항), 동법 제25조제1항 각 호에 따라 고정형 영상정보처리기기를 설치·운영하는 자(이하 "고정형영상정보처리기기운영자"라 한다)는 정보주체가 쉽게 인식할 수 있도록 다음, 1. 설치 목적 및 장소, 2. 촬영 범위 및 시간, 3. 관리책임자의 연락처, 4. 그 밖에 대통령령으로 정하는 사항이 포함된 안내판을 설치하는 등 필요한 조치를 하여야 하나, 다만 「군사기지 및 군사시설 보호법」 제2조(정의)제2호에 따른 군사시설, 「통합방위법」 제2조(정의)제13호에 따른 국가중요시설, 그 밖에 대통령령으로 정하는 시설의 경우에는[90] 그러하지 아니하다고 규정하고 있다(동법 제25

---

90) 개인정보 보호법은 이 법 제25조제4항 각 호 외의 부분 단서에서 "대통령령으로 정하는 시설"이란

조제4항).

또한 개인정보 보호법은 고정형 영상정보처리기기 운영자는 고정형 영상정보처리기기의 설치 목적과 다른 목적으로 고정형 영상정보처리기기를 임의로 조작하거나 다른 곳을 비춰서는 아니 되며, 녹음기능은 사용할 수 없다고 규정하고 있고(동법 제25조제5항), 고정형 영상정보처리기기 운영자는 개인정보가 분실·도난·유출·위조·변조 또는 훼손되지 아니하도록 이 법 제29조(안전조치의무)에 따라 안전성 확보에 필요한 조치를 하여야 한다고 규정하고 있다(동법 제25조제6항). 개인정보 보호법은 고정형 영상정보처리기기 운영자는 대통령령으로 정하는 바에 따라 고정형 영상정보처리기기 운영·관리 방침을 마련하여야 하나, 다만 이 법 제30조(개인정보 처리방침의 수립 및 공개)에 따른 개인정보 처리방침을 정할 때 고정형 영상정보처리기기 운영·관리에 관한 사항을 포함시킨 경우에는 고정형 영상정보처리기기 운영·관리 방침을 마련하지 아니할 수 있다고 규정하고 있으며(동법 제25조제7항), 고정형 영상정보처리기기 운영자는 고정형 영상정보처리기기의 설치·운영에 관한 사무를 위탁할 수 있으나, 다만 공공기관이 고정형 영상정보처리기기 설치·운영에 관한 사무를 위탁하는 경우에는 대통령령으로 정하는 절차 및 요건에 따라야 한다고 규정하고 있다(동법 제25조제8항).

(2) 이동형 영상정보처리기기의 설치와 제한 및 운영 절차와 방법

(가) 이동형 영상정보처리기기의 설치와 제한

개인정보 보호법은 업무를 목적으로 이동형 영상정보처리기기를 운영하려는 자는 다음, 1. 이 법 제15조(개인정보의 수집·이용)제1항 각 호의 어느 하나에 해당하는 경우, 2. 촬영 사실을 명확히 표시하여 정보주체가 촬영 사실을 알 수 있도록 하였음에도 불구하고 촬영 거부 의사를 밝히지 아니한 경우(이 경우 정보주체의 권리를 부당하게 침해할 우려가 없고 합리적인 범위를 초과하지 아니하는 경우로 한정한다), 3. 그 밖에 동법 제25조의2(이동형 영상정보처리기기의 운영 제한)제1항제1호 및 제2호에 준하는 경우로서 대통령령으로 정하는 경우를 제외하고는 공개된 장소에서 이동형 영상정보처리기기로 사람 또는 그 사람과 관련된 사물의 영상(개인정보에 해당하는 경우로 한정한다)을 촬영하여서는 아니

「보안업무규정」 제32조(국가보안시설 및 국가보호장비 지정)에 따른 국가보안시설을 말한다고 규정하고 있다(개인정보 보호법 시행령 제24조제4항).

된다고 규정하고 있으며(개인정보 보호법 제25조의2제1항), 누구든지 불특정 다수가 이용하는 목욕실, 화장실, 발한실, 탈의실 등 개인의 사생활을 현저히 침해할 우려가 있는 장소의 내부를 볼 수 있는 곳에서 이동형 영상정보처리기기로 사람 또는 그 사람과 관련된 사물의 영상을 촬영하여서는 아니 되나, 다만 인명의 구조·구급 등을 위하여 필요한 경우로서 대통령령으로 정하는 경우에는 그러하지 아니하다고 규정하고 있다 (동법 제25조의2제2항). 또한 개인정보 보호법 시행령은 이 법 제25조의2제2항 단서에서 "대통령령으로 정하는 경우"란 범죄, 화재, 재난 또는 이에 준하는 상황에서 인명의 구조·구급 등을 위하여 사람 또는 그 사람과 관련된 사물의 영상(개인정보에 해당하는 경우로 한정한다)의 촬영이 필요한 경우를 말한다고 규정하고 있다(동법 시행령 제27조).

동 조항은 앞에서 설명한 바와 같이 2023년 개인정보 보호법 개정으로 신설된 조항으로 이 법 제25조의2제1항제2호인 "촬영 사실을 명확히 표시하여 정보주체가 촬영 사실을 알 수 있도록 하였음에도 불구하고 촬영 거부 의사를 밝히지 아니한 경우 (다만 이 경우 정보주체의 권리를 부당하게 침해할 우려가 없고 합리적인 범위를 초과하지 아니하는 경우로 한정한다)", 즉 영상에 대한 정보주체의 권리를 부당하게 침해할 우려가 없고 합리적인 범위를 초과하지 않는 경우에는 정보주체의 촬영 거부 의사를 밝히지 아니한 경우에는 사전동의 없이도 허용하는 사후거절 또는 사후철회(Opt-out) 방식을 도입한 것으로 이해되는데, 도로, 공원, 행사장 등 공개된 장소에서 업무를 목적으로 영상을 촬영하는 경우 불특정 다수에게 사전동의를 받지 않으면 영상 촬영이 곤란해지는 문제를 해결하고, 스마트폰·자율주행 자동차·드론·웨어러블 기기·인공지능 로봇 등 다양한 이동형 영상정보처리기기에 대한 기술 개발을 촉진하고 관련 산업의 활성화를 도모하기 위한 목적으로 생각한다.

또한 동 조항은 개인정보처리자가 "업무를 목적으로 개인정보파일을 운용하기 위하여 스스로 또는 다른 사람을 통하여 개인정보를 처리하는 자"로 규정되어 있는 것과 유사하게, 이동형영상정보처리기기운영자를 "업무를 목적으로 이동형 영상정보처리기기를 운영하려는 자"로 규율 대상으로 규정하고 있어 업무의 개념과 범위를 살펴보는 것이 필요하다고 생각되는데, 이에 대해 업무의 개념을 형법 제314조(업무방해)의 업무방해죄에서 업무의 개념과 같이 직업 또는 사회생활상의 지위에 따라 계속적으로 종사하는 사무나 사업 일체를 말하고 그 업무가 주된 것이든 부수적인 것이든 가리지 않으며 비록 일회적 사무라 하더라도 그 자체로서 어느 정도 계속적인 것이거나 그것이 직업상 또는 사회생활에서 계속적으로 하여 온 본래의 업무와 밀접·불가분한 관계에 있으면 업무로 보는 해석이 가능하다고 생각된다.[91]

(나) 이동형 영상정보처리기기의 운영 절차와 방법

개인정보 보호법은 이 법 제25조의2(이동형 영상정보처리기기의 운영 제한)제1항 각 호에 해당하여 이동형 영상정보처리기기로 사람 또는 그 사람과 관련된 사물의 영상을 촬영하는 경우에는 불빛, 소리, 안내판 등 대통령령으로 정하는 바에 따라 촬영 사실을 표시하고 알려야 한다고 규정하고 있는데(동법 제25조의2제3항), 개인정보 보호법 시행령은 이 법 제25조의2제1항에 각 호에 해당하여 이동형 영상정보처리기기로 사람 또는 그 사람과 관련된 사물의 영상을 촬영하는 경우에는 불빛, 소리, 안내판, 안내서면, 안내방송 또는 그 밖에 이에 준하는 수단이나 방법으로 정보주체가 촬영 사실을 쉽게 알 수 있도록 표시하고 알려야 하나, 다만 드론을 이용한 항공촬영 등 촬영 방법의 특성으로 인해 정보주체에게 촬영 사실을 알리기 어려운 경우에는 개인정보보호위원회가 구축하는 인터넷 사이트에 공지하는 방법으로 알릴 수 있다고 규정하고 있다(동법 시행령 제27조의2).

한편 개인정보 보호법은 이 법 제25조의2제1항부터 제3항까지에서 규정한 사항 외에 이동형 영상정보처리기기의 운영에 관하여는 이 법 제25조(고정형 영상정보처리기기의 설치·운영 제한)제6항부터 제8항까지의 규정을 준용한다고 규정하고 있으며(동법 제25조의2제4항), 개인정보 보호법 시행령은 개인정보보호위원회는 이 법 및 이 영에서 규정한 사항 외에 고정형 영상정보처리기기의 설치·운영 및 이동형 영상정보처리기기의 운영에 관한 기준, 설치·운영 사무의 위탁 등에 관하여 동법 제12조(개인정보 보호지침)제1항에 따른 표준 개인정보 보호지침을 정하여 고정형 영상정보처리기기운영자와 이동형 영상정보처리기기를 운영하는 자에게 그 준수를 권장할 수 있다고 규정하고 있다(동법 시행령 제27조의3).

---

91) 대법원 2012. 5. 24. 선고 2009도4141.

1. **아동학대 방지 목적의 CCTV와 과잉금지원칙 위반 여부(어린이집 CCTV 설치 및 열람 의무화 사건).** 「영유아보육법」제15조의4(폐쇄회로 텔레비전의 설치 등)제1항은 어린이집을 설치 · 운영하는 자는 아동학대 방지 등 영유아의 안전과 어린이집의 보안을 위하여 「개인정보 보호법」 및 관련 법령에 따른 폐쇄회로 텔레비전(이하 "폐쇄회로 텔레비전"이라 한다)을 설치 · 관리하여야 하나, 다만 다음. 1. 어린이집을 설치 · 운영하는 자가 보호자 전원의 동의를 받아 특별자치시장 · 특별자치도지사 · 시장 · 군수 · 구청장에게 신고한 경우, 2. 어린이집을 설치 · 운영하는 자가 보호자 및 보육교직원 전원의 동의를 받아 「개인정보 보호법」 및 관련 법령에 따른 네트워크 카메라를 설치한 경우의 어느 하나에 해당하는 경우에는 그러하지 아니하다고 규정하고 있으며(영아보육법 제15조의4제1항), 또한 이 법 제15조의5(영상정보의 열람금지 등)는 폐쇄회로 텔레비전을 설치 · 관리하는 자의 영상정보 열람 제한, 폐쇄회로 텔레비전 기기와 영상정보에 대한 금지행위를 규정하고 있는데(동법 제15조의5제1항), 어린이집 대표자, 원장, 보육교사, 재원 중인 영유아, 재원 중인 영유아의 어머니인 청구인들은 동 조항들이 청구인들의 기본권을 침해한다는 것을 이유로 위헌법률 심판청구를 한 바 있다. 이에 대해 헌법재판소는 CCTV 설치 조항의 입법목적의 효과적인 달성을 위하여 달리 덜 제약적인 수단이 있다고 보기 어렵고, CCTV 설치 조항은 입법목적 달성을 위하여 필요한 범위 내에서 기본권을 제한하고 있다고 할 수 있으므로 침해의 최소성이 인정되며, CCTV 설치 조항으로 인하여 침해되는 사익이 위에서 본 공익보다 크다고 보기는 어려우므로 과잉금지원칙을 위반하여 청구인들의 기본권을 침해하지 않는다고 판시한 바 있다.[92]

2. **계호(戒護) 목적의 CCTV와 과잉금지원칙 위반 여부(교도소 CCTV 설치사건).** 구치소장이 수용자의 거실에 폐쇄회로 텔레비전을 설치하여 계호한 행위(이하 '이 사건 CCTV 계호행위'라 한다)가 과잉금지원칙에 위배하여 수용자의 사생활의 비밀 및 자유를 침해하는지 여부에 대해 헌법재판소는 CCTV 계호행위는 청구인의 생명 · 신체의 안전을 보호하기 위한 것으로서 그 목적이 정당하고, 교도관의 시선에 의한 감시만으로는 자살 · 자해 등의 교정사고 발생을 막는 데 시간적 · 공간적 공백이 있으므로 이를 메우기 위하여 CCTV를 설치하여 수형자를 상시적으로 관찰하는 것은 위 목적 달성에 적합한 수단이라 할 것이며, 「형의 집행 및 수용자의 처우에 관한 법률」 및 동법 시행규칙은 CCTV 계호행위로 인하여 수용자가 입게 되는 피해를 최소화하기 위하여 CCTV의 설치 · 운용에 관한 여러 가지 규정을 하고 있고, 이에 따라 피청구인은 청구인의 사생활의 비밀 및 자유에 대한 제한을 최소화하기 위한 조치를 취하고 있는 점, 상시적으로 청구인을 시선계호할 인력을 확보하는 것이 불가능한 현실에서 자살이 시도되는 경우 신속하게 이를 파악하여 응급조치를 실행하기 위하여는 CCTV를 설치하여 청구인의 행동을 지속적으로 관찰하는 방법 외에 더 효과적인 다른 방법을 찾기 어려운 점 등에 비추어 보면, 이 사

건 CCTV 계호행위는 피해의 최소성 요건을 갖추었다 할 것이고, 이로 인하여 청구인의 사생활에 상당한 제약이 가하여진다고 하더라도, 청구인의 행동을 상시적으로 관찰함으로써 그의 생명 · 신체를 보호하고 교정시설 내의 안전과 질서를 보호하려는 공익 또한 그보다 결코 작다고 할 수 없으므로, 법익의 균형성도 갖추었다. 따라서 이 사건 CCTV 계호행위가 과잉금지원칙을 위배하여 청구인의 사생활의 비밀 및 자유를 침해하였다고는 볼 수 없다고 판시한 바 있다.[93]

3. 관찰(觀察) 목적의 CCTV와 과잉금지원칙 위반 여부(변호사접견실 CCTV 설치사건). 구치소장이 변호인접견실에 CCTV를 설치하여 미결수용자와 변호인 간의 접견을 관찰한 행위(이하 '이 사건 CCTV 관찰행위'라고 한다)가 법률유보원칙에 위배되는지와 이 사건 CCTV 관찰행위가 변호인의 조력을 받을 권리를 침해하는지 여부에 대해 헌법재판소는 이 사건 CCTV 관찰행위는 「형집행법」 제94조(전자장비를 이용한 계호)제1항과 제4항에 근거를 두고 이루어진 것이므로 법률유보원칙에 위배되지 않는다고 판시하였으며, 또한 헌법재판소는 이 사건 CCTV 관찰행위는 금지물품의 수수나 교정사고를 방지하거나 이에 적절하게 대처하기 위한 것으로 교도관의 육안에 의한 시선계호를 CCTV 장비에 의한 시선계호로 대체한 것에 불과하므로 그 목적의 정당성과 수단의 적합성이 인정되며, 「형집행법」 및 동법 시행규칙은 수용자가 입게 되는 피해를 최소화하기 위하여 CCTV의 설치 · 운용에 관한 여러 가지 규정을 두고 있고, 이에 따라 변호인접견실에 설치된 CCTV는 교도관이 CCTV를 통해 미결수용자와 변호인 간의 접견을 관찰하더라도 접견내용의 비밀이 침해되거나 접견교통에 방해가 되지 않도록 조치를 취하고 있는 점, 금지물품의 수수를 적발하거나 교정사고를 효과적으로 방지하고 교정사고가 발생하였을 때 신속하게 대응하기 위하여는 CCTV를 통해 관찰하는 방법 외에 더 효과적인 다른 방법을 찾기 어려운 점 등에 비추어 보면, 이 사건 CCTV 관찰행위는 그 목적을 달성하기 위하여 필요한 범위 내의 제한으로 침해의 최소성을 갖추었다. CCTV 관찰행위로 침해되는 법익은 변호인접견내용의 비밀이 폭로될 수 있다는 막연한 추측과 감시받고 있다는 심리적인 불안 내지 위축으로 법익의 침해가 현실적이고 구체화되어 있다고 보기 어려운 반면, 이를 통하여 구치소 내의 수용질서 및 규율을 유지하고 교정사고를 방지하고자 하는 것은 교정시설의 운영에 꼭 필요하고 중요한 공익이므로, 법익의 균형성도 갖추었다. 따라서 이 사건 CCTV 관찰행위가 청구인의 변호인의 조력을 받을 권리를 침해한다고 할 수 없다고 판시한 바 있다.[94]

---

92) 헌법재판소 2017. 12. 28. 선고 2015헌마994.
93) 헌법재판소 2011. 9. 29. 선고 2010헌마413.
94) 헌법재판소 2016. 4. 28. 선고 2015헌마243.

5. 업무위탁에 따른 개인정보와 개인신용정보의 처리 제한

〈개인정보 보호법〉 제26조(업무위탁에 따른 개인정보의 처리 제한) ① 개인정보처리자가 제3자에게 개인정보의 처리 업무를 위탁하는 경우에는 다음 각 호의 내용이 포함된 문서로 하여야 한다.
1. 위탁업무 수행 목적 외 개인정보의 처리 금지에 관한 사항
2. 개인정보의 기술적·관리적 보호조치에 관한 사항
3. 그 밖에 개인정보의 안전한 관리를 위하여 대통령령으로 정한 사항
② 제1항에 따라 개인정보의 처리 업무를 위탁하는 개인정보처리자(이하 "위탁자"라 한다)는 위탁하는 업무의 내용과 개인정보 처리 업무를 위탁받아 처리하는 자(개인정보 처리 업무를 위탁받아 처리하는 자로부터 위탁받은 업무를 다시 위탁받은 제3자를 포함하며, 이하 "수탁자"라 한다)를 정보주체가 언제든지 쉽게 확인할 수 있도록 대통령령으로 정하는 방법에 따라 공개하여야 한다.

〈신용정보법〉 제17조(처리의 위탁) ① 신용정보회사등은 제3자에게 신용정보의 처리 업무를 위탁할 수 있다. 이 경우 개인신용정보의 처리 위탁에 대해서는 「개인정보 보호법」 제26조 제1항부터 제3항까지의 규정을 준용한다.

가 업무위탁에 따른 개인정보와 개인신용정보 처리 제한의 의의

개인정보의 처리와 관련된 업무의 위탁은 개인정보의 수집과 관리 업무 자체를 위탁하는 개인정보 처리업무위탁과 개인정보의 이용과 제공이 수반되는 일반업무를 위탁하는 개인정보 취급업무위탁으로 구분될 수 있다고 하겠는데, 개인정보 취급업무위탁은 재화나 서비스의 홍보 또는 판매 권유 등 마케팅(Marketing) 업무의 위탁과 상품의 택배 발송 또는 애프터서비스(After Service, AS) 등 계약이행업무의 위탁으로 구분될 수 있는 것으로 이해된다. 또한 개인정보 처리업무위탁은 위임인(委任人)과 수임인(受任人) 간의 사무의 처리를 목적으로 하는 계약인 위임으로서 개인정보 제3자 제공과 구별되는데, 개인정보 처리업무위탁과 개인정보 제3자 제공은 모두 개인정보가 다른 사람에게 이전(移轉)되거나 다른 사람과 개인정보를 공동으로 이용하게 된다는 점에서는 동일(同一)하나 〈표 8〉과 같이 개인정보의 이전 목적과 관리·감독 등 법률관계가 다른 것으로 이해된다.

표 8 개인정보 처리업무위탁과 개인정보 제3자 제공의 비교

구분	개인정보 처리업무위탁	개인정보 제3자 제공
근거	개인정보 보호법 제26조	개인정보 보호법 제17조
목적	위탁자의 이익을 위한 처리	제3자 본인의 이익을 위한 처리
관리 가능성	정보주체의 예측 범위 내로 정보주체가 사전 예측 가능	정보주체의 예측 범위 밖으로 정보주체의 사전 예측 곤란
이전 방식	위탁사실의 공개가 원칙, 위탁사실의 고지가 예외	제공목적 등 고지 후 정보주체의 동의 획득이 원칙
관리·감독 책임	위탁자의 책임	제공받는 제3자의 책임
손해배상 책임	위탁자가 사용자 책임부담	제공받는 제3자가 부담
예시	배송업무, 텔레마케팅 위탁 등	사업제휴, 개인정보의 판매 등

개인정보 처리업무위탁은 개인정보처리자의 업무 범위 내에서 개인정보의 처리가 이루어지고 수탁자가 위탁자인 개인정보처리자의 관리와 감독을 받게 되나 개인정보 제3자 제공은 개인정보처리자가 아닌 제3자 본인의 이익을 위해 개인정보의 처리가 이루어지고 제3자가 자신의 책임하에 개인정보를 처리하게 되는데, 판례도 개인정보 제3자 제공은 제공받는 제3자의 업무를 처리할 목적과 제3자 본인의 이익을 위하여 개인정보가 이전되는 것에 반해 개인정보 처리업무위탁은 개인정보처리자의 업무를 처리할 목적과 개인정보처리자의 이익을 위하여 개인정보가 수탁자에게 이전된다는 차이가 있다고 판시하고 있다.[95] 따라서 개인정보 처리업무위탁의 경우에는 수탁자에게 개인정보가 이전되더라도 개인정보에 대한 개인정보처리자의 관리와 감독권이 수탁자에게 미치지만, 개인정보 제3자 제공의 경우에는 일단 개인정보가 제3자에게 제공되고 나면 개인정보처리자의 관리와 감독권이 제3자에게 미치지 못한다고 하겠다.

한편 2023년 개인정보 보호법의 개정 이전에는 수탁자의 개념이 개인정보의 처리 업무를 위탁하는 개인정보처리자(위탁자)로부터 개인정보 처리 업무를 위탁받아 처리하는 자로 규정되어 있었으나, 수탁자로부터 다시 업무를 위탁받은 자가 수탁자의 범위에 포함되는지 여부에 대해서는 명확하게 규정되어 있지 않았는데, 2023년 개정을 통하여 수탁자의 개념에 수탁자로부터 업무를 다시 위탁받은 자를 포함하도록 명시적

---

95) 대법원 2011. 7. 14. 선고 2011도1960.

으로 규정함으로써 업무의 재위탁에 대한 적용상의 혼란을 해소하고 업무의 재위탁 시 최초 위탁자의 동의를 요건으로 한 것으로 이해된다.

나 업무위탁에 따른 개인정보와 개인신용정보 처리 제한의 방법 및 법적 효과 등

(1) 업무위탁에 따른 개인정보 처리 제한의 방법 및 법적 효과 등

개인정보 보호법은 개인정보처리자가 제3자에게 개인정보의 처리 업무를 위탁하는 경우에는 다음, 1. 위탁업무 수행 목적 외 개인정보의 처리 금지에 관한 사항, 2. 개인정보의 기술적·관리적 보호조치에 관한 사항, 3. 그 밖에 개인정보의 안전한 관리를 위하여 대통령령으로 정한 사항의 내용이 포함된 문서로 하여야 한다고 규정하고 있는데(개인정보 보호법 제26조제1항), 개인정보 보호법 시행령은 이 법 제26조(업무위탁에 따른 개인정보의 처리 제한)제1항제3호에서 "대통령령으로 정한 사항"이란 다음, 1. 위탁업무의 목적 및 범위, 2. 재위탁 제한에 관한 사항, 3. 개인정보에 대한 접근 제한 등 안전성 확보 조치에 관한 사항, 4. 위탁업무와 관련하여 보유하고 있는 개인정보의 관리 현황 점검 등 감독에 관한 사항, 5. 동법 제26조제2항에 따른 수탁자(이하 "수탁자"라 한다)가 준수하여야 할 의무를 위반한 경우의 손해배상 등 책임에 관한 사항을 말한다고 규정하고 있다(동법 시행령 제28조제1항).

개인정보 보호법은 이 법 제26조(업무위탁에 따른 개인정보의 처리 제한)제1항에 따라 개인정보의 처리 업무를 위탁하는 개인정보처리자(이하 "위탁자"라 한다)는 위탁하는 업무의 내용과 개인정보 처리 업무를 위탁받아 처리하는 자(개인정보 처리 업무를 위탁받아 처리하는 자로부터 위탁받은 업무를 다시 위탁받은 제3자를 포함하며, 이하 "수탁자"라 한다)를 정보주체가 언제든지 쉽게 확인할 수 있도록 대통령령으로 정하는 방법에 따라 공개하여야 한다고 규정하고 있는데(동법 제26조제2항), 개인정보 보호법 시행령은 이 법 제26조제2항에서 "대통령령으로 정하는 방법"이란 개인정보 처리 업무를 위탁하는 개인정보처리자(이하 "위탁자"라 한다)가 위탁자의 인터넷 홈페이지에 위탁하는 업무의 내용과 수탁자를 지속적으로 게재하는 방법을 말한다고 규정하고 있다(동법 시행령 제28조제2항).96) 또한 개인정보 보호법은 위탁자가 재화 또는 서비스를 홍보하거나 판매를 권유하는 업무를 위탁하는 경우에는 대통령령으로 정하는 방법에 따라 위탁하는 업무의 내용과 수탁자를 정보주체에게 알려야 하며 위탁하는 업무의 내용이나 수탁자가 변경된 경우에도 또한 같다고 규정하고 있는데(동법 제26조제3항), 개인정보 보호법 시행령은 이 법 제26조제3항 전단에서 "대통령령으로 정하는 방법"이란 서면등의 방법을 말한다고 규정하고 있다(동법 시행령 제28조제4항).[97] 이러한 개인정보처리자에 대한 수탁자 공개제도는 우리나라만의 독특한 제도로서 개인정보처리자가 수시로 변경되는 수탁자에 대한 정보를 상시로 갱신(更新, Update)하는 것에 필요 이상으로 많은 시간과 자원이 소요되며, 기업 영업비밀 공개로 인해 오히려 해킹(Hacking)의 대상이 될 소지가 있는 등 개인정보 침해 가능성이 커질 수 있으므로 개인정보 보호를 위해 과연 필요한지에 대한 근원적인 고민이 필요하다고 생각되며 개선이 이루어져야 할 것으로 생각한다.

한편 개인정보 보호법은 위탁자는 업무위탁으로 인하여 정보주체의 개인정보가 분실·도난·유출·위조·변조 또는 훼손되지 아니하도록 수탁자를 교육하고, 처리 현황 점검 등 대통령령으로 정하는 바에 따라 수탁자가 개인정보를 안전하게 처리하는지를 감독하여야 한다고 규정하고 있는데(동법 제26조제4항), 개인정보 보호법 시행령은 이 법 제26조제4항의 "대통령령으로 정하는 바"로 위탁자는 수탁자가 개인정보 처리 업무를 수행하는 경우에 개인정보 보호법 또는 이 영에 따라 개인정보처리자가 준수하여야 할 사항과 이 법 제26조제1항 각 호의 사항을 준수하는지를 같은 조 제4항에

---

96) 한편 개인정보 보호법 시행령은 이 법 시행령 제28조(개인정보의 처리 업무 위탁 시 조치)제2항에 따라 인터넷 홈페이지에 게재할 수 없는 경우에는, 1. 위탁자의 사업장등의 보기 쉬운 장소에 게시하는 방법, 2. 관보(위탁자가 공공기관인 경우만 해당한다)나 위탁자의 사업장등이 있는 시·도 이상의 지역을 주된 보급지역으로 하는 「신문 등의 진흥에 관한 법률」 제2조(정의)제1호가목·다목 및 같은 조 제2호에 따른 일반일간신문, 일반주간신문 또는 인터넷신문에 싣는 방법, 3. 같은 제목으로 연 2회 이상 발행하여 정보주체에게 배포하는 간행물·소식지·홍보지 또는 청구서 등에 지속적으로 싣는 방법, 4. 재화나 서비스를 제공하기 위하여 위탁자와 정보주체가 작성한 계약서 등에 실어 정보주체에게 발급하는 방법의 어느 하나 이상의 방법으로 위탁하는 업무의 내용과 수탁자를 공개하여야 한다고 규정하고 있다(개인정보 보호법 시행령 제28조제3항).
97) 개인정보 보호법 시행령은 위탁자가 과실 없이 개인정보 보호법 시행령 제28조제4항에 따른 방법으로 위탁하는 업무의 내용과 수탁자를 정보주체에게 알릴 수 없는 경우에는 해당 사항을 인터넷 홈페이지에 30일 이상 게재하여야 하나 다만, 인터넷 홈페이지를 운영하지 아니하는 위탁자의 경우에는 사업장등의 보기 쉬운 장소에 30일 이상 게시하여야 한다고 규정하고 있다(개인정보 보호법 시행령 제28조제5항).

따라 감독하여야 한다고 규정하고 있다(동법 시행령 제28조제6항). 이러한 위탁자의 수탁자에 대한 교육과 감독은 어떻게 보면 당연한 규정이라고 할 수 있겠으나, 동 조항은 과거 대규모의 정보처리자인 위탁자가 외주(Outsourcing)를 통해 소규모의 수탁자에 대한 하청(下請)을 전제로 하는 것으로서 최근 클라우드(Cloud computing) 기술의 발전으로 인해 과거와 달리 수탁자가 위탁자 보다 더욱 대형화되고 있는 현실을 고려하여 개정할 필요가 있다고 생각한다.

또한 개인정보 보호법은 수탁자는 위탁받은 개인정보의 처리 업무를 제3자에게 다시 위탁하려는 경우에는 위탁자의 동의를 받아야 한다고 규정하고 있으며(동법 제26조제6항), 수탁자가 위탁받은 업무와 관련하여 개인정보를 처리하는 과정에서 이 법을 위반하여 발생한 손해배상책임에 대하여는 수탁자를 개인정보처리자의 소속 직원으로 본다고 규정하고 있다(동법 제26조제7항).[98] 한편 개인정보 보호법은 수탁자는 개인정보처리자로부터 위탁받은 해당 업무 범위를 초과하여 개인정보를 이용하거나 제3자에게 제공하여서는 아니 된다고 규정하고 있다(동법 제26조제5항).

(2) 업무위탁에 따른 개인신용정보 처리 제한의 방법 및 법적 효과 등

신용정보법은 신용정보회사등은 제3자에게 신용정보의 처리 업무를 위탁할 수 있고, 이 경우 개인신용정보의 처리 위탁에 대해서는「개인정보 보호법」제26조(업무위탁에 따른 개인정보의 처리 제한)제1항부터 제3항까지의 규정을 준용한다고 규정하고 있으며

---

98) 또한 개인정보 보호법은 수탁자에 관하여는 개인정보 보호법 제15조(개인정보의 수집·이용)부터 제18조(개인정보의 목적 외 이용·제한)까지, 제21조(개인정보의 파기), 제22조(동의를 받는 방법), 제22조의2(아동의 개인정보 보호), 제23조(민감정보의 처리 제한), 제24조(고유식별정보의 처리 제한), 제24조의2(주민등록번호 처리의 제한), 제25조(고정형 영상정보처리기기의 설치·운영 제한), 제25조의2(이동형 영상정보처리기기의 설치·운영 제한), 제27조(영업양도 등에 따른 개인정보의 이전 제한), 제28조(개인정보취급자에 대한 감독), 제28조의2(가명정보의 처리 등)부터 제28조의5(가명정보 처리 시 금지의무 등)까지, 제28조의7(적용범위)부터 제28조의11(준용규정)까지, 제29조(안전조치의무), 제30조(개인정보 처리방침의 수립 및 공개), 제30조의2(개인정보 처리방침의 평가 및 개선권고), 제31조(개인정보 보호책임자의 지정 등), 제33조(개인정보 영향평가), 제34조(개인정보 유출 등의 통지·신고), 제34조의2(노출된 개인정보의 삭제·차단), 제35조(개인정보의 열람), 제35조의2(개인정보의 전송 요구), 제36조(개인정보의 정정·삭제), 제37조(개인정보의 처리정지 등), 제37조의2(자동화된 결정에 대한 정보주체의 권리 등), 제38조(권리행사의 방법 및 절차), 제59조(금지행위), 제63조(자료제출 요구 및 검사), 제63조의2(사전 실태점검) 및 제64조의2(과징금의 부과)를 준용하며, 이 경우 "개인정보처리사"는 "수탁자"로 본다고 규정하고 있다(개인정보 보호법 제26조제8항).

(신용정보법 제17조제1항), 신용정보회사등은 신용정보의 처리를 위탁할 수 있으며 이에 따라 위탁을 받은 자(이하 "수탁자"라 한다)의 위탁받은 업무의 처리에 관하여는 이 법 제19조(신용정보전산시스템의 안전보호)부터 제21조(폐업 시 보유정보의 처리)까지, 제22조의4 (개인신용평가회사의 행위규칙)부터 제22조의7(신용조사회사의 행위규칙)까지, 제22조의9(본인 신용정보관리회사의 행위규칙), 제40조(신용정보회사등의 금지사항), 제43조(손해배상의 책임), 제43조의2(법정손해배상의 청구), 제45조(감독·검사 등), 제45조의2(금융위원회의 조치명령권) 및 제45조의3(개인정보보호위원회의 자료제출 요구·조사 등)을 준용한다고 규정하고 있다(동 법 17조제2항).

신용정보법은 이 법 제17조(처리의 위탁)제2항에 따라 신용정보의 처리를 위탁하려 는 신용정보회사등으로서 대통령령으로 정하는 자는[99] 제공하는 신용정보의 범위 등 을 대통령령으로 정하는 바에[100] 따라 금융위원회에 알려야 한다고 규정하고 있으며 (동법 제17조제3항), 신용정보회사등은 동법 제17제2항에 따라 신용정보의 처리를 위탁 하기 위하여 수탁자에게 개인신용정보를 제공하는 경우 특정 신용정보주체를 식별할 수 있는 정보는 대통령령으로 정하는 바에[101] 따라 암호화 등의 보호 조치를 하여야 한다고 규정하고 있다(동법 제17조제4항). 또한 신용정보법은 신용정보회사등이 수탁자 에게 신용정보를 제공한 경우 신용정보를 분실·도난·유출·위조·변조 또는 훼손당 하지 아니하도록 대통령령으로 정하는 바에 따라[102] 수탁자를 교육하여야 하고 수탁

---

99) 신용정보법 제17조제3항에서 "대통령령으로 정하는 자"란 신용정보회사, 본인신용정보관리회사, 채권 추심회사, 신용정보집중기관 및 제2조(정의)제6항제7호 각 목에 따른 금융기관 중 금융위원회가 정하 여 고시하는 자를 말한다(신용정보법 시행령 제14조제2항).
100) 신용정보법 제17조제3항에 따라 신용정보의 처리를 위탁하려는 자는 위탁계약 체결 예정일부터 7영 업일 이전에 금융위원회가 정하여 고시하는 서식에 따라 제공하는 신용정보의 범위, 제공 목적 및 기간과 고객정보 관리체계 등을 금융위원회에 알려야 하나, 다만 미리 알려야 할 필요성이 크지 아 니한 경우로서 금융위원회가 정하여 고시하는 경우에는 위탁계약을 체결한 날부터 금융위원회가 정 하여 고시하는 기간 이내에 알려야 한다(신용정보법 시행령 제14조제3항).
101) 신용정보법 제17조제4항에 따라 신용정보회사등이 개인신용정보를 제공하는 경우 다음, 1. 정보통신 망 또는 보조저장매체를 통하여 제공하는 경우에는 금융위원회가 정하여 고시하는 절차와 방법에 따 른 보안서버의 구축 또는 암호화, 그 밖에 금융위원회가 정하여 고시하는 보호조치와 2. 제1호 외의 방법으로 제공하는 경우에는 봉함(封緘), 그 밖에 금융위원회가 정하여 고시하는 보호조치를 하여야 한다(신용정보법 시행령 제14조제4항).
102) 신용정보법은 이 법 제17조제5항에 따라 신용정보회사등은 수탁자와 위탁계약을 체결하거나 갱신하 는 경우에는 연 1회 이상(위탁계약기간이 1년 미만인 경우에는 그 기간 동안 1회 이상을 말한다) 신 용정보의 분실·도난·유출·변조·훼손의 방지 및 안전한 신용정보의 처리에 관하여 수탁자의 소속

자의 안전한 신용정보 처리에 관한 사항을 위탁계약에 반영하여야 한다고 규정하고 있다(동법 제17조제5항). 한편 신용정보법은 수탁자가 개인신용정보를 이용하거나 제3자에게 제공하는 경우에는 「개인정보 보호법」 제26조(업무위탁에 따른 개인정보의 처리 제한) 제5항에[103] 따르며(동법 제17조제6항), 수탁자는 이 법 제17조제2항에 따라 위탁받은 업무를 제3자에게 재위탁하여서는 아니 되나, 신용정보의 보호 및 안전한 처리를 저해하지 아니하는 범위에서 금융위원회가 인정하는 경우에는[104] 그러하지 아니하다고 규정하고 있다(동법 제17조제7항).

6. 가명정보의 처리에 관한 특례

앞에서 설명한 바와 같이 데이터 3법(개인정보 보호법, 신용정보법, 정보통신망법)이 2020년 2월 개정되어 개인정보 보호법에 가명정보와 가명처리 및 가명정보의 결합이 도입되었고 동 사안은 신용정보법에도 도입되었는데, 2020년 2월 데이터 3법이 개정되면서 오프라인의 개인정보 보호에 대해 규율하던 개인정보 보호법과 온라인의 개인정보 보호에 대해 규율하던 정보통신망법이 통합되고 신용정보법은 통합된 개인정보 보호법에 대한 금융 분야 개인정보 보호를 규율하는 특별법의 성격을 갖게 되면서, 신용정보법상의 가명정보와 가명처리 및 가명정보의 결합이 개인정보 보호법상의 가명정보와 가명처리 및 가명정보의 결합에 대해 다른 특색이 나타나게 되었다. 즉, 신

임직원에 대한 교육을 실시한다는 내용을 위탁계약에 반영하여야 하며, 그 위탁계약에 따라 교육을 실시하여야 한다. 이 경우 수탁자가 연 1회 이상 그 소속 임직원에 대한 교육을 실시한다는 내용이 위탁계약에 반영되어 있고, 신용정보회사등이 수탁자가 그 위탁계약에 따라 해당 교육을 실시한 사실을 확인한 경우에는 신용정보회사등이 수탁자의 소속 임직원에게 교육을 실시한 것으로 본다고 규정하고 있다(동법 시행령 제14조제5항).

103) 개인정보 보호법은 수탁자는 개인정보처리자로부터 위탁받은 해당 업무 범위를 초과하여 개인정보를 이용하거나 제3자에게 제공하여서는 아니 된다고 규정하고 있다(개인정보 보호법 제26조제5항).

104) 신용정보업감독규정은 신용정보법 제17조(처리의 위탁)제7항에서 "금융위원회가 인정하는 경우"란 다음, 1. 관련 법령에서 해당 업무의 위탁을 금지하고 있는 경우, 2. 재위탁자 또는 재수탁자가 최근 3년 이내에 신용정보주체의 정보관리, 감독관련 자료 제출 등 감독기관의 검사와 관련한 사항으로 기관경고 이상의 제재 또는 형사처벌을 2회 이상 받은 사실이 있는 경우, 3. 그 밖에 재위탁으로 인하여 재위탁자의 건전성 또는 신인도를 크게 저해하거나, 금융질서의 문란 또는 신용정보주체의 피해 발생이 심히 우려되는 경우의 어느 하나에 해당하지 않는 경우를 말한다고 규정하고 있다(신용정보업감독규정 제15조제1항).

용정보법상의 가명정보 관련 규정들이 개인정보 보호법상의 가명정보 관련 규정들에 비해 개인정보 활용의 측면을 보다 고려하여 입법(立法)되었다고 생각한다.

가 가명정보의 처리

〈개인정보 보호법〉 제2조(정의) 이 법에서 사용하는 용어의 뜻은 다음과 같다.
　1의2. "가명처리"란 개인정보의 일부를 삭제하거나 일부 또는 전부를 대체하는 등의 방법으로 추가 정보가 없이는 특정 개인을 알아볼 수 없도록 처리하는 것을 말한다.

〈개인정보 보호법〉 제28조의2(가명정보의 처리 등) ① 개인정보처리자는 통계작성, 과학적 연구, 공익적 기록보존 등을 위하여 정보주체의 동의 없이 가명정보를 처리할 수 있다.

〈신용정보법〉 제2조(정의) 이 법에서 사용하는 용어의 뜻은 다음과 같다.
　15. "가명처리"란 추가정보를 사용하지 아니하고는 특정 개인인 신용정보주체를 알아볼 수 없도록 개인신용정보를 처리(그 처리 결과가 다음 각 목의 어느 하나에 해당하는 경우로서 제40조의2제1항 및 제2항에 따라 그 추가정보를 분리하여 보관하는 등 특정 개인인 신용정보주체를 알아볼 수 없도록 개인신용정보를 처리한 경우를 포함한다)하는 것을 말한다.
　　가. 어떤 신용정보주체와 다른 신용정보주체가 구별되는 경우
　　나. 하나의 정보집합물(정보를 체계적으로 관리하거나 처리할 목적으로 일정한 규칙에 따라 구성되거나 배열된 둘 이상의 정보들을 말한다. 이하 같다)에서나 서로 다른 둘 이상의 정보집합물 간에서 어떤 신용정보주체에 관한 둘 이상의 정보가 연계되거나 연동되는 경우
　　다. 가목 및 나목과 유사한 경우로서 대통령령으로 정하는 경우

〈신용정보법〉 제32조(개인신용정보의 제공·활용에 대한 동의) ⑥ 신용정보회사등(제9호의3을 적용하는 경우에는 데이터전문기관을 포함한다)이 개인신용정보를 제공하는 경우로서 다음 각 호의 어느 하나에 해당하는 경우에는 제1항부터 제5항까지를 적용하지 아니한다.
　9의2. 통계작성, 연구, 공익적 기록보존 등을 위하여 가명정보를 제공하는 경우. 이 경우 통계작성에는 시장조사 등 상업적 목적의 통계작성을 포함하며, 연구에는 산업적 연구를 포함한다.

(1) 가명정보 처리의 의의

앞에서 설명한 바와 같이 "가명처리"란 개인정보의 일부를 삭제하거나 일부 또는 전부를 대체하는 등의 방법으로 추가 정보가 없이는 특정 개인을 알아볼 수 없도록

처리하는 것을 말하며(개인정보 보호법 제2조제1호의2), 개인정보 보호법은 개인정보처리자는 통계작성, 과학적 연구, 공익적 기록보존 등을 위하여 정보주체의 동의 없이 가명정보를 처리할 수 할 수 있다고 규정하고 있으며(동법 제28조의2제1항), "과학적 연구"란 기술의 개발과 실증, 기초연구, 응용연구 및 민간 투자 연구 등 과학적 방법을 적용하는 연구를 말한다고 규정하고 있다(동법 제2조제8호).

한편 "정보주체의 동의 없이 가명정보를 처리할 수 있다"는 규정에 대한 허용범위의 해석에 있어서, 1. 개인정보를 가명처리하는 행위까지 포함하는 지와 2. 가명정보를 처리하는 행위만이 해당하는 것인지에 대한 해석상의 논란이 있을 수 있는데, 가명정보를 처리하는 행위와 함께 개인정보를 가명처리하는 행위까지 모두가 포함되어야 한다고 해석된다. 이는 개인정보의 활용이라는 이 법 개정의 취지를 고려하는 목적론적 해석 방법뿐만 아니라 문리적 해석을 통해서도 "가명정보를 처리하는 것"에 이 법 제2조(정의)제1호의2 "가명처리"가 포함되는 것으로 해석되기 때문이라 하겠으나, 현행 "가명정보를 처리할 수 있다."를 "개인정보를 가명처리하거나 가명정보를 처리할 수 있다."로 개정하는 것이 바람직하다고 생각한다.

개인정보 보호법과 달리 신용정보법은 신용정보회사등이 개인신용정보를 제공하는 경우로서 통계작성, 연구, 공익적 기록보존 등을 위하여 가명정보를 제공하는 경우에는 신용정보법 제32(개인신용정보의 제공·활용에 대한 동의)제1항부터 제5항까지를 적용하지 아니한다고 규정하고 있으며, 이 경우 통계작성에는 시장조사 등 상업적 목적의 통계작성을 포함하며, 연구에는 산업적 연구를 포함한다고 규정하고 있다(신용정보법 제32조제6항제9호의2). 지난 2020년 2월 개인정보 보호법과 신용정보법의 개정을 통해 가명정보의 처리를 위한 근거 규정을 신설한 것은 가명정보를 산업적 연구 등의 목적으로 처리할 수 있게 함으로써 개인정보의 보호와 함께 IoT(Interet of Things, 사물인터넷), 핀테크(Fintech) 등 새로운 산업 및 서비스 창출을 위한 것으로 이해되는데, 개인정보 보호법과 신용정보법상의 가명정보 처리의 목적과 범위와 관련된 조문이 다른 점에 주목할 필요가 있다고 생각된다.

즉 신용정보법은 시장조사 등 상업적 목적을 포함하고 연구에는 산업적 연구를 포함한다고 규정하고 있는 반면에, 개인정보 보호법은 통계작성, 과학적 연구, 공익적 기록보존 등으로 규정하고 있어 개인정보 보호법의 통계작성과 과학적 연구의 범위에 대한 활용의 측면을 고려한 적극적인 해석이 요구된다고 하겠다. 국회 4차산업혁명특별위원회 정책권고 및 입법 권고에 따르면, 가명정보 개념을 신설할 경우 정보주체의 동의 없이 가명정보를 목적 외 이용하거나 제3자에 제공할 수 있는 상황을 구체화하고, 공익을 위한 기록보존, 학술연구(산업적 연구 포함), 통계(상업적 목적 포함)의 경우 가명정보의 목적 외 이용 또는 제3자 제공이 가능하도록 입법하며, 가명처리 및 가명정보 결합 등을 안전하고 체계적으로 관리할 통제체계(Control tower)를 갖춘 경우에는 상업적 목적으로 가명정보의 목적 외 이용 또는 제3자 제공이 가능하도록 입법할 것이라고 입법 권고가 이루어진 바 있다.[105] 또한 개인정보 보호법에 대해 특별법적인 성격을 갖는 신용정보법에 통계작성에는 시장조사 등 상업적 목적의 통계작성을 포함하며 연구에는 산업적 연구를 포함한다고 규정하고 있는 점 등을 고려하여 개인정보의 활용적 측면을 바탕으로 개인정보 보호법의 가명정보의 처리에 있어서도 가명정보를 활용한 상업적 목적의 통계처리와 산업적 목적의 과학적 연구를 포함하여 해석하는 것이 타당하다고 생각한다.

한편 개인정보 보호법은 이 법 제28조의7(적용범위)에서 제28조의2에 따라 처리된 가명정보는 이 법 제20조(정보주체 이외로부터 수집한 개인정보의 수집 출처 등 고지), 제20조의2(개인정보 이용·제공 내역의 통지), 제27조(영업양도 등에 따른 개인정보의 이전 제한), 제34조(개인정보 유출 등의 통지·신고)제1항, 제35조(개인정보의 열람), 제35조의2(개인정보의 전송요구), 제36조(개인정보의 정정·삭제) 및 제37조(개인정보의 처리정지 등)를 적용하지 아니한다고 규정하고 있는데(개인정보 보호법 제28조의7), 2023년 개인정보 보호법의 개정을 통해 2023년 개정 전 (구)개인정보 보호법 제28조의7(적용범위)에서 제외하고 있던 제21조(개인정보의 파기), 제39조의3(개인정보의 수집·이용 동의 등에 대한 특례) 등을 삭제하여 가명정보의 경우에도 파기 의무를 준수하도록 하고 온라인과 오프라인상의 모든 개인정보처리자가 가명정보를 수집·이용하고자 하는 경우에 정보주체의 동의를 받도록 일원화(一元化)한 바가 있다.

신용정보법은 가명정보에 관하여는 이 법 제32조제7항(개인신용정보의 제공·활용에 대한 동의), 제33조의2(개인신용정보의 전송요구), 제35조(신용정보 이용 및 제공사실의 조회), 제35조의2(개인신용평점 하락 가능성 등에 대한 설명의무), 제35조의3(신용정보제공·이용자의 사

---

105) 행정안전부, 개인정보 보호법 개정안 설명자료(2019년 4월), p27.

전통지), 제36조(상거래 거절 근거 신용정보의 고지 등), 제36조의2(자동화평가 결과에 대한 설명 및 이의제기 등), 제37조(개인신용정보 제공 동의 철회권 등), 제38조(신용정보의 열람 및 정정청구 등), 제38조의2(신용조회사실의 통지 요청), 제38조의3(개인신용정보의 삭제 요구), 제39조(무료 열람권) 및 제39조의2(채권자변동정보의 열람 등)부터 제39조의4(개인신용정보 누설통지 등)까지의 규정을 적용하지 아니한다고 규정하고 있다(신용정보법 제40조의3).

(2) 가명정보 처리와 안전조치의무 및 금지행위 등

(가) 개인정보 보호법의 가명정보 처리와 안전조치의무 및 금지행위 등

개인정보 보호법은 개인정보처리자는 이 법 제28조의2(가명정보의 처리 등)제1항에 따라 가명정보를 제3자에게 제공하는 경우에는 특정 개인을 알아보기 위하여 사용될 수 있는 정보를 포함해서는 아니 된다고 규정하고 있으며(개인정보 보호법 제28조의2제2항), 개인정보처리자는 동법 제28조의2(가명정보의 처리 등) 또는 제28조의3(가명정보의 결합 제한)에 따라 가명정보를 처리하는 경우에는 원래의 상태로 복원하기 위한 추가 정보를 별도로 분리하여 보관·관리하는 등 해당 정보가 분실·도난·유출·위조·변조 또는 훼손되지 않도록 대통령령으로 정하는 바에[106] 따라 안전성 확보에 필요한 기술적·관리적 및 물리적 조치를 하여야 한다고 규정하고 있다(동법 제28조의4제1항). 그리고 개인정보 보호법은 개인정보처리자는 이 법 제28조의2 또는 제28조의3에 따라 가명정보를 처리하는 경우 처리목적 등을 고려하여 가명정보의 처리 기간을 별도로 정할 수 있다고 규정하고 있고(동법 제28조의4제2항), 개인정보처리자는 동법 제28조의2 또는 제28조의3에 따라 가명정보를 처리하고자 하는 경우에는 가명정보의 처리 목적, 제3자 제공 시 제공받는 자, 가명정보의 처리 기간(이 법 제28조의4제2항에 따라 처리 기간을 별도로 정한 경우에 한한다) 등 가명정보의 처리 내용을 관리하기 위하여 대통령령으

---

[106] 개인정보 보호법 시행령은 개인정보처리자는 이 법 제28조의4(가명정보에 대한 안전조치의무 등)제1항에 따라 가명정보 및 가명정보를 원래의 상태로 복원하기 위한 추가 정보(이하 이 조에서 "추가정보"라 한다)에 대하여 다음, 1. 이 법 시행령 제30조(개인정보의 안전성 확보 조치)에 따른 안전성 확보 조치, 2. 가명정보와 추가정보의 분리 보관(다만, 추가정보가 불필요한 경우에는 추가정보를 파기해야 한다), 3. 가명정보와 추가정보에 대한 접근 권한의 분리(다만, 「소상공인기본법」 제2조(정의)에 따른 소상공인으로서 가명정보를 취급할 자를 추가로 둘 여력이 없는 경우 등 접근 권한의 분리가 어려운 정당한 사유가 있는 경우에는 업무 수행에 필요한 최소한의 접근 권한만 부여하고 접근 권한의 보유 현황을 기록으로 보관하는 등 접근 권한을 관리·통제해야 한다)의 안전성 확보 조치를 해야 한다고 규정하고 있다(개인정보 보호법 시행령 제29조의5제1항).

로 정하는 사항에107) 대한 관련 기록을 작성하여 보관하여야 하며, 가명정보를 파기한 경우에는 파기한 날부터 3년 이상 보관하여야 한다고 규정하고 있다(동법 제28조의4 제3항). 또한 개인정보 보호법은 이 법 제28조의2 또는 제28조의3에 따라 가명정보를 처리하는 자는 특정 개인을 알아보기 위한 목적으로 가명정보를 처리해서는 아니 된다고 규정하고 있으며(동법 제28조의5제1항), 개인정보처리자는 동법 제28조의2 또는 제28조의3에 따라 가명정보를 처리하는 과정에서 특정 개인을 알아볼 수 있는 정보가 생성된 경우에는 즉시 해당 정보의 처리를 중지하고, 지체 없이 회수·파기하여야 한다고 규정하고 있다(동법 제28조의5제2항).

한편 2023년 개인정보 보호법 개정 이전에는 2023년 개정 전 (구)개인정보 보호법 제28조의6(가명정보 처리에 대한 과징금 부과 등)에 과징금 부과 관련 근거가 규정되어 있었으나,108) 동 조항을 삭제하고 이 법에 제64조의2(과징금의 부과)를 신설하였다. 개인정보 보호법은 개인정보보호위원회는 이 법 제28조의5(가명정보 처리 시 금지의무 등)제1항을 위반하여 특정 개인을 알아보기 위한 목적으로 정보를 처리한 경우에는 해당 개인정보처리자에게 전체 매출액의 100분의 3을 초과하지 아니하는 범위에서 과징금을 부과할 수 있으나, 다만 매출액이 없거나 매출액의 산정이 곤란한 경우로서 대통령령으로 정하는 경우에는 20억원을 초과하지 아니하는 범위에서 과징금을 부과할 수 있다고 규정하고 있다(동법 제64조의2제1항제6호).

---

107) 개인정보 보호법 시행령은 이 법 제28조의4(가명정보에 대한 안전조치의무 등)제3항에서 "대통령령으로 정하는 사항"이란 다음. 1. 가명정보 처리의 목적, 2. 가명처리한 개인정보의 항목, 3. 가명정보의 이용내역, 4. 제3자 제공 시 제공받는 자, 5. 가명정보의 처리기간(이 법 제28조의4제2항에 따라 처리 기간을 별도로 정한 경우에 한한다), 5. 그 밖에 가명정보의 처리 내용을 관리하기 위하여 개인정보보호위원회가 필요하다고 인정하여 고시하는 사항을 말한다고 규정하고 있다(개인정보 보호법 시행령 제29조의5제2항).

108) 2023년 개정 전 (구)개인정보 보호법 제28조의6(가명정보 처리에 대한 과징금 부과 등)제1항은 개인정보보호위원회는 개인정보처리자가 제28조의5(가명정보 처리 시 금지의무 등)제1항을 위반하여 특정 개인을 알아보기 위한 목적으로 정보를 처리한 경우 전체 매출액의 100분의 3 이하에 해당하는 금액을 과징금으로 부과할 수 있으나, 다만 매출액이 없거나 매출액의 산정이 곤란한 경우로서 대통령령으로 정하는 경우에는 4억원 또는 자본금의 100분의 3 중 큰 금액 이하로 과징금을 부과할 수 있다고 규정하고 있었고((구)개인정보 보호법 제28조의6제1항), (구)개인정보 보호법 제28조의6제2항은 과징금의 부과·징수 등에 필요한 사항은 이 법 제34조의2(과징금의 부과 등)제3항부터 제5항까지의 규정을 준용한다고 규정하고 있었다(동법 제28조의6제2항).

(나) 신용정보법의 가명정보 처리와 안전조치의무 및 금지행위 등

신용정보법은 신용정보회사등은 가명처리에 사용한 추가정보를 대통령령으로 정하는[109] 방법으로 분리하여 보관하거나 삭제하여야 한다고 규정하고 있으며(신용정보법 제40조의2제1항), 신용정보회사등은 가명처리한 개인신용정보에 대하여 제3자의 불법적인 접근, 입력된 정보의 변경·훼손 및 파괴, 그 밖의 위험으로부터 가명정보를 보호하기 위하여 내부관리계획을 수립하고 접속기록을 보관하는 등 대통령령으로 정하는[110] 바에 따라 기술적·물리적·관리적 보안대책을 수립·시행하여야 한다고 규정하고 있다(동법 제40조의2제2항). 그리고 신용정보법은 신용정보회사등은 영리 또는 부정한 목적으로 특정 개인을 알아볼 수 있게 가명정보를 처리하여서는 아니 된다고 규정하는 한편(동법 제40조의2제6항), 신용정보회사등은 가명정보를 이용하는 과정에서 특정 개인을 알아볼 수 있게 된 경우 즉시 그 가명정보를 회수하여 처리를 중지하고, 특정 개인을 알아볼 수 있게 된 정보는 즉시 삭제하여야 한다고 규정하고 있으며(동법 제40조의2제7항), 신용정보회사등은 개인신용정보를 가명처리한 경우 다음, 1. 가명처리한 날짜, 2. 가명처리한 정보의 항목, 3. 가명처리한 사유와 근거의 구분에 따라 조치 기록을 3년간 보존하여 한다고 규정하고 있다(동법 제40조의2제8항).[111]

한편 신용정보법은 금융위원회가 이 법 제40조의2(가명처리·익명처리에 관한 행위규

---

109) 신용정보법은 이 법 제40조의2(가명처리·익명처리에 관한 행위규칙)제1항에서 "대통령령으로 정하는 방법"이란 금융위원회가 정하여 고시하는 기술적·물리적·관리적 보호조치를 통해 추가 정보에 대한 접근을 통제하는 방법을 말한다고 규정하고 있으며(신용정보법 시행령 제34조의5제1항), 금융위원회가 정하여 고시하는 관련 규정인 고시는 신용정보업감독규정이다.

110) 신용정보법은 이 법 제40조의2(가명처리·익명처리에 관한 행위규칙)제2항에 따라 신용정보회사등은 다음, 1. 가명정보에 제3자가 불법적으로 접근하는 것을 차단하기 위한 침입차단시스템 등 접근통제 장치의 설치·운영에 관한 사항, 2. 가명정보의 변경·훼손 및 파괴를 방지하기 위한 사항, 3. 가명 정보 취급·조회 권한을 직급별·업무별로 차등 부여하는 것에 관한 사항 및 가명정보 접근기록의 주기적인 점검에 관한 사항, 4. 가명처리 전 개인신용정보와 가명정보의 분리에 관한 사항, 5. 동법 제32조(개인신용정보의 제공·활용에 대한 동의)제6항제9호의2에 해당하는 경우 해당 목적 외 활용 방지에 관한 사항이 포함된 기술적·물리적·관리적 보안대책을 수립·시행하고 가명정보의 처리 목적, 처리·보유 기간 및 파기 등 금융위원회가 정하여 고시하는 사항을 작성하여 보관해야 한다고 규정하고 있는데(신용정보법 시행령 제34조의5제2항), 금융위원회가 정하여 고시하는 관련 규정인 고시는 신용정보업감독규정이다.

111) 신용정보법은 신용정보회사등은 개인신용정보를 익명처리한 경우 다음, 1. 익명처리한 날짜, 2. 익명처리한 정보의 항목, 3. 익명처리한 사유와 근거의 구분에 따라 조치 기록을 3년간 보존하여 한다고 규정하고 있다(동법 제40조의2제8항).

칙)제6항을 위반하여 영리 또는 부정한 목적으로 특정 개인을 알아볼 수 있게 가명정보를 처리한 경우에는 전체 매출액의 100분의 3 이하에 해당하는 금액을 과징금으로 부과할 수 있으며(동법 제42조의2제1항제1호의4), 금융위원회는 다음, 16. 신용정보법 제40조의2제1항을 위반하여 가명처리에 사용한 추가정보를 분리하여 보관하거나 삭제하지 아니한 자, 17. 이 법 제40조의2제2항을 위반하여 가명처리한 개인신용정보에 대하여 기술적·물리적·관리적 보안대책을 수립·시행하지 아니한 자, 18. 이 법 제40조의2제7항을 위반하여 처리를 중지하거나 정보를 즉시 삭제하지 아니한 자에게는 3천만원 이하의 과태료를 부과한다고 규정하고 있다(동법 제52조제3항).112) 또한 신용정보법은 이 법 제40조의2제6항을 위반하여 영리 또는 부정한 목적으로 특정 개인을 알아볼 수 있게 가명정보를 처리한 자는 5년 이하의 징역 또는 5천만원 이하의 벌금에 처한다고 규정하고 있다(동법 제50조제2항제7호의2).

나 가명정보의 결합

〈개인정보 보호법〉 제28조의3(가명정보의 결합 제한) ① 제28조의2에도 불구하고 통계작성, 과학적 연구, 공익적 기록보존 등을 위한 서로 다른 개인정보처리자 간의 가명정보의 결합은 보호위원회 또는 관계 중앙행정기관의 장이 지정하는 전문기관이 수행한다.
② 결합을 수행한 기관 외부로 결합된 정보를 반출하려는 개인정보처리자는 가명정보 또는 제58조의2에 해당하는 정보로 처리한 뒤 전문기관의 장의 승인을 받아야 한다.
③ 제1항에 따른 결합 절차와 방법, 전문기관의 지정과 지정 취소 기준·절차, 관리·감독, 제2항에 따른 반출 및 승인 기준·절차 등 필요한 사항은 대통령령으로 정한다.

〈신용정보법〉 제17조의2(정보집합물의 결합 등) ① 신용정보회사등(대통령령으로 정하는 자는 제외한다. 이하 이 조 및 제40조의2에서 같다)은 자기가 보유한 정보집합물을 제3자가 보유한 정보집합물과 결합하려는 경우에는 제26조의4에 따라 지정된 데이터전문기관을 통하여 결합하여야 한다.
② 제26조의4에 따라 지정된 데이터전문기관이 제1항에 따라 결합된 정보집합물을 해당 신

---

112) 그리고 신용정보법은 이 법 제40조의2(가명처리·익명처리에 관한 행위규칙)제8항을 위반하여 개인신용정보를 가명처리한 기록을 보존하지 아니한 자에게는 1천만원 이하의 과태료를 부과한다고 규정하고 있다(신용정보법 제52조제5항제11호의3).

용정보회사등 또는 그 제3자에게 전달하는 경우에는 가명처리 또는 익명처리가 된 상태로 전달하여야 한다.

③ 제1항 및 제2항에서 규정한 사항 외에 정보집합물의 결합·제공·보관의 절차 및 방법에 대해서는 대통령령으로 정한다.

(1) 가명정보 결합의 의의

개인정보 보호법은 이 법 제28조의2(가명정보의 처리 등)에도 불구하고 통계작성, 과학적 연구, 공익적 기록보존 등을 위한 서로 다른 개인정보처리자 간의 가명정보의 결합은 개인정보보호위원회 또는 관계 중앙행정기관의 장이 지정하는 전문기관이 수행한다고 규정하고 있으며(개인정보 보호법 제28조의3제1항), 결합을 수행한 기관 외부로 결합된 정보를 반출하려는 개인정보처리자는 가명정보 또는 제58조의2(적용제외)에 해당하는 정보로 처리한 뒤 전문기관의 장의 승인을 받아야 한다고 규정하고 있다(동법 제28조의3제2항). 한편 개인정보 보호법 제58조의2는 이 법은 시간·비용·기술 등을 합리적으로 고려할 때 다른 정보를 사용하여도 더 이상 개인을 알아볼 수 없는 정보에는 적용하지 아니한다고 규정하고 있는데(동법 제58조의2), 동법 제58조의2에 해당하는 정보는 익명정보로 해석된다. 가명정보의 결합은 예를 들면, 보험사들이 보유하는 자동차 운전자보험 정보와 자동차 내비게이션 등을 통해 통신사나 플랫폼 사업자들이 보유하고 있는 운전자의 운전 습관 정보를 결합하여 운전자의 운전 습관에 따른 보험료 산출에 활용하는 것과 같이 다른 개인정보처리자들이 보유하고 있는 이종(異種)의 다양한 가명정보들을 결합시키는 것으로써 빅데이터(Big data) 분석, AI(Artificial Intelligence, 인공지능)와 딥러닝(Deep learning) 등의 발전을 위해 활용될 수 있는 제도로 이해된다.

가명정보의 결합은 〈그림 9〉와 같이, 1. 개인정보처리자 A와 개인정보처리자 B가 같은 알고리즘(Algorithm, 문제를 해결하기 위한 절차)을 적용하여 식별자를 임시 대체키로 전환하고 결합의 대상인 정보집합물에 대해서도 가명처리와 가명처리에 대한 적정성 평가를 수행하며, 2. 가명처리된 가명정보를 결합전문기관에 제공하고 결합을 요청하면, 3. 결합전문기관은 임시 대체키를 활용하여 가명정보들간의 결합을 수행한 후, 3. 동 결합에 이용된 임시 대체키를 삭제하고, 5. 결합이 완료된 데이터베이스(Data Base)를 필요한 개인정보처리자 등에 제공한 후 파기 조치를 하게 된다. 한편 이러한 임시 대체키의 생성 시 이러한 대체키에 잡음(Noise)을 추가하거나, 2개 이상의 식별자를 활용하게 되는 경우 식별자 중 일부를 조합하여 불법적 복호화 또는 원본 정보와 결합 시에도 개인을 식별할 수 없도록 조치하여야 하고, 결합전문기관은 결합을 위해 정보주체들로부터 제공받은 가명정보를 통해서는 특정한 개인의 식별이 불가능해야 하며, 임시 대체키가 삭제되고 결합이 완료된 데이터베이스가 제공되어도 동 결합이 완료된 데이터베이스를 통해서는 특정 개인이 식별되어서는 아니 된다.[113]

가명정보의 결합은 정보주체나 개인인 신용정보주체의 동의 없이도 가명처리된 개인정보를 활용할 수 있게 함으로써 데이터베이스(Data Base)의 모수, 즉 모집단의 크기가 커지게 되고 이종(異種)의 다양한 개인정보를 활용할 수 있는 장점이 있는 반면에 가명처리가 된 개인정보를 사용하므로 1:1 선별(Targeting)이 어려운 단점, 즉 활용을 위한 정확성과 해상도가 낮은 것으로 이해된다.

그림 9 가명정보의 결합

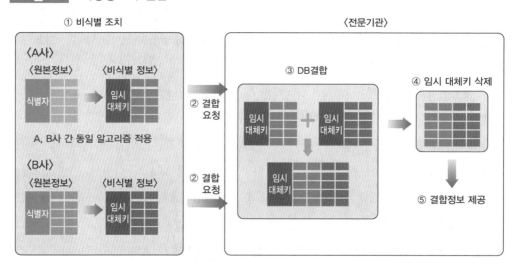

신용정보법은 신용정보회사등(대통령령으로[114] 정하는 자인 상거래기업 및 법인은 제외한다. 이하 이 법 제17조의2(정보집합물의 결합 등) 및 제40조의2제40조의2(가명처리·익명처리에 관한 행

---

113) 국무조정실 등 관계부처 합동, 앞의 책, pp19~20.
114) 신용정보법 시행령은 이 법 제17조의2(정보집합물의 결합 등)제1항에서 "대통령령으로 정하는 자"란 동법 제45조의3(보호위원회의 자료제출 요구·조사 등)에 따른 상거래기업 및 법인(이하 "상거래 기업 및 법인"이라 한다)을 말한다고 규정하고 있다(신용정보법 시행령 제14조의2제1항).

위규칙)에서 같다)은 자기가 보유한 정보집합물을 제3자가 보유한 정보집합물과 결합하려는 경우에는 동법 제26조의4(데이터전문기관)에 따라 지정된 데이터전문기관을 통하여 결합하여야 한다고 규정하고 있으며(신용정보법 제17조의2제1항), 신용정보법 제26조의4에 따라 지정된 데이터전문기관이 이 법 제17조의2(정보집합물의 결합 등)제1항에 따라 결합된 정보집합물을 해당 신용정보회사등 또는 그 제3자에게 전달하는 경우에는 가명처리 또는 익명처리가 된 상태로 전달하여야 한다고 규정하고 있는데(동법 제17조의2제2항), 이러한 정보집합물의 결합은 개인정보 보호법의 가명정보의 결합과 같은 사안으로 이해된다.

한편 개인정보 보호법과 신용정보법 모두 가명처리를 통한 가명정보의 생성과 결합 및 반출을 각각 규정하고 있으나, 개인정보 보호법은 반출 시 결합전문기관의 승인이 요구되는 반면에 신용정보법은 이러한 반출승인을 요구하고 있지 않다. 또한 별도로 분리 보관하여야 하는 추가정보의 범위에 대해 신용정보법은 결합키(Matching key)를 전제로, 개인정보 보호법은 이러한 결합키 외에도 추가정보가 있을 수 있다는 것을 전제로 하는 것으로 생각된다. 개인정보 보호법은 서로 다른 개인정보처리자 간의 가명정보 결합을 수행하기 위해 개인정보보호위원회 등이 지정하는 전문기관인 결합전문기관 이외에도 서로 다른 결합신청자의 결합키를 연계한 정보인 결합키 연계정보를 생성하여 결합전문기관에 제공하는 것과 같이 가명정보의 안전한 결합을 지원하는 업무를 하는 기관인 결합키 관리기관을[115] 개인정보 보호를 이유로 추가하여 별도로 두고 있는 반면에[116] 신용정보법은 기업간 데이터(가명정보) 결합을 전문적으로 지원하고 익명처리에 대한 적정성 평가 기능을 수행하는 데이터전문기관만을 두고 있는데, 이러한 점들을 고려하면 개인정보 보호법은 개인정보의 보호에 입각하여, 신용정보법은 데이터전문기관의 자율성을 바탕으로 개인정보의 활용에 좀 더 입각하여 입법(立法)된 것으로 생각한다.

---

115) 결합키 관리기관으로 한국인터넷진흥원(KISA, Korea Internet and Security Agency)이 지정되어 있다.
116) 행정안전부, 개인정보 보호법 후속입법 상황 및 주요의견 검토, 설명자료(2020년 6월).

(2) 가명정보의 결합절차 등

(가) 개인정보 보호법의 가명정보 결합절차 등

개인정보 보호법은 이 법 제28조의3(가명정보의 결합 제한)제1항에 따른 결합 절차와 방법, 전문기관의 지정과 지정 취소 기준·절차, 관리·감독, 이 법 제28조의3제2항에 따른 반출 및 승인 기준·절차 등 필요한 사항은 대통령령으로 정한다고 규정하고 있는데(개인정보 보호법 제28조의3제3항), 개인정보 보호법 시행령은 대통령령으로 정한 결합 절차와 방법으로 결합전문기관에 가명정보의 결합을 신청하려는 개인정보처리자(이하 "결합신청자"라 한다)는 개인정보보호위원회가 정하여 고시하는 결합신청서에 다음, 1. 사업자등록증, 법인등기부등본 등 결합신청자 관련 서류, 2. 결합 대상 가명정보에 관한 서류, 3. 결합 목적을 증명할 수 있는 서류, 4. 그 밖에 가명정보의 결합 및 반출에 필요하다고 보호위원회가 정하여 고시하는 서류를 첨부하여 결합전문기관에 제출해야 한다고 규정하고 있으며(동법 시행령 제29조의3제1항), 결합전문기관은 이 법 제28조의3(가명정보의 결합 제한)제1항에 따라 가명정보를 결합하는 경우에는 특정 개인을 알아볼 수 없도록 해야 하는데, 이 경우 개인정보보호위원회는 필요하면 한국인터넷진흥원 또는 개인정보보호위원회가 지정하여 고시하는 기관으로 하여금 특정 개인을 알아볼 수 없도록 하는 데에 필요한 업무를 지원하도록 할 수 있다고 규정하고 있다(동법 시행령 제29조의3제2항).

개인정보 보호법 시행령은 결합신청자는 이 법 제28조의3제2항에 따라 결합전문기관이 결합한 정보를 결합전문기관 외부로 반출하려는 경우에는 결합전문기관에 설치된 안전성 확보에 필요한 기술적·관리적·물리적 조치가 된 공간에서 동법 시행령 제29조의3(개인정보처리자 간 가명정보의 결합 및 반출 등)제2항에 따라 결합된 정보를 가명정보 또는 동법 제58조의2(적용제외)에 해당하는 정보, 즉 익명정보로 처리한 뒤 결합전문기관의 승인을 받아야 한다고 규정하고 있는데(동법 시행령 제29조의3제3항), 개인정보 보호법 시행령은 결합전문기관은 다음, 1. 결합 목적과 반출 정보가 관련성이 있을 것, 2. 특정 개인을 알아볼 가능성이 없을 것, 3. 반출 정보에 대한 안전조치 계획이 있을 것의 기준을 충족하는 경우에는 이 법 제28조의3제2항에 따른 반출을 승인해야 하며, 이 경우 결합전문기관은 결합된 정보의 반출을 승인하기 위하여 반출심사위원회를 구성해야 한다고 규정하고 있다(동법 시행령 제29조의3제4항).

개인정보 보호법은 가명정보의 결합 및 반출 절차를 〈그림 10〉과 같이 규정하고 있는데, 가명정보를 결합하려는 개인정보처리자, 즉 수요기관인 결합신청자가 개인정보보호위원회 또는 관계 중앙행정기관의 장이 지정하는 결합전문기관에 결합신청서를 제출하면 결합전문기관에서 가명정보를 결합 후 안전성이 확보된 분석 공간 내에서 처리가 가능하며 반출이 필요한 경우에는 결합전문기관의 승인 후 반출을 하게 되는데 결합전문기관은 반출승인을 위해 3인 이상으로 반출 적정성 심사위원회를 구성하여 적정한 반출 수준을 심사하게 되는 것으로 이해된다.

그림 10 가명정보의 결합 및 반출 절차

이러한 반출 적정성 심사는 반출된 정보를 제공 받은 기관이 원래 보유한 정보와 반출된 정보를 결합하여 개인을 식별할 가능성이 있는가의 여부, 반출된 정보의 처리 목적과 환경을 고려하여 안전성 확보 조치계획이 적정한가의 여부, 데이터 성격에 따른 보유기간의 적정성 및 반출 목적 달성 후 파기 계획이 적정한가의 여부 등을 종합적으로 검토하여 이루어지게 된다고 하겠다. 한편 개인정보 보호법 시행령은 결합전문기관은 결합 및 반출 등에 필요한 비용을 결합신청자에게 청구할 수 있다고 규정하고 있으며(동법 시행령 제29조의3제5항), 이 법 시행령 제29조의3제1항부터 제5항까지에서 규정한 사항 외에 가명정보 결합 절차와 방법, 반출 및 승인 등에 필요한 세부사항은 개인정보보호위원회가 정하여 고시하는데(동법 시행령 제29조의2제6항), 개인정보보호위원회는 가명정보의 결합 및 반출 등에 관한 고시(개인정보보호위원회 고시 제2022-7호(2022.12.30.))를 제정·시행하고 있다.

(나) 신용정보법의 가명정보 결합절차 등

한편 앞에서 설명한 바와 같이 신용정보법도 정보집합물의 결합 등이라는 가명정보의 결합 절차 등에 대해 별도의 규정을 두고 있는데, 신용정보법은 이 법

제17조의2(정보집합물의 결합 등)제1항 및 제2항에서 규정한 사항 외에 정보집합물의 결합·제공·보관의 절차 및 방법에 대해서는 대통령령으로 정한다고 규정하고 있는데(신용정보법 제17조의2제3항), 신용정보법은 가명정보의 결합, 즉 정보집합물의 결합 절차를 〈표 9〉와 같이 규정하고 있는 것으로 이해된다.

표 9 신용정보법의 정보집합물 결합 절차

절차	주체	의무
결합의뢰	결합의뢰 기관	1. 금융위원회가 정한 양식(고시)에 따라 결합신청 2. 데이터에 포함된 식별값은 결합키로 대체 3. 개인신용정보는 가명처리 4. 암호화 등 보호조치를 하여 전달
결합 및 결합데이터 제공	데이터 전문기관	5. 데이터 결합 후 결합키는 삭제 또는 대체키 전환 6. 결합데이터는 가명처리 또는 익명처리의 적정성 평가를 거쳐 적정한 경우에만 전달 7. 결합데이터를 결합의뢰기관에 전달 후 결합데이터 및 원본데이터를 즉각 삭제
결합 이후	데이터 전문기관	8. 결합 관련 사항 기록·관리, 연 1회 금융위원회에 보고

신용정보법·시행령은 대통령령으로 정하는 정보집합물의 결합·제공·보관의 절차 및 방법으로 이 법 제17조의2(정보집합물의 결합 등)에 따라 정보집합물을 결합하려는 신용정보회사등[117]과 제3자(이하 이 조에서 "결합의뢰기관"이라 한다)는 공동으로 데이터전문기관에 금융위원회가 정하여 고시하는 양식에 따라 정보집합물의 결합을 신청하여야 한다고 규정하고 있으며(동법 시행령 제14조의2제2항), 결합의뢰기관 및 데이터전문기관은 정보집합물을 결합·제공·보관하는 경우에는 다음, 1. 결합의뢰기관이 정보집

---

117) 신용정보법은 신용정보회사등(대통령령으로 정하는 자는 제외한다. 이하 이 법 제17조의2(정보집합물의 결합 등) 및 제40조의2(가명처리·익명처리에 관한 행위규칙)에서 같다)은 자기가 보유한 정보집합물을 제3자가 보유한 정보집합물과 결합하려는 경우에는 동법 제26조의4(데이터전문기관)에 따라 지정된 데이터전문기관을 통하여 결합하여야 한다고 규정하고 있으며(신용정보법 제17조의2제1항), 신용정보법 시행령은 이 법 제17조의2(정보집합물의 결합 등)제1항에서 "대통령령으로 정하는 자"란 동법 제45조의3(보호위원회의 자료제출 요구·조사 등)에 따른 상거래기업 및 법인(이하 "상거래 기업 및 법인"이라 한다)을 말한다고 규정하고 있다(동법 시행령 제14조의2제1항).

합물을 데이터전문기관에 제공하는 경우 다음, 가. 하나의 정보집합물과 다른 정보집합물간에서 둘 이상의 정보를 연계, 연동하기 위하여 사용되는 정보는 해당 개인을 식별할 수 없으나 구별할 수 있는 정보(이하 "결합키"라 한다)로 대체할 것과 나. 개인신용정보가 포함된 정보집합물은 가명처리할 것의 조치를 하여 제공할 것, 2. 결합의뢰기관이 결합키를 생성하는 절차와 방식은 금융위원회가 정하여 고시하는 바에 따라 결합의뢰기관간 상호 협의하여 결정할 것, 3. 결합의뢰기관이 데이터전문기관에 정보집합물을 제공하거나 데이터전문기관이 결합한 정보집합물을 결합의뢰기관에 전달하는 경우에는 해당 정보집합물의 내용을 제3자가 알 수 없도록 암호화 등의 보호조치를 하여 전달할 것, 4. 데이터전문기관은 결합된 정보집합물을 결합의뢰기관에 전달하기 전 결합키를 삭제하거나 금융위원회가 정하여 고시하는 방법으로 대체할 것, 5. 데이터전문기관은 결합된 정보집합물의 가명처리 또는 익명처리의 적정성을 평가한 후 적정하지 않다고 판단되는 경우 다시 가명처리 또는 익명처리하여 전달할 것, 6. 데이터전문기관은 결합한 정보집합물을 결합의뢰기관에 전달한 후 결합한 정보집합물 및 결합전 정보집합물을 지체없이 삭제할 것의 사항을 모두 준수하여야 한다고 규정하고 있다(동법 시행령 제14조의2제3항).

또한 신용정보법 시행령은 데이터전문기관은 금융위원회가 정하여 고시하는 방법에 따라 결합 관련 사항을 기록·관리하고 1년에 1회 정기적으로 금융위원회에 보고하여야 한다고 규정하고 있으며(동법 시행령 제14조의2제4항), 데이터전문기관은 데이터 결합 등에 필요한 비용을 결합의뢰기관에 청구할 수 있다고 규정하고 있는 한편(동법 시행령 제14조의2제5항), 데이터 전문기관은 결합의뢰기관이 결합된 데이터를 전달받기 전에 데이터 전문기관의 전산설비 등을 활용하여 결합된 정보집합물을 분석하기를 요청하는 경우 데이터전문기관은 결합의뢰기관이 데이터전문기관의 전산설비 등을 활용하여 가명처리 또는 익명처리가 된 상태의 정보집합물을 분석하게 할 수 있다고 규정하고 있다(동법 시행령 제14조의2제6항).

한편 신용정보법 시행령은 이 법 시행령 제14조의2(정보집합물의 결합 등)제1항부터 제6항까지의 규정에 따른 정보집합물 결합·제공·처리·보관의 절차 및 방법과 관련하여 필요한 사항은 금융위원회가 정하여 고시한다고 규정하고 있는데(동법 시행령 제14조의2제7항), 이에 따라 금융위원회는 신용정보업감독규정(금융위원회 고시 제2022-33호

(2022.9.23.))을 제정·시행하고 있다. 다만 신용정보법 시행령은 이 법 시행령 제14조
의2(정보집합물의 결합 등)에서 제2항, 제3항 및 제5항부터 제7항까지의 규정은 결합의
뢰기관이 데이터전문기관 중「개인정보 보호법」제28조의3(가명정보의 결합 제한)제1항에
따른 전문기관, 즉 결합전문기관으로도 지정된 기관에서 개인정보 보호법 제28조의3
제3항에 따른 결합 절차와 방법, 반출 및 승인 기준·절차 등에 따라 정보집합물을
결합하려는 경우에는 적용하지 아니한다고 규정하고 있는데(동법 시행령 제14조의2제8항),
가명처리된 금융정보가 아닌 비금융정보인 개인정보들의 결합에 대해서는 신용정보법
의 규정이 적용되지 않는 것으로 해석된다.

참고자료 및 질문

1. **가명정보의 자가결합(Self combination).** 가명정보의 자가결합은 개인정보 보호법에 따라 지정
된 결합전문기관 또는 신용정보법에 따라 지정된 데이터전문기관 자신이 보유한 가명정보와
다른 개인정보처리자가 보유한 가명정보를 스스로 결합해 활용까지 수행하고자 하는 결합 형
태로 이해된다. 개인정보 보호법과 신용정보법에 가명정보의 자가결합을 금지하는 명문의 규정
이 없음에도 불구하고 개인정보보호위원회는 결합전문기관의 가명정보 자가결합을 특별한 설명
도 없이 관련 해설서를 통해 금지하였고,[118] 이러한 개인정보보호위원회의 입장을 반영하여 금
융위원회도 관련 고시인 신용정보업감독규정을 통해 금지한 바 있다. 이러한 금지는 법률유보
의 원칙에 반하는 것이었을 뿐만 아니라 단지 결합전문기관이나 데이터전문기관의 데이터 독
점과 영리추구라는 자기 이익충돌(Conflicts of interests) 가능성에 대한 우려로 금지한 것으로
이해는 되나 가명정보 결합의 활성화를 위해 바람직하지 않은 것으로 생각한다. 이러한 가명정
보의 자가결합 금지에 대해 지속적인 논란이 제기되어 왔고,[119] 금융위원회는 이러한 시중의
논란을 반영하여 적정성 평가를 타 데이터전문기관이 수행하여 결합된 데이터의 가명처리가
적절히 이루어졌음을 인증받는 경우 데이터 전문기관이 자기 데이터를 결합하여 활용할 수 있
도록 하겠다는 정책개선 방안을 내놓은 바 있다.[120] 또한 금융위원회는 마이데이터를 통해 수
집한 정보와 사업자가 기존에 보유한 정보의 결합이 제한되고 있어, 이와 같은 정보의 가명처
리와 결합을 허용하되 동 정보의 제3자 제공 시에는 데이터전문기관에서 가명·익명처리에 대
한 적정성 평가를 받도록 하였다.[121] 한편 개인정보보호위원회도 결합전문기관의 자가결합을 관
련 하위법령인 가명정보의 결합 및 반출 등에 관한 고시 개정 시 제9조의4(결합전문기관의 자
체결합)을 신설한 바가 있다.[122] 그러나 이러한 전향적(轉向的) 정책개선 노력이 있음에도 불구
하고 향후 가명정보 결합의 활성화를 위해서 보다 자유로운 자가결합이 가능하도록 추가적인
제도정비가 필요하다고 생각된다. 이러한 가명정보 자가결합에 대한 당신의 입장은 무엇이며
개선방안이 있다면 무엇이 가능하다고 생각하는가?

2. **식별자와 속성자.** 가명처리를 위해 필요한 비식별조치와 관련하여 가장 주요한 개념 중 하나로 식별자(Identifier)와 속성자(Attribute value) 두 가지를 들 수 있는데, 식별자(Identifier)는 단일 또는 조합을 통해 개인을 직접 식별할 수 있는 속성을 특징으로 하며 고유식별정보(주민등록번호, 여권번호, 운전면허번호 등), 성명, 주소, 생일과 기념일 등 날짜 정보, 전화번호, 의료기록번호, 계좌 및 신용카드 번호, 자동차 및 이동전화 등 각종 기기의 등록 번호, 사진, 신체 식별정보, 이메일 및 IP, MAC 주소, 아이디와 사원 및 고객번호 등 식별코드(아이디, 사원번호, 고객번호 등) 등이 식별자에 포함된다고 하겠다. 한편 속성자(Attribute value)는 그 자체로는 식별자가 아니지만, 다른 데이터와 조합을 통해 특정 개인을 추론할 수 있는 데이터로서, 개인 특성, 신체 특성, 신용 특성, 경력 특성, 전자적 특성, 가족 특성 등이 포함되는데, 데이터 이용목적과 관련이 있는 속성자 중 희귀병명, 희귀경력 등 구체적인 상황에 따라 개인에 대한 식별가능성이 매우 큰 식별 요소가 있는 속성자에 대해서는 보다 엄격한 비식별 조치가 필요한 것으로 이해된다.

3. **TTP Model(Trusted Third Party, 신뢰할 수 있는 제3자 모형).** TTP Model은 안전성이 요구되는 관련 행동에 대하여 다른 실체, 즉 이해당사자 등으로부터 신뢰받는 별도의 안전한 기관이나 대행 기관을 두는 것으로써, 가명처리와 가명정보의 결합을 위한 전문기관 도입과정에서 논란이 되었던 사안이다. 4차산업혁명위원회 해커톤(Hackathon, 끝장 토론)에서 산업계는, 1. 새로운 가치를 창출하기 위해 데이터 결합 제도를 도입하되 인가받은 TTP(Trusted Third Party)를 통해 데이터 결합을 수행하거나 엄격한 안전조치 하에 자체적으로 수행할 수 있고, 2. TTP에 대해 법적 지위를 부여하여 TTP에 데이터를 제공하는 것은 데이터의 제3자 제공이 아님을 명확히 하고 TTP는 결합 키 및 가명정보를 다룰 수 있도록 하며, 3. TTP는 데이터 결합과 결합된 데이터에 대한 가명처리 및 가명처리의 적정성 평가의 역할을 하는 한편, 4. TTP에 대하여 정부의 상시감독 제도를 도입함으로써 결합과정에서의 관리적 투명성을 확보하도록 하는 것을 주장하였던 반면에, 시민단체는 세계적으로 민간 부문이 보유하고 있는 개인정보의 연계를 위한 제도를 갖추고 있는 경우는 거의 없으며, 다른 대부분 국가에서 행정 데이터 및 설문조사 데이터에 대한 연계를 보건의료 분야의 전문기관, 혹은 국가 통계청에 의해 제한적으로 수행하고 있는 것을 고려할 때, 현행 개인정보보호체계하에서는 민간기업이 보유한 개인정보의 연계, 결합은 허용될 수 없으나, 개인정보처리자가 정보주체의 동의를 획득한 경우 또는 익명정보 사이의 결합은 가능하다는 입장을 제시한 바 있다.[123] TTP Model은 영국의 ADRN(Administrative Data Research Network) 사례와 같이 공공부문의 데이터 개방 등에 활용되었다고 이해되는데,[124] 한편 이러한 TTP Model은 민간 부문의 데이터 결합에 요구되는 탄력성과 신속성을 충족하는데 부족하다는 의견도 제시되고 있다. 이러한 TTP Model에 대한 당신의 입장은 무엇인가?

(3) 결합전문기관과 데이터전문기관

> 〈개인정보 보호법〉제28조의3(가명정보의 결합 제한) ③ 제1항에 따른 결합 절차와 방법, 전문
> 기관의 지정과 지정 취소 기준·절차, 관리·감독, 제2항에 따른 반출 및 승인 기준·절차

---

118) 개인정보보호위원회(이하 개보위)는 26일 2020년 제2차 전체회의를 열어 이러한 내용을 포함한 '가명정보의 결합 및 반출 등에 관한 고시' 등을 심의·의결했다고 밝혔다. 이달 5일 출범한 개보위가 내부 운영규칙이 아닌 정책 사안과 관련해 심의·의결한 첫 사례다. 공공기관뿐만 아니라 기업 등 민간기관도 일정 요건을 갖추면 가명정보의 결합을 담당하는 결합전문기관이 될 수 있다. 다만 해당 기관이 보유한 정보를 스스로 결합하는 이른바 '셀프결합'은 원칙적으로 허용하지 않는다. 권수현 연합뉴스 기자, 민간 기업도 가명정보 결합기관으로 지정···'셀프결합'은 안돼, 2020. 8. 26 (https://www.yna.co.kr/view/AKR20200826124800530).

119) 정부가 가명정보 결합 전문기관 확대를 추진하지만 민간기관 자신이 보유한 데이터를 결합하는 '셀프결합'은 허용하지 않아 업계의 불만이 커지고 있다. 공공처럼 민간 전문기관도 보유 데이터를 결합할 수 있도록 하는 셀프결합 허용 논의가 필요한 것으로 보인다. 19일 업계에 따르면 가명정보 결합 전문기관으로 지정됐거나 지정을 준비하는 기업은 셀프결합이 불가능한 현행 정부 방침으로 인해 시장 확산과 진입이 어려운 것으로 나타났다. ··· 정부가 셀프결합 전면 허용을 주저하는 이유는 시민단체의 반대 때문이다. 시민단체는 특정 기업(결합전문기관)의 데이터 독점 가능성과 사기업 영리 목적만을 취한다는 이유로 셀프결합 허용을 반대하고 있다. 업계는 정부가 결합전문기관을 늘린다는 방침을 확정한 만큼 민간기업의 참여와 가명정보 결합 사례 확대를 위해 전향적 논의가 필요하다고 주장하고 있다. 김지선 전자신문 기자, "가명정보 결합전문기관 확대?···셀프결합 허용부터", 2021.8.19. (https://www.etnews.com/20210819000180).

120) 금융위원회, 이종산업간 데이터 결합·활용 활성화를 위해 데이터 결합 제도를 합리적으로 개선하겠습니다(신용정보법 시행령 및 감독규정 개정안 입법예고 및 안내서 개정), 보도자료(2022.1.7.).

121) 금융위원회, 국민의 자산관리에 실질적 도움이 될 수 있는 마이데이터 2.0을 추진하겠습니다, 보도자료(2024.4.4.).

122) 개인정보보호위원회는 28일 제21회 위원회 회의를 개최해 '가명정보 결합 및 반출 등에 관한 고시' 일부 개정안을 의결했다. 먼저 결합전문기관의 제3자 제공을 위한 자체결합 허용대상이 확대됐다. 그동안 공공결합전문기관은 제3자 제공 목적의 자체결합이 가능했으나, 민간결합전문기관은 보유한 데이터의 자체결합이 제한돼 왔다. 개인정보위는 공공결합전문기관의 자체결합 수행 추이를 지켜본 결과, 제3자 제공 목적의 자체결합이 데이터 공유 생태계를 저해하지 않으며 결합절차 관대화에 따른 문제점도 적은 것으로 판단해, 결합전문기관의 제3자 제공을 위한 자체결합 허용 대상을 현행 공공결합전문기관에서 민간결합전문기관까지 확대했다. 다만, 결합의 객관성 확보를 위해 반출심사위원회 위원을 모두 외부전문가로 구성하게 하고, 결합신청자와 결합전문기관의 업무 담당자를 서로 분리하도록 하는 등 자체결합 시 필요한 안전성 확보조치 관련 사항을 기존보다 명확하게 했다. 황정빈 ZDNET 기자, 민간기관도 가명정보 자체결합 허용된다: 개인정보위, '가명정보의 결합 및 반출 등에 관한 고시' 일부 개정안 의결, 2022. 12. 29 (https://zdnet.co.kr/view/?no=20221229094502).

123) 제4차산업혁명위원회, 제3차 규제·제도혁신 해커톤 개최, 보도자료(2018.4.5.).

124) 윤광석과 이건, 공공데이터 활용 행정 촉진을 위한 거버넌스 모색: 영국의 ADRN 사례를 중심으로, 국가정책연구 제31권 제1호(2016년 12월), pp9~19.

등 필요한 사항은 대통령령으로 정한다.

> 〈신용정보법〉 제26조의4(데이터전문기관) ① 금융위원회는 제17조의2에 따른 정보집합물의 결합 및 제40조의2에 따른 익명처리의 적정성 평가를 전문적으로 수행하는 법인 또는 기관 (이하 "데이터전문기관"이라 한다)을 지정할 수 있다.

(가) 결합전문기관과 데이터전문기관의 의의

개인정보 보호법은 이 법 제28조의2(가명정보의 처리 등)에도 불구하고 통계작성, 과학적 연구, 공익적 기록보존 등을 위한 서로 다른 개인정보처리자 간의 가명정보의 결합은 개인정보보호위원회 또는 관계 중앙행정기관의 장이 지정하는 전문기관이 수행한다고 규정하고 있으며(개인정보 보호법 제28조의3제1항), 결합을 수행한 기관 외부로 결합된 정보를 반출하려는 개인정보처리자는 가명정보 또는 제58조의2(적용제외)에 해당하는 정보, 즉 익명정보로 처리한 뒤 전문기관의 장의 승인을 받아야 한다고 규정하고 있다(동법 제28조의3제2항). 또한 개인정보 보호법은 이 법 제28조의3(가명정보의 결합 제한)제1항에 따른 결합 절차와 방법, 전문기관의 지정과 지정 취소 기준·절차, 관리·감독, 동법 제28조의3제2항에 따른 반출 및 승인 기준·절차 등 필요한 사항은 대통령령으로 정한다고 규정하고 있는데(동법 제28조의3제3항), 결합전문기관은 앞에서 설명한 TTP Model(Trusted Third Party, 신뢰할 수 있는 제3자 모형)에 따라 제도화된 것으로 이해된다.

또한 앞에서 설명한 바와 같이 개인정보 보호법은 결합전문기관 이외에 서로 다른 결합신청자의 결합키를 연계한 정보인 결합키 연계정보를 생성하여 결합전문기관에 제공하는 것과 같이 가명정보의 안전한 결합을 지원하는 업무를 하는 기관인 결합키 관리기관으로 한국인터넷 진흥원(KISA, Korea Internet and Security Agency)를 지정하고 있는데, 이렇게 별도의 결합키 관리기관을 두도록 한 것은 외부인에 의한 해킹 (Hacking)이나 내부 직원의 고의 또는 과실로 인한 개인정보 유출에 대비하기 위해 결합전문기관의 결합 대상 가명정보와 결합키 관리기관의 결합키 연계정보로 분산(分散)시킨 것으로 이해되나 원래 2020년 2월 데이터 3법(개인정보 보호법, 신용정보법, 정보통신망법)의 개정 시 전제하지 않았던 사안이고 실무적으로 불편할 뿐 의미가 없다고 생각한다. 신용정보법은 개인정보 보호법의 가명정보 결합전문기관에 해당하는 데이터

전문기관만을 두고 있는 점을 고려하면 결합키 관리기관을 두는 것이 과연 필요한가에 대해 재고(再考)할 필요가 있다고 하겠다.

신용정보법은 금융위원회는 이 법 제17조의2(정보집합물의 결합 등)에 따른 정보집합물의 결합 및 동법 제40조의2(가명처리·익명처리에 관한 행위규칙)에 따른 익명처리의 적정성 평가를 전문적으로 수행하는 법인 또는 기관(이하 "데이터전문기관"이라 한다)을 지정할 수 있다고 규정하고 있으며(신용정보법 제26조의4제1항), 데이터전문기관은 다음, 1. 신용정보회사등이 보유하는 정보집합물과 제3자가 보유하는 정보집합물 간의 결합 및 전달, 2. 신용정보회사등의 익명처리에 대한 적정성 평가, 3. 제1호 및 제2호와 유사한 업무로서 대통령령으로 정하는 업무를 수행한다고 규정하고 있는데(동법 제26조의4제2항), 신용정보법 시행령은 이 법 제26조의4(데이터전문기관)제2항제3호에서 "대통령령으로 정하는 업무"란 다음, 1. 정보집합물 간의 결합과 가명처리 또는 익명처리에 관한 조사·연구 및 이와 유사한 업무, 2. 정보집합물 간의 결합과 가명처리 또는 익명처리의 표준화에 관한 업무, 3. 데이터전문기관 간 업무 표준화 등을 위한 상호 협력에 관한 업무, 4. 그 밖에 제1호부터 제3호까지와 유사한 업무로서 금융위원회가 정하여 고시하는 업무를 말한다고 규정하고 있다(동법 시행령 제22조의4제7항).

또한 신용정보법은 데이터전문기관은 이 법 제26조의4제2항제1호 및 제2호의 업무를 전문적으로 수행하기 위하여 필요하면 대통령령으로 정하는 바에 따라 적정성평가위원회를 둘 수 있다고 규정하고 있는데(동법 제26조의4제3항), 신용정보법 시행령은 이 법 제26조의4제3항에 따른 적정성평가위원회(이하 "평가위원회"라 한다)의 업무는 다음, 1. 데이터전문기관이 결합한 정보집합물의 가명처리 또는 익명처리에 대한 적정성 평가, 2. 신용정보회사등의 익명처리에 대한 적정성 평가, 3. 그 밖에 제1호 및 제2호와 유사한 업무로서 금융위원회가 정하여 고시하는 업무와 같다고 규정하고 있으며(동법 시행령 제22조의4제8항), 적정성평가위원회의 구성 및 운영에 관한 세부 사항은 데이터전문기관의 장이 정한다고 규정하고 있다(동법 시행령 제22조의4제9항). 한편 개인정보 보호법에 따른 결합전문기관과 신용정보법에 따른 데이터전문기관의 차이는 다음 〈표 10〉과 같다.

표 10 결합전문기관과 데이터전문기관의 비교

구분	결합전문기관	데이터전문기관
지정 부처	개인정보보호위원회 또는 관계 중앙행정기관의 장	금융위원회
근거 법령	개인정보 보호법	신용정보법
소관 업무	개인정보처리자 간 가명정보의 결합	정보집합물의[125] 결합과 익명처리에 대한 적정성 평가
결합 대상정보	가명처리(또는 비식별조치)된 비금융정보	가명처리(또는 비식별조치)된 금융정보와 비금융정보
결합키 관리기관	한국인터넷진흥원(KISA)	—

(나) 결합전문기관 또는 데이터전문기관의 지정과 취소 및 관리와 감독

1) 결합전문기관의 지정과 취소

개인정보 보호법은 이 법 제28조의3(가명정보의 결합 제한)제1항에 따른 결합 절차와 방법, 전문기관의 지정과 지정 취소 기준·절차, 관리·감독, 제2항에 따른 반출 및 승인 기준·절차 등 필요한 사항은 대통령령으로 정한다고 규정하고 있으며(개인정보 보호법 제28조의3제3항), 개인정보 보호법 시행령은 이 법 제28조의3제1항에 따른 전문 기관(이하 "결합전문기관"이라 한다)의 지정 기준은 다음, 1. 개인정보보호위원회가 정하여 고시하는 바에 따라 가명정보의 결합·반출 업무를 담당하는 조직을 구성하고, 개인 정보 보호와 관련된 자격이나 경력을 갖춘 사람을 3명 이상 상시 고용할 것, 2. 개인 정보보호위원회가 정하여 고시하는 바에 따라 가명정보를 안전하게 결합하기 위하여 필요한 공간, 시설 및 장비를 구축하고 가명정보의 결합·반출 관련 정책 및 절차 등 을 마련할 것, 3. 개인정보보호위원회가 정하여 고시하는 기준에 따른 재정 능력을 갖출 것, 4. 최근 3년 이내에 동법 제66조(결과의 공표)에 따라 공표되거나 공표명령을 받은 사실이 없을 것, 5. 최근 1년 이내에 동법 시행령 제29조의2(결합전문기관의 지정 및 지정 취소)제5항에 따른 지정취소 및 제29조의2제4항 단서에 따라 재지정되지 않은 사실이 없을 것을 규정하고 있다(동법 시행령 제29조의2제1항).

---

125) 정보집합물은 정보를 체계적으로 관리하거나 처리할 목적으로 일정한 규칙에 따라 구성되거나 배열된 둘 이상의 정보들로서(신용정보법 제2조제15호나목), 데이터베이스(Data Base)로 이해된다.

한편 개인정보 보호법 시행령은 법인, 단체 또는 기관이 이 법 제28조의3제1항에 따라 결합전문기관으로 지정을 받으려는 경우에는 개인정보보호위원회가 정하여 고시하는 결합전문기관 지정신청서에 다음, 1. 정관 또는 규약과 2. 동법 시행령 제29조의2(결합전문기관의 지정 및 지정 취소)제1항에 따른 지정 기준을 갖추었음을 증명할 수 있는 서류로서 개인정보보호위원회가 정하여 고시하는 서류(전자문서를 포함한다)를 첨부하여 개인정보보호위원회 또는 관계 중앙행정기관의 장에게 제출해야 한다고 규정하고 있으며(개인정보 보호법 시행령 제29조의2제2항), 개인정보보호위원회 또는 관계 중앙행정기관의 장은 이 법 시행령 제29조의2제2항에 따라 지정신청서를 제출한 법인, 단체 또는 기관이 동법 시행령 제29조의2제1항에 따른 지정 기준에 적합한 경우에는 결합전문기관으로 지정할 수 있다고 규정하고 있다(동법 시행령 제29조의2제3항). 그리고 개인정보 보호법 시행령은 결합전문기관 지정의 유효기간은 지정을 받은 날부터 3년으로 하며, 개인정보보호위원회 또는 관계 중앙행정기관의 장은 결합전문기관의 지정을 받은 자가 유효기간의 연장을 신청하면 동법 시행령 제29조의2제1항에 따른 지정 기준에 적합한 경우 결합전문기관으로 재지정할 수 있으나, 다만 다만, 정당한 사유 없이 결합·반출 실적이 없거나 현저히 업무수행 실적이 저조한 경우에는 재지정 이후 결합 활성화를 위한 운영계획, 사업수행 의지 등을 검토하여 재지정하지 않을 수 있다고 규정하고 있다(동법 시행령 제29조의2제4항). 결합전문기관의 지정은 특정인에 대해 배타적으로 새로운 권리, 능력, 법적 지위 또는 포괄적인 법률관계를 설정하는 행정행위인 강학(講學)상의 특허(特許)로서[126] 동 지정은 개인정보 보호법에 의해 규율되는 공법(公法)적 관계로 이해된다.

한편 개인정보 보호법 시행령은 개인정보보호위원회 또는 관계 중앙행정기관의 장은 결합전문기관이 다음, 1. 거짓이나 부정한 방법으로 결합전문기관으로 지정을 받은 경우, 2. 결합전문기관 스스로 지정 취소를 요청하거나 폐업한 경우, 3. 결합전문기관의 지정 기준을 충족하지 못하게 된 경우, 4. 결합 및 반출 등과 관련된 정보의 유출 등 침해사고가 발생한 경우, 5. 그 밖에 개인정보 보호법 또는 동법 시행령에 따른 의무를 위반한 경우에는 결합전문기관의 지정을 취소할 수 있다고 규정하고 있으나(동법 시행령 제29조의2제5항), 다만 동법 시행령 제29조의2제5항제1호와 제2호인,

---

126) 박균성, 행정법강의(제15판), 박영사(2018), pp229~231.

1. 거짓이나 부정한 방법으로 결합전문기관으로 지정을 받은 경우와 2. 결합전문기관 스스로 지정 취소를 요청하거나 폐업한 경우에는 지정을 취소하여야 한다고 규정하고 있다(동법 시행령 제29조의2제5항 단서). 결합전문기관의 취소의 법적 성격과 관련하여 강학(講學)상의 취소와 철회의 개념이 혼용되고 있는 것으로 이해되는데,[127] 개인정보 보호법 시행령 제29조의2(결합전문기관의 지정 및 지정 취소)제5항제1호의 지정 취소요건 인 거짓이나 부정한 방법으로 결합전문기관으로 지정을 받은 경우에는 위법한 하자(瑕 疵)가 있다고 하겠으나 나머지 등록 취소요건들은 사후(事後)적으로 발생한 사정(事情) 인 점, 결합전문기관의 지정에 따라 동 사업을 영위하고 있는 결합전문기관이 가명정 보 등의 결합을 제공하고 있었으므로 이용자들과의 신뢰를 보호하기 위해 지정취소의 효력을 장래에 발생하도록 하는 점 등을 볼 때 강학(講學)상의 취소와 철회의 개념이 혼용되고 있는 것으로 생각된다.

한편 개인정보 보호법 시행령은 개인정보보호위원회 또는 관계 중앙행정기관의 장 은 결합전문기관의 지정을 취소하려는 경우에는 청문을 해야한다고 규정하고 있으며 (동법 시행령 제29조의2제6항), 개인정보보호위원회 또는 관계 중앙행정기관의 장은 결합 전문기관을 지정, 재지정 또는 지정 취소하였을 때에는 이를 관보에 공고하거나 개인 정보보호위원회 또는 관계 중앙기관의 홈페이지에 하여야 하고, 이 경우 관계 중앙행 정기관의 장이 결합전문기관을 지정, 재지정 또는 지정 취소한 경우에는 개인정보보 호위원회에 통보하여야 한다고 규정하고 있다(동법 시행령 제29조의2제7항). 또한 개인정 보 보호법 시행령은 이 법 시행령 제29조의2제1항부터 제7항까지에서 규정한 사항 외에 결합전문기관 지정 절차, 세부 지정기준, 심사방법, 재지정 등에 관하여 필요한 사항은 개인정보보호위원회가 정하여 고시하도록 규정하고 있는데(동법 시행령 제29조의 3제8항), 개인정보보호위원회는 가명정보의 결합 및 반출 등에 관한 고시(개인정보보호위 원회 고시 제2024-2호(2024.1.30.))를 제정ㆍ시행하고 있다.

---

127) 강학(講學)상 취소(取消)는 일단 유효하게 발령된 행정행위를 처분청이나 감독청이 그 행위의 위법 또 는 부당한 하자(瑕疵)가 있음을 이유로 하여 직권으로 그 효력을 소급(遡及)하여 소멸시키는 새로운 행정행위를 말하며, 행정행위의 취소(取消)는 일단 유효하게 성립된 행정행위의 효과를 사후(事後)에 소멸시키는 점에서 처음부터 효력이 없는 행정행위의 무효(無效)와 구별되고, 성립에 하자가 있는 행 정행위의 효과를 소급(遡及)하여 소멸시킨다는 점에서 적법한 요건을 구비하여 효력을 발생하였으나 사후(事後)적으로 발생한 사유로 인해 그 행위의 효력의 전부 또는 일부를 장래(將來)에 향해 소멸시 키는 행정행위의 철회(撤回)와 구별된다고 하겠다. 홍정선, 신행정법특강, 박영사(2018), pp249~262.

2) 데이터전문기관의 지정과 취소

신용정보법은 금융위원회는 이 법 제17조의2(정보집합물의 결합 등)에 따른 정보집합물의 결합 및 제40조의2(가명처리 · 익명처리에 관한 행위규칙에) 따른 익명처리의 적정성 평가를 전문적으로 수행하는 법인 또는 기관(이하 "데이터전문기관"이라 한다)을 지정할 수 있다고 규정하고 있으며(신용정보법 제26조의4제1항), 이 법 제26조의4(데이터전문기관)제1항에 따른 지정의 기준 및 취소에 관하여 필요한 사항은 대통령령으로 정한다고 규정하고 있다(동법 제26조의4제5항). 금융위원회는 신용정보법 제26조의4제1항에 따라 다음 각 호인, 1. 다음 각 목의, 가. 「민법」 제32조에 따라 설립된 비영리법인, 나. 「개인정보 보호법」 제2조제6호에 따른 공공기관, 다. 금융위원회가 정하여 고시하는 자본금 및 매출액 등 요건을 갖춘 법인의 어느 하나에 해당하는 법인 또는 기관일 것, 2. 금융위원회가 정하여 고시하는 시설 · 설비, 인력 · 조직 및 재정능력을 갖출 것, 3. 신용정보의 유출 등을 방지하기 위한 위험관리체계와 신용정보주체의 권익을 보호하기 위한 내부통제장치가 마련되어 있을 것, 4. 그 밖에 금융위원회가 정하여 고시하는 요건을 모두 갖춘 법인 또는 기관을 데이터전문기관으로 지정할 수 있는데(동법 시행령 제24조의4제1항), 데이터전문기관의 지정도 결합전문기관의 지정과 같이 특정인에 대해 배타적으로 새로운 권리, 능력, 법적 지위 또는 포괄적인 법률관계를 설정하는 행정행위인 강학(講學)상의 특허(特許)로 이해된다.

신용정보법 시행령 제24조의4제1항에 따라 데이터전문기관 지정을 받으려는 자는 금융위원회가 정하여 고시하는 지정신청서에 다음, 1. 정관 또는 이에 준하는 규정, 2. 이 법 시행령 제24조의4제1항에 따른 요건을 갖췄는지를 확인할 수 있는 서류, 3. 그 밖에 금융위원회가 정하여 고시하는 서류(전자문서를 포함한다)를 첨부하여 금융위원회에 제출해야 하는데, 이 경우 금융위원회는 「전자정부법」 제36조(행정정보의 효율적 관리 및 이용)제1항에 따른 행정정보의 공동이용을 통하여 해당 법인의 등기사항증명서(법인인 경우에만 해당한다)를 확인해야 하며, 해당 법인이 확인에 동의하지 않는 경우에는 이를 제출하도록 해야 한다(동법 시행령 제24조의4제2항). 또한 금융위원회는 신용정보법 시행령 제22조의4제2항에 따른 신청을 받아 데이터전문기관을 지정한 경우에는 금융위원회가 정하여 고시하는 서식에 따른 데이터전문기관 지정서를 발급하고, 이 법 제7조(허가 등의 공고)에 따라 해당 데이터전문기관의 명칭 · 주소 · 전화번호 및 대표자의 성명을 공고해야 한다(동법 시행령 제22조의4제3항).

한편 신용정보법은 금융위원회는 이 법 시행령 제24조의4제3항에 따라 지정된 데이터전문기관이 다음, 1. 거짓이나 그 밖의 부정한 방법으로 데이터전문기관 지정을 받은 경우, 2. 지정된 데이터전문기관 스스로 지정 취소를 원하는 경우나 해산·폐업한 경우, 3. 이 법 시행령 제24조의4제1항에 따른 요건을 충족하지 못하게 된 경우, 4. 고의 또는 중대한 과실로 데이터전문기관 업무를 부실하게 수행하는 등 그 업무를 적정하게 수행할 수 없다고 인정되는 경우의 어느 하나에 해당하는 경우에는 데이터전문기관 지정을 취소할 수 있으나(동법 시행령 제22조의4제4항), 다만 1. 거짓이나 그 밖의 부정한 방법으로 데이터전문기관 지정을 받은 경우 또는 2. 지정된 데이터전문기관 스스로 지정 취소를 원하는 경우나 해산·폐업한 경우에는 데이터전문기관 지정을 취소해야 한다고 규정하고 있는데(동법 시행령 제22조의4제4항 단서), 데이터전문기관 지정 취소는 결합전문기관의 지정 취소와 같이 강학(講學)상의 취소와 철회의 개념이 혼용되고 있는 것으로 이해된다. 금융위원회는 신용정보법 시행령 제22조의4제4항에 따라 데이터전문기관 지정을 취소하려면 청문을 해야 한다(동법 시행령 제22조의4제5항).

3) 결합전문기관 또는 데이터전문기관의 관리와 감독

개인정보 보호법 시행령은 개인정보보호위원회 또는 관계 중앙행정기관의 장은 결합전문기관을 지정한 경우에는 해당 결합전문기관의 업무 수행능력 및 기술·시설 유지 여부 등을 관리·감독해야 한다고 규정하고 있으며(개인정보 보호법 시행령 제29조의4제1항), 결합전문기관은 개인정보 보호법 시행령 제29조의4(결합전문기관의 관리·감독 등) 제1항에 따른 관리·감독을 위하여 다음, 1. 가명정보의 결합·반출 실적보고서, 2. 결합전문기관의 지정 기준을 유지하고 있음을 증명할 수 있는 서류, 3. 가명정보의 안전성 확보에 필요한 조치를 하고 있음을 증명할 수 있는 서류로서 개인정보보호위원회가 정하여 고시하는 서류를 개인정보보호위원회가 정하여 고시하는 바에 따라 개인정보보호위원회 또는 관계 중앙행정기관의 장에게 제출해야 한다고 규정하고 있다(동법 시행령 제29조의4제2항). 또한 개인정보 보호법 시행령은 개인정보보호위원회는 다음, 1. 결합전문기관의 가명정보의 결합 및 반출 승인 과정에서의 법 위반 여부, 2. 결합신청자의 가명정보 처리 실태, 3. 그 밖에 가명정보의 안전한 처리를 위하여 필요한 사항으로서 개인정보보호위원회가 정하여 고시하는 사항을 관리·감독해야 한다고 규정하고 있다(동법 시행령 제29조의4제3항).

한편 신용정보법은 금융위원회는 데이터전문기관에 대하여 이 법 또는 이 법에 따른 명령의 준수 여부를 감독한다고 규정하고 있으며(신용정보법 제45조제1항), 금융위원회는 이 법 제제45조(감독·검사 등)제1항에 따른 감독에 필요하면 데이터전문기관에 대하여 그 업무 및 재산상황에 관한 보고 등 필요한 명령을 할 수 있다고 규정하고 있다(동법 제45조제2항). 신용정보법 시행령은 금융위원회는 신용정보법 제49조(권한의 위임·위탁)에 따라 다음, 1. 이 법 제40조의2(가명처리·익명처리에 관한 행위규칙)제3항에 따른 익명처리의 적정성 심사 요청 접수, 2. 이 법 제40조의2제4항에 따른 익명처리의 적정성 인정의 업무를 데이터전문기관에 위탁한다고 규정하고 있으며(동법 시행령 제37조제4항), 신용정보법 시행령은 데이터전문기관은 이 법 시행령 제37조(권한의 위임 또는 위탁)제4항의 규정에 따라 위탁받은 업무의 처리 내용을 6개월마다 금융위원회에 보고해야 한다고 규정하고 있다(동법 시행령 제37조제7항).

참고자료 및 질문

1. **가명처리와 추가정보.** 개인정보 보호법의 가명정보를 생성하기 위해 개인정보를 가명처리(또는 비식별조치)하는 경우 원래의 상태로 복원하기 위한 추가정보와 신용정보법의 정보집합물에 대한 가명처리를 위해 사용한 추가정보의 대상과 범위에 대해 논란이 제기되고 있는데, 이에 대해 1. 추가정보로는 가명정보 생성 시 이용된 결합 키(Matching key)에 한정된다는 입장과 2. 결합키(Matching key) 이외에도 추가정보가 존재할 수 있다는 입장이 제기되고 있다. 그러나 현실적으로는 가명정보의 생성 시 이용된 결합키(Matching key) 이외에 다른 추가정보가 존재하기는 어렵다고 생각된다. 이러한 논란은 앞에서 설명한 결합키 관리기관의 필요성과 함께 과연 가명정보와 가명정보 결합의 활성화를 위해 무엇이 요구되는가에 대해 생각해 볼 문제라고 하겠는데 이에 대한 당신의 입장과 의견은 무엇인가?

2. **가명처리와 분석공간.** 가명처리 후 결합된 개인정보나 정보집합물에 대해 추가적인 분석이 개인정보 활용을 위해 일반적으로 요구된다고 생각되는데, 이렇게 결합된 가명정보에 대한 추가적인 분석을 위한 분석공간 관련 논란이 제기된 바 있다. 이러한 분석공간 관련 논란은, 1. 개인정보의 보호 측면에서 결합된 가명정보의 추가적 분석을 결합전문기관 내에서만 해야 한다는 입장과 2. 개인정보의 활용 측면에서 결합전문기관 외에서도 할 수 있게 해야한다는 입장이 제기되고 있다. 개인정보의 안전한 보호를 이유로 하겠으나 현실적으로 결합전문기관의 물적·

인적·기술적 능력의 한계가 있어 동 기관으로 한정할 경우 추가분석에 애로가 있는 점, 가명정보와 가명정보 결합을 활성화하기 위해 추가분석의 현실적 수요와 필요성이 요구되는 점을 고려하여 결합전문기관 외에서도 분석(分析)을 할 수 있도록 하는 것이 바람직하다고 하겠으며, 향후 클라우드(Cloud computing)과 다양한 빅데이터 분석 도구를 결합하여 외부에서의 추가분석을 하는 것이 필요하다고 생각되는데, 이에 대한 당신으 입장과 의견은 무엇인가?

3. **개인정보 안심구역.** 개인정보 안심구역은 〈그림 11〉과 같이 개인정보의 분실·도난·유출 등 우려가 없는 안전한 환경에서, 보다 자유로운 개인정보 분석·활용을 허용하는 안심구역(물리적 공간에 한정되지 않으며, 특정 분야·사업·방식·가상공간 등 포함 가능)으로 이해된다.

그림 11 개인정보 안심구역

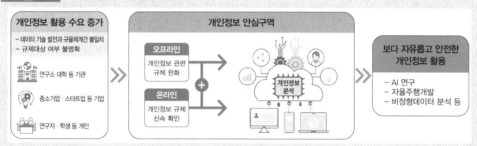

개인정보 안심구역은 제로 트러스트(Zero Trust) 보안 모델 기반의 안전조치, 사전·사후적 데이터 처리과정 통제 등 환경적 안전성을 갖추면 기존에 사실상 제한이 되어왔던 다양한 데이터 처리가 가능하도록 지원하는 제도로서, 제로 러스트(Zero Trust)란 "아무것도 신뢰하지 않는다"는 원칙을 전제로, 내부사용자에 대해서도 무조건적으로 신뢰하지 않고, 데이터 처리 과정 전체를 검증하는 것을 목표로 하는 보안 모델이다.[128] 개인정보 안심구역은 요구되는 환경적 안전성으로 4인 이상의 담당조직, 오프라인 폐쇄망 분석환경, 멀티팩터 인증, 데이터 외부반출 금지 등을 갖추도록 하고 있으며, 동 제도가 사실상 제한이 되어 왔던 다양한 데이터 처리가 가능하도록 지원되는 사항으로 가명처리 수준을 적정 수준으로 완화, 다양한 결합키 활용을 통한 결합률 제고, 지속적·반복적 연구를 위한 가명정보의 장기간 보관 및 제3자 재사용 허용, 빅데이터(영상·이미지 등) 표본(샘플링) 검사, 개인정보보호 강화기술 실증 등이 있을 것으로 이해된다.

4. **통신비밀보호법의 이해.** 헌법은 모든 국민은 통신의비밀을 침해받지 아니한다고 규정하고 있으며(헌법 제18조), 통신비밀보호법은 전기통신사업법과 함께 이러한 기본권인 국민의 통신비밀을 보장하기 위한 것으로 이해된다. 통신비밀보호법과 전기통신사업법의 적용 대상인 통신비밀

자료로는 〈표 11〉과 같이 통신제한 조치인 감청(監聽), 통신사실확인자료, 통신자료가 있다.[129]

표 11 통신비밀 자료의 종류

구분	목적	대상범죄	대상자료	요청절차
통신제한조치 (감청(監聽)) (통신비밀보호법 제5조~제9조)	수사대상자의 통신내용 확인	살인, 강도, 마약, 폭력, 국가보안법 위반 등	대화 및 통화내용, 전자우편, 비공개모임 게시내용, 모바일 메신저	수사기관이 법원의 허가서 또는 대통령 승인(외국인)을 받아 통신사업자들에 요청
통신사실 확인자료 (통신비밀보호법 제13조)	수사대상자의 통신사실 확인	형(刑)집행, 범죄수사, 국가안보	통신일시, 개시 및 종료시간, 상대방 전화번호, 사용빈도(頻度)수, 로그(Log)기록, 접속(接續)지 IP주소, 발신기지국위치 추적자료	상동(上同)
통신자료 (전기통신사업법 제83조제3항)	수사대상자의 인적사항 확인		성명, 아이디(ID), 주소, 전화번호, 가입 및 해지일, 주민등록번호	검사, 총경, 4급 이상 공무원 등이 결재한 제공요청서를 받아 통신사업자들에게 협조요청(법원허가서 불필요)

한편 법무부와 과학기술정보통신부가 공동소관(所管)으로 통신비밀보호법을 시행되고 있는데, 법무부는 이 법에 의한 감청 등 통신비밀 자료의 범위, 수사기관과 전기통신사업자간 자료요청 및 제공절차, 동 법의 위반 시 제재 등 통신비밀 보호제도 전반에 관한 사항을 소관하고 있으며, 과학기술정보통신부는 2000년 9월부터 매년 반기(半期)별로 전기통신사업자들이 수사기관에 제공한 통신사실확인자료 등의 협조실적을 집계하고, 이외에 1년에 2회 실시하는 통신비밀 보호 관련 자료 관리에 대한 실태점검, 감청설비의 제조·수입·판매 시 인가 업무를 수행하고 있다.

5. Privacy by Design(개인정보보호 중심의 설계). Privacy by Design은 캐나다 Ontario 주(州)의 개인정보보호위원회 위원이었던 앤 캐부키안(Anne Cavoukian)이 1990년대에 창시한 개념으로서[130], 제품과 서비스의 개발 시 최초 기획 단계부터 최종 폐기 단계까지 전체 생애주기(Life cycle)에서 개인정보 보호를 위해 이용자의 Privacy를 고려한 기술과 정책을 적용하여 설계하는 것을 말한다. Privacy by Design은 7가지 원칙을 포함하는데, 1. Proactive not retroactive; Preventive not remedial(사후가 아닌 사전 대비; 사후 해결이 아닌 사전 예방), 2. Privacy as the Default setting(개인정보보호를 기본값으로 설정), 3. Privacy as Embedded in to Design(최초 설계에 개인정보보호를 포함), 4. Full Functionality: Positive-sum, Not Zero-sum(상호대체가 아닌 상호보완을 통한 전체적 기능보장), 5. End-to-End Security: Full Lifecycle Protection(시작부터 끝까지 전체수명 주기에 따른 보안의 유지), 6. Visibility and Transparency: Keep it Open(가시성과 투명성을 통한 공개유지), 7. Respect for User Privacy (이용자의 개인정보보호를 위한 이용자 중심의 설계와 운영)이 이러한 7가지 원칙의 내용이다. 한편 EU GDPR은 Article 25의 Data protection by design and by default에서 동 원칙을 반영하고 있다.

제 3 절 개인정보와 개인신용정보의 제공과 이전

이미 앞에서 설명한 바와 같이 정보주체나 개인인 신용정보주체의 동의 등을 통해 개인정보처리자나 신용정보회사등은 개인정보나 개인신용정보를 수집·이용하고 동 정보들을 처리하며 활용하게 된다. 한편 이렇게 처리되어 활용되고 있는 개인정보나 개인신용정보를 개인정보처리자나 신용정보회사등이 제3자 등에게 제공하거나 이전하는 경우가 있는데, 예를 들면 개인정보처리자간이나 신용정보회사등간 인수합병(M&A, Merger and Acquisition)과 영업양수도, 멤버십(Membership) 공동 활용과 같은 공동 마케팅이나 업무제휴 등을 위한 개인정보나 개인신용정보의 공동활용 등이 개인정보나 개인신용정보의 제공과 이전으로 이해된다. 한편, 통신망과 컴퓨터 기술의 발달로 인해 Google, Meta((구)Facebook), Netflix 등 Global 정보통신 기업이 전 세계를 상대로 개인정보를 수집·이용함에 따라 개인정보의 국외(國外) 이전에 대한 우려와 논란이 커지고 있는데, 2023년 개인정보 보호법 개정을 통해 개인정보의 국외 이전 방식에 대한 개정이 대폭 이루어졌다고 생각된다.

---

128) 개인정보보호위원회, 개인정보위, 「개인정보 안심구역」 신규 기관 공모, 보도자료(2024.4.23.).
129) 신종철, 통신법 해설(개정판), 진한M&B(2019), pp270~274.
130) Anne Cavoukian, Privacy by Design: The 7 Foundational princiles, Infomation and Privacy Commissioner, Ontario, Canada(2011), p1.

1. 개인정보와 개인신용정보의 제공

〈개인정보 보호법〉 제17조(개인정보의 제공) ① 개인정보처리자는 다음 각 호의 어느 하나에 해당되는 경우에는 정보주체의 개인정보를 제3자에게 제공(공유를 포함한다. 이하 같다)할 수 있다.

1. 정보주체의 동의를 받은 경우
2. 제15조제1항제2호, 제3호 및 제5호부터 제7호까지에 따라 개인정보를 수집한 목적 범위에서 개인정보를 제공하는 경우

② 개인정보처리자는 제1항제1호에 따른 동의를 받을 때에는 다음 각 호의 사항을 정보주체에게 알려야 한다. 다음 각 호의 어느 하나의 사항을 변경하는 경우에도 이를 알리고 동의를 받아야 한다.

1. 개인정보를 제공받는 자
2. 개인정보를 제공받는 자의 개인정보 이용 목적
3. 제공하는 개인정보의 항목
4. 개인정보를 제공받는 자의 개인정보 보유 및 이용 기간
5. 동의를 거부할 권리가 있다는 사실 및 동의 거부에 따른 불이익이 있는 경우에는 그 불이익의 내용

③ 삭제

④ 개인정보처리자는 당초 수집 목적과 합리적으로 관련된 범위에서 정보주체에게 불이익이 발생하는지 여부, 암호화 등 안전성 확보에 필요한 조치를 하였는지 여부 등을 고려하여 대통령령으로 정하는 바에 따라 정보주체의 동의 없이 개인정보를 제공할 수 있다

〈신용정보법〉 제32조(개인신용정보의 제공·활용에 대한 동의) ① 신용정보제공·이용자가 개인신용정보를 타인에게 제공하려는 경우에는 대통령령으로 정하는 바에 따라 해당 신용정보주체로부터 다음 각 호의 어느 하나에 해당하는 방식으로 개인신용정보를 제공할 때마다 미리 개별적으로 동의를 받아야 한다. 다만, 기존에 동의한 목적 또는 이용 범위에서 개인신용정보의 정확성·최신성을 유지하기 위한 경우에는 그러하지 아니하다.

1. 서면
2. 「전자서명법」 제2조제2호에 따른 전자서명(서명자의 실지명의를 확인할 수 있는 것을 말한다)이 있는 전자문서(「전자문서 및 전자거래 기본법」 제2조제1호에 따른 전자문서를 말한다)
3. 개인신용정보의 제공 내용 및 제공 목적 등을 고려하여 정보 제공 동의의 안정성과 신뢰성이 확보될 수 있는 유무선 통신으로 개인비밀번호를 입력하는 방식
4. 유무선 통신으로 동의 내용을 해당 개인에게 알리고 동의를 받는 방법. 이 경우 본인

여부 및 동의 내용, 그에 대한 해당 개인의 답변을 음성녹음하는 등 증거자료를 확보·유지하여야 하며, 대통령령으로 정하는 바에 따른 사후 고지절차를 거친다.

5. 그 밖에 대통령령으로 정하는 방식

가 개인정보와 개인신용정보 제공의 의의

개인정보 보호법은 개인정보처리자는 다음, 1. 정보주체의 동의를 받은 경우와 2. 이 법 제15조(개인정보의 수집·이용)제1항제2호, 제3호 및 제5호부터 제7호까지에 따라 개인정보를 수집한 목적 범위에서 개인정보를 제공하는 경우의 어느 하나에 해당되는 경우에는 정보주체의 개인정보를 제3자에게 제공(공유를 포함한다)할 수 있다고 규정하고 있는데(개인정보 보호법 제17조제1항), 개인정보의 제공은 개인정보처리자 이외의 제3자에게 개인정보의 통제권과 관리권을 이전시키는 것으로서 개인정보를 저장한 매체나 출력된 문서 등을 전달하는 것뿐만 아니라 데이터베이스(Data Base)에 접속할 수 있는 권한을 허용하여 열람 또는 자료의 출력 등을 가능하게 하여 개인정보를 공유하는 경우도 제공에 포함된다고 해석된다. 개인정보의 제공은 개인정보의 이용, 개인정보 처리업무위탁, 영업의 양도와 차이가 있는데, 우선 개인정보의 이용은 개인정보처리자가 개인정보의 통제권과 관리권의 이전 없이 자신의 목적으로 개인정보를 사용하는 것이나 개인정보의 제공은 개인정보처리자와 정보주체 이외의 제3자에게 개인정보의 통제권과 관리권이 이전되는 것으로 제3자에는 개인정보 처리업무수탁자와 정보주체의 대리인은 제외되는 것으로 이해된다.

한편 앞에서 설명한 〈표 8〉의 개인정보 처리업무위탁과 개인정보 제3자 제공에서 비교한 바와 같이 개인정보의 제공과 개인정보의 처리위탁업무는 양자(兩者) 모두 개인정보가 다른 사람인 제3자에게 이전되거나 공동으로 처리된다는 점은 동일(同一)하나, 개인정보의 처리위탁은 개인정보처리자의 업무를 처리할 목적으로 개인정보가 제3자인 개인정보 처리업무수탁자에게 이전되는 반면 개인정보의 제공은 제공받는 제3자의 업무를 처리할 목적과 이익을 위해서 개인정보가 이전된다는 점에서 차이가 있으며, 또한 개인정보 처리위탁은 개인정보처리자의 관리와 감독을 받게 되나 개인정보의 제3자 제공은 개인정보가 제공된 이후에는 제3자가 그 자신의 책임에 따라 개인정보를 처리하고 개인정보처리자의 관리와 감독권이 미치지 아니하는 것으로 해석된다. 한편 영업의 양도와 합병 등에 의한 개인정보의 이전은 개인정보가 제3자에게 이전된다는 점에서는 개인정보의 제공과 유사하나 영업의 양도와 합병 등은 개인정보를 처리·이용하는 업무의 형태는 변하지 않고 다만 개인정보처리자만 변경된다는 점에서 개인정보처리자가 변경되는 개인정보의 제공과 차이가 있는 것으로 이해된다.

신용정보법은 신용정보제공·이용자가 개인신용정보를 타인에게 제공하려는 경우에는 대통령령으로 정하는 바에 따라 해당 신용정보주체로부터 다음 각 호의 어느 하나에 해당하는 방식으로[131] 개인신용정보를 제공할 때마다 미리 개별적으로 동의를 받아야 하나, 다만, 기존에 동의한 목적 또는 이용 범위에서 개인신용정보의 정확성·최신성을 유지하기 위한 경우에는 그러하지 아니하다고 규정하고 있으며(신용정보법 제32조제1항), 신용정보법은 신용정보제공·이용자란 고객과의 금융거래 등 상거래를 위하여 본인의 영업과 관련하여 얻거나 만들어 낸 신용정보를 타인에게 제공하거나 타인으로부터 신용정보를 제공받아 본인의 영업에 이용하는 자와 그 밖에 이에 준하는 자로서 대통령령으로 정하는 자를[132] 말한다고 규정하고 있다(동법 제2조제7호).

---

[131] 신용정보법은 대통령령으로 정하는 바에 따라 해당 신용정보주체로부터 다음, 1. 서면, 2. 「전자서명법」 제2조(정의)제2호에 따른 전자서명(서명자의 실지명의를 확인할 수 있는 것을 말한다)이 있는 전자문서(「전자문서 및 전자거래 기본법」 제2조(정의)제1호에 따른 전자문서를 말한다), 3. 개인신용정보의 제공 내용 및 제공 목적 등을 고려하여 정보 제공 동의의 안정성과 신뢰성이 확보될 수 있는 유무선 통신으로 개인비밀번호를 입력하는 방식, 4. 유무선 통신으로 동의 내용을 해당 개인에게 알리고 동의를 받는 방법(이 경우 본인 여부 및 동의 내용, 그에 대한 해당 개인의 답변을 음성녹음하는 등 증거자료를 확보·유지하여야 하며, 대통령령으로 정하는 바에 따른 사후 고지절차를 거친다), 5. 그 밖에 대통령령으로 정하는 방식의 어느 하나에 해당하는 방식으로 개인신용정보를 제공할 때마다 미리 개별적으로 동의를 받아야 하나, 다만, 기존에 동의한 목적 또는 이용 범위에서 개인신용정보의 정확성·최신성을 유지하기 위한 경우에는 그러하지 아니하다고 규정하고 있다(신용정보법 제32조제1항).

[132] 신용정보법 시행령은 이 법 제2조(정의)제7호에서 대통령령으로 정하는 자란, 1. 「우체국예금·보험에 관한 법률」에 따른 체신관서, 2. 「상호저축은행법」에 따른 상호저축은행중앙회, 3. 「벤처투자 촉진에 관한 법률」에 따른 중소기업창업투자회사 및 벤처투자조합 및 개인투자조합, 4. 「국채법」에 따른 국채등록기관, 5. 특별법에 따라 설립된 조합·금고 및 그 중앙회·연합회, 6. 특별법에 따라 설립된 공사·공단·은행·보증기금·보증재단 및 그 중앙회·연합회, 6의2. 특별법에 따라 설립된 법인 또는 단체로서, 가. 공제조합, 나. 공제회, 다. 그 밖에 이와 비슷한 법인 또는 단체로서 같은 직장·직종에 종사하거나 같은 지역에 거주하는 구성원의 상호부조, 복리증진 등을 목적으로 구성되어 공제사업을 하는 법인 또는 단체, 7. 감사인, 8. 그 밖에 금융위원회가 정하여 고시하는 자의 어느 하나에 해당하는 자를 말한다고 규정하고 있다(신용정보법 시행령 제2조제18항).

나 개인정보와 개인신용정보의 제공과 목적 외 제공 제한 등

(1) 개인정보와 개인신용정보의 제공

(가) 개인정보의 제공

개인정보 보호법은 개인정보처리자는 다음, 1. 정보주체의 동의를 받은 경우와 2. 이 법 제15조(개인정보의 수집·이용)제1항제2호, 제3호 및 제5호부터 제7호까지에 따라 개인정보를 수집한 목적 범위에서 개인정보를 제공하는 경우의 어느 하나에 해당되는 경우에는 정보주체의 개인정보를 제3자에게 제공(공유를 포함한다)할 수 있다고 규정하고 있다(개인정보 보호법 제17조제1항).

2023년 개인정보 보호법 개정을 통해 2023년 개정 전 "2. 개인정보 보호법 제15조제1항제2호·제3호·제5호 및 제39조의3(개인정보의 수집·이용 동의 등에 대한 특례)제2항제2호·제3호에 따라 개인정보를 수집한 목적 범위에서 개인정보를 제공하는 경우"를 "이 법 제15조(개인정보의 수집·이용)제1항제2호, 제3호 및 제5호부터 제7호까지"로 개정함으로써 온라인과 오프라인상의 개인정보처리자에 대한 규제를 일원화(一元化)하는 한편, 개인정보 보호법 제15조제1항제6호의 "개인정보처리자의 정당한 이익을 달성하기 위하여 필요한 경우로서 명백하게 정보주체의 권리보다 우선하는 경우(이 경우 개인정보처리자의 정당한 이익과 상당한 관련이 있고 합리적인 범위를 초과하지 아니하는 경우에 한한다)"와 제15조제1항제7호의 "공중위생 등 공공의 안전과 안녕을 위하여 긴급히 필요한 경우"를 사전동의에 대한 예외 요건으로 추가하는 개정이 이루어졌는데, 동의 만능주의 해소를 위해 바람직한 입법이라 생각한다.

또한 개인정보 보호법은 개인정보처리자는 이 법 제17조(개인정보의 제공)제1항제1호에 따른 동의를 받을 때에는 다음, 1. 개인정보를 제공받는 자, 2. 개인정보를 제공받는 자의 개인정보 이용 목적, 3. 제공하는 개인정보의 항목, 4. 개인정보를 제공받는 자의 개인정보 보유 및 이용 기간, 5. 동의를 거부할 권리가 있다는 사실 및 동의 거부에 따른 불이익이 있는 경우에는 그 불이익의 내용의 사항을 정보주체에게 알려야 하며, 이러한 고지(告知)사항 중 어느 하나의 사항을 변경하는 경우에도 이를 알리고 동의를 받아야 한다고 규정하고 있으며(동법 제17조제2항), 개인정보처리자는 당초 수집 목적과 합리적으로 관련된 범위에서 정보주체에게 불이익이 발생하는지 여부,

암호화 등 안전성 확보에 필요한 조치를 하였는지 여부 등을 고려하여 대통령령으로 정하는 바에 따라 정보주체의 동의 없이 개인정보를 제공할 수 있다고 규정하고 있는데(동법 제17조제4항), 동 조항은 앞에서 설명한 개인정보 보호법 제15조(개인정보의 수집·이용)제3항에서 설명한 바와 같다.

한편, 2023년 개인정보 보호법 개정을 통해 개정 전 이 법 제17조제3항이 "개인정보처리자가 개인정보를 국외의 제3자에게 제공할 때에는 제2항 각 호에 따른 사항을 정보주체에게 알리고 동의를 받아야 하며, 이 법을 위반하는 내용으로 개인정보의 국외 이전에 관한 계약을 체결하여서는 아니 된다."라고 규정하고 있던 것을 삭제하고 동법 제28조의8(개인정보의 국외 이전)을 신설하였는데 이에 대해서는 국외 이전 개인정보 보호 관련 부분에서 설명하고자 한다.

(나) 개인신용정보의 제공

1) 개인신용정보 제공의 동의와 방법 등

신용정보법은 신용정보제공·이용자가 개인신용정보를 타인에게 제공하려는 경우에는 대통령령으로 정하는 바에 따라 해당 신용정보주체로부터 다음, 1. 서면, 2. 「전자서명법」 제2조(정의)제2호에 따른 전자서명(서명자의 실지명의를 확인할 수 있는 것을 말한다)이 있는 전자문서(「전자문서 및 전자거래 기본법」 제2조(정의)제1호에 따른 전자문서를 말한다), 3. 개인신용정보의 제공 내용 및 제공 목적 등을 고려하여 정보 제공 동의의 안정성과 신뢰성이 확보될 수 있는 유무선 통신으로 개인비밀번호를 입력하는 방식, 4. 유무선 통신으로 동의 내용을 해당 개인에게 알리고 동의를 받는 방법(이 경우 본인 여부 및 동의 내용, 그에 대한 해당 개인의 답변을 음성녹음하는 등 증거자료를 확보·유지하여야 하며, 대통령령으로 정하는[133] 바에 따른 사후 고지절차를 거친다), 5. 그 밖에 대통령령으로 정하는[134] 방식의 어느 하나에 해당하는 방식으로 개인신용정보를 제공할 때마다 미리

---

[133] 신용정보법 시행령은 신용정보제공·이용자는 이 법 제32조(개인신용정보의 제공·활용에 대한 동의)제1항제4호에 따라 유무선 통신을 통하여 동의를 받은 경우에는 1개월 이내에 서면, 전자우편, 휴대전화 문자메시지, 그 밖에 금융위원회가 정하여 고시하는 방법으로 이 법 제32조제2항 각 호의 사항을 고지하여야 한다고 규정하고 있다(신용정보법 시행령 제28조제3항).

[134] 신용정보법 시행령은 이 법 제32조(개인신용정보의 제공·활용에 대한 동의)제1항제5호에서 "대통령령으로 정하는 방식"이란 정보 제공 동의의 안전성과 신뢰성이 확보될 수 있는 수단을 활용함으로써 해당 신용정보주체에게 동의 내용을 알리고 동의의 의사표시를 확인하여 동의를 받는 방식을 말한다고 규정하고 있다(신용정보법 시행령 제28조제4항).

개별적으로 동의를 받아야 하나, 다만 기존에 동의한 목적 또는 이용 범위에서 개인 신용정보의 정확성·최신성을 유지하기 위한 경우에는 그러하지 아니하다고 규정하고 있다(신용정보법 제32조제1항).

신용정보법 시행령은 신용정보제공·이용자는 이 법 제32조(개인신용정보의 제공·활용에 대한 동의)제1항 각 호 외의 부분 본문에 따라 해당 신용정보주체로부터 동의를 받으려면 다음, 1. 개인신용정보를 제공받는 자, 2. 개인신용정보를 제공받는 자의 이용 목적, 3. 제공하는 개인신용정보의 내용, 4. 개인신용정보를 제공받는 자(개인신용평가회사, 개인사업자신용평가회사, 기업신용조회회사 및 신용정보집중기관은 제외한다)의 정보 보유 기간 및 이용 기간, 5. 동의를 거부할 권리가 있다는 사실 및 동의 거부에 따른 불이익이 있는 경우에는 그 불이익의 내용의 사항을 미리 알려야 하나, 다만 동의 방식의 특성상 동의 내용을 전부 표시하거나 알리기 어려운 경우에는 해당 기관의 인터넷 홈페이지 주소나 사업장 전화번호 등 동의 내용을 확인할 수 있는 방법을 안내하고 동의를 받을 수 있다고 규정하고 있다(동법 시행령 제28조제2항).

또한 신용정보법은 개인신용평가회사, 개인사업자신용평가회사, 기업신용조회회사 또는 신용정보집중기관으로부터 개인신용정보를 제공받으려는 자는 대통령령으로 정하는[135] 바에 따라 해당 신용정보주체로부터 신용정보법 제32조제1항 각 호의 어느 하나에 해당하는 방식으로 개인신용정보를 제공받을 때마다 개별적으로 동의(다만, 기존에 동의한 목적 또는 이용 범위에서 개인신용정보의 정확성·최신성을 유지하기 위한 경우는 제외한다.)를 받아야 하는데, 이 경우 개인신용정보를 제공받으려는 자는 개인신용정보의 조회 시 개인신용평점이 하락할 수 있는 때에는 해당 신용정보주체에게 이를 고지하여야 한다고 규정하고 있으며(동법 제32조제2항), 개인신용평가회사, 개인사업자신용평가회사, 기업신용조회회사 또는 신용정보집중기관이 개인신용정보를 이 법 제32조제2

---

[135] 신용정보법 시행령은 이 법 제32조(개인신용정보의 제공·활용에 대한 동의)제2항에 따라 개인신용평가회사, 개인사업자신용평가회사, 기업신용조회회사 또는 신용정보집중기관으로부터 개인신용정보를 제공받으려는 자는 다음, 1. 개인신용정보를 제공하는 자, 2. 개인신용정보를 제공받는 자의 이용 목적, 3. 제공받는 개인신용정보의 항목, 4. 개인신용정보를 제공받는 것에 대한 동의의 효력기간, 5. 동의를 거부할 권리가 있다는 사실 및 동의 거부에 따른 불이익이 있는 경우에는 그 불이익의 내용의 사항을 해당 개인에게 알리고 동의를 받아야 하나, 다만 동의방식의 특성상 동의 내용을 전부 표시하거나 알리기 어려운 경우에는 해당 기관의 인터넷 홈페이지 주소나 사업장 전화번호 등 동의 내용을 확인할 수 있는 방법을 안내하고 동의를 받을 수 있다고 규정하고 있다(신용정보법 시행령 제28조제6항).

항에 따라 제공하는 경우에는 해당 개인신용정보를 제공받으려는 자가 제32조제2항에 따른 동의를 받았는지를 대통령령으로 정하는[136) 바에 따라 확인하여야 한다고 규정하고 있다(동법 제32조제3항).

한편 신용정보법은 신용정보회사등은 개인신용정보의 제공 및 활용과 관련하여 동의를 받을 때에는 대통령령으로 정하는 바에 따라[137) 서비스 제공을 위하여 필수적 동의사항과 그 밖의 선택적 동의사항을 구분하여 설명한 후 각각 동의를 받아야 하고 이 경우 필수적 동의사항은 서비스 제공과의 관련성을 설명하여야 하며, 선택적 동의사항은 정보제공에 동의하지 아니할 수 있다는 사실을 고지하여야 한다고 규정하고 있으며(동법 제32조제4항), 신용정보법 시행령은 신용정보제공·이용자가 이 법 제32조제4항 전단에 따라 필수적 동의 사항과 그 밖의 선택적 동의사항을 구분하여 동의를 받는 경우 동의서 양식을 구분하는 등의 방법으로 신용정보주체가 각 동의사항을 쉽게 이해할 수 있도록 해야 한다고 규정하고 있다(동법 시행령 제28조제9항). 또한 신용정보법은 신용정보회사등은 신용정보주체가 선택적 동의사항에 동의하지 아니한다는 이유로 신용정보주체에게 서비스의 제공을 거부하여서는 아니 된다고 규정하고 있는데(동법 제32조제5항), 동 조항들에 대해서는 앞에서 필수동의와 선택동의 관련 사항에서 이미 설명한 바가 있다.

신용정보법은 신용정보회사등이 개인신용정보를 제공하는 경우에는 금융위원회가 정하여 고시하는 바에 따라 개인신용정보를 제공받는 자의 신원(身元)과 이용 목적을

---

136) 신용정보법 시행령은 이 법 제32조(개인신용정보의 제공·활용에 대한 동의)제3항에 따라 개인신용평가회사, 개인사업자신용평가회사, 기업신용조회회사 또는 신용정보집중기관은 개인신용정보를 제공받으려는 자가 해당 신용정보주체로부터 동의를 받았는지를 서면, 전자적 기록 등으로 확인하고, 확인한 사항의 진위 여부를 주기적으로 점검해야 한다고 규정하고 있다(신용정보법 시행령 제28조제7항).
137) 신용정보법 시행령은 이 법 제32조(개인신용정보의 제공·활용에 대한 동의)제4항 전단에 따라 신용정보제공·이용자가 필수적 동의사항과 그 밖의 선택적 동의사항을 구분하는 경우에는 다음, 1. 신용정보주체가 그 동의사항에 대하여 동의하지 아니하면 그 신용정보주체와의 금융거래 등 상거래관계를 설정·유지할 수 없는지 여부, 2. 해당 신용정보주체가 그 동의사항에 대하여 동의함으로써 제공·활용되는 개인신용정보가 신용정보제공·이용자와의 상거래관계에 따라 신용정보주체에게 제공되는 재화 또는 서비스(신용정보주체가 그 신용정보제공·이용자에게 신청한 상거래관계에서 제공하기로 한 재화 또는 서비스를 그 신용정보제공·이용자와 별도의 계약 또는 약정 등을 체결한 제3자가 신용정보주체에게 제공하는 경우를 포함한다)와 직접적으로 관련되어 있는지 여부, 3. 신용정보주체가 그 동의사항에 대하여 동의하지 아니하면 법 또는 다른 법령에 따른 의무를 이행할 수 없는지 여부의 사항 등을 고려해야 한다고 규정하고 있다(신용정보법 시행령 제28조제8항).

확인하여야 한다고 규정하고 있으며(동법 제32조제10항), 개인신용정보를 제공한 신용정보제공 · 이용자는 이 법 32조제제1항에 따라 미리 개별적 동의를 받았는지 여부 등에 대한 다툼이 있는 경우 이를 증명하여야 한다고 규정하고 있는데(동법 제32조제11항), 동 조항은 입증책임을 전환(轉換)시킨 것으로서 개인인 신용정보주체의 권리를 강화하기 위한 것으로 이해된다.

2) 개인신용정보 제공 동의의 예외와 방법 등

신용정보법은 신용정보회사등(신용정보법 제32조(개인신용정보의 제공 · 활용에 대한 동의) 제6항제9호의3을[138] 적용하는 경우에는 데이터전문기관을 포함한다)이 개인신용정보를 제공하는 경우로서 다음, 1. 신용정보회사 및 채권추심회사가 다른 신용정보회사 및 채권추심회사 또는 신용정보집중기관과 서로 집중관리 · 활용하기 위하여 제공하는 경우, 2. 이 법 제17조(처리의 위탁)제2항에 따라 신용정보의 처리를 위탁하기 위하여 제공하는 경우, 3. 영업양도 · 분할 · 합병 등의 이유로 권리 · 의무의 전부 또는 일부를 이전하면서 그와 관련된 개인신용정보를 제공하는 경우, 4. 채권추심(추심채권을 추심하는 경우만 해당한다), 인가 · 허가의 목적, 기업의 신용도 판단, 유가증권의 양수 등 대통령령으로 정하는 목적으로 사용하는 자에게 제공하는 경우, 5. 법원의 제출명령 또는 법관이 발부한 영장에 따라 제공하는 경우, 6. 범죄 때문에 피해자의 생명이나 신체에 심각한 위험 발생이 예상되는 등 긴급한 상황에서 동법 제32조제6항제5호에 따른 법관의 영장을 발부받을 시간적 여유가 없는 경우로서 검사 또는 사법경찰관의 요구에 따라 제공하는 경우(이 경우 개인신용정보를 제공받은 검사는 지체 없이 법관에게 영장을 청구하여야 하고, 사법경찰관은 검사에게 신청하여 검사의 청구로 영장을 청구하여야 하며, 개인신용정보를 제공받은 때부터 36시간 이내에 영장을 발부받지 못하면 지체 없이 제공받은 개인신용정보를 폐기하여야 한다), 7. 조세에 관한 법률에 따른 질문 · 검사 또는 조사를 위하여 관할 관서의 장이 서면으로 요구하거나 조세에 관한 법률에 따라 제출의무가 있는 과세 자료의 제공을 요구함에 따라 제공하는 경우, 8. 국제협약 등에 따라 외국의 금융감독기구에 금융회사가 가지고 있는 개인신용정보를 제공하는 경우, 9. 이 법 제2조(정

---

138) 신용정보법은 이 법 제32조(개인신용정보의 제공 · 활용에 대한 동의)제6항제9호의3으로 동법 제17조의2(정보집합물의 결합 등) 제1항에 따른 정보집합물의 결합 목적으로 데이터전문기관에 개인신용정보를 제공하는 경우라고 규정하고 있다(신용정보법 제32조제6항).

의)제1호의4나목 및 다목의 정보를 개인신용평가회사, 개인사업자신용평가회사, 기업 신용등급제공업무·기술신용평가업무를 하는 기업신용조회회사 및 신용정보집중기관 에 제공하거나 그로부터 제공받는 경우, 9의2. 통계작성, 연구, 공익적 기록보존 등 을 위하여 가명정보를 제공하는 경우(이 경우 통계작성에는 시장조사 등 상업적 목적의 통계작 성을 포함하며, 연구에는 산업적 연구를 포함한다), 9의3. 이 법 제17조의2(정보집합물의 결합 등)제1항에 따른 정보집합물의 결합 목적으로 데이터전문기관에 개인신용정보를 제공 하는 경우, 9의4. 다음, 가. 양 목적 간의 관련성, 나. 신용정보회사등이 신용정보주 체로부터 개인신용정보를 수집한 경위, 다. 해당 개인신용정보의 제공이 신용정보주 체에게 미치는 영향, 라. 해당 개인신용정보에 대하여 가명처리를 하는 등 신용정보 의 보안대책을 적절히 시행하였는지 여부의 요소를 고려하여 당초 수집한 목적과 상 충되지 아니하는 목적으로 개인신용정보를 제공하는 경우, 10. 이 법 및 다른 법률에 따라 제공하는 경우, 11. 동법 제32조제6항제1호부터 제10호까지의 규정에 준하는 경 우로서 대통령령으로 정하는139) 경우의 어느 하나에 해당하는 경우에는 이 법 제36 조제1항부터 제5항까지를 적용하지 아니한다고 규정하고 있다(동법 제36조제6항).

한편 신용정보법은 이 법 제36조제6항 각 호에 따라 개인신용정보를 타인에게 제 공하려는 자 또는 제공받은 자는 대통령령으로 정하는 바에 따라 개인신용정보의 제 공 사실 및 이유 등을 사전에 해당 신용정보주체에게 알려야 하나, 다만 대통령령으 로 정하는140) 불가피한 사유가 있는 경우에는 인터넷 홈페이지 게재 또는 그 밖에 유 사한 방법을 통하여 사후에 알리거나 공시할 수 있다고 규정하고 있으며(동법 제36조제 6항), 신용정보법은 이 법 제32조제6항제3호에 따라 영업양도·분할·합병 등의 이유

---

139) 신용정보법 시행령은 이 법 제32조(개인신용정보의 제공·활용에 대한 동의)제6항제11호에서 "대통령 령으로 정하는 경우"란 다음, 1. 장외파생상품 거래의 매매에 따른 위험 관리 및 투자자보호를 위해 장외파생상품 거래와 관련된 정보를 금융위원회, 금융감독원 및 한국은행에 제공하는 경우, 2. 「상 법」 제719조(책임보험자의 책임)에 따른 책임보험계약의 제3자에 대한 정보를 보험사기 조사·방지를 위해 신용정보집중기관에 제공하거나 그로부터 제공받는 경우, 3. 「상법」 제726조의2(자동차보험자의 책임)에 따른 자동차보험계약의 제3자의 정보를 보험사기 조사·방지를 위해 신용정보집중기관에 제 공하거나 그로부터 제공받는 경우를 말한다고 규정하고 있다(신용정보법 시행령 제28조제11항).
140) 신용정보법 시행령은 신용정보회사등이 이 법 제32조(개인신용정보의 제공·활용에 대한 동의)제7항 본문에 따라 신용정보주체에게 개인신용정보의 제공 사실 및 이유 등을 사전에 알리는 경우와 같은 항 단서에 따라 불가피한 사유로 인하여 사후에 알리거나 공시하는 경우에 그 제공의 이유 및 그 알 리거나 공시하는 자별로 알리거나 공시하는 시기 및 방법은 [별표 2의2]와 같다고 규정하고 있다(신 용정보법 시행령 제28제12항).

로 권리·의무의 전부 또는 일부를 이전하면서 그와 관련된 개인신용정보를 제공하는 경우 개인신용정보를 타인에게 제공하는 신용정보제공·이용자로서 대통령령으로 정하는[141] 자는 제공하는 신용정보의 범위 등 대통령령으로 정하는[142] 사항에 관하여 금융위원회의 승인을 받아야 한다고 규정하고 있다(동법 제32조제8항). 또한 신용정보법은 이 법 제32조제8항에 따른 승인을 받아 개인신용정보를 제공받은 자는 해당 개인신용정보를 금융위원회가 정하는 바에 따라 현재 거래 중인 신용정보주체의 개인신용정보와 분리하여 관리하여야 한다고 규정하고 있다(동법 제32조제9항).

(2) 개인정보와 개인신용정보의 목적 외 제공 제한

〈개인정보 보호법〉 제18조(개인정보의 목적 외 이용·제공 제한) ① 개인정보처리자는 개인정보를 제15조제1항 및 제39조의3제1항 및 제2항에 따른 범위를 초과하여 이용하거나 제17조 제1항 및 제3항에 따른 범위를 초과하여 제3자에게 제공하여서는 아니 된다.

(가) 개인정보와 개인신용정보 목적 외 제공 제한의 의의

개인정보 보호법은 개인정보처리자는 개인정보를 이 법 제15조(개인정보의 수집·이용)제1항에 따른 범위를 초과하여 이용하거나 제17조(개인정보의 제공)제1항 및 제28조의8(개인정보의 국외 이전)제1항에 따른 범위를 초과하여 제3자에게 제공하여서는 아니 된다고 규정하고 있다(개인정보 보호법 제18조1항). 그러나 개인정보 보호법은 이 법 제18조(개인정보의 목적 외 이용·제공 제한)제1항에도 불구하고 개인정보처리자는 다음, 1. 정보주체로부터 별도의 동의를 받은 경우, 2. 다른 법률에 특별한 규정이 있는 경우, 3. 명백히 정보주체 또는 제3자의 급박한 생명, 신체, 재산의 이익을 위하여 필요하다고 인정되는 경우, 4. 삭제, 5. 개인정보를 목적 외의 용도로 이용하거나 이를 제3자에게 제공하지 아니하면 다른 법률에서 정하는 소관 업무를 수행할 수 없는 경우로서 개인정보보호위원회의 심의·의결을 거친 경우, 6. 조약, 그 밖의 국제협정의 이

---

141) 신용정보법 시행령은 이 법 제32조(개인신용정보의 제공·활용에 대한 동의)제8항에서 "대통령령으로 정하는 자"란 이 법 시행령 제2조(정의)제6항제7호가목부터 허목까지의 자를 말한다고 규정하고 있다(신용정보법 시행령 제28조제13항).

142) 신용정보법 시행령은 이 법 제32조(개인신용정보의 제공·활용에 대한 동의)제8항에서 "제공하는 신용정보의 범위 등 대통령령으로 정하는 사항"이란 제공하는 개인신용정보의 범위, 제공받는 자의 신용정보 관리·보호 체계를 말한다고 규정하고 있다(신용정보법 시행령 제28조제14항).

행을 위하여 외국정부 또는 국제기구에 제공하기 위하여 필요한 경우, 7. 범죄의 수사와 공소의 제기 및 유지를 위하여 필요한 경우, 8. 법원의 재판업무 수행을 위하여 필요한 경우, 9. 형(刑) 및 감호, 보호처분의 집행을 위하여 필요한 경우, 10. 공중위생 등 공공의 안전과 안녕을 위하여 긴급히 필요한 경우의 어느 하나에 해당하는 경우에는 정보주체 또는 제3자의 이익을 부당하게 침해할 우려가 있을 때를 제외하고는 개인정보를 목적 외의 용도로 이용하거나 이를 제3자에게 제공할 수 있으나, 다만, 제5호부터 제9호까지에 따른 경우는 공공기관의 경우로 한정한다고 규정하고 있다(동법 제18조제2항).

개인정보 보호법은 개인정보의 목적 외 이용과 제공 제한을 이 법 제18조(개인정보의 목적 외 이용·제공 제한)에 같은 조문에 규정하고 있으나 개인정보 활용의 생애주기(Life cycle)에 따라 생각해 보면 이용과 제공은 논리적인 순서에 따라 분리(分離)가 가능하기 때문에 앞에서 설명한 내용과 중복적으로 설명하고자 한다. 한편 2023년 개인정보 보호법 개정 시 앞에서 설명한 바와 같이 개인정보 보호법 제17조(개인정보의 제공)제1항제2호에 이 법 제15조(개인정보의 수집·이용)제1항제6호의 "개인정보처리자의 정당한 이익을 달성하기 위하여 필요한 경우로서 명백하게 정보주체의 권리보다 우선하는 경우(이 경우 개인정보처리자의 정당한 이익과 상당한 관련이 있고 합리적인 범위를 초과하지 아니하는 경우에 한한다)"와 제15조제1항제7호의 "공중위생 등 공공의 안전과 안녕을 위하여 긴급히 필요한 경우"를 사전동의에 대한 예외 요건으로 추가하는 개정이 이루어졌으나, 이 법 제18조의 개정에서는 동법 제18조제2항제10호에 "공중위생 등 공공의 안전과 안녕을 위하여 긴급히 필요한 경우"만 추가되었을뿐 "개인정보처리자의 정당한 이익을 달성하기 위하여 필요한 경우로서 명백하게 정보주체의 권리보다 우선하는 경우(이 경우 개인정보처리자의 정당한 이익과 상당한 관련이 있고 합리적인 범위를 초과하지 아니하는 경우에 한한다)"를 추가하지 않았는데 이는 불충분한 개정이라 생각되며 향후 입법 시 개정의 여지가 있다고 생각한다.

(나) 개인정보와 개인신용정보 목적 외 제공 제한의 방법 등

개인정보 보호법은 개인정보처리자는 이 법 제18조(개인정보의 목적 외 이용·제공 제한)제2항제1호에 따른 동의를 받을 때에는 다음, 1. 개인정보를 제공받는 자, 2. 개인정보의 이용 목적(제공 시에는 제공받는 자의 이용 목적을 말한다), 3. 이용 또는 제공하는 개인정보의 항목, 4. 개인정보의 보유 및 이용 기간(제공 시에는 제공받는 자의 보유 및 이용 기간을 말한다), 5. 동의를 거부할 권리가 있다는 사실 및 동의 거부에 따른 불이익이 있는 경우에는 그 불이익의 내용의 사항을 정보주체에게 알려야 하고, 이러한 고지(告知)사항 중 어느 하나의 사항을 변경하는 경우에도 이를 알리고 동의를 받아야 한다고 규정하고 있으며(동법 제18조제3항), 공공기관은 동법 제18조제2항제2호부터 제6호까지, 제18조제2항제8호부터 제10호까지에 따라 개인정보를 목적 외의 용도로 이용하거나 이를 제3자에게 제공하는 경우에는 그 이용 또는 제공의 법적 근거, 목적 및 범위 등에 관하여 필요한 사항을 개인정보보호위원회가 고시로 정하는 바에 따라 관보 또는 인터넷 홈페이지 등에 게재하여야 한다고 규정하고 있다(동법 제18조제4항).

또한 개인정보 보호법은 개인정보처리자는 이 법 제18조제2항 각 호의 어느 하나의 경우에 해당하여 개인정보를 목적 외의 용도로 제3자에게 제공하는 경우에는 개인정보를 제공받는 자에게 이용 목적, 이용 방법, 그 밖에 필요한 사항에 대하여 제한을 하거나, 개인정보의 안전성 확보를 위하여 필요한 조치를 마련하도록 요청하여야 하며, 이 경우 요청을 받은 자는 개인정보의 안전성 확보를 위하여 필요한 조치를 하여야 한다고 규정하고 있는데(동법 제18조제5항), 신용정보법은 동 사안에 대해서는 특별한 규정을 두고 있지 않은 것으로 이해되나, 신용정보법은 개인정보의 보호에 관하여 이 법에 특별한 규정이 있는 경우를 제외하고는 「개인정보 보호법」에서 정하는 바에 따른다고 규정하고 있으므로(신용정보법 제3조의2제2항), 개인정보 보호법 제18조가 동 사안에 대해 보충적으로 적용되는 것으로 해석된다.

(3) 개인정보와 개인신용정보를 받은 자의 이용·제공 제한

개인정보 보호법은 개인정보처리자로부터 개인정보를 제공받은 자는 다음, 1. 정보주체로부터 별도의 동의를 받은 경우와 2. 다른 법률에 특별한 규정이 있는 경우의 어느 하나에 해당하는 경우를 제외하고는 개인정보를 제공받은 목적 외의 용도로 이용하거나 이를 제3자에게 제공하여서는 아니 된다고 규정하고 있는데(개인정보 보호법 제19조), 동 조항은 만일 개인정보를 제공받은 제3자 등이 제공받은 개인정보를 제한 없이 처리·이용할 수 있다면, 개인정보 유출 또는 동 정보의 불법유통으로 인해 정보주체의 권리침해가 될 소지가 점을 고려한 것으로 이해된다. 한편 동 조항은 개인정보를 제공받은 자, 즉 제공받은 개인정보에 대한 통제권과 감독권을 갖은 자에게 적용되므로 개인정보처리업무를 위탁받은 자에게는 적용되지 않는 것으로 해석된다.

한편 신용정보법은 신용정보집중기관은 이 법 제23조(공공기관에 대한 신용정보의 제공 요청 등)제2항에 따라 공공기관으로부터 제공받은 신용정보를 대통령령으로 정하는143) 신용정보의 이용자에게 제공할 수 있다고 규정하고 있으며(신용정보법 제23조제3항),144) 신용정보집중기관 또는 이 법 제23조제3항에 따른 신용정보의 이용자가 동법 제23조 제2항 및 제3항에 따라 공공기관으로부터 제공받은 개인신용정보를 제공하는 경우에 는 동법 제32조(개인신용정보의 제공·활용에 대한 동의)제3항에서 정하는 바에 따라 제공 받으려는 자가 해당 개인으로부터 신용정보 제공·이용에 대한 동의를 받았는지를 확 인하여야 하나, 다만 동법 제32조제6항 각 호의 어느 하나에 해당하는 경우에는 그 러하지 아니하다고 규정하고 있다(동법 제23조제4항). 또한 신용정보법 제23조제4항에 따라 개인신용정보를 제공받은 자는 그 정보를 제3자에게 제공하여서는 아니 된다고 규정하고 있으며(동법 제23조제5항), 신용정보회사등은 공공기관의 장이 관계 법령에서 정하는 공무상 목적으로 이용하기 위하여 신용정보의 제공을 문서로 요청한 경우에는 그 신용정보를 제공할 수 있다고 규정하고 있다(동법 23조제7항).

참고자료 및 질문

1. **개인정보의 제3자 제공과 처리위탁의 구별기준(롯데 멤버스포인트 사건).** 경품대행업체가 2006 년경 롯데쇼핑(주)과 동 회사가 운영하는 마트 매장 내에서 경품행사 진행 및 보험영업에 필요 한 고객정보 수집을 위임받는 내용으로 업무제휴계약을 체결하였으나, 2011년 9월 개인정보 보 호법의 시행으로 롯데쇼핑(주) 대신 보험사들을 개인정보 수집 주체로 변경하는 업무위탁계약을 체결한 후 고객정보를 수집하였다. 또한 2006년과 2009년에 롯데쇼핑(주)은 보험사들과 매월 광고비를 지급받고, 이와 별도로 보험사들이 자체 보험영업을 통해 보험계약이 체결될 경우 해

---

143) 신용정보법은 이 법 제23조(공공기관에 대한 신용정보의 제공 요청 등)제3항에서 "대통령령으로 정하 는 신용정보의 이용자"란 다음, 1. 이 법 시행령 제2조(정의)제6항제7호가목부터 버목까지 및 어목부 터 허목까지의 자, 2. 동법 시행령 제21조제2항 각 호의 어느 하나에 해당하는 자, 3. 개인신용평가 회사, 4. 개인사업자신용평가회사, 5. 기업신용조회회사(기업정보조회업무만을 하는 기업신용조회회사 는 제외한다)의 자를 말한다고 규정하고 있다(신용정보법 시행령 제19조제6항).
144) 신용정보법은 이 법 제23조(공공기관에 대한 신용정보의 제공 요청 등)제2항에 따라 신용정보의 제 공을 요청하는 자는 관계 법령에 따라 열람료 또는 수수료 등을 내야 한다고 규정하고 있다(신용정보 법 제23조제4항).
145) 서울중앙지방법원 2017. 2. 1. 선고 2015고정3374.

당 고객에게 롯데 멤버스포인트(마일리지)를 지급하고 이에 대한 반대급부로 이에 상응하는 비용을 받는 것을 내용으로 하는 계약을 체결하였다. 이에 따라 보험사들은 동 멤버스포인트의 지급을 위하여 보험계약 체결 고객들로부터 제3자 제공 동의를 받아 개인정보를 롯데쇼핑(주)에 제공하기로 합의하였으며, 보험사의 직원들이 2011년부터 2013년까지 보험계약이 체결된 고객정보를 취합한 뒤 당사자들로부터 제3자 제공 동의를 받지 않은 상태로 롯데멤버스 회원이 아닌 비회원고객들의 이름과 주민등록번호인 개인정보를 롯데쇼핑(주)에 제공하였는데, 이에 대해 보험사들과 보험사의 담당자들이 정보주체의 동의를 받지 않고 개인정보를 제3자에게 제공하였다는 이유로 기소된 사건이다. 법원은 제1심 판결에서는 피고인인 보험회사 직원들은 정보주체의 동의를 받지 아니하고 개인정보를 제3자에게 제공한 것이 인정되므로 각 개인정보 보호법 제71조(벌칙)제1호, 제17조(개인정보의 제공)제1항제1호에 따라 벌금형에 처하고 보험사들은 양벌규정에 따라 벌금형에 처한다고 판시하였으나,[145] 항소심 판결에서는 롯데쇼핑(주)은 자신의 업무처리와 이익을 위하여 개인정보를 제공받은 것이 아니라 이 사건 보험사들의 이익을 위하여 개인정보를 처리 위탁받아 처리한 것에 불과하므로 개인정보 보호법 제26조(업무위탁에 따른 개인정보의 처리 제한)의 개인정보의 처리위탁에 해당하므로 무죄라고 판시한 바 있다.[146] 최종적으로 대법원은 상고심을 기각하여 무죄를 선고하였는데,[147] 개인정보 보호법 제17조에서 정한 개인정보의 제3자 제공은 본래의 개인정보 수집·이용 목적의 범위를 넘어 그 정보를 제공받는 자의 업무처리와 이익을 위하여 개인정보가 이전되는 경우이고, 개인정보 보호법 제26조에서 정한 개인정보의 처리위탁은 본래의 개인정보 수집·이용 목적과 관련된 위탁자 본인의 업무처리와 이익을 위하여 개인정보가 이전되는 경우를 의미하며, 개인정보 처리위탁에 있어 수탁자는 위탁자로부터 위탁사무 처리에 따른 대가를 지급받는 것 외에는 개인정보 처리에 관하여 독자적인 이익을 가지지 않고, 정보제공자의 관리·감독 아래 위탁받은 범위 내에서만 개인정보를 처리하게 되므로, 개인정보 보호법 제17조에서 정한 제3자에 해당하지 않는다고 판시하였다. 또한 기존 대법원 판례에[148] 따라 어떠한 행위가 개인정보의 제공인지 아니면 처리위탁인지는 개인정보의 취득 목적과 방법, 대가 수수 여부, 수탁자에 대한 실질적인 관리·감독 여부, 정보주체 또는 이용자의 개인정보 보호 필요성에 미치는 영향 및 이러한 개인정보를 이용할 필요가 있는 자가 실질적으로 누구인지 등을 종합하여 판단하여야 한다고 판시하였다.

2. 고발 시 진료기록 첨부의 정당행위 인정 여부(환자 개인정보 자료가 첨부된 고발장의 수사기관 제출 사건).

병원 성형외과 소속 전공의들이 같은 병원 전문의의 대리수술 행위를 고발하기 위해 대리수술 대상 환자의 수술실 간호기록지 등의 진료기록을 병원의 프로그램인 'OCS 프로그램'을 이용하여 열람·출력하여 고발 대리 변호사에게 건네주어 변호사에게 진료기록 내용을 확인할 수 있게 하고, 동 변호사를 통해 "전문의가 수술을 집도하지 아니한 환자 8명에 대하여 마치 직접 집도한 것처럼 11회에 걸쳐 수술 기록지 등 진료기록에 허위 사실을 기재하여 진료기록부를 거짓으로 작성하여 의료법을 위반하였다는" 등이 적시되어 있는 고발장에 수술실 간호기록지 사본 등을 첨부하여 수사기관인 검찰에 고발하였는데, 이러한 행위가 개인정보유출로 인한 개인정보 보호법 위반으로 기소된 사건이다. 법원은 제1심 판결에서는 개인정보 보호법 제71조(벌칙)제5호인 이 법 제59조(금지행위)제2호를 위반하여 업무상 알게 된 개인정보를 누설하거나 권한 없이 다른 사람이 이용하도록 제공한 자 및 그 사정을 알면서도 영리 또는 부정한 목적으로 개인정보를 제공받은 자에 해당하여 개인정보 보호법 위반을 유죄로 인정하므로 공소기각이 아닌 선고유예를 선고하였으나,[149] 항소심 판결에서는 원심을 파기하고 무죄를 선고하였다. 법원은 항소심 판결에서 "형법 제20조(정당행위)에 정하여진 '사회상규에 위배되지 아니하는 행위'라 함은, 법질서 전체의 정신이나 그 배후에 놓여 있는 사회윤리 내지 사회통념에 비추어 용인될 수 있는 행위를 말하므로, 어떤 행위가 그 행위의 동기나 목적의 정당성, 행위의 수단이나 방법의 상당성, 보호이익과 침해이익의 법익 균형성, 긴급성, 그 행위 이외의 다른 수단이나 방법이 없다는 보충성 등의 요건을 갖춘 경우에는 정당행위에 해당한다 할 것인데,[150] 원심이 적법하게 채택하여 조사한 증거들에 의하여 인정하는 아래와 같은 사실 및 사정들을 종합적으로 고려해 보면, 피고인들의 행위는 사회통념상 허용될 만한 정도의 상당성이 있는 것으로서 위법성이 없는 행위라고 보아야 하므로, 따라서 이 부분 피고인들의 주장은 이유 있다"고 판시하였다.[151] 대법원은 상고심을 기각하여 무죄를 선고하였다.[152] 그동안 대법원은 타인의 개인정보가 포함된 자료를 민사나 형사소송에서 제출하는 행위가 개인정보 보호법 위반에 해당하는지에 대해 구체적 사안에 따라 다르게 판시해 왔다고 이해되는데,[153] 이 판결은 형법상의 정당행위로 무죄를 선고한 점에서 전향적인 판결로 생각되나 개인정보 보호법의 동의의 예외나 위법성 조각사유로 동 사건을 판시했었으면 어떠하였을지의 생각이 든다. 동 사건에 대한 당신의 입장과 의견은 무엇인가?

---

146) 서울중앙지방법원 2017. 8. 18. 선고 2017노3712.
147) 대법원 2020. 3. 12. 선고 2017도13793.
148) 대법원 2017. 4. 17. 선고 2016도13263.
149) 서울동부지방법원 2019. 10. 29. 선고 2019고정6.
150) 대법원 2014. 1. 16. 선고 2013도6761.
151) 서울동부지방법원 2020. 7. 9. 선고 2019노1842.
152) 대법원 2023. 6. 29. 선고 2020도10564.
153) 대학교 학과장이 학생회장을 고소할 때 고소장에 이름, 주소 등을 기재한 것을 개인정보 보호법 위반으로 판시한 사례(대법원 2017. 4. 13. 선고 2014도7598), 개인이 수사기관에 고발장을 제출하면서 업무상 보관하고 있던 개인정보가 포함된 자료들을 첨부하여 제출한 행위에 대해 항소심에서는 무죄를 선고하였으나 대법원에서 유죄 취지로 파기환송한 사례(대법원 2022. 11. 10. 선고 2018도1966) 등이 있다.

2. 개인정보와 개인신용정보의 이전

개인정보의 이전은 국내로 이전되는 경우와 국외로 이전되는 경우로 나눌 수 있다. 앞에서 이미 설명한 바와 같이 통신과 컴퓨터 기술의 발달로 인해 Google, Meta((구)Facebook), Netflix 등 Global 정보통신 기업이 전 세계를 상대로 개인정보를 수집·이용함에 따라 개인정보의 국외(國外) 이전에 대한 우려와 논란이 커지고 있는데, 2023년 개인정보 보호법 개정을 통해 개인정보의 국외 이전 방식 다양화와 개인정보의 국외 이전 중지명령권을 신설하여 국제 기준(Global standard)과 규정에 부합하도록 관련 규정들의 정비가 이루어진 것으로 이해된다. 또한 기업 간 인수합병(M&A, Merger and Acquisition)이 빈번하게 이루어지고 있는데 이와 관련하여 개인정보 보호법은 영업양도 등에 따른 개인정보의 이전 제한 관련 규정을 두고 있으며, 신용정보법은 영업양도·분할·합병 등의 이유로 권리·의무의 전부 또는 일부를 이전하면서 그와 관련된 개인신용정보를 제공하는 경우 관련 규정을 두고 있다.

한편 신용정보법은 개인정보 보호법과 달리 개인정보의 국외 이전에 대해서는 특별한 규정을 두고 있지 않은 것으로 이해되나, 신용정보법은 개인정보의 보호에 관하여 이 법에 특별한 규정이 있는 경우를 제외하고는 「개인정보 보호법」에서 정하는 바에 따른다고 규정하고 있으므로(신용정보법 제3조의2제2항), 개인정보의 국외 이전과 개인정보의 국외 이전 중지 명령 등 개인정보 보호법 관련 규정이 동 사안에 대해 보충적으로 적용되는 것으로 해석된다. 또한 금융과 의료분야 등 개인정보의 국외 이전에 대해 개인정보의 자유로운 국외 이전(Free flow of data)과 달리 동 정보들을 생성된 개별 국가에 두어야 한다는 서버 국지화(局地化, Server localization) 논란이 전 세계적으로 진행되고 있는 점을 주목할 필요가 있다고 생각한다.

가 영업양도 등에 따른 개인정보와 개인신용정보의 이전 제한

〈개인정보 보호법〉 제27조(영업양도 등에 따른 개인정보의 이전 제한) ① 개인정보처리자는 영업의 전부 또는 일부의 양도·합병 등으로 개인정보를 다른 사람에게 이전하는 경우에는 미리 다음 각 호의 사항을 대통령령으로 정하는 방법에 따라 해당 정보주체에게 알려야 한다.

1. 개인정보를 이전하려는 사실
2. 개인정보를 이전받는 자(이하 "영업양수자등"이라 한다)의 성명(법인의 경우에는 법인의 명칭을 말한다), 주소, 전화번호 및 그 밖의 연락처
3. 정보주체가 개인정보의 이전을 원하지 아니하는 경우 조치할 수 있는 방법 및 절차

② 영업양수자등은 개인정보를 이전받았을 때에는 지체 없이 그 사실을 대통령령으로 정하는 방법에 따라 정보주체에게 알려야 한다. 다만, 개인정보처리자가 제1항에 따라 그 이전 사실을 이미 알린 경우에는 그러하지 아니하다.

③ 영업양수자등은 영업의 양도·합병 등으로 개인정보를 이전받은 경우에는 이전 당시의 본래 목적으로만 개인정보를 이용하거나 제3자에게 제공할 수 있다. 이 경우 영업양수자등은 개인정보처리자로 본다.

〈신용정보법〉 제32조(개인신용정보의 제공·활용에 대한 동의) ⑥ 신용정보회사등(제9호의3을 적용하는 경우에는 데이터전문기관을 포함한다)이 개인신용정보를 제공하는 경우로서 다음 각 호의 어느 하나에 해당하는 경우에는 제1항부터 제5항까지를 적용하지 아니한다.

3. 영업양도·분할·합병 등의 이유로 권리·의무의 전부 또는 일부를 이전하면서 그와 관련된 개인신용정보를 제공하는 경우

⑧ 제6항제3호에 따라 개인신용정보를 타인에게 제공하는 신용정보제공·이용자로서 대통령령으로 정하는 자는 제공하는 신용정보의 범위 등 대통령령으로 정하는 사항에 관하여 금융위원회의 승인을 받아야 한다.

⑨ 제8항에 따른 승인을 받아 개인신용정보를 제공받은 자는 해당 개인신용정보를 금융위원회가 정하는 바에 따라 현재 거래 중인 신용정보주체의 개인신용정보와 분리하여 관리하여야 한다.

개인정보 보호법은 개인정보처리자는 영업의 전부 또는 일부의 양도·합병 등으로 개인정보를 다른 사람에게 이전하는 경우에는 미리 다음, 1. 개인정보를 이전하려는 사실, 2. 개인정보를 이전받는 자(이하 "영업양수자등"이라 한다)의 성명(법인의 경우에는 법인의 명칭을 말한다), 주소, 전화번호 및 그 밖의 연락처, 3. 정보주체가 개인정보의 이전을 원하지 아니하는 경우 조치할 수 있는 방법 및 절차를 대통령령으로 정하는 방법에 따라 해당 정보주체에게 알려야 한다고 규정하고 있는데(개인정보 보호법 제27조제1항), 개인정보 보호법 시행령은 이 법 제27조(영업양도 등에 따른 개인정보의 이전 제한)제1항 각 호 외의 부분에서 "대통령령으로 정하는 방법"이란 서면등의 방법을 말한다고 규정하고 있다(동법 시행령 제29조제1항). 개인정보 보호법 제27조의 영업양도 등에 따른

개인정보의 이전 제한 관련 규정들은 영업의 양도·합병으로 영업자산 등을 다른 제3자에게 이전할 경우 기존 개인정보처리자가 보유하고 있던 개인정보 데이터베이스(Data Base) 등에 관한 권리와 의무도 포괄적으로 제3자가 승계하게 되는데, 이로 인해 정보주체에게 원치 않는 결과가 초래될 수 있으므로 영업의 양도·합병 등으로 인한 개인정보의 이전 시 정보주체에게 동의철회 등의 권리행사 기회를 보장하기 위한 것으로 이해된다.

개인정보 보호법 시행령은 이 법 제27조(영업양도 등에 따른 개인정보의 이전 제한)제1항에 따라 개인정보를 이전하려는 자(이하 이 항에서 "영업양도자등"이라 한다)가 과실 없이 동법 제27조제1항에 따른 방법인 서면(書面)등의 방법으로 동법 제27조제1항 각 호의 사항을 정보주체에게 알릴 수 없는 경우에는 해당 사항을 인터넷 홈페이지에 30일 이상 게재하여야 하나, 다만 인터넷 홈페이지에 게재할 수 없는 정당한 사유가 있는 경우에는 다음, 1. 영업양도자등의 사업장등의 보기 쉬운 장소에 30일 이상 게시하는 방법과 2. 영업양도자등의 사업장등이 있는 시·도 이상의 지역을 주된 보급지역으로 하는 「신문 등의 진흥에 관한 법률」 제2조(정의)제1호가목·다목 또는 같은 조 제2호에 따른 일반일간신문·일반주간신문 또는 인터넷신문에 싣는 방법의 어느 하나의 방법으로 이 법 제27조제1항 각 호의 사항을 정보주체에게 알릴 수 있다고 규정하고 있다(동법 시행령 제29조제2항).

개인정보 보호법은 영업양수자등은 개인정보를 이전받았을 때에는 지체 없이 그 사실을 대통령령으로 정하는 방법에 따라 정보주체에게 알려야 하나, 다만 개인정보처리자가 이 법 제27조제1항에 따라 그 이전 사실을 이미 알린 경우에는 그러하지 아니하다고 규정하고 있으며(동법 제27조제2항), 개인정보 보호법 시행령은 이 법 제27조제2항 본문에서 "대통령령으로 정하는 방법"이란 서면등의 방법을 말한다고 규정하고 있는데(동법 시행령 제29조제1항), 동 조항은 우선적인 1차 통지의무가 영업양도자인 개인정보처리자에게 있으며 2차 통지의무는 영업양수자인 개인정보처리자에게 있는 것으로 해석된다. 이는 실무적으로도 영업양수자 보다 영업양도자가 현황을 잘 파악하고 있으므로 개인정보보호뿐만 아니라 원활한 영업양수를 위해서도 영업양도자가 우선적인 1차 통지의무를 지는 것이 바람직하다고 생각된다.

한편 개인정보 보호법은 영업양수자등은 영업의 양도·합병 등으로 개인정보를 이전받은 경우에는 이전 당시의 본래 목적으로만 개인정보를 이용하거나 제3자에게 제공할 수 있으며, 이 경우 영업양수자등은 개인정보처리자로 본다고 규정하고 있는데(동법 제27조제3항), 동 조항에서 개인정보처리자로 본다, 즉 간주(看做)하는 것은 개인정보 보호법에 따른 개인정보처리자로서 권리와 의무를 갖는다는 것으로 이해된다. 따라서 만일 영업양수자등이 영업의 양도·합병 등의 당시 개인정보의 처리 목적과 다르게 개인정보를 이용이나 제공하고자 한다면, 이 법 제18조(개인정보의 목적 외 이용·제공)에 따라 별도로 정보주체의 동의를 받거나 이 법에 규정된 다른 요건들을 충족하여야 할 것으로 해석된다.

신용정보법은 앞에서 설명한 바와 같이 이 법 제32조(개인신용정보의 제공·활용에 대한 동의)제6항제3호인 영업양도·분할·합병 등의 이유로 권리·의무의 전부 또는 일부를 이전하면서 그와 관련된 개인신용정보를 제공하는 경우에 따라 개인신용정보를 타인에게 제공하는 신용정보제공·이용자로서 대통령령으로 정하는154) 자는 제공하는 신용정보의 범위 등 대통령령으로 정하는155) 사항에 관하여 금융위원회의 승인을 받아야 한다고 규정하고 있는데(동법 제32조제8항), 금융위원회의 승인은 타인들 간의 사전적이고 사법(私法)상의 법률행위를 보충하여 그 법률적 효력을 완성해 주는 공법(公法)상의 행정행위인 강학(講學)상의 인가(認可)로156) 이해된다. 또한 신용정보법은 이 법 제32조제8항에 따른 승인을 받아 개인신용정보를 제공받은 자는 해당 개인신용정보를 금융위원회가 정하는 바에 따라 현재 거래 중인 신용정보주체의 개인신용정보와 분리하여 관리하여야 한다고 규정하고 있다(동법 제32조제9항).

---

154) 신용정보법 시행령은 이 법 제32조(개인신용정보의 제공·활용에 대한 동의)제8항에서 "대통령령으로 정하는 자"란 동법 시행령 제2조(정의)제6항제7호가목부터 허목까지의 자를 말한다고 규정하고 있다(신용정보법 시행령 제28조제13항).

155) 신용정보법 시행령은 이 법 제32조(개인신용정보의 제공·활용에 대한 동의)제8항에서 "제공하는 신용정보의 범위 등 대통령령으로 정하는 사항"이란 제공하는 개인신용정보의 범위, 제공받는 자의 신용정보 관리·보호 체계를 말한다고 규정하고 있다(신용정보법 시행령 제28조제14항).

156) 박균성, 행정법강의(제15판), 박영사(2018), pp229~231.

나 국외 이전 개인정보와 개인신용정보의 보호

(1) 개인정보와 개인신용정보의 국외 이전

〈개인정보 보호법〉 제28조의8(개인정보의 국외 이전) ① 개인정보처리자는 개인정보를 국외로 제공(조회되는 경우를 포함한다)·처리위탁·보관(이하 이 절에서 "이전"이라 한다)하여서는 아니 된다. 다만, 다음 각 호의 어느 하나에 해당하는 경우에는 개인정보를 국외로 이전할 수 있다.

1. 정보주체로부터 국외 이전에 관한 별도의 동의를 받은 경우
2. 법률, 대한민국을 당사자로 하는 조약 또는 그 밖의 국제협정에 개인정보의 국외 이전에 관한 특별한 규정이 있는 경우
3. 정보주체와의 계약의 체결 및 이행을 위하여 개인정보의 처리위탁·보관이 필요한 경우로서 다음 각 목의 어느 하나에 해당하는 경우
 가. 제2항 각 호의 사항을 제30조에 따른 개인정보 처리방침에 공개한 경우
 나. 전자우편 등 대통령령으로 정하는 방법에 따라 제2항 각 호의 사항을 정보주체에게 알린 경우
4. 개인정보를 이전받는 자가 제32조의2에 따른 개인정보 보호 인증 등 보호위원회가 정하여 고시하는 인증을 받은 경우로서 다음 각 목의 조치를 모두 한 경우
 가. 개인정보 보호에 필요한 안전조치 및 정보주체 권리보장에 필요한 조치
 나. 인증받은 사항을 개인정보가 이전되는 국가에서 이행하기 위하여 필요한 조치
5. 개인정보가 이전되는 국가 또는 국제기구의 개인정보 보호체계, 정보주체 권리보장 범위, 피해구제 절차 등이 이 법에 따른 개인정보 보호 수준과 실질적으로 동등한 수준을 갖추었다고 보호위원회가 인정하는 경우

(가) 개인정보와 개인신용정보 국외 이전의 의의

2023년 개인정보 보호법의 개정을 통해 큰 변화가 있는 부분 중의 하나로 개인정보의 국외 이전 관련 규정이라 생각되는데, 2023년 개정 전 (구)개인정보 보호법 제17조(개인정보의 제공)제3항은 "개인정보처리자가 개인정보를 국외의 제3자에게 제공할 때에는 이 법 제17제2항 각 호에 따른 사항을 정보주체에게 알리고 동의를 받아야 하며, 이 법을 위반하는 내용으로 개인정보의 국외 이전에 관한 계약을 체결하여서는 아니 된다"고 규정하고 있었고((구)개인정보 보호법 제17조제3항), 2023년 개정 전 (구)개인정보 보호법 제39조의12(국외 이전 개인정보의 보호)제2항은 "동법 제17조제3항에도 불

구하고 정보통신서비스 제공자등은 이용자의 개인정보를 국외에 제공(조회되는 경우를 포함한다)·처리위탁·보관(이하 이 조에서 "이전"이라 한다)하려면 이용자의 동의를 받아야 하나, 다만 동법 제39조의12제3항 각 호의 사항 모두를 이 법 제30조(개인정보 처리방침의 수립 및 공개)제2항에 따라 공개하거나 전자우편 등 대통령령으로 정하는 방법에 따라 이용자에게 알린 경우에는 개인정보 처리위탁·보관에 따른 동의절차를 거치지 아니할 수 있다"고 규정하고 있었다((구)개인정보 보호법 제39조의12제2항).

동 규정들에 따르면 국내 기업이 정보주체의 개인정보를 국외로 이전하기 위해서는 사실상 정보주체의 동의가 있는 경우에만 가능했던 것으로 이해되는데, 국내 기업들은 개인정보의 국외 이전에 대한 이용자의 수요와 필요성에도 불구하고 정보주체의 동의를 기반으로 한 국외 이전만이 가능하였기 때문에 이를 위해 별도의 동의 절차를 거쳐야 하는 등의 불편함이 있는 상황이었다. 2023년 개인정보 보호법 개정은 개인정보를 국외로 이전할 수 있는 요건을 정보주체의 동의 외에도 인증 조치, 적정성 결정[157] 등으로 다양화함으로써 국외 이전 요건에 대한 국제기준에 부합하도록 하는 한편, 개인정보가 이전되는 국가가 개인정보를 적정하게 보호하고 있지 아니하다고 인정할만한 명백한 사유가 있는 경우에는 개인정보의 추가적인 이전을 중지하도록 제한하는 개인정보의 국외 이전 중지 명령을 두도록 관련 규정을 정비하였다.

한편 해외로 이전된 개인정보의 경우 국내의 개인정보에 비해 보호와 관련된 통제수준이 낮아지는 우려가 있으므로, 개인정보를 제공받은 해외 국가가 개인정보 보호법을 적용받도록 하는 역외규정을 추가로 마련할 필요가 있다고 생각되는데, 전기통신사업법 제2조의2(국외행위에 대한 적용)에서 "이 법은 국외에서 이루어진 행위라도 국내 시장 또는 이용자에게 영향을 미치는 경우에는 적용한다"와 같이 개정하는 것이 바람직하다고 하겠다. EU GDPR에서도 EU에 사업장이 없는 외국 사업자도 해당 법의 규율을 받도록 하고 있는데[158], EU GRPR은 "본 규정은 개인정보의 처리가 다

---

157) EU GDPR은 개인정보의 국외 이전 방법으로 다양한 방법을 두고 있는데 그 중 하나가 적정성 결정(Adequacy decision)으로, 적정성 결정은 EU 역내에서 수집한 개인정보의 역외로 이전 시 EU 정보주체의 권리보장과 안전한 처리를 담보하기 위해 EU 역외의 국가가 GDPR이 요구하는 수준과 동등한 수준의 개인정보보호 법률의 보호조치와 법·제도가 있는지를 확인·승인하는 제도로서 EU GDPR Article 45(Transfer on the basis of an adequacy decision)에 규정되어 있다.

158) EU GDPR Article 3(Territorial scope) 2. This Regulation applies to the processing of personal data of data subjects who are in the Union by a controller or processor not

음, ⓐ 개인정보주체가 지불을 해야 하는지에 관계없이 유럽연합 역내의 개인정보주체에게 재화와 용역을 제공하거나 ⓑ 유럽연합 역내에서 발생하는 개인정보주체의 행태를 모니터링하는 것과 관련되는 경우, 그리고 유럽연합 역내에 설립되지 않은 개인정보처리자 또는 수탁처리자가 유럽연합 역내에 거주하는 개인정보주체의 개인정보를 처리할 때도 적용된다"라고 규정하고 있다(EU GDPR Article 3).

(나) 개인정보와 개인신용정보 국외 이전의 방법 등

개인정보 보호법은 개인정보처리자는 개인정보를 국외로 제공(조회되는 경우를 포함한다) · 처리위탁 · 보관(이하 이 절에서 "이전"이라 한다)하여서는 아니 되나, 다만 다음, 1. 정보주체로부터 국외 이전에 관한 별도의 동의를 받은 경우, 2. 법률, 대한민국을 당사자로 하는 조약 또는 그 밖의 국제협정에 개인정보의 국외 이전에 관한 특별한 규정이 있는 경우, 3. 정보주체와의 계약의 체결 및 이행을 위하여 개인정보의 처리위탁 · 보관이 필요한 경우로서 다음, 가. 이 법 제28조의8(개인정보의 국외 이전)제2항 각호의 사항을 동법 제30조(개인정보 처리방침의 수립 및 공개)에 따른 개인정보 처리방침에 공개한 경우와 나. 전자우편 등 대통령령으로 정하는[159] 방법에 따라 제2항 각 호의 사항을 정보주체에게 알린 경우의 어느 하나에 해당하는 경우, 4. 개인정보를 이전받는 자가 이 법 제32조의2(개인정보 보호 인증)에 따른 개인정보 보호 인증 등 개인정보보호위원회가 정하여 고시하는 인증을 받은 경우로서 다음, 가. 개인정보 보호에 필요한 안전조치 및 정보주체 권리보장에 필요한 조치와 나. 인증받은 사항을 개인정보가 이전되는 국가에서 이행하기 위하여 필요한 조치를 모두 한 경우, 5. 개인정보가 이전되는 국가 또는 국제기구의 개인정보 보호체계, 정보주체 권리보장 범위, 피해구제 절차 등이 이 법에 따른 개인정보 보호 수준과 실질적으로 동등한 수준을 갖추었다고 개인정보보호위원회가 인정하는 경우의 어느 하나에 해당하는 경우에는 개인정

---

established in the Union, where the processing activities are related to: (a) the offering of goods or services, irrespective of whether a payment of the data subject is required, to such data subjects in the Union; or (b) the monitoring of their behaviour as far as their behaviour takes place within the Union.

159) 개인정보 보호법 시행령은 이 법 제28조의8(개인정보의 국외 이전)제1항제3호나목에서 "전자우편 등 대통령령으로 정하는 방법"이란 서면등의 방법을 말한다고 규정하고 있다(개인정보 보호법 시행령 제29조의7).

보를 국외로 이전할 수 있다고 규정하고 있다(개인정보 보호법 제28조의2제1항). 개인정보의 국외 이전은 국외의 제3자 제공보다 넓은 개념으로서 국외의 제3자에게 개인정보를 제공하는 경우 이외에도 개인정보처리업무를 국외의 제3자에게 위탁하는 경우 및 영업의 양도와 합병 등에 의해 개인정보 데이터베이스(Data Base)가 국외로 이전되는 경우도 모두 국외 이전에 포함되는 것으로 이해된다.160)

개인정보 보호법은 개인정보처리자는 이 법 제28조의8제1항제1호에 따른 동의를 받을 때에는 미리 다음, 1. 이전되는 개인정보 항목, 2. 개인정보가 이전되는 국가, 시기 및 방법, 3. 개인정보를 이전받는 자의 성명(법인인 경우에는 그 명칭과 연락처를 말한다), 4. 개인정보를 이전받는 자의 개인정보 이용목적 및 보유·이용 기간, 5. 개인정보의 이전을 거부하는 방법, 절차 및 거부의 효과의 사항을 정보주체에게 알려야 한다고 규정하고 있으며(동법 제28조의8제2항), 개인정보처리자는 이 법 28조의8제2항 각 호의 어느 하나에 해당하는 사항을 변경하는 경우에는 정보주체에게 알리고 동의를 받아야 한다고 규정하고 있다(동법 제28조의8제3항). 또한 개인정보 보호법은 개인정보처리자는 이 법 제28조의8제1항 각 호 외의 부분 단서에 따라 개인정보를 국외로 이전하는 경우 국외 이전과 관련한 이 법의 다른 규정, 제17조(개인정보의 제공)부터 제19조(개인정보를 제공받은 자의 이용·제공 제한)까지의 규정 및 제5장(정보주체의 권리 보장)의 규정을 준수하여야 하고, 대통령령으로 정하는161) 보호조치를 하여야 한다고 규정하고 있으며(동법 제28조의8제4항), 개인정보처리자는 이 법을 위반하는 사항을 내용으로

---

160) 이러한 국외 이전은 다양한 사례유형이 존재하는데 이러한 사례유형으로, 1. 해외여행업을 영위하는 자가 외국 협력사에 개인정보를 요청하는 경우나 다국적 기업의 한국 지사가 수집한 고객 정보를 해외 본사로 이전하는 경우와 같은 제3자 제공형, 2. 인건비가 저렴한 외국에 자회사를 설립하고 국내의 데이터베이스(Data Base)를 이용하여 콜센터(Call Center, 고객응대 업무센터)를 대행시키는 경우와 같은 해외 위탁형, 3. 해외 인터넷쇼핑몰 사업자가 국내 소비자의 개인정보를 해외에서 직접 수집하는 경우와 같은 직접 수집형 등이 있다.

161) 개인정보 보호법 시행령은 개인정보처리자가 이 법 제28조의8(개인정보의 국외 이전)제1항 각 호 외의 부분 단서에 따라 개인정보를 국외로 이전하는 경우에는 같은 조 제4항에 따라 다음, 1. 이 법 시행령 제30조(개인정보의 안전성 확보 조치)제1항에 따른 개인정보 보호를 위한 안전성 확보 조치, 2. 개인정보 침해에 대한 고충처리 및 분쟁해결에 관한 조치, 3. 그 밖에 정보주체의 개인정보 보호를 위하여 필요한 조치의 보호조치를 해야 하며(개인정보 보호법 시행령 제29조의10제1항), 개인정보처리자는 동법 제28조의8제1항 각 호 외의 부분 단서에 따라 개인정보를 국외로 이전하는 경우에는 제1항 각 호의 사항에 관하여 이전받는 자와 미리 협의하고 이를 계약내용 등에 반영해야 한다고 규정하고 있다(동법 시행령 제29조의10제2항).

하는 개인정보의 국외 이전에 관한 계약을 체결하여서는 아니 된다고 규정하고 있다 (동법 제28조의8제5항).

한편 개인정보 보호법은 이 법 제28조의8에도 불구하고 개인정보의 국외 이전을 제한하는 국가의 개인정보처리자에 대해서는 해당 국가의 수준에 상응하는 제한을 할 수 있으나, 다만 조약 또는 그 밖의 국제협정의 이행에 필요한 경우에는 그러하지 아니하다고 규정하여(동법 제28조의10) 상호주의를 도입하고 있는 한편, 개인정보 보호법은 이 법 제28조의8제1항 각 호 외의 부분 단서에 따라 개인정보를 이전받은 자가 해당 개인정보를 제3국으로 이전하는 경우에 관하여는 동법 제28조의8(개인정보의 국외 이전) 및 제28조의9(개인정보의 국외 이전 중지 명령)를 준용하며, 이 경우 "개인정보처리자"는 "개인정보를 이전받은 자"로, "개인정보를 이전받는 자"는 "제3국에서 개인정보를 이전받는 자"로 본다고 규정하여(동법 제28조의11) 준용규정을 두고 있다. 2023년 개정된 개인정보 보호법 제28조의10(상호주의)는 개정 전 (구)개인정보 보호법 제39조의13(상호주의)을162) 삭제하고 동 조항을 신설하여 일반규정으로 전환한 것이며, 2023년 개인정보 보호법 개정을 통해 개정 전 (구)개인정보 보호법 제39조의12(국외 이전 개인정보의 보호)를 삭제하고 이 법 제28조의8(개인정보의 국외 이전)과 제28조의11(준용규정)을 신설하여 일반규정으로 전환한 것으로 이해된다.

(다) 개인정보와 개인신용정보 국외 이전의 기준 및 절차 등

개인정보 보호법은 이 법 제28조의8(개인정보의 국외 이전)제1항부터 제5항까지에서 규정한 사항 외에 개인정보 국외 이전의 기준 및 절차 등에 필요한 사항은 대통령령으로 정한다고 규정하고 있다(개인정보 보호법 제28조의8제6항). 앞에서 이미 설명한 바와 같이 2023년 개인정보 보호법 개정을 통해 개인정보의 국외 이전 방식으로 정보주체의 동의 이외에 EU GDPR에 규정된 국외 이전 방식들이 도입된 것으로 이해된다. EU GDPR은 EU 거주민의 개인정보 역외 이전(Transfer)을 위한 방식으로 정보주체의 명시적 동의나 중요한 공익상의 이유 이외에, 1. 개인정보보호 수준이 EU와 동등

---

162) 2023년 개정 전 (구)개인정보 보호법은 동법 제39조의12(국외 이전 개인정보의 보호)에도 불구하고 개인정보의 국외 이전을 제한하는 국가의 정보통신서비스 제공자등에 대하여는 해당 국가의 수준에 상응하는 제한을 할 수 있으나, 다만 조약 또는 그 밖의 국제협정의 이행에 필요한 경우에는 그러하지 아니하다고 규정하고 있었다((구)개인정보 보호법 제39조의13).

하다고 인정된 국가로의 이전인 적정성 결정(Adequacy decision), 2. EU 집행위원회가 채택한 표준조항 양식에 따른 계약 체결을 통한 이전인 표준 개인정보보호 조항(Standard data protection clause), 3. EU 회원국의 개인정보 감독 당국이 승인한 구속력 있는 의무적 기업 규칙에 따른 이전인 구속력 있는 기업 규칙(Binding corporate rules), 4. EU 집행위원회가 채택한 행동강령에 따른 이전인 행동강령(Codes of conduct), 5. EU 회원국 정보보호 인증을 받은 자에게 이전하는 인증제도(Certification mechanism)를 규정하고 있다(EU GDPR Chapter 5).

1) 국외 이전 전문위원회

개인정보 보호법 시행령은 개인정보보호위원회는 이 법 제7조의9(보호위원회의 심의·의결 사항 등)제1항에 따른 심의·의결 사항에 대하여 사전에 전문적으로 검토하기 위하여 개인정보보호위원회에 다음, 1. 개인정보의 국외 이전 분야와 2. 그 밖에 개인정보보호위원회가 필요하다고 인정하는 분야의 분야별 전문위원회(이하 "전문위원회"라 한다)를 둔다고 규정하고 있으며(개인정보 보호법 시행령 제5조제1항), 동법 시행령 제5조(전문위원회)제1항에 따라 전문위원회를 두는 경우 각 전문위원회는 위원장 1명을 포함한 20명 이내의 위원으로 성별을 고려하여 구성하되, 전문위원회 위원은 다음, 1. 개인정보보호위원회 위원, 2. 개인정보 보호 관련 업무를 담당하는 중앙행정기관의 관계 공무원, 3. 개인정보 보호에 관한 전문지식과 경험이 풍부한 사람, 4. 개인정보 보호와 관련된 단체 또는 사업자단체에 속하거나 그 단체의 추천을 받은 사람의 사람 중에서 개인정보보호위원회 위원장이 임명하거나 위촉하고, 전문위원회 위원장은 개인정보보호위원회 위원장이 전문위원회 위원 중에서 지명한다고 규정하고 있다(동법 시행령 제5조제2항). 한편 개인정보 보호법 시행령은 이 법 시행령 제5조제1항 및 제2항에서 규정한 사항 외에 전문위원회의 구성 및 운영 등에 필요한 사항은 개인정보보호위원회의 의결을 거쳐 개인정보보호위원회 위원장이 정한다고 규정하고 있다(동법 시행령 제5조제3항).

2) 개인정보를 이전받는 자의 인증

개인정보 보호법 시행령은 개인정보보호위원회는 이 법 제28조의8(개인정보의 국외 이전)제1항제4호 각 목 외의 부분에 따른 인증을 고시하려는 경우에는 다음, 1. 동법 제34조의6(개인정보 보호 인증 전문기관)에 따른 개인정보 보호 인증 전문기관의 평가, 2.

동법 제5조(전문위원회)제1항제1호에 따른 개인정보의 국외 이전 분야 전문위원회(이하 "국외이전전문위원회"라 한다)의 평가, 3. 정책협의회의 협의의 순서에 따른 절차를 모두 거쳐야 한다고 규정하고 있다(개인정보 보호법 시행령 제29조의8제1항). 또한 개인정보 보호법 시행령은 개인정보보호위원회는 이 법 제28조의8제1항제4호 각 목 외의 부분에 따른 인증을 고시할 때에는 5년의 범위에서 유효 기간을 정하여 고시할 수 있으며(동법 시행령 제29조의8제2항), 동법 시행령 제29조의8(개인정보의 국외 이전 인증)제1항 및 제2항에서 규정한 사항 외에 인증의 고시 절차 등에 관하여 필요한 사항은 개인정보보호위원회가 정하여 고시한다고 규정하고 있다(동법 시행령 제29조의8제3항).

3) 국가 등에 대한 개인정보 보호 수준 인정

개인정보 보호법 시행령은 개인정보보호위원회는 이 법 제28조의8(개인정보의 국외 이전)제1항제5호에 따라 개인정보가 제공(조회되는 경우를 포함한다)·처리위탁·보관(이하 이 장에서 "이전"이라 한다)되는 국가 또는 국제기구(이하 "이전대상국등"이라 한다)의 개인정보 보호체계, 정보주체 권리보장 범위, 피해구제 절차 등이 법에 따른 개인정보 보호 수준과 실질적으로 동등한 수준을 갖추었다고 인정하려는 경우에는 다음, 1. 이전대상국등의 법령, 규정 또는 규칙 등 개인정보 보호체계가 동법 제3조(개인정보 보호 원칙)에서 정하는 개인정보 보호 원칙에 부합하고, 동법 제4조(정보주체의 권리)에서 정하는 정보주체의 권리를 충분히 보장하고 있는지 여부, 2. 이전대상국등에 개인정보 보호체계를 보장하고 집행할 책임이 있는 독립적 감독기관이 존재하는지 여부, 3. 이전대상국등의 공공기관(이와 유사한 사무를 수행하는 기관을 포함한다)이 법률에 따라 개인정보를 처리하는지 여부 및 이에 대한 피해구제 절차 등 정보주체에 대한 보호수단이 존재하고 실질적으로 보장되는지 여부, 4. 이전대상국등에 정보주체가 쉽게 접근할 수 있는 피해구제 절차가 존재하는지 여부 및 피해구제 절차가 정보주체를 효과적으로 보호하고 있는지 여부, 5. 이전대상국등의 감독기관이 개인정보보호위원회와 정보주체의 권리 보호에 관하여 원활한 상호 협력이 가능한지 여부, 6. 그 밖에 이전대상국등의 개인정보 보호체계, 정보주체의 권리보장 범위, 피해구제 절차 등의 개인정보 보호 수준을 인정하기 위해 필요한 사항으로서 개인정보보호위원회가 정하여 고시하는 사항을 종합적으로 고려해야 한다고 규정하고 있다(개인정보 보호법 시행령 제29조의9제1항).

개인정보 보호법 시행령은 개인정보보호위원회는 이 법 시행령 제29조의9(국가 등에 대한 개인정보 보호 수준 인정)제1항에 따른 인정을 하려는 경우에는 다음, 1. 국외이전 전문위원회의 평가와 2. 정책협의회의 협의의 절차를 거쳐야 한다고 규정하고 있으며(동법 시행령 제29조의9제2항), 개인정보보호위원회는 동법 시행령 제29조의9제1항에 따른 인정을 할 때에는 정보주체의 권리 보호 등을 위하여 필요한 경우 이전대상국등으로 이전되는 개인정보의 범위, 이전받는 개인정보처리자의 범위, 인정 기간, 국외 이전의 조건 등을 이전대상국등별로 달리 정할 수 있다고 규정하고 있다(동법 시행령 제29조의9제3항). 또한 개인정보 보호법 시행령은 개인정보보호위원회는 이 법 시행령 제29조의9제1항에 따른 인정을 한 경우에는 인정 기간 동안 이전대상국등의 개인정보 보호수준이 법에 따른 수준과 실질적으로 동등한 수준을 유지하고 있는지 점검해야 한다고 규정하고 있다(동법 시행령 제29조의9제4항).

개인정보 보호법 시행령은 개인정보보호위원회는 이 법 시행령 제29조의9제1항에 따른 인정을 받은 이전대상국등의 개인정보 보호체계, 정보주체의 권리보장 범위, 피해구제 절차 등의 수준이 변경된 경우에는 해당 이전대상국등의 의견을 듣고 해당 이전대상국등에 대한 인정을 취소하거나 그 내용을 변경할 수 있다고 규정하고 있는데(동법 시행령 제29조의9제5항), 개인정보보호위원회가 동법 시행령 제29조의9제1항에 따른 인정을 하거나 동법 시행령 제29조의9제5항에 따라 인정을 취소하거나 그 내용을 변경하는 경우에는 그 사실을 관보에 고시하고 개인정보보호위원회 인터넷 홈페이지에 게재해야 한다고 규정하고 있다(동법 시행령 제29조의9제6항). 한편 개인정보 보호법 시행령은 이 법 시행령 제29조의9제1항부터 제6항까지에서 규정한 사항 외에 이전대상국등에 대한 인정에 필요한 사항은 개인정보보호위원회가 정하여 고시한다고 규정하고 있다(동법 시행령 제29조의9제7항).

참고자료 및 질문

1. **EU GDPR의 적정성 결정(Adequacy decision).** EU GDPR의 적정성 결정(Adequacy decision)은 EU 역외(域外) 국가가 EU GDPR이 요구하는 적정수준의 개인정보 보호조치를 확보하고 있는지를 평가하는 제도로서 적정성 결정을 인정받은 국가의 기업들은 별도의 절차를 거치지 않고 EU 역내(域內)의 개인정보를 EU 역외로 이전하여 활용할 수 있게 된다. 앞에서 설명한 바와

같이 EU GDPR이 규정하고 있는 EU 역내의 개인정보를 EU 역외로 이전하는 방법에는, 1. 적정성 결정(Adequacy decision), 2. 표준 개인정보보호 조항(Standard data protection clauses), 3. 구속력 있는 기업 규칙(BCRs, Binding Corporate Rules), 4. 승인된 행동규약(Codes of conduct), 5. 승인된 인증제도(Certification mechanism), 6. 정보주체의 명시적 동의 등 특정 상황에 대한 예외(Derogations for specific situation)가 있다. 한편 EU 집행위원회는 상대 국가 등의 개인정보보호 수준을 평가할 때 EU 개인정보보호이사회(EDPB, Europe Data Protection Board)와 협의하고 적정성 결정에 대하여 최소 4년마다 정기적인 검토를 실시하여야 하는데, EU GDPR의 적정성 결정 관련 절차는 〈그림 12〉와 같이 EU 집행위원회의 평가 개시에 따라 EU 집행위원회의 초기결정, EDPB(European Data Protection Board, EU 정보보호 감독기구 대표인 유럽정보보호이사회) 의견수렴, EU 회원국 대표자위원회의 심의·의결(Comitology 절차), EU 의회 의견제시, EU 집행위원회 전체회의의 최종 승인으로 이루어져 있다. 한편 EU 집행위원회는 적정성 결정을 폐지, 개정, 정지할 수 있는 권한을 갖는다.

그림 12 EU GDPR의 적정성 결정절차

EU의 적정성 결정은 EU에서 수집한 개인정보를 한국으로 이전 시 추가적 보호조치를 면제하는 것으로서 한국으로 이전된 개인정보를 처리하는 자는 EU GDPR 대신 국내 개인정보 보호법을 준수하면 되며, 이와 별도로 국내 개인정보처리자가 EU GDPR 적용 대상인 경우에는 EU GDPR 준수 의무는 여전히 존재한다고 해석된다. 2023년 개인정보 보호법 개정을 통해 도입된 이 법 제28조의8(개인정보의 국외 이전)에 따른 국가 등에 대한 개인정보 보호 수준 인정은 EU의 적정성 결정(Adequacy decision)에 상응하는 것으로 이해된다. 한편 EU에는 모두 14개의 적정성 결정 국가가 있으며 EU GDPR 시행 이후에는 일본, 영국, 한국 총 3개국이 있는데, 우리나라는 2021년 12월 EU 적정성 결정을 최종 통과하였다.[163]

2. **CBPR(Cross Boarder Privacy Rules, 국경 간 프라이버시 규칙).** CBPR은 APEC(Asia Pacific Economic Cooperation, 아시아 태평양 경제협력기구)의 프라이버시 보호 원칙을 기반으로 기업의 개인정보 보호 체계를 평가하여 인증하는 글로벌 인증제도로서, APEC이 전자상거래의 활성화와 회원국 간의 안전한 개인정보의 이전을 위해 2011년에 마련한 Global 개인정보보호 자율인증제도이다. CBPR은 그 특징으로, 1. 가입국의 현행법과 충돌되거나 현행법을 대체하지 않는 비강제성, 2. APEC 회원국의 참여 및 기업의 인증취득 등은 자발적 의사에 기반하는 자발성, 3.

가입국 별로 CBPR 인증항목을 달리 할 수 있는 등 국가별 법과 제도를 고려한 탄력적 운영이 가능한 탄력성. 4. 기업이 CBPR 인증을 취득한 경우에도 자국 법령이 요구하는 의무를 감경하거나 대체하지 않는 비대체성을 들 수 있다. CBPR의 구성은, 1. 고지(Notice), 2. 수집제한 (Collection Limitation), 3. 개인정보의 이용(Use of Personal Information), 4. 선택(Choice), 5. 개인정보의 무결성(Integrity of Personal information), 6. 보안조치(Security Safeguards), 7. 접근과 수정(Access and Correction), 8. 책임성Accountability), 9. 피해구제(Damage relief)로 이루어져 있으며, CBPR은 자율 인증제도이나 참여 기업의 책임성 강화를 위해 APEC 회원국의 개인정보보호 법 집행력을 기반으로 운영되고 있다. CBPR의 전반적인 개인정보보호 요구수준은 국내법에 비해 완화되어 있다고 평가되나 CBPR의 요구사항 중 일부는 국내법에 포함되어 있지 않거나 국내법 보다 엄격한 기준을 갖는 것으로 이해된다. 한편 CBPR은 〈그림 13〉의 절차에 따라 가입이 진행되는데, 우선 APEC 역내(域內) 개인정보보호 집행기관들의 협력을 통한 집행수행을 위한 CPEA(Cross-boarder Privacy Enforcement Arrangement, 국경 간 프라이버시 집행협정)에 가입 후 CBPR 신청과 인증기관 신청에 대한 APEC의 승인을 받는 절차로 가입이 진행된다.

그림 13 APEC CBPR의 가입 절차

우리나라는 CPEA에 방송통신위원회가 2014년, 행정자치부가 2011년에 가입하였으며 CBPR에 2017년 6월 방송통신위원회와 행정자치부가 공동으로 가입하였다.[164] 또한 CBPR 참여 기업의 개인정보보호 정책과 활동이 CBPR의 요건을 준수하고 있는가의 여부 등을 확인하고 인증에 대한 기능과 역할을 수행하는 책임기관(Accountability Agents)이 요구되는데, 이러한 책임기관으로는 미국 TRUSTe, 일본 JIPDEC가 있으며 우리나라의 경우 2019년 12월 한국인터넷진흥원 (KISA, Korea Internet and Security Agency)이 지정 승인된 바 있다. 한편 우리나라는 2022년 5월부터 CBPR 인증을 개시하고 운영 중이다.

3. **전기통신사업법 제2조의2(국외행위에 대한 적용).**[165] Google, Meta((구)Facebook) 등 Global 인터넷 기업으로 인해 국내외 인터넷 기업 간 역차별 문제가 지속적으로 제기되어 왔는데, 이러한 논란은 Naver, Daum 등 국내 인터넷 사업자는 국내법에 따른 각종 규제를 준수해야 함에도 불구하고 Google, Meta((구)Facebook) 등 해외 인터넷 사업자에 대해서는 법과 규제가 실효성 있게 집행되지 못하고 있다는 현실에 따른 것으로 이해된다. 2018년 11월 신설된 전기통신사업법 제2조의2(국외행위에 대한 적용)의 "이 법은 국외에서 이루어진 행위라도 국내 시장 또는 이용자에게 영향을 미치는 경우에는 적용한다"는 국외행위에 대한 적용조항은 전기통

신사업법이 국외에 있는 해외 전기통신사업자에 의해 국외에서 이루어진 행위라도 국내의 시장 또는 이용자에게 영향을 미치는 경우 적용되도록 한 것이다. 동 조항은「독점규제 및 공정거래에 관한 법률(약칭: 공정거래법)」에도 이미 규정되어 있으며,[166] 미국의 Long-arm statute(확대관할(擴大管轄)법 또는 역외적용(域外適用)법)와 유사하다고 이해된다. 미국의 각 주(州, State)는 타 주의 역외자(域外者)에 대해서도 최소한의 관련성(Minimum contact)만[167] 있다면 재판관할권(Jurisdiction)이 미치도록 하고 있으나, 이러한 최소한의 관련성(Minimum contact)에 대해서 구체적인 내용이 없으므로 타 주의 역외자(域外者)가 인터넷이나 통신을 통해 자기 주에 상업적 활동을 할 경우 등의 사안에 대한 입법으로 구체화하여 규정하였고 이렇게 입법된 긴 팔(Long-arm)을 통해 타주의 역외자(域外者)를 자기 주의 법정으로 견인(牽引)하여 재판관할권(Jurisdiction)을 확대한 것이 Long-arm statute이다. 한편 이러한 국외행위에 대한 적용과 같은 관할(管轄, Jurisdiction) 관련 입법은 한 국가의 행정력이 타 국가에 영향을 미칠 수 있는지 여부가 가장 중요하므로 공정거래법과 같이 국제적인 공조(共助)체계를 구축하여 통상 마찰을 가능성을 최소화하면서 실질적인 법의 집행력을 확보하도록 지속적인 정책노력을 기울이는 것이 요구된다고 생각한다.

---

163) 한국 기업들이 유럽연합(EU) 회원국 시민들의 개인정보를 현지 당국의 추가 승인 없이 국내로 이전할 수 있게 됐다. 한국이 '유럽연합 일반 개인정보보호법'(EU GDPR) 적정성 심사에 최종 통과하면서다. 개인정보보호위원회(개인정보위)는 17일 보도자료를 내어 "한국과 유럽연합은 한국에 대한 개인정보보호 적정성 결정이 채택돼 즉시 발효되었음을 상호 확인했다"고 발표했다. 적정성 심사는 비유럽연합 국가들이 GDPR와 동등한 수준의 개인정보 보호 체계를 갖추고 있는지를 유럽연합이 평가·승인하는 제도다. 한국은 지난 2017년 1월 유럽연합과 적정성 협의를 시작한지 약 6년 만에 승인을 얻었다. … 다만 금융정보는 이번 심사에서 승인을 받지 못했다. 금융산업 진흥과 감독 역할을 함께 맡고 있는 금융위원회가 독립적인 개인정보 보호 기구로서 불충분하다고 본 유럽연합이 금융 분야를 심사 대상에서 제외했기 때문이다. 개인정보위 관계자는 〈한겨레〉에 "금융기관은 지금까지처럼 유럽에서 한국으로 개인정보를 옮길 때 표준계약 조항을 이용해야 한다. 다만 유럽연합 국가에서 사업 중인 한국 금융기관이 10곳 미만이어서 금융 분야가 빠진 영향은 제한적일 것"이라고 설명했다. 천호성 한겨레 신문 기자, '유럽 개인정보보호법' 적정성 심사 통과…한-EU 데이터 교류 늘어날 듯, 2021.12.17. (https://www.hani.co.kr/arti/economy/it/1023792.html).
164) 방송통신위원회와 행정자치부, 방통위·행자부, 글로벌 개인정보보호 인증제도 가입, 보도자료(2017.6.12.).
165) 신종철, 통신법 해설(개정판), 진한M&B(2019), pp91~92.
166) 독점규제 및 공정거래에 관한 법률은 이 법 제2조의2(국외행위에 대한 적용)에서 "이 법은 국외에서 이루어진 행위라도 국내시장에 영향을 미치는 경우에는 적용한다"라고 규정하고 있다(공정거래법 제2조의2).
167) 이러한 최소한의 관련(Minimum contact)은 1945년 미국 연방대법원에 의해 '페어플레이와 실질적 정의의 전통적 관념에 반하지 않는 최저한의 관련'이 여부로 재판관할의 유무를 판단해야 한다고 판시된 것이다. International Shoe Co. v. State of Washington, 326 U.S. 310(1945).

(2) 개인정보와 개인신용정보의 국외 이전 중지 명령

〈개인정보 보호법〉 제28조의9(개인정보의 국외 이전 중지 명령) ① 보호위원회는 개인정보의
국외 이전이 계속되고 있거나 추가적인 국외 이전이 예상되는 경우로서 다음 각 호의 어
느 하나에 해당하는 경우에는 개인정보처리자에게 개인정보의 국외 이전을 중지할 것을
명할 수 있다.
  1. 제28조의8제1항, 제4항 또는 제5항을 위반한 경우
  2. 개인정보를 이전받는 자나 개인정보가 이전되는 국가 또는 국제기구가 이 법에 따른
     개인정보 보호 수준에 비하여 개인정보를 적정하게 보호하지 아니하여 정보주체에게
     피해가 발생하거나 발생할 우려가 현저한 경우
② 개인정보처리자는 제1항에 따른 국외 이전 중지 명령을 받은 경우에는 명령을 받은 날부
터 7일 이내에 보호위원회에 이의를 제기할 수 있다.
③ 제1항에 따른 개인정보 국외 이전 중지 명령의 기준, 제2항에 따른 불복 절차 등에 필요
한 사항은 대통령령으로 정한다.

(가) 개인정보와 개인신용정보 국외 이전 중지 명령의 의의

개인정보 보호법은 개인정보보호위원회는 개인정보의 국외 이전이 계속되고 있거
나 추가적인 국외 이전이 예상되는 경우로서 다음, 1. 이 법 제28조의8(개인정보의 국
외 이전)제1항, 제4항 또는 제5항을 위반한 경우와 2. 개인정보를 이전받는 자나 개인
정보가 이전되는 국가 또는 국제기구가 이 법에 따른 개인정보 보호 수준에 비하여
개인정보를 적정하게 보호하지 아니하여 정보주체에게 피해가 발생하거나 발생할 우
려가 현저한 경우의 어느 하나에 해당하는 경우에는 개인정보처리자에게 개인정보의
국외 이전을 중지할 것을 명할 수 있다고 규정하고 있는데(개인정보 보호법 제28조의9제1
항), 개인정보의 국외 이전 중지 명령은 2023년 개인정보 보호법 개정을 통해 도입된
것으로서 EU GDPR Article 58에서 "각 감독기관은 제3국 또는 국제기구의 수령인
으로의 정보이동의 중지를 지시하는 시정 권한을 보유한다"라고[168] 규정하고 있는 것
에 상응되는 것으로 이해된다. 한편 개인정보 보호법은 개인정보처리자는 이 법 제28
조의9(개인정보의 국외 이전 중지 명령)제1항에 따른 국외 이전 중지 명령을 받은 경우에

---

168) EU GDPR Article 58(Powers) 2. Each supervisory authority shall have all of the following
   investigative powers: (j) to order the suspension of data flows to a recipient in a third
   country or to an international organisation.

는 명령을 받은 날부터 7일 이내에 개인정보보호위원회에 이의를 제기할 수 있다고 규정하고 있다(동법 제28조의9제2항).

(나) 개인정보와 개인신용정보 국외 이전 중지 명령의 기준과 불복 절차 등

1) 개인정보와 개인신용정보 국외 이전 중지 명령의 기준과 절차

개인정보 보호법은 이 법 제28조의9(개인정보의 국외 이전 중지 명령)제1항에 따른 개인정보 국외 이전 중지 명령의 기준, 동법 제28조의9제2항에 따른 불복 절차 등에 필요한 사항은 대통령령으로 정한다고 규정하고 있으며(개인정보 보호법 제28조의9제3항), 개인정보 국외 이전 중지 명령의 기준으로 개인정보 보호법 시행령은 개인정보보호위원회는 이 법 제28조의9제1항에 따라 개인정보의 국외 이전을 중지할 것을 명하는 경우에는 다음, 1. 국외로 이전되었거나 추가적인 국외 이전이 예상되는 개인정보의 유형 및 규모, 2. 동법 제28조의8(개인정보의 국외 이전)제1항, 제4항 또는 제5항 위반의 중대성, 3. 정보주체에게 발생하거나 발생할 우려가 있는 피해가 중대하거나 회복하기 어려운 피해인지 여부, 4. 국외 이전의 중지를 명하는 것이 중지를 명하지 않는 것보다 명백히 정보주체에게 이익이 되는지 여부, 5. 동법 제64조(시정조치 등)제1항 각 호에 해당하는 조치를 통해 개인정보의 보호 및 침해 방지가 가능한지 여부, 6. 개인정보를 이전받는 자나 개인정보가 이전되는 이전대상국등이 정보주체의 피해구제를 위한 실효적인 수단을 갖추고 있는지 여부, 7. 개인정보를 이전받는 자나 개인정보가 이전되는 이전대상국등에서 중대한 개인정보 침해가 발생하는 등 개인정보를 적정하게 보호하기 어렵다고 인정할 만한 사유가 존재하는지 여부의 사항을 종합적으로 고려하여야 한다고 규정하고 있다(동법 시행령 제29조의11제1항).

한편 국외 이전의 중지 명령의 절차로 개인정보 보호법 시행령은 개인정보보호위원회는 이 법 제28조의9제1항에 따라 개인정보의 국외 이전을 중지할 것을 명하려는 경우에는 국외이전전문위원회의 평가를 거쳐야 한다고 규정하고 있으며(동법 시행령 제29조의11제2항), 개인정보보호위원회는 동법 제28조의9제1항에 따라 개인정보의 국외 이전을 중지할 것을 명할 때에는 개인정보처리자에게 중지명령의 내용, 사유, 이의 제기 절차·방법 및 그 밖에 필요한 사항을 문서로 알려야 한다고 규정하고 있다(동법 시행령 제29조의11제3항). 또한 개인정보 보호법 시행령은 이 법 시행령 제29조의11제1항부터 제3항까지에서 규정한 사항 외에 개인정보의 국외 이전 중지 명령의 기준 등에

관하여 필요한 사항은 개인정보보호위원회가 정하여 고시한다고 규정하고 있다(동법 시행령 제29조의11제4항).

  2) 개인정보와 개인신용정보 국외 이전 중지 명령의 불복 절차

　개인정보 국외 이전 중지 명령의 이의제기 절차로 개인정보 보호법 시행령은 이 법 제28조의9(개인정보의 국외 이전 중지 명령)제2항에 따라 이의를 제기하려는 자는 같은 조 제1항에 따른 국외 이전 중지 명령을 받은 날부터 7일 이내에 개인정보보호위원회가 정하는 이의신청서에 이의신청 사유를 증명할 수 있는 서류를 첨부하여 개인정보 보호위원회에 제출해야 한다고 규정하고 있으며(개인정보 보호법 시행령 제29조의12제1항), 개인정보보호위원회는 이 법 시행령 제29조의12(국외 이전 중지 명령에 대한 이의 제기)제1 항에 따라 이의신청서를 제출받은 날부터 30일 이내에 그 처리결과를 해당 개인정보 처리자에게 문서로 알려야 한다고 규정하고 있다(동법 시행령 제29조의12제2항). 한편 개 인정보 보호법 시행령은 이 법 시행령 제29조의12제1항 및 제2항에서 규정한 사항 외에 이의 제기의 절차 등에 관하여 필요한 사항은 개인정보보호위원회가 정하여 고 시한다고 규정하고 있다(동법 시행령 제29조의12제3항).

참고자료 및 질문

1. **정보의 자유로운 이전과 서버 국지화(局地化, Server Localization).** 통신과 컴퓨터 기술의 발달로 인해 개인정보가 대규모로 집적되고 신속하게 처리됨에 따라 개인정보의 국경(國境) 간 이전이 활발히 일어나고 있다. 특히 개인정보의 국외 이전은 Google, Meta((구)Facebook) 등 Global 정보통신서비스 제공사업자 등에 의해 주도되고 있는데, 이러한 흐름에 대해 미국 등 선진국들은 정보의 자유로운 이전(Free flow of data)에 대해 찬성하는 입장을, 개발도상국들은 이에 반대하고 서버 국지화(局地化, Server localization) 또는 개인정보의 현지화(국내 서버 설치 의무화)에 대해 지지하는 입장을 보이고 있다. 특히 금융과 의료 정보에 대해 정보의 자유로운 이전과 서버 국지화 논란이 큰 것으로 생각된다. 이러한 선진국들과 개발도상국들의 입장들이 APEC(Asia Pacific Economic Cooperation, 아시아 태평양 경제협력기구)과 WTO(World Trade Organization, 세계무역기구) 등 국제기구에서 첨예하게 대립하는 상황이며 또한 FTA(Free Trade Agreement, 자유무역협정) 등에서도 정보의 자유로운 이전과 서버 국지화에 대한 논란은 지속되고 있다. 우리나라의 경우 국내 정보통신서비스 제공사업자와 Global 정보통신제공 사업자들간의 역차별(逆差別), 즉 기울어진 운동장의 문제가 대두되고 금융과 의료분야 등에서의 국내 개인정보는 국내에서 처리되어야 관리와 통제권의 확보가 가능하다는 주장

이 지속하여 제기되고 있다. 한편 이러한 주장을 반영하여 국내 서버 설치 의무화를 정보통신망 이용촉진 및 정보보호 등에 관한 법률(약칭: 정보통신망법)에 규정하려는 개정(안)이 국회에 2018년 9월 발의(민주당 변재일 의원)된 바 있으나 20대 국회의 회기 만료로 폐기된 바 있다.[169] 이러한 정보의 자유로운 이전과 서버 국지화에 대한 당신의 입장과 의견은 무엇인가?

2. **유럽사법재판소의 미국과 EU간 Safe Harbor 협정 무효 판결.** 2015년 10월 EU 사법재판소(ECJ, Europe Court of Justice)는 Schrems v. Data Protection Commissioner 판결[170]을 통해 미국의 개인정보 보호의 수준이 EU에 비해 미흡하여 EU 역내국 국민의 기본권이 침해된 점을 이유로 기존 미국과 EU 간 개인정보의 이전을 위해 체결한 Safe Harbor 협정은 무효라고 판시한 바 있다. 2000년 승인된 미국과 EU 간 Safe Harbor 협정은 Meta((구)Facebook), Google 등 4,500여 미국 기업들이 EU로부터 개인정보를 합법적으로 이전시키는데 가장 널리 사용된 수단이었다. Safe Harbor 협정은 7가지 원칙으로, 1. 고지(Notice), 2. 선택(Choice), 3. 제3자 제공(Transfer to third parties), 4. 안전성(Security), 5. 데이터의 무결성(Data Integration), 6. 접근권(Access), 7. 집행(Enforcement)을 포함하고 있었으며, 개인정보처리자가 동 7가지 원칙을 준수한다면 개인정보 이전 시 적절한 조치를 취한 것으로 간주하는 것이었다. 한편 2015년 10월 Safe Harbor 협정이 사법 판결로 무효화됨에 따라 미국과 EU는 이를 대체하기 위해 2016년 2월 새로운 협정을 체결하였는데 이것이 바로 Privacy Shield 협정이다.[171] 그러나 Privacy Shield 협정도 2020년 7월 유럽사법재판소가 동 협정을 무효로 판결하였는데,[172] Schrems II로 불리는 이 판결은 미국 정보기관들이 법 집행이나 국가 안보 목적으로 유럽인의 개인정보에 접근할 수 있는 권한에 대한 적절한 제한 조치가 없고 정보주체가 미국 당국을 상대로 구제 조치를 할 수 있는 효과적인 방법이 마련되어 있지 않다는 것이 판결의 이유였다.[173] 한편 Privacy Shield 협정이 무효가 됨에 따라 이를 대체하기 위한 새로운 미국과 EU 간 개인정보 국외 이전 협정이 Privacy Framework 협정이다. Privacy Framework 협정에는 Schrems II 판결에서 문제가 되었던 사안들을 반영하여 미국 정보기관들에 의한 EU 국민의 개인정보 접근은 국가안보를 위해 필요하고 비례의 원칙에 따라 가능하도록 명시하고 미국 사법부 내에 EU 내의 정보주체가 정보기관의 개인정보 수집과 이용에 대한 소송을 제기할 수 있는 정보보호법원(Data Protection Review Court, DPRC)을 신설하는 내용들이 포함되어 있다. 2022년 10월 미국 바이든(Biden) 대통령이 미국 정보활동을 위한 안전조치 강화(Enhancing Safeguards for United States Signals Intelligence Activities)를 위한 행정명령에 서명하면서 Privacy Framework 협정의 안전조치가 미국 법으로 편입되었고, EU 집행위원회가 Privacy Framework 협정에 대한 적정성 결정 초안을 작성해 2022년 12월부터 EU 정보보호이사회(European Data Protection Board, EDPB)의 의견수렴, EU 회원국의 대표로 구성된 위원회와 유럽 의회의 승인 획득 등 Privacy Framework 협정에 대한 적정성 결정을 채택하기 위한 절차를 진행하여 2023년 7월 Privacy Framework 협정이 발효·시행되게 되었다.

3. **CLOUD 법(Clarifying Lawful Overseas Use of Data Act, 합법적인 해외 데이터 활용의 명확화를 위한 법률).** 통신과 컴퓨터 기술의 발달로 수집된 개인정보가 국내가 아닌 해외에 저장되는 경우가 증가하고 있고 클라우드 컴퓨팅(Cloud computing) 기술의 확산으로 데이터가 여러 지역에 분산·저장되어 데이터의 저장위치를 알기 어려운 상황이 확대되고 있다. 한편 범죄자들의 페이스북 등 SNS(Social Network Service)와 구글, 마이크로소프트 등 글로벌 IT 기업의 이메일 서비스 이용이 증가하면서 각국 사법기관에서는 관련 데이터의 소재지 국가에 공조(共助) 요청을 하기 보다 글로벌 IT 기업, 즉 주로 미국에 본사를 둔 구글, 페이스북, 마이크로소프트 등과 같은 정보통신서비스 제공자에게 직접 데이터의 제공을 요청하고 있는 것이 현실이다.174) 2018년 미국 의회는 종합세출법안(Omnibus appropriations bill)을 통과시켰고, 2018년 3월 도날드 트럼프(Donald Trumph) 대통령은 동 법안에 서명하였는데, 동 법안에는 합법적인 해외 데이터 활용의 명확화를 위한 법률(Clarifying Lawful Overseas Use of Data Act)이 포함되어 있다. 동 법률의 주요 내용으로는, 1. 미국의 정보통신서비스 제공자들이 보유 또는 관리하고 있는 통신 내용, 트래픽 데이터, 가입자 정보 등에 대해서 정부기관이 실제 데이터가 저장된 위치에 관계없이 제공 요청을 할 수 있도록 명시함으로써 역외 데이터에의 접근에 대한 법률적 근거를 마련하고 있고, 2. 기존 국제형사사법공조 절차에 대한 대안으로써 해외 정부기관이 미국과 행정협정(Executive agreement)을 체결할 경우 해당 해외 정부기관이 미국 기업에 직접 데이터를 요청할 수 있도록 규정하고 있으며, 3. 타국에 대한 정보통신서비스나 원격 컴퓨팅 서비스를 포함하는 공공 또는 원격 컴퓨팅 서비스에 대한 정보통신서비스 제공자는 가입자나 고객의 정보통신 내용을 동법에 따라 발급된 법적 절차에 따라 공개하여야 하고 정보통신 서비스제공자가 합리적으로 믿을 만한 법적 절차를 수정하거나 각하할 수 있는 동의서를 제출할 수 있도록 정보통신서비스 제공자의 영장 각하 신청제도를 포함하고 있다. 동 법률의 제정은 Microsoft Corp. v. United States, 138 S. Ct. 1186 (2018) 사건이 계기가 되었는데, 동 사건은 2013년 FBI(Federal Bureau of Investigation, 미국 연방수사국)가 마약 밀매 사건조사를 위해 피조사자의 이메일 수집 영장을 발부받아 마이크로소프트에 데이터를 요청했지만 거부당했던 사안으로서, 마이크로소프트가 영장 집행에 불응한 것은 기존 법률에 따라 미국이 아닌 타국(아일랜드)에 저장된 데이터이기 때문이었는데 이에 마이크로소프트와 미국 정부 간 법적 분쟁이 발생하였고 이러한 문제를 해소하기 위해 CLOUD 법이 제정되었다. 한편 CLOUD 법의 제정으로 인해 동 소송은 소의 이익이 없어짐에 따라(Mootless) 종결되었다.

---

169) 구글·페이스북 등 글로벌 콘텐츠 기업의 국내 서버 설치를 의무화하고, 이를 준수하지 않으면 과징금을 부과하는 방안이 추진된다. 넷플릭스 등 인터넷동영상서비스(OTT) 사업자 경쟁 상황 평가를 통해 방송통신발전기금을 부담하도록 하는 방안도 추진된다. 변재일 의원(더불어민주당)은 이 같은 내용을 담은 정보통신망 이용촉진 및 정보보호 등에 관한 법률(이하 정보통신망법), IPTV법, 방송법, 방송통신발전기본법 개정(안)을 대표 발의했다고 3일 밝혔다. 정보통신망법 개정(안)은 제45조 제4항을 신설, 일일 평균 이용자 수 등이 일정 규모 이상인 사업자의 국내 서버 설치를 의무화했다. 페이

스북 접속 경로 변경 사태처럼 국내 이용자가 불편을 겪지 않도록 기술 조치를 취해야 한다는 의미다. 이를 어기면 과징금을 부과하도록 했다. 구글·페이스북·넷플릭스 등 글로벌 기업들이 국내 서버를 설치하면 '고정사업장'을 보유한 효과가 발생, 글로벌 사업자란 이유로 국내 규제를 회피하는 게어려워진다. 변 의원이 발의하는 4개 개정(안)이 국회를 통과하면 '기울어진 운동장' 바로잡기에 진전이 기대된다. 변 의원은 "글로벌 사업자가 초래하는 이용자 이익 침해, 국내 사업자와의 역차별, 사회 폐해 등이 막대하지만 법률이 이를 바로잡지 못하고 있다"면서 "국내 이용자를 볼모로 잡는 행위를 하루빨리 근절해야 한다"며 취지를 설명했다. 김용주 전자신문 기자, 구글·페북, 국내 서버 설치 의무화된다… 변재일 의원 법안 발의, 2018.9.3. (https://m.etnews.com/20180903000328).

170) Schrems v. Data Protection Commissioner, Case C-362/14, Curia, Court of Justice(Oct. 6, 2015).

171) 유럽연합(EU)과 미국이 2일(현지시간) 개인정보 공유와 전송을 위한 새 협정에 합의했다. 페이스북, 애플 등 미국의 IT 기업들이 저장한 유럽 시민들의 개인정보가 미 정보당국의 감시에 노출될 수 있다는 우려가 제기되면서 지난해 10월 유럽사법재판소가 EU와 미국 간 개인정보 공유 협정 '세이프 하버(Safe Harbor)'를 전면 무효화한 이후 이를 대체하기 위한 협정을 마련한 것이다. 유럽사법재판소는 지난해 10월 세이프 하버가 EU 시민의 사생활 권리를 제대로 보호하지 못해 무효라고 판결했다. 에드워드 스노든의 폭로 후 한 오스트리아 대학생이 페이스북 등 미국 IT 기업의 불법적 정보수집과 정보 전송이 EU 시민의 사생활을 침해했다며 제소한 사건에 대해 유럽사법재판소는 당국이 유럽 가입자 정보를 미국으로 전송하는 IT 기업의 행위를 저지할 수 있다고 판시했다. 세이프 하버로 지난 15년간 4500여개의 미국 IT 기업들은 유럽 기업들처럼 개인정보 보호를 약속하면서 수집한 개인정보를 미국으로 전송하기 쉬웠다. 그러나 새 협정에 따라 2017년부터 연례 합동검토보고회가 열리고 미국은 유럽 개인정보보호 당국 관계자들이 의뢰한 불만사항을 처리하는 옴부즈맨을 국무부 소속으로 임명해야 한다. 베라 주로바 EU 집행위원회 사법위원도 "새 협정은 미국이 처음으로 EU의 구속력 있는 개인정보 보호 권한을 보장한 획기적 사례"라고 평가하며 "이로써 공공기관이 안보 목적으로 공공기관의 개인정보에 접근하는 것은 확실히 규제와 감찰 대상이 됐다"고 밝혔다. 새 협정 합의로 미국 IT 기업들은 대서양을 사이에 두고 사용자의 개인정보를 주고받을 수 있게 됐지만, 이 협정에 대한 법적 공방은 계속될 것으로 예상된다. 이수지 중앙일보 기자, EU-미국, 새 개인정보공유 협정 타결, 2016.2.13. (https://news.joins.com/article/19522049).

172) 유럽연합(EU) 최고법원인 유럽사법재판소(ECJ)가 EU와 미국 간 데이터 전송 합의가 '무효'라고 판결했다. AP·로이터 통신 등에 따르면 ECJ는 이날 "미국 정부가 국가 안보를 이유로 소비자 정보에 대한 접근권을 요구할 수 있어 미국의 개인정보 감시 우려가 있다"면서 이같이 결정했다. 유럽 사용자들의 개인정보를 페이스북과 같은 IT 기업들이 미국으로 전송할 때 개인정보보호가 제대로 이루어질 것이라고 상정하지 않는다는 것이다. 이번 결정은 미국과 EU 간의 개인정보보호 합의인 '프라이버시 실드(Privacy Shield)'를 무효화한 것이다. '프라이버시 실드'는 유럽인들의 개인정보를 상업적 목적으로 미국으로 전송할 때 해당 정보를 보호하기 위해 2016년 미국과 EU가 체결한 합의다. 이로 인해 사실상 미국 내 기업들이 유럽 내 개인정보에 대해 지녔던 특별 접근권이 끝난다고 로이터는 분석했다. '프라이버시 실드'는 페이스북 등 거대 IT 기업을 비롯해 소규모 금융회사까지 수천개 업체가 유럽에서 미국으로 데이터를 전송하는 것을 가능하게 하는데 이번 판결로 이들 기업 활동에 차질을 일으킬 수 있다는 것이다. 이번 판결에 따라 규제기관은 유럽인들의 개인정보 보호를 위해 어떠한 새로운 데이터 전송에 대해서도 EU의 엄격한 기준에 따라 심사하도록 할 수도 있다. 이번 결정에는 항소할 수 없다. EU와 미국은 미국에서도 유럽인들의 개인정보보호를 보장할 수 있는 새로운 합의를 해야 할 것으로 알려졌다. 정민하 조선일보 기자, 유럽사법재판소 "EU-美 데이터 전송 합의 무효", 2020.7.1.6. (https://biz.chosun.com/site/data/html_dir/2020/07/16/2020071604652.html).

〈개인정보 보호법〉 제21조(개인정보의 파기) ① 개인정보처리자는 보유기간의 경과, 개인정보의 처리 목적 달성, 가명정보의 처리 기간 경과 등 그 개인정보가 불필요하게 되었을 때에는 지체 없이 그 개인정보를 파기하여야 한다. 다만, 다른 법령에 따라 보존하여야 하는 경우에는 그러하지 아니하다.

② 개인정보처리자가 제1항에 따라 개인정보를 파기할 때에는 복구 또는 재생되지 아니하도록 조치하여야 한다.

③ 개인정보처리자가 제1항 단서에 따라 개인정보를 파기하지 아니하고 보존하여야 하는 경우에는 해당 개인정보 또는 개인정보파일을 다른 개인정보와 분리하여서 저장·관리하여야 한다.

④ 개인정보의 파기방법 및 절차 등에 필요한 사항은 대통령령으로 정한다.

〈신용정보법〉 제20조의2(개인신용정보의 보유기간 등) ②「개인정보 보호법」제21조제1항에도 불구하고 신용정보제공·이용자는 금융거래 등 상거래관계가 종료된 날부터 최장 5년 이내(해당 기간 이전에 정보 수집·제공 등의 목적이 달성된 경우에는 그 목적이 달성된 날부터 3개월 이내)에 해당 신용정보주체의 개인신용정보를 관리대상에서 삭제하여야 한다. 다만, 다음 각 호의 경우에는 그러하지 아니하다.

1. 이 법 또는 다른 법률에 따른 의무를 이행하기 위하여 불가피한 경우

2. 개인의 급박한 생명·신체·재산의 이익을 위하여 필요하다고 인정되는 경우

2의2. 가명정보를 이용하는 경우로서 그 이용 목적, 가명처리의 기술적 특성, 정보의 속성 등을 고려하여 대통령령으로 정하는 기간 동안 보존하는 경우

3. 그 밖에 다음 각 목의 어느 하나에 해당하는 경우로서 대통령령으로 정하는 경우

 가. 예금·보험금의 지급을 위한 경우

 나. 보험사기자의 재가입 방지를 위한 경우

 다. 개인신용정보를 처리하는 기술의 특성 등으로 개인신용정보를 보존할 필요가 있는 경우

 라. 가목부터 다목까지와 유사한 경우로서 개인신용정보를 보존할 필요가 있는 경우

③ 신용정보제공·이용자가 제2항 단서에 따라 개인신용정보를 삭제하지 아니하고 보존하는 경우에는 현재 거래 중인 신용정보주체의 개인신용정보와 분리하는 등 대통령령으로 정하

---

173) Schrems v. Data Protection Commissioner, Case C-311/18, Grand Chamber, Judgment of the Court(Jul. 17, 2020).

174) 송영진, 미국 CLOUD Act 통과와 역외 데이터 접근에 대한 시사점, 형사정책연구 제29권 제2호(통권 제114호, 2018 여름), pp149~151.

는 바에 따라 관리하여야 한다.

④ 신용정보제공·이용자가 제3항에 따라 분리하여 보존하는 개인신용정보를 활용하는 경우에는 신용정보주체에게 통지하여야 한다.

⑤ 제1항 및 제2항에 따른 개인신용정보의 종류, 관리기간, 삭제의 방법·절차 및 금융거래 등 상거래관계가 종료된 날의 기준 등은 대통령령으로 정한다.

1. 개인정보와 개인신용정보 파기의 의의

개인정보나 개인신용정보는 개인정보처리자나 신용정보제공·이용자를[175] 포함하는 신용정보회사등의 소유물이나 자산이 아니며 정보주체 또는 개인인 신용정보주체로부터 잠시 빌려오는 것에 불과하므로 개인정보나 개인신용정보를 수집한 목적이 달성되었음에도 이를 계속 보유하고 있다면 개인정보나 개인신용정보의 유출 및 오남용의 가능성이 커지게 될 것이다. 따라서 더 이상 개인정보나 개인신용정보가 불필요하게 된 때에는 이를 파기(破棄)하도록 하여 개인정보와 개인신용정보를 안전하게 보호하는 것이 필요하므로 개인정보 보호법은 개인정보처리자는 보유기간의 경과, 개인정보의 처리 목적 달성, 가명정보의 처리 기간 경과 등 그 개인정보가 불필요하게 되었을 때에는 지체 없이 그 개인정보를 파기하여야 하나, 다만 다른 법령에 따라 보존하여야 하는 경우에는 그러하지 아니하다고 규정하고 있다(개인정보 보호법 제21조제1항).

신용정보법은 「개인정보 보호법」 제21조(개인정보의 파기)제1항에도 불구하고 신용정보제공·이용자는 금융거래 등 상거래관계가 종료된 날부터 최장 5년 이내(해당 기간 이전에 정보 수집·제공 등의 목적이 달성된 경우에는 그 목적이 달성된 날부터 3개월 이내)에 해당 신용정보주체의 개인신용정보를 관리대상에서 삭제하여야 하나, 다만 다음, 1. 신용정보법 또는 다른 법률에 따른 의무를 이행하기 위하여 불가피한 경우, 2. 개인의 급박한 생명·신체·재산의 이익을 위하여 필요하다고 인정되는 경우, 2의2. 가명정보를 이용하는 경우로서 그 이용 목적, 가명처리의 기술적 특성, 정보의 속성 등을

---

[175] 신용정보법은 신용정보제공·이용자는 고객과의 금융거래 등 상거래를 위하여 본인의 영업과 관련하여 얻거나 만들어 낸 신용정보를 타인에게 제공하거나 타인으로부터 신용정보를 제공받아 본인의 영업에 이용하는 자와 그 밖에 이에 준하는 자로서 대통령령으로 정하는 자를 말한다고 규정하고 있다(신용정보법 제2조제7호).

고려하여 대통령령으로 정하는 기간 동안 보존하는 경우, 3. 그 밖에 다음, 가. 예금·보험금의 지급을 위한 경우, 나. 보험사기자의 재가입 방지를 위한 경우, 다. 개인신용정보를 처리하는 기술의 특성 등으로 개인신용정보를 보존할 필요가 있는 경우, 라. 가목부터 다목까지와 유사한 경우로서 개인신용정보를 보존할 필요가 있는 경우의 어느 하나에 해당하는 경우로서 대통령령으로 정하는 경우에는 그러하지 아니하다고 규정하고 있다(신용정보법 제20조의2제2항).

한편 2023년 개인정보 보호법 개정 시 온라인과 오프라인 개인정보처리자의 일원화(一元化)를 위하여 (구)개인정보 보호법 제39조의6(개인정보의 파기에 대한 특례)를 삭제하였다. 동 조항은 "정보통신서비스 제공자등은 정보통신서비스를 1년의 기간 동안 이용하지 아니하는 이용자의 개인정보를 보호하기 위하여 대통령령으로 정하는 바에 따라 개인정보의 파기 등 필요한 조치를 취하여야 하나, 다만 그 기간에 대하여 다른 법령 또는 이용자의 요청에 따라 달리 정한 경우에는 그에 따른다고 규정하고 있었으며((구)개인정보 보호법 제39조의6제1항), 정보통신서비스 제공자등은 이 법 제39조의6제1항의 기간 만료 30일 전까지 개인정보가 파기되는 사실, 기간 만료일 및 파기되는 개인정보의 항목 등 대통령령으로 정하는 사항을 전자우편 등 대통령령으로 정하는 방법으로 이용자에게 알려야 한다"고 규정하고 있었다(동법 제39조의6제2항). 이러한 소위 1년의 유효기간 제도에 대해, 1. 동 제도는 전 세계에서 우리나라에만 있는 제도로서 해외 사업자에 대한 집행력의 한계로 인해 소위 기울어진 운동장의 역차별 문제가 나타나고 있고, 2. 정보통신서비스 이용자들도 자신들이 제공한 개인정보가 파기되어 기존에 적립한 서비스 마일리지가 사라지는 등 어려움을 겪는 경우가 발생하여서 국내 기업과 이용자의 불편함을 해소해야 한다는 반대과 논란이 지속하여 제기되고 있었는데, 2023년 개인정보 보호법 개정 시 동 사안은 폐지된 바 있다.

또한 2023년 개인정보 보호법 개정 시 이 법 제21조(개인정보의 파기)를 "개인정보처리자는 가명정보의 처리 기간 경과 등 그 개인정보가 불필요하게 되었을 때에는 지체 없이 그 개인정보를 파기하여야 한다. 다만, 다른 법령에 따라 보존하여야 하는 경우에는 그러하지 아니하다"라고 개정하였고 동법 제28조의7(적용범위)를 "가명정보는 개인정보 보호법 제21조(개인정보의 파기)의 규정을 적용하지 아니한다"를 삭제하여 가명정보의 파기에 대해서도 개인정보 파기 규정의 적용을 받도록 개정하였다.

2. 개인정보와 개인신용정보 파기의 시기와 방법 및 절차 등

가 개인정보 파기의 시기와 방법 및 절차 등

개인정보 보호법은 개인정보처리자는 보유기간의 경과, 개인정보의 처리 목적 달성, 가명정보의 처리 기간 경과 등 그 개인정보가 불필요하게 되었을 때에는 지체 없이 그 개인정보를 파기하여야 하나, 다만 다른 법령에 따라 보존하여야 하는 경우에는 그러하지 아니하다고 규정하고 있는데(개인정보 보호법 제21조제1항), 이러한 개인정보 파기 의무의 예외인 개인정보의 보존기간이 명시된 법령은 〈표 12〉와 같다.

표 12 개인정보의 보존기간이 명시된 법령

근거법령	개인정보의 종류	보존기간
통신비밀보호법	통신사실확인자료 중 컴퓨터통신 또는 인터넷 로그(Log) 기록자료, 접속지 추적자료	3개월
	통신사실확인자료 중 시내·시외전화역무와 관련된 통신사실확인자료	6개월
	법 제2조제11호가목부터 라목까지 및 바목에 따른 통신사실확인자료	12개월
국세기본법	국세징수권 및 국세환급금 소멸시효	5년
	국세 부과 제척기간(조세시효)	10년
상법	보험금액 청구권 소멸시효	2년
	보험금 및 적립금 반환청구권 소멸시효	2년
	상사채권 소멸시효	5년
	배당금 지급청구권 소멸시효	5년
	사채상환청구권 소멸시효	10년
제조물 책임법	손해배상청구권 소멸시효	3년(알게 된 날) 10년(공급된 날)
전자금융거래법	건당 거래금액이 1만원 이하의 전자금융거래에 관한 기록	1년

	전자지급수단 이용과 관련된 거래승인에 관한 기록	1년
	건당 거래금액이 1만원 초과의 전자금융거래에 관한 기록	5년
	전자금융거래 종류와 금액 및 상대방에 대한 정보	5년
	지급인의 출금동의에 관한 사항	5년
	전자금융거래와 관련된 전자적 장치의 접속기록	5년
	전자금융거래 신청 및 조건의 변경에 관한 사항	5년
신용정보의 이용 및 보호에 관한 법률	신용정보 업무처리에 관한 기록	3년
전자상거래 등에서의 소비자보호에 관한 법률	표시·광고에 관한 기록	6개월
	소비자의 불만 또는 분쟁처리에 관한 기록	3년
	계약 또는 청약철회 등에 관한 기록	5년
	대금결제 및 재화 등의 공급에 관한 기록	5년
의료법	처방전	2년
	진단서 등의 부본(副本)	3년
	환자명부	5년
	검사소견기록	5년
	간호기록부	5년
	방사선사진 및 그 소견서	5년
	조산기록부	5년
	수술기록	10년
	진료기록부	10년

　개인정보 보호법은 개인정보처리자가 이 법 제21조(개인정보의 파기)제1항에 따라 개인정보를 파기할 때에는 복구 또는 재생되지 아니하도록 조치하여야 한다고 규정하고 있는데(동법 제21조제2항), 개인정보 보호법 시행령은 개인정보처리자는 이 법 제21조에 따라 개인정보를 파기할 때에는 다음, 1. 전자적 파일 형태인 경우에는 복원이 불가능한 방법으로 영구 삭제(다만, 기술적 특성으로 영구 삭제가 현저히 곤란한 경우에는 동법 제58조의2(적용제외)에 해당하는 정보, 즉 익명정보로 처리하여 복원

이 불가능하도록 조치해야 한다)와 2. 제1호인 전자적 파일 형태 외의 기록물, 인쇄물, 서면, 그 밖의 기록매체인 경우에는 파쇄 또는 소각의 구분에 따른 방법으로 해야 한다고 규정하고 있으며(동법 시행령 제16조제1항), 이 법 시행령 제16조(개인정보의 파기방법)제1항에 따른 개인정보의 안전한 파기에 관한 세부 사항은 개인정보보호위원회가 정하여 고시한다고 규정하고 있다(동법 시행령 제16조제2항).

개인정보를 파기할 때에는 다시 복원하거나 재생할 수 없는 형태로 완벽하게 파기해야 하는데 하드디스크드라이브(Hard Disk Drive), CD나 DVD, USB 메모리 등의 매체에 전자기(電磁氣)적으로 기록된 개인정보는 다시 재생시킬 수 없는 기술적 방법(예를 들면, 디가우저(Degausser, 데이터 소거 장치)를 이용해 자기장으로 데이터를 삭제)으로 삭제하거나 물리적으로 파괴(破壞)하여 복구할 수 없도록 하여야 하며, 종이와 같이 출력물의 형태로 되어 있는 경우에는 물리적으로 분쇄(粉碎)하거나 소각하는 방법으로 개인정보를 완전하게 파기하여야 하는 것으로 이해된다.

한편 개인정보 보호법은 개인정보처리자가 이 법 제21조제1항 단서에 따라 개인정보를 파기하지 아니하고 보존하여야 하는 경우에는 해당 개인정보 또는 개인정보파일을 다른 개인정보와 분리하여서 저장·관리하여야 한다고 규정하고 있는데(동법 제21조제3항), 개인정보를 파기하지 아니하고 별도로 분리하여 저장·관리하는 경우에는 물리적으로 전산 장비를 분리하여 저장하는 것 이외에도 논리적으로 분리하여 저장하는 것 또한 가능하며, 분리하여 저장·관리되는 개인정보는 정보주체의 요구가 있는 경우나 다른 법률에 특별한 규정이 있는 경우 등을 제외하고는 재이용하거나 제3자에게 제공할 수 없는 것으로 해석된다. 또한 개인정보 보호법은 개인정보의 파기방법 및 절차 등에 필요한 사항은 대통령령으로 정한다고 규정하고 있다(동법 제21조제4항).

나 개인신용정보 파기의 시기와 방법 및 절차 등

신용정보법은 개인정보 보호법 제21조(개인정보의 파기)제1항에도 불구하고 신용정보 제공·이용자는 금융거래 등 상거래관계가 종료된 날부터 최장 5년 이내(해당 기간 이전에 정보 수집·제공 등의 목적이 달성된 경우에는 그 목적이 달성된 날부터 3개월 이내)에 해당

신용정보주체의 개인신용정보를 관리대상에서 삭제하여야 하나, 다만 다음, 1. 신용정보법 또는 다른 법률에 따른 의무를 이행하기 위하여 불가피한 경우, 2. 개인의 급박한 생명·신체·재산의 이익을 위하여 필요하다고 인정되는 경우, 2의2. 가명정보를 이용하는 경우로서 그 이용 목적, 가명처리의 기술적 특성, 정보의 속성 등을 고려하여 대통령령으로 정하는176) 기간 동안 보존하는 경우, 3. 그 밖에 다음, 가. 예금·보험금의 지급을 위한 경우, 나. 보험사기자의 재가입 방지를 위한 경우, 다. 개인신용정보를 처리하는 기술의 특성 등으로 개인신용정보를 보존할 필요가 있는 경우, 라. 가목부터 다목까지와 유사한 경우로서 개인신용정보를 보존할 필요가 있는 경우의 어느 하나에 해당하는 경우로서 대통령령으로 정하는177) 경우에는 그러하지 아니하다고 규정하고 있다(신용정보법 제20조의2제2항).

또한 신용정보법은 신용정보제공·이용자가 이 법 제20조의2(개인신용정보의 보유기간 등)제2항 단서에 따라 개인신용정보를 삭제하지 아니하고 보존하는 경우에는 현재 거래 중인 신용정보주체의 개인신용정보와 분리하는 등 대통령령으로 정하는178) 바에

---

176) 신용정보법 제20조의2(개인신용정보의 보유기간 등)제2항제2호의2에서 "대통령령으로 정하는 기간"이란 다음, 1. 추가정보 및 가명정보에 대한 관리적·물리적·기술적 보호조치 수준, 2. 가명정보의 재식별 시 정보주체에 미치는 영향, 3. 가명정보의 재식별 가능성, 4. 가명정보의 이용목적 및 그 목적 달성에 필요한 최소기간의 사항을 고려하여 가명처리한 자가 가명처리 시 정한 기간을 말한다(신용정보법 시행령 제17조의2제3항).
177) 신용정보법 제20조의2(개인신용정보의 보유기간 등)제2항제3호에서 "대통령령으로 정하는 경우"란 다음, 1. 「서민의 금융생활 지원에 관한 법률」 제2조(정의)제3호에 따른 휴면예금등의 지급을 위해 필요한 경우, 2. 대출사기, 보험사기, 거짓이나 부정한 방법으로 알아낸 타인의 신용카드 정보를 이용한 거래, 그 밖에 건전한 신용질서를 저해하는 행위를 방지하기 위하여 그 행위와 관련된 신용정보주체의 개인신용정보가 필요한 경우, 3. 위험관리체제의 구축과 신용정보주체에 대한 신용평가모형 및 위험관리모형의 개발을 위하여 필요한 경우(이 경우 다른 법률에 따른 의무를 이행하기 위하여 불가피한 경우 등을 제외하고 개인인 신용정보주체를 식별할 수 없도록 조치해야 한다), 4. 신용정보제공·이용자 또는 제3자의 정당한 이익을 달성하기 위하여 필요한 경우로서 명백하게 신용정보주체의 권리보다 우선하는 경우(이 경우 신용정보제공·이용자 또는 제3자의 정당한 이익과 상당한 관련이 있고 합리적인 범위를 초과하지 아니하는 경우로 한정한다), 5. 신용정보주체가 개인신용정보(제15조제4항 각 호의 개인신용정보는 제외한다)의 삭제 전에 그 삭제를 원하지 아니한다는 의사를 명백히 표시한 경우, 6. 개인신용정보를 처리하는 기술의 특성 상 개인신용정보 삭제 시 신용정보전산시스템의 안전성, 보안성 등을 해치는 경우로서 금융위원회가 정하여 고시하는 보호 조치를 하는 경우의 어느 하나에 해당하는 경우를 말한다(신용정보법 시행령 제17조의2제3항).
178) 신용정보법 시행령은 이 법 제20조의2(개인신용정보의 보유기간 등)제3항에 따라 신용정보제공·이용자가 개인신용정보를 관리하는 경우에는 동법 시행령 제17조의2(개인신용정보의 관리방법 등)제1항제1호 각 목의 방법에 따른다고 규정하고 있다(신용정보법 시행령 제17조의2제8항).

따라 관리하여야 한다고 규정하고 있으며(동법 제20조의2제3항), 신용정보제공·이용자가 동법 제20조의2제3항에 따라 분리하여 보존하는 개인신용정보를 활용하는 경우에는 신용정보주체에게 통지하여야 한다고 규정하고 있다(동법 제20조의2제4항).

한편 신용정보법은 이 법 제20조의2제1항 및 제2항에 따른 개인신용정보의 종류, 관리기간, 삭제의 방법·절차 및 금융거래 등 상거래관계가 종료된 날의 기준 등은 대통령령으로 정한다고 규정하고 있는데(동법 제20조의2제5항), 신용정보법 시행령은 이 법 제20조의2제1항 및 제2항에 따른 금융거래 등 상거래관계가 종료된 날은 신용정보제공·이용자와 신용정보주체 간의 상거래관계가 관계 법령, 약관 또는 합의 등에 따라 계약기간의 만료, 해지권·해제권·취소권의 행사, 소멸시효의 완성, 변제 등으로 인한 채권의 소멸, 그 밖의 사유로 종료된 날로 한다고 규정하고 있다(동법 시행령 제17조의2제5항). 또한 신용정보법 시행령은 신용정보제공·이용자는 이 법 제15조(수집 및 처리의 원칙)제2항 각 호 외의 부분 본문 및 동법 제32조(개인신용정보의 제공·활용에 대한 동의)제2항 전단에 따른 동의를 받을 때 동법 시행령 제17조의2제5항에 따른 금융거래 등 상거래관계가 종료된 날을 신용정보주체에게 알려야 한다고 규정하고 있으며(동법 시행령 제17조의2제6항), 신용정보제공·이용자는 동법 시행령 제17조의2(개인신용정보의 관리방법 등)제1항제2호 및 동법 제20조의2제2항 각 호 외의 부분 본문에 따라 신용정보주체의 개인신용정보를 삭제하는 경우 그 삭제된 개인신용정보가 복구 또는 재생되지 아니하도록 조치하여야 한다고 규정하고 있다(동법 시행령 제17조의2제7항).

한편 신용정보법 시행령은 신용정보제공·이용자는 이 법 제20조의2제1항에 따라 다음, 1. 금융거래 등 상거래관계의 설정 및 유지 등에 필수적인 개인신용정보의 경우에는 다음, 가. 상거래관계가 종료되지 아니한 다른 신용정보주체의 정보와 별도로 분리하는 방법, 나. 금융위원회가 정하여 고시하는 절차에 따라 신용정보제공·이용자의 임직원 중에서 해당 개인신용정보에 접근할 수 있는 사람을 지정하는 방법, 다. 그 밖에 해당 신용정보주체의 개인신용정보가 안전하게 보호될 수 있는 방법으로서 금융위원회가 정하여 고시하는 방법과 2. 제1호의 외의 개인신용정보인 비필수적인 개인정보의 경우에는 그 정보를 모두 삭제하는 방법으로 금융거래 등 상거래관계(고용관계는 제외한다)가 종료된 신용정보주체의 개인신용정보를 관리하여야 한다고 규정하고 있다(동법 시행령 제17조의2제1항).

1. **옵트인(Opt-in, 사전동의)과 옵트아웃(Opt-out, 사후거절 또는 사후철회).** 앞에서 이미 여러 번 설명된 옵트인(Opt-in, 사전동의)은 개인정보처리자가 정보주체에게 개인정보의 수집·이용·제공 등에 대한 동의를 사전에 받은 후에만 개인정보를 처리할 수 있는 방식이나 옵트아웃(Opt-out, 사후거절 또는 사후철회)은 개인정보처리자가 정보주체의 사전에 동의를 받지 않고도 개인정보를 수집·이용 등을 한 후 만일 정보주체가 사후에 거부의 의사를 개인정보처리자에게 통지하면 동 개인정보의 활용이 중지되는 방식이다. 즉 옵트인은 체크박스(Check-box)에 사전체크가 되어 있지 않아 정보주체가 개인정보의 수집·이용·제공 등에 대한 동의를 위해서는 사전에 체크를 추가로 해야 하나, 옵트아웃은 체크박스(Check-box)에 이미 체크가 되어 있으나 사후에 정보주체가 개인정보의 수집·이용 등에 대한 동의를 원치 않게 된다면 체크를 해제할 수 있는 것으로 이해된다. 우리나라의 개인정보 보호법은 개인정보의 수집·이용에 있어 옵트인 방식을 원칙으로 하고 있고 EU GDPR도 옵트인을 개인정보의 수집·이용을 위한 방식의 하나로 보고 있는 것으로 이해되는데, 이와 대비하여 미국은 옵트아웃 방식을 좀 더 자유롭게 이용할 수 있도록 입법이 이루어지고 있는 것으로 생각된다. 개인정보의 수집·이용 방식 중 옵트인은 개인정보의 보호에 옵트아웃은 개인정보의 활용에 좀 더 주안점을 두고 있다고 이야기되는데, 최근 통신과 컴퓨터 기술의 발전으로 빅데이터(Big data)를 활용이 확대되고 있으나 옵트인으로 개인정보의 활용에 어려움이 가중되고 있다는 의견도 대두되고 있다. 이러한 옵트인과 옵트아웃 방식에 대한 당신의 입장과 의견은 무엇인가?

2. **Gramm-Leach-Bliley Act(GLBA, 그램-리치-블라일리 법).** 1999년 금융에 대한 규제 완화를 위해 미국 의회가 통과시킨 Gramm-Leach-Bliley Act(Hereafter GLBA)는 동 법안을 제안한 3명의 의원의 이름을 따 GLBA로 불리고 있다. 동법은 금융기관이 기존에 분리되어 있던 예금, 보험, 증권업무 등을 통합할 수 있도록 규제를 완화한 것이며 이와 함께 인터넷 기술의 발달로 인터넷 금융(Internet Banking)이 확대되는 변화에 대응하기 위하여 금융기관으로부터 정보의 공유에 관한 통보를 받은 소비자가 이를 옵트아웃(Opt-out, 사후거절 또는 사후철회)할 수 있도록 하였다. 한편, 동 법안의 입법과정에서 옵트인(Opt-in, 사전동의)와 옵트아웃(Opt-out, 사후거절 또는 사후철회) 중 어떠한 방식을 도입할지 여부에 대한 치열한 논쟁이 진행되었는데, 옵트아웃에 찬성한 금융업계는 옵트인은 소비자로부터 받는데 소요되는 거래비용(Transaction cost)이 막대하고 소비자로부터 낮은 응답률 등으로 인한 문제점이 있다는 입장이었던 반면에, 옵트인을 찬성한 반대론자들은 옵트아웃은 거래비용을 소비자에게 전가시킬 뿐만 아니라 소비자의 개인정보 자기통제권을 심각하게 침해한다는 입장이었다고 한다.[179]

---

179) William McGevern, *ibid*, pp796~805.

제 3 장

개인정보와 개인신용정보의
안전한 관리를 위해
어떻게 규제하는가?

개인정보 보호법은 개인정보의 안전한 관리를 위하여 이 법 제4장에 개인정보의 안전한 관리 관련 규정들을 규정하고 있는데, 동법 제4장에는 안전조치 의무, 개인정보 처리방침의 수립 및 공개와 동 처리방침의 평가 및 개선권고, 개인정보 보호책임자의 지정, 국내대리인의 지정, 개인정보파일의 등록 및 공개, 개인정보 보호 인증, 개인정보 유출 등의 통지·신고, 노출된 개인정보의 삭제·차단 등이 규정되어 있다. 한편 앞에서 이미 설명한 바와 같이 2023년 개인정보 보호법 개정 시 온라인과 오프라인 개인정보처리자에 대한 규제 일원화(一元化)를 위해 동법 제6장 정보통신서비스제공자 등의 개인정보 처리 등 특례(特例) 전체를 삭제하였는데 이와 관련된 사항들은 개별 사안에서 설명하고자 한다. 또한 신용정보법에서 규정하고 있는 개인신용정보의 안전한 관리를 위한 조항들과 정보통신망법에서 개인정보와 개인신용정보의 안전한 관리를 위해 규율하고 있는 조항들도 같이 설명하려고 한다.

제1절 　안전조치 의무

〈개인정보 보호법〉 제29조(안전조치의무) 개인정보처리자는 개인정보가 분실·도난·유출·위조·변조 또는 훼손되지 아니하도록 내부 관리계획 수립, 접속기록 보관 등 대통령령으로 정하는 바에 따라 안전성 확보에 필요한 기술적·관리적 및 물리적 조치를 하여야 한다.

〈신용정보법〉 제19조(신용정보전산시스템의 안전보호) ① 신용정보회사등은 신용정보전산시스템(제25조제6항에 따른 신용정보공동전산망을 포함한다. 이하 같다)에 대한 제3자의 불법적인 접근, 입력된 정보의 변경·훼손 및 파괴, 그 밖의 위험에 대하여 대통령령으로 정하는 바에 따라 기술적·물리적·관리적 보안대책을 수립·시행하여야 한다.
② 신용정보제공·이용자가 다른 신용정보제공·이용자 또는 개인신용평가회사, 개인사업자신용평가회사, 기업신용조회회사와 서로 이 법에 따라 신용정보를 제공하는 경우에는 금융위원회가 정하여 고시하는 바에 따라 신용정보 보안관리 대책을 포함한 계약을 체결하여야 한다.

〈정보통신망법〉 제45조(정보통신망의 안정성 확보 등) ① 다음 각 호의 어느 하나에 해당하는 자는 정보통신서비스의 제공에 사용되는 정보통신망의 안정성 및 정보의 신뢰성을 확보하기 위한 보호조치를 하여야 한다.

1. 정보통신서비스 제공자
2. 정보통신망에 연결되어 정보를 송·수신할 수 있는 기기·설비·장비 중 대통령령으로 정하는 기기·설비·장비(이하 "정보통신망연결기기등"이라 한다)를 제조하거나 수입하는 자

1. 안전조치 의무의 의의

개인정보 보호법은 개인정보처리자는 개인정보가 분실·도난·유출·위조·변조 또는 훼손되지 아니하도록 내부 관리계획 수립, 접속기록 보관 등 대통령령으로 정하는 바에 따라 안전성 확보에 필요한 기술적·관리적 및 물리적 조치를 하여야 한다고 규정하고 있는데(개인정보 보호법 제29조), 동 규정에 따라 개인정보 보호법 시행령 제5장 개인정보의 안전한 관리 중 제30조(개인정보의 안전성 확보 조치)와 이 법 시행령 제6장의2 정보통신서비스 제공자 등의 개인정보 처리 등 특례 중 제48조의2(개인정보의 안전성 확보 조치에 관한 특례)에 오프라인 개인정보처리자와 온라인 개인정보처리자에 대한 안전조치 의무를 이원화(二元化)하여 규율하고 있었다.

2023년 개인정보 보호법 개정 시 이 법의 시행령을 정비하면서 동법 시행령 제6장의2 정보통신서비스 제공자 등의 개인정보 처리 등 특례 중 제48조의2(개인정보의 안전성 확보 조치)를 삭제하고 관련 조항들을 동법 시행령 제5장 개인정보의 안전한 관리 중 제30조(개인정보의 안전성 확보 조치)에 통합하여 온라인과 오프라인 개인정보처리자 모두 동일 규범을 적용받도록 일원화(一元化)되었다. 한편 안전조치 의무와 관련해서는 하위법령 중 실무적으로 고시(告示)가 중요한데, 온라인 개인정보처리자에 대한 안전조치 의무를 소관으로 하던 개정 전 (구)개인정보 보호법 시행령 제48조의2에 따라 제정·시행된 개인정보의 기술적·관리적 보호조치 기준(개인정보보호위원회 고시 제2021-3호(2021.9.15.))을 폐지하고, 기존 오프라인 개인정보처리자에 대한 안전조치 의무를 소관으로 하던 개인정보의 안전성 확보조치 기준(개인정보보호위원회 고시 제2023-6호(2023.9.22.))으로 관련 규정들을 통합하였다.

신용정보법은 신용정보회사등은 신용정보전산시스템(이 법 제25조(신용정보집중기관)제6항에 따른 신용정보공동전산망을 포함한다)에 대한 제3자의 불법적인 접근, 입력된 정보의 변경·훼손 및 파괴, 그 밖의 위험에 대하여 대통령령으로 정하는 바에 따라 기술

적·물리적·관리적 보안대책을 수립·시행하여야 한다고 규정하고 있으며(신용정보법 제19조제1항), 정보통신망법은 다음, 1. 정보통신서비스 제공자와 2. 정보통신망에 연결되어 정보를 송·수신할 수 있는 기기·설비·장비 중 대통령령으로 정하는 기기·설비·장비(이하 "정보통신망연결기기등"이라 한다)를 제조하거나 수입하는 자의 어느 하나에 해당하는 자는 정보통신서비스의 제공에 사용되는 정보통신망의 안정성 및 정보의 신뢰성을 확보하기 위한 보호조치를 하여야 한다고 규정하고 있는데(정보통신망법 제45조제1항), 이러한 조항들은 개인정보와 개인신용정보의 처리는 데이터(Data)의 안전한 보관과 관리를 전제로 하며, 특히 통신과 컴퓨터 기술의 발전으로 인해 대규모로 데이터가 집적되면서 외부인에 의한 해킹(Hacking)이나 내부 직원의 고의 또는 과실로 인한 개인정보 유출 등이 발생하고 있어 개인뿐만 아니라 국가와 사회에도 큰 손실이 초래되고 있는 현실을 고려한 입법으로 이해된다.

한편 개인정보 보호법 시행령은 개인정보보호위원회는 개인정보처리자가 이 법 시행령 제30조제1항에 따른 안전성 확보 조치를 하도록 시스템을 구축하는 등 필요한 지원을 할 수 있다고 규정하고 있으며(개인정보 보호법 시행령 제30조제2항), 동법 제30조제1항에 따른 안전성 확보 조치에 관한 세부 기준은 개인정보보호위원회가 정하여 고시한다고 규정하고 있다(동법 시행령 제30조제3항).

2. 안전조치 의무의 주요내용

개인정보 보호법 시행령은 개인정보처리자는 이 법 제29조(안전조치의무)에 따라 다음, 1. 개인정보의 안전한 처리를 위한 내부 관리계획의 수립·시행 및 점검, 2. 개인정보에 대한 접근 권한의 제한을 위한 조치, 3. 개인정보에 대한 접근 통제를 위한 조치, 4. 개인정보를 안전하게 저장·전송하는데 필요한 조치, 5. 개인정보 침해사고 발생에 대응하기 위한 접속기록의 보관 및 위조·변조 방지를 위한 조치, 6. 개인정보처리시스템 및 개인정보취급자가 개인정보 처리에 이용하는 정보기기에 컴퓨터바이러스, 스파이웨어, 랜섬웨어 등 악성프로그램의 침투여부를 항시 점검·치료할 수 있도록 하는 등 개인정보 보호에 필요한 프로그램의 설치·운영과 주기적 갱신·점검 조치, 7. 개인정보의 안전한 보관을 위한 보관시설의 마련 또는 잠금장치의 설치 등 물리적 조치, 8. 그 밖에 개인정보의 안전성 확보를 위하여 필요한 조치를 하여야 한다고 규정하고 있다(개인정보 보호법 시행령 제30조제1항).

개인정보 보호법 시행령은 개인정보처리자는 이 법 제29조(안전조치의무)에 따라 하여야 하는 안전성 확보 조치 중, 1. 개인정보의 안전한 처리를 위한 내부 관리계획의 수립·시행 및 점검으로 다음, 가. 이 법 제28조(개인정보취급자에 대한 감독)제1항에 따른 개인정보취급자(이하 "개인정보취급자"라 한다)에 대한 관리·감독 및 교육에 관한 사항, 나. 동법 제31조(개인정보 보호책임자의 지정)에 따른 개인정보 보호책임자의 지정 등 개인정보 보호 조직의 구성·운영에 관한 사항, 다. 동법 시행령 제30조(개인정보의 안전성 확보조치)제1항제2호부터 제8호까지의 규정에 따른 조치를 이행하기 위하여 필요한 세부사항의 안전성 확보 조치를 하여야 하고(동법 시행령 제30조제1항제1호), 2. 개인정보에 대한 접근 권한의 제한을 위한 다음, 가. 데이터베이스시스템 등 개인정보를 처리할 수 있도록 체계적으로 구성한 시스템(이하 "개인정보처리시스템"이라 한다)에 대한 접근 권한의 부여·변경·말소 등에 관한 기준의 수립·시행, 나. 정당한 권한을 가진 자에 의한 접근인지를 확인하기 위해 필요한 인증수단 적용 기준의 설정 및 운영, 다. 그 밖에 개인정보에 대한 접근 권한을 제한하기 위하여 필요한 조치를 하여야 하며(동법 시행령 제30조제1항제2호), 3. 개인정보에 대한 접근 통제를 위한 다음, 가. 개인정보처리시스템에 대한 침입을 탐지하고 차단하기 위하여 필요한 조치, 나. 개인정보처리시스템에 접속하는 개인정보취급자의 컴퓨터 등으로서 개인정보보호위원회가 정하여 고시하는 기준에 해당하는 컴퓨터 등에 대한 인터넷망의 차단(다만, 전년도 말 기준 직전 3개월 간 그 개인정보가 저장·관리되고 있는 「정보통신망 이용촉진 및 정보보호 등에 관한 법률」 제2조(정의)제1항제4호에 따른 이용자 수가 일일평균 100만명 이상인 개인정보처리자만 해당한다), 다. 그 밖에 개인정보에 대한 접근 통제를 위하여 필요한 조치를 하여야 한다고 규정하고 있다(동법 시행령 제30조제1항제3호).

또한 개인정보 보호법 시행령은 개인정보처리자는 이 법 제29조(안전조치의무)에 따라 하여야 하는 안전성 확보 조치 중, 4. 개인정보를 안전하게 저장·전송하는데 필요한 다음, 가. 비밀번호의 일방향 암호화 저장 등 인증정보의 암호화 저장 또는 이에 상응하는 조치, 나. 주민등록번호 등 개인정보보호위원회가 정하여 고시하는 정보의 암호화 저장 또는 이에 상응하는 조치, 다. 「정보통신망 이용촉진 및 정보보호 등에 관한 법률」제2조(정의)제1항제1호에따른 정보통신망을 통하여 정보주체의 개인정보 또는 인증정보를 송신·수신하는 경우 해당 정보의 암호화 또는 이에 상응하는 조치, 라. 그 밖에 암호화 또는 이에 상응하는 기술을 이용한 보안조치를 하여야 하며(동법 시행령 제30조제1항제4호), 5. 개인정보 침해사고 발생에 대응하기 위한 접속기록의 보관 및 위조·변조 방지를 위한 다음, 가. 개인정보처리시스템에 접속한 자에 대한 접속 일시, 처리내역 등 접속기록의 저장·점검 및 이의 확인·감독, 나. 개인정보처리시스템에 대한 접속기록의 안전한 보관, 다. 그 밖에 접속기록 보관 및 위조·변조 방지를 위해 필요한 조치를 하여야 한다고 규정하고 있다(동법 시행령 제30조제1항제5호).

한편 앞에서 이미 설명한 바와 같이 2023년 개인정보 보호법과 하위법령 개정 시 온라인 개인정보처리자에 대한 안전조치 의무를 소관으로 하던 개인정보의 기술적·관리적 보호조치 기준(개인정보보호위원회 고시 제2021-3호(2021.9.15.))을 폐지하고 개인정보의 안전성 확보조치 기준(개인정보보호위원회 고시 제2023-6호(2023.9.22.))으로 관련 규정들을 통합하여 수범자를 일원화(一元化)하였고, 개인정보 보호 안전조치를 위한 다양한 기술이 도입될 수 있도록 기술 중립적(Technology Neutrality)으로 관련 규정들을 정비하였으며, 2022년 7월 공공부문 개인정보 유출방지 대책을 반영하여 개인정보 보호법 시행령 제30조의2(공공시스템 운영기관 등의 개인정보 안전성 확보 조치 등)에 공공시스템 운영기관에 대한 안전성 확보조치 등 특례를 신설하였는데 이에 대해서는 뒤에서 자세한 내용을 설명하고자 한다.

3. 공공시스템운영기관등에 대한 개인정보 안전성 확보 조치 등 특례

공공부문에서 계속되고 있는 개인정보 침해사고 예방을 위해 2022년 7월 공공부문 개인정보 유출방지 대책을 반영하여 주요 공공시스템을 운영하는 공공기관에 대한 안전조치 관련 조항으로 개인정보 보호법 시행령 제30조의2에 공공시스템운영기관등에 대한 개인정보 안전성 확보 조치 등 특례를 신설하였는데, 개인정보 보호법 시행령은 개인정보의 처리 규모, 접근 권한을 부여받은 개인정보취급자의 수 등 개인정보보호위원회가 고시하는 기준에 해당하는 개인정보처리시스템(이하 이 조에서 "공공시스템"

이라 한다)을 운영하는 공공기관(이하 이 조에서 "공공시스템운영기관"이라 한다)은 개인정보 보호법 제29조(안전조치의무)에 따라 이 법 시행령 제30조(개인정보의 안전성 확보 조치)의 안전성 확보 조치 외에 다음, 1. 동법 시행령 제30조(개인정보의 안전성 확보 조치)제1항 제1호에 따른 내부 관리계획에 공공시스템별로 작성한 안전성 확보 조치를 포함할 것, 2. 공공시스템에 접속하여 개인정보를 처리하는 기관(이하 이 조에서 "공공시스템이용 기관"이라 한다)이 정당한 권한을 가진 개인정보취급자에게 접근 권한을 부여·변경·말 소 등을 할 수 있도록 하는 등 접근 권한의 안전한 관리를 위해 필요한 조치, 3. 개 인정보에 대한 불법적인 접근 및 침해사고 방지를 위한 공공시스템 접속기록의 저 장·분석·점검·관리 등의 조치를 하여야 한다고 규정하고 있다(개인정보 보호법 시행령 제30조의2제1항).

또한 개인정보 보호법 시행령은 공공시스템운영기관 및 공공시스템이용기관은 정 당한 권한 없이 또는 허용된 권한을 초과하여 개인정보에 접근한 사실이 확인되는 경 우에는 지체 없이 정보주체에게 해당 사실과 피해 예방 등을 위해 필요한 사항을 통 지해야 하나, 이 경우 다음, 1. 이 법 제34조(개인정보 유출 등의 통지·신고)제1항에 따 라 정보주체에게 개인정보의 분실·도난·유출에 대하여 통지한 경우와 2. 다른 법 령에 따라 정보주체에게 개인정보에 접근한 사실과 피해 예방 등을 위해 필요한 사항 을 통지한 경우의 어느 하나에 해당하는 경우에는 통지를 한 것으로 본다고 규정하고 있으며(동법 시행령 제30조의2제2항), 공공시스템운영기관(공공시스템을 개발하여 배포하는 공 공기관이 따로 있는 경우에는 그 공공기관을 포함한다)은 해당 공공시스템의 규모와 특성, 해 당 공공시스템이용기관의 수 등을 고려하여 개인정보의 안전한 관리에 관련된 업무를 전담하는 부서를 지정하여 운영하거나 전담인력을 배치해야 한다고 규정하고 있다(동 법 시행령 제30조의2제3항).

한편 개인정보 보호법 시행령은 공공시스템운영기관은 공공시스템별로 해당 공공 시스템을 총괄하여 관리하는 부서의 장을 관리책임자로 지정해야 하나, 다만 해당 공 공시스템을 총괄하여 관리하는 부서가 없을 때에는 업무 관련성 및 수행능력 등을 고 려하여 해당 공공시스템운영기관의 관련 부서의 장 중에서 관리책임자를 지정해야 한 다고 규정하고 있으며(동법 시행령 제30조의2제4항), 공공시스템운영기관은 공공시스템에 대한 안전조치 이행상황을 점검하고 개선하기 위하여 다음, 1. 공공시스템운영기관,

2. 공공시스템의 운영을 위탁하는 경우 해당 수탁자, 3. 공공시스템운영기관이 필요하다고 인정하는 공공시스템이용기관의 기관으로 구성되는 공공시스템운영협의회를 공공시스템별로 설치·운영해야 하나, 다만 하나의 공공기관이 2개 이상의 공공시스템을 운영하는 경우에는 공공시스템운영협의회를 통합하여 설치·운영할 수 있다고 규정하고 있다(동법 시행령 제30조의2제5항). 또한 개인정보 보호법 시행령은 개인정보보호위원회는 공공시스템운영기관이 개인정보의 안전성 확보 조치를 이행하는데 필요한 지원을 할 수 있다고 규정하고 있으며(동법 시행령 제30조의2제6항), 동법 시행령 제30조의2(공공시스템 운영기관 등의 개인정보 안전성 확보 조치 등)제1항부터 제6항까지에서 규정한 사항 외에 공공시스템운영기관 등의 개인정보의 안전성 확보 조치에 필요한 사항은 개인정보보호위원회가 정하여 고시한다고 규정하고 있다(동법 시행령 제30조의2제7항).

4. 개인정보의 안전성 확보조치 기준

2023년 개인정보 보호법과 시행령 등 하위법령의 개정을 통해 앞에서 이미 설명한 바와 같이 개인정보의 안전성 확보 조치에 대한 관련 규정의 통합으로 온라인과 오프라인 개인정보처리자에 대한 규율의 일원화(一元化)가 이루어졌고, 특정 기술의 채택이 요구되는 것으로 오인될 수 있는 특정 기술에 한정된 침입탐지시스템, 비밀번호, 보안서버 백신 소프트웨어(Vaccine Software) 등 문구를 수정·삭제하고 다양한 보안 기술이 적용될 수 있도록 개인정보의 전송·저장 시 암호화 기술 이외에도 이에 상응하는 조치를 허용함으로써 안전성 확보 조치를 위한 다양한 기술이 도입될 수 있도록 관련 규정이 기술 중립적(Technology neutrality)으로 정비된 것으로 이해된다.

또한 개인정보처리시스템의 개념과 정의를 "개인정보를 처리할 수 있도록 체계적으로 구성한 데이터베이스시스템(Data Base System)"에서 "데이터베이스시스템 등 개인정보를 처리할 수 있도록 체계적으로 구성한 시스템"으로 확대하여 개정한 것은 기술 발전과 다양성을 고려하고자 한 것으로 생각된다. 한편 앞에서 설명한 바와 같이 개인정보 보호법 시행령 제30조의2에 신설된 공공시스템 운영기관 등의 개인정보 안전성 확보 조치 등에 따라 관련 하위법령인 개인정보의 안전성 확보조치 기준에도 이 고시 제3장 공공시스템 운영기관 등의 개인정보 안전성 확보조치에서 동 고시 제14조

(공공시스템운영기관의 안전조치 기준 적용)부터 제17조(공공시스템운영기관의 접속기록의 보관 및 점검)까지 규정이 신설되었다.

가 내부 관리계획의 수립 · 시행 및 점검

내부 관리계획은 개인정보처리자가 개인정보의 안전한 처리를 위하여 개인정보보호 조직의 구성, 개인정보취급자의 교육, 개인정보보호조치 등을 규정한 계획으로서, 개인정보의 분실 · 도난 · 유출 · 위조 · 변조 또는 훼손을 방지하고 개인정보의 안전성 확보를 위해 필요한 사항 등을 규정한 계획, 지침으로 이해된다. 개인정보의 안전성 확보조치 기준은 개인정보처리자는 개인정보의 분실 · 도난 · 유출 · 위조 · 변조 또는 훼손되지 아니하도록 내부 의사결정 절차를 통하여 다음, 1. 개인정보 보호 조직의 구성 및 운영에 관한 사항, 2. 개인정보 보호책임자의 자격요건 및 지정에 관한 사항, 3. 개인정보 보호책임자와 개인정보취급자의 역할 및 책임에 관한 사항, 4. 개인정보취급자에 대한 관리 · 감독 및 교육에 관한 사항, 5. 접근 권한의 관리에 관한 사항, 6. 접근 통제에 관한 사항, 7. 개인정보의 암호화 조치에 관한 사항, 8. 접속기록 보관 및 점검에 관한 사항, 9. 악성프로그램 등 방지에 관한 사항, 10. 개인정보의 유출, 도난 방지 등을 위한 취약점 점검에 관한 사항, 11. 물리적 안전조치에 관한 사항, 12. 개인정보 유출사고 대응 계획 수립 · 시행에 관한 사항, 13. 위험 분석 및 관리에 관한 사항, 14. 개인정보 처리업무를 위탁하는 경우 수탁자에 대한 관리 및 감독에 관한 사항, 15. 개인정보 내부 관리계획의 수립, 변경 및 승인에 관한 사항, 16. 그 밖에 개인정보 보호를 위하여 필요한 사항을 포함하는 내부 관리계획을 수립 · 시행하여야 하나, 다만 1만명 미만의 정보주체에 관하여 개인정보를 처리하는 소상공인 · 개인 · 단체의 경우에는 생략할 수 있다고 규정하고 있다(개인정보의 안전성 확보조치 기준 제4조제1항).

개인정보의 안전성 확보조치 기준은 개인정보처리자는 다음, 1. 교육목적 및 대상, 2. 교육 내용, 3. 교육 일정 및 방법의 사항을 정하여 개인정보 보호책임자 및 개인정보취급자를 대상으로 사업규모, 개인정보 보유 수, 업무성격 등에 따라 차등화하여 필요한 교육을 정기적으로 실시하여야 한다고 규정하고 있으며(동 고시 제4조제2항), 개인정보처리자는 개인정보의 안전성 확보조치 기준 제4조(내부 관리계획의 수립 · 시행 및 점검)제1항 각 호의 사항에 중요한 변경이 있는 경우에는 이를 즉시 반영하여 내부 관리계획을 수정하여 시행하고, 그 수정 이력을 관리하여야 한다고 규정하는 한편(동 고시 제4조제3항), 개인정보 보호책임자는 접근 권한 관리, 접속기록 보관 및 점검, 암호화조치 등 내부 관리계획의 이행 실태를 연1회 이상 점검·관리 하여야 한다고 규정하고 있다(동 고시 제4조제4항).

개인정보처리자가 수립하여 시행하는 내부 관리계획은 기술적·관리적 물리적 보호조치에 관한 사항이 모두 포함되어야 하고 조직 전체를 대상으로 하여야 하며, 수립된 내부 관리계획은 조직 전체적인 계획 내에서 시행될 수 있도록 최고 의사 결정권자의 승인과 함께 조직 내에 게시 및 교육 등의 방법으로 조직 전체에 전파될 수 있도록 해야 할 것이다. 한편 2008년 GS칼텍스의 수탁회사인 GS넥스테이션사의 직원에 의한 개인정보 유출사건, 2014년 KB국민카드, NH농협카드, 롯데카드의 수탁회사인 코리아크레딧뷰로(Korea Credit Bureau) 직원에 의한 신용카드 3사 고객정보 유출사건 등의 발생으로 인하여 개인정보처리자가 내부 관리계획 단계에서부터 개인정보처리 수탁자에 대한 관리 및 감독에 관한 사항을 정하여 개인정보보호 조직을 구성·운영하도록 규정하고 있는 것으로 이해된다.

나 접근 권한의 관리와 접근통제 및 접속기록의 보관과 점검

접근 권한의 관리와 접근통제 및 접속기록의 보관과 점검에 관한 사항들은 2008년 오픈마켓 옥션의 개인정보 유출사건, 2011년 SK커뮤니케이션즈의 네이트·싸이월드 커뮤니티·포털 서비스 개인정보 유출사건, 2012년 KT의 통신사 전산영업시스템(N-STEP) 해킹(Hacking) 사건, 2014년 KB국민카드, NH농협카드, 롯데카드의 수탁회사인 코리아크레딧뷰로(Korea Credit Bureau) 직원에 의한 신용카드 3사 고객정보 유출사건, 2014년 KT의 통신사 홈페이지 해킹(Hacking) 사건 등이 발생할 때마다 관련 규정들이 보완되어 온 것으로 생각된다.

(1) 접근 권한의 관리

개인정보의 안전성 확보조치 기준은 개인정보처리자는 개인정보처리시스템에 대한 접근 권한을 개인정보취급자에게만 업무 수행에 필요한 최소한의 범위로 차등 부여하여야 한다고 규정하고 있으며(개인정보의 안전성 확보조치 기준 제5조제1항), "개인정보처리시스템"이란 데이터베이스시스템 등 개인정보를 처리할 수 있도록 체계적으로 구성한 시스템을 말한다고 규정하고 있는데(동 고시 제2조제1호), 개인정보관리책임자는 개인정보 업무를 총괄하거나 업무처리를 최종적으로 결정하는 임직원으로, 개인정보취급자는 개인정보 수집 · 보관 · 처리 · 이용 · 제공 · 관리 또는 파기 등의 업무를 하는 자로 이해된다.

개인정보의 안전성 확보조치 기준은 개인정보처리자는 개인정보취급자 또는 개인정보취급자의 업무가 변경되었을 경우 지체 없이 개인정보처리시스템의 접근 권한을 변경 또는 말소하여야 한다고 규정하고 있으며(동 고시 제5조제2항), 개인정보처리자는 개인정보의 안전성 확보조치 기준 제5조(접근 권한의 관리)제1항 및 제2항에 의한 권한 부여, 변경 또는 말소에 대한 내역을 전자적으로 기록하고, 그 기록을 최소 3년간 보관하여야 한다고 규정하고 있다(동 고시 제5조제3항). 한편 개인정보의 안전성 확보조치 기준은 개인정보처리자는 개인정보처리시스템에 접근할 수 있는 계정을 발급하는 경우 정당한 사유가 없는 한 개인정보취급자 별로 계정을 발급하고 다른 개인정보취급자와 공유되지 않도록 하여야 한다고 규정하고 있으며(동 고시 제5조제4항), 개인정보처리자는 개인정보취급자 또는 정보주체의 인증수단을 안전하게 적용하고 관리하여야 한다고 규정하는 한편(동 고시 제5조제5항), 개인정보처리자는 정당한 권한을 가진 개인정보취급자 또는 정보주체만이 개인정보처리시스템에 접근할 수 있도록 일정 횟수 이상 인증에 실패한 경우 개인정보처리시스템에 대한 접근을 제한하는 등 필요한 조치를 하여야 한다고 규정하고 있다(동 고시 제5조제6항).

(2) 접근통제

개인정보의 안전성 확보조치 기준은 개인정보처리자는 정보통신망을 통한 불법적인 접근 및 침해사고 방지를 위해 다음, 1. 개인정보처리시스템에 대한 접속 권한을 인터넷 프로토콜(IP) 주소[1] 등으로 제한하여 인가받지 않은 접근을 제한과 2. 개인정보처리시스템에 접속한 인터넷 프로토콜(IP) 주소 등을 분석하여 개인정보 유출 시도

---

[1] IP 주소(Internet Protocol Address)는 인터넷에 연결된 장치들 간에 데이터를 주고받을 수 있도록 식별하기 위해 사용되는 것으로, 인터넷 서비스 제공자가 가입자에게 IP 주소를 할당하는 방식에 따라 고정 IP 주소(Static IP Address)와 유동 IP 주소(Dynamic IP Address)로 구분된다.

탐지 및 대응의 안전조치를 하여야 한다고 규정하고 있으며(개인정보의 안전성 확보조치 기준 제6조제1항), 개인정보처리자는 개인정보취급자가 정보통신망을 통해 외부에서 개인정보처리시스템에 접속하려는 경우 인증서, 보안토큰, 일회용 비밀번호 등 안전한 인증수단을 적용하여야 하나, 다만 이용자가 아닌 정보주체의 개인정보를 처리하는 개인정보처리시스템의 경우 가상사설망 등 안전한 접속수단 또는 안전한 인증수단을 적용할 수 있다고 규정하고 있다(동 고시 제6조제2항).

또한 개인정보의 안전성 확보조치 기준은 개인정보처리자는 처리하는 개인정보가 인터넷 홈페이지, P2P,[2] 공유설정[3] 등을 통하여 권한이 없는 자에게 공개되거나 유출되지 않도록 개인정보처리시스템, 개인정보취급자의 컴퓨터 및 모바일 기기[4] 등에 조치를 하여야 한다고 규정하고 있으며(동 고시 제6조제3항), 개인정보의 안전성 확보조치 기준은 개인정보처리자는 개인정보처리시스템에 대한 불법적인 접근 및 침해사고 방지를 위하여 개인정보취급자가 일정시간 이상 업무처리를 하지 않는 경우에는 자동으로 접속이 차단되도록 하는 등 필요한 조치를 하여야 한다고 규정하는 한편(동 고시 제6조제4항), 개인정보처리자는 업무용 모바일 기기의 분실·도난 등으로 개인정보가 유출되지 않도록 해당 모바일 기기에 비밀번호[5] 설정 등의 보호조치를 하여야 한다고 규정하고 있다(동 고시 제6조 제5항).

한편 개인정보의 안전성 확보조치 기준은 전년도 말 기준 직전 3개월간 그 개인정보가 저장·관리되고 있는 이용자 수가 일일평균 100만명 이상인 개인정보처리자는 개인정보처리시스템에서 개인정보를 다운로드 또는 파기할 수 있거나 개인정보처리시

---

2) 개인정보의 안전성 확보조치 기준은 "P2P(Peer to Peer)"란 정보통신망을 통해 서버의 도움 없이 개인과 개인이 직접 연결되어 파일을 공유하는 것을 말한다고 규정하고 있다(개인정보의 안전성 확보조치 기준 제2조제5호).

3) 개인정보의 안전성 확보조치 기준은 "공유설정"이란 컴퓨터 소유자의 파일을 타인이 조회·변경·복사 등을 할 수 있도록 설정하는 것을 말한다고 규정하고 있다(개인정보의 안전성 확보조치 기준 제2조제6호).

4) 개인정보의 안전성 확보조치 기준은 "모바일 기기"란 무선망을 이용할 수 있는 스마트폰, 태블릿 컴퓨터 등 개인정보 처리에 이용되는 휴대용 기기를 말한다고 규정하고 있다(개인정보의 안전성 확보조치 기준 제2조제7호).

5) 개인정보의 안전성 확보조치 기준은 "비밀번호"란 정보주체 및 개인정보취급자 등이 개인정보처리시스템 또는 정보통신망을 관리하는 시스템 등에 접속할 때 식별자와 함께 입력하여 정당한 접속 권한을 가진 자라는 것을 식별할 수 있도록 시스템에 전달해야 하는 고유의 문자열로서 타인에게 공개되지 않는 정보를 말한다고 규정하고 있다(개인정보의 안전성 확보조치 기준 제2조제8호).

스템에 대한 접근 권한을 설정할 수 있는 개인정보취급자의 컴퓨터 등에 대한 인터넷 망 차단 조치를 하여야 하나, 다만 「클라우드컴퓨팅 발전 및 이용자 보호에 관한 법률」제2조(정의)제3호에 따른 클라우드컴퓨팅서비스를 이용하여 개인정보처리시스템을 구성·운영하는 경우에는 해당 서비스에 대한 접속 외에는 인터넷을 차단하는 조치를 하여야 한다고 규정하고 있다(동 고시 제6조제6항).

(3) 접속기록의 보관과 점검

개인정보의 안전성 확보조치 기준은 접속기록이란 개인정보처리시스템에 접속하는 자가 개인정보처리시스템에 접속하여 수행한 업무내역에 대하여 식별자, 접속일시, 접속지 정보, 처리한 정보주체 정보, 수행업무 등을 전자적으로 기록한 것을 말하며, 이 경우 접속이란 개인정보처리시스템과 연결되어 데이터 송신 또는 수신이 가능한 상태를 말한다고 규정하고 있다(개인정보의 안전성 확보조치 기준 제2조제3호).

또한 개인정보의 안전성 확보조치 기준은 개인정보처리자는 개인정보취급자의 개인정보처리시스템에 대한 접속기록을 1년 이상 보관·관리하여야 하나, 다만 다음, 1. 5만명 이상의 정보주체에 관한 개인정보를 처리하는 개인정보처리시스템에 해당하는 경우, 2. 고유식별정보 또는 민감정보를 처리하는 개인정보처리시스템에 해당하는 경우, 3. 개인정보처리자로서 「전기통신사업법」제6조(기간통신사업의 등록 등) 제1항에 따라 등록을 하거나 같은 항 단서에 따라 신고한 기간통신사업자에 해당하는 경우의 어느 하나에 해당하는 경우에는 2년 이상 보관·관리하여야 한다고 규정하고 있다(동 고시 제8조제1항). 한편 개인정보의 안전성 확보조치 기준은 개인정보처리자는 개인정보의 오·남용, 분실·도난·유출·위조·변조 또는 훼손 등에 대응하기 위하여 개인정보처리시스템의 접속기록 등을 월 1회 이상 점검하여야 하는데, 특히 개인정보의 다운로드가 확인된 경우에는 내부 관리계획 등으로 정하는 바에 따라 그 사유를 반드시 확인하여야 한다고 규정하고 있으며(동 고시 제8조제2항), 개인정보처리자는 접속기록이 위·변조 및 도난, 분실되지 않도록 해당 접속기록을 안전하게 보관하기 위한 조치를 하여야 한다고 규정하고 있다(동 고시 제8조제3항).

다 개인정보의 암호화와 악성프로그램 등 방지 등

개인정보를 암호화하여 데이터베이스(Data Base)에 저장하게 되면 개인정보가 유출되더라도 개인정보의 식별을 방지할 수 있고 악성프로그램(Virus program) 등 방지를 통해 외부로부터의 해킹(Hacking)과 같은 개인정보 침해사고를 최소화할 수 있는데, 안전한 암호 알고리즘을 통한 개인정보의 암호화와 악성프로그램 등 방지는 2008년 오픈마켓 옥션의 개인정보 유출사건과 2008년 GS칼텍스의 수탁회사인 GS넥스테이션사의 직원에 의한 개인정보 유출사건 등 개인정보 유출사고의 발생으로 인해 도입된 것으로 이해된다.

(1) 개인정보의 암호화

개인정보의 안전성 확보조치 기준은 개인정보처리자는 비밀번호, 생체인식정보[6] 등 인증정보를[7] 저장 또는 정보통신망을 통하여 송·수신하는 경우에 이를 안전한 암호 알고리즘으로 암호화하여야 하나, 다만 비밀번호를 저장하는 경우에는 복호화되지 아니하도록 일방향 암호화하여 저장하여야 한다고 규정하고 있는데(개인정보의 안전성 확보조치 기준 제7조제1항), 일방향 암호화(HASH)란 개인정보취급자 또는 정보주체 등이 입력한 비밀번호를 평문(平文)의 형태가 아닌 해쉬함수를 통해 얻은 결과 값으로 개인정보처리시스템에 저장하는 것을 말하며, 입력된 비밀번호와 개인정보처리시스템에 저장된 비밀번호를 비교하여 인증된 자임에 대한 진위(眞僞)여부를 확인하도록 하는 것으로 이해된다.

또한 개인정보의 안전성 확보조치 기준은 개인정보처리자는 다음, 1. 주민등록번호, 2. 여권번호, 3. 운전면허번호, 4. 외국인등록번호, 5. 신용카드번호, 6. 계좌번호, 7. 생체인식정보의 해당하는 이용자의 개인정보에 대해서는 안전한 암호 알고리

---

6) 개인정보의 안전성 확보조치 기준은 "생체인식정보"란 생체정보 중 특정 개인을 인증 또는 식별할 목적으로 일정한 기술적 수단을 통해 처리되는 정보를 말하며(개인정보의 안전성 확보조치 기준 제2조제10호), "생체정보"란 지문, 얼굴, 홍채, 정맥, 음성, 필적 등 개인의 신체적, 생리적, 행동적 특징에 관한 정보로서 특정 개인을 인증·식별하거나 개인에 관한 특징을 알아보기 위해 일정한 기술적 수단을 통해 처리되는 정보를 말한다고 규정하고 있다(동 고시 제2조제9호).

7) 개인정보의 안전성 확보조치 기준은 "인증정보"란 개인정보처리시스템 또는 정보통신망을 관리하는 시스템 등에 접속을 요청하는 자의 신원을 검증하는데 사용되는 정보를 말한다고 규정하고 있다(개인정보의 안전성 확보조치 기준 제2조제11호).

즘으로 암호화하여 저장하여야 한다고 규정하고 있으며(동 고시 제7조제2항), 개인정보처리자는 이용자8) 아닌 정보주체의 개인정보를 다음, 1. 인터넷망 구간 및 인터넷망 구간과 내부망의9) 중간 지점(DMZ : Demilitarized Zone)에 고유식별정보를 저장하는 경우와 2. 내부망에 고유식별정보를 저장하는 경우(다만, 주민등록번호 외의 고유식별정보를 저장하는 경우에는 다음, 가. 개인정보 보호법 제33조(개인정보 영향평가)에 따른 개인정보 영향평가의 대상이 되는 공공기관의 경우에는 해당 개인정보 영향평가의 결과와 나. 암호화 미적용 시 위험도 분석에10) 따른 결과의 기준에 따라 암호화의 적용 여부 및 적용범위를 정하여 시행할 수 있다)와 같이 저장하는 경우에는 암호화하여야 한다고 규정하고 있다(동 고시 제7조제3항).

개인정보의 안전성 확보조치 기준은 개인정보처리자는 개인정보를 정보통신망을 통하여 인터넷망 구간으로 송·수신하는 경우에는 이를 안전한 암호 알고리즘으로 암호화하여야 한다고 규정하고 있으며(동 고시 제7조제4항), 개인정보처리자는 이용자의 개인정보 또는 이용자가 아닌 정보주체의 고유식별정보, 생체인식정보를 개인정보취급자의 컴퓨터, 모바일 기기 및 보조저장매체 등에 저장할 때에는 안전한 암호 알고리즘을 사용하여 암호화한 후 저장하여야 한다고 규정하고 있다(동 고시 제7조제5항). 한편 개인정보의 안전성 확보조치 기준은 10만명 이상의 정보주체에 관하여 개인정보를 처리하는 대기업·중견기업·공공기관 또는 100만명 이상의 정보주체에 관하여 개인정보를 처리하는 중소기업·단체에 해당하는 개인정보처리자는 암호화된 개인정보를 안전하게 보관하기 위하여 안전한 암호 키 생성, 이용, 보관, 배포 및 파기 등에 관한 절차를 수립·시행하여야 한다고 규정하고 있다(동 고시 제7조제6항).

---

8) 개인정보의 안전성 확보조치 기준은 "이용자"란 「정보통신망 이용촉진 및 정보보호 등에 관한 법률」제2조(정의)제1항제4호에 따른 정보통신서비스 제공자가 제공하는 정보통신서비스를 이용하는 자를 말한다고 규정하고 있다(개인정보의 안전성 확보조치 기준 제2조제2호).
9) 개인정보의 안전성 확보조치 기준은 "내부망"이란 인터넷망 차단, 접근 통제시스템 등에 의해 인터넷 구간에서의 접근이 통제 또는 차단되는 구간을 말한다고 규정하고 있다(개인정보의 안전성 확보조치 기준 제2조제12호).
10) 개인정보의 안전성 확보조치 기준은 "위험도 분석"이란 개인정보 유출에 영향을 미칠 수 있는 다양한 위험요소를 식별·평가하고 해당 위험요소를 적절하게 통제할 수 있는 방안 마련을 위한 종합적으로 분석하는 행위를 말한다고 규정하고 있다(개인정보의 안전성 확보조치 기준 제2조제13호).

(2) 악성프로그램 등 방지

개인정보의 안전성 확보조치 기준은 개인정보처리자는 악성프로그램(Virus program) 등을 방지·치료할 수 있는 보안 프로그램을 설치·운영하여야 하며 다음, 1. 프로그램의 자동 업데이트 기능을 사용하거나, 정당한 사유가 없는 한 일(日) 1회 이상 업데이트를 실시하는 등 최신의 상태로 유지와 2. 발견된 악성프로그램 등에 대해 삭제 등 대응조치의 사항을 준수하여야 한다고 규정하고 있으며(개인정보의 안전성 확보조치 기준 제9조제1항), 개인정보처리자는 악성프로그램 관련 경보가 발령된 경우 또는 사용 중인 응용 프로그램이나 운영체제 소프트웨어의 제작업체에서 보안 업데이트 공지가 있는 경우 정당한 사유가 없는 한 즉시 이에 따른 업데이트 등을 실시하여야 한다고 규정하고 있다(동 고시 제9조제2항).

라 물리적 안전조치와 재해·재난 대비 안전조치 및 출력·복사와 파기 시 안전조치

2008년 GS칼텍스의 수탁회사인 GS넥스테이션사의 직원에 의한 개인정보 유출사건, 2014년 KB국민카드, NH농협카드, 롯데카드의 수탁회사인 코리아크레딧뷰로(Korea Credit Bureau) 직원에 의한 신용카드 3사 고객 정보 유출사건과 같이 개인정보처리자로 인한 개인정보유출 사건들로 인하여 물리적 안전조치와 재해·재난 대비 안전조치 및 출력·복사와 파기 시 안전조치들도 보완되어 온 것으로 이해된다.

(1) 물리적 안전조치와 재해·재난 대비 안전조치

개인정보의 안전성 확보조치 기준은 10만명 이상의 정보주체에 관하여 개인정보를 처리하는 대기업·중견기업·공공기관 또는 100만명 이상의 정보주체에 관하여 개인정보를 처리하는 중소기업·단체에 해당하는 개인정보처리자는 화재, 홍수, 단전 등의 재해·재난 발생 시 개인정보처리시스템 보호를 위한 다음, 1. 위기대응 매뉴얼 등 대응절차를 마련하고 정기적으로 점검과 2. 개인정보처리시스템 백업 및 복구를 위한 계획을 마련의 조치를 하여야 한다고 규정하고 있다(개인정보의 안전성 확보조치 기준 제11조).

(2) 출력 · 복사와 파기 시 안전조치

개인정보의 안전성 확보조치 기준은 개인정보처리자는 개인정보처리시스템에서 개인정보의 출력시(인쇄, 화면표시, 파일생성 등) 용도를 특정하여야 하며, 용도에 따라 출력 항목을 최소화하여야 한다고 규정하고 있고(개인정보의 안전성 확보조치 기준 제12조제1항), 개인정보처리자는 개인정보가 포함된 종이 인쇄물, 개인정보가 복사된 외부 저장매체 등 개인정보의 출력 · 복사물을 안전하게 관리하기 위해 필요한 안전조치를 하여야 한다고 규정하고 있다(동 고시 제12조제1항).

한편 개인정보의 안전성 확보조치 기준은 개인정보처리자는 개인정보를 파기할 경우 다음, 1. 완전파괴(소각 · 파쇄 등), 2. 전용 소자장비(자기장을 이용해 저장장치의 데이터를 삭제하는 장비)를[11] 이용하여 삭제, 3. 데이터가 복원되지 않도록 초기화 또는 덮어쓰기 수행 중 어느 하나의 조치를 하여야 한다고 규정하고 있는데(동 고시 제13조제1항), 개인정보의 안전성 확보조치 기준은 개인정보처리자가 개인정보의 일부만을 파기하는 경우 이 고시 제13조(개인정보의 파기)제1항의 방법으로 파기하는 것이 어려울 때에는 다음, 1. 전자적 파일 형태인 경우에는 개인정보를 삭제한 후 복구 및 재생되지 않도록 관리 및 감독과 2. 동 고시 제13조제1항제1호인 전자적 파일 형태외의 기록물, 인쇄물, 서면, 그 밖의 기록매체인 경우에는 해당 부분을 마스킹, 구멍 뚫기 등으로 삭제의 조치를 하여야 한다고 규정하고 있다(동 고시 제14조제2항). 또한 개인정보의 안전성 확보조치 기준은 기술적 특성으로 이 고시 제13조제1항 및 제2항의 방법으로 파기하는 것이 현저히 곤란한 경우에는 개인정보 보호법 제58조의2(적용제외)에 해당하는 정보인 익명정보로 처리하여 복원이 불가능하도록 조치를 하여야 한다고 규정하고 있다(동 고시 제13조제3항).

---

11) 디가우징은 강력한 자기장으로 마그네틱 저장매체인 하드디스크, 디스켓 등을 물리적으로 복구 불가능하게 지우는 과정으로 가우스에서 이름이 파생되었는데, 디가우저(Degausser)라는 장비에 마그네틱 저장매체인 하드디스크, 디스켓 등을 넣어서 이 장비를 작동시키면 동 저장매체들이 망가져 모든 기록이 복구 불능의 상태가 된다.

마 공공시스템운영기관 등에 대한 특례

2022년 7월 공공부문 개인정보 유출방지 대책을 반영하여 신설된 개인정보 보호법 시행령 제30조의2에 공공시스템운영기관에 대한 안전성 확보조치 등 특례에 따라 하위법령인 개인정보의 안전성 확보조치 기준에도 동 시행령을 구체화하기 위해 동 고시 제3장 공공시스템 운영기관 등의 개인정보 안전성 확보조치가 신설되었는데, 여기에는 주요 공공시스템을 운영하는 공공기관에 대하여 개별 공공시스템에 대한 안전조치를 내부 관리계획에 포함하고 접근 권한에 대한 안전한 관리를 위해 필요한 조치와 함께 접속기록의 저장·분석, 점검·관리 등 불법적인 접근 및 침해사고 방지에 필요한 조치 등을 내용으로 포함하고 있다.

(1) 공공시스템운영기관의 안전조치 기준 적용

개인정보의 안전성 확보조치 기준은 다음, 1. 2개 이상 기관의 공통 또는 유사한 업무를 지원하기 위하여 단일 시스템을 구축하여 다른 기관이 접속하여 이용할 수 있도록 한 단일접속 시스템으로서 다음, 가. 100만명 이상의 정보주체에 관한 개인정보를 처리하는 시스템, 나. 개인정보처리시스템에 대한 개인정보취급자의 수가 200명 이상인 시스템, 다. 정보주체의 사생활을 현저히 침해할 우려가 있는 민감한 개인정보를 처리하는 시스템의 어느 하나에 해당하는 경우, 2. 2개 이상 기관의 공통 또는 유사한 업무를 지원하기 위하여 표준이 되는 시스템을 개발하여 다른 기관이 운영할 수 있도록 배포한 표준 배포 시스템으로서 대국민 서비스를 위한 행정업무 또는 민원 업무 처리용으로 사용하는 경우, 3. 기관의 고유한 업무 수행을 지원하기 위하여 기관별로 운영하는 개별 시스템으로서 다음, 가. 100만명 이상의 정보주체에 관한 개인정보를 처리하는 시스템, 나. 개인정보처리시스템에 대한 개인정보취급자의 수가 200명 이상인 시스템, 다. 「주민등록법」에 따른 주민등록정보시스템과 연계하여 운영되는 시스템, 라. 총 사업비가 100억원 이상인 시스템의 어느 하나에 해당하는 경우의 어느 하나에 해당하는 개인정보처리시스템 중에서 개인정보보호위원회가 지정하는 개인정보처리시스템(이하 "공공시스템"이라 한다)을 운영하는 기관(이하 "공공시스템운영기관"이라 한다)은 개인정보의 안전성 확보조치 기준 제2장의 개인정보의 안전성 확보 조치 외에 제3장의 조치인 공공시스템 운영기관 등의 개인정보 안전성 확보조치를 하여야 한다고 규정하고 있다(개인정보의 안전성 확보조치 기준 제14조제1항).

한편 개인정보의 안전성 확보조치 기준은 이 고시 제14조(공공시스템운영기관의 안전조치 기준 적용)제1항에도 불구하고 개인정보보호위원회는 다음, 1. 체계적인 개인정보 검색이 어려운 경우, 2. 내부적 업무처리만을 위하여 사용되는 경우, 3. 그 밖에 개인정보가 유출될 가능성이 상대적으로 낮은 경우로서 개인정보보호위원회가 인정하는 경우의 어느 하나에 해당하는 개인정보처리시스템에 대하여는 공공시스템으로 지정하지 않을 수 있다고 규정하고 있다(동 고시 제14조제2항).

(2) 내부 관리계획의 수립 · 시행

개인정보의 안전성 확보조치 기준은 공공시스템운영기관은 공공시스템 별로 다음, 1. 개인정보 보호법 시행령 제30조의2(공공시스템 운영기관 등의 개인정보 안전성 확보 조치 등)제4항에 따른 관리책임자(이하 "관리책임자"라 한다)의 지정에 관한 사항, 2. 관리책임자의 역할 및 책임에 관한 사항, 3. 개인정보의 안전성 확보조치 기준 제4조(내부 관리계획의 수립 · 시행 및 점검)제1항제3호에 관한 사항 중 개인정보취급자의 역할 및 책임에 관한 사항, 4. 동 고시 제4조제1항제4호부터 제6호까지에 관한 사항 중 개인정보취급자에 대한 관리 · 감독 및 교육에 관한 사항, 접근 권한의 관리에 관한 사항, 접근 통제에 관한 사항 및 동 고시 제4조제1항제8호에 관한 사항 중 접속기록 보관 및 점검에 관한 사항에 관한 사항, 5. 동 고시 제16조(공공시스템운영기관의 접근 권한의 관리) 및 제17조(공공시스템운영기관의 접속기록의 보관 및 점검)에 관한 사항을 포함하여 내부 관리계획을 수립하여야 한다고 규정하고 있다(개인정보의 안전성 확보조치 기준 제15조).

(3) 접근 권한의 관리와 접속기록의 보관 및 점검

개인정보의 안전성 확보조치 기준은 공공시스템운영기관은 공공시스템에 대한 접근 권한을 부여, 변경 또는 말소하려는 때에는 인사정보와 연계하여야 한다고 규정하고 있으며(개인정보의 안전성 확보조치 기준 제16조제1항), 공공시스템운영기관은 인사정보에 등록되지 않은 자에게 개인정보의 안전성 확보조치 기준 제5조(접근 권한의 관리)제4항에 따른 계정을 발급해서는 아니 되나, 다만 긴급상황 등 불가피한 사유가 있는 경우에는 그러하지 아니하며, 그 사유를 동 고시 제5조제3항에[12] 따른 내역에 포함하여야 한다고 규정하고 있다(동 고시 제16조제2항). 또한 개인정보의 안전성 확보조치 기준은 공공시스템운영기관은 이 고시 제5조제4항에[13] 따른 계정을 발급할 때에는 개인정보 보호 교육을 실시하고, 보안 서약을 받아야 한다고 규정하고 있으며(동 고시 제16조제3항), 공공시스템운영기관은 정당한 권한을 가진 개인정보취급자에게만 접근권한이 부여·관리되고 있는지 확인하기 위하여 동 고시 제5조제3항에 따른 접근 권한 부여, 변경 또는 말소 내역 등을 반기별 1회 이상 점검하여야 한다고 규정하고 있는데(동 고시 제16조제4항), 공공시스템을 이용하는 기관은 소관 개인정보취급자의 계정 발급 등 접근권한의 부여·관리를 직접하는 경우 동 고시 제16조(공공시스템운영기관의 접근 권한의 관리)제2항부터 제4항까지의 조치를 하여야 한다고 규정하고 있다(동 고시 제16조제5항).

한편 개인정보의 안전성 확보조치 기준은 공공시스템에 접속한 자의 접속기록 등을 자동화된 방식으로 분석하여 불법적인 개인정보 유출 및 오용·남용 시도를 탐지하고 그 사유를 소명하도록 하는 등 필요한 조치를 하여야 한다고 규정하고 있으며(동 고시 제17조제1항), 공공시스템운영기관은 공공시스템을 이용하는 기관이 소관 개인정보취급자의 접속기록을 직접 점검할 수 있는 기능을 제공하여야 한다고 규정하고 있다(동 고시 제17조제2항).

5. 신용정보전산시스템의 안전보호와 정보통신망의 안정성 확보 등

가 신용정보전산시스템의 안전보호

신용정보법은 신용정보회사등은 신용정보전산시스템(이 법 제25조(신용정보집중기관)제6항에 따른 신용정보공동전산망을 포함한다)에 대한 제3자의 불법적인 접근, 입력된 정보의 변경·훼손 및 파괴, 그 밖의 위험에 대하여 대통령령으로 정하는 바에 따라 기술적·물리적·관리적 보안대책을 수립·시행하여야 한다고 규정하고 있으며(신용정

---

12) 개인정보의 안전성 확보조치 기준은 개인정보처리자는 개인정보의 안전성 확보조치 기준 제5조(접근 권한의 관리)제1항 및 제2항에 의한 권한 부여, 변경 또는 말소에 대한 내역을 전자적으로 기록하고, 그 기록을 최소 3년간 보관하여야 한다고 규정하고 있다(개인정보의 안전성 확보조치 기준 제5조제3항).
13) 개인정보의 안전성 확보조치 기준은 개인정보처리자는 개인정보처리시스템에 접근할 수 있는 계정을 발급하는 경우 정당한 사유가 없는 한 개인정보취급자 별로 계정을 발급하고 다른 개인정보취급자와 공유되지 않도록 하여야 한다고 규정하고 있다(개인정보의 안전성 확보조치 기준 제5조제4항).

보법 제19조제1항), 신용정보법 시행령은 이 법 제19조(신용정보전산시스템의 안전보호)제1항에 따라 신용정보회사등은 신용정보전산시스템의 안전보호를 위하여 다음, 1. 신용정보에 제3자가 불법적으로 접근하는 것을 차단하기 위한 침입차단시스템 등 접근통제장치의 설치·운영에 관한 사항, 2. 신용정보전산시스템에 입력된 정보의 변경·훼손 및 파괴를 방지하기 위한 사항, 3. 신용정보 취급·조회 권한을 직급별·업무별로 차등 부여하는 데에 관한 사항 및 신용정보 조회기록의 주기적인 점검에 관한 사항, 4. 그 밖에 신용정보의 안정성 확보를 위하여 필요한 사항이 포함된 기술적·물리적·관리적 보안대책을 세워야 한다고 규정하고 있다(동법 시행령 제16조제1항).

한편 신용정보법 시행령은 금융위원회는 이 법 시행령 시행령 제16조제1항 각 호에 따른 사항의 구체적인 내용을 정하여 고시할 수 있다고 규정하고 있으며(동법 시행령 제16조제2항), 신용정보업감독규정(금융위원회 고시 제2022-33호(2022.9.23.))은 신용정보법 시행령 제16조(기술적·물리적·관리적 보안대책의 수립)제2항에 따라 신용정보회사등이 마련해야 할 기술적·물리적·관리적 보안대책의 구체적인 기준은 [별표 3]과 같다고 규정하고 있다(신용정보업감독규정 제20조).

나 정보통신망의 안정성 확보

정보통신망법은 다음, 1. 정보통신서비스 제공자와 2. 정보통신망에 연결되어 정보를 송·수신할 수 있는 기기·설비·장비 중 대통령령으로 정하는 기기·설비·장비(이하 "정보통신망연결기기등"이라 한다)를 제조하거나 수입하는 자의 어느 하나에 해당하는 자는 정보통신서비스의 제공에 사용되는 정보통신망의 안정성 및 정보의 신뢰성을 확보하기 위한 보호조치를 하여야 한다고 규정하고 있으며(정보통신망법 제45조제1항), 과학기술정보통신부장관은 이 법 제45조(정보통신망의 안정성 확보 등)제1항에 따른 보호조치의 구체적 내용을 정한 정보보호조치에 관한 지침(이하 "정보보호지침"이라 한다)을 정하여 고시하고 동법 제45조제1항 각 호의 어느 하나에 해당하는 자에게 이를 지키도록 권고할 수 있다고 규정하고 있는데(동법 제45조제2항), 과학기술정보통신부는 관련 고시로 정보보호조치에 관한 지침(과학기술정보통신부고시 제2017-7호(2017.8.24.))을 제정·시행하고 있다.

또한 정보통신망법은 정보보호지침에는 다음, 1. 정당한 권한이 없는 자가 정보통신망에 접근·침입하는 것을 방지하거나 대응하기 위한 정보보호시스템의 설치·운영 등 기술적·물리적 보호조치, 2. 정보의 불법 유출·위조·변조·삭제 등을 방지하기 위한 기술적 보호조치, 3. 정보통신망의 지속적인 이용이 가능한 상태를 확보하기 위한 기술적·물리적 보호조치, 4. 정보통신망의 안정 및 정보보호를 위한 인력·조직·경비의 확보 및 관련 계획수립 등 관리적 보호조치, 5. 정보통신망연결기기등의 정보보호를 위한 기술적 보호조치의 사항이 포함되어야 한다고 규정하고 있으며(동법 제45조제3항), 과학기술정보통신부장관은 관계 중앙행정기관의 장에게 소관 분야의 정보통신망연결기기등과 관련된 시험·검사·인증 등의 기준에 정보보호지침의 내용을 반영할 것을 요청할 수 있다고 규정하고 있다(동법 제45조제4항).

참고자료 및 질문

1. **안전조치 의무에 대한 판례의 변천.** 외부인에 의한 해킹(Hacking)이나 내부 직원의 고의 또는 과실로 인해 개인정보가 유출된 사고가 발생한 때 개인정보처리자의 개인정보유출 사고에 대한 책임과 관련하여 대법원 판례들의 변화가 이어져 왔다. 우선 2008년 2월 중국인 해커로부터 1,080만명이 넘는 회원들의 이름·주민등록번호·주소·전화번호·아이디·계좌번호 등 개인정보를 해킹당한 옥션 사건에 대해 2015년 대법원은 "정보통신서비스제공자가 이 사건에 적용되는 고시인 「개인정보의 기술적·관리적 보호조치 기준」에서 정하고 있는 기술적·관리적 보호조치를 다하였다면 특별한 사정이 없는 한 정보통신서비스제공자가 개인정보의 안전성 확보에 필요한 보호조치를 취하여야 할 법률상 또는 계약상 의무를 위반하였다고 보기는 어렵다."라고 판시하여 정보통신서비스제공자는 동 고시에 열거된 보호조치만을 준수하면 책임이 없다고 하였고[14], 이후 동 판례의 법리에 따라 개인정보처리자가 동 고시에 규정된 기술적·관리적 보호조치를 하였는지를 판단하여 만일 동 고시에 규정되지 않은 보호조치를 하지 않았을 경우 미흡하더라도 주의의무에 위반되지 않는다는 법원들의 판결이 이어져 왔다. 그러나 중국 해커의 서버 침입을 통한 해킹으로 인해 2011년 발생하여 약 3,500만명의 ID, 비밀번호, 주민등록, 성명, 생년월일 등이 유출된 SK커뮤니케이션즈의 네이트·싸이월드 커뮤니티·포털 서비스 개인정보 유출사건에 대해 2018년 대법원은 이러한 원칙은 유지하되, "동 고시는 정보통신서비스제공자가 반드시 준수하여야 할 최소한의 기준을 정한 것으로서, 동 고시를 준수하였더라도 기술수준과 정보통신서비스제공자의 규모 등에 비추어 일반적으로 쉽게 예상이 가능하고 사회통념상 합리적으로 기대가 가능한 보호조치를 취하지 않았으면 주의의무 위반을 인정할 수 있다"라는 취지로 판시하여[15] 동 고시에 규정된 보호조치 외에도 보호조치를 취할 의무

가 있다는 점을 명확히 한 것으로 이해된다. 한편 2013년부터 2014년까지 해커들의 KT 웹사이트 해킹으로 인하여 1,178만 건의 개인정보가 유출되는 사건에 대해 2021년 대법원은 "정보통신서비스 제공자 등이 「개인정보의 기술적·관리적 보호조치 기준」 제4조(접근통제)제9항에서 정한 보호조치를 다하였는지는 해킹 등 침해사고 당시 보편적으로 알려져 있는 정보보안의 기술 수준, 정보통신서비스 제공자의 업종·영업규모, 정보통신서비스 제공자 등이 인터넷 홈페이지 등의 설계에 반영하여 개발에 적용한 보안대책·보안기술의 내용과 실제 개발된 인터넷 홈페이지 등을 운영·관리하면서 실시한 보안기술의 적정성 검증 및 그에 따른 개선 조치의 내용, 정보보안에 필요한 경제적 비용 및 효용의 정도, 해킹에 의한 개인정보 유출의 경우 이에 실제 사용된 해킹기술의 수준과 정보보안기술의 발전 정도에 따른 피해발생의 회피 가능성, 정보통신서비스 제공자 등이 수집한 개인정보의 내용과 개인정보의 유출로 인하여 이용자가 입게 되는 피해의 정도 등의 사정을 종합적으로 고려하여 판단하여야 한다."라고[16] 판시하였는데, 동 판결은 사업자가 사회 통념상 합리적으로 기대가 가능한 보호조치를 했다면 면책된다는 의미로 판시한 것으로서 네이트·싸이월드 판결에 언급한 사회 통념상 합리적으로 기대가 가능한 보호조치에 이중적인 의미가 있다고 판결한 것으로 이해된다. 사회 통념상 합리적으로 기대가 가능한 보호조치가 2018년 네이트·싸이월드 판결에서는 동 고시에 규정된 보호조치 외에도 보호조치를 취할 의무가 있다는 점을 명확히 함으로써 사업자의 보호조치 의무를 확대했다면 2021년 KT 판결에서는 반대로 사업자가 사회 통념상 합리적으로 기대가 가능한 보호조치를 했다면 면책된다는 의미로 판시한 것이라 하겠으며, 사회 통념상 합리적으로 기대가 가능한 보호조치는 불가항력(不可抗力)은 아니지만 그에 가까운 것으로 생각된다. 이러한 대법원 판례에 대한 당신의 입장과 의견은 무엇인가?

2. **웹서버의 개인정보처리시스템 포함 논란.** 개인정보 보호법 제29조(안전조치의무)와 관련하여 논란이 되는 사안 중 하나가 앞에서 이미 설명한 개인정보처리시스템에 대한 개념 정의와 범위의 문제이다. 개인정보처리시스템의 범위가 넓어지면 개인정보처리자의 안전조치의무에 대한 범위가 넓어지는 것이고, 반대로 개인정보처리시스템의 범위가 좁아지면 개인정보처리자의 안전조치의무에 대한 범위가 좁아지게 되므로 중요한 사안으로 이해된다. 2020년 개정 전 (구)정보통신망법 제28조(개인정보의 보호조치)제1항제2호는 정보통신서비스 제공자등이 개인정보를 처리할 때에는 개인정보의 분실·도난·유출·위조·변조 또는 훼손을 방지하고 개인정보의 안전성을 확보하기 위하여 대통령령으로 정하는 기준에 따라 개인정보에 대한 불법적인 접근을 차단하기 위한 침입차단시스템 등 접근 통제장치의 설치·운영의 기술적·관리적 조치를 하여야 한다고 규정하고 있었으며((구)정보통신망법 제28조제1항), 2020년 개정 전 (구)정보통신망법 시행령 제15조(개인정보의 보호조치)는 정보통신망법 제28조(개인정보의 보호조치)제1항제2호에 따라 정보통신서비스 제공자등은 개인정보에 대한 불법적인 접근을 차단하기 위하여, 1. 개인정보를 처리할 수 있도록 체계적으로 구성한 데이터베이스시스템(이하 "개인정보처리시스템"이라

한다)에 대한 접근권한의 부여·변경·말소 등에 관한 기준의 수립·시행, 2. 개인정보처리시스템에 대한 침입차단시스템 및 침입탐지시스템의 설치·운영, 3. 개인정보처리시스템에 접속하는 개인정보취급자 컴퓨터 등에 대한 외부 인터넷망 차단 등의 조치를 하여야 한다고 규정하고 있었다(동법 시행령 제15조제1항). 동 규정들과 관련하여 개인정보처리시스템의 개념과 범위에 대한 논란이 제기되었는데, 이는 웹서버(Web server)가 개인정보처리시스템에 포함되는가에 대한 논란으로 이해된다. 법원은 "개인정보처리시스템은 개인정보의 생성, 기록, 저장, 검색, 이용과정 등 데이터베이스 관리시스템 전체를 의미하는 것으로, 데이터베이스와 연결되어 개인정보의 처리 과정에 관여하는 웹서버 등을 포함하는 개념으로 보아야 한다"라고 명시적으로 판단한 바 있으나,[17] 다른 사건에서 법원은 "웹서버는 개인정보를 저장하거나 직접 처리하는 역할을 하는 것이 아니라 데이터베이스(Data Base) 서버와 이용자 사이의 중간 전달 매체에 불과하다"라는 점을 들어 웹서버(Web server)가 개인정보처리시스템에 포함되지 않는다고 상반되게 판시한 바도 있다.[18] 동 사안은 2014년 파라미터 변조를 통한 KT 웹사이트 해킹 사건에서 시작되어, 2015년 뽐뿌 모바일 앱을 통한 개인정보 유출사건, 2018년 이스트소프트의 알툴바 서비스를 통한 개인정보 유출사건에서 논란이 되었는데, 대법원은 "관련 규정의 체계, 입법목적에다가 (구)정보통신망법 시행령 제15조(개인정보의 보호조치)제2항제1호, 이 사건 고시 제2조(정의)제4호에서 모두 '개인정보처리시스템'을 '개인정보를 처리할 수 있도록 체계적으로 구성한 데이터베이스시스템'으로 정의하고 있는 점 등에 비추어 볼 때, 이 사건 고시 제4조(접근통제)제9항의 '개인정보처리시스템'은 개인정보의 생성, 기록, 저장, 검색, 이용과정 등 데이터베이스시스템(Data Base System) 전체를 의미하는 것으로, 데이터베이스(Data Base)와 연동되어 개인정보의 처리 과정에 관여하는 웹서버 등을 포함한다고 보는 것이 타당하다고 판시함으로써[19] 그동안의 논란이 종결되었다. 대법원 판시의 주된 논거로는 개인정보처리시스템은 개인정보를 처리할 수 있도록 체계적으로 구성한 데이터베이스 시스템(Data Base System)이기 때문에 관련 규정 조문상의 데이터베이스 관리시스템(Data Base Management System)이나 데이터베이스 자체로만 한정되지 않고 개인정보는 데이터베이스 서버(Data Base Server)뿐만 아니라 웹애플리케이션(앱)이나 웹서버 등에서도 다양하게 처리되므로 웹서버라 해도 데이터베이스에 연결되어 개인정보를 처리하거나 이용자가 접속하는 웹페이지를 통해 데이터베이스 내 개인정보에 접근해 조회·수정·삭제 등의 기능을 처리할 수 있다면 개인정보처리시스템으로 해석해야 한다는 것으로 이해된다. 개인정보처리시스템에 웹서버 등을 포함하는 판례와 제외하는 판례에 대한 당신의 입장은 무엇인가?

3. 망분리 논란. 망분리는 Cyber 보안을 위해 내부의 업무망(Network)과 일반 인터넷망을 분리하는 조치로서, 컴퓨터 두 대를 사용하게 하는 물리적 망분리와 컴퓨터 한 대에 인터넷용 가상 컴퓨터를 구분하는 논리적 망분리로 구분된다. 이러한 망분리 정책은 2006년 국가 Cyber 안전 전략회의에 망분리 정책이 최초로 보고된 이래 정부부처, 지방자치단체, 공공기관, 민간기관으

로 확산되어 왔다. 이러한 망분리 규제정책은 신기술의 활용을 저해한다는 비판과 함께, 업무의 특성과 영역을 고려하지 않고 획일적으로 내부망과 외부망으로 분리함으로써 업무 효율성이 저해되고 이용자가 불편함을 우회하는 과정에서 보안사고가 발생하는 등 오히려 Cyber 보안의 저해요소가 된다는 비판이 제기되어 왔다.[20] 한편 금융위원회는 이용자의 고유식별정보 또는 개인신용정보를 처리하지 않는 것을 전제로, 연구·개발 분야의 망분리 규제 완화를 시행한 바 있으며[21], 2024년 8월 「금융분야 망분리 개선 로드맵」을 발표하였는데[22] 주요 내용으로, 1. 금융회사 등의 생성형 AI 활용을 허용하고, 2. 클라우드 기반의 응용 프로그램(SaaS) 이용범위를 대폭 확대하는 한편, 3. 금융회사 등의 연구·개발 환경을 개선하는 것 등을 포함하고 있다. 또한 국가정보원은 망분리를 완화하고 등급보안체계를 도입하는 것을 주요내용으로 하는 정책방향을 발표한 바 있다.[23] 이러한 현행 망분리 정책에 대한 당신의 입장은 무엇이며, 개선 방안이 있다면 바람직한 개선방안은 무엇이라고 생각하는가?

---

14) 대법원 2015. 2. 12. 선고 2013다43994.
15) 대법원 2018. 1. 25. 선고 2015다24904.
16) 대법원 2021. 8. 19. 선고 2018두56404.
17) 서울행정법원 2018. 4. 12. 선고 2016구합77667, 서울고등법원 2020. 11. 4. 선고 2019누43964.
18) 서울행정법원 2016. 8. 18. 선고 2014구합15108, 서울고등법원 2018. 8. 24. 선고 2016누64533.
19) 대법원 2021. 8. 19. 선고 2018두56404.
20) 외부 인터넷망과 내부 통신망을 분리하는 망분리 조치가 정보통신기술(ICT) 기반 핀테크 기업에 '대못 규제'로 떠올랐다. 코로나19 여파로 재택·원격 근무가 확산되면서 중소 스타트업과 핀테크 업체 개발 자의 업무 효율성이 크게 저하되고 있기 때문이다. 정보 유출, 사이버테러 방지 등 보안을 위해 도입 된 망분리 제도를 기업 규모와 특성에 맞게 고도화해야 한다는 지적이 일고 있다. 한국핀테크산업협 회, 한국인터넷기업협회, 코리아스타트업포럼 등 업계는 법 개정을 통한 규제 완화를 요구하고 나섰 다. 이영호·김재식 전자신문 기자, 재택−원격근무 '언감생심' ICT스타트업…획일적 망분리에 '올스톱' 2020.3.19. (https://www.etnews.com/20200319000235).
21) 금융위원회, 클라우드 이용절차 합리화 및 망분리 규제 완화를 위한 「전자금융감독규정」 개정안 금융 위 의결 − 클라우드 및 망분리 규제 개선방안(2022.4.14.), 보도자료(2022.11.23.).
22) 금융위원회, 「금융분야 망분리 개선 로드맵」 발표, 보도자료(2024.8.13.).
23) 정부가 국가 망분리 개선안의 구체적인 방향을 제시했다. 보안은 등급을 철저히 구분해 안전성을 유지하 되 망의 연결과 융합을 통해 인공지능(AI), 클라우드 등 신기술을 활용한다는 것이다. 국가정보원(이하 국정원)은 11일 '사이버 서밋 코리아'에서 공공기관 및 클라우드 기업들의 보안 가이드라인을 담은 '국가 망 보안정책 개선 로드맵(안)'을 발표했다. 이번 로드맵에는 기존에 공개된 다층보안체계(MLS)의 구체적 인 추진 계획들이 담겼다. 다층보안체계는 국가기관의 망을 정보 및 업무 중요도에 따라 등급별로 나누 는 보안 체계다. 정보 중요 순으로 기밀(Classified), 민감(Sensitive), 공개(Open) 등급으로 분류한다. 이를 통해 보안성 확보와 원활한 데이터 공유를 동시에 달성한다는 것이다. 기밀 정보는 정보공개법과 공공데이터법 등에 따라 각급 기관이 지정한 비공개 정보로 안보, 국방, 외교 등 기밀 정보 및 국민 생 활, 생명, 안전과 직결된 정보가 여기에 해당한다. 민감 정보는 개인, 국가 이익에 침해가 가능한 정보 를 말한다. 공개 정보는 그 외 대외적으로 공개해도 무방한 정보다. 그간 정부는 보안을 이유로 업무망 과 외부 인터넷망을 물리적으로 분리시키는 정책을 고수해왔다. 보안은 잘 지켜졌지만 외부 소프트웨어, 클라우드 등의 활용이 불가능했고 이로 인해 공공 업무의 효율성이 떨어진다는 지적이 있었다. 다층보

〈개인정보 보호법〉 제30조(개인정보 처리방침의 수립 및 공개) ① 개인정보처리자는 다음 각 호의 사항이 포함된 개인정보의 처리 방침(이하 "개인정보 처리방침"이라 한다)을 정하여야 한다. 이 경우 공공기관은 제32조에 따라 등록대상이 되는 개인정보파일에 대하여 개인정보 처리방침을 정한다.

1. 개인정보의 처리 목적

2. 개인정보의 처리 및 보유 기간

3. 개인정보의 제3자 제공에 관한 사항(해당되는 경우에만 정한다)

3의2. 개인정보의 파기절차 및 파기방법(제21조제1항 단서에 따라 개인정보를 보존하여야 하는 경우에는 그 보존근거와 보존하는 개인정보 항목을 포함한다)

3의3. 제23조제3항에 따른 민감정보의 공개 가능성 및 비공개를 선택하는 방법(해당되는 경우에만 정한다)

4. 개인정보처리의 위탁에 관한 사항(해당되는 경우에만 정한다)

4의2. 제28조의2 및 제28조의3에 따른 가명정보의 처리 등에 관한 사항(해당되는 경우에만 정한다)

5. 정보주체와 법정대리인의 권리·의무 및 그 행사방법에 관한 사항

6. 제31조에 따른 개인정보 보호책임자의 성명 또는 개인정보 보호업무 및 관련 고충사항을 처리하는 부서의 명칭과 전화번호 등 연락처

7. 인터넷 접속정보파일 등 개인정보를 자동으로 수집하는 장치의 설치·운영 및 그 거부에 관한 사항(해당하는 경우에만 정한다)

8. 그 밖에 개인정보의 처리에 관하여 대통령령으로 정한 사항

안체계 등급은 외부 망과의 연결을 전제로 하기 때문에 기존의 물리적 망분리의 단점을 보완한다. 국정원은 올해까지 다층보안체계 기반을 마련하고 2025년 상반기부터 공공기관을 대상으로 지침을 공표한다는 계획이다. 이후 지속적으로 보안 가이드라인을 개선한 후 2026년 다층보안체계 정책으로 완전히 전환한다는 로드맵을 그리고 있다. 특히 이번 다층보안체계는 클라우드 보안에도 적용될 것으로 보인다. 현재 클라우드 보안 기준은 상중하로 나눠져 있으나 이를 기밀, 민감, 공개 등급으로 바꾼다는 것이다. 국정원 관계자는 "국가 망분리 개선은 지난 1월부터 추진하고 있으며 국가안보실, 국정원을 비롯해 디지털포렌식조직위원회, 금융위원회, 개인정보보보위원회 등 관계기관, 산학연 합동으로 국가망 보안 정책 개선 TF(테스크포스, 프로젝트팀)를 구성해 구체적으로 로드맵을 수립하고 있다"며 "현재 마무리 단계에 있으며 TF를 통해 각계 의견을 충분히 수렴한 후 올해 연말까지 확정된 내용을 발표할 것"이라고 밝혔다. 조상록 iT조선 기자, 국가 망분리 개선안 로드맵 나왔다…'분리' 아닌 '연결'에 초점, 2024.9.12. (https://it.chosun.com/news/articleView.html?idxno=2023092123325).

〈신용정보법〉 제31조(신용정보활용체제의 공시) ① 개인신용평가회사, 개인사업자신용평가회사, 기업신용조회회사, 신용정보집중기관 및 대통령령으로 정하는 신용정보제공·이용자는 다음 각 호의 사항을 대통령령으로 정하는 바에 따라 공시하여야 한다.

1. 개인신용정보 보호 및 관리에 관한 기본계획(총자산, 종업원 수 등을 고려하여 대통령령으로 정하는 자로 한정한다)
2. 관리하는 신용정보의 종류 및 이용 목적
3. 신용정보를 제공받는 자
4. 신용정보주체의 권리의 종류 및 행사 방법
5. 신용평가에 반영되는 신용정보의 종류, 반영비중 및 반영기간(개인신용평가회사, 개인사업자신용평가회사 및 기업신용등급제공업무·기술신용평가업무를 하는 기업신용조회회사로 한정한다)
6. 「개인정보 보호법」 제30조제1항제6호 및 제7호의 사항
7. 그 밖에 신용정보의 처리에 관한 사항으로서 대통령령으로 정하는 사항

② 제1항 각 호의 공시 사항을 변경하는 경우에는 「개인정보 보호법」 제30조제2항에 따른 방법을 준용한다.

1. 개인정보 처리방침의 수립 및 공개

가 개인정보 처리방침의 수립 및 공개의 의의

개인정보 처리방침은 개인정보처리자의 책임성을 높이고 국민의 알권리를 보장하기 위해 개인정보처리자가 개인정보 처리에 관한 사항을 일반대중(一般大衆)에 사전 공개하도록 한 것으로서 이러한 개인정보처리자의 사전적 의사표시에 대해 신뢰보호(信賴保護)의 원칙이 적용되어야 하는 점이 고려된 입법(立法)으로 이해된다. 개인정보 보호법은 개인정보처리자는 다음, 1. 개인정보의 처리 목적, 2. 개인정보의 처리 및 보유 기간, 3. 개인정보의 제3자 제공에 관한 사항(해당되는 경우에만 정한다), 3의2. 개인정보의 파기절차 및 파기방법(개인정보 보호법 제21조(개인정보의 파기)제1항 단서에 따라 개인정보를 보존하여야 하는 경우에는 그 보존근거와 보존하는 개인정보 항목을 포함한다), 3의3. 이 법 제23조(민감정보의 처리 제한)제3항에 따른 민감정보의 공개 가능성 및 비공개를 선택하는 방법(해당되는 경우에만 정한다), 4. 개인정보처리의 위탁에 관한

사항(해당되는 경우에만 정한다), 4의2. 동법 제28조의2(가명정보의 처리 등) 및 제28조의3(가명정보의 결합 제한)에 따른 가명정보의 처리 등에 관한 사항(해당되는 경우에만 정한다), 5. 정보주체와 법정대리인의 권리·의무 및 그 행사방법에 관한 사항, 6. 동법 제31조(개인정보 보호책임자의 지정 등)에 따른 개인정보 보호책임자의 성명 또는 개인정보 보호업무 및 관련 고충사항을 처리하는 부서의 명칭과 전화번호 등 연락처, 7. 인터넷 접속정보파일 등 개인정보를 자동으로 수집하는 장치의 설치·운영 및 그 거부에 관한 사항(해당하는 경우에만 정한다), 8. 그 밖에 개인정보의 처리에 관하여 대통령령으로 정한 사항이 포함된 개인정보의 처리 방침(이하 "개인정보 처리방침"이라 한다)을 정하여야 하고, 이 경우 공공기관은 이 법 제32조(개인정보파일의 등록 및 공개)에 따라 등록대상이 되는 개인정보파일에 대하여 개인정보 처리방침을 정하며(개인정보 보호법 제30조제1항), 개인정보처리자가 개인정보 처리방침을 수립하거나 변경하는 경우에는 정보주체가 쉽게 확인할 수 있도록 대통령령으로 정하는 방법에 따라 공개하여야 한다고 규정하고 있다(동법 제30조제2항).

한편 2023년 개인정보 보호법 개정 시 이 법 제30조(개인정보 처리방침의 수립 및 공개)제1항제3호의3인 "동법 제23조(민감정보의 처리 제한)제3항에 따른 민감정보의 공개 가능성 및 비공개를 선택하는 방법(해당되는 경우에만 정한다)"과 제30조제1항제4호의2인 "동법 제28조의2(가명정보의 처리 등) 및 제28조의3(가명정보의 결합 제한)에 따른 가명정보의 처리 등에 관한 사항(해당되는 경우에만 정한다)"이 개인정보 처리방침에 추가되었다.

나 개인정보 처리방침의 수립 및 공개의 내용과 방법 등

개인정보 보호법 시행령은 이 법 제30조(개인정보 처리방침의 수립 및 공개)제1항제8호에서 "대통령령으로 정한 사항"이란 다음, 1. 처리하는 개인정보의 항목, 2. 동법 제28조의8(개인정보의 국외 이전)제1항 각 호에 따라 개인정보를 국외로 이전하는 경우 국외 이전의 근거와 같은 조 제2항 각 호의 사항, 3. 동법 시행령 제30조(개인정보의 안전성 확보 조치)에 따른 개인정보의 안전성 확보 조치에 관한 사항, 4. 국외에서 국내 정보주체의 개인정보를 직접 수집하여 처리하는 경우 개인정보를 처리하는 국가명의 사항(해당되는 경우에만 정한다)을 말한다고 규정하고 있으며(개인정보 보호법 시행령 제31조제

1항), 개인정보처리자는 동법 제30조제2항에 따라 수립하거나 변경한 개인정보 처리방침을 개인정보처리자의 인터넷 홈페이지에 지속적으로 게재하여야 한다고 규정하고 있다(동법 시행령 제31조제2항).

또한 개인정보 보호법 시행령은 이 법 시행령 제31조(개인정보 처리방침의 내용 및 공개방법 등)제2항에 따라 인터넷 홈페이지에 게재할 수 없는 경우에는 다음, 1. 개인정보처리자의 사업장등의 보기 쉬운 장소에 게시하는 방법, 2. 관보(개인정보처리자가 공공기관인 경우만 해당한다)나 개인정보처리자의 사업장등이 있는 시·도 이상의 지역을 주된 보급지역으로 하는 「신문 등의 진흥에 관한 법률」 제2조(정의)제1호가목·다목 및 같은 조 제2호에 따른 일반일간신문, 일반주간신문 또는 인터넷신문에 싣는 방법, 3. 같은 제목으로 연 2회 이상 발행하여 정보주체에게 배포하는 간행물·소식지·홍보지 또는 청구서 등에 지속적으로 싣는 방법, 4. 재화나 서비스를 제공하기 위하여 개인정보처리자와 정보주체가 작성한 계약서 등에 실어 정보주체에게 발급하는 방법의 어느 하나 이상의 방법으로 수립하거나 변경한 개인정보 처리방침을 공개하여야 한다고 규정하고 있다(동법 시행령 제31조제3항).

한편 개인정보 보호법은 개인정보 처리방침의 내용과 개인정보처리자와 정보주체 간에 체결한 계약의 내용이 다른 경우에는 정보주체에게 유리한 것을 적용한다고 규정하고 있으며(동법 제30조제3항), 개인정보보호위원회는 개인정보 처리방침의 작성지침을 정하여 개인정보처리자에게 그 준수를 권장할 수 있다고 규정하고 있다(동법 제30조제4항).

2. 개인정보 처리방침의 평가 및 개선권고

가 개인정보 처리방침의 평가 및 개선권고의 의의

개인정보 보호법은 개인정보보호위원회는 개인정보 처리방침에 관하여 다음, 1. 이 법에 따라 개인정보 처리방침에 포함하여야 할 사항을 적정하게 정하고 있는지 여부, 2. 개인정보 처리방침을 알기 쉽게 작성하였는지 여부, 3. 개인정보 처리방침을 정보주체가 쉽게 확인할 수 있는 방법으로 공개하고 있는지 여부의 사항을 평가하고,

평가 결과 개선이 필요하다고 인정하는 경우에는 개인정보처리자에게 동법 제61조(의견제시 및 개선권고)제2항에 따라 개선을 권고할 수 있다고 규정하고 있는데(개인정보 보호법 제30조의2제1항), 동 조항은 2023년 개인정보 보호법 개정 시 동법 제30조의2(개인정보 처리방침의 평가 및 개선권고)에 신설된 사안이다. 개인정보 처리방침의 평가 및 개선권고는 2023년 개정 전 동법 제30조(개인정보 처리방침의 수립 및 공개)제4항은 "개인정보보호위원회는 개인정보 처리방침의 작성지침을 정하여 개인정보처리자에게 그 준수를 권장할 수 있다"라고 규정하고 있었을 뿐, 수립된 개인정보 처리방침에 대한 적절성 평가와 동 방침의 실제 이행 여부에 대한 확인 및 개선 권고 관련 법적 근거가 미비하여 개인정보 처리방침의 실효성이 떨어진다는 문제에 대한 개선 방안으로 도입된 것으로 취지가 이해된다.

나 개인정보 처리방침의 평가 대상과 기준 및 절차 등

개인정보 보호법은 개인정보 처리방침의 평가 대상, 기준 및 절차 등에 필요한 사항은 대통령령으로 정한다고 규정하고 있는데(개인정보 보호법 제30조의2제2항), 개인정보 보호법 시행령은 개인정보보호위원회는 이 법 제30조의2(개인정보 처리방침의 평가 및 개선권고)제1항에 따라 개인정보 처리방침을 평가하는 경우 다음, 1. 개인정보처리자의 유형 및 매출액 규모, 2. 민감정보 및 고유식별정보 등 처리하는 개인정보의 유형 및 규모, 3. 개인정보 처리의 근거 및 형태·방식, 4. 개인정보 보호 법령 위반행위 발생 여부, 5. 아동·청소년 등 정보주체의 특성의 사항을 종합적으로 고려하여 평가 대상자를 선정한다고 규정하고 있다(동법 시행령 제31조의2제1항).

또한 개인정보 보호법 시행령은 개인정보보호위원회는 이 법 시행령 제31조의2(개인정보 처리방침의 평가 대상)에 따라 개인정보 처리방침을 평가하는 경우에는 평가 개시 10일 전까지 해당 개인정보처리자에게 평가 내용·일정 및 절차 등이 포함된 평가계획을 통보해야 한다고 규정하고 있으며(동법 시행령 제31조의2제2항), 개인정보보호위원회는 동법 제30조의2에 따른 개인정보 처리방침의 평가에 필요한 경우에는 해당 개인정보처리자에게 의견을 제출하도록 요청할 수 있다고 규정하는 한편(동법 시행령 제31조의2제3항), 개인정보보호위원회는 동법 제30조의2에 따라 개인정보 처리방침을 평가한 후 그 결과를 지체 없이 해당 개인정보처리자에게 통보해야 한다고 규정하고 있다(동법 시행령 제31조의2제4항). 한편 개인정보 보호법 시행령은 이 법 시행령 제31조의2제1항부터 제4항까지에서 규정한 사항 외에 개인정보 처리방침 평가를 위한 세부적인 대상 선정 기준과 절차는 개인정보보호위원회가 정하여 고시한다고 규정하고 있다(동법 시행령 제31조의2제5항).

3. 신용정보활용체제의 공시

신용정보법은 개인신용평가회사, 개인사업자신용평가회사, 기업신용조회회사, 신용정보집중기관 및 대통령령으로 정하는[24] 신용정보제공·이용자는 다음, 1. 개인신용정보 보호 및 관리에 관한 기본계획(총자산, 종업원 수 등을 고려하여 대통령령으로 정하는[25] 자로 한정한다), 2. 관리하는 신용정보의 종류 및 이용 목적, 3. 신용정보를 제공받는 자, 4. 신용정보주체의 권리의 종류 및 행사 방법, 5. 신용평가에 반영되는 신용정보의 종류, 반영비중 및 반영기간(개인신용평가회사, 개인사업자신용평가회사 및 기업신용등급제공업무·기술신용평가업무를 하는 기업신용조회회사로 한정한다), 6. 「개인정보 보호법」 제30조(개인정보 처리방침의 수립 및 공개)제1항제6호 및 제7호의 사항,[26] 7. 그 밖에 신용정보의 처리에 관한 사항으로서 대통령령으로 정하는 사항을 대통령령으로 정하는[27] 바에 따라 공시하여야 한다고 규정하고 있으며(신용정보법 제31조제1항), 이 법

---

24) 신용정보법 시행령은 이 법 제31조(신용정보활용체제의 공시)제1항 각 호 외의 부분에서 "대통령령으로 정하는 신용정보제공·이용자"란 동법 시행령 제2조(정의)제6항제7호가목부터 허목까지 및 제21조(신용정보의 집중관리·활용) 제2항제1호부터 제21호까지의 자를 말한다고 규정하고 있다(신용정보법 시행령 제27조제1항).

25) 신용정보법 시행령은 이 법 제31조(신용정보활용체제의 공시)제1항제1호에서 "대통령령으로 정하는 자"란 다음, 1. 개인신용평가회사, 개인사업자신용평가회사, 기업신용조회회사 및 신용정보집중기관 중 어느 하나에 해당하는 기관일 것, 2. 직전 사업연도 말 기준으로 총자산이 2조원 이상이고 상시 종업원 수가 300명 이상일 것(이 경우 상시 종업원 수의 산정방식은 금융위원회가 정하여 고시한다)의 요건을 모두 갖춘 자를 말한다고 규정하고 있다(신용정보법 시행령 제27조제2항).

26) 개인정보 보호법은 이 법 제30조(개인정보 처리방침의 수립 및 공개)제1항제6호를 이 법 제31조(개인정보 보호책임자의 지정 등)에 따른 개인정보 보호책임자의 성명 또는 개인정보 보호업무 및 관련 고충사항을 처리하는 부서의 명칭과 전화번호 등 연락처로, 동법 제30조제1항제7호를 인터넷 접속정보파일 등 개인정보를 자동으로 수집하는 장치의 설치·운영 및 그 거부에 관한 사항(해당하는 경우에만 정한다)으로 규정하고 있다(개인정보 보호법 제30조제1항제6호 및 제7호).

27) 신용정보법 시행령은 이 법 제31조(신용정보활용체제의 공시)제1항제7호에서 "대통령령으로 정하는 사

제31조(신용정보활용체제의 공시)제1항 각 호의 공시 사항을 변경하는 경우에는 「개인정보보호법」 제30조(개인정보 처리방침의 수립 및 공개)제2항에 따른 방법을 준용한다고 규정하고 있다(동법 제31조제2항).

한편 신용정보법 시행령은 이 법 제31조제1항에 따라 같은 항 각 호의 사항을 공시하는 경우에는 다음, 1. 점포·사무소 안의 보기 쉬운 장소에 갖춰 두고 열람하게 하는 방법, 2. 해당 기관의 인터넷 홈페이지를 통하여 해당 신용정보주체가 열람할 수 있게 하는 방법의 어느 하나에 해당하는 방법으로 해야 한다고 규정하고 있다(동법 시행령 제27조제4항).

제3절   개인정보파일의 등록 및 공개

1. 개인정보파일의 등록 및 공개의 의의

개인정보 보호법은 공공기관의 장이 개인정보파일을 운용하는 경우에는 다음, 1. 개인정보파일의 명칭, 2. 개인정보파일의 운영 근거 및 목적, 3. 개인정보파일에 기록되는 개인정보의 항목, 4. 개인정보의 처리방법, 5. 개인정보의 보유기간, 6. 개인정보를 통상적 또는 반복적으로 제공하는 경우에는 그 제공받는 자, 7. 그 밖에 대통령령으로 정하는[28] 사항을 개인정보보호위원회에 등록하여야 하며, 등록한 사항이 변경된 경우에도 또한 같다고 규정하고 있다(개인정보 보호법 제32조제1항). 앞에서 이미 설

항"이란 다음, 1. 검증위원회의 심의 결과(동법 제26조의3(개인신용평가체계 검증위원회)에 따른 개인신용평가체계 검증 대상인 자에 한정한다), 2. 그 밖에 금융위원회가 정하여 고시하는 사항을 말한다고 규정하고 있다(신용정보법 시행령 제27조제3항).

[28] 개인정보 보호법 시행령은 이 법 제32조(개인정보파일의 등록 및 공개)제1항제7호에서 "대통령령으로 정하는 사항"이란 다음, 1. 개인정보파일을 운용하는 공공기관의 명칭, 2. 개인정보파일로 보유하고 있는 개인정보의 정보주체 수, 3. 해당 공공기관에서 개인정보 처리 관련 업무를 담당하는 부서, 4. 동법 시행령 제41조(개인정보의 열람절차 등)에 따른 개인정보의 열람 요구를 접수·처리하는 부서, 5. 개인정보파일의 개인정보 중 이 법 제35조(개인정보의 열람)제4항에 따라 열람을 제한하거나 거절할 수 있는 개인정보의 범위 및 제한 또는 거절 사유의 사항을 말한다고 규정하고 있다(개인정보 보호법 시행령 제33조제1항).

명한 바와 같이 개인정보 보호법은 개인정보파일은 개인정보 데이터베이스(Data Base)로서, 개인정보를 쉽게 검색할 수 있도록 일정한 규칙에 따라 체계적으로 배열하거나 구성한 개인정보의 집합물(集合物)을 말한다고 규정하고 있으며(동법 제2조제4호), 공공기관이란 다음, 가. 국회, 법원, 헌법재판소, 중앙선거관리위원회의 행정사무를 처리하는 기관, 중앙행정기관(대통령 소속 기관과 국무총리 소속 기관을 포함한다) 및 그 소속 기관, 지방자치단체와 나. 그 밖의 국가기관 및 공공단체 중 대통령령으로 정하는29) 기관을 말한다고 규정하고 있다(동법 제2조제6호).

개인정보파일의 등록 및 공개는 지금은 폐지된 「(구)공공기관의 개인정보보호에 관한 법률」 제6조(개인정보파일의 보유·변경시 사전협의)에30) 따라 공공기관의 장이 개인정보파일을 보유하고자 하는 경우 행정안전부장관과 협의하도록 하는 개인정보파일 보유·변경 시 사전협의제로 규정되어 있었으나, 동 제도에 대해 공공기관들의 행정업무 부담 가중과 일정하지 않은 협의 기준으로 인한 문제점이 제기되어 개인정보 보호법에서는 공공기관이 운영하는 개인정보파일이 일정한 요건을 충족하고 있는 경우에는 이를 의무적으로 등록하고 공개하도록 한 것으로 이해된다.

또한 개인정보 보호법은 개인정보보호위원회는 필요하면 이 법 제32조(개인정보파일의 등록 및 공개)제1항에 따른 개인정보파일의 등록여부와 그 내용을 검토하여 해당 공공기관의 장에게 개선을 권고할 수 있다고 규정하고 있으며(동법 제32조제3항), 개인정보보호위원회는 정보주체의 권리 보장 등을 위하여 필요한 경우 동법 제32조제1항에

---

29) 개인정보 보호법 시행령은 이 법 제2조(정의)제6호나목에서 "대통령령으로 정하는 기관"이란 다음, 1. 「국가인권위원회법」 제3조(국가인권위원회의 설립과 독립성)에 따른 국가인권위원회, 1의2. 「고위공직자범죄수사처 설치 및 운영에 관한 법률」 제3조(고위공직자범죄수사처의 설치와 독립성)제1항에 따른 고위공직자범죄수사처, 2. 「공공기관의 운영에 관한 법률」 제4조(공공기관)에 따른 공공기관, 3. 「지방공기업법」에 따른 지방공사와 지방공단, 4. 특별법에 따라 설립된 특수법인, 5. 「초·중등교육법」, 「고등교육법」, 그 밖의 다른 법률에 따라 설치된 각급 학교의 기관을 말한다고 규정하고 있다(개인정보보호법 시행령 제2조).

30) 공공기관의 개인정보보호에 관한 법률은 공공기관의 장이 개인정보파일을 보유하고자 하는 경우(다른 공공기관으로부터 처리정보를 제공받아 보유하고자 하는 경우를 제외한다)에는 다음, 1. 개인정보파일의 명칭, 2. 개인정보파일의 보유목적, 3. 보유기관의 명칭, 4. 개인정보파일에 기록되는 개인 및 항목의 범위, 5. 개인정보의 수집방법과 처리정보를 통상적으로 제공하는 기관이 있는 경우에는 그 기관의 명칭, 6. 개인정보파일의 열람예정시기, 7. 열람이 제한되는 처리정보의 범위 및 그 사유, 8. 그 밖에 대통령령이 정하는 사항을 행정안전부장관과 협의하여야 하며, 다음 각 호의 어느 하나에 해당하는 사항을 변경하고자 하는 경우에도 또한 같다고 규정하고 있었다((구)공공기관의 개인정보보호에 관한 법률 제6조제1항).

따른 개인정보파일의 등록 현황을 누구든지 쉽게 열람할 수 있도록 공개할 수 있다고 규정하고 있다(동법 제32조제4항). 한편 개인정보 보호법은 국회, 법원, 헌법재판소, 중앙선거관리위원회(그 소속 기관을 포함한다)의 개인정보파일 등록 및 공개에 관하여는 국회규칙, 대법원규칙, 헌법재판소규칙 및 중앙선거관리위원회규칙으로 정한다고 규정하고 있다(동법 제32조제6항).

2. 개인정보파일의 등록 및 공개의 예외사유 및 방법과 절차 등

가 개인정보파일의 등록 및 공개의 예외사유

개인정보 보호법은 다음, 1. 국가 안전, 외교상 비밀, 그 밖에 국가의 중대한 이익에 관한 사항을 기록한 개인정보파일, 2. 범죄의 수사, 공소의 제기 및 유지, 형 및 감호의 집행, 교정처분, 보호처분, 보안관찰처분과 출입국관리에 관한 사항을 기록한 개인정보파일, 3. 「조세범처벌법」에 따른 범칙행위 조사 및 「관세법」에 따른 범칙행위 조사에 관한 사항을 기록한 개인정보파일, 4. 일회적으로 운영되는 파일 등 지속적으로 관리할 필요성이 낮다고 인정되어 대통령령으로 정하는 개인정보파일, 5. 다른 법령에 따라 비밀로 분류된 개인정보파일의 어느 하나에 해당하는 개인정보파일에 대하여는 이 법 제32조(개인정보파일의 등록 및 공개)제1항을 적용하지 아니한다고 규정하고 있는데(개인정보 보호법 제32조제2항), 동 조항은 국가안보, 외교상 비밀 등 국가의 중대한 이익이나 범죄 수사 등 공공의 이익을 달성하기 위해 필요한 개인정보파일과 정보주체의 개인정보와 관련하여 중요성이 낮은 개인정보파일은 이를 공개하지 않는 것이 공익에 더욱 부합할 수 있는 점을 고려한 입법(立法)으로 이해된다. 한편 2023년 개인정보 보호법 개정을 통해 개인정보파일의 등록 및 공개의 예외사유 중 개정 전 이 법 제32조제2항제4호가 "공공기관의 내부적 업무처리만을 위하여 사용되는 개인정보파일"로 규정되어 있던 것에서 "일회적으로 운영되는 파일 등 지속적으로 관리할 필요성이 낮다고 인정되어 대통령령으로 정하는[31) 개인정보파일"로 개정한 바가 있다.

---

31) 개인정보 보호법 시행령은 이 법 제32조(개인정보파일의 등록 및 공개)제2항제4호에서 "대통령령으로 정하는 개인정보파일"이란 다음, 1. 회의 참석 수당 지급, 자료·물품의 송부, 금전의 정산 등 단순 업무 수행을 위해 운영되는 개인정보파일로서 지속적 관리 필요성이 낮은 개인정보파일, 2. 공중

나 개인정보파일의 등록 및 공개의 방법과 절차 등

개인정보 보호법은 이 법 제32조(개인정보파일의 등록 및 공개)제1항에 따른 등록과 제4항에 따른 공개의 방법, 범위 및 절차에 관하여 필요한 사항은 대통령령으로 정한다고 규정하고 있는데(개인정보 보호법 제32조제5항), 개인정보 보호법 시행령은 개인정보파일을 운용하는 공공기관의 장은 그 운용을 시작한 날부터 60일 이내에 개인정보보호위원회가 정하여 고시하는 바에 따라 동 위원회에 이 법 제32조제1항 및 동법 시행령 제33조(개인정보파일의 등록사항)에 따른 등록사항(이하 "등록사항"이라 한다)의 등록을 신청하여야 하며 등록 후 등록한 사항이 변경된 경우에도 또한 같다고 규정하고 있다(동법 시행령 제34조제1항). 또한 개인정보 보호법 시행령은 개인정보보호위원회는 이 법 제32조제4항에 따라 개인정보파일의 등록 현황을 인터넷 홈페이지에 게재할 수 있다고 규정하고 있으며(동법 시행령 제34조제2항), 개인정보보호위원회는 동법 시행령 제34조(개인정보파일의 등록 및 공개 등)제1항에 따른 개인정보파일의 등록사항을 등록하거나 변경하는 업무를 전자적으로 처리할 수 있도록 시스템을 구축·운영할 수 있다고 규정하고 있다(동법 시행령 제34조제3항).

제4절 　개인정보 보호책임자와 신용정보관리·보호인의 지정

〈개인정보 보호법〉 제31조(개인정보 보호책임자의 지정 등) ① 개인정보처리자는 개인정보의 처리에 관한 업무를 총괄해서 책임질 개인정보 보호책임자를 지정하여야 한다. 다만, 종업원 수, 매출액 등이 대통령령으로 정하는 기준에 해당하는 개인정보처리자의 경우에는 지정하지 아니할 수 있다.

② 제1항 단서에 따라 개인정보 보호책임자를 지정하지 아니하는 경우에는 개인정보처리자의 사업주 또는 대표자가 개인정보 보호책임자가 된다.

위생 등 공공의 안전과 안녕을 위하여 긴급히 필요한 경우로서 일시적으로 처리되는 개인정보파일, 3. 그 밖에 일회적 업무 처리만을 위해 수집된 개인정보파일로서 저장되거나 기록되지 않는 개인정보파일을 말한다고 규정하고 있다(개인정보 보호법 시행령 제33조제2항).

〈신용정보법〉 제20조(신용정보 관리책임의 명확화 및 업무처리기록의 보존) ③ 신용정보회사, 본인신용정보관리회사, 채권추심회사, 신용정보집중기관 및 대통령령으로 정하는 신용정보 제공·이용자는 제4항에 따른 업무를 하는 신용정보관리·보호인을 1명 이상 지정하여야 한다. 다만, 총자산, 종업원 수 등을 감안하여 대통령령으로 정하는 자는 신용정보관리·보호인을 임원(신용정보의 관리·보호 등을 총괄하는 지위에 있는 사람으로서 대통령령으로 정하는 사람을 포함한다)으로 하여야 한다.

④ 제3항에 따른 신용정보관리·보호인은 다음 각 호의 업무를 수행한다.

1. 개인신용정보의 경우에는 다음 각 목의 업무

가. 「개인정보 보호법」 제31조제3항제1호부터 제5호까지에 따른 업무

⑤ 신용정보관리·보호인의 업무수행에 관하여는 「개인정보 보호법」 제31조제4항 및 제6항을 준용한다

〈정보통신망법〉 제45조의3(정보보호 최고책임자의 지정 등) ① 정보통신서비스 제공자는 정보통신시스템 등에 대한 보안 및 정보의 안전한 관리를 위하여 대통령령으로 정하는 기준에 해당하는 임직원을 정보보호 최고책임자로 지정하고 과학기술정보통신부장관에게 신고하여야 한다. 다만, 자산총액, 매출액 등이 대통령령으로 정하는 기준에 해당하는 정보통신서비스 제공자의 경우에는 정보보호 최고책임자를 신고하지 아니할 수 있다.

② 제1항에 따른 신고의 방법 및 절차 등에 대해서는 대통령령으로 정한다.

③ 제1항 본문에 따라 지정 및 신고된 정보보호 최고책임자(자산총액, 매출액 등 대통령령으로 정하는 기준에 해당하는 정보통신서비스 제공자의 경우로 한정한다)는 제4항의 업무 외의 다른 업무를 겸직할 수 없다.

1. 개인정보 보호책임자와 신용정보관리·보호인 지정의 의의

개인정보 보호법은 개인정보처리자는 개인정보의 처리에 관한 업무를 총괄해서 책임질 개인정보 보호책임자를 지정하여야 하나, 다만, 종업원 수, 매출액 등이 대통령령으로 정하는 기준에 해당하는 개인정보처리자의 경우에는 지정하지 아니할 수 있다고 규정하고 있으며(개인정보 보호법 제31조제1항), 이 법 제31조(개인정보 보호책임자의 지정 등)제1항 단서에 따라 개인정보 보호책임자를 지정하지 아니하는 경우에는 개인정보처리자의 사업주 또는 대표자가 개인정보 보호책임자가 된다고 규정하고 있다(동법 제31조제2항). 개인정보 보호법의 개인정보 보호책임자(CPO, Chief Privacy Officer)는 개인정

보 보호법의 준수, 개인정보의 유출 및 오남용 방지 등 개인정보처리자의 개인정보보호 활동을 위한 제도 중 하나로써, EU GDPR Article 37부터 39까지에서 규정하고 있는 데이터 보호책임자(DPO, Data Protection Officer)와 유사하다고 할 수 있으나, 양자(兩者)는 〈표 13〉과 같은 차이가 있는 것으로 이해된다.

표 13 CPO와 DPO의 비교

구분	DPO(GDPR Article 37부터 39까지)	CPO(개인정보보호법 제31조)
자격	전문가로서의 지식(개인정보보호 관계 법령 및 개인정보보호 실무), 의사소통 능력 등	기준에 해당하는 공무원(공공기관), 사업주 또는 대표자, 임원 또는 개인정보 관련 이용자의 민원을 처리하는 부서장(공공기관 이외)
독립성 규정	있음	있음
고용형태	내부 또는 외부 아웃소싱(Outsourcing)	내부
전문성	법과 실무에서의 전문적 지식 요구	요구 사항 없음
역할	① 개인정보 감독기구와 개인정보처리자 간 연락관(Contact point), ② 정보주체와 소통, 불만·피해의 접수처리(옴부즈만, Ombudsman)	① 개인정보 보호 계획의 수립·시행, ② 개인정보 처리 실태·관행의 정기적인 조사·개선, ③ 개인정보 처리와 관련한 불만의 처리 및 피해 구제, ④ 개인정보 유출 및 오용·남용 방지를 위한 내부통제시스템의 구축, ⑤ 개인정보 보호 교육 계획의 수립·시행, ⑥ 개인정보파일의 보호 및 관리·감독, ⑦ 개인정보 처리방침의 수립·변경 및 시행, ⑧ 개인정보 보호 관련 자료의 관리, ⑨ 처리 목적이 달성되거나 보유기간이 지난 개인정보의 파기

개인정보 보호책임자 제도는 개인정보 보호법 제31조(개인정보 보호책임자의 지정)와 정보통신망법 제27조(개인정보 보호책임자의 지정)에 모두 각각 규정되어 있었으나, 2020년 개인정보 보호법 개정으로 기존 정보통신망의 개인정보 보호책임자 관련 조문이 개인정보 보호법으로 이관되어 동 법에 흡수되었다. 그러나 개인정보 보호법 제31조(개인정보 보호책임자의 지정)에 규정되어 있는 개인정보 보호책임자 제도 이외에 정보통신망법

제45조의3(정보보호 최고책임자의 지정 등)에 정보통신시스템 등에 대한 보안 및 정보의 안전한 관리에 관한 업무를 총괄하는 정보보호 최고책임자(CISO, Chief Information Security Officer) 제도가 있는데, 개인정보 보호법 상의 개인정보 보호책임자(CPO, Chief Privacy Officer)와 정보통신망법상의 정보보호 최고책임자(CISO, Chief Information Security Officer) 간의 겸직금지에 관한 논란에 대해서는 뒤에서 설명하고자 한다.

한편 신용정보법은 신용정보회사, 본인신용정보관리회사, 채권추심회사, 신용정보집중기관 및 대통령령으로 정하는 신용정보제공·이용자는 이 법 제20조(신용정보 관리책임의 명확화 및 업무처리기록의 보존)제4항에 따른 업무를 하는 신용정보관리·보호인을 1명 이상 지정하여야 하나, 다만 총자산, 종업원 수 등을 감안하여 대통령령으로 정하는 자는 신용정보관리·보호인을 임원(신용정보의 관리·보호 등을 총괄하는 지위에 있는 사람으로서 대통령령으로 정하는 사람을 포함한다)으로 하여야 한다고 규정하고 있으며(신용정보법 제20조제3항), 동법 제20조제3항에 따른 신용정보관리·보호인은 다음, 1. 개인신용정보의 경우에는 다음, 가. 「개인정보 보호법」 제31조제3항제1호부터 제5호까지에 따른 업무를 수행한다고 규정하고 있다(동법 제20조제4항).

2. 개인정보 보호책임자와 신용정보관리·보호인의 지정과 자격요건 및 업무 등

가 개인정보 보호책임자의 지정과 자격요건

(1) 개인정보 보호책임자의 지정

개인정보 보호법은 개인정보처리자는 개인정보의 처리에 관한 업무를 총괄해서 책임질 개인정보 보호책임자를 지정하여야 하나, 다만, 종업원 수, 매출액 등이 대통령령으로 정하는 기준에 해당하는 개인정보처리자의 경우에는 지정하지 아니할 수 있다고 규정하고 있는데(개인정보 보호법 제31조제1항), 개인정보 보호법 시행령은 이 법 제31조(개인정보 보호책임자의 지정 등)제1항단서에서 "종업원 수, 매출액 등이 대통령령으로 정하는 기준에 해당하는 개인정보처리자"란 「소상공인기본법」 제2조(정의)제1항에 따른 소상공인에 해당하는 개인정보처리자를 말한다고 규정하고 있다(동법 시행령 제32조제1

항). 또한 개인정보 보호법은 이 법 제31조(개인정보 보호책임자의 지정 등)제1항 단서에 따라 개인정보 보호책임자를 지정하지 아니하는 경우에는 개인정보처리자의 사업주 또는 대표자가 개인정보 보호책임자가 된다고 규정하고 있다(동법 제31조제2항). 공공기관 외의 개인정보처리자의 경우 이러한 예외를 둔 것은 기존 정보통신망법에서는 정보통신서비스 제공자등의 상시 종업원 수가 5명 미만인 경우 개인정보 보호책임자를 지정하지 않을 수 있도록 규정하여 영세한 정보통신 서비스제공자들에 대한 현실을 고려하였는데, 동 조항은 이러한 취지를 반영하여 입법(立法)된 것으로 이해된다.

한편 개인정보 보호법 시행령은 이 법 제31조제1항에 따라 개인정보 보호책임자를 지정하려는 경우에는 다음, 1. 공공기관의 경우에는 다음, 가. 국회, 법원, 헌법재판소, 중앙선거관리위원회의 행정사무를 처리하는 기관 및 중앙행정기관은 고위공무원단에 속하는 공무원(이하 "고위공무원"이라 한다) 또는 그에 상당하는 공무원, 나. "가목"외에 정무직공무원을 장(長)으로 하는 국가기관은 3급 이상 공무원(고위공무원을 포함한다) 또는 그에 상당하는 공무원, 다. "가목" 및 "나목" 외에 고위공무원, 3급 공무원 또는 그에 상당하는 공무원 이상의 공무원을 장으로 하는 국가기관은 4급 이상 공무원 또는 그에 상당하는 공무원, 라. "가목"부터 "다목"까지의 규정에 따른 국가기관 외의 국가기관(소속 기관을 포함한다)은 해당 기관의 개인정보 처리 관련 업무를 담당하는 부서의 장, 마. 시ㆍ도 및 시ㆍ도 교육청은 3급 이상 공무원 또는 그에 상당하는 공무원, 바. 시ㆍ군 및 자치구는 4급 공무원 또는 그에 상당하는 공무원, 사. 이 법 시행령 제2조(공공기관의 범위)제5호에 따른 각급 학교인 「초ㆍ중등교육법」, 「고등교육법」, 그 밖의 다른 법률에 따라 설치된 각급 학교는 해당 학교의 행정사무를 총괄하는 사람(다만, 제4항 제2호에 해당하는 경우에는 교직원을 말한다.), 아. "가목"부터 "사목"까지의 규정에 따른 기관 외의 공공기관은 개인정보 처리 관련 업무를 담당하는 부서의 장(다만, 개인정보 처리 관련 업무를 담당하는 부서의 장이 2명 이상인 경우에는 해당 공공기관의 장이 지명하는 부서의 장이 된다)에 해당하는 공무원 등과 2. 공공기관 외의 개인정보처리자의 경우에는, 가. 사업주 또는 대표자, 나. 임원(다만, 임원이 없는 경우에는 개인정보 처리 관련 업무를 담당하는 부서의 장)의 의 구분에 따라 지정한다고 규정하고 있다(동법 시행령 제32조제2항).

(2) 개인정보 보호책임자의 자격요건

개인정보 보호법은 이 법 제31조(개인정보 보호책임자의 지정 등)제1항에 따른 개인정보 보호책임자의 자격요건, 동법 제31조제3항에 따른 업무 및 동법 제31조제6항에 따른 독립성 보장 등에 필요한 사항은 매출액, 개인정보의 보유 규모 등을 고려하여 대통령령으로 정한다고 규정하고 있는데(동법 제31조제9항), 개인정보 보호법 시행령은 다음, 1. 연간 매출액등이 1,500억원 이상인 자로서 다음, 가. 5만명 이상의 정보주체에 관하여 민감정보 또는 고유식별정보를 처리하는 자와 나. 100만명 이상의 정보주체에 관하여 개인정보를 처리하는 자의 어느 하나에 해당하는 자(동법 시행령 제2조(공공기관의 범위)제5호에 따른 각급 학교 및 「의료법」 제3조(의료기관)에 따른 의료기관은 제외한다), 2. 직전 연도 12월 31일 기준으로 재학생 수(대학원 재학생 수를 포함한다)가 2만명 이상인 「고등교육법」 제2조(학교의 종류)에 따른 학교, 3. 「의료법」 제3조의4(상급종합병원 지정)에 따른 상급종합병원, 4. 공공시스템운영기관의 어느 하나에 해당하는 개인정보처리자(공공기관의 경우에는 동법 시행령 제2조제2호부터 제5호까지에 해당하는 경우로 한정한다)는 동법 시행령 제32조(개인정보 보호책임자의 업무 및 지정요건 등)제3항 각 호의 구분에 따른 사람 중 [별표 1]에서 정하는 요건을 갖춘 사람을 개인정보 보호책임자로 지정해야 한다고 규정하고 있다(동법 시행령 제32조제4항).

개인정보 보호법 시행령 [별표 1]은 이 법 시행령 제32조(개인정보 보호책임자의 업무 및 지정요건 등)제4항에 따라 개인정보 보호책임자로 지정되는 사람은 개인정보보호 경력, 정보보호 경력, 정보기술 경력을 합하여 총 4년 이상 보유하고, 그 중 개인정보보호 경력을 최소 2년 이상 보유해야 한다고 규정하고 있으며(개인정보 보호법 시행령 [별표 1]의 제1호), 동법 시행령 [별표 1]의 제1호에서 "개인정보보호 경력"이란 공공기관, 기업체, 교육기관 및 연구기관 등에서 개인정보보호 관련 정책 및 제도·개인정보 영향평가·개인정보 보호 인증심사 등 개인정보보호 업무를 수행한 경력, 개인정보보호 관련 컨설팅 또는 법률자문 경력을 말한다고 규정하고 있다(동법 시행령 [별표 1]의 제2호). 또한 개인정보 보호법 시행령 [별표 1]은 이 법 시행령 [별표 1]의 제1호에서 "정보보호 경력"이란 공공기관, 기업체, 교육기관 및 연구기관 등에서 정보보호를 위한 공통기반기술, 시스템·네트워크 보호, 응용서비스 보호, 계획·분석·설계·개발·운영·유지보수·컨설팅·감리 또는 연구개발 등 정보보호 업무를 수행한 경력,

정보보호 관련 컨설팅 또는 법률자문 경력을 말한다고 규정하고 있으며(동법 시행령 [별표 1]의 제3호), 동법 시행령 [별표 1]은 동법 시행령 [별표 1]의 제1호에서 "정보기술 경력"이란 공공기관, 기업체, 교육기관 및 연구기관 등에서 정보통신서비스, 정보통신 기기, 소프트웨어 및 컴퓨터 관련 서비스 분야의 계획 · 분석 · 설계 · 개발 · 운영 · 유지보수 · 컨설팅 · 감리 또는 연구개발 등 정보기술 업무를 수행한 경력, 정보기술 관련 컨설팅 또는 법률자문 경력을 말한다고 규정하고 있다(동법 시행령 [별표 1]의 제3호).

한편 개인정보 보호법 시행령 [별표 1]은 동일 기간에 두 가지 이상 업무가 중복되는 경우에 하나의 경력만 인정하며, 개인정보보호, 정보보호, 정보기술 관련 학위를 취득한 경우에는 아래의 〈표 14〉에 따라 경력으로 인정하나, 다만, 여러 학위를 취득한 경우에는 개인정보 보호책임자를 지정하려는 개인정보처리자가 정하는 하나의 학위만 경력으로 인정한다고 규정하고 있다(동법 시행령 [별표 1]의 비고).

표 14 개인정보보호 경력인정 요건

학위	경력 인정기간
개인정보보호 관련 박사	개인정보보호 경력 2년
개인정보보호 관련 석사	개인정보보호 경력 1년
개인정보보호 관련 학사	개인정보보호 경력 6개월
정보보호 관련 박사	정보보호 경력 2년
정보보호 관련 석사	정보보호 경력 1년
정보보호 관련 학사	정보보호 경력 6개월
정보기술 관련 박사	정보기술 경력 2년
정보기술 관련 석사	정보기술 경력 1년
정보기술 관련 학사	정보기술 경력 6개월

개인정보 보호법 시행령 [별표 1]은 그 밖에 개인정보보호위원회가 정하여 고시하는 자격을 취득하거나 교육을 이수한 경우 등의 해당 취득자격이나 이수교육 등에 대해서는 동 위원회가 정하여 고시하는 바에 따라 개인정보보호 경력, 정보보호 경력 또는 정보기술 경력으로 인정한다고 규정하고 있다(동법 시행령 [별표 1]의 비고).

나 개인정보 보호책임자의 업무 등

개인정보 보호법은 개인정보 보호책임자는 다음, 1. 개인정보 보호 계획의 수립 및 시행, 2. 개인정보 처리 실태 및 관행의 정기적인 조사 및 개선, 3. 개인정보 처리와 관련한 불만의 처리 및 피해 구제, 4. 개인정보 유출 및 오용·남용 방지를 위한 내부통제시스템의 구축, 5. 개인정보 보호 교육 계획의 수립 및 시행, 6. 개인정보파일의 보호 및 관리·감독, 7. 그 밖에 개인정보의 적절한 처리를 위하여 대통령령으로 정한 업무의 업무를 수행한다고 규정하고 있으며(동법 제31조제3항), 개인정보 보호법 시행령은 이 법 제31조(개인정보 보호책임자의 지정 등)제2항제7호에서 "대통령령으로 정한 업무"란 다음, 1. 동법 제30조(개인정보 처리방침의 수립 및 공개)에 따른 개인정보 처리방침의 수립·변경 및 시행, 2. 개인정보 처리와 관련된 인적·물적 자원 및 정보의 관리, 3. 처리 목적이 달성되거나 보유기간이 지난 개인정보의 파기와 같다고 규정하고 있다(동법 시행령 제32조제1항).

개인정보 보호법은 개인정보 보호책임자는 이 법 제31조(개인정보 보호책임자의 지정 등)제3항 각 호의 업무를 수행함에 있어서 필요한 경우 개인정보의 처리 현황, 처리 체계 등에 대하여 수시로 조사하거나 관계 당사자로부터 보고를 받을 수 있다고 규정하고 있고(동법 제31조제4항), 개인정보 보호책임자는 개인정보 보호와 관련하여 이 법 및 다른 관계 법령의 위반 사실을 알게 된 경우에는 즉시 개선조치를 하여야 하며, 필요하면 소속 기관 또는 단체의 장에게 개선조치를 보고하여야 한다고 규정하고 있다(동법 제31조제5항). 한편 개인정보 보호법은 개인정보처리자는 개인정보 보호책임자가 동법 제31조제3항 각 호의 업무를 수행함에 있어서 정당한 이유 없이 불이익을 주거나 받게 하여서는 아니 되며, 개인정보 보호책임자가 업무를 독립적으로 수행할 수 있도록 보장하여야 한다고 규정하고 있다(동법 제31조제6항). 또한 개인정보 보호법은 개인정보처리자는 개인정보의 안전한 처리 및 보호, 정보의 교류, 그 밖에 대통령령으로 정하는 공동의 사업을 수행하기 위하여 동법 제31조제1항에 따른 개인정보 보호책임자를 구성원으로 하는 개인정보 보호책임자 협의회를 구성·운영할 수 있는다고 규정하고 있는데(동법 제31조제7항), 개인정보보호위원회는 동법 제31조제7항에 따른 개인정보 보호책임자 협의회의 활동에 필요한 지원을 할 수 있다고 규정하고 있다(동법 제31조제8항).

개인정보 보호법 시행령은 개인정보보호위원회는 개인정보 보호책임자가 이 법 제31조제3항의 업무를 원활히 수행할 수 있도록 개인정보 보호책임자에 대한 교육과정을 개설·운영하는 등 지원을 할 수 있다고 규정하고 있으며(동법 시행령 제32조제5항), 개인정보처리자(이 법 제31조제2항에 따라 사업주 또는 대표자가 개인정보 보호책임자가 되는 경우는 제외한다)는 동법 제31조제6항에 따른 개인정보 보호책임자의 독립성 보장을 위해 다음, 1. 개인정보 처리와 관련된 정보에 대한 개인정보 보호책임자의 접근 보장, 2. 개인정보 보호책임자가 개인정보 보호 계획의 수립·시행 및 그 결과에 관하여 정기적으로 대표자 또는 이사회에 직접 보고할 수 있는 체계의 구축, 3. 개인정보 보호책임자의 업무 수행에 적합한 조직체계의 마련 및 인적·물적 자원의 제공의 사항을 준수해야 한다고 규정하고 있다(동법 시행령 제32조제6항).

한편 개인정보 보호책임자 협의회의 사업 범위에 대하여 개인정보 보호법 시행령은 이 법 제31조제7항에서 "대통령령으로 정하는 공동의 사업"이란 다음, 1. 개인정보처리자의 개인정보 보호 강화를 위한 정책의 조사, 연구 및 수립 지원, 2. 개인정보 침해사고 분석 및 대책 연구, 3. 개인정보 보호책임자 지정·운영, 업무 수행 현황 등 실태 파악 및 제도 개선을 위한 연구, 4. 개인정보 보호책임자 교육 등 개인정보 보호책임자의 개인정보 보호 역량 및 전문성 향상, 5. 개인정보 보호책임자의 업무와 관련된 국내외 주요 동향의 조사, 분석 및 공유, 6. 그 밖에 개인정보처리시스템 등의 안전한 관리를 위하여 필요한 사업을 말한다고 규정하고 있으며(동법 시행령 제32조의2제1항), 개인정보보호위원회는 예산의 범위에서 개인정보 보호책임자 협의회 운영과 사업에 필요한 행정적·재정적 지원을 할 수 있다고 규정하고 있다(동법 시행령 제32조의2제2항).

다 신용정보관리·보호인의 지정과 자격요건 및 업무 등

(1) 신용정보관리·보호인의 지정과 자격요건

신용정보법은 신용정보회사, 본인신용정보관리회사, 채권추심회사, 신용정보집중기관 및 대통령령으로 정하는 신용정보제공·이용자는 이 법 제20조(신용정보 관리책임의 명확화 및 업무처리기록의 보존)제4항에 따른 업무를 하는 신용정보관리·보호인을 1명 이상 지정하여야 하나, 다만 총자산, 종업원 수 등을 감안하여 대통령령으로 정하는 자는 신용정보관리 · 보호인을 임원(신용정보의 관리 · 보호 등을 총괄하는 지위에 있는 사람으로서 대통령령으로 정하는 사람을 포함한다)으로 하여야 한다고 규정하고 있으며(신용정보법 제20조제3항), 이 법 제20조제3항에 따른 신용정보관리 · 보호인의 자격요건과 그 밖에 지정에 필요한 사항, 동법 제20조제6항에 따른 제출 방법에 대해서는 대통령령으로 정한다고 규정하고 있다(신용정보법 제20조제7항).

신용정보법 시행령은 이 법 제20조제3항 본문에서 "대통령령으로 정하는 신용정보제공 · 이용자"란 동법 시행령 제2조(정의)제6항제7호가목부터 허목까지[32] 및 제21조(신용정보의 집중관리 · 활용)제2항제1호부터 제21호까지의[33] 자를 말하며(동법 시행령 제17

---

[32] 신용정보법 시행령 제2조(정의)제6항제7호의 기관은 다음, 가. 「금융지주회사법」에 따른 금융지주회사, 나. 「기술보증기금법」에 따른 기술보증기금, 다. 「농업협동조합법」에 따른 농업협동조합, 라. 「농업협동조합법」에 따른 농업협동조합중앙회, 마. 「농업협동조합법」 제161조의11(농협은행)에 따른 농협은행, 바. 「무역보험법」에 따른 한국무역보험공사, 사. 「보험업법」에 따른 보험회사, 아. 「산림조합법」에 따른 산림조합, 자. 「산림조합법」에 따른 산림조합중앙회, 차. 「상호저축은행법」에 따른 상호저축은행, 카. 「상호저축은행법」에 따른 상호저축은행중앙회, 타. 「새마을금고법」에 따른 새마을금고, 파. 「새마을금고법」에 따른 새마을금고중앙회, 하. 「수산업협동조합법」에 따른 수산업협동조합, 거. 「수산업협동조합법」에 따른 수산업협동조합중앙회, 너. 「수산업협동조합법」에 따른 수협은행, 더. 「신용보증기금법」에 따른 신용보증기금, 러. 「신용협동조합법」에 따른 신용협동조합, 머. 「신용협동조합법」에 따른 신용협동조합중앙회, 버. 「여신전문금융업법」에 따른 여신전문금융회사(「여신전문금융업법」 제3조(영업의 허가 · 등록)제3항제1호에 따라 허가를 받거나 등록을 한 자를 포함한다), 서. 「예금자보호법」에 따른 예금보험공사 및 정리금융회사, 어. 「은행법」에 따라 인가를 받아 설립된 은행(같은 법 제59조(외국은행에 대한 법 적용)에 따라 은행으로 보는 자를 포함한다), 저. 「자본시장과 금융투자업에 관한 법률」에 따른 금융투자업자 · 증권금융회사 · 종합금융회사 · 자금중개회사 및 명의개서대행회사, 처. 「중소기업은행법」에 따른 중소기업은행, 커. 「지역신용보증재단법」에 따른 신용보증재단과 그 중앙회, 터. 「한국산업은행법」에 따른 한국산업은행, 퍼. 「한국수출입은행법」에 따른 한국수출입은행, 허. 「한국주택금융공사법」에 따른 한국주택금융공사를 말한다(신용정보법 시행령 제2조제6항제7호).

[33] 신용정보법 시행령 제21조(신용정보의 집중관리 · 활용)제2항제1호부터 제21호까지의 기관은 다음, 1. 「건설산업기본법」에 따른 공제조합, 2. 「국채법」에 따른 국채등록기관, 3. 「한국농수산식품유통공사법」에 따른 한국농수산식품유통공사, 4. 신용회복위원회, 5. 「산업재해보상보험법」에 따른 근로복지공단, 6. 「소프트웨어 진흥법」에 따른 소프트웨어공제조합, 7. 「엔지니어링산업 진흥법」에 따른 엔지니어링공제조합, 8. 「예금자보호법」에 따른 정리금융회사, 9. 「우체국예금 · 보험에 관한 법률」에 따른 체신관서, 10. 「전기공사공제조합법」에 따른 전기공사공제조합, 11. 「주택도시기금법」에 따른 주택도시보증공사, 12. 「중소기업진흥에 관한 법률」에 따른 중소벤처기업진흥공단, 13. 「벤처투자 촉진에 관한 법률」 제2조(정의)제10호 및 제11호에 따른 중소기업창업투자회사 및 벤처투자조합, 14. 「중소기업협동조합법」에 따른 중소기업중앙회, 15. 「한국장학재단 설립 등에 관한 법률」에 따른 한국장학재단, 16. 한국자산관리공사, 17. 국민행복기금, 18. 「서민의 금융생활 지원에 관한 법률」 제3조(설립)에 따른 서민금융진흥원(이하 "서민금융진흥원"이라 한다), 19. 「대부업 등의 등록 및 금융이용자 보호에 관한 법률」 제3조(등록 등)제2항에 따라 금융위원회에 등록한 대부업자등, 20. 「산업발전법」 제40조(공제조합)제1

조제1항), 동법 제20조제3항 단서에서 "총자산, 종업원 수 등을 감안하여 대통령령으로 정하는 자"란 다음, 1. 종합신용정보집중기관, 2. 개인신용평가회사, 개인사업자신용평가회사, 기업신용조회회사 및 본인신용정보관리회사, 3. 신용조사회사, 채권추심회사 및 동법 시행령 제17조(신용정보관리·보호인의 지정 등)제1항에서 정하는 자로서 직전 사업연도 말 기준으로 총자산이 2조원 이상이고 상시 종업원 수가 300명 이상인자(이 경우 상시 종업원 수의 산정방식은 금융위원회가 정하여 고시한다)의 어느 하나에 해당하는 자를 말한다고 규정하고 있다(동법 시행령 제17조제2항).

또한 신용정보법 시행령은 이 법 제20조제3항 본문에 따라 지정하는 신용정보관리·보호인은 다음, 1. 사내이사, 2. 집행임원(「상법」 제408조의2(집행임원 설치회사, 집행임원과 회사의 관계)에 따라 집행임원을 둔 경우로 한정한다), 3. 「상법」제401조의2(업무집행지시자 등의 책임)제1항제3호에 해당하는 자로서 신용정보의 제공·활용·보호 및 관리 등에 관한 업무집행 권한이 있는 사람, 4. 그 밖에 신용정보의 제공·활용·보호 및 관리 등을 총괄하는 위치에 있는 직원의 어느 하나에 해당하는 사람으로 하여야 한다고 규정하고 있으며(동법 시행령 제17조제3항), 동법 제20조제3항 단서에서 "대통령령으로 정하는 사람"이란 이 법 시행령 제17조제3항제2호 또는 제3호에 해당하는 사람을 말한다고 규정하고 있다(동법 시행령 제17조제4항).

한편 신용정보법 시행령은 이 법 시행령 제17조제3항 및 제4항에도 불구하고 신용정보회사등은 다른 법령에 따라 준법감시인을 두는 경우에는 그를 신용정보관리·보호인으로 지정할 수 있으나, 다만 동법 제20조제3항 단서에 해당하는 경우 신용정보관리·보호인으로 지정될 수 있는 준법감시인은 동법 시행령 제17조제3항제1호부터 제3호까지의 규정의 어느 하나에 해당하는 사람으로 하여야 한다고 규정하고 있으며(동법 시행령 제17조제5항), 이 법 시행령 제17조제5항에 따라 준법감시인을 신용정보관리·보호인으로 지정한 경우에는 동법 제20조제4항 각 호의 업무에 관한 사항을 준법감시인 선임의 근거가 된 법령에 따른 내부통제기준에 반영하여야 한다고 규정하고 있다(동법 시행령 제17조제6항). 그리고 신용정보법은 「금융지주회사법」 제48조의2(고객정보의 제공 및 관리)제6항에 따라 선임된 고객정보관리인이 이 법 제20조제6항의 자격요

항제1호에 따른 자본재공제조합, 21. 「소상공인 보호 및 지원에 관한 법률」 제17조(소상공인시장진흥공단의 설립 등) 제1항에 따른 소상공인시장진흥공단을 말한다(신용정보법 시행령 제21조제2항).

건에 해당하면 동법 제20조제3항에 따라 지정된 신용정보관리 · 보호인으로 본다고 규정하고 있다(동법 제20조제8항).

(2) 신용정보관리 · 보호인의 업무 등

신용정보법은 이 법 제20조(신용정보 관리책임의 명확화 및 업무처리기록의 보존)제3항에 따른 신용정보관리 · 보호인은 다음, 1. 개인신용정보의 경우에는 다음, 가. 「개인정보 보호법」 제31조(개인정보 보호책임자의 지정 등)제3항제1호부터 제5호까지에 따른 업무, 나. 임직원 및 전속 모집인 등의 신용정보보호 관련 법령 및 규정 준수 여부 점검, 다. 그 밖에 신용정보의 관리 및 보호를 위하여 대통령령으로 정하는 업무를 수행한 다고 규정하고 있으며(신용정보법 제20조제4항제1호), 신용정보관리 · 보호인의 업무수행에 관하여는 「개인정보 보호법」 제31조제4항 및 제6항을 준용한다고 규정하고 있다(동법 제20조제5항).

한편 신용정보법은 대통령령으로 정하는 신용정보회사등의 신용정보관리 · 보호인은 처리하는 개인신용정보의 관리 및 보호 실태를 대통령령으로 정하는 절차와 방법에 따라 정기적으로 점검하고, 그 결과를 금융위원회에 제출하여야 한다고 규정하고 있는 데(동법 제20조제6항), 신용정보법 시행령은 이 법 제20조제6항에서 "대통령령으로 정하 는 신용정보회사등"이란 다음, 1. 신용정보회사, 본인신용정보관리회사, 채권추심회사 및 신용정보집중기관, 2. 동법 시행령 제2조(정의)제6항제7호가목, 다목부터 카목까지, 하목부터 버목까지, 어목부터 처목까지 및 터목부터 허목까지의 자, 3. 동법 시행령 제21조(신용정보의 집중관리 · 활용)제2항제4호, 제5호, 제8호, 제16호, 제18호 및 제19호 (직전 사업연도 말 기준으로 총 자산이 100억원을 초과하는 기관에 한정한다)의 기관, 4. 그 밖에 금융위원회가 정하여 고시하는 기관을 말한다고 규정하고 있다(동법 시행령 제17조제7항).

신용정보법 시행령은 이 법 제20조제6항에서 "대통령령으로 정하는 절차와 방법" 이란 신용정보관리 · 보호인이 동법 제20조제4항제1호 각 목에 따른 업무에 대하여 연 1회 이상 점검을 실시한 후, 그 결과를 대표자 및 이사회에 보고하고 금융위원회 가 정하여 고시하는 기준과 서식에 따라 금융위원회에 제출하는 것을 말한다고 규정 하고 있으며(동법 시행령 제17조제8항), 신용정보업감독규정은 신용정보법 제20조(신용정보 관리책임의 명확화 및 업무처리기록의 보존)제6항에 따라 신용정보관리 · 보호인은 다음, 1. 신용정보관리 · 보호인이 직전 연도 중 이 법 제20조제4항제1호의 업무를 수행한 실적, 2. 동법 제20조제4항제1호의 실적을 기재한 보고서를 대표이사 또는 대표자 및 이사회에 보고한 실적의 사항을 당해 연도 1분기 말일까지 [별지 제8호의3] 서식에 따라「민법」제32조(비영리법인의 설립과 허가)에 따라 금융위원회의 허가를 받아 설립된 금융보안원(이하 "금융보안원"이라 한다)에 제출하여야 한다고 규정하고 있다(신용정보업감독규정 제22조의2제3항).

참고자료 및 질문

1. **CPO와 CISO의 겸직금지 논란.** CPO(Chief Privacy Officer, 개인정보 보호책임자)는 개인정보의 처리에 관한 업무를 총괄해서 책임지는 개인정보 보호책임자로서 개인정보 보호법 제31조(개인정보 보호책임자의 지정 등)에 규정되어 있으며, CISO(Chief Information Security Officer, 정보보호 최고책임자)는 정보통신시스템 등에 대한 보안 및 정보의 안전한 관리에 관한 업무를 총괄하는 정보보호 최고책임자로서 정보통신망법 제45조의3(정보보호 최고책임자의 지정 등)에 규정되어 있다. CPO와 CISO는 〈표 15〉와 같은 차이점이 있는 것으로 이해된다.

표 15   CPO와 CISO의 비교

구분	CPO(개인정보 보호책임자)	CISO(정보보호 최고책임자)
법적 근거	개인정보 보호법 제31조 개인정보 보호법 시행령 제32조	정보통신망법 제45조의3 정보통신망법 시행령 제36조의7
지정 요건	① 공공기관, ② 공공기관 외의 개인정보 처리자	모든 정보통신서비스제공자. 다만 ① 자본금이 1억원 이하인 자, ②「중소기업기본법」제2조제2항에 따른 소기업, ③「전기통신사업법」에 따른 전기통신사업자가 아닌「중소기업기본법」제2조제2항에 따른 중기업, ④「정보통신망법」제47조제2항에 따라 정보보호 관리체계 인증을 받아야 하는 자가 아닌 중기업, ⑤「개인정보 보호법」제30조제2항에 따라 개인정보 처리방침을 공개해야 하는 개인정보 처리자가 아닌 중기업, ⑥「전자상거래 등에서의 소비자보호에 관한 법률」제12조에 따라 신고를 해야 하는 통신판매업자가 아닌 중기업은 지정·신고 예외[34]

자격 요건	① 기준에 해당하는 공무원(공공기관), ② 사업주 또는 대표자, 임원(공공기관외의 개인정보처리자)	① 사업주 또는 대표자, ② 이사(「상법」 제401조의2(업무집행지시자 등의 책임)제1항제3호에 따른 자와 동 법 제408조의2(집행임원 설치회사, 집행임원과 회사의 관계)에 따른 집행임원을 포함), ③ 정보보호 관련 업무를 총괄하는 부서의 장
경력 요건	① 개인정보보호 경력, 정보보호 경력, 정보기술 경력을 합하여 총 4년 이상(개인정보보호 경력 최소 2년 이상), ② 개인정보보호, 정보보호, 정보기술 관련 학위취득	① 정보보호 또는 정보기술 분야의 학위 취득, ② 정보보호 또는 정보기술 분야의 업무를 일정 기간 이상 수행한 경력, ③ 정보보호 관리체계 인증심사원의 자격취득, ④ 정보통신서비스제공자의 소속으로 1년 이상 근무한 경력이 있는 정보보호 관련 업무 담당 부서의 장
업무	① 개인정보 보호 계획의 수립·시행, ② 개인정보 처리 실태·관행의 정기적인 조사·개선, ③ 개인정보 처리와 관련한 불만의 처리 및 피해 구제, ④ 개인정보 유출 및 오용·남용 방지를 위한 내부통제시스템의 구축, ⑤ 개인정보 보호 교육 계획의 수립·시행, ⑥ 개인정보파일의 보호 및 관리·감독, ⑦ 개인정보 처리방침의 수립·변경 및 시행, ⑧ 개인정보 처리와 관련된 인적·물적 자원 및 정보의 관리, ⑨처리 목적이 달성되거나 보유기간이 지난 개인정보의 파기	① 정보보호 계획의 수립·시행 및 개선, ② 정보보호 실태와 관행의 정기적인 감사 및 개선, ③ 정보보호 위험의 식별 평가 및 정보보호 대책 마련, ④ 정보보호 교육과 모의 훈련 계획의 수립 및 시행, ⑤ 「정보보호산업의 진흥에 관한 법률」 제13조에 따른 정보보호 공시에 관한 업무(겸직 가능), ⑥ 「정보통신기반 보호법」 제5조제5항에 따른 정보보호책임자의 업무(겸직 가능), ⑦ 「전자금융거래법」 제21조의2제4항에 따른 정보보호최고책임자의 업무(겸직 가능), ⑧ 「개인정보 보호법」 제31조제2항에 따른 개인정보 보호책임자의 업무(겸직 가능), ⑨ 그 밖에 정보통신망법 또는 관계 법령에 따라 정보보호를 위하여 필요한 조치의 이행(겸직 가능)

한편 2018년 6월 정보통신망법 제45조의3(정보보호 최고책임자의 지정 등)제3항의 개정을 통해 정보보호 최고책임자의 겸직금지 조항이 신설되었는데, 정보통신망법은 이 법 제45조의3제1항 본문에 따라 지정 및 신고된 정보보호 최고책임자(자산총액, 매출액 등 대통령령으로 정하는 기준에 해당하는 정보통신서비스 제공자의 경우로 한정한다)는 동법 제45조의3제4항의 업무 외의 다른 업무를 겸직할 수 없다고 규정하고 있으며(정보통신망법 제45조의3제3항), 겸직

금지가 요구되는 정보통신서비스제공자로 정보통신망법 시행령은 다음. 1. 직전 사업연도 말 기준 자산총액이 5조원 이상인 자와 2. 동법 제47조(정보보호 관리체계의 인증)제2항에 따라 정보보호 관리체계 인증을 받아야 하는 자 중 직전 사업연도 말 기준 자산총액 5천억원 이상인 자의 어느 하나에 해당하는 자를 말한다고 규정하고 있었다((구)정보통신망법 시행령 제36조의6제3항). 한편 이러한 CPO와 CISO의 겸직금지는 정보보호 중요성을 높이려던 취지와 달리 기업의 관련 업무에 어려움을 더한다는 논란이 야기되었고,[35] 이에 CISO의 정보보호를 위한 업무를 명확히 하고 CPO 등의 유사 정보보호 관련 업무도 수행할 수 있도록 CPO와 CISO의 겸직금지에 대한 완화가 추진되었다.[36] 이러한 CPO와 CISO 겸직금지에 대한 당신의 입장과 개선방안은 무엇인가?

2. DPO(Data Protection Officer, 데이터 보호책임자). DPO는 EU GDPR Article 37과 38에 규정되어 있는 제도로서 DPO는 조직이 개인정보보호 관련 법률을 준수하고 개인정보보호 의무를 다하도록 조언과 지원하는 역할을 하는데. DPO는 개인정보처리자의 내부 직원 또는 외부인으로 지정할 수 있다. DPO의 책임과 역할은 모든 국가에서 동일(同一)하지 않고 이러한 DPO 제도가 없는 국가도 많은 것으로 이해된다. 우리나라의 경우 개인정보 보호법 제31조(개인정보 보호책임자의 지정 등)제1항에서 개인정보처리자는 개인정보의 처리에 관한 업무를 총괄해서 책임질 개인정보 보호책임자를 지정하여야 한다고 규정하고 있으며, 또한 신용정보법 제20조(신용정보 관리책임의 명확화 및 업무처리기록의 보존)제3항에서 신용정보회사, 본인신용정보관리회사, 채권추심회사, 신용정보집중기관 및 대통령령으로 정하는 신용정보제공·이용자는 신용정보관리·보호인을 1명 이상 지정하여야 한다고 규정하고 있다. DPO 제도를 최초로 도입한 국가는 독일로 1990년 독일 연방 개인정보 보호법에 DPO의 지정과 의무를 규정하였다. 한편 EU가 GDPR에 DPO를 도입한 것은 개인정보보호 감독기구에 의한 외부의 타율적 규제보다는 DPO에 의한 내부의 자율규제가 GDPR의 준수에 효과적일 것이라는 판단에 기인한 것으로 이해되는데, EU GDPR은 DPO가 개인정보보호 감독기구가 개인정보처리자와 직접적으로 소통하고 합리적 규제를 할 수 있도록 지원하는 연락관(Contact point)의 역할과 함께, DPO는 정보주체와 소통하고 불만과 피해를 접수·처리하는 옴부즈만(Ombudsman)의 역할도 수행하도록 하고 있다. 또한 EU GDPR은 DPO는 개인정보처리자로부터 업무상 지시를 받지 않고 최고 경영진에게 직접 보고할 수 있는 독립적 권한이 보장되어야 하며, GDPR이 정한 책무 외에 다른 업무를 수행할 수 있으나 이러한 업무 간 이해의 충돌(Conflict of interests)을 일으키지 않도록 보장하여야 한다고 규정하고 있다.[37]

---

34) 정보통신망법 시행령은 이 법 제45조의3(정보보호 최고책임자의 지정 등)제1항 단서에 해당하는 자가 정보보호 최고책임자를 신고하지 않은 경우에는 사업주나 대표자를 정보보호 최고책임자로 지정한 것으로 본다고 규정하고 있다(정보통신망법 시행령 제36조의7제3항).

제 5 절　국내대리인의 지정

> 〈개인정보 보호법〉 제31조의2(국내대리인의 지정) ① 국내에 주소 또는 영업소가 없는 개인정
> 보처리자로서 매출액, 개인정보의 보유 규모 등을 고려하여 대통령령으로 정하는 자는 다

---

35) 기업의 정보보호 최고책임자(CISO) 겸직 금지를 담은 법안이 올해 본격적인 시행에 들어갔다. 2018년 국회 본회의를 통과하고 1년 동안의 유예기간과 추가 6개월의 유예기간을 거쳐 올해부터 본격화한다. 그럼에도 업계는 업무가 중첩돼 오랜 기간 겸직 비율이 높았던 CISO와 개인정보보호 최고책임자(CPO) 분리에 난색을 표한다. 정보보호 중요성을 높이려던 법안 취지와 달리 기업의 관련 업무에 어려움을 더한다는 주장이다. 12일 정보보호 업계에 따르면 한국CPO포럼은 기업 CISO 겸직을 막는 법안 시행 유예기간을 올해까지 재연장해 달라며 정부에 탄원서를 제출했다. '정보통신망 이용촉진 및 정보보호 등에 관한 법률(정보통신망법)' 개정안과 시행령 등의 하위 법령이 2019년 6월 시행 후 6개월 유예기간을 마쳐 올해 본격적인 도입을 시작했기 때문이다. 과기정통부 관계자는 "정부가 CISO 겸직을 금지하면서 생기는 업계 혼란을 막고자 2019년 12월 'CISO 지정·신고 제도 안내서'를 배포했다"며 "업계에서 요구하는 대로 법 유예기간을 연장하는 일은 곤란하다"고 밝혔다. 그는 이어 "이미 안내서에는 기술·관리적 정보보호 업무가 개인정보보호와 분리하기 어렵다면 CISO가 CPO를 겸직하도록 허용했다"며 "CPO의 나머지 업무는 CISO와 겸직하기 어렵다고 봤기에 불가하다고 안내한다"고 강조했다. 다만 업계 혼란이 지속되면 조사를 통해 법을 수정할 수 있다는 가능성은 내비쳤다. 그는 "겸직 금지 대상 기업을 상대로 실태조사를 진행하는 만큼 향후 문제가 있다면 법적 개선도 검토하겠다"고 말했다. 김평화 iT조선 기자, CISO 겸업 금지 "CPO는 예외해 달라", 2020.5.13. (https://it.chosun.com/site/data/html_dir/2020/05/13/2020051300609.html).

36) 과학기술정보통신부가 기업 사이버 침해사고 예방 및 대응 역량을 강화하기 위한 정보보호최고책임자(CISO, Chief Information Security Officer) 제도 개선사항을 담은 '정보통신망 이용촉진 및 정보보호 등에 관한 법률' 일부 개정안이 6월 1일 국무회의에서 의결되었다고 밝혔다. 이번 개정으로 현장에서 지속적으로 개선을 요구한 기업규모에 따른 정보보호 최고책임자의 획일적 지위(임원급) 다양화, 신고대상범위 명확화, 겸직제한 완화 등으로 기업의 부담을 줄여주면서 제도의 실효성을 높이겠다는 목적이다. 정보통신망법의 주요 개정내용은 아래와 같다. 우선, 겸직제한 대상 기업을 제외한 중소기업은 부장급 정보보호 책임자도 지정 가능하도록 개정했으며 시행령에서 구체화할 계획이다. 참고로 겸직제한 대상 기업은 직전 사업연도 말 자산총액 5조 원 이상이거나, 정보보호 관리체계(ISMS)의무대상 중 자산총액 5천억 원 이상인 기업이다. 그동안 중기업 이상 모든 기업에게 일률적으로 '임원급' 정보보호 최고책임자 지정을 강제하여 인력 채용·조직신설에 대해 기업의 어려움 호소가 많았는데, 이번 개정으로 부담을 완화시킬 것으로 기대된다. 다음으로, CISO의 정보보호를 위한 업무를 명확히 하고 개인정보 보호책임자(CPO) 등 유사 정보보호 관련 업무도 수행할 수 있게 겸직제한을 완화했다. 정보보호 계획의 수립·시행, 정보보호 실태와 관행의 정기적인 정보보호 감사, 위험의 식별 및 정보보호대책 마련 등 의무적인 업무 외 개인정보보호 등을 겸직 가능한 업무로 추가해 기업부담을 완화한다. 이상우 보안뉴스 기자, CISO 겸직제한 완화... CPO 등 유사 업무도 수행 가능해진다, 2021.6.1. (https://www.boannews.com/media/view.asp?idx=97971).

37) 서강대학교 산학협력단, 개인정보보호 전문인력 지정제도 도입방안 연구, 한국인터넷진흥원(2019년 12월), pp5~46.

음 각 호의 사항을 대리하는 자(이하 "국내대리인"이라 한다)를 지정하여야 한다. 이 경우 국내대리인의 지정은 문서로 하여야 한다.
1. 제31조제3항에 따른 개인정보 보호책임자의 업무
2. 제34조제1항 및 제3항에 따른 개인정보 유출 등의 통지 및 신고
3. 제63조제1항에 따른 물품·서류 등 자료의 제출
② 국내대리인은 국내에 주소 또는 영업소가 있어야 한다.

1. 국내대리인 지정의 의의

Google, Meta((구)Facebook), Amazon 등 Global 온라인 서비스의 이용이 보편화됨에 따라 해외 또는 국외 사업자들이 국내 정보주체들의 개인정보를 처리하는 경우가 기하급수적으로 증가하고 있음에도 불구하고 이러한 사업자들의 경우 국내에 주소 또는 영업소(상업적 주재(駐在), Commercial residence) 등을 두지 않는 경우가 많아 국내 정보주체들이 상담 센터(Call center) 부재와 외국어 상담으로 인한 개인정보 관련 고충(苦衷) 처리에 어려움이 가중되고 동 사업자들로 인해 개인정보 유출 등의 개인정보 침해사고가 발생 시 관계 당국의 조사와 필요한 조치의 신속한 처리가 곤란하였는데, 이러한 문제들을 해소하기 위해 개인정보 보호법에 규정된 요건에 해당이 되는 해외 또는 사업자들에 대해 국내대리인 지정을 의무화하도록 하였다.

2023년 개인정보 보호법 개정을 통해 2020년 개정된 이 법 제39조의11(국내대리인의 지정)제1항에 "국내에 주소 또는 영업소가 없는 정보통신서비스 제공자등으로서 이용자 수, 매출액 등을 고려하여 대통령령으로 정하는 기준에 해당하는 자는 다음 각 호의 사항을 대리하는 자(이하 "국내대리인"이라 한다)를 서면으로 지정하여야 한다"라고 제6장 정보통신서비스 제공자 등의 개인정보 처리 등 특례에 규정되어 있던 것을 삭제하고, 2023년 개인정보 보호법 개정을 통해 이 법 제31조의2(국내대리인의 지정)제1항에 "국내에 주소 또는 영업소가 없는 개인정보처리자로서 매출액, 개인정보의 보유 규모 등을 고려하여 대통령령으로 정하는 자는 다음 각 호의 사항을 대리하는 자(이하 "국내대리인"이라 한다)를 지정하여야 한다"라고 규정하였는데(개인정보 보호법 제31조의2제1항), 이는 온라인과 오프라인상의 모든 개인정보처리자를 대상으로 국내대리인의 지정

의무를 일원화(一元化)하기 위한 것으로 이해된다.

한편 개인정보 보호법은 국내대리인이 이 법 제31조의2제1항 각 호와 관련하여 동법을 위반한 경우에는 개인정보처리자가 그 행위를 한 것으로 본다고 규정하고 있는데(동법 제31조의2제3항), 이는 국내대리인이 그를 지정한 개인정보처리자인 본인의 법률상 대리인이므로 당연히 대리인이 한 법률행위의 효과가 본인에게 귀속되나 주의(注意)적으로 국내대리인의 행위책임이 그를 지정한 개인정보처리자에 귀속됨을 명확히 하기 위해 규정한 것으로 이해된다.

2. 국내대리인 지정의 적용대상 및 절차 등

가 국내대리인 지정의 적용대상

개인정보 보호법은 국내에 주소 또는 영업소가 없는 개인정보처리자로서 매출액, 개인정보의 보유 규모 등을 고려하여 대통령령으로 정하는 자는 다음, 1. 이 법 제31조(개인정보 보호책임자의 지정 등)제3항에 따른 개인정보 보호책임자의 업무, 2. 동법 제34조(개인정보 유출 등의 통지·신고)제1항 및 제3항에 따른 개인정보 유출 등의 통지 및 신고, 3. 동법 제63조(자료제출 요구 및 검사)제1항에 따른 물품·서류 등 자료의 제출의 사항을 대리하는 자(이하 "국내대리인"이라 한다)를 지정하여야 하며, 이 경우 국내대리인의 지정은 문서로 하여야 한다"라고 규정하고 있는데(개인정보 보호법 제31조의2제1항), 개인정보 보호법 시행령은 이 법 제31조의2(국내대리인의 지정)제1항 각 호 외의 부분 전단에서 "대통령령으로 정하는 기준에 해당하는 자"란 다음, 1. 전년도(법인인 경우에는 전사업연도를 말한다) 전체 매출액이 1조원 이상인 자, 2. 전년도 말 기준 직전 3개월간 그 개인정보가 저장·관리되고 있는 국내 정보주체의 수가 일일평균 100만명 이상인 자, 3. 동법 제63조(자료제출 요구 및 검사)제1항에 따라 관계 물품·서류 등 자료의 제출을 요구받은 자로서 국내대리인을 지정할 필요가 있다고 개인정보보호위원회가 심의·의결한 자의 어느 하나에 해당하는 자를 말한다고 〈그림 14〉와 같이 규정하고 있다(동법 시행령 제32조의3제1항).

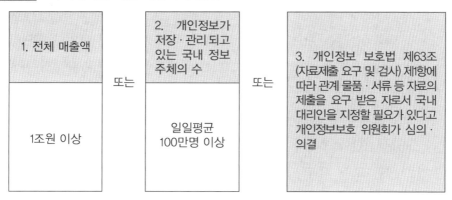

그림 14　국내대리인 지정 대상자의 범위

1. 전체 매출액		2. 개인정보가 저장·관리 되고 있는 국내 정보주체의 수		3. 개인정보 보호법 제63조(자료제출 요구 및 검사) 제항에 따라 관계 물품·서류 등 자료의 제출을 요구 받은 자로서 국내 대리인을 지정할 필요가 있다고 개인정보보호 위원회가 심의·의결
1조원 이상	또는	일일평균 100만명 이상	또는	

전년도(법인인 경우에는 전사업연도를 말한다) 전체 매출액이 1조원 이상인 자의 매출액은 한국에서 발생한 매출액으로 한정하지 않으며 전 세계에서 발생하는 전체 매출액으로, 전년도 말 기준 직전 3개월간 그 개인정보가 저장·관리되고 있는 국내 정보주체의 수가 일일평균 100만명 이상인 자는 전년도 10월 1일부터 12월 31일까지 매일 개인정보를 보유하고 있는 정보주체, 즉 국내 정보주체의 수의 총합계를 92일로 나눈 수가 100만 이상인 경우를 의미하는 것으로 해석된다. 또한 개인정보 보호법을 위반하여 개인정보 침해 사건·사고가 발생하였거나 발생할 가능성이 있는 경우로서, 이 법 제63조(자료제출 요구 및 검사)제1항에 따라 관계 물품·서류 등 자료의 제출을 요구받은 자로서 국내대리인을 지정할 필요가 있다고 개인정보보호위원회가 심의·의결한 자는 앞에서 설명한 요건과는 다른 성격의 보충적 요건으로 이해되는데, 개인정보보호법 제62조(침해 사실의 신고 등)에 따라 개인정보보호위원회가 이 법 위반에 대한 신고를 받는 경우, 위반 사실 또는 위반 소지를 인지하게 된 경우 등에 동법 제63조(자료제출 요구 및 검사)에 따라 관계 물품·서류 등의 제출을 요구하기 위한 것으로서 규제의 집행력을 높여 국내외 개인정보처리자 간의 기울어진 운동장, 즉 역차별(逆差別) 문제를 해소하기 위한 것으로 생각된다. 한편 개인정보 보호법 시행령은 이 법 시행령 제32조의2(국내대리인 지정 대상자의 범위)제1항제1호에 따른 전체 매출액은 전년도 평균 환율을 적용하여 원화로 환산한 금액을 기준으로 한다고 규정하고 있다(동법 시행령 제32조의3제2항).

나 국내대리인 지정의 절차 등

개인정보 보호법은 국내대리인은 국내에 주소 또는 영업소가 있어야 한다고 규정하고 있는데(개인정보 보호법 제31조의2제2항), 이는 국내대리인의 지정 대상인 해외 또는 국외 사업자들이 국내에 주소 또는 영업소가 없는 개인정보처리자인 경우를 전제로 하고 있으므로 한국에 주소 또는 영업소가 있는 자연인이나 법인이어야 하는 것으로 이해된다. 국내대리인의 국적이 한국인일 것을 요하지 않으나 한국 내의 국내 이용자의 개인정보 관련 고충 처리와 필요시 개인정보보호 감독기관인 개인정보보호위원회에 요구되는 자료를 제출할 수 있어야 하므로 한국어로 원활한 의사소통이 가능해야할 것으로 해석된다. 또한 국내대리인은 하나 또는 복수로 지정할 수 있으며, 하나의 국내대리인이 하나 또는 복수의 해외 또는 국외 사업자를 대리할 수 있는 것으로 이해된다.

한편 개인정보 보호법은 개인정보처리자는 이 법 제31조의2제1항에 따라 국내대리인을 지정하는 경우에는 다음, 1. 국내대리인의 성명(법인의 경우에는 그 명칭 및 대표자의 성명을 말한다), 2. 국내대리인의 주소(법인의 경우에는 영업소의 소재지를 말한다), 전화번호 및 전자우편 주소의 사항을 개인정보 처리방침에 포함하여야 한다고 규정하고 있는데(동법 제31조의2제3항), 다시 한번 국내대리인의 지정요건에 대해 정리하자면 입법의 취지인 한국 내 이용자의 개인정보 관련 고충 처리, 개인정보 침해사고에 대한 규제집행력 제고 등을 고려하여 국내의 영업소 존재 여부를 판단해야 하는 것으로, 한국 국내에 정보통신서비스를 제공하는지 여부는 한국어 서비스의 운영 여부, 주된 이용 대상을 한국인으로 정하고 있는지 여부, 해외 또는 국외 사업자가 전기통신사업법에 따른 부가통신사업자 신고 등 관련 행정절차를 하였는지 여부 등을 종합적으로 고려하여 판단해야 될 것으로 생각된다.

개인정보 보호 인증

개인정보 보호 인증

〈개인정보 보호법〉 제32조의2(개인정보 보호 인증) ① 보호위원회는 개인정보처리자의 개인정보 처리 및 보호와 관련한 일련의 조치가 이 법에 부합하는지 등에 관하여 인증할 수 있다.
② 제1항에 따른 인증의 유효기간은 3년으로 한다.

1. 개인정보 보호 인증의 의의

인증(Certification)이란 상품이나 서비스 또는 시스템이 특정 요구사항을 만족시킴을 나타내는 서면(書面)으로 된 보증서(인증서)를 제공하는 독립기구의 행위로 정의되며, 인증은 제3자에 의한 적합성(Confirmity) 평가와 증명으로서 인증기관의 평가능력과 인증 기준에 대한 승인인 인정(Accreditation)과 구분되는 것으로 이해된다.[38] 개인정보 보호법은 개인정보보호위원회는 개인정보처리자의 개인정보 처리 및 보호와 관련한 일련의 조치가 이 법에 부합하는지 등에 관하여 인증할 수 있다고 규정하고 있으며(개인정보 보호법 제32조의2제1항), 이 법 제32조의2(개인정보 보호 인증)제1항에 따른 인증의 유효기간은 3년으로 한다고 규정하고 있다(동법 제32조의2제2항).

개인정보보호와 관련된 국내외 인증들로는 ISO(International Organization for Standardization, 국제표준화기구) 및 IEC(International Electrotechnical Commission, 국제전기기술위원회)의 정보보호 관련 국제인증(ISO/IEC 27000 인증), 우리나라의 개인정보보호 인증인 ISMS-P(Personal Information and Information Security Management System, 정보보호 및 개인정보보호 관리체계) 인증 등이 있다. EU GDPR Article 42와 43은 인증제도(Certification)와 인증기관(Certification body)에 대해 규정하고 있는데 EU 회원국, 감독기구, 유럽 개인정보보호이사회(EDPB, Europe Data Protection Board) 또는 EU 집행위원회는 투명성과 법령 준수를 향상하기 위한 인증제도 수립을 장려하여야 하고 인증서는 감독기구나 인정된 인증기관이 발행하며, 인증의 최대 유효기간은 3년이나 만일 인증 의무를 더 이상 충족하지 않을 경우 동 인증은 철회될 수 있다고 규정하고

---

38) 신종철, 전파법 해설, 진한M&B(2013), p164.

있다. 또한 EU GDPR은 인증기관(Certification body)은 제3자 적합성 평가기관 (Third-party confirmity assessment body)으로서 인증제도를 운영하며 이러한 인증기관에 대한 인정은 최대 5년간 유지되고 EU GDPR의 요건을 충족하는 경우 동일한 조건으로 갱신될 수 있다고 규정하고 있다. 한편 인증기관에 대한 인정이란 앞에서 이미 설명한 바와 같이 인증기관이 GDPR Article 42와 43에 의거 하여 인증을 수행할 자격이 있는지를 증명하는 것을 의미하는 것으로 이해된다.

2. 개인정보 보호 인증 전문기관과 인증심사원

가 개인정보 보호 인증 전문기관

개인정보 보호법은 개인정보보호위원회는 대통령령으로 정하는 전문기관으로 하여금 이 법 제32조의2(개인정보 보호 인증)제1항에 따른 인증, 동법 제32조의2제3항에 따른 인증 취소, 동법 제32조의2제4항에 따른 사후관리 및 동법 제32조의2제7항에 따른 인증 심사원 관리 업무를 수행하게 할 수 있다고 규정하고 있는데(개인정보 보호법 제32조의2제5항), 개인정보 보호법 시행령은 이 법 제32조의2제5항에서 "대통령령으로 정하는 전문기관"이란 다음, 1. 한국인터넷진흥원과 2. 다음, 가. 동법 시행령 제34조의8(개인정보 보호 인증심사원의 자격 및 자격 취소 요건)에 따른 개인정보 보호 인증심사원 5명 이상을 보유할 것과 나. 개인정보보호위원회가 실시하는 업무수행 요건·능력 심사에서 적합하다고 인정받을 것의 요건을 모두 충족하는 법인, 단체 또는 기관 중에서 개인정보보호위원회가 지정·고시하는 법인, 단체 또는 기관을 말한다고 규정하고 있으며(동법 시행령 제34조의6제1항), 또한 개인정보 보호법 시행령은 이 법 시행령 제34조의6(개인정보 보호 인증 전문기관)제1항제2호에 해당하는 법인, 단체 또는 기관의 지정과 그 지정의 취소에 필요한 세부기준 등은 개인정보보호위원회가 정하여 고시한다고[39] 규정하고 있다(동법 시행령 제34조의6제2항).

---

39) 개인정보보호위원회는 정보보호 및 개인정보보호 관리체계 인증 등에 관한 고시(개인정보보호위원회 고시 제2022-1호(2022.7.21.))를 제정·시행하고 있다.

나 개인정보 보호 인증심사원

개인정보 보호법은 이 법 제32조의2(개인정보 보호 인증)제1항에 따른 인증을 위하여 필요한 심사를 수행할 심사원의 자격 및 자격 취소 요건 등에 관하여는 전문성과 경력 및 그 밖에 필요한 사항을 고려하여 대통령령으로 정한다고 규정하고 있는데(개인정보 보호법 제32조의2제7항), 개인정보 보호법 시행령은 인증기관은 이 법 제32조의2제7항에 따라 개인정보 보호에 관한 전문지식을 갖춘 사람으로서 인증심사에 필요한 전문 교육과정을 이수하고 시험에 합격한 사람에게 개인정보 보호 인증심사원(이하 "인증심사원"이라 한다)의 자격을 부여한다고 규정하고 있다(동법 시행령 제34조의8제1항). 또한 개인정보 보호법 시행령은 인증기관은 이 법 제32조의2제7항에 따라 인증심사원이 다음, 1. 거짓이나 부정한 방법으로 인증심사원 자격을 취득한 경우, 2. 개인정보 보호 인증 심사와 관련하여 금전, 금품, 이익 등을 부당하게 수수한 경우, 3. 개인정보 보호 인증 심사 과정에서 취득한 정보를 누설하거나 정당한 사유 없이 업무상 목적 외의 용도로 사용한 경우의 어느 하나에 해당하는 경우 그 자격을 취소할 수 있으나, 다만 동법 시행령 제34조의8제2항제1호에 해당하는 경우인 거짓이나 부정한 방법으로 인증심사원 자격을 취득한 경우에는 자격을 취소하여야 한다고 규정하고 있다(동법 시행령 제34조의8제2항).

한편 개인정보 보호법 시행령은 이 법 시행령 제34조의8(개인정보 보호 인증심사원의 자격 및 자격 취소 요건)제1항 및 제2항에 따른 전문 교육과정의 이수, 인증심사원 자격의 부여 및 취소 등에 관한 세부 사항은 개인정보보호위원회가 정하여 고시한다고 규정하고 있다(동법 시행령 제34조의8제3항).

3. 개인정보 보호 인증의 방법과 절차 및 취소 등

가 개인정보 보호의 인증의 방법과 절차

개인정보 보호법은 그 밖에 개인정보 관리체계, 정보주체 권리보장, 안전성 확보 조치가 이 법에 부합하는지 여부 등 이 법 제32조의2(개인정보 보호 인증)제1항에 따른 인증의 기준·방법·절차 등 필요한 사항은 대통령령으로 정한다고 규정하고 있는데

(개인정보 보호법 제32조의2제8항), 개인정보 보호법 시행령은 이 법 제32조의2제1항 따라 개인정보 보호의 인증을 받으려는 자(이하 이 조 및 동법 시행령 제34조의3(개인정보 보호 인증의 수수료)에서 "신청인"이라 한다)는 다음, 1. 인증 대상 개인정보 처리시스템의 목록, 2. 개인정보 보호 관리체계를 수립·운영하는 방법과 절차, 3. 개인정보 보호 관리체계 및 보호대책 구현과 관련되는 문서 목록의 사항이 포함된 개인정보 보호 인증 신청서(전자문서로 된 신청서를 포함한다)를 동법 시행령 제34조의6(개인정보 보호 인증 전문기관)에 따른 개인정보 보호 인증 전문기관(이하 "인증기관"이라 한다)에 제출하여야 한다고 규정하고 있다(동법 시행령 제34조의2제2항).

개인정보 보호법 시행령은 인증기관은 이 법 시행령 제34조의2(개인정보 보호 인증의 기준·방법·절차 등)제2항에 따른 인증신청서를 받은 경우에는 신청인과 인증의 범위 및 일정 등에 관하여 협의하여야 한다고 규정하고 있으며(동법 시행령 제34조의2제3항), 개인정보 보호법 제32조의2제1항에 따른 개인정보 보호 인증심사는 이 법 시행령 제34조의8(개인정보 보호 인증심사원의 자격 및 자격 취소 요건)에 따른 개인정보 보호 인증심사원이 서면심사 또는 현장심사의 방법으로 실시한다고 규정하는 한편(동법 시행령 제34조의2제4항), 인증기관은 동법 시행령 제34조의2(개인정보 보호 인증의 기준·방법·절차 등)제4항에 따른 인증심사의 결과를 심의하기 위하여 정보보호에 관한 학식과 경험이 풍부한 사람을 위원으로 하는 인증위원회를 설치·운영하여야 한다고 규정하고 있다(동법 시행령 제34조의2제5항).

또한 개인정보 보호법 시행령은 이 법 시행령 제34조의2제1항부터 제5항까지에서 규정한 사항 외에 인증신청, 인증심사, 인증위원회의 설치·운영 및 인증서의 발급 등 개인정보 보호 인증에 필요한 세부사항은 개인정보보호위원회가 정하여 고시한다고 규정하고 있으며(동법 시행령 제34조의2제6항), 개인정보보호위원회는 이 법 시행령 제30조(개인정보의 안전성 확보 조치)제1항 각 호의 사항 및 동법 시행령 제30조의2(공공시스템운영기관 등에 대한 개인정보 안전성 확보 조치등 특례)의 사항을 고려하여 개인정보 보호의 관리적·기술적·물리적 보호대책의 수립 등을 포함한 개인정보 보호법 제32조의2제1항에 따른 인증의 기준을 정하여 고시한다고 규정하고 있다(동법 시행령 제34조의2제1항).

한편 개인정보 보호법 시행령은 신청인은 인증기관에 개인정보 보호 인증 심사에 소요되는 수수료를 납부하여야 한다고 규정하고 있으며(동법 시행령 제34조의3제1항), 개인정보 보호법 시행령은 개인정보보호위원회는 개인정보 보호 인증 심사에 투입되는 인증 심사원의 수 및 인증심사에 필요한 일수 등을 고려하여 동법 시행령 제34조의3 (개인정보 보호 인증의 수수료)제1항에 따른 수수료 산정을 위한 구체적인 기준을 정하여 고시한다고 규정하고 있다(동법 시행령 제34조의3제2항).

나 개인정보 보호 인증의 취소

개인정보 보호법은 개인정보보호위원회는 다음, 1. 거짓이나 그 밖의 부정한 방법으로 개인정보 보호 인증을 받은 경우, 2. 이 법 제32조의2(개인정보 보호 인증)제4항에 따른 사후관리를 거부 또는 방해한 경우, 3. 동법 제32조의2제8항에 따른 인증기준에 미달하게 된 경우, 4. 개인정보 보호 관련 법령을 위반하고 그 위반사유가 중대한 경우의 어느 하나에 해당하는 경우에는 대통령령으로 정하는 바에 따라 동법 제32조의2제1항에 따른 인증을 취소할 수 있으나, 다만 동법 제32조의2제1항제1호에 해당하는 경우인 거짓이나 그 밖의 부정한 방법으로 개인정보 보호 인증을 받은 경우에는 취소하여야 한다고 규정하고 있으며(개인정보 보호법 제32조의2제3항), 개인정보 보호법 시행령은 인증기관은 이 법 제32조의2제3항에 따라 개인정보 보호 인증을 취소하려는 경우에는 동법 시행령 제34조의2(개인정보 보호 인증의 기준·방법·절차 등)제5항에 따른 인증위원회의 심의·의결을 거쳐야 한다고 규정하고 있으며(동법 시행령 제34조의4제1항), 개인정보보호위원회 또는 인증기관은 이 법 제32조의2제3항에 따라 인증을 취소한 경우에는 그 사실을 당사자에게 통보하고, 관보 또는 인증기관의 홈페이지에 공고하거나 게시해야 한다고 규정하고 있다(동법 시행령 제34조의4제2항).

다 개인정보 보호 인증의 유효기간과 사후관리 등

개인정보 보호법은 이 법 제32조의2(개인정보 보호 인증)제1항에 따른 인증의 유효기간은 3년으로 하며(동법 제32조의2제2항), 개인정보보호위원회는 개인정보 보호 인증의 실효성 유지를 위하여 연 1회 이상 사후관리를 실시하여야 한다고 규정하고 있는데(개인정보 보호법 제32조의2제4항), 개인정보 보호법 시행령은 이 법 제32조의2제4항에 따른 사후관리 심사는 서면심사 또는 현장심사의 방법으로 실시하며(동법 시행령 제34조의5제1항),

인증기관은 동법 시행령 제34조의5(인증의 사후관리)제1항에 따른 사후관리를 실시한 결과 이 법 제32조의2제3항 각 호의 사유를 발견한 경우에는 이 법 시행령 제34조의2(개인정보 보호 인증의 기준·방법·절차 등)제5항에 따른 인증위원회의 심의를 거쳐 그 결과를 개인정보보호위원회에 제출해야 한다고 규정하고 있다(동법 시행령 제34조의5제2항).

한편 개인정보 보호법은 이 법 제32조의2제1항에 따른 인증을 받은 자는 대통령령으로 정하는 바에 따라 인증의 내용을 표시하거나 홍보할 수 있다고 규정하고 있는데(동법 제32조의2제6항), 개인정보 보호법 시행령은 이 법 제32조의2제6항에 따라 인증을 받은 자가 인증 받은 내용을 표시하거나 홍보하려는 경우에는 개인정보보호위원회가 정하여 고시하는 개인정보 보호 인증표시를 사용할 수 있으며, 이 경우 인증의 범위와 유효기간을 함께 표시해야 한다고 규정하고 있다(동법 시행령 제34조의7).

참고자료 및 질문

1. **개인정보의 기술적·관리적 보호조치 기준과 개인정보의 안전성 확보조치 기준.** 2020년 데이터 3법(개인정보 보호법, 신용정보법, 정보통신망법) 개정으로 기존 개인정보 보호법과 정보통신망법이 통합되기 이전 동법(同法)들은 각각 개인정보 보호법 제29조(안전조치의무)와 정보통신망법 제28조(개인정보의 보호조치)에 개인정보의 안전성 확보에 필요한 조치를 하도록 규정하였으며, 이에 따라 개인정보의 안전성 확보조치 기준(행정안전부고시 제2019-47호)과 개인정보의 기술적·관리적 보호조치 기준(방송통신위원회고시 제2019-13호)이 제정·시행되었다. 한편 2020년 2월 개인정보 보호법의 개정으로 정보통신망법 제28조는 삭제되었으나, 하위법령인 시행령과 고시인 개인정보의 기술적·관리적 보호조치 기준은 개인정보 보호법으로 이관되어 오프라인과 온라인 개인정보처리자에 대한 안전조치 의무를 이원화(二元化)하여 규율하고 있었다. 앞에서 설명한 바와 같이 2023년 개인정보 보호법 개정 시 이 법의 시행령을 정비하면서 동법 시행령 제6장의2 정보통신서비스 제공자등의 개인정보 처리 등 특례 중 제48조의2(개인정보의 안전성 확보 조치)를 삭제하고 관련 조항들을 동법 시행령 제5장 개인정보의 안전한 관리 중 제30조(개인정보의 안전성 확보 조치)에 통합하여 온라인과 오프라인 개인정보처리자 모두 같은 규범이 적용되도록 일원화(一元化)되었다.

2. **ISMS-P(Personal Information and Information Security Management System, 정보보호 및 개인정보보호 관리체계) 인증.** 기존 국내의 정보보호와 개인정보 보호에 대한 인증체계는 〈표 16〉과 같이 정보통신망법 제47조(정보보호 관리체계의 인증)에 따라 시행되고 있던 ISMS(Information Security Management System, 정보보호 관리체계) 인증과 개인정보 보호법 제32조의2(개인정보

보호 인증) 및 정보통신망법 제47조의3(개인정보보호 관리체계의 인증)에 따라 시행되고 있던 PIMS(Personal Information Management System, 개인정보보호 관리체계) 인증으로 나누어져 있었는데, 이에 대해 동 인증제도들을 하나로 통합·운영함으로써 기업 등 수범(受範) 대상자들의 혼란을 해소하고 인증취득과 관련된 비용 절감 및 소요 기간 단축 등 부담을 완화하는 것이 필요하다는 점을 반영하여 2018년 11월부터 양자(兩者)를 통합한 ISMS-P 인증(Personal Information and Information Security Management System, 정보보호 및 개인정보보호 관리체계)이 개인정보보호위원회와 과학기술정보통신부를 통해 운영 중이다.[40]

표 16 ISMS와 PIMS의 비교

구분	정보보호 관리체계(ISMS) 인증	개인정보보호 관리체계(PIMS) 인증	
주관부처	과학기술정보통신부	방송통신위원회	행정안전부
시행	2002년	2010년	2013년
제도성격	의무(강제)	임의(자발)	
도입취지	정보통신망의 안정성·신뢰성 확보	개인정보 처리 및 보호 관련 안전한 관리	
법적근거	정보통신망법 제47조	정보통신망법 제47조의3	개인정보 보호법 제32조의2
대상	정보통신서비스 제공 기업 및 기관	개인정보 수집·처리 기업 및 기관	
인증범위	정보통신서비스 운영에 필요한 조직, 시스템, 물리적 시설 등	개인정보 흐름(Life Cycle)에 따른 조직, 시스템, 물리적 시설 등	
인증기준	과기정통부 고시 104개 기준	방통위·행안부 통합 고시 86개 기준	
과태료	3,000만원(의무대상자)	해당없음	
인증기관	한국인터넷진흥원(KISA, Korea Internet and Security Agency)		
유효기간	3년		

한편 2024년 1월, 정보통신망법 개정을 통해 이 법 제47조의7(정보보호 관리체계 인증의 특례)을 신설함으로써 영세·중소기업의 ISMS-P 인증편입을 촉진하고 기업 부담을 완화하기 위해 경량화된 인증 기준, 보다 저렴한 인증 수수료, 단축된 인증 기간 등을 내용으로 하는 ISMS 및 ISMS-P 간편인증 제도를 도입되었는데,[41] 정보통신망법은 과학기술정보통신부장관은 이 법 제47조(정보보호 관리체계의 인증)제1항 및 제2항에 따른 인증을 받으려는 자 중 다음, 1.「중소기업기본법」제2조(중소기업자의 범위)제2항에 따른 소기업과 2. 그 밖에 정보통신서비스의 규모 및 특성 등에 따라 대통령령으로 정하는 기준에 해당하는 자의 어느 하나에 해당하는 자에 대

하여 동법 제47조에 따른 인증기준 및 절차 등을 완화하여 적용할 수 있다고 규정하고 있다 (정보통신망법 제47조의7제1항).

---

40) 개별 운영되고 있던 과학기술정보통신부 소관 '정보보호 관리체계 인증제도(ISMS)'와 방송통신위원 회·행정안전부 소관 '개인정보보호 관리체계 인증제도(PIMS)'가 통합된다. 이에 따라 통합 이후 제도 명칭은 '정보보호 및 개인정보보호 관리체계 인증제도(ISMS-P)'로 변경된다. 기존의 ISMS 인증기준 104개, PIMS 인증기준 86개를 통합해 ISMS-P 인증기준은 102개로 일원화된다. 관리체계 수립 및 운영, 보호대책 요구사항, 개인정보 처리단계별 요구사항 3개 영역으로 구분된다. 인증체계는 기본 80개 보안항목으로 ISMS 인증을 실시하되, 추가로 22개 개인정보 항목까지 인증받으면 ISMS-P를 부여키로 했다. 기존에 인증을 취득한 기업·기관은 기존 유효기간까지 사후심사를 받을 수 있고, 신 규인증제도 선택 때 그로부터 3년 유효기간이 부여된다. 제도통합 이후 심사원은 자격전환 절차를 통 과해야 하고, 기존 인증·심사기관은 신규로 지정받아야 한다. 기존 심사원은 PIMS 479명, ISMS 872명. 양(兩)자격 공동 보유자 508명이다. 기존 인증심사기관은 KISA(PIMS·ISMS 인증기관), 금 융보안원(ISMS인증기관), KAIT·TTA(ISMS 심사기관)이다. 심사원 요건의 경우 정보보호, 개인정보 보호, 정보기술경력을 합해 6년 이상 보유하고, 정보보호 및 개인정보보호 경력을 각 1년 이상 포함 해야 한다. 최민지 디지털데일리 기자, [법/제도] 개인정보보호 관리체계 'ISMS-P'로 일원화, 2018.7.4. (http://www.ddaily.co.kr/news/article/?no=170335).

41) 과학기술정보통신부, 개인정보보호위원회 및 한국인터넷진흥원('KISA)이 중소기업이 '정보보호 및 개인정 보보호 관리체계'(ISMS 및 ISMS-P) 인증 취득 시 부담을 완화하기 위해 ▲인증기준 ▲인증비용 등을 간소화한 ISMS 및 ISMS-P 인증 특례(ISMS 및 ISMS-P 간편인증) 제도를 24일부터 시행한다고 밝혔 다. ISMS 및 ISMS-P 간편인증 적용대상은 ▲정보통신서비스 부문 매출액이 300억원 미만인 중소기업 과 ▲정보통신서비스 부문 매출액이 300억원 이상인 중기업 중 회사 내 주요 정보통신설비를 보유하지 않은 기업이 신청할 수 있으며, 전체 의무대상 중 85개 기업(약 16%)이 적용받을 수 있다. 다만 상기 대 상에 해당한다고 하더라도, 국민생활에 밀접한 영향을 미치는 ▲주요 정보통신서비스 제공자, ▲집적 정 보통신시설 사업자, ▲일부 상급종합병원·대학교, ▲금융회사, ▲가상자산사업자는 ISMS 및 ISMS-P 간편인증 적용대상에서 제외된다. 인증기준은 기업이 실질적인 정보보호 활동을 할 수 있도록 하는 핵심 적인 필수항목은 유지하되, 기업의 부담을 경감하기 위해 중소기업의 수준에서 불필요한 항목은 삭제 또는 완화해 설계했다. 인증심사 수수료도, 인증기준 간소화에 따라 종전 대비 약 40~ 50% 수준으로 절감된다. 또한 인증 준비에 필요한 기업의 제반 비용(예: 보안시스템 구축, 정보보호 조직 구성, 컨설팅 등)도 감소할 것으로 기대된다. 김광현 iT조선 기자, 정보보호·개인정보보호관리체계 간편인증 제도 시 행, 2024.7.2.3. (https://it.chosun.com/news/articleView.html?idxno=2023092119986).

개인정보 영향평가

> 〈개인정보 보호법〉 제33조(개인정보 영향평가) ① 공공기관의 장은 대통령령으로 정하는 기준
> 에 해당하는 개인정보파일의 운용으로 인하여 정보주체의 개인정보 침해가 우려되는 경우
> 에는 그 위험요인의 분석과 개선 사항 도출을 위한 평가(이하 "영향평가"라 한다)를 하고
> 그 결과를 보호위원회에 제출하여야 한다.

1. 개인정보 영향평가의 의의

개인정보 영향평가(PIA, Privacy Impact Assessment)는 개인정보의 수집과 활용이 수반되는 사업의 추진 시 개인정보의 오남용으로 인한 프라이버시(Privacy) 침해 위험이 잠재되어 있는지를 조사하고 예측·검토하는 제도로서, 개인정보파일을 운용하는 새로운 개인정보 처리시스템의 도입이나 기존에 운영 중인 개인정보 처리시스템의 중대한 변경 시 동 시스템의 구축, 운영, 변경 등이 개인정보에 미칠 영향에 대해 사전에 조사하고 예측·검토하여 개선 방안을 도출하는 체계적인 절차로 이해된다.

개인정보 보호법은 공공기관의 장은 대통령령으로 정하는 기준에 해당하는 개인정보파일의 운용으로 인하여 정보주체의 개인정보 침해가 우려되는 경우에는 그 위험요인의 분석과 개선 사항 도출을 위한 평가(이하 "영향평가"라 한다)를 하고 그 결과를 개인정보보호위원회에 제출하여야 한다고 규정하고 있으며(개인정보 보호법 제33조제1항), 개인정보 보호법 시행령은 이 법 제33조(개인정보 영향평가)제1항에서 "대통령령으로 정하는 기준에 해당하는 개인정보파일"이란 개인정보를 전자적으로 처리할 수 있는 개인정보파일로서 다음, 1. 구축·운용 또는 변경하려는 개인정보파일로서 5만명 이상의 정보주체에 관한 민감정보 또는 고유식별정보의 처리가 수반되는 개인정보파일, 2. 구축·운용하고 있는 개인정보파일을 해당 공공기관 내부 또는 외부에서 구축·운용하고 있는 다른 개인정보파일과 연계하려는 경우로서 연계 결과 50만명 이상의 정보주체에 관한 개인정보가 포함되는 개인정보파일, 3. 구축·운용 또는 변경하려는 개인정보파일로서 100만명 이상의 정보주체에 관한 개인정보파일, 4. 동 법 제33조

제1항에 따른 개인정보 영향평가(이하 "영향평가"라 한다)를 받은 후에 개인정보 검색체계 등 개인정보파일의 운용체계를 변경하려는 경우 그 개인정보파일(이 경우 영향평가 대상은 변경된 부분으로 한정한다)의 어느 하나에 해당하는 개인정보파일을 말한다고 규정하고 있다(동법 시행령 제35조).

한편 해외의 경우 미국은 「전자정부법」에 따라, 캐나다는 「연방 개인정보 보호법」에 따라 개인정보 영향평가(PIA, Privacy Impact Assessment) 제도를 운용하고 있으며, EU GDPR도 Article 35에서 DPIA(Data Protection Impact Assessment, 개인정보보호 영향평가)를 규정하고 있다. 개인정보 보호법은 국회, 법원, 헌법재판소, 중앙선거관리위원회(그 소속 기관을 포함한다)의 영향평가에 관한 사항은 국회규칙, 대법원규칙, 헌법재판소규칙 및 중앙선거관리위원회규칙으로 정하는 바에 따른다고 규정하고 있으며(동법 제33조제10항), 공공기관 외의 개인정보처리자는 개인정보파일 운용으로 인하여 정보주체의 개인정보 침해가 우려되는 경우에는 영향평가를 하기 위하여 적극 노력하여야 한다고 규정하고 있다(동법 제33조제11항). 이와 함께 개인정보 보호법은 개인정보보호위원회는 영향평가의 활성화를 위하여 관계 전문가의 육성, 영향평가 기준의 개발·보급 등 필요한 조치를 마련하여야 한다고 규정하고 있다(동법 제33조제6항).

2. 개인정보 영향평가기관

가 개인정보 영향평가기관의 지정

개인정보 보호법은 개인정보보호위원회는 대통령령으로 정하는 인력·설비 및 그 밖에 필요한 요건을 갖춘 자를 영향평가를 수행하는 기관(이하 "평가기관"이라 한다)으로 지정할 수 있으며, 공공기관의 장은 영향평가를 평가기관에 의뢰하여야 한다고 규정하고 있는데(개인정보 보호법 제33조제2항), 개인정보 보호법 시행령은 개인정보보호위원회는 이 법 제33조(개인정보 영향평가)제2항에 따라 다음, 1. 최근 5년간 다음, 가. 영향평가 업무 또는 이와 유사한 업무, 나. 「전자정부법」 제2조(정의)제13호에 따른 정보시스템(정보보호시스템을 포함한다)의 구축 업무 중 정보보호컨설팅 업무(전자적 침해행위에 대비하기 위한 정보시스템의 분석·평가와 이에 기초한 정보 보호 대책의 제시 업무를 말한다), 다. 「전자정부법」 제2조(정의)제14호에 따른 정보시스템 감리 업무 중 정보보호컨설팅 업무, 라.

「정보보호산업의 진흥에 관한 법률」 제2조(정의)제2호에 따른 정보보호산업에 해당하는 업무 중 정보보호컨설팅 업무, 마. 「정보보호산업의 진흥에 관한 법률」 제23조(정보보호전문서비스 기업의 지정·관리)제1항제1호 및 제2호에 따른 업무의 어느 하나에 해당하는 업무 수행의 대가로 받은 금액의 합계액이 2억원 이상인 법인, 2. 개인정보보호위원회가 정하여 고시하는 전문인력을 10명 이상 상시 고용하고 있는 법인, 3. 다음, 가. 신원 확인 및 출입 통제를 위한 설비를 갖춘 사무실과 나. 기록 및 자료의 안전한 관리를 위한 설비를 갖춘 법인의 요건을 모두 갖춘 법인을 개인정보 영향평가기관(이하 "평가기관"이라 한다)으로 지정할 수 있다고 규정하고 있다(동법 시행령 제36조제1항).

한편 개인정보 보호법 시행령은 평가기관으로 지정받으려는 자는 개인정보보호위원회가 정하여 고시하는 평가기관 지정신청서에 다음, 1. 정관, 2. 대표자의 성명, 3. 이 법 시행령 제36조(평가기관의 지정 및 지정취소)제1항제2호에 따른 전문인력의 자격을 증명할 수 있는 서류, 4. 그 밖에 개인정보보호위원회가 정하여 고시하는 서류를 첨부하여 개인정보보호위원회에 제출해야 하며(동법 시행령 제36조제2항), 동법 시행령 제36조제2항에 따라 평가기관 지정신청서를 제출받은 개인정보보호위원회는 「전자정부법」 제36조(행정정보의 효율적 관리 및 이용)제1항에 따른 행정정보의 공동이용을 통하여 다음, 1. 법인 등기사항증명서, 2. 「출입국관리법」 제88조(사실증명의 발급 및 열람)제2항에 따른 외국인등록 사실증명(외국인인 경우만 해당한다)의 서류를 확인해야 하나, 다만 신청인이 동법 시행령 제36조제3항제2호의 확인에 동의하지 않는 경우에는 신청인에게 그 서류를 첨부하게 해야 한다고 규정하고 있다(동법 시행령 제36조제3항). 또한 개인정보 보호법 시행령은 개인정보보호위원회는 이 법 시행령 제36조제1항에 따라 평가기관을 지정한 경우에는 지체 없이 평가기관 지정서를 발급하고, 다음, 1. 평가기관의 명칭·주소 및 전화번호와 대표자의 성명과 2. 지정 시 조건을 붙이는 경우 그 조건의 내용의 사항을 관보에 고시해야 하는데 고시된 사항이 변경된 경우에도 또한 같다고 규정하고 있다(동법 시행령 제36조제4항).

나 개인정보 영향평가기관의 지정취소 등

개인정보 보호법은 개인정보보호위원회는 이 법 제33조(개인정보 영향평가)제2항에 따라 지정된 평가기관이 다음, 1. 거짓이나 그 밖의 부정한 방법으로 지정을 받은 경우, 2. 지정된 평가기관 스스로 지정취소를 원하거나 폐업한 경우, 3. 이 법 제33조 제2항에 따른 지정요건을 충족하지 못하게 된 경우, 4. 고의 또는 중대한 과실로 영향평가업무를 부실하게 수행하여 그 업무를 적정하게 수행할 수 없다고 인정되는 경우, 5. 그 밖에 대통령령으로 정하는 사유에 해당하는 경우의 어느 하나에 해당하는 경우에는 평가기관의 지정을 취소할 수 있으나, 다만 동법 제33조제7항제1호 또는 제2호에 해당하는 경우인 1. 거짓이나 그 밖의 부정한 방법으로 지정을 받은 경우와 2. 지정된 평가기관 스스로 지정취소를 원하거나 폐업한 경우에는 평가기관의 지정을 취소하여야 한다고 규정하고 있으며(개인정보 보호법 제33조제7항), 개인정보 보호법 시행령은 이 법 제33조제7항제5호에서 "대통령령으로 정하는 사유에 해당하는 경우"란 다음, 1. 동법 시행령 제36조(평가기관의 지정 및 지정취소) 제6항에 따른 신고의무를 이행하지 아니한 경우, 2. 평가기관으로 지정된 후 정당한 사유없이 영향평가 실적이 없는 경우, 3. 동법 제38조(영향평가의 평가기준 등)제2항 각 호 외의 부분에 따른 영향평가서 등 영향평가 대상 정보를 유출한 경우, 4. 그 밖에 이 법 또는 이 법 시행령에 따른 의무를 위반한 경우의 어느 하나에 해당하는 경우를 말한다고 규정하고 있다(동법 시행령 제36조제5항). 또한 개인정보 보호법은 개인정보보호위원회는 이 법 제33조제7항에 따라 지정을 취소하는 경우에는 「행정절차법」에 따른 청문을 실시하여야 한다고 규정하고 있다(동법 제33조제8항).

한편 개인정보 보호법 시행령은 이 법 시행령 제36조제1항에 따라 지정된 평가기관은 지정된 후 다음, 1. 동법 시행령 제36조제1항 각 호의 어느 하나에 해당하는 사항이 변경된 경우, 2. 동법 시행령 제36조제4항제1호에 해당하는 사항이 변경된 경우, 3. 평가기관을 양도·양수하거나 합병하는 등의 사유가 발생한 경우의 어느 하나에 해당하는 사유가 발생한 경우에는 개인정보보호위원회가 정하여 고시하는 바에 따라 그 사유가 발생한 날부터 14일 이내에 개인정보보호위원회에 신고해야 하나, 다만 동법 시행령 제36조제1항제3호에 해당하는 경우인 평가기관을 양도·양수하거나 합병하는 등의 사유가 발생한 경우에는 그 사유가 발생한 날부터 60일 이내에 신고해야 한다고 규정하고 있다(동법 시행령 제36조제6항).

3. 개인정보 영향평가의 기준 및 방법과 절차 등

가 개인정보 영향평가의 기준

개인정보 보호법은 이 법 제33조(개인정보 영향평가)제1항에 따른 영향평가의 기준·방법·절차 등에 관하여 필요한 사항은 대통령령으로 정한다고 규정하고 있는데(개인정보 보호법 제33조제9항), 개인정보 보호법 시행령은 이 법 제33조제9항에 따른 영향평가의 평가기준은 다음, 1. 해당 개인정보파일에 포함되는 개인정보의 종류·성질, 정보주체의 수 및 그에 따른 개인정보 침해의 가능성, 2. 동법 제23조(민감정보의 처리 제한)제2항, 제24조(고유식별정보의 처리 제한)제3항, 제24조의2(주민등록번호 처리의 제한)제2항, 제25조(고정형 영상정보처리기기의 설치·운영 제한)제6항(동법 제25조의2(이동형 영상정보처리기기의 운영 제한)제4항에 따라 준용되는 경우를 포함한다) 및 제29조(안전조치의무)에 따른 안전성 확보 조치의 수준 및 이에 따른 개인정보 침해의 가능성, 3. 개인정보 침해의 위험요인별 조치 여부, 4. 그 밖에 이 법 및 이 법 시행령에 따라 필요한 조치 또는 의무 위반 요소에 관한 사항과 같다고 규정하고 있다(동법 시행령 제38조제1항).

나 개인정보 영향평가의 방법과 절차 등

개인정보 보호법은 공공기관의 장은 대통령령으로 정하는 기준에 해당하는[42] 개인정보파일의 운용으로 인하여 정보주체의 개인정보 침해가 우려되는 경우에는 그 위험요인의 분석과 개선 사항 도출을 위한 평가(이하 "영향평가"라 한다)를 하고 그 결과를

---

42) 개인정보 보호법 시행령은 이 법 제33조(개인정보 영향평가)제1항에서 "대통령령으로 정하는 기준에 해당하는 개인정보파일"이란 개인정보를 전자적으로 처리할 수 있는 개인정보파일로서 다음, 1. 구축·운용 또는 변경하려는 개인정보파일로서 5만명 이상의 정보주체에 관한 민감정보 또는 고유식별정보의 처리가 수반되는 개인정보파일, 2. 구축·운용하고 있는 개인정보파일을 해당 공공기관 내부 또는 외부에서 구축·운용하고 있는 다른 개인정보파일과 연계하려는 경우로서 연계 결과 50만명 이상의 정보주체에 관한 개인정보가 포함되는 개인정보파일, 3. 구축·운용 또는 변경하려는 개인정보파일로서 100만명 이상의 정보주체에 관한 개인정보파일, 4. 동 법 제33조제1항에 따른 개인정보 영향평가(이하 "영향평가"라 한다)를 받은 후에 개인정보 검색체계 등 개인정보파일의 운용체계를 변경하려는 경우 그 개인정보파일(이 경우 영향평가 대상은 변경된 부분으로 한정한다)의 어느 하나에 해당하는 개인정보파일을 말한다고 규정하고 있다(개인정보 보호법 시행령 제35조).

개인정보보호위원회에 제출하여야 한다고 규정하고 있으며(동법 제33조제1항), 공공기관의 장은 영향평가를 평가기관에 의뢰하여야 한다고 규정하고 있는데(동법 제33조제2항), 영향평가를 하는 경우에는 다음, 1. 처리하는 개인정보의 수, 2. 개인정보의 제3자 제공 여부, 3. 정보주체의 권리를 해할 가능성 및 그 위험 정도, 4. 그 밖에 대통령령으로 정한[43] 사항을 고려하여야 한다고 규정하고 있다(동법 제33조제3항).

개인정보 보호법 시행령은 이 법 제33조제1항에 따라 영향평가를 의뢰받은 평가기관은 평가기준에 따라 개인정보파일의 운용으로 인한 개인정보 침해의 위험요인을 분석·평가한 후 다음, 1. 영향평가의 대상 및 범위, 2. 평가 분야 및 항목, 3. 평가기준에 따른 개인정보 침해의 위험요인에 대한 분석·평가, 4. 동법 시행령 제38조제2항(영향평가의 평가기준 등)제3호의 분석·평가 결과에 따라 조치한 내용 및 개선계획, 5. 영향평가의 결과 및 결론, 6. 동법 시행령 제38조제2항제1호부터 제5호호까지의 사항에 대하여 요약한 내용의 사항이 포함된 평가 결과를 영향평가서로 작성하여 해당 공공기관의 장에게 보내야 하며, 공공기관의 장은 동법 시행령 제35조(개인정보 영향평가의 대상) 각 호에 해당하는 개인정보파일을 구축·운용 또는 변경하기 전에 그 영향평가서를 개인정보보호위원회에 제출해야 한다고 규정하고 있는데(동법 시행령 제38조제2항), 개인정보보호위원회 또는 공공기관의 장은 동법 시행령 제38조제2항제6호에 따른 영향평가서 요약 내용을 공개할 수 있다고 규정하고 있다(동법 시행령 제38조제3항).

개인정보 보호법은 개인정보보호위원회는 개인정보 보호법 제33조제1항에 따라 제출받은 영향평가 결과에 대하여 의견을 제시할 수 있다고 규정하고 있으며(동법 제33조제4항), 공공기관의 장은 이 법 제33조제1항에 따라 영향평가를 한 개인정보파일을 제32조(개인정보파일의 등록 및 공개)제1항에 따라 등록할 때에는 영향평가 결과를 함께 첨부하여야 한다고 규정하고 있다(동법 제33조제5항). 한편 개인정보 보호법 시행령은 개인정보보호위원회는 이 법 및 이 법 시행령에서 정한 사항 외에 평가기관의 지정 및 영향평가의 절차 등에 관한 세부 기준을 정하여 고시할 수 있다고 규정하고 있다(동법 시행령 제38조제4항).

---

43) 개인정보 보호법 시행령은 이 법 제33조(개인정보 영향평가)제3항제4호에서 "대통령령으로 정한 사항"이란 다음, 1. 민감정보 또는 고유식별정보의 처리 여부와 2. 개인정보 보유기간의 사항을 말한다고 규정하고 있다(개인정보 보호법 시행령 제37조).

1. **DPIA(Data Protection Impact Assessment, 개인정보보호 영향평가).** EU GDPR은 Article 35 에서 DPIA에 대해 규정하고 있는데, GDPR은 자연인인 정보주체의 권리 및 자유에 대한 고위험(High risk)이 초래될 가능성이 있을 때 DPIA의 실시를 요구하고 있으며 DPIA는 개인정보의 처리단계 중 우선적으로 고려되고 실행되어야 하는 것으로 이해된다. GDPR은 일반적으로 DPIA가 필요한 경우와 DPIA가 의무적으로 실시되어야 하는 경우를 구분하고 있는데, 전자(前者)인 일반적으로 DPIA가 필요한 경우는 개인정보처리자가 새로운 기술을 사용하고 그 처리유형이 개인의 권리와 자유에 높은 위험(High risk)을 초래할 가능성이 있는 때에는 개인정보를 처리하기 이전에 예상되는 개인정보 처리에 대한 영향평가를 수행하여야 한다는 것이며, 후자(後者)인 DPIA가 의무적으로 실시되어야 하는 경우는, 1. 프로파일링(Profiling)을 포함한 자동화된 처리에 근거한 개인에 대한 체계적이고 광범위한 평가를 바탕으로 한 결정이 정보주체에게 법적 효력 또는 중대한 영향을 미치는 경우, 2. 민감정보 또는 범죄 관련 정보에 대해 대규모 처리를 하는 경우, 3. CCTV 등과 같이 공개적으로 접근이 가능한 장소에 대한 대규모의 체계적 감시(Monitoring)가 이루어지는 경우로서 이러한 때에는 의무적으로 개인정보보호 영향평가를 실시하여야 한다는 것이다.

2. **개인정보보호 자격증.** 개인정보보호 전문인력의 육성과 연계되어 논란이 있는 분야 중 하나로 개인정보보호 자격증이라고 생각된다. 우리나라의 자격에 대한 일반법인 「자격기본법」은 자격제도의 운영체계, 국가자격과 민간자격 신설 등에 대해 규정하고 있는데, 국가자격에는 「국가기술자격법」에 따른 국가기술자격과 국가기술자격 이외의 국가자격인 국가전문자격이 있다.[44] 민간자격에는 주무부처 장관이 공인(公認)한 공인자격과 공인자격을 제외한 주무부처 장관에게 등록(登錄)한 등록자격이 있다. 개인정보보호 관련 자격은 개인정보 영향평가사, 개인정보 관리사(CPPG, Certified Privacy Protection General), 정보보안 기사, 정보보안 산업기사, GDPR 개인정보보호 전문가 자격과정(CIPP/E, Certified Information Privacy Professional Europe) 등이 운영되고 있으며 주요 개인정보보호 민간자격의 현황은 〈표 17〉과 같다.[45]

표 17 개인정보보호 민간자격 주요현황

구분	주관	주요내용	성격
개인정보 영향 평가사	한국인터넷 진흥원(KISA)	개인정보 영향평가를 수행하는 데 필요한 개인정보보호법, 영향평가 이론 및 평가지표, 개인정보 처리기술 및 보안 능력을 검정	자격기본법 상 자격제도에 미해당

개인정보 관리사	한국 CPO 포럼	기업 또는 기관의 개인정보 관리를 수행하는 데 필요한 개인정보보호 정책 및 대처 방법론에 대한 전문지식 및 능력을 검정	민간등록자격
정보보안 기사	정보보안 국가기술자격 검정센터	시스템 및 솔루션 개발, 운영 및 관리, 컨설팅 등의 전문 이론과 실무 능력을 기반으로 IT 기반시설 및 정보에 대한 체계적인 보안업무 수행 능력을 검정	국가자격 (한국인터넷 진흥원 관리)
정보보안 산업기사	정보보안 국가기술자격 검정센터	정보보안 기사의 업무를 보조할 수 있는 기초 이론과 실무 능력 수행 능력을 검정	
GDPR 개인정보보호 전문가 자격	국제개인정보 보호 전문가 협회(IAPP)	GDPR 등 유럽 개인정보보호법 및 규정, 최신 기술 등의 내용으로 구성된 인력 양성 교육프로그램으로 개인정보보호 전문성을 검정	자격기본법상 자격제도에 미해당

해외의 경우 2017년 10월 스페인의 개인정보보호 감독기구인 AEPD(Agencia Española de Protección de Datos)가 2018년 EU GDPR의 시행에 대비하여 DPO 자격 인증제도 (DPO−AEPD SCHEME)를 도입한 바 있는데, 이에 대해 우리나라의 경우에도 이러한 개인정보 보호 관련 국가공인자격증이 필요하다는 의견이 제기되었고 이러한 국가공인자격증 관련 개정 법률(안)이 국회에 발의되었었으나(2018년 11월, 민주당 이상민 의원 발의), 2020년 2월 개인정보 보호법 개정 시 동 개정(안)은 폐기된 바 있다. 한편 이러한 개인정보보호 관련 국가공인자격증의 신설을 통해 새로운 고용시장이 창출되고 개인정보보호 관련 인력의 수준이 제고될 것이라는 긍정적인 의견과[46) 이미 관련 민간자격증이 많이 있는 상황에서 중복적인 국가공인자격증을 신설하는 것은 기존의 민간자격증들과 차별이 어렵고 기존의 민간자격증들을 구축(驅逐, Crowding out)할 뿐이라는 부정적인 의견이 대립하고 있는데, 이에 대한 당신의 입장과 의견은 무엇인가?

---

44) 국가전문자격은 「변호사법」에 따른 변호사 자격 등을 예로 들 수 있다.

45) 국회 과학기술정보방송통신위원회, 정보통신망 이용촉진 및 정보보호 등에 관한 법률 일부개정법률안 (이상민 의원 대표 발의, 2018.11.29./2016887) 검토보고서(2019년 3월), p8.

46) 개인정보보호 국가자격 제도가 신설될 예정이다. 19일 개인정보보호위원회와 관련 업계에 따르면, 최근 개인정보위는 개인정보보호 국가 자격 제도 신설을 위한 연구 용역을 진행 중인 것으로 확인됐다. 이번 자격제도가 신설되면, 개인정보보호분야에 국가가 신설해 관리 · 운영하는 첫번째 국가자격 제도가 생긴 다. 현재 개인정보보호와 관련된 분야의 국가자격은 없으며, 유사한 분야로 정보보안 분야에서만 정보보 안기사와 정보보안산업기사 자격제도가 운영 중이다. 민간에서도 개인정보보호와 일반 정보보호 분야의

제8절 | 개인정보 유출 등의 통지·신고와 개인신용정보의 누설통지 등

〈개인정보 보호법〉 제34조(개인정보 유출 등의 통지·신고) ① 개인정보처리자는 개인정보가 분실·도난·유출(이하 이 조에서 "유출등"이라 한다)되었음을 알게 되었을 때에는 지체 없이 해당 정보주체에게 다음 각 호의 사항을 알려야 한다. 다만, 정보주체의 연락처를 알 수 없는 경우 등 정당한 사유가 있는 경우에는 대통령령으로 정하는 바에 따라 통지를 갈음하는 조치를 취할 수 있다.
1. 유출등이 된 개인정보의 항목
2. 유출등이 된 시점과 그 경위
3. 유출등으로 인하여 발생할 수 있는 피해를 최소화하기 위하여 정보주체가 할 수 있는 방법 등에 관한 정보
4. 개인정보처리자의 대응조치 및 피해 구제절차
5. 정보주체에게 피해가 발생한 경우 신고 등을 접수할 수 있는 담당부서 및 연락처

〈신용정보법〉 제39조의4(개인신용정보 누설통지 등) ① 신용정보회사등은 개인신용정보가 업무목적 외로 누설되었음을 알게 된 때에는 지체 없이 해당 신용정보주체에게 통지하여야 한다. 이 경우 통지하여야 할 사항은 「개인정보 보호법」 제34조제1항 각 호의 사항을 준용한다.

〈정보통신망법〉 제48조의3(침해사고의 신고 등) ① 정보통신서비스 제공자는 침해사고가 발생하면 즉시 그 사실을 과학기술정보통신부장관이나 한국인터넷진흥원에 신고하여야 한다. 이 경우 정보통신서비스 제공자가 이미 다른 법률에 따른 침해사고 통지 또는 신고를 했으면 전단에 따른 신고를 한 것으로 본다.

공인 민간자격은 없으며 등록 민간자격만 운영되고 있다. 개인정보위가 지난 2021년 실시한 개인정보보호 실태조사 결과, 공공기관의 96.9%, 민간기업의 93.9%는 개인정보보호가 중요하다고 생각하고 있으며 그중 각각 78.9%와 78.1%는 매우 중요하다고 답했다. 공공기관의 개인정보보호와 관련한 어려움은 '전문인력 부족'이 73.8%로 가장 많은 것으로 나타났으며, 민간기업 또한 '개인정보 처리 절차 복잡'에 이어 전문인력 부족이 29.7%로 두번째로 많은 것으로 나타났다. 송혜리 뉴시스 기자, 개인정보보호전문가 국가 자격증 신설 추진, 2024.8.20.. (https://www.newsis.com/view/NISX20240819_0002854390).

1. 개인정보 유출 등의 통지와 신고

가 개인정보 유출 등의 통지와 신고의 의의

개인정보 보호법은 개인정보처리자는 개인정보가 분실·도난·유출(이하 이 조에서 "유출등"이라 한다)되었음을 알게 되었을 때에는 지체 없이 해당 정보주체에게 다음, 1. 유출등이 된 개인정보의 항목, 2. 유출등이 된 시점과 그 경위, 3. 유출등으로 인하여 발생할 수 있는 피해를 최소화하기 위하여 정보주체가 할 수 있는 방법 등에 관한 정보, 4. 개인정보처리자의 대응조치 및 피해 구제절차, 5. 정보주체에게 피해가 발생한 경우 신고 등을 접수할 수 있는 담당부서 및 연락처의 사항을 알려야 하나, 다만 정보주체의 연락처를 알 수 없는 경우 등 정당한 사유가 있는 경우에는 대통령령으로 정하는 바에 따라 통지를 갈음하는 조치를 취할 수 있다고 규정하고 있다(개인정보 보호법 제34조제1항). 2023년 개인정보 보호법 개정 이전에는 오프라인의 개인정보처리자는 이 법 제34조(개인정보 유출 통지 등)가 적용되고 온라인의 개인정보처리자는 동법 제39조의4(개인정보 유출등의 통지·신고에 대한 특례)가 적용되어 이원화(二元化)된 규율이 이루어졌으나, 2023년 개인정보 보호법 개정 시 온라인과 오프라인 개인정보처리자에 대한 규제 일원화(一元化)를 위해 이 법 제6장 정보통신서비스 제공자 등의 개인정보 처리 등 특례(特例) 전체를 삭제하게 되어 (구)개인정보 보호법 제39조의4를 삭제하고 동법 제34조에 통합하여 온라인과 오프라인 개인정보처리자 모두 동일 규범을 적용받도록 하였다.

개인정보의 유출등이란 개인정보처리자의 고의 또는 과실 여부와 관련 없이 개인정보가 분실·도난·유출된 모든 상태로서, 예를 들면 외부인에 의한 해킹(Hacking)이나 내부 직원의 고의 또는 과실로 인해 개인정보가 유출된 경우 등으로 되는데, 판례는 2008년 발생한 LG유플러스 고객정보유출 사건에서 개인정보 유출(流出)의 의미에 대해 "개인정보처리자인 정보통신서비스 제공자의 관리와 통제하에 있고 제3자에게 실제 열람되거나 접근되지 아니한 상태인 경우, 제3자가 인터넷사이트를 통해 정보통신서비스 제공자가 보관하고 있는 개인정보에 접근할 수 있는 상태에 놓여 있었다는 사정만으로는 개인정보가 유출되었다고 볼 수 없다"고 판시한 바 있다.[47] 즉 판례는 개인정보의 유출이란 개인정보가 해당 개인정보처리자의 관리와 통제권을 벗어나 제3자가 그 내용을 알 수 있는 상태에 이르는 것으로서, 개인정보에 대해 제3자가 동 정보에 접근할 수 있었던 상태에 있었다는 것 그 자체로는 개인정보 유출이 아니라고 본 것으로 이해된다.

한편 유출된 개인정보의 수량, 종류, 시기 등에 대한 제한이 없으므로 단 1건의 개인정보가 유출되었더라도 해당 정보주체에게 통지하여야 하며 개인정보가 유출되었음을 알게 된 때에 해당 정보주체에게 통지하여야 하므로 유출이 일어났다고 하여 바로 그 시점에 즉시 통지해야 하는 것은 아니며 개인정보처리자가 인지(認知)한 시점부터 해당 정보주체에게 통지해야 할 의무가 발생하는 것으로 해석된다. 또한 개인정보가 유출되었음을 알게 되었을 때에는 지체 없이 통지하여야 하는데 지체 없이란 몇시간 또는 며칠과 같이 물리적인 시간 또는 기간을 의미하는 것은 아니며 시간적 즉시성이 강하게 요구되지만 정당하거나 합리적인 이유에 따른 지체는 허용되는 것으로 사정이 허락하는 한 가장 신속하게 해야 한다는 뜻으로 이해된다.[48]

개인정보 보호법은 개인정보처리자는 개인정보가 유출등이 된 경우 그 피해를 최소화하기 위한 대책을 마련하고 필요한 조치를 하여야 한다고 규정하고 있는데(동법 제34조제2항), 동 조항의 피해를 최소화하기 위한 대책 마련과 필요한 조치로는 개인정보처리시스템의 일시 정지, 암호 등 보안 체계의 변경, 개인정보 유출 원인 분석, 개인정보처리시스템의 복구 및 변경, 개인정보가 유출된 정보주체로부터의 피해 현황 파악 및 소통을 위한 창구 마련·운영 등으로 이해된다. 한편 개인정보 보호법은 개인정보처리자는 개인정보의 유출등이 있음을 알게 되었을 때에는 개인정보의 유형, 유출등의 경로 및 규모 등을 고려하여 대통령령으로 정하는 바에 따라 이 법 제34조제1항 각 호의 사항을 지체 없이 개인정보보호위원회 또는 대통령령으로 정하는 전문기관에 신고하여야 하며, 이 경우 개인정보보호위원회 또는 대통령령으로 정하는 전문기관은 피해 확산방지, 피해 복구 등을 위한 기술을 지원할 수 있다고 규정하고 있는데(동법 제34조제3항), 개인정보 보호법 시행령은 이 법 제34조(개인정보 유출 등의 통

---

47) 대법원 2014. 5. 16. 선고 2011다24555.
48) 법제처 11-0134, 행정안전부 - 「민원사무처리에 관한 법률 시행령」 제24조제1항에 따른 '지체 없이'의 의미(2011.6.16.)

지·신고)제3항 전단 및 후단에서 "대통령령으로 정하는 전문기관"이란 각각 한국인터넷진흥원을 말한다고 규정하고 있다(동법 시행령 제40조제3항).

나 개인정보 유출 등의 통지·신고의 시기와 방법 및 절차

개인정보 보호법은 이 법 제34조(개인정보 유출 등의 통지·신고)제1항에 따른 유출등의 통지 및 동법 제34조제3항에 따른 유출등의 신고의 시기, 방법, 절차 등에 필요한 사항은 대통령령으로 정한다고 규정하고 있다(개인정보 보호법 제34조제4항).

(1) 개인정보 유출 등의 통지의 시기와 방법 및 절차

개인정보 보호법 시행령은 개인정보처리자는 개인정보가 분실·도난·유출(이하 개인정보 보호법 시행령 제39조(개인정보 유출 등의 통지) 및 동법 시행령 제40조(개인정보 유출 등의 신고)에서 "유출등"이라 한다)이 되었음을 알게 되었을 때에는 정당한 사유가 없는 한 서면등의 방법으로 72시간 이내에 개인정보 보호법 제34조(개인정보 유출 등의 통지·신고)제1항 각 호의 사항을 정보주체에게 알려야 하나 다만, 1. 유출등이 된 개인정보의 확산 및 추가 유출등을 방지하기 위하여 접속경로의 차단, 취약점 점검·보완, 유출등이 된 개인정보의 회수·삭제 등 긴급한 조치가 필요한 경우와 2. 천재지변이나 그 밖에 부득이한 사유로 인하여 72시간 이내에 통지하기 곤란한 경우의 어느 하나에 해당하는 경우에는 해당 사유가 해소된 후 지체 없이 정보주체에게 알릴 수 있다고 규정하고 있다(동법 시행령 제39조제1항).

또한 개인정보 보호법 시행령은 이 법 시행령 제39조제1항에도 불구하고 개인정보처리자는 같은 항에 따른 통지를 하려는 경우로서 동법 제34조(개인정보 유출 등의 통지·신고)제1항제1호 또는 제2호의 사항에 관한 구체적인 내용을 확인하지 못한 경우에는 개인정보가 유출된 사실, 그때까지 확인된 내용 및 같은 항 제3호부터 제5호까지의 사항을 서면등의 방법으로 우선 통지해야 하며, 추가로 확인되는 내용에 대해서는 확인되는 즉시 통지해야 한다고 규정하고 있는데(동법 시행령 제39조제2항), 서면(書面)등의 방법은 이메일(e-mail, 전자우편), Fax(Facsimile, 모사전송), 우편, 전화, 휴대전화 문자메시지 또는 이와 유사한 방법으로 해석된다.

한편 개인정보 보호법 시행령은 이 법 시행령 제39조제1항 및 제2항에도 불구하고 개인정보처리자는 정보주체의 연락처를 알 수 없는 경우 등 정당한 사유가 있는 경우에는 동법 제34조제1항 각 호 외의 부분 단서에 따라 같은 항 각 호의 사항을 정보주체가 쉽게 알 수 있도록 자신의 인터넷 홈페이지에 30일 이상 게시하는 것으로 동법 시행령 제39조제1항 및 제2항의 통지를 갈음할 수 있으나, 다만 인터넷 홈페이지를 운영하지 아니하는 개인정보처리자의 경우에는 사업장등의 보기 쉬운 장소에 동법 제34조제1항 각 호의 사항을 30일 이상 게시하는 것으로 동법 시행령 제39조제1항 및 제2항의 통지를 갈음할 수 있다고 규정하고 있다(동법 시행령 제39조제3항).

(2) 개인정보 유출 등의 신고의 시기와 방법 및 절차

개인정보 보호법 시행령은 개인정보처리자는 다음, 1. 1천명 이상의 정보주체에 관한 개인정보가 유출등이 된 경우, 2. 민감정보 또는 고유식별정보가 유출등이 된 경우, 3. 개인정보처리시스템 또는 개인정보취급자가 개인정보 처리에 이용하는 정보기기에 대한 외부로부터의 불법적인 접근에 의해 개인정보가 유출등이 된 경우의 어느 하나에 해당하는 경우로서 개인정보가 유출등이 되었음을 알게 되었을 때에는 72시간 이내에 이 법 제34조(개인정보 유출 등의 통지·신고)제1항 각 호의 사항을 서면등의 방법으로 개인정보보호위원회 또는 같은 조 제3항 전단에 따른 전문기관에 신고해야 하나, 다만 천재지변이나 그 밖에 부득이한 사유로 인하여 72시간 이내에 신고하기 곤란한 경우에는 해당 사유가 해소된 후 지체 없이 신고할 수 있으며, 개인정보 유출 등의 경로가 확인되어 해당 개인정보를 회수·삭제하는 등의 조치를 통해 정보주체의 권익 침해 가능성이 현저히 낮아진 경우에는 신고하지 않을 수 있다고 규정하고 있다(동법 시행령 제40조제1항).

또한 개인정보 보호법 시행령은 이 법 시행령 제40조(개인정보 유출 등의 신고)제1항에도 불구하고 개인정보처리자는 동법 시행령 제40조제1항에 따른 신고를 하려는 경우로서 동법 제34조제1항제1호 또는 제2호의 사항에 관한 구체적인 내용을 확인하지 못한 경우에는 개인정보가 유출등이 된 사실, 그때까지 확인된 내용 및 같은 항 제3호부터 제5호까지의 사항을 서면등의 방법으로 우선 신고해야 하며, 추가로 확인되는 내용에 대해서는 확인되는 즉시 신고해야 한다고 규정하고 있다(동법 시행령 제40조제2항). 한편 개인정보 보호법 시행령은 이 법 제34조제3항 전단 및 후단에서 "대통령령으로 정하는 전문기관"이란 각각 한국인터넷진흥원을 말한다고 규정하고 있다(동법 시행령 제40조제3항).

2. 개인신용정보의 누설통지

가 개인신용정보 누설통지의 의의

신용정보법은 신용정보회사등은 개인신용정보가 업무 목적 외로 누설되었음을 알게 된 때에는 지체 없이 해당 신용정보주체에게 통지하여야 하며, 이 경우 통지하여야 할 사항은 「개인정보 보호법」 제34조(개인정보 유출 등의 통지·신고)제1항 각 호의 사항을 준용한다고 규정하고 있다(신용정보법 제39조의4제1항). 또한 신용정보법은 신용정보회사등은 개인신용정보가 누설된 경우 그 피해를 최소화하기 위한 대책을 마련하고 필요한 조치를 하여야 한다고 규정하고 있으며(동법 제39조의4제2항), 신용정보회사등은 대통령령으로 정하는[49] 규모 이상의 개인신용정보가 누설된 경우 이 법 제39조의4(개인신용정보 누설통지 등)제1항에 따른 통지 및 동법 제39조의4제2항에 따른 조치결과를 지체 없이 금융위원회 또는 대통령령으로 정하는[50] 기관(이하 이 조에서 "금융위원회등"이라 한다)에 신고하여야 하는데, 이 경우 금융위원회등은 피해 확산 방지, 피해 복구 등을 위한 기술을 지원할 수 있다고 규정하고 있다(동법 제39조의4제3항).

그러나 신용정보법은 이 법 제39조의4제3항에도 불구하고 동법 제45조의3(보호위원회의 자료제출 요구·조사 등)제1항에 따른 상거래기업 및 법인은 개인정보보호위원회 또는 대통령령으로 정하는[51] 기관(이하 이 조에서 "보호위원회등"이라 한다)에 신고하여야 한다고 규정하고 있다(동법 제39조의4제4항). 한편 금융위원회등은 신용정보법 제39조의

---

49) 신용정보법 시행령은 이 법 제39조의4(개인신용정보 누설통지 등)제3항 전단에서 "대통령령으로 정하는 규모 이상의 개인신용정보"란 1만명 이상의 신용정보주체에 관한 개인신용정보를 말한다고 규정하고 있다(신용정보법 시행령 제34조의4제4항).

50) 신용정보법 시행령은 이 법 제39조의4(개인신용정보 누설통지 등)제3항 전단에서 "대통령령으로 정하는 기관"이란 금융감독원을 말한다고 규정하고 있다(신용정보법 시행령 제34조의4제5항).

51) 신용정보법 시행령은 이 법 제39조의4(개인신용정보 누설통지 등)제4항에서 "대통령령으로 정하는 기관"이란 「개인정보 보호법」 제34조(개인정보 유출 등의 통지·신고)제3항에 따른 전문기관을 말한다고 규정하고 있으며(신용정보법 시행령 제39조의4제8항), 동 전문기관은 한국인터넷진흥원이다.

4제3항에 따른 신고를 받은 때에는 이를 개인정보보호위원회에 알려야 한다고 규정하고 있으며(동법 제39조의4제5항), 금융위원회등 또는 보호위원회등은 제2항에 따라 신용정보회사등이 행한 조치에 대하여 조사할 수 있으며, 그 조치가 미흡하다고 판단되는 경우 금융위원회 또는 개인정보보호위원회는 시정을 요구할 수 있다고 규정하고 있다(동법 제39조의4제6항).

나 개인신용정보 누설통지의 시기와 방법 및 절차

신용정보법은 이 법 제39조의4(개인신용정보 누설통지 등)제1항에 따른 통지의 시기, 방법 및 절차 등에 필요한 사항은 대통령령으로 정한다고 규정하고 있다(신용정보법 제39조의4제7항). 신용정보법 시행령은 신용정보회사등이 이 법 제39조의4제1항에 따라 통지하려는 경우에는 제33조의2(정보제공 중지의 요건 및 신용정보주체에 대한 통지사항 등)제3항 각 호의 어느 하나에 해당하는 방법으로[52] 개별 신용정보주체에게 개인신용정보가 누설되었다는 사실을 통지해야 한다고 규정하고 있으며(신용정보법 시행령 제34조의4제1항), 신용정보회사등은 이 법 제39조의4제3항 전단에 해당하는 경우에는 동법 시행령 제34조의4제1항에 따른 방법 외에 다음, 1. 인터넷 홈페이지에 그 사실을 게시하는 방법, 2. 사무실이나 점포 등에서 해당 신용정보주체로 하여금 그 사실을 열람하게 하는 방법, 3. 주된 사무소가 있는 특별시·광역시·특별자치시·도 또는 특별자치도 이상의 지역을 보급지역으로 하는 일반일간신문, 일반주간신문 또는 인터넷신문(『신문 등의 진흥에 관한 법률』 제2조(정의)제1호가목·다목 또는 같은 조 제2호에 따른 일반일간신문, 일반주간신문 또는 인터넷신문을 말한다)에 그 사실을 게재하는 방법의 어느 하나에 해당하는 방법으로 금융위원회가 정하여 고시하는 기간 동안[53] 개인신용

---

52) 신용정보법 시행령은 개인신용평가회사 또는 개인사업자신용평가회사는 이 법 제38조의2(신용조회사실의 통지 요청)제3항에 따라 다음, 1. 서면, 2. 전화, 3. 전자우편, 4. 휴대전화 문자메시지, 5. 제1호부터 제4호까지의 규정에 따른 방법과 비슷한 방법, 6. 그 밖에 신용정보주체에게 개인신용정보 조회 등에 관한 사항을 통지하기에 적합하다고 금융위원회가 인정하여 고시하는 방법의 어느 하나에 해당하는 방법으로 해당 신용정보주체에게 동법 시행령 제33조의2제2항 각 호의 구분에 따른 사항을 통지해야 한다고 규정하고 있다(동법 시행령 제33조의2제3항).
53) 신용정보업감독규정은 신용정보법 시행령 제34조의4(개인신용정보의 누설사실의 통지 등)제2항에 따른 "금융위원회가 정하여 고시하는 기간"이란 다음, 1. 동법 시행령 제34조의4제2항제1호(인터넷 홈페이지에 그 사실을 게시하는 방법)의 경우는 15일, 2. 동법 시행령 제34조의4제2항제2호(사무실이나

정보가 누설되었다는 사실을 널리 알려야 한다고 규정하고 있다(동법 시행령 제34조의4 제2항).

그러나 신용정보법 시행령은 이 법 시행령 제34조의4제1항에도 불구하고 개인신용정보 누설에 따른 피해가 없는 것이 명백하고 신용정보법 제39조의4제2항에 따라 누설된 개인신용정보의 확산 및 추가 유출을 방지하기 위한 조치가 긴급히 필요하다고 인정되는 경우에는 해당 조치를 취한 후 지체 없이 신용정보주체에게 알릴 수 있으며, 이 경우 그 조치의 내용을 함께 알려야 한다고 규정하고 있다(동법 시행령 제34조의4제3항). 한편 신용정보법 시행령은 이 법 제39조의4제3항 전단에 따라 신고해야 하는 신용정보회사등(상거래 기업 및 법인은 제외한다)은 그 신용정보가 누설되었음을 알게 된 때 지체 없이 금융위원회가 정하여 고시하는 신고서를 금융위원회 또는 금융감독원에 제출해야 하고(동법 시행령 제34조의4제6항), 이 법 시행령 제34조의4제6항에도 불구하고 동법 시행령 제34조의4제3항 전단에 해당하는 경우에는 우선 금융위원회 또는 금융감독원에 그 개인신용정보가 누설된 사실을 알리고 추가 유출을 방지하기 위한 조치를 취한 후 지체 없이 동법 시행령 제34조의4제6항에 따른 신고서를 제출할 수 있으며, 이 경우 그 조치의 내용을 함께 제출해야 한다고 규정하고 있다(동법 시행령 제34조의4제7항).

3. 침해사고의 신고

가 침해사고 신고의 의의

정보통신망법은 정보통신서비스 제공자는 침해사고가 발생하면 즉시 그 사실을 과학기술정보통신부장관이나 한국인터넷진흥원에 신고하여야 하며, 이 경우 정보통신서비스 제공자가 이미 다른 법률에 따른 침해사고 통지 또는 신고를 했으면 전단에 따

점포 등에서 해당 신용정보주체로 하여금 그 사실을 열람하게 하는 방법)의 경우는 15일, 3. 동법 시행령 제34조의4제2항제3호(주된 사무소가 있는 특별시 · 광역시 · 특별자치시 · 도 또는 특별자치도 이상의 지역을 보급지역으로 하는 일반일간신문, 일반주간신문 또는 인터넷신문(「신문 등의 진흥에 관한 법률」 제2조제1호가목 · 다목 또는 같은 조 제2호에 따른 일반일간신문, 일반주간신문 또는 인터넷신문을 말한다)에 그 사실을 게재하는 방법)의 경우는 7일의 기간을 말한다고 규정하고 있다(신용정보업감독규정 제43조의5).

른 신고를 한 것으로 본다고 규정하고 있다(정보통신망법 제48조의3제1항). 또한 정보통신망법은 "침해사고"란 다음, 가. 해킹, 컴퓨터바이러스, 논리폭탄, 메일폭탄, 서비스거부 또는 고출력 전자기파 등의 방법과 나. 정보통신망의 정상적인 보호·인증 절차를 우회하여 정보통신망에 접근할 수 있도록 하는 프로그램이나 기술적 장치 등을 정보통신망 또는 이와 관련된 정보시스템에 설치하는 방법으로 정보통신망 또는 이와 관련된 정보시스템을 공격하는 행위로 인하여 발생한 사태를 말한다고 규정하고 있는데(동법 제2조제1항제7호), 현실적으로 개인정보나 개인신용정보는 정보통신망을 통해 유통되는 경우가 대부분이므로 침해사고 발생 시 개인정보나 개인신용정보가 유출되게 될 것으로 생각된다.

한편 2024년 2월, 정보통신망법 개정을 통해 이 법 제48조의3(침해사고의 신고 등) 제4항으로 "동법 제48조의3제1항에 따른 신고의 시기, 방법 및 절차 등에 관하여 필요한 사항은 대통령령으로 정한다."라고 규정이 신설되었는데[54], 동 조항은 정보통신망법 제48조의3제1항은 침해사고 발생시 '즉시' 신고하도록 규정하고 있으나, 동 조항의 '즉시'가 침해사고의 발생 시점과 신고 시점 사이에 어느 정도의 시간 간격을 의미하는지에 대한 명확한 판례나 유권해석이 없어서 신고 지연 여부에 따른 신고 의무 위반 등을 두고 논란의 소지가 있어 왔던 것을 해소하기 위한 것으로 이해된다.

---

54) 과학기술정보통신부는 사이버 침해사고 발생시 신속한 대응을 위해 기존 정보통신망법을 보완해 8월 14일부터 시행한다고 13일 밝혔다. 현행 사이버 침해사고 대응체계에서는 신고 시기의 명확한 기준이 없어 침해사고 미신고·지연신고 등 문제가 발생했다. 이로 인해 신속한 현장지원의 가동이 어려웠다. 또 현재는 이 조치사항이 '권고'로 되어 있어 침해사고 후속 대응의 실효성이 떨어진다는 지적이 잇따랐다. 침해사고가 발생한 정보통신서비스 제공자는 사고를 인지한 이후 24시간 이내에 피해내용, 원인, 대응현황 등에 대해 파악한 사항을 최초 신고하도록 했다. 또 신고 이후 사고와 관련해 추가적으로 확인된 사항은 그 시점으로부터 24시간 이내에 보완신고하도록 규정했다. 침해사고 원인 파악 등으로 최초신고가 지연되지 않도록 하기 위함이다. 사이버 침해사고 대응에는 신속한 신고와 함께 사고가 재발하지 않도록 후속조치를 철저히 하는 것이 중요하다. 이에 과기정통부가 침해사고 발생 정보통신서비스 제공자에게 재발방지 등 필요한 조치의 이행을 현행 '권고'에서 '명령'할 수 있는 근거를 마련했다. 아울러 정보통신서비스 제공자가 해당 명령을 이행하였는지 여부를 점검해 보완이 필요한 사항에 대해서는 시정을 명하고, 시정명령을 이행하지 않은 경우 3000만원 이하의 과태료를 부과하도록 규정했다. 이선율 iT조선 기자, 사이버 침해사고 실효성 높인다…'정보통신망법' 개정안 시행, 2024.8.13. (https://it.chosun.com/news/articleView.html?idxno=2023092121403).

나 침해사고 신고의 시기와 방법 및 절차

정보통신망법은 이 법 제48조의3(침해사고의 신고 등)제1항에 따른 신고의 시기, 방법 및 절차 등에 관하여 필요한 사항은 대통령령으로 정한다고 규정하고 있는데(정보통신망법 제48조의3제4항), 정보통신망법 시행령은 정보통신서비스 제공자는 이 법 제48조의3제1항 전단에 따라 침해사고를 신고하려는 경우에는 침해사고의 발생을 알게 된 때부터 24시간 이내에 다음, 1. 침해사고의 발생 일시, 원인 및 피해내용, 2. 침해사고에 대한 조치사항 등 대응 현황, 3. 침해사고 대응업무를 담당하는 부서 및 연락처의 사항을 과학기술정보통신부장관 또는 한국인터넷진흥원에 신고해야 한다고 규정하고 있으며(동법 시행령 제58조의2제1항), 정보통신서비스 제공자는 동법 시행령 제58조의2(침해사고 신고의 시기, 방법 및 절차)제1항에 따라 신고한 후 침해사고에 관하여 추가로 확인되는 사실이 있는 경우에는 확인한 때부터 24시간 이내에 신고해야 한다고 규정하는 한편(동법 시행령 제58조의2제2항), 동법 시행령 제58조의2제1항 및 제2항에 따른 신고는 서면, 전자우편, 전화, 인터넷 홈페이지 입력 등의 방법으로 할 수 있다고 규정하고 있다(동법 시행령 제58조의2제3항).

제9절　노출된 개인정보의 삭제와 차단

> 〈개인정보 보호법〉 제34조의2(노출된 개인정보의 삭제·차단) ① 개인정보처리자는 고유식별정보, 계좌정보, 신용카드정보 등 개인정보가 정보통신망을 통하여 공중(公衆)에 노출되지 아니하도록 하여야 한다.
> ② 개인정보처리자는 공중에 노출된 개인정보에 대하여 보호위원회 또는 대통령령으로 지정한 전문기관의 요청이 있는 경우에는 해당 정보를 삭제하거나 차단하는 등 필요한 조치를 하여야 한다.

통신과 컴퓨터 기술의 발달로 인터넷을 통한 홈페이지 등에 정보주체의 개인정보가 공중(公衆)에 노출되는 경우가 많아지면서 이로 인한 제2차 피해가 발생하는 경우가 늘고 있는데, 예를 들면 구직을 위해 문서작성 프로그램(Word processor) 파일로 이력서를 작성한 후 구직희망 회사의 자유게시판에 이를 게시하였으나 회사의 관리 소홀로 인해 동 파일이 인터넷 검색엔진(Search engine)을 통해 공중에 노출되거나 검색 사이트에서 자신의 아이디를 검색한 결과 관리자 페이지 화면에 자신을 포함한 다수의 개인정보가 담겨 있는 스프레드시트(Spreadsheet) 파일이 노출된 경우와 같은 다양한 사례가 발생하고 있다. 이러한 문제들을 해소하기 위해 2016년 3월 정보통신망법 제32조의3(노출된 개인정보의 삭제·차단)에 노출된 개인정보의 삭제와 차단 조항이 신설되었고 2020년 2월 개인정보 보호법의 개정 시 동 조항은 개인정보 보호법 제39조의10(노출된 개인정보의 삭제·차단)에 특례조항으로 이관되게 되었다.

한편 2023년 개인정보 보호법 개정 시 온라인과 오프라인 개인정보처리자에 대한 규제 일원화(一元化)를 위해 이 법 제6장 정보통신서비스 제공자 등의 개인정보 처리 등 특례(特例) 전체를 삭제하게 되어 (구)개인정보 보호법 제39조의10을 삭제하고 동법 제34조의2로 이전하여 온라인과 오프라인 개인정보처리자 모두 동일 규범을 적용받도록 일반규정으로 전환하였다. 개인정보 보호법은 개인정보처리자는 고유식별정보, 계좌정보, 신용카드정보 등 개인정보가 정보통신망을 통하여 공중(公衆)에 노출되지 아니하도록 하여야 한다고 규정하고 있으며(개인정보 보호법 제34조의2제1항), 개인정보처리자는 공중에 노출된 개인정보에 대하여 개인정보보호위원회 또는 대통령령으로 지정한 전문기관의 요청이 있는 경우에는 해당 정보를 삭제하거나 차단하는 등 필요한 조치를 하여야 한다고 규정하고 있다(동법 제34조의2제2항). 한편 개인정보 보호법 시행령은 이 법 제34조의2(노출된 개인정보의 삭제·차단)제2항에서 "대통령령으로 지정한 전문기관"이란 한국인터넷진흥원을 말한다고 규정하고 있다(동법 시행령 제40조의2).

참고자료 및 질문

1. **미국의 개인정보보호 관련 법체계의 이해.** 미국의 경우 EU의 GDPR과 같은 개인정보보호에 관한 일반법은 입법되어 있지 않으나 의료, 금융, 교육 등 분야별로 개인정보보호 관련 규정들이 마련되어 있다. 미국의 개인정보보호는 미국 FTC(Free Trade Commission, 공정거래위원회)를 중심으로 소비자 보호의 관점에서 불공정 또는 기만적인 행위 또는 관행(Unfair or Deceptive acts or practices)에 대한 규제와 함께 보건복지부 등 개별 부처를 통해 개인정보보

호가 이루어지고 있다. 한편 미국의 경우 EU의 GDPR처럼 개인정보보호에 관한 일반법은 없으나 아동의 개인정보를 위해서는 일반법적인 성격의 법률을 갖고 있는데 그것이 바로 COPPA(Children Online Privacy Protection Act, 온라인상에서의 아동의 개인정보와 프라이버시에 관한 보호 법률)이다. COPPA는 아동의 개인정보를 개인정보의 수집과 이용, 개인정보의 처리와 보관, 개인정보의 제공과 이전, 개인정보의 파기, 즉 개인정보의 Life cycle에 따라 보호될 수 있도록 입법되어 있으며 미국정부도 일반 정보통신사업자들에게 동 COPPA를 참조하여 개인정보보호 업무를 수행할 것을 권고하고 있다. 또한 미국 연방정부 차원의 일반적인 개인정보 보호법은 없으나 일부 주 특히 IT가 주(州)의 산업과 경제의 중심인 California 주의 경우 CCPA(California Consumer Privacy Act, 캘리포니아 소비자 개인정보와 프라이버시에 관한 보호 법률)을 2020년 1월부터 입법·시행하고 있는 상황이며 캘리포니아를 필두로 버지니아(Virginia Consumer Data Protection Act), 콜로라도(Colorado Protection Personal Data Privacy Act), 유타(Utah Consumer Privacy Act) 등 여러 주가 개인정보 관련 일반법률을 제정·시행하고 있다. 개인정보 보호를 일반법은 아니지만 분야별로 예를 들면 개인신용평가와 취업정보와 관련된 개인정보 등을 보호하기 위한 FCRA(Fair Credit Reporting Act, 공정한 신용평가에 관한 법률), 의료정보와 의료보험과 관련된 개인정보 등을 보호하기 위한 HIPAA(Health Insurance Portability and Accountability Act, 의료보험 정보의 이전과 책임에 관한 법률), 교육과 관련된 개인정보 등을 보호하기 위한 FERA(Family Education Rights and Privacy Act, 교육정보에 관한 법률) 등이 제정·시행되고 있다. 또한 미국 연방정부에 한정되기는 하지만 1974년에 제정되어 OECD 개인정보보호 가이드라인과 EU의 GDPR 등에 영향을 준 Privacy Act가 있는데 동 법률은 연방정부가 수집·이용하는 개인정보 등에 대한 보호를 내용으로 하고 있다[55]. 한편 2022년 6월 미국 하원에서 American Data Privacy and Protection Act(ADPPA)가 발의된 바 있다.

2. COPPA(Children Online Privacy Protection Act, 온라인상에서의 아동의 개인정보와 프라이버시 보호 법률). COPPA는 인터넷 기술의 발전에 따라 1998년 미국 의회가 동 법률을 제정하고 2000년 미국 FTC(Free Trade Commission, 공정거래위원회)가 하위법령을 시행함으로써 효력이 발생한 법이며, 온라인상의 13세 미만 미성년자(이하 아동(兒童))에 대한 개인정보 수집을 부모가 대신 통제할 수 있도록 하기 위해 입법(立法)된 것이다.[56] 동법은 앞에서 설명한 바와 같이 EU의 GDPR과 같이 개인정보 Life cycle에 따라 개인정보를 보호할 수 있도록 하였는데, 우선 동법은, 1. 아동에게 상업적 목적으로 직접 서비스를 제공하는 경우, 2. 일반인을 대상하는 서비스를 제공하더라도 아동의 개인정보를 수집하는 경우, 3. 제3자로부터 아동의 개인정보를 제공받는 경우에 해당하는 웹사이트 또는 온라인 서비스를 적용대상으로 하고 있다. 또한 온라인에서 수집되는 개인적으로 식별가능한 정보로 이름과 성, 집주소, SSN(Social Security Number, 사회보장번호), 전화번호, IP(Internet Protocol) 주소, 아동의 사진과 동영상 및 음성을

담고 있는 파일, 쿠키(Cookie) 등을 포함하고 있으며, 아동로부터 수집한 개인정보는 오직 수집 목적을 달성하기 위해 필요한 기간 동안만 보유하도록 하고 권한이 없는 사용자가 접근하여 이용, 파기 할 수 없도록 보호조치를 적용하도록 하였다. 그리고 아동의 개인정보 수집에 대한 동의와 통지 요건들을 명확하게 제시하여 부모가 아동의 개인정보자기통제권을 강화할 수 있 도록 하고 개인정보 수집 사실을 정확히 알 수 있도록 하였다. 한편, 2019년 4월, FTC는 YouTube에 맞춤형 광고(Targeted advertisement)를 위해 아동의 접속기록을 추적할 수 있는 기능을 포함함으로써 COPPA를 위반하였다는 것을 이유로 170만 달러의 과징금을 부과한 바 있다.[57]

3. **CCPA(California Consumer Privacy Act, 캘리포니아 소비자 개인정보와 프라이버시 보호 법률).** CCPA는 2018년 미국 California 주(州) 의회에서 제정되어 2020년 1월 시행된 California 주민들의 Privacy를 보호하기 위한 법률이다.[58] 동 법률은 미국 연방 차원에서 EU의 GDPR과 같은 개인정보보호 일반법을 입법하지 못하고 있는 상황에서 California 주가 제한적이지만 단 독으로 선도적으로 개인정보보호를 위한 일반법을 입법하였다는 점에서 의의가 있다고 생각된 다. CCPA는 California 주에 거주하지 않는 주민에게는 적용되지 않지만, California 주민을 대 상으로 서비스를 제공하는 경우에는 원칙적으로 적용된다. 또한 CCPA는 소비자의 개인정보를 수집하는 기업과 이윤 또는 주주의 금전적 이익을 위해서 캘리포니아에서 운영하는 기업에게 적용되나, 다음 3가지, 1. 연간 총매출이 $25,000,000을 초과하는 경우, 2. 5만명 이상의 소비 자 개인정보를 상업적 목적으로 구매하거나 팔거나 공유하는 경우, 3. 소비자 개인정보 판매로 연간 매출의 50% 이상을 달성하는 경우 중 하나의 경우를 충족해야만 동법이 적용된다. CCPA는 개인정보(Personal information), 소비자(Consumer), 사업(Business), 집합소비자정보 (Aggregate consumer information), 생체정보(Biometric information), 수집(Collect), 비식별조치 (De-identification), 판매(Sale), 서비스(Service), 제3자(Third party) 등에 대해 정의하고 있으며, CCPA는 개인정보와 관련하여 소비자에게 알권리(Right to know), 정보접근권(Right to access), 삭제권(Rights to deletion), 거부권(Right to opt out), 서비스 평등권(Right to equal service)을 부여하고 있다. 한편 CCPA는 위반 시 손해배상(Damages) 금액으로 소비자 1인당 100달러부터 750달러까지 또는 실제 손해액 중 더 큰 금액을 부과할 수 있도록 규정하고 있다.

4. **ADPPA(American Data Privacy and Protection Act, 미국 연방 데이터 프라이버시 보호법).** ADPPA는 2022년 6월 미국 하원에서 발의된 연방 전체에 대한 개인정보 보호 일반법(안)이다. ADDPA는 주요 개념으로, 1. Covered entity(적용 대상)를 FTC(Federal Trade Commission, 연 방 공정거래위원회)의 법 적용 대상 사업자, 통신사업자 등을 대상으로(정부기관은 제외), 2. Large data holder(대규모 개인정보 보유사업자)를 연간 총매출이 $2억5천 이상이며, 500만명 이상의 개인 또는 장치의 적용대상 데이터(Covered data)를 처리하거나, 20만명 이상 또는 장

치의 민감 적용대상 데이터(Sensitive covered data)를 처리하는 경우로, 3. Third party collecting entity(제3자 개인정보 수집 주체)를 본인이 직접 수집하지 않은 개인정보의 처리 또는 제공으로부터 주된 매출이 발생하는 데이터 브로커로, 4. Covered data(적용대상 데이터)를 식별이 가능한 개인 또는 장치에 관한 정보, IP주소와 쿠키 등을 포함하나 비식별정보, 임직원 정보, 공개된 정보는 적용대상에서 제외되는 것으로, Sensitive covered data(민감 적용대상 데이터)를 정부가 발급한 식별자인 여권번호, SSN(Social Security Number, 사회보장번호), 건강 정보, 생체정보, 유전정보, 금융정보, 정확한 위치정보, 로그인 비밀정보, 17세 미만의 개인정보, 성적(Sexual) 정보 등을 포함하는 것으로 정의하여 규정하고 있다. 한편 ADDPA는 다른 연방법 들과의 관계에서는 HIPPA, Gramm-Leach-Bliley Act 등 개인정보 관련 개별 법령이 우선 적용되며, 주(State)법들과의 관계에서는 원칙적으로 ADDPA가 적용되는 것으로 이해된다. ADDPA는 주요 규정으로, 1. 개인정보 최소처리의 원칙(Data minimization), 2. 선량한 관리자의 의무(Loyalty duties), 3. 1:1 맞춤 광고(Targeted advertising) 규제, 4. 개인정보보호 중심의 설계 (Privacy by design), 5. 개인정보 수집 관련 알고리즘(Covered algorithm) 규제, 6. 개인정보 영향평가(Privacy Impact Assessment), 7. 데이터 브로커(Third party collecting entity) 규제, 8. 개인정보 처리방침(Privacy policy)의 작성 및 공개 의무, 9. 개인정보 책임자(Executive responsibility), 10. 비식별조치(De-identified data) 등의 내용을 포함하고 있다.

5. **일본의 개인정보 보호법.** 일본은 2003년 5월, 민간 부문을 규제 대상으로 하는 개인정보 보호법을 제정하였고 이와 함께 공공부문에 적용되는 행정기관의 개인정보 보호법, 독립행정법인의 개인정보 보호법, 지방공공단체 개인정보 보호조례 등 4가지 법령도 함께 정비하였다. 또한 일본은 2015년 9월, EU GDPR과 같은 국제적인 개인정보 규제 유사한 수준으로 개인정보 보호법을 개정하였고 이는 2017년 5월부터 시행되었다. 한편 일본 개인정보 보호법은 부칙에 3년 마다 재검토하는 규정이 있어서 2022년 개정 개인정보 보호법은 2022년 시행되었고 2022년 개정 개인정보 보호법은 2024년 시행되고 있다. 일본의 개인정보 보호법은 개인정보를 살아있는 개인에 관한 정보로, 해당 정보에 포함이 되어 있는 이름, 생년월일, 기타 기술 등(문서, 그림, 전자적 기록, 음성·동작 등을 이용해 표현된 일체의 사항(단 개인식별부호는 제외)을 통해 특정 개인을 식별할 수 있는 것을 의미하고, 다른 정보와 쉽게 대조할 수 있으며 이로 인해 특정 개인을 식별할 수 있는 것을 포함하고 있다. 동법은 개인정보는 살아있는 개인에 관한 정보로서, 해당 정보에 포함되어 있는 이름, 생년월일, 기타 기술 등(문서, 그림, 전자적 기록, 음성·동작 등을 이용해 표현된 일체의 사항(단 개인식별부호는 제외)을 통해 특정 개인을 식별할 수 있는 것을 의미하고, 다른 정보와 쉽게 대조할 수 있으며 이로 인해 특정 개인을 식별할 수 있는 것을 포함한다고 정의하고 있다. 또한 동법은 개인정보를 2가지 유형으로 구분하고 있는데, 1. 사업자 운영자의 개인정보 데이터베이스를 구성하는 개인정보인 개인 데이터(Personal Data)와 2. 컴퓨터로 특정 개인정보를 검색할 수 있도록 체계적으로 배열한 정보의 집합체와

컴퓨터를 사용하지 않더라도 목차 · 색인 등을 보유하여 특정 규칙에 따르는 정보의 집합체인 개인정보 데이터베이스(Personal Information Database)가 별도로 정의되고 있다. 즉, 개인정보가 개인정보 데이터베이스에 저장되면 개인 데이터가 되는 것으로 이해된다. 이와 함께 동법은 우리의 민감정보에 해당하는 요배려 개인정보, 우리의 가명정보에 해당하는 가명가공정보, 우리의 익명정보에 해당하는 익명가공정보의 사항들을 포함하고 있다. 가명가공정보는 다른 정보와 대조하지 않는 이상 특정 개인을 식별할 수 없도록 가공된 개인에 대한 정보로서 원칙적으로 개인정보에 해당이 되나 일부 법적 의무가 면제되는 반면에, 익명가공정보는 특정 개인을 식별할 수 없고 개인정보를 복원할 수 없도록 가공된 개인정보로서 원칙적으로 개인정보에 해당이 되지 않으나 일부 법적 의무 준수가 요구되는 것이다. 한편 일본은 개인정보 감독기구로 2016년 개인정보보호위원회를 출범 · 운영 중인데 독립적 권한 행사가 보장되는 일본 개인정보보호위원회는 위원장을 포함하는 9인으로 구성되어 있으며 이 중 4인은 비상근 위원이다. 또한 일본은 2019년 EU의 적정성 결정(Adequacy decision)을 받은 바가 있다.

6. **중국의 데이터 3법.** 중국은 데이터를 국가 발전을 위한 핵심 생산수단으로 보고 이에 대한 규제와 감독을 강화하고 있는 것으로 이해된다. 중국의 데이터 3법으로 네트워크 안전법, 데이터 안전법, 개인정보 보호법을 들 수 있는데, 우선 2017년 6월, 가장 먼저 제정 · 시행 중인 네트워크 안전법은 중국 내에서의 네트워크의 설치와 운영 및 유지보수와 안전에 대한 관리 · 감독을 주요 내용으로 포함하고 있다. 또한 동법은 국가안전, 경제건설, 사회질서에 있어 중요도와 사고 발생 시 위해도를 고려하여 5등급으로 구성된 네트워크 안전등급 보호제도를 규정하고 정보통신, 에너지, 금융, 교통 등 분야에 핵심정보기초시설(Critical Information Infrastructure)를 관련 부처가 지정하도록 하도록 규정하고 있다. 2021년 9월, 제정 · 시행 중인 데이터 안전법은 중국 내에서 이루어지는 데이터의 처리 및 그 안전에 대한 감독과 함께 중국 밖에서 이루어지는 데이터의 처리가 중국의 국가 안전, 공공의 이익에 반하는 경우 적용되며, 데이터에 대한 중요도, 유출 · 남용 시 발생되는 손해의 정도를 기준으로 유형과 등급으로 구분하여 관리하는 데이터 분류분급제도를 도입하고 있다. 또한 동법은 국가 안전, 공공의 이익을 위협할 가능성이 있는 데이터 처리자에 대한 엄격한 안전보호 의무 부과를 내용으로 하는 중요 데이터의 개념을 도입하고 있다. 마지막으로 2021년 11월, 제정 · 시행 중인 개인정보 보호법은 개인정보를 자연인을 식별하거나 식별할 수 있는 각종 관련 정보를 전자방식 또는 그 밖의 방식으로 기록한 것이나, 다만 익명처리가 된 정보는 포함하지 아니한다고 규정하고 있다. 또한 동법은 개인정보의 처리를 하려면 원칙적으로 개인의 동의를 받은 경우이어야 하나 법정 직무 수행 또는 법정 의무이행을 필요한 경우, 개인이 스스로 공개하였거나 이미 적법하게 공개된 개인정보를 이 법의 규정에 따라 합리적인 범위 내에서 처리하는 경우 등 개인의 동의 없이도 처리할 수 있는 경우들을 규정하고 있다. 이와 함께 동법은 개인정보의 제3자 제공, 민감개인정보의 처리, 개인정보의 국외 이전 등에 대해 개인으로부터 별도의 동의를 받아야 한다고 규정하

고 있는 한편, 중국 내의 개인정보를 국외로 이전할 필요가 있는 경우 국가정보통신 주관 부서의 안전 평가, 국가정보통신 주관 부서 규정에 따른 전문기관의 개인정보 보호인증, 국가정보통신 주관 부서에서 제정한 표준계약, 법령 또는 국가정보통신 주관 부서가 정하는 그 밖의 조건 준수 중 하나를 갖추어야 한다고 규정하고 있다.

---

55) William McGevern, *ibid*, pp322~323.

56) William McGevern, *ibid*, pp302~311.

57) 구글과 그 자회사인 세계 최대 동영상 공유사이트 유튜브가 광고 수익을 위해 13세가 안 된 아동의 개인정보를 불법 수집한 혐의로 2천억원이 넘는 거액의 벌금을 맞았다. 미 연방거래위원회(FTC)는 4일(현지시간) 유튜브에 아동의 개인정보를 부모 동의 없이 불법적으로 수집한 책임을 물어 1억7천만 달러(약 2천50억원)의 벌금을 부과하기로 회사 측과 합의했다. 이는 부모 승낙 없이 13세 미만 이용자들의 정보를 수집하거나 이들을 표적으로 삼은 활동을 하지 못하도록 한 미국의 아동 온라인 사생활 보호법(COPPA)이 마련된 이후 부과된 최대 규모의 벌금이다. 유튜브는 부모 승낙을 받지 않고 인터넷을 통해 이용자 행동을 추적할 수 있는 쿠키를 이용해 어린이를 겨냥한 채널 시청자들의 개인정보를 수집한 혐의를 받았다. 정진호 연합뉴스 기자, 유튜브, 아동 개인정보 불법수집으로 2천억원 벌금…역대 최대, 2019.9.5. (https://www.yna.co.kr/view/AKR20190905001051071).

58) 김성천, 미국 캘리포니아주 소비자프라이시법(CCPA)의 주요내용과 시사점, 동향 소비자정책(2018년 9월), pp1~5.

제 4 장

정보주체와 개인인 신용정보주체의
권리보장을 위해 어떻게 규제하는가?

정보주체와 개인인 신용정보주체의 권리보장을 위해 개인정보 보호법은 제5장 정보주체의 권리 보장을 두고 있으며 신용정보법은 제39조의3(신용정보주체의 권리행사 방법 및 절차) 등의 조항들을 규정하고 있다. 개인정보 보호법은 이 법 제5장에서 개인정보의 열람, 개인정보의 전송 요구, 개인정보의 정정·삭제, 개인정보의 처리정지, 자동화된 결정에 대한 정보주체의 권리, 권리행사의 방법 및 절차, 손해배상의 보장 등을 규정하고 있으며 또한 동법 제4조(정보주체의 권리)에서는 정보주체의 권리에 관한 일반조항을 두고 있다. 한편 신용정보법은 개인신용정보의 전송요구, 상거래 거절 근거 신용정보의 고지, 자동화평가 결과에 대한 설명 및 이의제기, 개인신용정보 제공 동의 철회권, 신용정보의 열람 및 정정청구, 신용조회사실의 통지 요청, 신용조회사실의 통지 요청, 채권자변동정보의 열람 등을 개인인 신용정보주체의 권리보장을 위해 규정하고 있다. 2023년 개인정보 보호법의 개정을 통해 신용정보법에만 규정되어 있던 개인신용정보의 전송요구, 자동화평가 결과에 대한 설명 및 이의제기가 개인정보 보호법에 개인정보의 전송 요구, 자동화된 결정에 대한 정보주체의 권리로 도입되었는데 이러한 변화를 주목할 필요가 있다고 생각하는데 이러한 변화와 함께 정보주체와 개인인 신용정보주체의 권리보장을 위한 사안들을 설명하고자 한다.

제1절　정보주체와 개인인 신용정보주체의 권리

〈개인정보 보호법〉 제4조(정보주체의 권리) 정보주체는 자신의 개인정보 처리와 관련하여 다음 각 호의 권리를 가진다.

1. 개인정보의 처리에 관한 정보를 제공받을 권리
2. 개인정보의 처리에 관한 동의 여부, 동의 범위 등을 선택하고 결정할 권리
3. 개인정보의 처리 여부를 확인하고 개인정보에 대한 열람(사본의 발급을 포함한다. 이하 같다) 및 전송을 요구할 권리
4. 개인정보의 처리 정지, 정정·삭제 및 파기를 요구할 권리
5. 개인정보의 처리로 인하여 발생한 피해를 신속하고 공정한 절차에 따라 구제받을 권리
6. 완전히 자동화된 개인정보 처리에 따른 결정을 거부하거나 그에 대한 설명 등을 요구할 권리

제38조(권리행사의 방법 및 절차) ① 정보주체는 제35조에 따른 열람, 제35조의2에 따른 전송, 제36조에 따른 정정·삭제, 제37조에 따른 처리정지 및 동의 철회, 제37조의2에 따른 거부·설명 등의 요구(이하 "열람등요구"라 한다)를 문서 등 대통령령으로 정하는 방법·절차에 따라 대리인에게 하게 할 수 있다.

② 만 14세 미만 아동의 법정대리인은 개인정보처리자에게 그 아동의 개인정보 열람등요구를 할 수 있다.

〈신용정보법〉 제39조의3(신용정보주체의 권리행사 방법 및 절차) ① 신용정보주체는 다음 각 호의 권리행사(이하 "열람등요구"라 한다)를 서면 등 대통령령으로 정하는 방법·절차에 따라 대리인에게 하게 할 수 있다.

1. 제33조의2제1항에 따른 전송요구

2. 제36조제1항에 따른 고지요구

3. 제36조의2제1항에 따른 설명 요구 및 제2항 각 호의 어느 하나에 해당하는 행위

4. 제37조제1항에 따른 동의 철회 및 제2항에 따른 연락중지 청구

5. 제38조제1항 및 제2항에 따른 열람 및 정정청구

6. 제38조의2제1항에 따른 통지 요청

7. 제39조에 따른 무료열람

8. 제39조의2제2항에 따른 교부 또는 열람

개인정보 보호법은 정보주체는 자신의 개인정보 처리와 관련하여 다음, 1. 개인정보의 처리에 관한 정보를 제공받을 권리, 2. 개인정보의 처리에 관한 동의 여부, 동의 범위 등을 선택하고 결정할 권리, 3. 개인정보의 처리 여부를 확인하고 개인정보에 대한 열람(사본의 발급을 포함한다) 및 전송을 요구할 권리, 4. 개인정보의 처리 정지, 정정·삭제 및 파기를 요구할 권리, 5. 개인정보의 처리로 인하여 발생한 피해를 신속하고 공정한 절차에 따라 구제받을 권리, 6. 완전히 자동화된 개인정보 처리에 따른 결정을 거부하거나 그에 대한 설명 등을 요구할 권리를 가진다고 규정하고 있는데 (개인정보 보호법 제4조), 동 조항은 정보주체의 개인정보에 대한 일반적인 권리조항으로서 동법 제5장 정보주체의 권리 보장에서 구체화되는 것으로 이해된다.

앞에서 이미 설명한 바와 같이 헌법재판소는 주민등록법 제17조의8(주민등록증의 발급 등) 등에 대한 위헌법률심판[1])에서 개인정보자기결정권 또는 개인정보자기통제권을 인정하였는데, "개인정보자기결정권을 통해 보호하려는 정보주체의 권리들을 개별적

인 기본권들이나 헌법원리들 중 일부에 완전히 포섭시키는 것은 불가능하다고 할 것이므로 개인정보자기결정권은 개별적인 기본권들이나 헌법원리들을 기초로 하는 독자적인 기본권(Sui generis)으로서 헌법에 명시되지 아니한 기본권이라고 보아야 할 것이다"라고 판시한 바 있다. 또한 대법원은 개인정보에 관한 권리에 대하여 "헌법 제10조의 행복추구권과 헌법 제17조의 사생활의 비밀과 자유에 관한 규정은 개인의 사생활 활동이 타인으로부터 침해되거나 사생활이 함부로 공개되지 아니할 소극적인 권리는 물론, 오늘날 고도로 정보화된 현대사회에서 자신에 대한 정보를 자율적으로 통제할 수 있는 적극적인 권리까지도 보장하기 위한 것이다"라고 판시한 바 있다.[2]

한편 개인정보 보호법은 정보주체는 이 법 제35조(개인정보의 열람)에 따른 열람, 동법 제35조의2(개인정보의 전송 요구)에 따른 전송, 동법 제36조(개인정보의 정정·삭제)에 따른 정정·삭제, 동법 제37조(개인정보의 처리정지 등)에 따른 처리정지 및 동의 철회, 제37조의2(자동화된 결정에 대한 정보주체의 권리 등)에 따른 거부·설명 등의 요구(이하 "열람등요구"라 한다)를 문서 등 대통령령으로 정하는[3] 방법·절차에 따라 대리인에게 하게 할 수 있다고[4] 규정하고 있으며(개인정보 보호법 제38조제1항), 만 14세 미만 아동의 법정대리인은 개인정보처리자에게 그 아동의 개인정보 열람등요구를 할 수 있다고 규정하고 있다(동법 제38조제2항).[5] 또한 개인정보 보호법은 개인정보처리자는 정보주체

---

1) 헌법재판소 2005. 5. 26. 선고 99헌마513.
2) 대법원 1998. 7. 24. 선고 96다42789.
3) 개인정보 보호법 시행령은 이 법 제38조(권리행사의 방법 및 절차)에 따라 정보주체를 대리할 수 있는 자는 다음, 1. 정보주체의 법정대리인과 2. 정보주체로부터 위임을 받은 자와 같다고 규정하고 있으며(개인정보 보호법 시행령 제45조제1항), 동법 시행령 제45조(대리인의 범위 등)제1항에 따른 대리인이 동법 제38조에 따라 정보주체를 대리할 때에는 개인정보처리자에게 개인정보보호위원회가 정하여 고시하는 정보주체의 위임장을 제출하여야 한다고 규정하고 있다(동법 시행령 제45조제2항).
4) 개인정보 보호법 시행령은 개인정보처리자는 이 법 제41조(개인정보의 열람절차 등)제1항에 따른 열람, 동법 제43조(개인정보의 정정·삭제 등)제1항에 따른 정정·삭제, 동법 제35조의2(개인정보의 전송 요구)에 따른 전송, 동법 제37조(개인정보의 처리정지 등)제1항에 따른 처리정지 또는 동의 철회 등의 요구(이하 이 조인 동법 시행령 제46조(정보주체 또는 대리인의 확인), 동법 시행령 제47조(수수료 등의 금액 등) 및 동법 시행령 제48조(열람 요구 지원시스템의 구축 등)에서 "열람등요구"라 한다)를 받았을 때에는 열람등요구를 한 사람이 본인이거나 정당한 대리인인지를 확인하여야 한다고 규정하고 있으며(개인정보 보호법 시행령 제46조제1항), 공공기관인 개인정보처리자가 「전자정부법」 제36조(행정정보의 효율적 관리 및 이용)제1항에 따른 행정정보의 공동이용을 통하여 동법 시행령 제46조제1항에 따른 확인을 할 수 있는 경우에는 행정정보의 공동이용을 통하여 확인하여야 하나, 다만, 해당 공공기관이 행정정보의 공동이용을 할 수 없거나 정보주체가 확인에 동의하지 아니하는 경우에는 그러하지 아니하다고 규정하고 있다(동법 시행령 제46조제2항).

가 열람등요구를 할 수 있는 구체적인 방법과 절차를 마련하고, 이를 정보주체가 알 수 있도록 공개하여야 하며, 이 경우 열람등요구의 방법과 절차는 해당 개인정보의 수집 방법과 절차보다 어렵지 아니하도록 하여야 한다고 규정하는 한편(동법 제38조제4항), 개인정보처리자는 정보주체가 열람등요구에 대한 거절 등 조치에 대하여 불복이 있는 경우 이의를 제기할 수 있도록 필요한 절차를 마련하고 안내하여야 한다고 규정하고 있다(동법 제38조제5항).

신용정보법은 신용정보주체는 다음, 1. 이 법 제33조의2(개인신용정보의 전송요구)제1항에 따른 전송요구, 2. 동법 제36조(상거래 거절 근거 신용정보의 고지 등)제1항에 따른 고지요구, 3. 동법 제36조의2(자동화평가 결과에 대한 설명 및 이의제기 등)제1항에 따른 설명 요구 및 제2항 각 호의 어느 하나에 해당하는 행위, 4. 동법 제37조(개인신용정보 제공 동의 철회권 등)제1항에 따른 동의 철회 및 제2항에 따른 연락중지 청구, 5. 동법 제38조(신용정보의 열람 및 정정청구 등)제1항 및 제2항에 따른 열람 및 정정청구, 6. 동법 제38조의2(신용조회사실의 통지 요청)제1항에 따른 통지 요청, 7. 동법 제39조(무료 열람권) 에 따른 무료열람, 8. 동법 제39조의2(채권자변동정보의 열람 등)제2항에 따른 교부 또는 열람의 권리행사(이하 "열람등요구"라 한다)를 서면 등 대통령령으로6) 정하는 방

---

5) 한편 개인정보 보호법은 개인정보처리자는 열람등요구를 하는 자에게 대통령령으로 정하는 바에 따라 수수료와 우송료(사본의 우송을 청구하는 경우에 한한다)를 청구할 수 있으나 다만, 이 법 제35조의2(개인정보의 전송 요구)제2항에 따른 전송 요구의 경우에는 전송을 위해 추가로 필요한 설비 등을 함께 고려하여 수수료를 산정할 수 있다고 규정하고 있으며(개인정보 보호법 제38조제3항), 개인정보 보호법 시행령은 이 법 제38조(권리행사의 방법 및 절차)제3항에 따른 수수료와 우송료의 금액은 열람등요구에 필요한 실비의 범위에서 해당 개인정보처리자가 정하는 바에 따르나, 다만, 개인정보처리자가 지방자치단체인 경우에는 그 지방자치단체의 조례로 정하는 바에 따른다고 규정하고 있다(동법 시행령 제47조제1항). 또한 개인정보 보호법 시행령은 개인정보처리자는 열람등요구를 하게 된 사유가 그 개인정보처리자에게 있는 경우에는 수수료와 우송료를 청구해서는 아니 된다고 규정하고 있으며(동법 시행령 제47조제2항), 이 법 제38조제3항에 따른 수수료 또는 우송료는 다음, 1. 국가기관인 개인정보처리자에게 내는 경우에는 수입인지, 2. 지방자치단체인 개인정보처리자에게 내는 경우에는 수입증지, 3. 국가기관 및 지방자치단체 외의 개인정보처리자에게 내는 경우에는 해당 개인정보처리자가 정하는 방법의 구분에 따른 방법으로 내나, 다만, 국회, 법원, 헌법재판소, 중앙선거관리위원회, 중앙행정기관 및 그 소속 기관(이하 이 조에서 "국가기관"이라 한다) 또는 지방자치단체인 개인정보처리자는 「전자금융거래법」 제2조(정의)제11호에 따른 전자지급수단 또는 「정보통신망 이용촉진 및 정보보호 등에 관한 법률」 제2조(정의)제1항제10호에 따른 통신과금서비스를 이용하여 수수료 또는 우송료를 내게 할 수 있다고 규정하고 있다(동법 시행령 제47조제3항).
6) 신용정보법 시행령은 이 법 제39조의3(신용정보주체의 권리행사 방법 및 절차)제1항 각 호 외의 부분에서 "서면 등 대통령령으로 정하는 방법·절차"란 서면, 전자문서, 인터넷 홈페이지, 어플리케이션

법·절차에 따라 대리인에게 하게 할 수 있으며(신용정보법 제39조의3제1항), 만 14세 미만 아동의 법정대리인은 신용정보회사등에 그 아동의 개인신용정보에 대하여 열람등 요구를 할 수 있다고 규정하고 있다(동법 제39조의3제2항).

한편 EU GDPR은 Chater 3. 정보주체의 권리(Rights of the data subject)에서, 1. 정보를 제공받을 권리(Right to be informed, Article 12, 13, 14), 2. 정보주체의 열람권 (Right of access by the data subject, Article 12, 15), 3. 정정권(Right of rectification, Article 12, 16, 19), 4. 삭제권 또는 잊혀질 권리(Right of erasure or Right to be forgotten, Article 13, 17, 19), 5. 처리 제한권(Right of restriction of processing, Article 12, 18, 19), 6. 개인정보 이동권(Right to data portability, Article 12, 20), 7. 반대권 (Right to object, Article 12, 21), 8 프로파일링을 포함한 자동화된 개별 의사결정 (Automated individual decision-making, including profiling, Article 22)을 규정하고 있다.

참고자료 및 질문

1. **개인정보 보호법의 개인정보 보호원칙과 신용정보법의 수집 및 처리원칙과 개인신용평가 등에 관한 원칙.** 개인정보 보호법과 신용정보법은 보충적으로 법을 해석하기 위한 일반조항들을 포함하고 있는데, 개인정보 보호법 제3조(개인정보 보호 원칙), 신용정보법 제15조(수집 및 처리의 원칙)과 제22조의3(개인신용평가 등에 관한 원칙) 등이 나침반(Compass)과 같은 이러한 일반조항으로 이해된다. 개인정보 보호법은 개인정보처리자는 개인정보의 처리 목적을 명확하게 하여야 하고 그 목적에 필요한 범위에서 최소한의 개인정보만을 적법하고 정당하게 수집하여야 하고(개인정보 보호법 제3조제1항), 개인정보처리자는 개인정보의 처리 목적에 필요한 범위에서 적합하게 개인정보를 처리하여야 하며, 그 목적 외의 용도로 활용하여서는 아니 되는 한편(동법 제3조제2항), 개인정보처리자는 개인정보의 처리 목적에 필요한 범위에서 개인정보의 정확성, 완전성 및 최신성이 보장되도록 하여야 한다고 규정하고 있다(동법 제3조제3항). 그리고 개인정보 보호법은 개인정보처리자는 개인정보의 처리 방법 및 종류 등에 따라 정보주체의 권리가 침해받을 가능성과 그 위험 정도를 고려하여 개인정보를 안전하게 관리하여야 하고(동법 제3조제4항), 개인정보처리자는 이 법 제30조(개인정보 처리방침의 수립 및 공개)에 따른 개인정보 처리방침 등 개인정보의 처리에 관한 사항을 공개하여야 하며, 열람청구권 등 정보주체의 권리를 보장하여야 한다고 규정하고 있다(동법 제3조제5항). 또한 개인정보 보호법은 개인정보

또는 메신저 등 안전성과 신뢰성이 확보될 수 있는 수단을 사용하여 대리의 구체적인 내용과 범위 및 기간을 포함하여 대리권을 위임하는 것을 말한다고 규정하고 있다(신용정보법 시행령 제34조의3).

처리자는 정보주체의 사생활 침해를 최소화하는 방법으로 개인정보를 처리하여야 하고(동법 제3조제6항), 개인정보처리자는 개인정보를 익명 또는 가명으로 처리하여도 개인정보 수집목적을 달성할 수 있는 경우 익명처리가 가능한 경우에는 익명에 의하여, 익명처리로 목적을 달성할 수 없는 경우에는 가명에 의하여 처리될 수 있도록 하여야 하며(동법 제3조제7항), 개인정보처리자는 이 법 및 관계 법령에서 규정하고 있는 책임과 의무를 준수하고 실천함으로써 정보주체의 신뢰를 얻기 위하여 노력하여야 한다고 규정하고 있다(동법 제3조제8항). 한편 신용정보법은 신용정보회사, 본인신용정보관리회사, 채권추심회사, 신용정보집중기관 및 신용정보제공·이용자(이하 "신용정보회사등"이라 한다)는 신용정보를 수집하고 이를 처리할 수 있으나, 이 경우 이 법 또는 정관으로 정한 업무 범위에서 수집 및 처리의 목적을 명확히 하여야 하며, 이 법 및 「개인정보 보호법」 제3조(개인정보 보호 원칙)제1항 및 제2항에 따라 그 목적 달성에 필요한 최소한의 범위에서 합리적이고 공정한 수단을 사용하여 신용정보를 수집 및 처리하여야 한다고 규정하고 있으며(신용정보법 제15조제1항), 개인신용평가회사 및 그 임직원은 개인신용평가에 관한 업무를 할 때 다음, 1. 개인신용평가 결과가 정확하고 그 평가체계가 공정한지 여부와 2. 개인신용평가 과정이 공개적으로 투명하게 이루어지는지 여부의 사항을 고려하여 그 업무를 수행하여야 한다고 규정하고 있다(동법 제22조의3제1항).

2. 개인정보 보호수준 평가. 2023년 개인정보 보호법 개정을 통해 이 법 제11조의2에 개인정보 보호수준 평가가 신설되었는데, 개인정보보호위원회는 공공기관 중 중앙행정기관 및 그 소속기관, 지방자치단체, 그 밖에 대통령령으로 정하는 기관을 대상으로 매년 개인정보 보호·정책·업무의 수행 및 이 법에 따른 의무의 준수 여부 등을 평가(이하 "개인정보 보호수준 평가"라 한다)하여야 하는데(개인정보 보호법 제11조의2제1항), 개인정보보호위원회는 개인정보 보호수준 평가에 필요한 경우 해당 공공기관의 장에게 관련 자료를 제출하게 할 수 있으며(동법 제11조의2제1항), 개인정보보호위원회는 개인정보 보호수준 평가의 결과를 인터넷 홈페이지 등을 통하여 공개할 수 있다(동법 제11조의2제3항). 또한 개인정보보호위원회는 개인정보 보호수준 평가의 결과에 따라 우수기관 및 그 소속 직원에 대하여 포상할 수 있고, 개인정보 보호를 위하여 필요하다고 인정하면 해당 공공기관의 장에게 개선을 권고할 수 있는데, 이 경우 권고를 받은 공공기관의 장은 이를 이행하기 위하여 성실하게 노력하여야 하며, 그 조치 결과를 개인정보보호위원회에 알려야 한다(동법 제11조의2제4항). 한편 개인정보 보호법은 그 밖에 개인정보 보호수준 평가의 기준·방법·절차 및 제2항에 따른 자료 제출의 범위 등에 필요한 사항은 대통령령으로 정한다고 규정하고 있다(동법 제11조의2제5항). 개인정보 보호법 시행령은 이 법 제11조의2(개인정보 보호수준 평가)제1항의 "그 밖에 대통령령으로 정하는 기관"이란 다음, 1. 「공공기관의 운영에 관한 법률」 제4조(공공기관)에 따른 공공기관, 2. 「지방공기업법」에 따른 지방공사와 지방공단, 3. 그 밖에 동법 제2조(공공기관의 범위)제4호 및 제5호에 따른 공공기관 중 공공기관의 개인정보 처리 업무의 특성 등을 고려하여 개인정보보호위원회가 고시하는 기준에 해

당하는 기관을 말한다고 규정하고 있으며(동법 시행령 제13조의2제1항), 동법 제11조의2제1항에 따른 개인정보 보호수준 평가 기준은 다음. 1. 개인정보 보호 정책·업무 수행실적 및 개선 정도, 2. 개인정보 관리체계의 적정성, 3. 정보주체 권리보장을 위한 조치사항 및 이행 정도, 4. 개인정보 침해방지 조치사항 및 안전성 확보 조치 이행 정도, 5. 그 밖에 개인정보의 처리 및 안전한 관리를 위해 필요한 조치 사항의 준수 여부와 같다고 규정하고 있다(동법 시행령 제13조의2제2항). 또한 개인정보 보호법 시행령은 개인정보보호위원회는 개인정보 보호수준 평가를 시행하기 전에 평가대상, 평가기준·방법 및 평가지표 등을 포함한 평가계획을 마련하여 개인정보 보호수준 평가대상 기관(이하 "평가대상기관"이라 한다)의 장에게 통보하여야 한다고 규정하고 있으며(동법 시행령 제13조의2제3항), 개인정보보호위원회는 개인정보 보호수준 평가를 효율적으로 실시하기 위해 개인정보 보호에 관한 전문적인 지식과 경험이 풍부한 전문가를 포함하여 평가단을 구성·운영할 수 있다고 규정하고 있다(동법 시행령 제13조의2제4항). 개인정보 보호법 시행령은 개인정보보호위원회는 이 법 제11조의2제2항에 따라 다음. 1. 평가대상기관이 개인정보 보호수준을 자체적으로 점검한 경우 그 결과 및 증명자료, 2. 동법 시행령 제13조의2 제5항제1호의 증명자료의 검증에 필요한 자료, 3. 그 밖에 개인정보의 안전한 관리 여부 등 개인정보 보호수준을 평가하기 위해 필요한 자료를 제출하게 할 수 있다고 규정하고 있으며(동법 시행령 제13조의2제5항), 개인정보보호위원회는 이 법 시행령 제13조의2제5항에 따라 평가대상 기관의 장이 제출한 자료를 기준으로 평가를 진행하거나 평가대상기관을 방문하여 평가할 수 있다고 규정하고 있다(동법 시행령 제13조의2제6항). 한편 개인정보 보호법 시행령은 개인정보 보호위원회는 중앙행정기관의 장 또는 지방자치단체의 장에게 소속 기관 등 소관 분야 평가대상기관의 평가준비 또는 평가결과에 따른 개인정보 보호 조치를 위해 필요한 사항을 지원하도록 요청할 수 있고, 이 경우 요청을 받은 중앙행정기관의 장 또는 지방자치단체의 장은 요청에 따른 지원을 하기 위해 노력해야 한다고 규정하고 있으며(동법 시행령 제13조의2제7항). 이 법 시행령 제13조의2제1항부터 제7항까지의 규정에 따른 개인정보 보호수준 평가에 관한 세부 사항은 개인정보보호위원회가 정하여 고시한다고 규정하고 있다(동법 시행령 제13조의2제8항).

3. **정보보호 공시제도.** 정보보호 공시제도란 이용자의 안전한 인터넷 이용과 기업의 정보보호 투자 활성화를 위해 기업의 정보보호 투자 인력활동 등에 관한 정보를 공개하도록 하는 제도로서, 「정보보호산업의 진흥에 관한 법률(약칭: 정보보호산업법)」은 정보통신망을 통하여 정보를 제공하거나 정보의 제공을 매개하는 자는 「정보통신망 이용촉진 및 정보보호 등에 관한 법률」 제2조(정의)제1항제2호에 따른 정보통신서비스를 이용하는 자의 안전한 인터넷이용을 위하여 정보보호 투자 및 인력 현황, 정보보호 관련 인증 등 정보보호 현황을 대통령령으로 정하는 바에 따라 공개할 수 있으며, 이 경우 「자본시장과 금융투자업에 관한 법률」 제159조(사업보고서 등의 제출)에 따른 사업보고서 제출대상 법인은 같은 법 제391조(공시규정)에 따라 정보보호 준비도 평가 결과 등 정보보호 관련 인증 현황을 포함하여 공시할 수 있다고 규정하고 있으며(정보

보호산업법 제13조제1항), 이 법 제13조(정보보호 공시)제1항에도 불구하고 정보통신서비스를 이용하는 자의 안전한 인터넷이용을 위하여 정보보호 공시를 도입할 필요성이 있는 자로서 사업분야, 매출액 및 서비스 이용자 수 등을 고려하여 대통령령으로 정하는 기준에 해당하는 자는 동법 제13조제1항에 따른 정보보호 현황을 공시하여야 하나, 다만 다른 법률의 규정에 따라 정보보호 현황을 공시하는 자는 제외한다고 규정하고 있다(동법 제13조제2항). 정보보호 공시제도는 최초 도입 시에는 의무가 아니었으나 도입 취지와 달리 참여가 저조함에 따라[7] 2021년 동법을 개정하여 일정 규모 이상의 정보통신기술 관련 기업과 상장사는 의무적으로 정보보호 공시를 하도록 하고 있다.[8] 정보보호 공시제도에 대한 당신의 입장과 의견은 무엇이며 문제점과 개선방안에는 어떠한 것들이 있다고 생각하는가?

---

7) 기업 보안 상황을 공시하는 '정보보호공시제도'가 시행 4년째를 맞았지만 참여기업 저조로 유명무실한 것으로 나타났다. 4년간 공시제도를 통해 자사 보안 상황을 안내한 기업은 25개에 그쳤다. 14일 과학기술정보통신부 전자공시시스템(ISDS)에 게시된 기업 정보보호 공시내용에 따르면 2016년 12월 시작된 정보보호공시제도에 참여한 기업은 NHN, SK텔레콤, KT, 비바리퍼블리카 등 25개 기업이었다. 25개 기업은 현재까지 총 44건 공시를 진행했다. 공시 참여 일부 기업은 정보보호 전담인력이 1명 또는 전담 인력이 아예 없는 경우도 있다. 업계 최고정보보호책임자(CISO)는 "기업정보보호 공시는 법적 규제가 아니다보니 기업이 따를 유인책이 적은 것이 사실"이라면서 "기업 정보보호공시기업 가운데 정보보호전담인력 등 실제 정보보호 활동 하지 않고 인센티브만 받기위해 공시하는 기업도 있어 이를 확인하는 절차도 필요하다"고 지적했다. 정영일 전자신문 기자, 자율에 맡긴 '정보보호공시제도' 지지부진…4년간 25개 기업만 참여, 2019.7.14. (https://www.etnews.com/20190712000131).

8) 올해부터 정보보호 공시가 의무화되면서 국내 주요 기업 600여곳의 정보보호 현황이 처음으로 공개됐다. 정보보호에 대한 관심이 높아지면서 각 기업의 정보보호 관련 투자금과 정보보호 전담 인력 수 등이 공개됐는데, 특히 삼성전자가 정보보호부문에 7000억원을 투자해 다른 기업을 압도했다. 6일 한국인터넷진흥원(KISA) 정보보호 공시 종합 포털에 따르면 총 636곳의 기업이 지난해 기준 정보기술(IT)과 정보보호에 대한 투자액, 정보보호 전담 인력 수, 정보통신서비스 이용자를 위한 정보보호 활동 현황 등을 공개했다. 정보보호 공시제도는 기업이 정보보호에 대해 어느 정도의 대응체계를 구축하고 있는지 관련 정보를 공개하도록 하는 제도다. 이 제도는 2015년 12월 '정보보호산업의 진흥에 관한 법률'에 따라 처음 시행됐으나 공시를 기업에 자율적으로 맡기면서 실효성이 떨어진다는 평가가 이어졌다. 이에 지난해 6월 과학기술정보통신부가 정보보호산업법을 개정하면서, 공시 의무자로 지정된 기업은 내용을 공시하지 않으면 최대 1000만원의 과태료를 부과받게 됐다. 공시 의무가 있는 기업은 ▲기간통신사업자 ▲상급종합병원 ▲클라우드 컴퓨팅 서비스 제공 사업자 ▲데이터센터 사업자 ▲전년도 매출액 3000억원 이상 기업 ▲일평균 이용자수 100만명 이상인 기업 등 총 598곳이다. 공시 의무 대상자 아닌 기업도 일부 자발적으로 정보보호 현황을 공개했다. 이소연 조선Biz 기자, 첫 정보보호 공시 분석해보니… 삼성은 7000억 투자, 네·카 350억·140억 불과, 2022.7.6. (https://biz.chosun.com/it-science/ict/2022/07/06/SVYUKHADSFD7RLYXPQJQOMGS5Q/).

제 2 절	개인정보와 개인신용정보의 열람

〈개인정보 보호법〉 제35조(개인정보의 열람) ① 정보주체는 개인정보처리자가 처리하는 자신의 개인정보에 대한 열람을 해당 개인정보처리자에게 요구할 수 있다.
② 제1항에도 불구하고 정보주체가 자신의 개인정보에 대한 열람을 공공기관에 요구하고자 할 때에는 공공기관에 직접 열람을 요구하거나 대통령령으로 정하는 바에 따라 보호위원회를 통하여 열람을 요구할 수 있다

〈신용정보법〉 제38조(신용정보의 열람 및 정정청구 등) ① 신용정보주체는 신용정보회사등에 본인의 신분을 나타내는 증표를 내보이거나 전화, 인터넷 홈페이지의 이용 등 대통령령으로 정하는 방법으로 본인임을 확인받아 신용정보회사등이 가지고 있는 신용정보주체 본인에 관한 신용정보로서 대통령령으로 정하는 신용정보의 교부 또는 열람을 청구할 수 있다.

1. 개인정보와 개인신용정보 열람의 의의

개인정보 보호법은 정보주체는 개인정보처리자가 처리하는 자신의 개인정보에 대한 열람을 해당 개인정보처리자에게 요구할 수 있다고 규정하고 있으며(개인정보 보호법 제35조제1항), 신용정보법은 신용정보주체는 신용정보회사등에 본인의 신분을 나타내는 증표를 내보이거나 전화, 인터넷 홈페이지의 이용 등 대통령령으로 정하는 방법으로 본인임을 확인받아 신용정보회사등이 가지고 있는 신용정보주체 본인에 관한 신용정보로서 대통령령으로 정하는 신용정보의 교부 또는 열람을 청구할 수 있다고 규정하고 있는데(신용정보법 제38조제1항), 동 조항들은 정보주체나 개인인 신용정보주체가 자신에 관한 개인정보 또는 개인신용정보를 개인정보처리자나 신용정보회사등이 어떻게 처리·보관·활용하고 있으며 동 정보들이 정확한가의 여부 등을 확인하도록 하기 위한 것으로서 개인정보자기결정권의 전제 조건으로 이해된다.

EU GDPR도 Article 15에서 정보주체의 열람권(Right of access of the data subject)을 규정하고 있는데, EU GDPR은 정보주체가 그 자신에 관련된 개인정보가 처리되고 있는지 여부와 관련하여 개인정보처리자(Controller)로부터 확답을 얻을 권리를 가지며, 이 경우 개인정보 및 다음, (a) 처리 목적, (b) 관련된 개인정보의 범위

(Categories), (c) 개인정보를 제공받았거나 제공받을 수령인 또는 수령인의 범주(특히 제3국 또는 국제기구의 수령인인 경우), (d) 가능한 경우에는 개인정보의 예상 보관 기간 또는 여의치 않은 경우에는 해당 기간을 결정하는 데 사용되는 기준, (e) 개인정보처리자에게 본인의 개인정보에 대한 정정 또는 삭제를 요구하거나 정보주체 본인에 관한 처리의 제한이나 반대를 요구할 권리, (f) 개인정보보호 감독기관에 민원을 제기할 수 있는 권리, (g) 정보주체로부터 개인정보를 수집하지 않은 경우에 개인정보의 출처에 대한 모든 가용한 정보, (h) 프로파일링(Profiling) 등 자동화된 의사결정의 유무(최소한 이 경우에, 관련 논리에 관한 유의미한 정보와 그 같은 처리가 정보주체에 가지는 중대성 및 예상되는 결과)의 정보에 대한 열람권을 가진다고 규정하고 있다(EU GDPR Article 15(1)).[9] 한편 개인정보 보호법은 이 법 제35조(개인정보의 열람)제1항에도 불구하고 정보주체가 자신의 개인정보에 대한 열람을 공공기관에 요구하고자 할 때에는 공공기관에 직접 열람을 요구하거나 대통령령으로 정하는 바에 따라 개인정보보호위원회를 통하여 열람을 요구할 수 있다고 규정하고 있다(개인정보 보호법 제35조제2항).

2. 개인정보의 열람 절차 및 방법과 열람의 제한 등

개인정보 보호법은 이 법 제35조(개인정보의 열람)제1항부터 제4항까지의 규정에 따

---

9) EU GDPR Article 15(Right of access by the data subject) 1. The data subject shall have the right to obtain from the controller confirmation as to whether or not personal data concerning him or her are being processed, and where that is the case, access to the personal data and the following information: (a) the purposes of the processing; (b) the categories of personal data concerned; (c) the recipients or categories of recipient to whom the personal data have been or will be disclosed, in particular recipients in third countries or international organisations; (d) where possible, the envisaged period for which the personal data will be stored, or, if not possible, the criteria used to determine that period; (e) the existence of the right to request from the controller rectification or erasure of personal data or restriction of processing of personal data concerning the data subject or to object to such processing; (f) the right to lodge a complaint with a supervisory authority; (g) where the personal data are not collected from the data subject, any available information as to their source; (h) the existence of automated decision-making, including profiling, referred to in Article 22(1) and (4) and, at least in those cases, meaningful information about the logic involved, as well as the significance and the envisaged consequences of such processing for the data subject.

른 열람 요구, 열람 제한, 통지 등의 방법 및 절차에 관하여 필요한 사항은 대통령령으로 정한고 규정하고 있다(개인정보 보호법 제35조제5항).

가 개인정보의 열람 절차 및 방법

개인정보 보호법 시행령은 정보주체는 개인정보 보호법 제35조(개인정보의 열람)제1항에 따라 자신의 개인정보에 대한 열람을 요구하려면 다음, 1. 개인정보의 항목 및 내용, 2. 개인정보의 수집·이용의 목적, 3. 개인정보 보유 및 이용 기간, 4. 개인정보의 제3자 제공 현황, 5. 개인정보 처리에 동의한 사실 및 내용의 사항 중 열람하려는 사항을 개인정보처리자가 마련한 방법과 절차에 따라 요구하여야 한다고 규정하고 있으며(개인정보 보호법 시행령 제41조제1항), 개인정보처리자는 이 법 시행령 제41조(개인정보의 열람절차 등)제1항에 따른 열람 요구 방법과 절차를 마련하는 경우 해당 개인정보의 수집 방법과 절차에 비하여 어렵지 아니하도록 다음, 1. 서면, 전화, 전자우편, 인터넷 등 정보주체가 쉽게 활용할 수 있는 방법으로 제공할 것, 2. 개인정보를 수집한 창구의 지속적 운영이 곤란한 경우 등 정당한 사유가 있는 경우를 제외하고는 최소한 개인정보를 수집한 창구 또는 방법과 동일하게 개인정보의 열람을 요구할 수 있도록 할 것, 3. 인터넷 홈페이지를 운영하는 개인정보처리자는 홈페이지에 열람 요구 방법과 절차를 공개할 것의 사항을 준수하여야 한다고 규정하고 있다(동법 시행령 제41조제2항). 또한 개인정보 보호법 시행령은 정보주체가 동법 제35조제2항에 따라 개인정보보호위원회를 통하여 자신의 개인정보에 대한 열람을 요구하려는 경우에는 개인정보보호위원회가 정하여 고시하는 바에 따라 동 법 시행령 제41조제1항 각 호의 사항 중 열람하려는 사항을 표시한 개인정보 열람요구서를 개인정보보호위원회에 제출해야 하는데, 이 경우 개인정보보호위원회는 지체 없이 그 개인정보 열람요구서를 해당 공공기관에 이송해야 한다고 규정하고 있다(동법 시행령 제41조제3항).

한편 개인정보 보호법은 개인정보처리자는 개인정보 보호법 제35조제1항 및 제2항에 따른 열람을 요구받았을 때에는 대통령령으로 정하는[10] 기간 내에 정보주체가

---

10) 개인정보 보호법 시행령은 이 법 제35조(개인정보의 열람)제3항 전단에서 "대통령령으로 정하는 기간"이란 10일을 말한다고 규정하고 있다(개인정보 보호법 시행령 제41조제4항).

해당 개인정보를 열람할 수 있도록 하여야 하는데, 이 경우 해당 기간 내에 열람할 수 없는 정당한 사유가 있을 때에는 정보주체에게 그 사유를 알리고 열람을 연기할 수 있으며, 그 사유가 소멸하면 지체 없이 열람하게 하여야 한다고 규정하고 있다(동법 제35조제3항). 그리고 개인정보 보호법 시행령은 개인정보처리자는 이 법 시행령 제41조제1항 및 제3항에 따른 개인정보 열람 요구를 받은 날부터 10일 이내에 정보주체에게 해당 개인정보를 열람할 수 있도록 하는 경우와 동법 시행령 제42조제1항에 따라 열람 요구 사항 중 일부를 열람하게 하는 경우에는 열람할 개인정보와 열람이 가능한 날짜·시간 및 장소 등(제42조제1항에 따라 열람 요구 사항 중 일부만을 열람하게 하는 경우에는 그 사유와 이의제기방법을 포함한다)을 개인정보보호위원회가 정하여 고시하는 열람통지서로 해당 정보주체에게 알려야 하나, 다만 즉시 열람하게 하는 경우에는 열람통지서 발급을 생략할 수 있다고 규정하고 있다(동법 시행령 제41조제5항).

나 개인정보 열람의 제한과 연기 및 거절

개인정보 보호법은 개인정보처리자는 다음, 1. 법률에 따라 열람이 금지되거나 제한되는 경우, 2. 다른 사람의 생명·신체를 해할 우려가 있거나 다른 사람의 재산과 그 밖의 이익을 부당하게 침해할 우려가 있는 경우, 3. 공공기관이 다음, 가. 조세의 부과·징수 또는 환급에 관한 업무, 나. 「초·중등교육법」 및 「고등교육법」에 따른 각급 학교, 「평생교육법」에 따른 평생교육시설, 그 밖의 다른 법률에 따라 설치된 고등교육기관에서의 성적 평가 또는 입학자 선발에 관한 업무, 다. 학력·기능 및 채용에 관한 시험, 자격 심사에 관한 업무, 라. 보상금·급부금 산정 등에 대하여 진행 중인 평가 또는 판단에 관한 업무, 마. 다른 법률에 따라 진행 중인 감사 및 조사에 관한 업무의 어느 하나에 해당하는 업무를 수행할 때 중대한 지장을 초래하는 경우의 어느 하나에 해당하는 경우에는 정보주체에게 그 사유를 알리고 열람을 제한하거나 거절할 수 있다고 규정하고 있다(개인정보 보호법 제35조제4항).

한편 개인정보 보호법 시행령은 개인정보처리자는 이 법 시행령 제41조(개인정보의 열람절차 등)제1항에 따른 열람 요구 사항 중 일부가 동법 제35조(개인정보의 열람)제4항 각 호의 어느 하나에 해당하는 경우에는 그 일부에 대하여 열람을 제한할 수 있으며,

열람이 제한되는 사항을 제외한 부분은 열람할 수 있도록 하여야 한다고 규정하는 한편(동법 시행령 제42조제1항), 개인정보처리자가 동법 제35조제3항 후단에 따라 정보주체의 열람을 연기하거나 같은 조 제4항에 따라 열람을 거절하려는 경우에는 열람 요구를 받은 날부터 10일 이내에 연기 또는 거절의 사유 및 이의제기방법을 개인정보보호위원회가 정하여 고시하는 열람의 연기·거절 통지서로 해당 정보주체에게 알려야 한다고 규정하고 있다(동법 시행령 제42조제2항).

3. 개인신용정보의 열람 절차 및 방법 등

신용정보법은 신용정보주체는 신용정보회사등에 본인의 신분을 나타내는 증표를 내보이거나 전화, 인터넷 홈페이지의 이용 등 대통령령으로 정하는 방법으로 본인임을 확인받아 신용정보회사등이 가지고 있는 신용정보주체 본인에 관한 신용정보로서 대통령령으로 정하는 신용정보의 교부 또는 열람을 청구할 수 있다고 규정하고 있는데(신용정보법 제38조제1항), 신용정보법 시행령은 이 법 제38조(신용정보의 열람 및 정정청구 등)제1항에서 "본인의 신분을 나타내는 증표를 내보이거나 전화, 인터넷 홈페이지의 이용 등 대통령령으로 정하는 방법"이란 다음, 1. 본인의 신분을 나타내는 증표를 내보이는 방법, 2. 전화, 인터넷 홈페이지를 이용하는 방법, 3. 동법 시행령 제33조(신용정보의 열람 및 정정청구 등)제1항제1호 및 제2호의 방법 외의 방법으로서 본인 확인의 안전성과 신뢰성이 확보될 수 있는 수단을 활용하여 본인정보의 제공·열람을 청구하는 자가 신용정보주체 본인임을 확인하는 방법(이 경우 신용정보회사등은 금융거래 등 상거래관계의 유형·특성·위험도 등을 고려하여 본인 확인의 안전성과 신뢰성이 확보될 수 있는 수단을 채택하여 활용할 수 있다)호의 방법을 말한다고 규정하고 있다(동법 시행령 제33조제1항).

한편 신용정보법 시행령은 이 법 제38조제1항에서 "대통령령으로 정하는 신용정보"란 동법 제33조의2 (개인신용정보의 전송요구)제2항에 따른 개인신용정보 범위에 속하는 개인신용정보를 말한다고 규정하고 있으며(동법 시행령 제33조제3항), 이 법 제38조제1항에 따라 신용정보주체는 본인정보를 제공받거나 열람하는 경우 서면, 전자문서 또는 인터넷 홈페이지 등을 통하여 할 수 있다고 규정하고 있다(동법 시행령 제33조제2항).

또한 신용정보법은 개인인 신용정보주체는 1년 이내로서 대통령령으로 정하는[11]

일정한 기간마다 개인신용평가회사(대통령령으로 정하는[12] 개인신용평가회사는 제외한다)에 대하여 다음, 1. 개인신용평점, 2. 개인신용평점의 산출에 이용된 개인신용정보, 3. 그 밖에 이 법 제39조(무료 열람권)제1호 및 제2호에서 정한 정보와 유사한 정보로서 대통령령으로 정하는[13] 신용정보를 1회 이상 무료로 교부받거나 열람할 수 있다고 규정하고 있으며(동법 제39조), 개인인 신용정보주체는 이 법 제39조의2(채권자변동정보의 열람 등)제1항에 따라 종합신용정보집중기관이 제공받아 보유하고 있는 신용정보주체 본인에 대한 채권자변동정보를 교부받거나 열람할 수 있다고 규정하고 있다(동법 제39조의2제2항).

제 3 절 개인정보와 개인신용정보의 정정과 삭제

〈개인정보 보호법〉 제36조(개인정보의 정정·삭제) ① 제35조에 따라 자신의 개인정보를 열람한 정보주체는 개인정보처리자에게 그 개인정보의 정정 또는 삭제를 요구할 수 있다. 다만, 다른 법령에서 그 개인정보가 수집 대상으로 명시되어 있는 경우에는 그 삭제를 요구할 수 없다.

〈신용정보법〉 제38조(신용정보의 열람 및 정정청구 등) ② 제1항에 따라 자신의 신용정보를 열람한 신용정보주체는 본인 신용정보가 사실과 다른 경우에는 금융위원회가 정하여 고시하는 바에 따라 정정을 청구할 수 있다.

〈신용정보법〉 제38조의3(개인신용정보의 삭제 요구) ① 신용정보주체는 금융거래 등 상거래관계가 종료되고 대통령령으로 정하는 기간이 경과한 경우 신용정보제공·이용자에게 본인의 개인신용정보의 삭제를 요구할 수 있다. 다만, 제20조의2제2항 각 호의 어느 하나에 해당하는 경우에는 그러하지 아니다.

---

11) 신용정보법 시행령은 이 법 제39조(무료 열람권)에서 "대통령령으로 정하는 일정한 기간"이란 4개월을 말한다고 규정하고 있다(신용정보법 시행령 제34조제1항).
12) 신용정보법 시행령은 이 법 제39조(무료 열람권) 각 호 외의 부분에서 "대통령령으로 정하는 개인신용평가회사"란 전문개인신용평가회사를 말한다(신용정보법 시행령 제34조제2항).
13) 신용정보법 시행령은 이 법 제39조(무료 열람권)제3호에서 "대통령령으로 정하는 신용정보"란 다음, 1. 동법 제36조의2(자동화평가 결과에 대한 설명 및 이의제기 등)제1항제2호다목의 정보와 2. 그 밖에 금융위원회가 정하여 고시하는 정보를 말한다고 규정하고 있다(신용정보법 시행령 제34조제3항).

1. 개인정보와 개인신용정보 정정권과 삭제권의 의의

개인정보 보호법은 이 법 제35조(개인정보의 열람)에 따라 자신의 개인정보를 열람한 정보주체는 개인정보처리자에게 그 개인정보의 정정 또는 삭제를 요구할 수 있으나, 다만 다른 법령에서 그 개인정보가 수집 대상으로 명시되어 있는 경우에는 그 삭제를 요구할 수 없다고 규정하고 있으며(개인정보 보호법 제36조제1항), 신용정보법은 이 법 제38조(신용정보의 열람 및 정정청구 등)제1항에 따라 자신의 신용정보를 열람한 신용정보주체는 본인 신용정보가 사실과 다른 경우에는 금융위원회가 정하여 고시하는 바에 따라 정정을 청구할 수 있고(신용정보법 제38조제1항), 신용정보주체는 금융거래 등 상거래 관계가 종료되고 대통령령으로 정하는 기간이 경과한 경우 신용정보제공·이용자에게 본인의 개인신용정보의 삭제를 요구할 수 있으나, 다만 동법 제20조의2(개인신용정보의 보유기간 등)제2항 각 호의 어느 하나에 해당하는 경우에는 그러하지 아니하다고 규정하고 있다(동법 제38조의3제1항).

개인정보 보호법과 신용정보법의 동 조항들은 허위 또는 부정확한 정보로부터 정보주체와 개인인 신용정보주체의 권리를 보호하기 위하여 잘못된 개인정보 또는 개인신용정보에 대한 정정 또는 삭제를 요구할 수 있는 권리를 정보주체와 개인인 신용정보주체에게 부여한 것이나, 개인정보 또는 개인신용정보를 일방적으로 정정 또는 삭제할 경우 국가안전보장, 거래기록 보전을 통한 상거래상 분쟁해결 등에 장애요인이 될 수 있으므로 제한을 두고 있는 것으로 이해되는데, 예를 들면 「통신비밀보호법」, 「전자상거래 등에서의 소비자보호에 관한 법률」 등과 같이 특정한 개인정보를 수집 대상으로 명시하고 있는 경우에는 정정 또는 삭제가 제한된다고 하겠다.

한편 EU GDPR은 Article 16에서 정정권(Right to rectification)을 규정하고 있으며 Article 17에서 삭제권 또는 잊혀질 권리(Right to erasure or Right to be forgotten)를 규정하고 있으며, EU GDPR은 정보주체가 그 자신에 관하여 부정확한 개인정보를 부당한 지체 없이 정정하도록 개인정보처리주체(Controller)에게 요구할 권리를 갖고 정보주체는 처리목적을 고려하여 불완전한 개인정보를 보완할 권리를 갖는데 이에는 보충적인 진술의 제공 등의 수단들을 포함한다고 규정하고 있다.[14]

---

14) EU GDPR Article 16(Right to rectification) The data subject shall have the right to obtain

또한 EU GDPR은 정보주체가 그 자신에 관한 개인정보를 부당한 지체 없이 삭제하도록 개인정보처리자(Contoller)에게 요청할 권리를 가지며, 개인정보처리자는 다음, (a) 개인정보가 수집된, 그렇지 않으면 처리된 목적에 더 이상 필요하지 않은 경우, (b) 정보주체가 Article 6(1)의(a) 또는 Article 9(2)의(a)에 따라 처리의 기반이 되는 동의를 철회하고 해당 처리에 대한 기타의 법적 근거가 없는 경우, (c) 정보주체가 Article 21(1)에 따라 처리에 반대하고 관련 처리에 대해 우선하는 정당한 근거가 없거나 정보주체가 Article 21(2)에 따라 처리에 반대하는 경우, (d) 개인정보가 불법적으로 처리된 경우, (e) 개인정보처리자에게 적용되는 유럽연합 또는 회원국 법률의 법적 의무를 준수하기 위해 개인정보가 삭제되어야 하는 경우, (f) Article 8(1)에 규정된 정보사회서비스의 제공과 관련하여 개인정보가 수집된 경우에는 부당한 지체 없이 개인정보를 삭제할 의무를 가진다고 규정하고 있다.[15]

2. 개인정보 정정과 삭제의 절차 및 방법 등

개인정보 보호법은 이 법 제36조(개인정보의 정정·삭제)제1항·제2항 및 제4항에 따른 정정 또는 삭제 요구, 통지 방법 및 절차 등에 필요한 사항은 대통령령으로 정한

---

from the controller without undue delay the rectification of inaccurate personal data concerning him or her. Taking into account the purposes of the processing, the data subject shall have the right to have incomplete personal data completed, including by means of providing a supplementary statement.

[15] EU GDPR Article 17(Right to erasure or Right to be forgotten) 1. The data subject shall have the right to obtain from the controller the erasure of personal data concerning him or her without undue delay and the controller shall have the obligation to erase personal data without undue delay where one of the following grounds applies: (a) the personal data are no longer necessary in relation to the purposes for which they were collected or otherwise processed; (b) the data subject withdraws consent on which the processing is based according to point (a) of Article 6(1), or point (a) of Article 9(2), and where there is no other legal ground for the processing; (c) the data subject objects to the processing pursuant to Article 21(1) and there are no overriding legitimate grounds for the processing, or the data subject objects to the processing pursuant to Article 21(2); (d) the personal data have been unlawfully processed; (e) the personal data have to be erased for compliance with a legal obligation in Union or Member State law to which the controller is subject; (f) the personal data have been collected in relation to the offer of information society services referred to in Article 8(1).

다고 규정하고 있는데(개인정보 보호법 제36조제6항), 개인정보 보호법 시행령은 정보주체는 이 법 제36조(개인정보의 정정·삭제)제1항에 따라 개인정보처리자에게 그 개인정보의 정정 또는 삭제를 요구하려면 개인정보처리자가 마련한 방법과 절차에 따라 요구하여야 하며, 이 경우 개인정보처리자가 개인정보의 정정 또는 삭제 요구 방법과 절차를 마련할 때에는 제41조제2항을 준용하되, "열람"은 "정정 또는 삭제"로 본다고 규정하고 있다(동법 시행령 제43조제1항).

또한 개인정보 보호법은 개인정보처리자는 이 법 제36조제1항에 따른 정보주체로부터 개인정보의 정정 또는 삭제 요구를 받았을 때에는 개인정보의 정정 또는 삭제에 관하여 다른 법령에 특별한 절차가 규정되어 있는 경우를 제외하고는 지체 없이 그 개인정보를 조사하여 정보주체의 요구에 따라 정정·삭제 등 필요한 조치를 한 후 그 결과를 정보주체에게 알려야 한다고 규정하고 있으며(동법 제36조제2항), 개인정보 보호법 시행령은 다른 개인정보처리자로부터 개인정보를 제공받아 개인정보파일을 처리하는 개인정보처리자는 정보주체로부터 동법 제36조제1항에 따른 개인정보의 정정 또는 삭제 요구를 받으면 그 요구에 따라 해당 개인정보를 정정·삭제하거나 그 개인정보 정정·삭제에 관한 요구 사항을 해당 개인정보를 제공한 기관의 장에게 지체 없이 알리고 그 처리 결과에 따라 필요한 조치를 하여야 한다고 규정하고 있다(동법 시행령 제43조제2항).

개인정보 보호법은 개인정보처리자가 이 법 제36조제2항에 따라 개인정보를 삭제할 때에는 복구 또는 재생되지 아니하도록 조치하여야 한다고 규정하고 있으며(동법 제36조제3항), 개인정보처리자는 정보주체의 요구가 제36조제1항 단서에 해당될 때에는 지체 없이 그 내용을 정보주체에게 알려야 한다고 규정하고 있는 한편(동법 제36조제4항), 개인정보처리자는 동법 제36조제2항에 따른 조사를 할 때 필요하면 해당 정보주체에게 정정·삭제 요구사항의 확인에 필요한 증거자료를 제출하게 할 수 있다고 규정하고 있다(동법 제36조제5항). 한편 개인정보 보호법 시행령은 개인정보처리자는 이 법 시행령 제43조(개인정보의 정정·삭제 등)제1항과 제2항에 따른 개인정보의 정정 또는 삭제 요구를 받은 날부터 10일 이내에 동법 제36조제2항에 따라 해당 개인정보의 정정·삭제 등의 조치를 한 경우에는 그 조치를 한 사실을, 동법 제36조제1항 단서에 해당하여 삭제 요구에 따르지 아니한 경우에는 그 사실 및 이유와 이의제기방법을 개인정보보호위원회가 정하여 고시하는 개인정보 정정·삭제 결과 통지서로 해당 정보주체에게 알려야 한다고 규정하고 있다(동법 시행령 제43조제3항).

3. 개인신용정보 정정과 삭제의 절차 및 방법 등

가 개인신용정보 정정의 절차와 방법

신용정보법은 이 법 제38조(신용정보의 열람 및 정정청구 등)제1항에 따라 자신의 신용정보를 열람한 신용정보주체는 본인 신용정보가 사실과 다른 경우에는 금융위원회가 정하여 고시하는 바에 따라 정정을 청구할 수 있다고 규정하고 있으며(신용정보법 제38조제2항), 동법 제38조제2항에 따라 정정청구를 받은 신용정보회사등은 정정청구에 정당한 사유가 있다고 인정하면 지체 없이 해당 신용정보의 제공·이용을 중단한 후 사실인지를 조사하여 사실과 다르거나 확인할 수 없는 신용정보는 삭제하거나 정정하여야 한다고 규정하고 있다(동법 제38조제3항).

신용정보업감독규정은 이 법 제38조제2항에 따라 신용정보주체가 신용정보회사등에게 본인정보의 정정을 청구하고자 할 때에는 정정대상정보와 정정청구사유를 기재하여 서면 또는 신용정보회사등의 인터넷홈페이지를 통해 신청하여야 한다고 규정하고 있는데(신용정보업감독규정 제41조제1항), 동 고시는 정정청구를 받은 신용정보회사등은 사실여부의 조사·확인을 위하여 필요한 경우 신용정보주체에게 관련 증빙자료의 제시를 요청할 수 있다고 규정하고 있으며(동 고시 제41조제2항), 신용정보집중기관, 개인신용평가회사, 개인사업자신용평가회사, 기업신용조회회사 및 본인신용정보관리회사는 신용정보주체의 정정청구에 따른 사실 확인을 위하여 필요한 경우에는 당해 신용정보를 등록한 자에게 등록된 정보의 사실 여부를 입증할 수 있는 자료를 요청할 수 있다고 규정하고 있다(동 고시 제41조제3항).

또한 신용정보법은 이 법 제38조제3항에 따라 신용정보를 삭제하거나 정정한 신용정보회사등은 해당 신용정보를 최근 6개월 이내에 제공받은 자와 해당 신용정보주체가 요구하는 자에게 해당 신용정보에서 삭제하거나 정정한 내용을 알려야 한다고 규정하고 있는 한편(동법 제38조제4항), 신용정보회사등은 동법 제38조제3항 및 제4항에 따른 처리결과를 7일 이내에 해당 신용정보주체에게 알려야 하며, 해당 신용정보주체는 처리결과에 이의가 있으면 대통령령으로 정하는 바에 따라[16] 금융위원회에 그 시정을 요청할 수 있으나, 다만 개인신용정보에 대한 제45조의3(보호위원회의 자료제출 요구·조사 등)제1항에 따른 상거래기업 및 법인의 처리에 대하여 이의가 있으면 대통령령으로 정하는 바에 따라[17] 「개인정보 보호법」에 따른 개인정보보호위원회에 그 시정을 요청할 수 있다고 규정하고 있다(동법 제38조제5항).

한편 신용정보법은 금융위원회 또는 개인정보보호위원회는 동법 제38조제5항에 따른 시정을 요청받으면 「금융위원회의 설치 등에 관한 법률」 제24조(금융감독원의 설립)에 따라 설립된 금융감독원의 원장(이하 "금융감독원장"이라 한다) 또는 개인정보보호위원회가 지정한 자로 하여금 그 사실 여부를 조사하게 하고, 조사결과에 따라 신용정보회사등에 대하여 시정을 명하거나 그 밖에 필요한 조치를 할 수 있으나, 다만 필요한 경우 개인정보보호위원회는 해당 업무를 직접 수행할 수 있다고 규정하고 있으며(동법 제38조제6항), 동법 제38조제6항에 따라 조사를 하는 자는 그 권한을 표시하는 증표를 지니고 이를 관계인에게 내보여야 한다고 규정하는 한편(동법 제38조제7항), 신용정보회사등이 동법 제38조제6항에 따른 금융위원회 또는 개인정보보호위원회의 시정명령에 따라 시정조치를 한 경우에는 그 결과를 금융위원회 또는 개인정보보호위원회에 보고하여야 한다고 규정하고 있다(동법 제38조의8항).

---

16) 신용정보법 시행령은 신용정보주체가 이 법 제38조(신용정보의 열람 및 정정청구 등)제5항에 따라 시정 요청을 하려는 경우에는 처리결과의 통지를 받은 날(통지가 없는 경우에는 같은 조 제2항에 따른 정정청구를 하고 7영업일이 지난 날)부터 15일 이내에 금융위원회가 정하여 고시하는 시정요청서에 다음, 1. 법 제38조제2항에 따라 신용정보회사등에 정정청구를 한 내용을 적은 서면, 2. 신용정보회사등으로부터 법 제38조제5항에 따른 처리결과를 통지받은 경우에는 그 통지 내용, 3. 시정 요청의 대상이 된 신용정보의 사실 여부를 확인할 수 있는 근거자료의 서류를 첨부하여 금융위원회에 제출해야 한다고 규정하고 있다(신용정보법 시행령 제33조제4항).
17) 신용정보법 시행령은 신용정보주체가 이 법 제38조(신용정보의 열람 및 정정청구 등)제5항 단서에 따라 「개인정보 보호법」 제7조(개인정보 보호위원회)에 따른 개인정보 보호위원회(이하 "보호위원회"라 한다)에 시정 요청을 하려는 경우에는 처리결과의 통지를 받은 날(통지가 없는 경우에는 동법 제38조제2항에 따른 정정청구를 하고 7영업일이 지난 날을 말한다)부터 15일 이내에 금융위원회가 정하여 고시하는 시정요청서에 다음, 1. 동법 제38조제2항에 따라 신용정보회사등에 정정청구를 한 내용을 적은 서면, 2. 상거래 기업 및 법인으로부터 법 제38조제5항에 따른 처리결과를 통지받은 경우에는 그 통지내용, 3. 시정 요청의 대상이 된 신용정보의 사실 여부를 확인할 수 있는 근거자료의 서류를 첨부하여 개인정보보호위원회에 제출해야 한다고 규정하고 있다(신용정보법 시행령 제33조제5항).

나 개인신용정보 삭제의 절차와 방법

신용정보법은 신용정보주체는 금융거래 등 상거래관계가 종료되고 대통령령으로 정하는 기간이 경과한 경우 신용정보제공·이용자에게 본인의 개인신용정보의 삭제를 요구할 수 있으나, 다만 이 법 제20조의2(개인신용정보의 보유기간 등)제2항 각 호의 어느 하나에 해당하는 경우에는 그러하지 아니하다고 규정하고 있으며(동법 제38조의3제1항), 신용정보법 시행령은 이 법 제38조의3(개인신용정보의 삭제 요구)제1항 본문에 따른 "대통령령으로 정하는 기간"은 다음, 1. 이 법 시행령 제17조의2(개인신용정보의 관리방법 등)제1항제1호에 따른 개인신용정보인 금융거래 등 상거래관계의 설정 및 유지 등에 필수적인 개인신용정보의 경우의 경우에는 5년과 2. 동법 시행령 제17조의2제1항제2호에 따른 개인신용정보인 제1호 외의 개인신용정보의 경우인 3개월의 기간으로 한다고 규정하고 있다(동법 시행령 제33조의3제1항).

신용정보법은 신용정보제공·이용자가 이 법 제38조의3제1항의 요구를 받았을 때에는 지체 없이 해당 개인신용정보를 삭제하고 그 결과를 신용정보주체에게 통지하여야 한다고 규정하고 있으며(동법 제38조의3제2항), 신용정보법 시행령은 이 법 제38조의3제1항 본문에 따른 삭제요구에 따라 신용정보제공·이용자가 개인신용정보를 삭제함으로써 해당 신용정보주체에게 불이익이 발생하는 경우에는 그 정보를 삭제하기 전에 그러한 불이익이 발생할 수 있다는 것을 해당 신용정보주체에게 알려야 한다고 규정하고 있다(동법 시행령 제33조의3제2항).

또한 신용정보법은 신용정보제공·이용자는 신용정보주체의 요구가 이 법 제38조의3제1항 단서에 해당될 때에는 다른 개인신용정보와 분리하는 등 대통령령으로 정하는 바에 따라 관리하여야 하며, 그 결과를 신용정보주체에게 통지하여야 한다고 규정하고 있는데(동법 제38조의3제3항), 신용정보법 시행령은 이 법 제38조의3제3항에 따라 신용정보제공·이용자가 개인신용정보를 관리하는 경우에는 동법 시행령 제17조의2(개인신용정보의 관리방법 등)제1항제1호 각 목의 방법에 따라 관리한다고 규정하고 있다(동법 시행령 제33조의3제3항). 한편 신용정보법은 이 법 제38조의3(개인신용정보의 삭제 요구)제2항 및 제3항에 따른 통지의 방법은 금융위원회가 정하여 고시한다고 규정하고 있다(동법 제38조의3제4항).

개인정보의 처리정지 요구

〈개인정보 보호법〉 제37조(개인정보의 처리정지 등) ① 정보주체는 개인정보처리자에 대하여 자신의 개인정보 처리의 정지를 요구하거나 개인정보 처리에 대한 동의를 철회할 수 있다. 이 경우 공공기관에 대해서는 제32조에 따라 등록 대상이 되는 개인정보파일 중 자신의 개인정보에 대한 처리의 정지를 요구하거나 개인정보 처리에 대한 동의를 철회할 수 있다.
② 개인정보처리자는 제1항에 따른 처리정지 요구를 받았을 때에는 지체 없이 정보주체의 요구에 따라 개인정보 처리의 전부를 정지하거나 일부를 정지하여야 한다. 다만, 다음 각 호의 어느 하나에 해당하는 경우에는 정보주체의 처리정지 요구를 거절할 수 있다.
1. 법률에 특별한 규정이 있거나 법령상 의무를 준수하기 위하여 불가피한 경우
2. 다른 사람의 생명·신체를 해할 우려가 있거나 다른 사람의 재산과 그 밖의 이익을 부당하게 침해할 우려가 있는 경우
3. 공공기관이 개인정보를 처리하지 아니하면 다른 법률에서 정하는 소관 업무를 수행할 수 없는 경우
4. 개인정보를 처리하지 아니하면 정보주체와 약정한 서비스를 제공하지 못하는 등 계약의 이행이 곤란한 경우로서 정보주체가 그 계약의 해지 의사를 명확하게 밝히지 아니한 경우

---

1. 개인정보 처리정지 요구의 의의

개인정보 보호법은 정보주체는 개인정보처리자에 대하여 자신의 개인정보 처리의 정지를 요구하거나 개인정보 처리에 대한 동의를 철회할 수 있으며, 이 경우 공공기관에 대해서는 제32조(개인정보파일의 등록 및 공개)에 따라 등록 대상이 되는 개인정보파일 중 자신의 개인정보에 대한 처리의 정지를 요구하거나 개인정보 처리에 대한 동의를 철회할 수 있다고 규정하고 있는데(개인정보 보호법 제37조제1항), 동 조항은 2023년 개인정보 보호법 개정을 통해 2023년 개정 전 이 법 제39조의7(이용자의 권리 등에 대한 특례)을 삭제하고 동법 제37조(개인정보의 처리정지 등)의 일반규정에 통합함으로써 온라인과 오프라인상의 모든 개인정보처리자를 대상으로 개인정보 처리정지 요구권을 일원화(一元化)한 것으로 이해된다. 개인정보 처리정지 요구권은 정보주체가 개인정보처리자에게 처리에 대해 동의한 그 자신의 개인정보 이외에도 개인정보주체가 보유하

여 처리하고 있는 정보주체의 개인정보에 대한 처리정지를 요구할 수 있게 함으로써 정보주체의 개인정보자기결정권 또는 개인정보자기통제권을 담보하기 위한 것이라는 취지로는 이해되나, 정보주체의 처리정지 요구에 대한 개인정보처리자의 거절 사유가 불균형하게 제한적이고 정보주체의 처리정지 요구행사에 대한 요건이 불명확하여 개인정보의 보호와 활용 간의 균형이 부족한 정보주체의 권리가 절대화(絕對化)된 조항으로 개정이 필요하다고 생각한다.

EU GDPR도 Article 18에서 처리 제한권(Right to restriction of processing)을 규정하고 있는데, EU GDPR은 정보주체가 다음, (a) 개인정보처리자가 개인정보의 정확성을 증명할 수 있는 기간 동안, 정보주체가 해당 개인정보의 정확성에 대해 이의를 제기하는 경우, (b) 처리가 불법적이고 정보주체가 해당 개인정보의 삭제에 반대하고 대신 개인정보에 대한 이용제한을 요청하는 경우, (c) 개인정보처리자가 처리 목적을 위해 해당 개인정보가 더 이상 필요하지 않으나, 개인정보처리자가 법적 권리의 확립, 행사, 방어를 위해 요구하는 경우, (d) 개인정보처리자의 정당한 이익이 정보주체의 정당한 이익에 우선하는지 여부를 확인할 때까지, 정보주체가 Article 21(1)에 따라 처리에 대해 반대하는 경우의 하나에 해당하는 때에는 개인정보처리자로부터 처리의 제한을 얻을 권리를 가진다고 규정하고 있어[18] 개인정보 보호법 제37조와 동일한 취지임에도 적용대상과 행사요건을 다르게 규정하고 있는 것으로 생각된다. 한편 2020년 2월 개인정보 보호법 개정을 통해 도입된 가명처리된 개인정보인 가명정보에 대한 처리정지권 인정 여부에 대한 논란이 있는데 이는 뒤에서 설명하고자 한다.

---

18) GDPR Article 18(Right to restriction of processing) 1. The data subject shall have the right to obtain from the controller restriction of processing where one of the following applies: (a) the accuracy of the personal data is contested by the data subject, for a period enabling the controller to verify the accuracy of the personal data; (b) the processing is unlawful and the data subject opposes the erasure of the personal data and requests the restriction of their use instead; (c) the controller no longer needs the personal data for the purposes of the processing, but they are required by the data subject for the establishment, exercise or defence of legal claims;

2. 개인정보 처리정지 요구의 방법과 절차 및 처리정지의 제한

가 개인정보 처리정지 요구의 방법과 절차

개인정보 보호법은 이 법 제37조(개인정보의 처리정지 등)제1항부터 제5항까지의 규정에 따른 처리정지의 요구, 동의 철회, 처리정지의 거절, 통지 등의 방법 및 절차에 필요한 사항은 대통령령으로 정한다고 규정하고 있으며(개인정보 보호법 제37조제6항), 개인정보 보호법 시행령은 정보주체는 이 법 제37조제1항에 따라 개인정보처리자에게 자신의 개인정보 처리의 정지를 요구하려면 개인정보처리자가 마련한 방법과 절차에 따라 요구하여야 하는데, 이 경우 개인정보처리자가 개인정보의 처리 정지 요구 방법과 절차를 마련할 때에는 동법 제41조(개인정보의 열람절차 등)제2항을 준용하되, "열람"은 "처리 정지"로 본다고 규정하고 있다(동법 시행령 제44조제1항).

또한 개인정보 보호법 시행령은 개인정보처리자는 이 법 시행령 제44조(개인정보의 처리정지 등)제1항에 따른 개인정보 처리정지 요구를 받은 날부터 10일 이내에 동법 제37조제2항 본문에 따라 해당 개인정보의 처리정지 조치를 한 경우에는 그 조치를 한 사실을, 같은 항 단서에 해당하여 처리정지 요구에 따르지 않은 경우에는 그 사실 및 이유와 이의제기방법을 개인정보보호위원회가 정하여 고시하는 개인정보 처리정지 요구에 대한 결과 통지서로 해당 정보주체에게 알려야 한다고 규정하고 있다(동법 시행령 제44조제2항).

한편 개인정보 보호법은 개인정보처리자는 정보주체가 이 법 제37조제1항에 따라 동의를 철회한 때에는 지체 없이 수집된 개인정보를 복구·재생할 수 없도록 파기하는 등 필요한 조치를 하여야 하나, 다만 동법 제37조제2항 각 호의 어느 하나에 해당하는 경우에는 동의 철회에 따른 조치를 하지 아니할 수 있다고 규정하고 있으며(동법 제37조제3항), 개인정보처리자는 동법 제37제2항 단서에 따라 처리정지 요구를 거절하거나 제3항 단서에 따라 동의 철회에 따른 조치를 하지 아니하였을 때에는 정보주체에게 지체 없이 그 사유를 알려야 한다고 규정하고 있는 한편(동법 제37조제4항), 개인정보처리자는 정보주체의 요구에 따라 처리가 정지된 개인정보에 대하여 지체 없이 해당 개인정보의 파기 등 필요한 조치를 하여야 한다고 규정하고 있다(동법 제37조제5항).

나 개인정보 처리정지의 제한

개인정보 보호법은 개인정보처리자는 이 법 제37제1항에 따른 처리정지 요구를 받았을 때에는 지체 없이 정보주체의 요구에 따라 개인정보 처리의 전부를 정지하거나 일부를 정지하여야 하나 다만 다음, 1. 법률에 특별한 규정이 있거나 법령상 의무를 준수하기 위하여 불가피한 경우, 2. 다른 사람의 생명·신체를 해할 우려가 있거나 다른 사람의 재산과 그 밖의 이익을 부당하게 침해할 우려가 있는 경우, 3. 공공기관이 개인정보를 처리하지 아니하면 다른 법률에서 정하는 소관 업무를 수행할 수 없는 경우, 4. 개인정보를 처리하지 아니하면 정보주체와 약정한 서비스를 제공하지 못하는 등 계약의 이행이 곤란한 경우로서 정보주체가 그 계약의 해지 의사를 명확하게 밝히지 아니한 경우의 어느 하나에 해당하는 경우에는 정보주체의 처리정지 요구를 거절할 수 있다고 규정하고 있다(동법 제37조제2항).

참고자료 및 질문

1. **가명정보에 대한 처리정지 요구권 적용 여부(SKT 가입자의 개인정보 가명처리 정지요구 사건).**
   (주)SK텔레콤과 이동통신 서비스 이용계약을 체결하고 개인정보의 처리인 수집과 이용 및 제3자 제공에 대한 동의를 한 SKT 가입자 5인이 SKT에 개인정보의 가명처리에 대한 정지를 요구한 사건에 대해,[19] 법원은 제1심에서 피고인 (주)SK텔레콤은 원고인 SKT 가입자들에 대한 개인정보를 개인정보 보호법 제2조(정의)제1호의2에 따라 가명처리를 하여서는 아니된다고 판시하였다.[20] 서울중앙지방법원은 "식별가능정보를 대상으로 하는 '가명처리'와 가명처리를 통하여 생성된 '가명정보'를 대상으로 하는 '가명정보 처리'는 서로 구분되는 별개의 처리에 해당하는 것으로, 처리정지요구권의 적용을 배제하는 개정된 개인정보 보호법 제28조의7(적용범위)은 식별가능정보를 가명처리하여 생성된 '가명정보'를 대상으로 이루어지는 '처리'에 대한 처리정지 요구권을 배제하겠다는 취지의 규정으로 해석하여야 하고, '식별가능정보'를 '가명처리'하는 것에 대한 처리정지 요구권까지 배제하겠다는 취지의 규정이라고 해석할 수는 없다고 봄이 타당하며, 동법 제28조의7에서 처리정지 요구권의 적용을 배제하고 있는 '가명정보'에 식별가능정보를 가명처리하는 것까지 포함된다고 해석할 경우 정보주체가 개인정보처리자에 대하여 가명정보에 대한 개인정보자기결정권을 행사할 수 있는 방법이 원천적으로 봉쇄되는 부당한 결론에 이르게 된다"는 것이 판시의 이유였다. 또한 법원은 제2심에서 피고인 (주)SK텔레콤은 원고인 SKT 가입자들의 개인정보에 대하여, '개인정보 보호법 제28조의2(가명정보의 처리 등)에 따른 가명정보의 처리'를 위하여, 가명처리를 하여서는 아니 된다고 판시하였다.[21] 서울고등법원은

"원고인 SKT 가입자들의 각 청구는 이유 있어 모두 인용하여야 한다. 이 부분에 관한 제1심판결은 정당하고, 이 부분에 대한 피고의 항소는 이유 없다. 다만, 제1심판결 중 원고의 청구취지를 초과하여 피고인 (주)SK텔레콤에게 원고들의 개인정보에 대한 모든 가명처리의 정지를 명한 부분(피고가, 개인정보 보호법 제28조의2에 의하여 가명정보를 처리하기 위한 목적과 무관하게, '그 이외의 목적 내지 사유로' 원고들의 개인정보를 가명처리하는 것의 정지를 명하는 부분)은 처분권주의를 위반한 잘못이 있어 부당하므로, 이에 따라 제1심판결을 변경하기로 하여, 주문과 같이 판결한다."라고 하였다.[22] 동 판결은 아직 상고심을 남겨놓고 있지만[23] 개인정보의 보호와 활용의 측면에서 중요한 의미를 갖는 판결로 생각되는데, 2020년 개인정보 보호법을 개정한 입법의 취지를 고려할 때 식별가능정보의 가명처리에 대한 정보주체의 처리정지 요구권의 행사를 제한함으로써 침해되는 정보주체의 사익과 그로 인하여 얻을 수 있는 데이터 산업 발전 등의 공익에 대한 비교형량이 필요하다고 생각된다. 동 판결에 대한 당신의 입장과 의견은 무엇인가?

2. **잊혀질 권리(Right to be forgotten).** 잊혀질 권리는 개인정보 삭제권(Right to erasure)이라고도 하며 동 권리는 통신과 컴퓨터 기술이 발전함에 따라 개인정보가 대규모로 집적되고 인터넷을 통해 개인정보가 대량으로 배포되는 현실로 인해 중요성과 논란이 커지고 있는 정보주체의 권리로 이해된다. 적극적 정보주체의 개인정보자기결정권으로서의 잊혀질 권리는 Google Spain SL v. AEPD 판결[24]에서 최초로 인정되었는데, 동 사안은 스페인의 변호사인 Costeja González가 사회보장연금 체납으로 인한 재산 강제경매가 게재된 신문기사를 삭제하기 위해 우선 신문사인 La Vanguardia에게 요청하였으나, La Vanguardia는 동 기사는 스페인 노동복지부의 행정명령에 따른 것이므로 삭제할 수 없다는 입장을 밝혔고, 이에 따라 Google 스페인에 기사의 삭제를 요청하였으나 Google 스페인은 동 기사의 내용이 모두 사실이므로 삭제할 수 없다고 거절하였다. 이에 Costeja González는 스페인의 개인정보보호 규제기관인 AEPD(Agencia Española de Protección de Datos)에게 신문사인 La Vanguardia와 Google 스페인 모두 동 기사를 삭제하도록 요청하였고, AEPD는 신문사에 대한 요청은 기각하였으나 Google 스페인에 대한 요청은 인용하였다. 이러한 AEPD의 인용에 대해 Google 스페인은 스페인 법원에 소송을 제기하였고 이에 동 법원은 기사 자체를 삭제하는 것은 아니지만 동 기사를 연결하는 검색엔진(Search engine)의 링크(Link)와 검색결과를 삭제하도록 하였다. 한편 EU GDPR은 Article 17에서 Right to erasure(삭제권) 또는 Right to be forgotten(잊혀질 권리)을 규정하고 있으며, 개인정보 보호법은 이 법 제4조(정보주체의 권리)제4호에서 정보주체는 자신의 개인정보 처리와 관련하여 개인정보의 처리 정지, 정정·삭제 및 파기를 요구할 권리를 가진다고 규정하고 있고(개인정보 보호법 제4조제4호), 동법 제34조의2(노출된 개인정보의 삭제·차단)에서 노출된 개인정보의 삭제와 차단을, 동법 제36조(개인정보의 정정·삭제)에서 개인정보의 정정과 삭제를, 동법 제37조(개인정보의 처리정지 등)에서 개인정보의 처리정지를 규정하고 있다.

19) 에스케이(SK)텔레콤 가입자들이 통신사를 상대로 '개인정보 가명처리'를 중단하라는 소송을 내 1심에서 승소했다. 2020년 개정된 개인정보보호법을 근거로 개인정보를 가명처리한 가명정보가 폭넓게 활용되고 있는 가운데, 이 판결이 정보주체 권리 보장의 시작점이 될지 관심이 모인다. 서울중앙지법 민사29부(재판장 한정석)는 19일 에스케이텔레콤 이동통신 가입자 5명이 에스케이텔레콤을 상대로 낸 '처리정지 청구 소송'에서 원고 승소로 판결했다. 이 소송은 참여연대·진보네트워크센터·민주사회를 위한 변호사모임(민변) 등 정보인권 분야에서 활동하는 시민단체들이 주도했다. 재판부는 "(가명정보의 폭넓은 활용을 인정한) 개인정보보호법이 정보주체의 가명정보에 대한 자기결정권을 현저히 제한한다고 판단했다. 그런 이상 원고들의 청구는 가명정보에 대한 사실상 유일한 결정권 행사에 해당한다고 본다"며 원고들의 손을 들었다. '가명처리'란 개인정보 일부를 삭제·대체해 추가정보 없이는 누구인지 알아볼 수 없도록 비식별화하는 조치다. 2020년 개인정보보호법이 개정되면서 이동통신사 등 개인정보처리자들은 정보주체의 동의 없이도 통계작성, 과학적 연구, 공익적 기록보존 등의 목적으로 개인정보를 가명처리 한 뒤 폭넓게 활용할 수 있게 됐다. 이같은 법 개정이 이뤄진 뒤, 참여연대 등 시민단체들은 2020년 10월 에스케이텔레콤에 회사가 보유한 개인정보의 가명처리 여부, 자신의 정보가 가명처리된 정보주체가 그 내역 등을 열람할 수 있는지를 물으며 가명처리 중단을 요구했다. 통신사가 가명처리를 내세워 개인정보를 마음대로 활용할 수 있다는 우려에서다. 그러나 에스케이텔레콤은 "이미 가명처리된 정보에 대해서는 개인정보보호법에 따라 개인정보 열람과 처리정지권이 제한된다"며 시민단체 요구를 거절했다. 이에 단체들은 2021년 2월 원고들과 함께 개인정보의 열람청구권, 가명처리정지권 등 행사를 청구하는 소송을 냈다. 개인정보보호법 28조의7은 가명정보에 대해서는 '개인정보 처리정지권'을 적용하지 않는다고 정하고 있다. 피고인 에스케이텔레콤 쪽은 이 조항을 근거로 "가명정보를 동의없이 활용할 수 있도록 한 것이 입법취지"라며 "정보주체가 가명정보의 처리정지권을 행사할 수 없다"고 주장했다. 이에 대해 원고 쪽은 "해당 조항은 가명정보에 대해서 처리정지권을 제한한 것이지, 가명처리 되기 전인 일반 개인정보에 대해서는 정보주체의 권리를 제한한 바가 없다"며 가명처리가 이뤄지기 전에 정보주체가 권리를 행사할 수 있어야 한다고 반박했다. 재판부는 원고들의 주장이 일리가 있다고 보고, 정보주체의 권리를 인정하는 취지로 판결했다. 최민영, 한겨레 신문 기자, 법원 "SKT, 개인정보 가명처리 중단하라"…가입자 승소 판결, 2023.1.19. (https://www.hani.co.kr/arti/society/society_general/1076479.html).

20) 서울중앙지방법원 2023. 1. 19. 선고 2021가합509722.

21) 서울고등법원 2023. 12. 20. 선고 2023나2009236.

22) SK텔레콤 가입자 일부가 통신사를 상대로 개인정보 가명처리를 중단하라는 소송을 내 2심에서도 이겼다. 서울고법 민사7부(강승준 김민아 양석용 부장판사)는 20일 A씨 등 5명이 SKT를 상대로 낸 처리정지 청구 소송을 1심과 같이 원고 승소로 판결했다. 1·2심 재판부는 SKT 같은 개인정보 처리자는 정보주체가 가명처리의 정지를 요구할 경우 이를 들어줘야 한다고 판단했다. 다만 2심 재판부는 원고들의 청구 취지를 명확히 반영해 "SKT는 개인정보보호법 28조의 2에 따른 '가명정보의 처리'를 목적으로 원고들의 개인정보를 가명 처리해선 안 된다"고 판결했다. 재판부는 "개인정보보호법에 규정된 가명처리와 다른 법령에 근거한 가명처리는 목적과 범위가 다르다"고 설명했다. 1심이 "SKT가 원고들의 개인정보를 가명처리해선 안 된다"고 판결한 것은 청구 범위를 넘어선 부분까지 인용해 다소 포괄적이라는 취지다. 김영섭 연합뉴스 기자, 법원 "SKT, 개인정보 활용 목적 가명처리 중단해야": 2심도 가입자 승소…원고 측 "처리정지 요구권 인정 의미", 2023.12.20 (https://www.yna.co.kr/view/AKR20231220064651004).

23) SK텔레콤 가입자 일부가 회사를 상대로 "개인정보의 가명처리를 중단해달라"는 소송을 내 1심에 이어 2심에서도 승소한 가운데, SK텔레콤이 이에 불복해 '상고'에 나섰다. 안상희 조선Biz 기자, [단독] SK텔레콤vs가입자 간 소송 대법원 간다…개인정보 가명처리 정지 요구권 인정될가, 2024.1.26. (https://biz.chosun.com/it-science/ict/2024/01/26/XHJUGTHFANCQHEMU7K5PEA56RQ/).

24) Google Spain SL v. AEPD, Court of Justice of the European Union, 2014 E.C.R 317.

제5절 자동화된 결정에 대한 정보주체의 권리 등과 개인인 신용정보주체의 자동화평가 결과에 대한 설명 및 이의제기 등

〈개인정보 보호법〉 제37조의2(자동화된 결정에 대한 정보주체의 권리 등) ① 정보주체는 완전히 자동화된 시스템(인공지능 기술을 적용한 시스템을 포함한다)으로 개인정보를 처리하여 이루어지는 결정(「행정기본법」 제20조에 따른 행정청의 자동적 처분은 제외하며, 이하 이 조에서 "자동화된 결정"이라 한다)이 자신의 권리 또는 의무에 중대한 영향을 미치는 경우에는 해당 개인정보처리자에 대하여 해당 결정을 거부할 수 있는 권리를 가진다. 다만, 자동화된 결정이 제15조제1항제1호·제2호 및 제4호에 따라 이루어지는 경우에는 그러하지 아니하다.
② 정보주체는 개인정보처리자가 자동화된 결정을 한 경우에는 그 결정에 대하여 설명 등을 요구할 수 있다.

〈신용정보법〉 제36조의2(자동화평가 결과에 대한 설명 및 이의제기 등) ① 개인인 신용정보주체는 개인신용평가회사 및 대통령령으로 정하는 신용정보제공·이용자(이하 이 조에서 "개인신용평가회사등"이라 한다)에 대하여 다음 각 호의 사항을 설명하여 줄 것을 요구할 수 있다.
  1. 다음 각 목의 행위에 자동화평가를 하는지 여부
   가. 개인신용평가
   나. 대통령령으로 정하는 금융거래의 설정 및 유지 여부, 내용의 결정(대통령령으로 정하는 신용정보제공·이용자에 한정한다)
   다. 그 밖에 컴퓨터 등 정보처리장치로만 처리하면 개인신용정보 보호를 저해할 우려가 있는 경우로서 대통령령으로 정하는 행위
  2. 자동화평가를 하는 경우 다음 각 목의 사항
   가. 자동화평가의 결과
   나. 자동화평가의 주요 기준
   다. 자동화평가에 이용된 기초정보(이하 이 조에서 "기초정보"라 한다)의 개요
   라. 그 밖에 가목부터 다목까지의 규정에서 정한 사항과 유사한 사항으로서 대통령령으로 정하는 사항
② 개인인 신용정보주체는 개인신용평가회사등에 대하여 다음 각 호의 행위를 할 수 있다.
  1. 해당 신용정보주체에게 자동화평가 결과의 산출에 유리하다고 판단되는 정보의 제출
  2. 자동화평가에 이용된 기초정보의 내용이 정확하지 아니하거나 최신의 정보가 아니라고

판단되는 경우 다음 각 목의 어느 하나에 해당하는 행위

가. 기초정보를 정정하거나 삭제할 것을 요구하는 행위

나. 자동화평가 결과를 다시 산출할 것을 요구하는 행위

1. 자동화된 결정에 대한 정보주체의 권리 등과 개인인 신용정보주체의 자동화평가 결과에 대한 설명 및 이의제기 등의 의의

개인정보 보호법 제37조의2(자동화된 결정에 대한 정보주체의 권리 등)와 신용정보법 제36조의2(자동화평가 결과에 대한 설명 및 이의제기 등)에 규정되어 있는 자동화된 결정에 대한 정보주체의 권리 등과 개인인 신용정보주체의 자동화평가 결과에 대한 설명 및 이의제기 등은 소위 프로파일링(Profiling) 관련 사항을 입법한 것으로 이해되는데, EU GDPR은 Article 4(4)에서 프로파일링(Profiling)을 자연인에 대한 개인의 사적인 측면의 평가, 특히 직장 내 업무수행, 경제적 상황, 건강, 개인적 취향, 관심사, 신뢰도, 태도, 위치 또는 이동 경로에 관한 측면을 분석하거나 예측하기 위해 개인정보를 사용하여 이루어지는 모든 형태의 자동화된 개인정보의 처리로 규정하고 있다.[25]

프로파일링(Profiling)은 통신과 컴퓨터 기술의 발전으로 인공지능(AI, Artificial Intelligence)이 금융 등 사회의 다양한 분야의 의사결정에 도입되면서 논란이 커지고 있는 상황이다. 넓은 의미의 프로파일링(Profiling)이란 다양한 방법으로 수집된 데이터를 분석하여 개인 또는 개인 그룹에 대한 새로운 특성 또는 행태 정보를 생성하고 적용하는 등의 작업 일체를 의미하는 것이다. 프로파일링(Profiling)은 범죄가 발생한 장소나 범죄자에 대한 일부 정보를 통하여 해당 범죄자의 신원(Identity), 신상(Profile)이나 범죄 이후의 행적을 찾아내는 수사기법의 하나인 범죄자 프로파일링이나 인적 개

---

[25] EU GDPR 4(Definitions) (4) Profiling means any form of automated processing of personal data consisting of the use of personal data to evaluate certain personal aspects relating to a natural person, in particular to analyse or predict aspects concerning that natural person's performance at work, economic situation, health, personal preferences, interests, reliability, behaviour, location or movements.

입(Human intervention)이 배제되고 기술적 수단(Technological means)에 의해서만 이루어지는 자동화된 의사결정(Automated decision making)과 구별되는 개념으로 이해된다.[26] 한편 프로파일링의 유형은 〈그림 15〉와 같은데, EU GDPR은 Article 22(Automated individual decision-making, including profiling)에서 프로파일링을 포함한 자동화된 의사 결정의 대상이 되지 않을 권리와 프로파일링을 포함한 자동화된 의사 결정에 대한 적용 예외를 규정하고 있으며, 또한 프로파일링에 대한 정보제공 및 열람권, 정정권, 삭제권, 처리 제한권, 반대권 등을 규정하고 있다.

그림 15 프로파일링(Profiling)의 유형

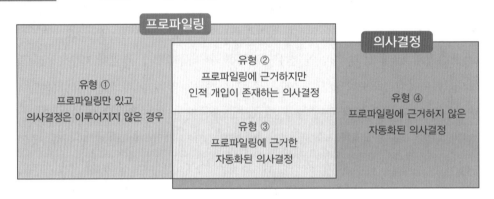

2020년 2월 데이터 3법(개인정보 보호법, 신용정보법, 정보통신망법)의 개정 시 신용정보법은 이 법 제2조(정의)제14호에 "자동화평가"란 동법 제15조(수집 및 처리의 원칙)제1항에 따른 신용정보회사등의 종사자가 평가 업무에 관여하지 아니하고 컴퓨터 등 정보처리장치로만 개인신용정보 및 그 밖의 정보를 처리하여 개인인 신용정보주체를 평가하는 행위를 말한다고 규정하였고(신용정보법 제2조제14호), 동법 제36조의2에 자동화평가 결과에 대한 설명 및 이의제기 등을 규정하여 입법(立法)한 바 있다. 한편 2023년 개인정보 보호법의 개정을 통해 이 법 제37조의2(자동화된 결정에 대한 정보주체의 권리 등)에 자동화된 결정에 대한 정보주체의 권리 등이 신설되었는데, 동 조항은 인공지능(AI, Artificial Intelligence) 등을 이용하여 이루어지는 완전히 자동화된 결정이 정보주체의 권리 또는 의무에 중대한 영향을 미치는 경우 정보주체가 해당 결정을 거부

---

26) 방송통신위원회와 한국인터넷진흥원, 개인정보 처리에서의 프로파일링 사례집(2020), pp3~4.

하거나 설명 등을 요구할 수 있는 권리를 부여하려는 것으로 이해된다.

현재 프로파일링(Profiling)은 기업의 인사·채용 부문, 금융의 신용평가, 의료 부문 등에서 활용되고 있으며[27], 향후 신기술의 발전에 따라 급속히 이용이 확대될 자동화된 의사결정에 대해 이용되는 알고리즘(Algorithm, 문제를 해결하기 위한 절차)의 투명성 확보와 결과에 대한 반론권과 정정권 등의 보장을 통해 자동화 시스템을 활용한 의사결정 과정에 대한 공정성과 투명성을 확보하고 국민의 신뢰를 제고하기 위한 입법으로 생각된다. 그러나 한편 프로파일링에 이용되는 알고리즘은 기업의 영업비밀인 점 또한 고려하여 다양한 법익과 가치를 입법에 반영할 필요가 있다고 생각한다.

2. 자동화된 결정에 대한 정보주체의 권리 등

개인정보 보호법은 정보주체는 완전히 자동화된 시스템(인공지능 기술을 적용한 시스템을 포함한다)으로 개인정보를 처리하여 이루어지는 결정(「행정기본법」 제20조(자동적 처분)에 따른 행정청의 자동적 처분은 제외하며, 이하 이 조에서 "자동화된 결정"이라 한다)이 자신의 권리 또는 의무에 중대한 영향을 미치는 경우에는 해당 개인정보처리자에 대하여 해당 결정을 거부할 수 있는 권리를 가지나, 다만 자동화된 결정이 이 법 제15조(개인정보의 수집·이용)제1항제1호·제2호 및 제4호에 따라 이루어지는 경우에는 그러하지 아니하다고 규정하고 있으며(개인정보 보호법 제37조의2제1항), 정보주체는 개인정보처리자가 자동화된 결정을 한 경우에는 그 결정에 대하여 설명 등을 요구할 수 있다고 규정하고 있다(동법 제37조의2제2항).

또한 개인정보 보호법은 개인정보처리자는 개인정보 보호법 제37조의2(자동화된 결정에 대한 정보주체의 권리 등) 제1항 또는 제2항에 따라 정보주체가 자동화된 결정을 거부하거나 이에 대한 설명 등을 요구한 경우에는 정당한 사유가 없는 한 자동화된 결정을 적용하지 아니하거나 인적 개입에 의한 재처리·설명 등 필요한 조치를 하여야

---

27) 자동화된 의사 결정은 인적 오류와 차별 및 권한 남용을 감소시켜 의사 결정 과정에서 일관성과 공정성을 향상시킬 수 있고 관리자들이 짧은 시간 내에 의사 결정을 내릴 수 있도록 도우며 의사 결정 과정의 효율성을 향상시킬 수 있다는 긍정적인 측면이 있는 반면, 수집·분석 및 평가 대상이 된 개인정보가 불충분하거나 부정확한 경우 정보주체에 대해 사실과 다른 부정적인 평가 및 판단이 내려질 수 있고 이러한 결정은 정보주체에 대한 권리 침해로 이어질 부정적인 측면도 존재한다고 하겠다.

하여야 하며(동법 제37조의2제3항), 개인정보처리자는 자동화된 결정의 기준과 절차, 개인정보가 처리되는 방식 등을 정보주체가 쉽게 확인할 수 있도록 공개하여야 한다고 규정하고 있다(동법 제37조의2제4항).

한편 개인정보 보호법은 이 법 제37조의2제1항부터 제4항까지에서 규정한 사항 외에 자동화된 결정의 거부·설명 등을 요구하는 절차 및 방법, 거부·설명 등의 요구에 따른 필요한 조치, 자동화된 결정의 기준·절차 및 개인정보가 처리되는 방식의 공개 등에 필요한 사항은 대통령령으로 정한다고 규정하고 있다(동법 제37조의2제5항).

가 자동화된 결정의 거부·설명 등을 요구하는 절차 및 방법

개인정보 보호법 시행령은 정보주체는 이 법 제37조의2(자동화된 결정에 대한 정보주체의 권리 등)제1항에 따른 자동화된 결정(이하 "자동화된 결정"이라 한다)에 대해 같은 항 본문에 따라 거부하는 경우에는 개인정보처리자가 마련하여 동법 시행령 제44조의4(자동화된 결정에 대한 거부 및 설명 등 요구의 방법 및 절차)제1항제5호에 따라 공개하는 방법과 절차에 따라야 한다고 규정하고 있는데 (개인정보 보호법 시행령 제44조의2제1항), 정보주체는 동법 제37조의2제2항에 따라 자동화된 결정에 대해 개인정보처리자에게 다음, 1. 해당 자동화된 결정의 기준 및 처리 과정 등에 대한 설명과 2. 정보주체가 개인정보 추가 등의 의견을 제출하여 개인정보처리자가 해당 의견을 자동화된 결정에 반영할 수 있는지에 대한 검토를 요구할 수 있으며, 이 경우 정보주체의 설명 또는 검토 요구는 개인정보처리자가 마련하여 동법 시행령 제44조의4제1항제5호에 따라[28] 공개하는 방법과 절차에 따라야 한다고 규정하고 있으며(동법 시행령 제44조의2제2항), 동법 시행령 제44조의2제1항 및 제2항에 따른 정보주체의 자동화된 결정에 대한 거부, 설명 및 검토 요구(이하 "거부·설명등요구"라 한다)의 방법과 절차를 개인정보처리자가 마련하는 경우 준수해야 할 사항에 관하여는 동법 시행령 제41조(개인정보의 열람절

---

28) 개인정보 보호법 시행령은 개인정보처리자는 이 법 제37조의2(자동화된 결정에 대한 정보주체의 권리 등)제4항에 따라 다음, 5. 자동화된 결정에 대하여 정보주체가 거부·설명등요구를 할 수 있다는 사실과 그 방법 및 절차의 사항을 정보주체가 쉽게 확인할 수 있도록 인터넷 홈페이지 등을 통해 공개해야 하나, 다만, 인터넷 홈페이지 등을 운영하지 않거나 지속적으로 알려야 할 필요가 없는 경우에는 미리 서면등의 방법으로 정보주체에게 알릴 수 있다고 규정하고 있다(개인정보 보호법 시행령 제44조의4제1항).

차 등)제2항을 준용한다. 이 경우 "열람 요구"는 "거부·설명등요구"로 본다고 규정하고 있다(동법 시행령 제44조의2제3항).

나 자동화된 결정의 거부·설명 등의 요구에 따른 조치

개인정보 보호법 시행령은 개인정보처리자는 정보주체가 이 법 시행령 제44조의2 (자동화된 결정에 대한 거부 및 설명 등 요구의 방법 및 절차)제1항에 따라 자동화된 결정에 대해 거부하는 경우에는 정당한 사유가 없으면 다음, 1. 해당 자동화된 결정을 적용하지 않는 조치와 2. 인적 개입에 의한 재처리의 어느 하나에 해당하는 조치를 하고 그 결과를 정보주체에게 알려야 한다고 규정하고 있으며(개인정보 보호법 시행령 제44조의3제1항), 개인정보처리자는 정보주체가 동법 시행령 제44조의2제2항에 따라 자동화된 결정에 대해 같은 항 제1호에 따른 설명을 요구하는 경우 정당한 사유가 없으면 다음, 1. 해당 자동화된 결정의 결과, 2. 해당 자동화된 결정에 사용된 주요 개인정보의 유형, 3. 제2호에 따른 개인정보의 유형이 자동화된 결정에 미친 영향 등 자동화된 결정의 주요 기준, 4. 해당 자동화된 결정에 사용된 주요 개인정보의 처리 과정 등 자동화된 결정이 이루어지는 절차의 사항을 포함한 간결하고 의미있는 설명을 정보주체에게 제공해야 하나, 다만, 개인정보처리자는 해당 자동화된 결정이 정보주체의 권리 또는 의무에 중대한 영향을 미치지 않는 경우에는 정보주체에게 동법 시행령 제44조의4(자동화된 결정의 기준과 절차 등의 공개)제1항제2호 및 제3호의 사항을[29] 알릴 수 있다고 규정하고 있다(동법 시행령 제44조의3제2항).

한편 개인정보 보호법 시행령은 개인정보처리자는 정보주체가 이 법 시행령 제44조의2제2항에 따라 같은 항 제2호에 따른 정보주체가 개인정보 추가 등의 의견을 제출하여 개인정보처리자가 해당 의견을 자동화된 결정에 반영할 수 있는지에 대한 검토를 요구하는 경우에는 정당한 사유가 없으면 정보주체가 제출한 의견의 반영 여부

---

29) 개인정보 보호법 시행령은 개인정보처리자는 이 법 제37조의2(자동화된 결정에 대한 정보주체의 권리 등)제4항에 따라 다음, 2. 자동화된 결정에 사용되는 주요 개인정보의 유형과 자동화된 결정의 관계와 3. 자동화된 결정 과정에서의 고려사항 및 주요 개인정보가 처리되는 절차의 사항을 정보주체가 쉽게 확인할 수 있도록 인터넷 홈페이지 등을 통해 공개해야 하나, 다만, 인터넷 홈페이지 등을 운영하지 않거나 지속적으로 알려야 할 필요가 없는 경우에는 미리 서면등의 방법으로 정보주체에게 알릴 수 있다고 규정하고 있다(개인정보 보호법 시행령 제44조의4제1항).

를 검토하고 정보주체에게 반영 여부 및 반영 결과를 알려야 한다고 규정하고 있으며 (동법 시행령 제44조의3제3항), 개인정보처리자는 다른 사람의 생명·신체·재산과 그 밖의 이익을 부당하게 침해할 우려가 있는 등 정당한 사유가 있어 법 제38조제5항에 따라 거부·설명등요구를 거절하는 경우에는 그 사유를 정보주체에게 지체 없이 서면 등의 방법으로 알려야 한다고 규정하고 있는 한편(동법 시행령 제44조의3제4항), 개인정보처리자는 동법 시행령 제44조의3(거부·설명등요구에 따른 조치)제1항부터 제3항까지의 규정에 따라 정보주체의 거부·설명등요구에 따른 조치를 하는 경우에는 정보주체의 거부·설명등요구를 받은 날부터 30일 이내에 서면등의 방법으로 해야 하나, 다만, 30일 이내에 처리하기 어려운 정당한 사유가 있는 경우에는 정보주체에게 그 사유를 알리고 2회에 한정하여 각각 30일의 범위에서 그 기간을 연장할 수 있다고 규정하고 있다(동법 시행령 제44조의3제5항). 또한 개인정보 보호법 시행령은 이 법 시행령 제44조의3제1항부터 제5항까지의 규정에 따른 정보주체의 거부·설명등요구에 따른 조치에 관한 세부 사항은 개인정보보호위원회가 정하여 고시한다고 규정하고 있다(동법 시행령 제44조의3제6항).

다 자동화된 결정의 기준과 절차 등의 공개

개인정보 보호법 시행령은 개인정보처리자는 이 법 제37조의2(자동화된 결정에 대한 정보주체의 권리 등)제4항에 따라 다음, 1. 자동화된 결정이 이루어진다는 사실과 그 목적 및 대상이 되는 정보주체의 범위, 2. 자동화된 결정에 사용되는 주요 개인정보의 유형과 자동화된 결정의 관계, 3. 자동화된 결정 과정에서의 고려사항 및 주요 개인정보가 처리되는 절차, 4. 자동화된 결정 과정에서 민감정보 또는 14세 미만 아동의 개인정보를 처리하는 경우 그 목적 및 처리하는 개인정보의 구체적인 항목, 5. 자동화된 결정에 대하여 정보주체가 거부·설명등요구를 할 수 있다는 사실과 그 방법 및 절차의 사항을 정보주체가 쉽게 확인할 수 있도록 인터넷 홈페이지 등을 통해 공개해야 하나, 다만, 인터넷 홈페이지 등을 운영하지 않거나 지속적으로 알려야 할 필요가 없는 경우에는 미리 서면등의 방법으로 정보주체에게 알릴 수 있다고 규정하고 있는 한편(개인정보 보호법 시행령 제44조의4제1항), 개인정보처리자는 동법 시행령 제44조의4

(자동화된 결정의 기준과 절차 등의 공개)제1항 각 호의 사항을 공개할 때에는 정보주체가 해당 내용을 쉽게 알 수 있도록 표준화·체계화된 용어를 사용해야 하며, 정보주체가 쉽게 이해할 수 있도록 동영상·그림·도표 등 시각적인 방법 등을 활용할 수 있다고 규정하고 있다(동법 시행령 제44조의4제2항).

3. 개인인 신용정보주체의 자동화평가 결과에 대한 설명 및 이의제기 등

신용정보법은 "자동화평가"란 이 법 제15조(수집 및 처리의 원칙)제1항에 따른 신용정보회사등의 종사자가 평가 업무에 관여하지 아니하고 컴퓨터 등 정보처리장치로만 개인신용정보 및 그 밖의 정보를 처리하여 개인인 신용정보주체를 평가하는 행위를 말한다고 규정하고 있으며(신용정보법 제2조제14호), 이 법 제36조의2(자동화평가 결과에 대한 설명 및 이의제기 등)제1항 및 제2항에 따른 요구의 절차 및 방법, 동법 제36조의2제3항의 거절의 통지 및 그 밖에 필요한 사항은 대통령령으로 정한다고 규정하고 있다(동법 제36조의2제4항).

가 개인신용평가 결과에 대한 설명 및 이의제기의 대상과 절차 및 방법 등

(1) 개인신용평가 결과에 대한 설명 및 이의제기의 대상

신용정보법은 개인인 신용정보주체는 개인신용평가회사 및 대통령령으로 정하는[30] 신용정보제공·이용자(이하 이 조에서 "개인신용평가회사등"이라 한다)에 대하여 다음, 1. 다음, 가. 개인신용평가, 나. 대통령령으로 정하는[31] 금융거래의 설정 및 유지 여부, 내

---

[30] 신용정보법 시행령은 이 법 제36조의2(자동화평가 결과에 대한 설명 및 이의제기 등)제1항 각 호 외의 부분에서 "대통령령으로 정하는 신용정보제공·이용자"란 「금융위원회의 설치 등에 관한 법률」 제38조(검사 대상 기관) 각 호의 자를 말한다고 규정하고 있다(신용정보법 시행령 제31조의2제1항).

[31] 신용정보법 시행령은 이 법 제36조의2(자동화평가 결과에 대한 설명 및 이의제기 등)제1항제1호나목에서 "대통령령으로 정하는 금융거래"란 다음, 1. 동법 제2조(정의)제1호의3가목1)부터 4)까지의 규정에 따른 거래와 2. 그 밖에 동법 시행령 제31조의2(개인신용평가 결과에 대한 설명 및 이의제기 등)제2항제1호와 유사한 거래로서 금융위원회가 정하여 고시하는 거래를 말한다고 규정하고 있다(신용정보법

용의 결정(대통령령으로 정하는32) 신용정보제공·이용자에 한정한다), 다. 그 밖에 컴퓨터 등 정보처리장치로만 처리하면 개인신용정보 보호를 저해할 우려가 있는 경우로서 대통령령으로 정하는33) 행위에 자동화평가를 하는지 여부와 2. 자동화평가를 하는 경우 다음, 가. 자동화평가의 결과, 나. 자동화평가의 주요 기준, 다. 자동화평가에 이용된 기초정보(이하 이 조에서 "기초정보"라 한다)의 개요, 라. 그 밖에 이 법 제36조의2(자동화평가 결과에 대한 설명 및 이의제기 등)제1항제2호가목부터 다목까지의 규정에서 정한 사항과 유사한 사항으로서 대통령령으로 정하는 사항을 설명하여 줄 것을 요구할 수 있다고 규정하고 있으며(신용정보법 제36조의2제1항), 개인인 신용정보주체는 개인신용평가회사등에 대하여 다음, 1. 해당 신용정보주체에게 자동화평가 결과의 산출에 유리하다고 판단되는 정보의 제출과 2. 자동화평가에 이용된 기초정보의 내용이 정확하지 아니하거나 최신의 정보가 아니라고 판단되는 경우 다음, 가. 기초정보를 정정하거나 삭제할 것을 요구하는 행위와 나. 자동화평가 결과를 다시 산출할 것을 요구하는 행위의 어느 하나에 해당하는 행위를 할 수 있다고 규정하고 있다(동법 제36조의2제2항).

(2) 개인신용평가 결과에 대한 설명 및 이의제기의 절차 및 방법 등

개인정보 보호법 시행령은 개인인 신용정보주체는 서면, 전자우편, 인터넷 홈페이지 또는 어플리케이션 등을 통해 금융위원회가 정하여 고시하는 서식에 따라 이 법 제36조의2(자동화평가 결과에 대한 설명 및 이의제기 등)제1항 및 제2항에 따른 권리를 행사해야 한다고 규정하고 있으며(동법 시행령 제31조의2제6항), 개인신용평가회사등은 동법 제36조의2제1항 및 제2항에 따른 권리를 행사한 신용정보주체에게 설명·정정·삭제 등 필요조치를 하고 그 결과를 서면, 전자우편, 인터넷 홈페이지 또는 어플리케이션 등을 통해 금융위원회가 정하여 고시하는 서식에 따라 해당 신용정보주체에게 설명해

시행령 제31조의2제2항).

32) 신용정보법 시행령은 이 법 제36조의2(자동화평가 결과에 대한 설명 및 이의제기 등)제1항제1호나목에서 "대통령령으로 정하는 신용정보제공·이용자"란 동법 시행령 제31조의2(개인신용평가 결과에 대한 설명 및 이의제기 등)제1항에 따른 신용정보제공·이용자를 말한다고 규정하고 있다(신용정보법 시행령 제31조의2제3항).

33) 신용정보법 시행령은 이 법 제36조의2(자동화평가 결과에 대한 설명 및 이의제기 등)제1항제1호다목에서 "대통령령으로 정하는 행위"란 동법 시행령 제31조의2(개인신용평가 결과에 대한 설명 및 이의제기 등)제2항에 따른 거래에 관한 계약의 청약 또는 승낙 여부의 결정을 말한다고 규정하고 있다(신용정보법 시행령 제31조의2제4항).

야 한다고 규정하고 있다(동법 시행령 제31조의2제7항).

또한 개인정보 보호법 시행령은 개인신용평가회사등은 개인인 신용정보주체에게 설명을 하는 경우 다음, 1. 이 법 제36조의2제1항제2호가목의 사항인 자동화평가의 결과를 설명하는 경우(개인인 신용정보주체의 별도 요청이 없으면 요구 시점에서 가장 최근에 실시한 자동화평가의 결과로서, 개인신용평가회사등이 자체적으로 정한 신용등급 또는 점수(백분율을 포함한다) 등으로 표시할 수 있다), 2. 동법 제36조의2제1항제2호나목의 사항인 자동화평가의 주요 기준을 설명하는 경우(자동화평가시 동법 제2조(정의)제1호에서 정하고 있는 신용정보의 종류별(신용거래 판단정보, 신용도 판단정보, 신용거래능력 판단정보 등) 반영 비중을 안내하거나 또는 각 금융권역 협회에서 마련한 양식에 따라 안내할 수 있다), 3. 동법 제36조의2제1항제2호다목의 사항인 자동화평가에 이용된 기초정보(이하 이 조에서 "기초정보"라 한다)의 개요를 설명하는 경우(설명을 요구한 개인인 신용정보주체 본인, 종합신용정보집중기관 및 개인신용평가회사등으로부터 금융회사 등이 직접 입수한 신용정보를 안내할 수 있으나, 다만 금융회사 등이 기초정보를 자체적으로 가공하여 생성 또는 추론한 정보는 제외할 수 있다)의 구분에 따라 설명해야 한다고 규정하고 있다(동법 시행령 제31조의2제8항).

나 개인신용평가 결과에 대한 설명 및 이의제기의 거절 통지

신용정보법은 개인신용평가회사등은 다음, 1. 이 법 또는 다른 법률에 특별한 규정이 있거나 법령상 의무를 준수하기 위하여 불가피한 경우, 2. 해당 신용정보주체의 요구에 따르게 되면 금융거래 등 상거래관계의 설정 및 유지 등이 곤란한 경우, 3. 그 밖에 이 법 제36조의2(자동화평가 결과에 대한 설명 및 이의제기 등)제3항제1호 및 제2호에서 정한 경우와 유사한 경우로서 대통령령으로 정하는 경우의 어느 하나에 해당하는 경우에는 동법 제36조의2제1항 및 제2항에 따른 개인인 신용정보주체의 요구를 거절할 수 있다고 규정하고 있으며(신용정보법 제36조의2제3항), 신용정보법 시행령은 이 법 제36조의2(자동화평가 결과에 대한 설명 및 이의제기 등)제3항제3호에서 "대통령령으로 정하는 경우"란 다음, 1. 개인인 신용정보주체가 정정 또는 삭제 요청한 내용이 사실과 다른 경우와 2. 정당한 사유 없이 동일한 금융거래 등에 대해 3회 이상 반복적으로 동법 제36조의2제1항 및 제2항에 따른 권리를 행사하는 경우의 어느 하나에 해당하는 경우를 말한다고 규정하고 있다(동법 시행령 제36조의2제5항). 한편 신용정보법 시행령은 개인신용평가회사등은 이 법 제36조의2제3항에 따라 개인인 신용정보주체의 요구를 거절한 경우 거절의 근거 및 사유를 서면, 전자우편, 인터넷 홈페이지 또는 어플리케이션 등을 통해 안내해야 한다고 규정하고 있다(동법 시행령 제36조의2제9항).

참고자료 및 질문

1. **자동적 처분.** 2024년 제정·시행된 행정기본법은 이 법 제20조(자동적 처분)에 "행정청은 법률로 정하는 바에 따라 완전히 자동화된 시스템(인공지능 기술을 적용한 시스템을 포함한다)으로 처분을 할 수 있다. 다만, 처분에 재량이 있는 경우는 그러하지 아니하다."고 규정하고 있다(행정기본법 제20조). 동 조항은 독일 「연방행정절차법」 제35a조를[34] 참조하여 입법된 것으로서 컴퓨터와 통신기술의 발전을 행정 분야에 반영하여 완전히 자동화된 시스템을 통한 처분의 허용 및 자동적 처분이 적용될 수 있는 영역을 명확하게 하기 위한 것이며, 또한 동조는 민주주의와 법치주의는 민주적 정당성을 확보한 자연인에 의한 법의 지배를 전제로 하므로 민주적 정당성과 법률유보의 문제를 해소하기 위한 입법으로도 이해된다. 한편 동 조항은 완전히 자동화된 시스템에 의한 행정처분을 대상으로 하므로 자연인이 절차와 과정에 개입되면 아니 되는 것으로 해석되며, 자동적 처분에 대해 법률이 따로 정하는 경우에만 허용되도록 규정되어 있는 한편, 동 조항 단서는 처분에 재량(裁量)이 있는 경우는 허용하지 않고 있어, 즉 기속(羈束)행위에 대해서만 자동적 처분이 가능한 것으로 이해된다.[35] 행정기본법 제20조(자동적 처분)에 대한 당신의 입장과 의견은 어떠하며 문제점과 개선방안이 있다면 무엇이라고 생각하는가?

2. **양자 컴퓨터(Quantum computer).** 0과 1인 2진수로 계산하는 비트(bit) 연산자를 활용하는 기존 컴퓨터(Digital 또는 Classical computer)와 달리 양자 컴퓨터(Quantum computer)는 〈그림 16〉과 같이 00, 01, 10, 11로 계산하는 큐비트(Qubit) 연산자, 즉 양자역학의 기본원리 중 하나인 양자중첩 현상(Quantum superposition, 확률적으로 가능한 상태들이 동시에 중첩되는 현상)과 양자 얽힘 현상(Quantum entanglement, 양자 물질들이 서로 얽혀있는 현상)을 이용하여 0과 1을 공존(共存)시킴으로써 많은 여러 정보를 동시에 표현하고 연산이 가능한 컴퓨터로 이해된다. 양자 컴퓨터는 모든 형태의 문제에 대해서는 아니지만 기존 컴퓨터보다 특화되어 수만 배 빠르게 해결이 가능한 특정한 문제 종류들에 대해 이론적으로 현존하는 최고의 슈퍼컴퓨터(Super computer)가 수백 년이 걸려도 풀기 힘든 문제도 단 몇 초 이내의 어마어마한 속도로 빠르게 풀 수 있을 것으로 전망되고 있다. 향후 슈퍼컴퓨터는 다양한 이종의 데이터를 처리하는데 있어 새로운 변화의 계기가 될 것으로 생각된다.

그림 16 | 큐비트(Qubit)와 양자 컴퓨터(Quantum computer)

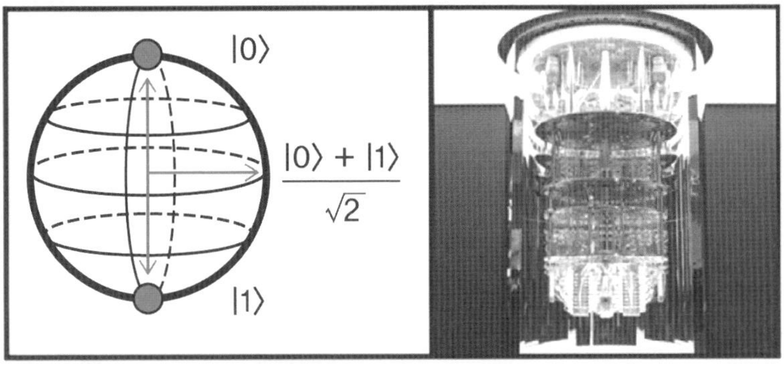

제6절   개인정보와 개인신용정보의 전송 요구

〈개인정보 보호법〉 제35조의2(개인정보의 전송 요구) ① 정보주체는 개인정보 처리 능력 등을 고려하여 대통령령으로 정하는 기준에 해당하는 개인정보처리자에 대하여 다음 각 호의 요건을 모두 충족하는 개인정보를 자신에게로 전송할 것을 요구할 수 있다.

1. 정보주체가 전송을 요구하는 개인정보가 정보주체 본인에 관한 개인정보로서 다음 각 목의 어느 하나에 해당하는 정보일 것

  가. 제15조제1항제1호, 제23조제1항제1호 또는 제24조제1항제1호에 따른 동의를 받아 처리되는 개인정보

  나. 제15조제1항제4호에 따라 체결한 계약을 이행하거나 계약을 체결하는 과정에서 정보주체의 요청에 따른 조치를 이행하기 위하여 처리되는 개인정보

  다. 제15조제1항제2호·제3호, 제23조제1항제2호 또는 제24조제1항제2호에 따라 처리되는 개인정보 중 정보주체의 이익이나 공익적 목적을 위하여 관계 중앙행정기관의 장의 요청에 따라 보호위원회가 심의·의결하여 전송 요구의 대상으로 지정한 개인정보

---

34) 독일 연방행정절차법 제35a조는 행정행위의 완전히 자동화된 발급(Vollständig automatisierter Erlasseines Verwaltungsaktes))은 법규정에 의해 허용되고, 재량이나 판단여지가 존재하지 아니하면, 행정행위는 자동장치에 의해 완전히 발해질 수 있다고 규정하고 있다(독일 연방행정절차법 제35조a).

35) 법제처, 행정기본법 해설서(2021), pp208~212.

2. 전송을 요구하는 개인정보가 개인정보처리자가 수집한 개인정보를 기초로 분석·가공하여 별도로 생성한 정보가 아닐 것

3. 전송을 요구하는 개인정보가 컴퓨터 등 정보처리장치로 처리되는 개인정보일 것

〈신용정보법〉 제33조의2(개인신용정보의 전송요구) ① 개인인 신용정보주체는 신용정보제공·이용자등에 대하여 그가 보유하고 있는 본인에 관한 개인신용정보를 다음 각 호의 어느 하나에 해당하는 자에게 전송하여 줄 것을 요구할 수 있다.

1. 해당 신용정보주체 본인

2. 본인신용정보관리회사

3. 대통령령으로 정하는 신용정보제공·이용자

4. 개인신용평가회사

5. 그 밖에 제1호부터 제4호까지의 규정에서 정한 자와 유사한 자로서 대통령령으로 정하는 자

1. 개인정보와 개인신용정보 전송 요구의 의의

개인정보 보호법 제35조의2(개인정보의 전송 요구)와 신용정보법 제33조의2(개인신용정보의 전송요구)에 규정되어 있는 개인정보의 전송 요구와 개인신용정보의 전송 요구는 데이터 이동권(Right to data portability) 또는 개인정보 이동권에 따른 마이데이터(My data) 관련 사항을 입법한 것으로 이해되는데, EU GDPR에서도 Article 20에서 정보주체가 다음, (a) 개인정보의 처리가 Article 6(1)의(a) 또는 Article 9(2)의(a)에 따른 동의나 Article 6(1)의(b)에 따른 계약을 근거로 하는 경우, (b) 개인정보의 처리가 자동화된 수단으로 시행되는 경우에 해당될 때에는 개인정보처리자(Controller)에게 제공한 그 자신에 관련된 개인정보를 구조화되고, 통상적으로 사용되며 기계 판독이 가능한 형식으로 수령을 할 권리가 있으며, 그 자신의 개인정보를 제공받은 개인정보처리자로부터 방해받지 않고 다른 개인정보처리자에게 해당 개인정보를 이전할 권리를 가진다고 데이터 이동권을 규정하고 있다.[36)]

---

36) EU GDPR Article 20(Right to data portability) 1. The data subject shall have the right to receive the personal data concerning him or her, which he or she has provided to a controller, in a structured, commonly used and machine-readable format and have the right to transmit those data to another controller without hindrance from the controller to which the personal data have been provided, where: (a) the processing is based on consent

마이데이터(My data)는 〈그림 17〉과 같이 정보주체 또는 개인인 신용정보주체가 정보관리의 주체가 되어 능동적으로 본인의 정보를 관리하고 본인의 의지에 따라 신용 및 자산관리 등에 정보를 활용하는 일련의 과정을 의미하는 것으로써, 즉 정부나 기업체가 보유하고 있는 데이터의 사용 주체를 개인에게 전환하는 것이며 마이데이터를 활용하는 사업이란 금융사나 통신사, 또는 병원 등에 분산이 되어 있는 개인의 개인정보와 개인신용정보를 한곳에 모아 제3의 서비스 사업자에게 제공하는 사업으로 이해된다. 예를 들면 개인이 자신의 의지에 따라 개인정보와 개인신용정보를 데이터 요청 업체에 전달하여 재무 현황 분석이나 맞춤형 요금제 추천, 또는 건강관리 등을 받는 서비스가 마이데이터 사업에 해당한다고 하겠다. 다만 개인정보와 개인신용정보 전송 요구, 즉 마이데이터(My data)는 구조화되고, 통상적으로 사용되며 기계 판독이 가능한 개인정보와 개인신용정보를 전제로 하는 것으로 이해되므로 새로운 개인정보와 개인신용정보를 처리하기 위해 과도하고 비합리적인 비용과 노력이 요구되는 경우에는 적용되지 않는 것으로 생각되는데, 이는 개인정보 보호법이 개인정보처리자는 이 법 제35조의2(개인정보의 전송 요구)제1항 및 제2항에 따른 전송 요구를 받은 경우에는 시간, 비용, 기술적으로 허용되는 합리적인 범위에서 해당 정보를 컴퓨터 등 정보처리장치로 처리 가능한 형태로 전송하여야 한다고 규정하고 있는(개인정보 보호법 제35조의2제3항) 점에서도 확인된다.

---

pursuant to point (a) of Article 6(1) or point (a) of Article 9(2) or on a contract pursuant to point (b) of Article 6(1); and (b) the processing is carried out by automated means.

그림 17　마이데이터(My data)

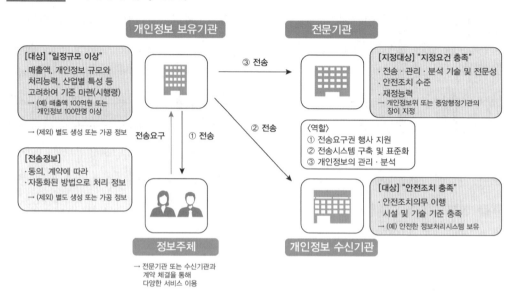

2020년 2월 데이터 3법(개인정보 보호법, 신용정보법, 정보통신망법)의 개정 시 신용정보법은 이 법 제33조의2(개인신용정보의 전송요구)제1항에 "개인인 신용정보주체는 신용정보제공·이용자등에 대하여 그가 보유하고 있는 본인에 관한 개인신용정보를 다음, 1. 해당 신용정보주체 본인, 2. 본인신용정보관리회사, 3. 대통령령으로 정하는 신용정보제공·이용자, 4. 개인신용평가회사, 5. 그 밖에 동법 제33조의2제1항제1호부터 제4호까지의 규정에서 정한 자와 유사한 자로서 대통령령으로 정하는 자의 어느 하나에 해당하는 자에게 전송하여 줄 것을 요구할 수 있다"라고 규정하고(신용정보법 제33조의2제1항), "본인신용정보관리업"이란 개인인 신용정보주체의 신용관리를 지원하기 위하여 다음 각 목의 전부 또는 일부의 신용정보를 대통령령으로 정하는 방식으로 통합하여 그 신용정보주체에게 제공하는 행위를 영업으로 하는 것을 말하며(동법 제2조제9호의2), "본인신용정보관리회사"란 본인신용정보관리업에 대하여 금융위원회로부터 허가를 받은 자를 말한다고 규정하는 한편(동법 제2조제9호의3), 신용정보법 제5장 신용정보 관련 산업 제2절 본인신용정보관리업을 입법(立法)하였다.

한편 2023년 개인정보 보호법의 개정을 통해 이 법 제35조의2(개인정보의 전송 요구)에 개인정보의 전송 요구가 신설되었는데, 개인정보 보호법은 〈그림 18〉과 같이 마이데이터(My data)의 참여자로 정보전송자, 정보수신자, 중계 전문기관을 도입하려는 것으로 이해된다.

그림 18 개인정보보호법의 마이데이터(My data) 참여자

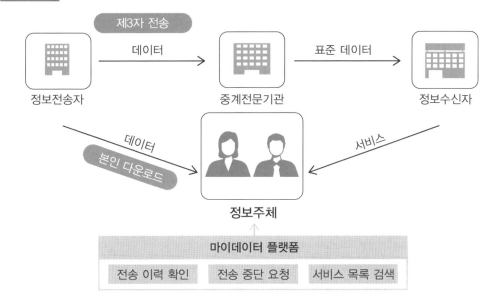

정보전송자는 정보주체의 요구에 따라 보유하고 있는 개인정보를 정보주체 본인(본인 대상 정보전송자) 또는 제3자에 전송하는 자(제3자 대상 정보전송자)이며, 정보수신자는 제3자 전송요구권에 따라 개인정보를 전송받는 자로서 일반 전문기관, 특수 전문기관, 일반 수신자로 구분된다. 일반 전문기관은 제3자 대상 정보전송자로부터 전송받은 개인정보를 관리·분석하여 통합조회, 맞춤형 서비스, 연구, 교육 등에 이용하는 업무를 수행하는 기관·법인·단체이며 특수 전문기관은 전송받은 의료정보를 관리·분석하여 통합조회, 맞춤형 서비스, 연구, 교육 등에 이용하는 업무를 수행하는 기관·법인·단체이다. 한편 일반 수신자는 개인정보를 전송받아 확인하는 자이다.

또한 중계 전문기관은 개인정보 전송 중계에 필요한 시스템 운영 및 기능을 제공하는 업무 및 정보전송자의 전송을 지원하는 업무를 수행하는 자인데, 개인정보 보호법은 중계 전문기관, 일반 전문기관, 특수 전문기관을 개인정보관리 전문기관으로 제도화한 것으로 이해된다. 한편 개인정보 보호법은 정보주체의 전송 이력 확인·관리 등 정보주체의 마이데이터(My data) 전(全)이용 과정을 기술적으로 지원하기 위해 개인정보 전송지원 플랫폼(Platform)을 도입한 것으로 생각된다.

마이데이터(My data) 제도의 도입은 정보주체가 자신의 개인정보 이동 과정에 실질적으로 참여함으로써 개인정보의 통제권이 강화되고 전 분야에 대한 마이데이터 확산을 통해 일부 플랫폼 기업의 데이터 독점 현상을 완화하며 다양한 경제주체들이 데이터를 안전하게 활용할 수 있는 기반 마련을 마련하는 한편 혁신적인 데이터산업과 시장을 창출하기 위한 취지는 이해된다. 그러나 금융과 의료분야의 경우 상대적으로 가능성이 있으나 마이데이터의 성공적인 안착 여부가 불확실하고 안착에도 어려움이 클 것으로 생각하는데, 이는 마이데이터를 통한 수익모델(Business model) 모색이 어렵고 시장 상황의 불확실성이 클[37] 뿐만 아니라[38] 마이데이터 도입을 위한 기술적·재

---

37) 정부의 마이데이터 사업 확대 추진 분야에서 '유통'은 제외된다. 업계와 학계, 시민사회까지 일제히 개인정보 및 영업비밀 유출 등 부작용이 예상된다며 반대했던 사안이다. 대통령 직속 규제개혁위원회는 다양한 이해관계자와 정치권 등의 의견을 수렴해 개선할 것을 권고했고, 개인정보보호위원회는 이를 수용하기로 했다. 13일 업계에 따르면 개인정보보호위원회는 마이데이터 사업을 확대하는 내용을 담은 '개인정보보호법 시행령 개정안' 수정 작업에 착수했다. 이는 지난 9일 규제개혁위원회 심의에서 마이데이터 확대 분야에서 유통은 제외할 것을 권고한 것에 따른 조치. 개보위는 당초 시행령 개정을 통해 마이데이터를 보건의료와 통신, 유통 분야에 적용해 단계적으로 전 산업군 확대를 추진할 계획이었다. 개보위가 추진 중인 마이데이터 사업은 정보주체의 동의를 얻어 개인정보를 관련 사업자에게 제공해 활용하는 형태. 하지만 유통업계에서는 산업 경쟁력 하락과 해외 기업으로 영업비밀이 유출될 수 있다며 강하게 반대했다. 아울러 데이터 산업에 대한 투자 의지 저하와 국내 e커머스 업계는 현재 중국 e커머스(C커머스)의 공습에서 생존을 위해 필사적인 노력을 벌이고 있는 힘겨운 상황이라는 점도 반대 이유로 들었다. 벤처기업협회, 스타트업얼라이언스, 코리아스타트업포럼, 한국플랫폼입점사업자협회, 한국디지털광고협회, 한국온라인쇼핑협회, 한국인터넷기업협회 등 업계 주요 협단체가 이런 이유로 마이데이터 유통 분야 확대 반대 공동성명을 냈다. 이에 앞서 한국소비자연맹 등 5개 단체(경제정의실천시민연합·소비자시민모임·진보네트워크센터·참여연대)도 공동성명서를 내고 반대 입장을 밝혔다. 여기에 정치권에서도 문제를 제기했다. 국회 정무위원회 여야 의원들은 개보위 업무보고 이후 서면질의를 통해 '고객 주문정보와 결제정보, 구매패턴 규모, 빈도는 아주 중요한 개인정보인데 해외사업자에게 흘러갈 수 있다'는 점을 강조하며 재검토할 것을 촉구했다. 민감한 사생활 정보가 보안이 취약한 소규모 기업을 통해 보이스피싱 등 범죄와 해킹의 위험에 노출되는 우려가 있다고도 지적했다. 업계 관계자는 "이번 결정으로 e커머스 등 분야의 기술 유출, 영업기밀 유출 우려는 덜게 돼 규개위의 결정을 환영한다"라면서도 "설익은 정책이 산업을 위기에 빠뜨릴수 있다는 점을 되새겨, 정부는 정책을 항상 신중하돼 일방적으로 추진해선 안될 것"이라고 말했다. 조재학·함봉균 전자신문 기자, 마이데이터 확대 '유통'은 제외된다… 개보위 "규개위 권고 수용", 2024.8.13. (https://www.etnews.com/20240813000177).

38) 마이데이터 본격 시행(2025년 3월)을 앞두고 업계 반발로 유통 분야가 우선 적용 대상에서 제외된 가운데, 통신 분야 핵심 정보인 약정정보마저 전송대상정보에서 빠지면서 '속 빈 강정'이 됐다는 지적이 나온다. 24일 개인정보보호위원회와 마이데이터 업계 등에 따르면, 마이데이터 선도서비스 지원 사업의 통신 분야 전송대상정보에서 약정정보가 빠졌다. 마이데이터는 국민이 여러 곳에 흩어진 개인정보를 통합 관리하고 자신이 원하는 곳으로 개인정보를 이동시켜 원하는 서비스에 활용되도록 하는(개인정보 전송요구권) 제도다. 정부는 '국가 마이데이터 추진전략'을 통해 금융·공공 등 일부 분야에서 시행하는 마이데이터를 순차 확대할 계획이다. 하지만 내년 3월 의료·통신·유통 분야에서 우선 추진

정적 부담의 수반이 많이 요구되기 때문으로 이해된다.

2. 개인정보의 전송 요구

가 개인정보 전송 요구의 대상과 방법 및 절차 등

(1) 개인정보 전송 요구의 대상

개인정보 보호법은 정보주체는 개인정보 처리 능력 등을 고려하여 대통령령으로 정하는 기준에 해당하는 개인정보처리자에 대하여 다음, 1. 정보주체가 전송을 요구하는 개인정보가 정보주체 본인에 관한 개인정보로서 다음, 가. 이 법 제15조(개인정보의 수집·이용)제1항제1호, 동법 제23조(민감정보의 처리 제한)제1항제1호 또는 동법 제24조(고유식별정보의 처리 제한)제1항제1호에 따른 동의를 받아 처리되는 개인정보, 나. 동법 제15조제1항제4호에 따라 체결한 계약을 이행하거나 계약을 체결하는 과정에서 정보주체의 요청에 따른 조치를 이행하기 위하여 처리되는 개인정보, 다. 동법 제15조

(선도서비스)하겠다는 정부 계획이 틀어져 의료·통신에만 적용하게 됐다. 더 큰 문제는 통신 분야 핵심 정보로 꼽히는 약정정보까지 제외되면서 '알맹이'가 빠졌다는 점이다. 이동통신사, 개통일, 서비스(요금제)명, 서비스 종류, 서비스 가입일, 서비스 과금내역, 서비스 변경일자, 서비스 해지 일자 등 약정정보가 마이데이터에 포함되면 다양한 맞춤형 서비스가 가능해진다. 마이데이터 사업자는 소비자가 휴대폰 변경 시 여러 요금제를 비교해 최적 요금제와 통신사 등 맞춤형 정보를 제공할 수 있다. 국민이 체감할 수 있는 서비스를 발굴, 확산 기반을 마련하겠다는 마이데이터 선도서비스 취지에도 부합한다. 2022년 12월에 나온 '이종 산업간 마이데이터 전송을 위한 표준화 사업' 보고서에도 통신 분야 전송대상정보(정보맵)에 약정정보가 포함됐다. 그러나 이번 선도서비스 사업에선 서비스요금제명만 포함되고 나머지는 제외되면서 약정정보를 알 길이 없어졌다. 개인정보위는 정보제공기관인 이동통신사와 합의를 본 정보부터 우선 전송대상정보에 포함했다는 입장이다. 개인정보위 관계자는 "통신사 의견을 수렴하는 회의를 진행 중이다 보니 쟁점이 크게 없는 정보를 우선적으로 포함했다"고 말했다. 마이데이터 업계에선 주무부처인 개인정보위가 개인정보 자기결정권의 본질을 외면하고 개인정보의 기업자산화를 조장하고 있다며 비판의 목소리를 높였다. 한 마이데이터 전문가는 "통신 마이데이터의 핵심은 개인정보 전송요구권을 통해 요금제와 약정정보를 제공받아 새로운 플랜(상품)을 소비자에게 제안하면서 부가가치를 창출하는 것"이라며 "약정정보가 빠지면 비즈니스모델(BM)을 만들기 어려워 유명무실하다"고 말했다. 익명을 요구한 한 개인정보 전문가는 "의료 분야는 보건복지부가 주도권을 쥐고 있어 실질적인 마이데이터 사업은 통신 분야만 남았는데, 국민이 마이데이터 효과를 누릴 수 있는 의미 있는 데이터(약정정보)가 제외됐다"면서 "정보주체 입장에선 전송할 수 있는 데이터 범위가 늘어날수록 좋은데 사업자 중심의 논의가 진행되고 있어 원점 재검토가 필요하다"고 주장했다. 조재학 전자신문 기자, 마이데이터 '통신 약정' 핵심정보 빠졌다. 2024.9.24. (https://www.etnews.com/20240813000177).

제1항제2호·제3호, 동법 제23조제1항제2호 또는 동법 제24조제1항제2호에 따라 처리되는 개인정보 중 정보주체의 이익이나 공익적 목적을 위하여 관계 중앙행정기관의 장의 요청에 따라 개인정보보호위원회가 심의·의결하여 전송 요구의 대상으로 지정한 개인정보의 어느 하나에 해당하는 정보일 것, 2. 전송을 요구하는 개인정보가 개인정보처리자가 수집한 개인정보를 기초로 분석·가공하여 별도로 생성한 정보가 아닐 것, 3. 전송을 요구하는 개인정보가 컴퓨터 등 정보처리장치로 처리되는 개인정보일 것의 요건을 모두 충족하는 개인정보를 자신에게로 전송할 것을 요구할 수 있다고 규정하고 있다(개인정보 보호법 제35조의2제1항).

또한 개인정보 보호법은 정보주체는 매출액, 개인정보의 보유 규모, 개인정보 처리 능력, 산업별 특성 등을 고려하여 대통령령으로 정하는 기준에 해당하는 개인정보처리자에 대하여 이 법 제35조의2(개인정보의 전송 요구)제1항에 따른 전송 요구 대상인 개인정보를 기술적으로 허용되는 합리적인 범위에서 다음, 1. 이 법 제35조의3(개인정보관리 전문기관)제1항에 따른 개인정보관리 전문기관과 2. 동법 제29조(안전조치의무)에 따른 안전조치의무를 이행하고 대통령령으로 정하는 시설 및 기술 기준을 충족하는 자에게 전송할 것을 요구할 수 있다고 규정하고 있다(개인정보 보호법 제35조의2제2항).

(가) 정보전송자와 일반수신자의 기준

1) 정보전송자의 기준

정보전송자의 기준에 대해 개인정보 보호법 시행령은 이 법 제35조의2(개인정보의 전송 요구)제1항 및 제2항에서 "대통령령으로 정하는 기준에 해당하는 개인정보처리자"란 다음, 1. 보건의료 관련 기관, 법인 및 단체 중 다음, 가. 질병관리청, 나. 「국민건강보험법」 제13조(보험자)에 따른 국민건강보험공단 및 같은 법 제62조(설립)에 따른 건강보험심사평가원, 다. 「의료법」 제3조의4(상급종합병원 지정)에 따른 상급종합병원, 라. 그 밖에 「보건의료기본법」 제3조(정의)제4호에 따른 보건의료기관 중 개인정보를 전송할 수 있는 기술적·재정적 능력과 그 개인정보가 저장·관리되고 있는 정보주체의 수 등을 고려하여 개인정보보호위원회가 보건복지부장관과 협의하여 고시하는 자(이하 "보건의료정보전송자"라 한다), 2. 통신 관련 기관, 법인 및 단체 중 다음, 가. 「전파법」 제10조(주파수할당)에 따라 주파수를 할당받아 이동통신서비스를 제공하는 자, 나. 그 밖에 「전기통신사업법」 제5조(전기통신사업의 구분 등)제2항에 따른 기간통신사업을 경영하는 자 중 개인정보를 전송할수 있는 기술적·재정적 능력과 그 개인정보가 저장·관리되고 있는 정보주체의 수 등을 고려하여 개인정보보호위원회 및 과학기술정보통신부장관이 공동으로 정하여 고시하는 자(이하 "통신정보전송자"라 한다), 3. 에너지 관련 기관, 법인 및 단체 중 다음, 가. 「전기사업법」 제2조(정의)제10호에 따른 전기판매사업자, 나. 다음 「도시가스사업법」 제2조(정의)제2호에 따른 도시가스사업자 및 2) 그 밖의 「도시가스사업법」 제2조제1호의2에 따른 도시가스사업 관련 기관, 법인 및 단체의 자 중 개인정보를 전송할 수 있는 기술적·재정적 능력과 그 개인정보가 저장·관리되고 있는 정보주체의 수 등을 고려하여 개인정보보호위원회 및 산업통상자원부장관이 공동으로 정하여 고시하는 자(이하 "에너지정보전송자"라 한다)의 자(이하 "정보전송자"라 한다)를 말한다고 규정하고 있다(개인정보 보호법 시행령 제42조의2). 원래 개인정보 보호법 시행령 개정(안)은 마이데이터(My data)의 정보전송자에 보건의료, 통신, 유통 분야를 포함하였으나 앞서 설명한 바와 같이 유통 분야에 대해서는 업계와 학계, 시민사회까지 일제히 개인정보 및 영업비밀 유출 등 부작용이 예상된다며 반대하여 마이데이터 사업 확대 추진 분야에서 유통은 제외되었고 재입법 대상에 에너지 분야가 주무 부처의 요구로 포함된 바 있다.

  2) 일반수신자의 기준

  일반수신자의 기준에 대해 개인정보 보호법 시행령은 이 법 제35조의2(개인정보의 전송 요구)제2항제2호에 따라 "대통령령으로 정하는 시설 및 기술 기준을 충족하는 자"란 고유의 업무를 수행하는 과정에서 수집한 정보의 진위 여부 등을 확인하기 위해 개인정보를 전송받는 자로서 다음, 1. 표준 전송 절차, 전송시스템 연계 및 전송 보안 기준 등을 충족하는 전송 요구 관련 시스템, 2. 전송 내역의 기록·보관 및 전송받은 개인정보의 분리 보관을 위한 시스템, 3. 개인정보에 대한 불법적인 접근 및 침해사고 방지를 위한 탐지 및 차단 시스템, 4. 개인정보에 대한 접근권한 관리 및 접근 통제 시스템의 사항에 관하여 개인정보보호위원회가 정하여 고시하는 시설 및 기술을 갖춘자를 말한다고 규정하고 있다(개인정보 보호법 시행령 제42조의3제1항).

  또한 개인정보 보호법 시행령은 이 법 제29조(안전조치의무)에 따른 안전조치 의무를 이행하고 동법 시행령 제42조의3(일반수신자 기준)제1항에 따른 시설 및 기술을 갖춘 자(이하 "일반수신자"라 한다)는 개인정보 전송 관련 업무의 일부 또는 전부를 중지 또는 폐지하려는 경우에는 그 사실을 미리 동법 시행령 제42조의9(개인정보관리 전문기관의 업무 등)제1항제1호에 따른 중계 전문기관(이하 "중계 전문기관"이라 한다)에 통지하고 동법 제35조의4(개인정보 전송 관리 및 지원)에 따른 개인정보 전송 지원 플랫폼에 등록해야 한다고 규정하고 있다(동법 시행령 제42조의3제2항).

(나) 전송 요구 정보의 범위

개인정보 보호법 시행령은 정보주체는 이 법 제35조의2(개인정보의 전송 요구)제1항 및 제2항에 따라 정보전송자에게 다음, 1. 보건의료정보전송자: 다음, 가. 「의료법」 제22조(진료기록부 등) 및 제23조(전자의무기록)에 따른 진료기록 등 진료와 관련하여 생성된 정보, 나. 「약사법」 제30조(조제기록부)에 따른 조제기록 등 조제와 관련하여 생성된 정보, 다. 「의료기기법」 제2조(정의)제1항에 따른 의료기기를 통해 생성·수집된 정보, 라. 그 밖에 가목부터 다목까지와 유사한 보건의료 관련 정보 중 정보주체의 이익, 전송에 필요한 시간·비용 및 기술적으로 전송 가능한 합리적인 범위 등을 고려하여 개인정보보호위원회가 보건복지부장관과 협의하여 고시하는 정보(이하 "보건의료전송정보"라 한다)로서 해당 보건의료정보전송자가 보유하는 정보, 2. 통신정보전송자: 「전기통신사업법」 제2조(정의)제11호에 따른 기간통신역무를 제공함에 따라 생성된 이용자의 가입정보, 이용정보, 청구정보 및 납부정보 등의 정보 중 정보주체의 이익, 전송에 필요한 시간·비용 및 기술적으로 전송 가능한 합리적인 범위 등을 고려하여 개인정보보호위원회 및 과학기술정보통신부장관이 공동으로 정하여 고시하는 정보(이하 "통신전송정보"라 한다)로서 해당 통신정보전송자가 보유하는 정보, 3. 에너지정보전송자: 다음, 가. 「전기사업법」 제14조(전기공급의 의무)에 따른 전기 공급에 따라 생성된 에너지 사용량 정보, 청구정보 및 납부정보 등의 정보, 나. 「도시가스사업법」 제19조(도시가스사업자의 공급 의무)에 따른 도시가스 공급에 따라 생성된 에너지 사용량 정보, 청구정보 및 납부정보 등의 정보, 다. 그 밖에 가목 및 나목과 유사한 에너지 관련 정보 중 정보주체의 이익, 전송에 필요한 시간·비용 및 기술적으로 전송 가능한 합리적인 범위 등을 고려하여 개인정보보호위원회 및 산업통상자원부장관이 공동으로 정하여 고시하는 정보(이하 "에너지전송정보"라 한다)로서 해당 에너지정보전송자가 에너지를 공급하는 과정에서 처리하는 정보의 구분에 따른 개인정보를 자신, 일반수신자 또는 이 법 제35조의3(개인정보관리 전문기관)제1항에 따른 개인정보관리 전문기관(이하

"개인정보관리 전문기관"이라 한다)에게 전송할 것을 요구할 수 있다고 규정하고 있다(개인정보 보호법 시행령 제42조의4제1항).

또한 개인정보 보호법 시행령은 정보주체는 이 법 시행령 제42조의4(전송 요구 정보의 범위)제1항에 따른 정보 외에 동법 제35조의2(개인정보의 전송 요구)제1항에 따라 정보전송자가 보유하는 정보로서 시간, 비용, 기술 등을 고려하여 정보주체에게 전송할 수 있다고 해당 정보전송자가 자율적으로 정한 정보(이하 "자율전송정보"라 한다)를 전송할것을 요구할 수 있다고 규정하고 있으나(동법 시행령 제42조의4제2항), 동법 시행령 제42조의4제1항에도 불구하고 일반수신자 또는 개인정보관리 전문기관에게 전송할 것을 요구하는 경우에는 전송받는 자에 따라 개인정보보호위원회가 정하여 고시하는 정보는 전송을 요구할 수 없다고 규정하고 있다(동법 시행령 제42조의4제3항). 한편 개인정보 보호법 시행령은 개인정보보호위원회는 이 법 시행령 제42조의4제1항 각 호의 정보가 「전자정부법」 제43조의2(정보주체 본인에 관한 행정정보의 제공요구권)제1항에 따른 행정기관등이 보유하는 본인정보에 해당하는 경우에는 동법 시행령 제42조의4제1항에 따라 고시하기 전에 행정안전부장관과 미리 협의해야 한다고 규정하고 있다(동법 시행령 제42조의4제4항).

(2) 개인정보 전송 요구와 전송의 방법 및 절차 등

개인정보 보호법은 개인정보처리자는 이 법 제35조의2(개인정보의 전송 요구)제1항 및 제2항에 따른 전송 요구를 받은 경우에는 시간, 비용, 기술적으로 허용되는 합리적인 범위에서 해당 정보를 컴퓨터 등 정보처리장치로 처리 가능한 형태로 전송하여야 한다고 규정하고 있으며(개인정보 보호법 제35조의2제3항), 이 법 제35조의2제1항 및 제2항에 따른 전송 요구를 받은 개인정보처리자는 다음, 1.「국세기본법」 제81조의13(비밀 유지), 2.「지방세기본법」 제86조(비밀유지), 3. 그 밖에 이 법 제35조의2제4항제1호 및 제2호와 유사한 규정으로서 대통령령으로 정하는 법률의 규정의 어느 하나에 해당하는 법률의 관련 규정에도 불구하고 정보주체에 관한 개인정보를 전송하여야 한다고 규정하고 있다(동법 제35조의2제4항). 또한 개인정보 보호법은 정보주체는 이 법 제35조의2제1항 및 제2항에 따른 전송 요구로 인하여 타인의 권리나 정당한 이익을 침해하여서는 아니 된다고 규정하고 있다(동법 제35조의2제7항).

(가) 개인정보 전송 요구의 방법 및 절차 등

개인정보 보호법 시행령은 정보주체는 이 법 제35조의2(개인정보의 전송 요구)제1항에 따른 전송 요구(이하 "본인전송요구"라 한다)를 하는 경우 전송 요구 목적 및 전송을 요구하는 개인정보를 특정해야 한다고 규정하고 있으며(개인정보 보호법 시행령 제42조의5제1항), 개인정보 보호법 시행령은 정보주체는 동법 제35조의2제2항에 따른 전송 요구(이하 "제3자전송요구"라 한다)를 하는 경우 다음, 1. 전송 요구 목적, 2. 전송 요구를 받는 자, 3. 개인정보를 전송받는 자, 4. 전송을 요구하는 개인정보, 5. 정기적 전송을 요구하는지 여부 및 요구하는 경우 그 주기[이 법 시행령 제42조의5(전송 요구의 방법 등)제4항에 따라 동법 시행령 제42조의9(개인정보관리 전문기관의 업무 등)제1항제2호 및 제3호에 따른 개인정보관리 전문기관(이하 "일반특수 전문기관"이라 한다)에 대한 전송을 요구하는 경우에 한정한다], 6. 전송 요구의 종료시점, 7. 전송을 요구하는 개인정보의 보유 및 이용기간의 사항을 특정해야 한다고 규정하고 있다(동법 시행령 제42조의5제2항).

또한 개인정보보호법 시행령은 정보주체는 일반수신자 또는 개인정보관리 전문기관을 통하여 정보전송자에게 제3자전송요구를 할 수 있으나, 이 경우 일반수신자 또는 개인정보관리 전문기관은 미리 이 법 시행령 제42조의5(전송 요구의 방법 등)제2항 각 호의 사항에 대해 정보주체가 그 내용을 명확하게 인지하고 전송을 요구할 수 있도록 알려야 한다고 규정하고 있으며(동법 시행령 제42조의5제3항), 정보주체는 정보전송자에게 일반특수 전문기관에 대한 제3자전송요구를 하는 경우 같은 내역의 개인정보를 정기적으로 전송할 것을 요구할 수 있다고 규정하고 있다(동법 시행령 제42조의5제4항). 한편 개인정보 보호법 시행령은 정보주체는 동법 시행령 제42조의5제1항부터 제4항까지의 규정에 따른 전송 요구를 변경하거나 철회할 수 있는데, 이 경우 정보전송자, 일반수신자 및 개인정보관리 전문기관은 전송 요구 변경 및 철회의 방법 · 절차가 전송 요구 당시의 방법 · 절차보다 어렵지 않도록 해야 한다고 규정하고 있다(동법 시행령 제42조의5제5항).

(나) 개인정보 전송의 방법 및 절차 등

개인정보보호법 시행령은 정보전송자는 정보시스템 장애 등으로 전송이 지연되거나 불가능한 사유가 없으면 지체 없이 개인정보를 전송해야 하는데, 이 경우 정보전송자는 지체 없이 전송할 수 없는 정당한 사유가 있는 경우에는 정보주체에게 그 사유를 알리고 전송을 연기할 수 있으며, 그 사유가 소멸하면 지체 없이 개인정보를 전송해야 한다고 규정하고 있다(개인정보 보호법 시행령 제42조의6제1항). 또한 개인정보보호법 시행령은 정보전송자는 개인정보를 전송하는 경우 개인정보의 정확성, 완전성 및 최신성을 유지해야 한다고 규정하고 있다(동법 시행령 제42조의6제2항).

1) 개인정보 전송의 방식

개인정보 보호법 시행령은 정보전송자는 전송의 안전성 및 신뢰성이 보장될 수 있도록 다음, 1. 정보 전송 시 안전한 암호 알고리즘으로 암호화하여 전송하는 방식, 2. 정보전송자와 일반수신자 및 개인정보관리 전문기관 간에 미리 협의하여 정하는 방식, 3. 정보전송자와 일반수신자 및 개인정보관리 전문기관 간 상호 식별·인증할 수 있는 방식, 4. 정보전송자와 일반수신자 및 개인정보관리 전문기관 간 상호 확인할 수 있는 방식(본인전송요구의 경우에는 제1호에 한정한다)에 따라 개인정보를 전송해야 한다고 규정하고 있으며(개인정보 보호법 시행령 제42조의6제3항), 정보전송자는 제3자전송요구에 따라 개인정보를 전송하는 경우에는 중계 전문기관을 통해 전송해야 하는데, 이 경우 정보전송자는 보건의료전송정보에 대해서는 중계 전문기관을 통해 이 법 시행령 제42조의9(개인정보관리 전문기관의 업무 등)제1항제3호에 따른 개인정보관리 전문기관(이하 "특수 전문기관"이라 한다)에게만 전송해야 한다고 규정하고 있다(동법 시행령 제42조의6제4항).

또한 개인정보 보호법 시행령은 정보전송자는 정보주체가 이 법 제35조의2(개인정보의 전송 요구)제1항에 따라 개인정보 전송을 요구하고 전송 내역 등을 확인할 수 있도록 본인전송요구 방법, 전송 현황 및 내역을 확인할 수 있는 방법을 인터넷 홈페이지 등에 게재해야 하나, 다만 보건의료정보전송자의 경우에는 중계 전문기관이 대신하여 게재할 수 있다고 규정하고 있다(동법 시행령 제42조의6제5항).

2) 개인정보 전송의 행위 원칙과 규칙 등

개인정보 보호법 시행령은 일반수신자는 제3자전송요구에 따라 개인정보를 전송받는 경우 이 법 시행령 [별표 1의2]인[39] 일반수신자 행위 원칙에 따라 건전한 개인정

---

39) 개인정보 보호법 시행령은 이 법 시행령 [별표 1의2]인 일반수신자 행위 원칙(동법 시행령 제42조의6 (개인정보 전송 방법 등)제6항 관련)으로 일반수신자는 제3자전송요구에 따라 개인정보를 전송받는 경우 다음, 1. 개인정보를 전송받아 확인하는 것 이외에 이를 분석하여 맞춤형 서비스 안내, 연구교육, 유통·판매 등 처리하는 행위, 2. 전송 요구를 하도록 강요하거나 부당하게 유도하는 행위, 3. 동법 제38조(권리행사의 방법 및 절차)제1항에 따른 권리에 대한 대리행사를 강요하거나 부당하게 유도하는

보 전송 체계 확립을 위하여 노력해야 한다고 규정하고 있으며(개인정보 보호법 시행령 제42조의6제6항), 일반수신자 및 일반특수 전문기관은, 1. 다음, 가. 「전자서명법」 제2조(정의)제3호에 따른 전자서명생성정보 및 같은 조 제6호에 따른 인증서, 나. 제3자 전송요구를 위하여 정보전송자에 등록된 정보주체의 식별자 또는 인증정보, 다. 정보주체의 생체정보의 접근수단에 따른 정보주체의 접근수단을, 2. 다음, 가. 제1호의 접근수단을 직접 보관하는 방법, 나. 제1호의 접근수단에 접근할 수 있는 권한을 확보하는 방법, 다. 제1호의 접근수단에 대한 지배권, 이용권 또는 접근권 등을 사실상 확보하는 방법을 통해 정보주체의 이름으로 열람하는 방식으로 사용·보관함으로써 보건의료전송정보, 통신전송정보, 에너지전송정보 및 자율전송정보(이하 "전송요구대상정보"라 한다)를 수집해서는 아니된다고 규정하고 있다(동법 시행령 제42조의6제7항).

또한 개인정보 보호법 시행령은 일반수신자 및 개인정보관리 전문기관은 정보주체의 이익을 침해하거나 건전한 전송 처리 체계를 저해하는 행위를 해서는 아니 된다고 규정하고 있으며(동법 시행령 제42조의6제8항), 개인정보 보호법 시행령은 일반수신자 및 개인정보관리 전문기관은 일반수신자 및 개인정보관리 전문기관으로서 처리하는 정보와 다른 개인정보처리자로서 처리하는 정보를 분리하여 보관해야 하나, 다만 특수전문기관(「의료법」 제3조(의료기관)에 따른 의료기관에 한정한다)이 같은 법 제23조의2(전자의무기록의 표준화 등)제1항에 따른 전자의무기록시스템으로 보건의료전송정보를 진료 목적으로 전송받는 경우로서 같은 법 제23조(전자의무기록)제2항에 따라 전자의무기록을 안전하게 관리·보존하는 경우에는 분리 보관을 하지 않을 수 있다고 규정하고 있다(동법 시행령 제42조의6제9항).

행위, 4. 전송 요구 목적과 관련 없는 개인정보를 전송하도록 요구하는 행위, 5. 전송 요구 목적 달성 이후에도 전송받은 개인정보를 보관하는 행위, 6. 전송받은 개인정보를 적법한 처리근거 없이 전송받은 목적 외로 처리하는 행위, 7. 정보주체의 동의 없이 전송 요구 내용을 변경하는 행위, 8. 정보주체의 요구에도 불구하고 전송 요구를 즉시 변경, 철회하지 않는 행위, 9. 자기 또는 제3자의 이익을 위해 특정 정보주체의 이익을 해하는 행위, 10. 정보주체의 전송 요구를 이유로 개인정보처리자의 전산설비에 과도하게 접근하여 부하를 일으키는 행위, 11. 개인정보 전송에 따른 수수료의 지불을 회피하는 행위, 12. 서비스 운영을 위해 필수적인 경우가 아님에도 전송받은 정보에 대한 제3자 제공 동의를 전송 요구와 동시에 받는 행위, 13. 그 밖에 정보주체의 이익을 침해하거나 건전한 전송요구권 생태계를 저해할 우려가 있는 행위로서 개인정보보호위원회가 정하여 고시하는 행위의 어느 하나에 해당하는 행위로 건전한 전송 체계 확립에 지장을 주어서는 아니 된다고 규정하고 있다(개인정보 보호법 시행령 [별표 1의2]).

개인정보 보호법 시행령은 정보전송자, 일반수신자 및 개인정보관리 전문기관은 다음, 1. 이 법 시행령 제42조의5(전송 요구의 방법 등)제2항 각 호의 사항(해당하는 사항에 한정한다), 2. 정보주체의 전송 요구에 따른 정보 송·수신 기록, 3. 전송 요구의 철회, 거절 및 전송 중단 내역 및 사유(해당하는 경우에 한정한다)의 전송요구대상정보 전송내역을 3년간 보관해야 하나, 다만, 정보전송자의 경우 중계전문기관이 대신 보관할 수 있다고 규정하고 있으며(동법 시행령 제42조의6제10항), 일반특수 전문기관은 동법 시행령 제42조의6(개인정보 전송 방법 등)제10항에 따른 전송요구대상정보 전송내역을 동법 시행령 제15조의3제4항 각 호의 어느 하나에 해당하는 방법으로 연 1회 이상 정보주체에게 알려야 하나, 다만 정보주체가 통지에 대한 거부의사를 표시한 경우에는 통지를 생략할 수 있다고 규정하고 있다(동법 시행령 제42조의6제11항).

한편 개인정보보호법 시행령은 개인정보보호위원회는 예산의 범위에서 정보전송자에 대하여 개인정보의 전송에 필요한 시설 및 기술의 구축·운영 비용 등 전송요구의 이행에 필요한 비용을 지원할 수 있다고 규정하고 있다(동법 시행령 제42조의6제12항).

(다) 전송 요구 관련 배제 대상 법률 규정

개인정보 보호법은 이 법 제35조의2(개인정보의 전송 요구)제1항 및 제2항에 따른 전송 요구를 받은 개인정보처리자는 다음, 1. 「국세기본법」 제81조의13(비밀 유지), 2. 「지방세기본법」 제86조(비밀유지), 3. 그 밖에 이 법 제35조의2제4항제1호 및 제2호와 유사한 규정으로서 대통령령으로 정하는 법률의 규정의 어느 하나에 해당하는 법률의 관련 규정에도 불구하고 정보주체에 관한 개인정보를 전송하여야 한다고 규정하고 있는데(개인정보 보호법 제35조의2제4항), 개인정보 보호법 시행령은 이 법 제35조의2제4항 제3호에서 "대통령령으로 정하는 법률의 규정"이란 다음, 1. 「신용정보의 이용 및 보호에 관한 법률」 제32조(개인신용정보의 제공·활용에 대한 동의) 및 제33조의2(개인신용정보의 전송요구)제3항 각 호에 해당하는 규정, 2. 「전자정부법」 제43조의2(정보주체 본인에 관한 행정정보의 제공요구권)제4항 각 호에 해당하는 규정, 3. 「의료법」 제21조(기록 열람등)제2항, 4. 「약사법」 제30조(조제기록부)제3항, 5. 「생명윤리 및 안전에 관한 법률」 제52조(기록 보관 및 정보의 공개)제2항, 6. 「상속세 및 증여세법」 제85조(납세자별 재산 과세 자료의 수집·관리)제2항, 7. 「국제조세조정에 관한 법률」 제57조(해외금융계좌정보의 비밀유지)제1항 및 제2항, 8. 「지능형전력망의 구축 및 이용촉진에 관한 법률」 제23조(지능형

전력망 정보의 제공 및 공동 활용 등)제3항의 규정을 말한다고 규정하고 있다(동법 시행령 제42조의7).

(3) 개인정보 전송 요구의 거절 및 전송 중단 등

개인정보 보호법은 정보주체는 이 법 제35조의2(개인정보의 전송 요구)제1항 및 제2항에 따른 전송 요구를 철회할 수 있다고 규정하는 한편(개인정보 보호법 제35조의2제5항), 개인정보처리자는 정보주체의 본인 여부가 확인되지 아니하는 경우 등 대통령령으로 정하는 경우에는 동법 제35조의2제1항 및 제2항에 따른 전송 요구를 거절하거나 전송을 중단할 수 있다고 규정하고 있다(동법 제35조의2제6항). 개인정보 보호법 시행령은 이 법 제35조의2제6항에서 "정보주체의 본인 여부가 확인되지 아니하는 경우 등 대통령령으로 정하는 경우"란 다음, 1. 정보주체의 본인 여부가 확인되지 아니하는 경우, 2. 동법 제38조(권리행사의 방법 및 절차)제1항에 따른 대리인 여부가 확인되지 않는 경우, 3. 동법 제22조의2(아동의 개인정보 보호)제1항에 따른 법정대리인 동의 여부가 확인되지 않는 경우, 4. 정보주체가 제3자의 기망이나 협박 때문에 전송 요구를 한 것으로 의심될 만한 정황이 확인되거나 그 밖에 합리적 사유가 있는 경우, 5. 정보주체의 인증정보 탈취 등 부당한 방법에 의한 전송 요구임을 알게 된 경우, 6. 동법 시행령 제42조의5(전송 요구의 방법 등)제2항에 따른 전송 요구 사항이 특정되지 않은 경우, 7. 정보주체 본인, 일반수신자, 개인정보관리 전문기관이 아닌 자에게 전송해 줄 것을 요구한 경우, 8. 개인정보가 범죄에 악용되는 등 부정한 방법으로 사용되어 정보주체의 이익을 명백히 침해하는 경우, 9. 동법 제35조의2(개인정보의 전송 요구)제7항을 위반하여 다른 사람의 권리나 정당한 이익을 침해하는 경우, 10. 동법 제35조(개인정보의 열람)제4항에 따른 열람의 제한 또는 거절 사유에 해당하는 경우, 11. 정보주체가 동일한 개인정보에 대해 정당한 사유 없이 과도하게 반복적으로 전송을 요구하여 업무에 지장을 초래하는 경우의 어느 하나에 해당하는 경우를 말한다고 규정하고 있다(동법 시행령 제42조의8제1항).

또한 개인정보 보호법 시행령은 정보전송자는 이 법 제42조의8(전송 요구의 거절 및 전송 중단 등)제1항 각 호의 어느 하나에 해당하는 사유로 정보주체의 전송 요구를 거절하거나 전송을 중단한 경우에는 지체 없이 해당 사실 및 그 사유를 정보주체에게 통지해야 하나, 다만 정보주체가 일반수신자 또는 개인정보관리 전문기관을 통해 전송 요구를 하는 경우에는 해당 일반수신자 또는 개인정보관리 전문기관을 통해 통지할 수 있다고 규정하고 있다(동법 시행령 제42조의8제2항).

한편 개인정보 보호법은 이 법 제35조의2제1항부터 제7항까지에서 규정한 사항 외에 전송 요구의 대상이 되는 정보의 범위, 전송 요구의 방법, 전송의 기한 및 방법, 전송 요구 철회의 방법, 전송 요구의 거절 및 전송 중단의 방법 등 필요한 사항은 대통령령으로 정한다고 규정하고 있다(동법 제35조의2제8항).

나 개인정보관리 전문기관

(1) 개인정보관리 전문기관의 의의

개인정보 보호법은 이 법 제35조의3(개인정보관리 전문기관)제1항에 따른 개인정보관리 전문기관의 지정 절차, 동법 제35조의3제2항에 따른 지정요건의 세부기준, 동법 제35조의3제4항에 따른 지정취소의 절차 등에 필요한 사항은 대통령령으로 정한다고 규정하고 있으며(개인정보 보호법 제35조의3제8항), 개인정보 보호법 시행령은 개인정보관리 전문기관은 다음, 1. 중계 전문기관: 이 법 제35조의3제1항제1호 및 제2호에 따른 업무로서 개인정보 전송 중계에 필요한 기능을 제공하고 관련 시스템을 운영하는 업무 및 정보전송자의 전송을 지원하는 업무(이하 "중계 업무"라 한다)를 수행하는 자, 2. 일반 전문기관: 동법 제35조의3제1항제3호에 따른 업무로서 통합조회, 맞춤형 서비스, 연구, 교육 등을 위해 정보전송자로부터 전송받은 개인정보(보건의료전송정보는 제외한다)를 관리·분석하는 업무를 수행하는 자, 3. 특수 전문기관: 동법 제35조의3제1항제3호에 따른 업무로서 통합조회, 맞춤형 서비스, 연구, 교육 등을 위해 정보전송자로부터 전송받은 보건의료 전송정보를 관리·분석하는 업무를 수행하는 자와 같이 구분한다고 규정하고 있다(동법 시행령 제42조의9제1항).

개인정보 보호법은 개인정보관리 전문기관을 중계 전문기관, 일반 전문기관, 특수 전문기관으로 나누고 있는데, 앞에서 설명한 바와 같이 마이데이터(My data)를 통한 수익모델(Business model)을 발굴하기 어렵고 도입을 위한 기술적·재정적 부담의 수반이 많이 요구되어 제도의 성공적 안착이 어려운 상황에서 일반 전문기관과 보건의료

전송정보를 관리·분석하는 업무를 수행하는 특수 전문기관으로 나누는 것이 과연 필요한가에 대하여 회의적으로 생각한다. 데이터 산업은 인간의 욕망을 읽고 의사결정을 효율화하기 위한 것으로 생각되는데, 금융과 의료 분야가 아닌 다른 분야에서 개인정보를 활용하여 시장과 산업이 활성화되기는 현실적으로 어렵다고 생각되며 이미 신용정보법에서 본인신용정보관리업과 본인신용정보관리회사 제도를 통해 소관 부처 중심으로 금융 분야의 마이데이터(My data)를 도입·운영하고 있는 것처럼 소관 부처의 전문성과 자율성을 바탕으로 보건의료 분야의 마이데이터(My data)를 도입·운영하는 것이 시장과 산업 활성화를 위해 바람직하다고 생각한다. 만일 향후 데이터 기술 발전과 시장 상황의 변화에 따라 다양한 분야의 마이데이터(My data)가 활성화된다면 이러한 소관 부처의 전문성과 자율성을 바탕으로 하는 제도화 방향이 더욱 합리적일 것으로 생각된다.

(2) 개인정보관리 전문기관의 업무 등

개인정보 보호법은 다음, 1. 이 법 제35조의2(개인정보의 전송 요구)에 따른 개인정보의 전송 요구권 행사 지원, 2. 정보주체의 권리행사를 지원하기 위한 개인정보 전송시스템의 구축 및 표준화, 3. 정보주체의 권리행사를 지원하기 위한 개인정보의 관리·분석, 4. 그 밖에 정보주체의 권리행사를 효과적으로 지원하기 위하여 대통령령으로 정하는 업무를 수행하려는 자는 개인정보보호위원회 또는 관계 중앙행정기관의 장으로부터 개인정보관리 전문기관의 지정을 받아야 한다고 규정하고 있다(개인정보 보호법 제35조의3제1항).

개인정보 보호법 시행령은 중계 전문기관은 일반수신자, 일반 전문기관, 특수 전문기관 업무를 함께 수행하여서는 아니 된다고 규정하고 있으며(동법 시행령 제42조의9제2항), 중계 전문기관은 중계 업무를 수행하기 위하여 필요한 경우 「정보통신망 이용촉진 및 정보보호 등에 관한 법률」 제23조의5(연계정보의 생성·처리 등)제1항에 따른 연계정보를 처리할 수 있다고 규정하고 있다(동법 시행령 제42조의9제3항). 한편 개인정보 보호법 시행령은 개인정보보호위원회 또는 관계 중앙행정기관의 장은 예산의 범위 내에서 중계 전문기관의 운영에 필요한 비용을 지원할 수 있다고 규정하고 있다(동법 시행령 제42조의9제4항).

(3) 개인정보관리 전문기관의 지정

개인정보 보호법은 다음, 1. 이 법 제35조의2(개인정보의 전송 요구)에 따른 개인정보의 전송 요구권 행사 지원, 2. 정보주체의 권리행사를 지원하기 위한 개인정보 전송시스템의 구축 및 표준화, 3. 정보주체의 권리행사를 지원하기 위한 개인정보의 관리·분석, 4. 그 밖에 정보주체의 권리행사를 효과적으로 지원하기 위하여 대통령령으로 정하는 업무를 수행하려는 자는 개인정보보호위원회 또는 관계 중앙행정기관의 장으로부터 개인정보관리 전문기관의 지정을 받아야 한다고 규정하고 있으며(개인정보 보호법 제35조의3제1항), 개인정보 보호법은 이 법 제35조의3(개인정보관리 전문기관)제1항에 따른 개인정보관리 전문기관의 지정요건은 다음, 1. 개인정보를 전송·관리·분석할 수 있는 기술수준 및 전문성을 갖추었을 것, 2. 개인정보를 안전하게 관리할 수 있는 안전성 확보조치 수준을 갖추었을 것, 3. 개인정보관리 전문기관의 안정적인 운영에 필요한 재정능력을 갖추었을 것과 같다고 규정하고 있다(동법 제35조의3제2항).

(가) 개인정보관리 전문기관 지정 요건 세부기준

개인정보 보호법 시행령은 이 법 제35조의3(개인정보관리 전문기관)제2항에 따른 지정요건별 세부기준은 다음, 1. 기술수준 및 전문성으로, 가. 정보주체의 권리와 이익 등을 증대하고 정보주체와의 이해상충을 방지하기 위해 전문성 있는 타당하고 건전한 사업계획을 갖추고 있을 것, 나. 개인정보관리 전문기관 업무를 위한 개인정보 관리계획이 적정할 것, 다. 개인정보관리 전문기관 업무를 효과적으로 수행하기 위해 개인정보보호위원회가 정하여 고시하는 설비 및 기술을 적정하게 갖추고 있을 것을 모두 갖출 것, 2. 안전성 확보조치 수준으로, 가. 동법 제29조(안전조치의무)에 따른 안전조치의무를 이행할 것과 나. 개인정보관리 전문기관을 안전하게 운영하기 위해 개인정보보호위원회가 정하여 고시하는 보호체계를 적정하게 갖추고 있을 것을 모두 갖출 것, 3. 재정능력(다만, 동법 제2조(정의)제6호가목에 해당하는 공공기관은 제외한다)으로, 가. 재무구조가 건전하고 안전성이 있을 것, 나. 다음, 1) 중계 전문기관: 자본금 10억 원 이상(비영리법인·단체의 경우 기본재산 또는 자본총계 10억 원 이상) 및 2) 일반특수 전문기관: 자본금 1억 원 이상(비영리법인·단체의 경우 기본재산 또는 자본총계 1억원 이상)의 구분에 따른 자본금을 갖출 것, 다. 손해배상책임의 이행을 위한 보험 또는 공제에 가입하거나 준비금을 적립할 것[(동법 제39조의7(손해배상의 보장)제2항 각 호의 어느 하나에 해당하는 경우는 제외한다). 이 경우 보험·공제의 최저가입금액 또는 준비금의 최소적립금액의 기준은 동법 시행령 [별표 1의3]과 같다]을 모두 갖출 것, 4. 동법 시행령 제42조의12(개인정보관리 전문기관의 지정 등)제1항 후단에 따라 지정에 조건이 붙은 경우 에는 해당 조건을 이행할 수 있을 것과 같다고 규정하고 있다(개인정보 보호법 시행령 제42조의11제1항).

(나) 개인정보관리 전문기관 지정의 예외적 요건

한편, 개인정보 보호법 시행령은 이 법 시행령 제42조의11(개인정보관리 전문기관의 지정요건 세부기준)제1항에도 불구하고 다음, 1. 「의료법」 제3조(의료기관)에 따른 의료기관(보건의료전송정보를 전송받는 경우에 한정한다), 2. 중앙행정기관 또는 지방자치단체, 3. 제2호 외의 공공기관의 어느 하나에 해당하는 기관·법인 또는 단체가 개인정보관리 전문기관으로 지정받으려는 경우 지정권자는 개인정보보호위원회에 요청하여(개인정보 보호위원회가 지정권자인 경우는 제외한다) 개인정보보호위원회의 심의·의결을 거친 후 동법 시행령 제42조의11제1항 각 호에 따른 지정요건 세부기준 중 일부 또는 전부에 대한 심사 없이 해당 지정요건 세부기준을 갖춘 것으로 처리할 수 있으나, 다만 동법 시행령 제42조의11제1항 각 호에 따른 지정요건 세부기준 전부에 대한 심사를 생략할 수 있는 경우는 제1호(기술수준 및 전문성) 및 제2호(안전성 확보조치 수준으로)에 한정한다고 규정하고 있다(개인정보 보호법 시행령 제42조의11제2항).

(다) 개인정보관리 전문기관 지정의 절차 등

1) 개인정보관리 전문기관의 지정권자

개인정보 보호법 시행령은 이 법 제35조의3(개인정보관리 전문기관)제1항에 따라 개인정보관리 전문기관을 지정할 수 있는 자(이하 "지정권자"라 한다)는 다음, 1. 중계 전문기관: 개인정보보호위원회 또는 지정신청자가 전송받으려는 정보와 관련된 관계 중앙행정기관의 장(다만, 보건의료전송정보에 관한 중계 전문기관의 경우에는 보건복지부장관으로 한다), 2. 동법 시행령 제42조의9(개인정보관리 전문기관의 업무 등)제1항제2호에 따른 일반 전문기관(이하 "일반 전문기관"이라 한다): 개인정보보호위원회 또는 지정신청자가 전송받으려는 정보와 관련된 관계 중앙행정기관의 장, 3. 특수 전문기관: 보건복지부장관과 같이 구분한다고 규정하고 있다(동법 시행령 제42조의10제2항).

2) 개인정보관리 전문기관의 지정신청 등

개인정보 보호법 시행령은 이 법 제35조의3(개인정보관리 전문기관)제1항에 따라 개인정보관리 전문기관으로 지정받으려는 기관·법인 또는 단체(이하 "지정신청자"라 한다)는 동법 시행령 제42조의10(개인정보관리 전문기관의 지정 신청 등)제2항에 따른 지정권자에게 다음, 1. 지정신청서, 2. 정관 또는 규약(법인 또는 단체인 경우에 한정한다), 3. 사업계획서, 4. 개인정보 관리 계획서, 5. 과거 3개년간의 재무제표(법인 또는 단체인 경우에 한정한다), 6. 동법 제35조의3제2항에 따른 지정요건을 갖추었음을 증명할 수 있는 서류(전자문서를 포함한다. 이하 같다)를 제출하여 지정을 신청해야 하는데, 이 경우 지정신청자는 동법 제35조의4(개인정보 전송 관리 및 지원)제2항에 따른 개인정보 전송 지원 플랫폼을 통해 제출할 수 있다고 규정하고 있다(개인정보 보호법 시행령 제42조의10제1항).

한편, 개인정보 보호법 시행령은 이 법 시행령 제42조의10제1항에 따른 지정신청을 받은 지정권자는 「전자정부법」 제36조(행정정보의 효율적 관리 및 이용)제1항에 따른 행정정보의 공동이용을 통하여 법인등기사항증명서(지정신청자가 법인인 경우에 한정한다)를 확인해야 한다고 규정하고 있으며(동법 시행령 제42조의10제3항), 지정신청자는 이 법 시행령 제42조의10제1항에 따른 지정 신청을 하기 전에 지정권 자에게 동법 시행령 제42조의11(개인정보관리 전문기관의 지정요건 세부기준)에 따른 지정요건 세부기준을 갖추었는지에 대한 예비심사를 신청할 수 있다고 규정하고 있다(동법 시행령 제42조의10제4항).

3) 개인정보관리 전문기관의 지정

개인정보 보호법 시행령은 지정권자는 지정신청자의 지정요건에 대한 심사 결과 이 법 시행령 제42조의11(개인정보관리 전문기관의 지정요건 세부기준)에 따른 지정요건 세부기준을 갖추었다고 인정하는 경우에는 지정신청자를 개인정보관리 전문기관으로 지정할 수 있는데, 이 경우 지정권자는 지정신청자가 지정요건 세부기준의 일부를 충족하지 못한 경우에는 일정 기간 내에 그 기준을 충족할 것을 조건으로 하여 지정할 수 있고, 지정 후 그 조건의 이행 여부를 확인해야 한다고 규정하고 있다(개인정보 보호법 시행령 제42조의12제1항). 개인정보관리 전문기관의 지정은 특정인에 대해 배타적으로 새로운 권리, 능력, 법적 지위 또는 포괄적인 법률관계를 설정하는 행정행위인 강학(講學)상의 특허(特許)로, 지정신청자가 지정요건 세부기준의 일부를 충족하지 못한 경우에는 일정 기간 내에 그 기준을 충족할 것을 조건으로 하는 것은 강학(講學)상의 조건 (條件)으로 이해된다.

한편 개인정보 보호법 시행령은 개인정보관리 전문기관 지정의 유효기간은 3년으로 한다고 규정하고 있다(동법 시행령 제42조의12제3항).

(라) 개인정보관리 전문기관의 중요사항 변경 관련 사전 승인 및 재지정 등

개인정보 보호법 시행령은 개인정보관리 전문기관은 다음, 1. 사업계획서(전송받으려는 정보의 추가 또는 변경을 포함한다)와 2. 개인정보 관리 계획서의 사항(개인정보보호위원회가 정하여 고시하는 경미한 내용은 제외한다)을 변경하려는 경우 미리 지정권자의 승인을 받아야 한다고 규정하고 있다(개인정보 보호법 시행령 제42조의12제2항). 또한 개인정보 보호법 시행령은 지정권자는 개인정보관리 전문기관이 이 법 시행령 제42조의12(개인정보관리 전문기관의 지정 등)제3항에 따른 3년의 지정 유효기간의 연장을 신청하면 동법 시행령 제42조의11(개인정보관리 전문기관의 지정요건 세부기준)에 따른 지정요건 세부기준에 적합하다고 인정하는 경우에는 개인정보관리 전문기관으로 재지정할 수 있다고 규정하고 있다(동법 시행령 제42조의12제4항).

한편 개인정보 보호법 시행령은 지정권자(개인정보보호위원회는 제외한다)는 다음, 1. 이 법 제42조의12제1항에 따른 지정 및 동법 제42조의12제4항에 따른 재지정(중계 전문기관에 한정한다)와 2. 동법 제42조의12제2항에 따른 변경 승인(일반특수전문기관의 경우에는 전송요구대상정보와 관련되는 경우에 한정한다)의 결정을 하려면 개인정보보호위원회와 미리 협의해야 한다고 규정하고 있으며(동법 시행령 제42조의12제5항), 지정권자(이 법 시행령 제42조의12제5항제1호의 경우 개인정보보호위원회는 제외한다)는 이 법 시행령 제42조의12제1항에 따른 지정, 동법 시행령 제42조의12제2항에 따른 변경승인 및 동법 시행령 제42조의12제4항에 따른 재지정을 한 경우에는 그 사실에 관한 다음, 1. 개인정보보호위원회에 통지와 2. 관보에 공고하거나 지정권자의 홈페이지에 게시(변경승인 사실은 제외한다)의 조치를 해야 한다고 규정하고 있다(동법 시행령 제42조의12제6항).

(4) 개인정보관리 전문기관의 업무의 중지와 폐지

개인정보 보호법 시행령은 중계 전문기관은 중계 업무를 중지 또는 폐지하려는 경우에는 중지 또는 폐지 예정일의 6개월 전까지 지정권자에게 통보해야 하는데, 이 경우 지정권자는 해당 중계 전문기관에게 다음, 1. 해당 중계 전문기관이 보유하고 있는 개인정보의 파기(다른 법령에 따라 보존해야 하는 경우는 제외한다), 2. 수행 중인 업무의 다른 중계전문기관으로의 이전, 3. 업무 중지ㆍ폐지 예정 사실의 다음, 가. 해당 중계 전문기관이 보유하고 있는 개인정보의 정보주체, 나. 해당 중계 전문기관에 정보를 전송하는 정보전송자, 다. 해당 중계 전문기관으로부터 정보를 전송받는 일반수신자 및 일반특수전문기관의 자에 대한 통지의 어느 하나에 해당하는 조치를 하도록 명할 수 있다고 규정하고 있다(개인정보 보호법 시행령 제42조의12제7항). 또한 개인정보 보호법 시행령은 일반특수 전문기관은 개인정보 전송 관련 업무의 일부 또는 전부를 중지 또는 폐지하려는 경우에는 그 사실을 미리 중계 전문기관에 통지하고 이 법 제35조의4(개인정보 전송 관리 및 지원)에 따른 개인정보 전송지원 플랫폼에 등록해야 한다고 규정하고 있다(동법 시행령 제42조의12제8항).

(5) 개인정보관리 전문기관의 지정취소 등

개인정보 보호법은 개인정보보호위원회 및 관계 중앙행정기관의 장은 개인정보관리 전문기관이 다음, 1. 거짓이나 부정한 방법으로 지정을 받은 경우와 2. 이 법 제35조의3(개인정보관리 전문기관)제2항에 따른 지정요건을 갖추지 못하게 된 경우의 어느 하나에 해당하는 경우에는 개인정보관리 전문기관의 지정을 취소할 수 있으나, 다만 동법 제35조의3제4항제1호에 해당하는 경우인 거짓이나 부정한 방법으로 지정을 받은 경우에는 지정을 취소하여야 한다고 규정하는 한편(개인정보 보호법 제35조의3제4항), 개인정보보호위원회 및 관계 중앙행정기관의 장은 이 법 제35조의3제4항에 따라 지정을 취소하는 경우에는 「행정절차법」에 따른 청문을 실시하여야 한다고 규정하고 있다(동법 제35조의3제5항).

개인정보 보호법 시행령은 지정권자는 이 법 제35조의3(개인정보관리 전문기관)제4항 및 제8항에 따라 개인정보관리 전문기관이 다음, 1. 동법 시행령 제42조의12(개인정보관리 전문기관의 지정 등)제1항 후단에 따른 조건을 이행하지 않은 경우와 2. 동법 제35조의3제3항 각 호의 행위를 한 경우의 어느 하나에 해당하는 경우에는 개인정보관리 전문기관의 지정을 취소할 수 있다고 규정하고 있으며(동법 시행령 제42조의14제1항), 지정권자는 개인정보관리 전문기관의 지정을 취소하는 경우에는 해당 개인정보관리 전문기관에게 다음, 1. 수행 중인 업무의 중단, 2. 보유하고 있는 개인정보의 파기(다른 법령에 따라 보존해야 하는 경우는 제외한다), 3. 수행 중인 업무의 다른 중계 전문기관으로의 이전(중계 전문기관의 경우에 한정한다), 4. 이 법 시행령 제42조의14(개인정보관리 전문기관의 지정취소 등)제2항제1호부터 제3호까지의 규정에 따른 조치를 한 사실의 정보주체에 대한 통지의 어느 하나에 해당하는 조치를 하도록 명할 수 있다고 규정하고 있다(동법 시행령 제42조의14제2항).

한편 개인정보 보호법 시행령은 개인정보관리 전문기관의 지정취소에 관하여는 동법 시행령 제42조의12(개인정보관리 전문기관의 지정 등)제5항 및 제6항을 준용한다고 규정하고 있다(동법 시행령 제42조의14제3항).

(6) 개인정보관리 전문기관의 금지행위

개인정보 보호법은 개인정보관리 전문기관은 다음, 1. 정보주체에게 개인정보의 전송 요구를 강요하거나 부당하게 유도하는 행위와 2. 그 밖에 개인정보를 침해하거나 정보주체의 권리를 제한할 우려가 있는 행위로서 대통령령으로 정하는 행위의 어느 하나에 해당하는 행위를 하여서는 아니 된다고 규정하고 있는데(개인정보 보호법 제35조의3제3항), 개인정보 보호법 시행령은 이 법 제35조의3(개인정보관리 전문기관)제3항제2호에서 "대통령령으로 정하는 행위"란 동법 시행령 [별표 1의4]에 따른 행위를 말한다고 규정하고 있다(동법 시행령 제42조의13).

(가) 중계 전문기관의 금지행위

개인정보 보호법 시행령은 이 법 시행령 [별표 1의4]인 개인정보관리 전문기관 금지행위(동법 시행령 제42조의13(개인정보관리 전문기관의 금지행위) 관련)에서 1. 중계 전문기관 금지행위로 다음, 가. 정보주체의 전송 요구 철회 요청에도 불구하고 즉시 전송 절차를 중단하지 않는 행위, 나. 전송 절차 중단을 이유로 정당한 이유 없이 위약금 등 금전적·경제적 대가를 요구하거나 과도하게 높은 수수료를 요구하는 행위, 다. 중계시스템 장애·오류 등 발생 시 개인정보보호위원회, 관계 중앙행정기관의 장, 동법 시행령 제42조의12(개인정보관리 전문기관의 지정 등)제7항제3호나목 및 다목에 따른 자에게 즉시 통지하지 않는 행위, 라. 중계수수료를 과도하게 측정하거나 부풀려 부당한 이익을 취득하는 행위, 마. 중계 전문기관을 이용하고자 하는 제3자 대상 정보

전송자, 일반수신자, 일반 전문기관, 특수 전문기관에 대하여 정당한 사유 없이 중계를 거부하거나 이용을 차별하는 행위, 바. 중계 업무 종료 후 정당한 사유(다른 법령에 따라 보존하여야 하는 경우 등) 없이 개인정보를 파기하지 않는 행위, 사. 중계 전문기관의 지위에서 전송받은 정보를 적법한 처리근거 없이 중계 목적외로 처리하는 행위, 아. 중계 업무 내역에 대한 기록을 작성하지 않거나 보관하지 않는 행위, 자. 동법 시행령 제42조의12(개인정보관리 전문기관의 지정 등)제2항에 따른 변경 승인을 받지 않고 사업계획서 등을 변경하는 행위, 차. 업무의 중지ㆍ폐지 또는 지정취소에도 불구하고 수행 중인 업무의 중단ㆍ이전 또는 개인정보의 파기 등의 조치를 하지 않는 행위, 카. 그 밖에 정보주체의 이익을 침해하거나 건전한 전송 체계 확립에 지장을 초래할 우려가 있는 행위로서 개인정보보호위원회가 정하여 고시하는 행위를 규정하고 있다(개인정보 보호법 시행령 [별표 1의4]제1호).

(나) 일반 전문기관의 금지행위

개인정보 보호법 시행령은 이 법 시행령 [별표 1의4]인 개인정보관리 전문기관 금지행위(동법 시행령 제42조의13(개인정보관리 전문기관의 금지행위) 관련)에서 2. 일반 전문기관 금지행위로 다음, 가. 전송 요구를 하도록 강요하거나 부당하게 유도하는 행위, 나. 자신이 아닌 제3자에게 전송 요구를 하지 않도록 강요ㆍ유도하거나 제3자에 대한 전송 요구를 철회하도록 강요하는 행위, 다. 정보주체에게 적합하지 않다고 인정되는 계약 체결을 자신의 이익을 위하여 추천 또는 권유하는 행위, 라. 정보주체의 동의 없이 전송 요구 내용을 변경하거나 정보주체의 제3자전송요구 범위를 넘는 개인정보를 요구하는 행위, 마. 자기 또는 제3자의 이익을 위하여 특정 정보주체의 이익을 침해하는 행위, 바. 정보주체의 전송 요구를 이유로 개인정보처리자의 전산설비에 과도하게 접근하여 부하를 일으키는 행위, 사. 개인정보 전송에 따른 수수료의 지불을 회피하는 행위, 아. 이 법 제38조(권리행사의 방법 및 절차)제1항에 따른 권리에 대한 대리행사를 강요하거나 부당하게 유도하는 행위, 자. 정보주체의 요구에도 불구하고 전송 요구를 즉시 변경ㆍ철회하지 않는 행위, 차. 전송 요구 변경 및 철회를 이유로 정당한 이유 없이 위약금 등 경제적 대가를 요구하는 행위, 카. 전송 요구 목적과 관련 없는 개인정보를 전송하도록 요구하는 행위, 타. 전송받은 개인정보를 적법한 처리근거 없이 전송받은 목적 외로 처리하는 행위, 파. 전송 요구 목적 달성 이후에도 전송받은 개인정보를 보관하는 행위, 하. 서비스 운영을 위하여 필수적인 경우가 아님에도 전송받은 정보에 대한 제3자 제공 동의를 전송 요구와 동시에 받는 행위, 거. 동법 시행령 제42조의12(개인정보관리 전문기관의 지정 등)제2항에 따른 변경 승인을 받지 않고 사업계획서 등을 변경하는 행위, 너. 지정취소에도 불구하고 수행 중인 업무의 중단·이전 또는 개인정보의 파기 등의 조치를 하지 않는 행위, 더. 그 밖에 정보주체의 이익을 침해하거나 건전한 전송 체계 확립에 지장을 초래할 우려가 있는 행위로서 보호위원회가 정하여 고시하는 행위를 규정하고 있다(개인정보 보호법 시행령 [별표 1의4]제2호).

(다) 특수 전문기관의 금지행위

개인정보 보호법 시행령은 이 법 시행령 [별표 1의4]인 개인정보관리 전문기관 금지행위(동법 시행령 제42조의13(개인정보관리 전문기관의 금지행위) 관련)에서 2. 특수 전문기관 금지행위로 다음, 가. 동법 시행령 [별표 1의4]제2호 각 목의 행위, 나. 금전적 이익 등을 조건으로 정보주체의 전송 동의를 유도하는 행위, 다. 「정신건강증진 및 정신질환자 복지서비스 지원에 관한 법률」 제3조(정의)제1호에 따른 정신질환자, 「장애인 차별금지 및 권리구제 등에 관한 법률」 제2조(정의)제2항에 따른 장애인, 「장기 등 이식에 관한 법률」 제4조(정의)제2호에 따른 장기등기증자 및 「후천성면역결핍증 예방법」 제2조(정의)제2호에 따른 후천성면역결핍증환자 등을 차별하는 행위, 라. 「생명윤리 및 안전에 관한 법률」 제46조(유전정보에 의한 차별 금지 등)제1항·제2항 및 제50조(유전자검사기관의 평가 및 인증)에 따라 금지 및 제한된 행위를 규정하고 있다(개인정보 보호법 시행령 [별표 1의4]제3호).

(7) 개인정보관리 전문기관 지원 등

개인정보 보호법은 개인정보보호위원회 및 관계 중앙행정기관의 장은 개인정보관리 전문기관에 대하여 업무 수행에 필요한 지원을 할 수 있다고 규정하고 있으며(개인정보 보호법 제35조의3제6항), 개인정보관리 전문기관은 정보주체의 요구에 따라 동법 제35조의3제1항 각 호의 업무를 수행하는 경우 정보주체로부터 그 업무 수행에 필요한 비용을 받을 수 있다고 규정하고 있다(동법 제35조의3제7항).

다 개인정보 전송 요구에 대한 관리 및 감독

개인정보 보호법은 개인정보보호위원회는 이 법 제35조의2(개인정보의 전송 요구)제1
항 및 제2항에 따른 개인정보처리자 및 동법 제35조의3(개인정보관리 전문기관)제1항에
따른 개인정보관리 전문기관 현황, 활용내역 및 관리실태 등을 체계적으로 관리·감
독하여야 한다고 규정하고 있으며(개인정보 보호법 제35조의4제1항), 개인정보 보호법은
이 법 제35조의4제1항부터 제3항까지의 규정에 따른 관리·감독과 개인정보 전송지
원 플랫폼의 구축 및 운영에 필요한 사항은 대통령령으로 정한다고 규정하고 있다(동
법 제35조의4제4항).

개인정보 보호법 시행령은 개인정보보호위원회는 이 법 제35조의4(개인정보 전송 관
리 및 지원)제1항에 따라 제3자 대상 정보전송자 현황을 관리·감독하기 위하여 개인정
보처리자에게 정보전송자 여부 확인에 필요한 자료 제출을 요구할 수 있으며, 자료 제
출을 요구받은 개인정보처리자는 특별한 사정이 없으면 그 요구에 따라야 한다고 규
정하고 있다(개인정보 보호법 시행령 제42조의15제1항). 또한 개인정보 보호법 시행령은 개
인정보보호위원회는 정보전송자의 본인전송요구 및 제3자전송요구의 이행 여부, 일반
수신자의 시설·기술 기준 충족 여부 및 개인정보관리 전문기관의 지정요건 충족 여
부 등에 관한 사항을 관리·감독하기 위하여 정보전송자, 일반수신자 및 개인정보관리
전문기관에 대하여 다음, 1. 정보전송자: 이 법 시행령 제42조의6(개인정보 전송 방법 등)
제10항에 따른 개인정보 전송 내역에 관한 자료, 2. 일반수신자: 다음, 가. 동법 시행
령 제42조의15(개인정보 전송 요구에 대한 보호위원회의 관리·감독)제2항제1호의 자료, 나.
개인정보의 처리 및 관리에 관한 자료, 다. 전송 요구 방법에 관한 자료, 라. 동법 시
행령 제42조의3(일반수신자 기준)에 따른 시설 및 기술을 갖추었음을 증명할 수 있는 자
료, 3. 개인정보관리 전문기관: 다음, 가. 동법 시행령 제42조의15제1호 및 제2호나목
의 자료, 나. 동법 시행령 제42조의15제2호다목의 자료(일반특수 전문기관에 한정한다),
다. 개인정보관리 전문기관의 지정요건을 충족하고 있음을 증명할 수 있는 자료의 구
분에 따른 자료의 제출을 요구할 수 있으며, 자료 제출을 요구받은 자는 특별한 사정
이 없으면 그 요청에 따라야 한다고 규정하고 있다(동법 시행령 제42조의15제2항).

라 개인정보 전송 지원 플랫폼의 구축 및 운영 등과 수수료

(1) 개인정보 전송 지원 플랫폼의 구축 및 운영 등

개인정보 보호법은 개인정보보호위원회는 개인정보가 안전하고 효율적으로 전송될 수 있도록 다음, 1. 개인정보관리 전문기관 현황 및 전송 가능한 개인정보 항목 목록, 2. 정보주체의 개인정보 전송 요구·철회 내역, 3. 개인정보의 전송 이력 관리 등 지원 기능, 4. 그 밖에 개인정보 전송을 위하여 필요한 사항을 포함한 개인정보 전송 지원 플랫폼을 구축·운영할 수 있다고 규정하고 있으며(개인정보 보호법 제35조의4 제2항), 개인정보보호위원회는 이 법 제35조의4(개인정보 전송 관리 및 지원)제2항에 따른 개인정보 전송지원 플랫폼의 효율적 운영을 위하여 개인정보관리 전문기관에서 구축·운영하고 있는 전송 시스템을 상호 연계하거나 통합할 수 있으나, 이 경우 관계 중앙행정기관의 장 및 해당 개인정보관리 전문기관과 사전에 협의하여야 한다고 규정하고 있다(동법 제35조의4제3항).

개인정보 보호법 시행령은 개인정보보호위원회는 제3자전송요구와 관련하여 개인정보의 안전하고 효율적인 전송을 위하여 필요한 경우에는 정보전송자, 일반수신자 및 개인정보관리 전문기관이 이 법 제35조의4(개인정보 전송 관리 및 지원)제2항에 따른 개인정보 전송 지원 플랫폼(이하 "개인정보전송지원플랫폼"이라 한다)에 등록하게 해야 한다고 규정하고 있으며(동법 시행령 제42조의16제1항), 개인정보 보호법 시행령은 이 법 시행령 제42조의16(개인정보 전송 지원 플랫폼의 구축 및 운영 등)제1항에 따라 개인정보전송 지원플랫폼에 등록한 정보전송자, 일반수신자 및 일반특수 전문기관은 제3자전송요구에 따라 개인정보를 전송하거나 전송받는 경우 중계 전문기관을 통하여 개인정보전송지원플랫폼에 다음, 1. 동법 시행령 제42조의6(개인정보 전송 방법 등) 제10항에 따른 개인정보 전송 내역과 2. 전송받은 정보의 제3자 제공 동의 내역(정보전송자는 제외한다)의 자료를 제출해야 한다고 규정하고 있다(동법 시행령 제42조의16제2항).

한편 개인정보 보호법 시행령은 개인정보보호위원회는 개인정보 전송이력의 효율적 관리를 위하여 필요한 경우에는 다른 법령에 따라 개인정보 전송을 지원하는 정보시스템을 운영하는 자에게 개인정보 전송지원 플랫폼과 연계하여 정보주체의 전송 요구내역 등을 제공할 것을 요청할 수 있다고 규정하고 있다(동법 시행령 제42조의16제3항).

(2) 수수료

개인정보 보호법은 개인정보처리자는 열람등요구를[40] 하는 자에게 대통령령으로 정하는 바에 따라 수수료와 우송료(사본의 우송을 청구하는 경우에 한한다)를 청구할 수 있는데, 다만, 이 법 제35조의2(개인정보의 전송 요구)제2항에 따른 전송 요구의 경우에는 전송을 위해 추가로 필요한 설비 등을 함께 고려하여 수수료를 산정할 수 있다고 규정하고 있으며(개인정보 보호법 제38조제3항), 개인정보 보호법 시행령은 정보전송자는 일반수신자 및 일반특수 전문기관이 이 법 시행령 제42조의5(전송 요구의 방법 등)제3항 전단에 따라 정보주체를 대신하여 제3자전송요구를 하는 경우에는 일반수신자 및 일반특수 전문기관에게 동법 제38조(권리행사의 방법 및 절차)제3항 단서에 따른 수수료를 청구할 수 있다고 규정하고 있다(동법 시행령 제47조제4항).

한편 개인정보 보호법 시행령은 이 법 제38조(권리행사의 방법 및 절차)제3항에 따른 수수료와 우송료의 금액은 열람등요구에 필요한 실비의 범위에서 해당 개인정보처리자가 정하는 바에 따르나, 다만, 개인정보처리자가 지방자치단체인 경우에는 그 지방자치단체의 조례로 정하는 바에 따르고, 동법 제38조제3항 단서에 따른 수수료는 전송 요구 대상 개인정보의 특성 및 필요 설비의 구축·운영 비용 등을 고려하여 개인정보보호위원회가 정하여 고시하는 기준에 따라 산정해야 한다고 규정하고 있다(동법 시행령 제47조제1항).

3. 개인신용정보의 전송 요구

가 개인신용정보 전송 요구의 대상과 방법 및 절차 등

(1) 개인신용정보 전송 요구의 대상

신용정보법은 개인인 신용정보주체는 신용정보제공·이용자등에 대하여 그가 보유

---

[40] 개인정보 보호법은 정보주체는 이 법 제35조(개인정보의 열람)에 따른 열람, 동법 제35조의2(개인정보의 전송 요구)에 따른 전송, 동법 제36조(개인정보의 정정·삭제)에 따른 정정·삭제, 동법 제37조(개인정보의 처리정지 등)에 따른 처리정지 및 동의 철회, 제37조의2(자동화된 결정에 대한 정보주체의 권리 등)에 따른 거부·설명 등의 요구(이하 "열람등요구"라 한다)를 문서 등 대통령령으로 정하는 방법·절차에 따라 대리인에게 하게 할 수 있다고 규정하고 있다(개인정보 보호법 제38조제1항).

하고 있는 본인에 관한 개인신용정보를 다음, 1. 해당 신용정보주체 본인, 2. 본인신용정보관리회사, 3. 대통령령으로 정하는[41] 신용정보제공·이용자, 4. 개인신용평가회사, 5. 그 밖에 이 법 제33조의2(개인신용정보의 전송요구)제1항제1호부터 제4호까지의 규정에서 정한 자와 유사한 자로서 대통령령으로 정하는[42] 자의 어느 하나에 해당하는 자에게 전송하여 줄 것을 요구할 수 있다고 규정하고 있으며(신용정보법 제33조의2제1항), 이 법 제33조의2제1항에 따라 개인인 신용정보주체가 전송을 요구할 수 있는 본인에 관한 개인신용정보의 범위는 다음, 1. 해당 신용정보주체(법령 등에 따라 그 신용정보주체의 신용정보를 처리하는 자를 포함한다)와 신용정보제공·이용자등 사이에서 처리된 신용정보로서 다음, 가. 신용정보제공·이용자등이 신용정보주체로부터 수집한 정보, 나. 신용정보주체가 신용정보제공·이용자등에게 제공한 정보, 다. 신용정보주체와 신용정보제공·이용자등 간의 권리·의무 관계에서 생성된 정보의 어느 하나에 해당하는 정보일 것, 2. 컴퓨터 등 정보처리장치로 처리된 신용정보일 것, 3. 신용정보제공·이용자등이 개인신용정보를 기초로 별도로 생성하거나 가공한 신용정보가 아닐 것 각 호의 요소를 모두 고려하여 대통령령으로 정한다고 규정하고 있는데(동법 제33조의2제1항), 신용정보법 시행령은 이 법 제33조의2제2항에 따라 개인인 신용정보주체가 전송을 요구할 수 있는 본인에 관한 개인신용정보의 범위는 다음, 1. 동법 제2조(정의)제9호의2 각 목에 따른 정보, 2. 국세, 관세 및 지방세 납부정보, 3. 고용보험, 산업재해보상보험, 국민건강보험, 국민연금 및 공적연금에 관한 정보로서 보험료 납부정보, 4. 동법 시행령 제18조의6(본인신용정보관리회사의 행위규칙 등)제4항제6호에 따른 전기통신사업자에 대한 통신료 납부정보, 소액결제정보 및 이와 유사한 정보로서 신용정보주체의 거래내역을 확인할 수 있는 정보, 5. 그 밖에 동법 시행령 제28조의3(개인신용정보의 전송요구)제6항제1호부터 제4호까지의 규정에 따른 정보와 유사하고 개인인 신용정보주체의 거래내역을 확인할 수 있는 정보로서 금융위원회가 정하여 고시

---

41) 신용정보법 시행령은 이 법 제33조의2(개인신용정보의 전송요구)제1항제3호에서 "대통령령으로 정하는 신용정보제공·이용자"란 동법 제2조(정의)제6항제7호가목부터 버목까지, 같은 호 어목부터 허목까지 및 제21조제2항 각 호의 자를 말한다고 규정하고 있다(신용정보법 시행령 28조의3제1항).
42) 신용정보법 시행령은 이 법 제33조의2(개인신용정보의 전송요구)제1항제5호에서 "대통령령으로 정하는 자"란 다음, 1. 개인사업자신용평가회사와 2. 그 밖에 금융위원회가 정하여 고시하는 자를 말한다고 규정하고 있다(신용정보법 시행령 28조의3제2항).

하는 정보와 같다고 규정하고 있다(동법 시행령 제28조의3제6항). 한편 개인신용정보 전송 요구 대상의 범위에 대해서 사생활의 비밀과 자유, 금융 데이터와 금융업의 발전, 전자상거래 사업자와 금융회사 간의 이해관계 등으로 인해 논란이 있는데 이러한 사항에 대해서는 뒤에서 설명하고자 한다.

(2) 개인신용정보 전송 요구의 방법 및 절차 등

신용정보법은 이 법 제33조의2(개인신용정보의 전송요구)제1항 및 제4항에 따른 전송요구의 방법, 동법 제33조의2제3항에 따른 전송의 기한 및 방법, 동법 제33조의2제7항에 따른 전송요구 철회의 방법, 제8항에 따른 거절이나 정지·중단의 방법에 대해서는 대통령령으로 정한다고 규정하고 있는데(신용정보법 제33조의2제9항), 신용정보법 시행령은 개인인 신용정보주체는 이 법 제33조의2제1항 및 제4항에 따라 개인신용정보의 전송요구권을 행사하는 경우에는 동법 제32조(개인신용정보의 제공·활용에 대한 동의)제1항 각 호의 어느 하나에 해당하는 방법으로 해야 하나, 다만 개인인 신용정보주체의 요청으로 특약사항을 기재하거나 약정하여 해당 정보의 제3자 제공을 금지한 경우 또는 비대면 정보 조회를 금지한 경우에는 해당 정보에 대하여 대면으로 전송요구권을 행사해야 한다고 규정하고 있다(동법 시행령 제28조의3제3항).

신용정보법은 이 법 제33조의2제1항에 따라 본인으로부터 개인신용정보의 전송요구를 받은 신용정보제공·이용자등은 동법 제32조(개인신용정보의 제공·활용에 대한 동의) 및 다음, 1. 「금융실명거래 및 비밀보장에 관한 법률」 제4조(금융거래의 비밀보장), 2. 「국세기본법」 제81조의13(비밀 유지), 3. 「지방세기본법」 제86조(비밀유지), 4. 「개인정보 보호법」 제18조(개인정보의 목적 외 이용·제공 제한), 5. 그 밖에 동법 제33조의2제3항제1호부터 제4호까지의 규정에서 정한 규정과 유사한 규정으로서 대통령령으로 정하는[43] 법률의 어느 하나에 해당하는 법률의 관련 규정에도 불구하고 지체 없이 본인에 관한 개인신용정보를 컴퓨터 등 정보처리장치로 처리가 가능한 형태로 전송하여야

---

43) 신용정보법 시행령은 이 법 제33조의2(개인신용정보의 전송요구)제3항제5호에서 "대통령령으로 정하는 법률의 관련 규정"이란 다음, 1. 「개인정보 보호법」 제17조(개인정보의 제공), 2. 「관세법」 제116조(비밀유지), 3. 「여신전문금융업법」 제54조의5(신용정보보호), 4. 「전자정부법」 제42조(정보주체의 사전동의), 5. 「과세자료의 제출 및 관리에 관한 법률」 제11조(비밀유지 의무), 6. 「온라인투자연계금융업 및 이용자 보호에 관한 법률」 제33조제4항(중앙기록관리기관), 7. 「외국환거래법」 제21조(국세청장 등에게의 통보 등)의 규정을 말한다고 규정하고 있다(신용정보법 시행령 제28조의3제7항).

한다고 규정하고 있으며(동법 제33조의2제3항), 신용정보법 시행령은 이 법 시행령 제28조의3(개인신용정보의 전송요구)제3항에 따라 개인신용정보의 전송요구를 받은 신용정보제공·이용자등은 전송요구를 받은 개인신용정보를 컴퓨터 처리가 가능한 방식으로 즉시 전송해야 하나, 다만 최근 5년 내의 개인신용정보가 아닌 경우에는 신용정보제공·이용자등이 정하는 방식으로 제공할 수 있다고 규정하고 있다(동법 시행령 제28조의3제4항).

신용정보법은 이 법 제33조의2제1항에 따라 신용정보주체 본인이 개인신용정보의 전송을 요구하는 경우 신용정보제공·이용자등에 대하여 해당 개인신용정보의 정확성 및 최신성이 유지될 수 있도록 정기적으로 같은 내역의 개인신용정보를 전송하여 줄 것을 요구할 수 있다고 규정하고 있으며(동법 제33조의2제4항), 개인인 신용정보주체가 이 법 제33조의2제1항 각 호의 어느 하나에 해당하는 자에게 동법 제33조의2제1항에 따른 전송요구를 할 때에는 다음, 1. 신용정보제공·이용자등으로서 전송요구를 받는 자, 2. 전송을 요구하는 개인신용정보, 3. 전송요구에 따라 개인신용정보를 제공받는 자, 4. 정기적인 전송을 요구하는지 여부 및 요구하는 경우 그 주기, 5. 그 밖에 동법 제33조의2제5항제1호부터 제4호까지의 규정에서 정한 사항과 유사한 사항으로서 대통령령으로 정하는[44] 사항을 모두 특정하여 전자문서나 그 밖에 안전성과 신뢰성이 확보된 방법으로 하여야 한다고 규정하고 있다(동법 제33조의2제5항).

또한 신용정보법은 이 법 제33조의2제3항에 따라 개인신용정보를 제공한 신용정보제공·이용자등은 동법 제32조(개인신용정보의 제공·활용에 대한 동의)제7항 및 다음, 1. 「금융실명거래 및 비밀보장에 관한 법률」 제4조의2(거래정보등의 제공사실의 통보), 2. 그 밖에 개인신용정보의 처리에 관한 규정으로서 대통령령으로 정하는[45] 법률의 어느 하나에 해당하는 법률의 관련 규정에도 불구하고 개인신용정보의 전송 사실을 해당 신용정보주체 본인에게 통보하지 아니할 수 있다고 규정하고 있다(동법 제33조의2제6

---

44) 신용정보법 시행령은 이 법 제33조의2(개인신용정보의 전송요구)제5항제5호에서 "대통령령으로 정하는 사항"이란 다음, 1. 전송요구의 종료시점과 2. 그 밖에 금융위원회가 정하여 고시하는 사항 각 호의 사항을 말한다고 규정하고 있다(신용정보법 시행령 제28조의3제8항).

45) 신용정보법 시행령은 이 법 제33조의2제6항제2호에서 "대통령령으로 정하는 법률의 관련 규정"이란 다음, 1. 「개인정보 보호법」 제20조(정보주체 이외로부터 수집한 개인정보의 수집 출처 등 통지)와 2. 「위치정보의 보호 및 이용 등에 관한 법률」 제19조(개인위치정보의 이용 또는 제공)의 규정을 말한다고 규정하고 있다(신용정보법 시행령 제28조의3제9항).

항). 한편 신용정보법은 개인인 신용정보주체는 이 법 제33조의2제1항에 따른 전송요구를 철회할 수 있다고 규정하고 있으며(동법 제33조의2제7항), 신용정보법 시행령은 개인인 신용정보주체는 이 법 제33조의2제7항에 따라 전송요구를 철회하는 경우 동법 제32조제1항 각 호의 어느 하나에 해당하는 방법으로 한다고 규정하고 있다(동법 시행령 제28조의3제10항).

(3) 개인신용정보 전송 요구의 거절과 정지 및 중단

신용정보법은 이 법 제33조의2(개인신용정보의 전송요구)제1항에 따라 본인으로부터 개인신용정보의 전송요구를 받은 신용정보제공·이용자등은 신용정보주체의 본인 여부가 확인되지 아니하는 경우 등 대통령령으로 정하는 경우에는 전송요구를 거절하거나 전송을 정지·중단할 수 있다고 규정하고 있으며(신용정보법 제33조의2제8항), 신용정보법 시행령은 이 법 제33조의2제8항에서 "대통령령으로 정하는 경우"란 다음, 1. 개인인 신용정보주체 본인이 전송요구를 한 사실이 확인되지 않은 경우, 2. 신용정보주체 본인이 전송요구를 했으나 제3자의 기망이나 협박 때문에 전송요구를 한 것으로 의심되는 경우, 3. 동법 제33조의2제1항 각 호의 자가 아닌 자에게 전송해 줄 것을 요구한 경우, 4. 동법 제33조의2제5항에서 정한 사항이 준수되지 않은 경우, 5. 개인인 신용정보주체의 인증정보 탈취 등 부당한 방법으로 인한 전송요구임을 알게 된 경우, 6. 그 밖에 동법 시행령 제28조의3제11항제1호부터 제5호까지의 규정에 따른 경우와 유사한 경우로서 금융위원회가 정하여 고시하는 경우의 어느 하나에 해당하는 경우를 말한다고 규정하고 있다(동법 시행령 제28조의3제11항).

신용정보법 시행령은 이 법 제33조의2제8항에 따라 전송요구를 받은 신용정보제공·이용자등이 전송요구를 거절하거나 전송을 정지·중단한 경우에는 지체 없이 해당 사실을 개인인 신용정보주체에게 통지해야 한다고 규정하고 있는 한편(동법 시행령 제28조의2제12항), 신용정보법 시행령은 제28조의3제1항부터 제12항까지의 규정에 따른 개인신용정보의 전송요구, 전송요구 철회·거절 및 전송정지·중단에 관한 세부 사항은 금융위원회가 정하여 고시한다고 규정하고 있다(동법 시행령 제28조의3제13항).

나 본인신용정보관리회사

(1) 본인신용정보관리회사의 의의

신용정보법은 이 법 제2조(정의)제9호의3에서 "본인신용정보관리회사"란 본인신용정보관리업에 대하여 금융위원회로부터 허가를 받은 자를 말한다고 규정하고 있으며(신용정보법 제2조제9호의3), 동법 제2조제9호의2에서 "본인신용정보관리업"이란 개인인 신용정보주체의 신용관리를 지원하기 위하여 다음, 가. 동법 제2조제1호의3가목1)·2) 및 나목의 신용정보로서 대통령령으로 정하는 정보, 나. 동법 제2조제1호의3다목의 신용정보로서 대통령령으로 정하는 정보, 다. 동법 제2조제1호의3라목의 신용정보로서 대통령령으로 정하는 정보, 라. 동법 제2조제1호의3마목의 신용정보로서 대통령령으로 정하는 정보, 마. 그 밖에 신용정보주체 본인의 신용관리를 위하여 필요한 정보로서 대통령령으로 정하는 정보의 전부 또는 일부의 신용정보를 대통령령으로 정하는 방식으로 통합하여 그 신용정보주체에게 제공하는 행위를 영업으로 하는 것을 말한다고 규정하고 있다(동법 제2조제9호의2). 본인신용정보관리업과 본인신용정보관리회사는 개인신용정보를 통합하고 관리하여 동 정보들을 개인인 신용정보주체에게 제공하는 사업과 이러한 사업을 영위하는 회사로서, 예를 들면 〈그림 19〉와 같이 개인의 대출, 예금, 신용카드 거래 등의 정보를 취합하여 어떠한 금융상품에 투자하는 것이 좋은지, 어떠한 대출상품을 선택하는 것이 좋은지, 어떠한 신용카드를 선택하는 것이 좋은지 등에 대한 정보를 제공하는, 즉 금융 분야의 마이데이터(My data)로 이해된다.

그림 19　본인신용정보관리업의 예시

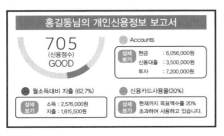

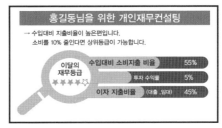

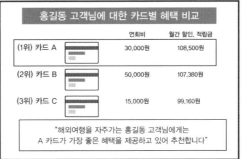

(2) 본인신용정보관리회사의 허가와 인가 및 허가 등의 취소와 업무정지

(가) 본인신용정보관리회사의 허가와 인가

신용정보법은 누구든지 이 법에 따른 본인신용정보관리업허가를 받지 아니하고는 본인신용정보관리업을 하여서는 아니 되며(신용정보법 제4조제1항), 본인신용정보관리업을 하려는 자는 금융위원회로부터 허가를 받아야 한다고[46] 규정하고 있는데(동법 제4조제2항), 이 법 제4조(신용정보업 등의 허가)제2항에 따른 허가를 받으려는 자는 대통령령으로 정하는[47] 바에 따라 금융위원회에 신청서를 제출하여야 한다고 규정하고 있으며(동법 제4조제3항), 금융위원회는 동법 제4조제2항에 따른 허가에 조건을 붙일 수 있

---

[46] 본인신용정보관리업 허가는 특정인에 대해 배타적으로 새로운 권리, 능력, 법적 지위 또는 포괄적인 법률관계를 설정하는 행정행위인 강학(講學)상의 특허(特許)로 이해된다.

[47] 신용정보법 시행령은 이 법 제4조(신용정보업 등의 허가)제2항에 따른 신용정보업, 본인신용정보관리업 및 채권추심업의 허가를 받으려는 자는 금융위원회가 정하여 고시하는 신청서(전자문서로 된 신청서를 포함한다)에 다음, 1. 정관, 2. 자본금 또는 기본재산의 지분을 적은 서류, 3. 재무제표, 4. 2년간의 사업계획서 및 예상 수입·지출 계산서, 5. 그 밖에 금융위원회가 정하여 고시하는 서류를 첨부하여 금융위원회에 제출해야 하며, 이 경우 금융위원회는 「전자정부법」 제36조(행정정보의 효율적 관리 및 이용) 제1항에 따른 행정정보의 공동이용을 통하여 법인 등기사항증명서를 확인해야 한다고 규정하고 있다(신용정보법 제4조).

다고 규정하고 있다(동법 제4조제4항). 한편 신용정보법은 이 법 제4조제2항에 따른 허가와 관련된 허가신청서의 작성 방법 등 허가신청에 관한 사항, 허가심사의 절차 및 기준에 관한 사항, 그 밖에 필요한 사항은 총리령으로 정한다고 규정하고 있다(동법 제4조제5항).

신용정보법은 본인신용정보관리업의 허가를 받으려 하는 자는, 1. 본인신용정보관리업을 하기에 충분한 전산설비 등 물적 시설을 갖출 것, 1의4. 본인신용정보관리업을 하려는 경우는 5억원 이상, 2. 사업계획이 타당하고 건전할 것, 3. 대주주가 충분한 출자능력, 건전한 재무상태 및 사회적 신용을 갖출 것, 3의2. 임원이 이 법 제22조의8(본인신용정보관리회사의 임원의 자격요건)에[48] 적합할 것, 4. 신용정보업, 본인신용정보관리업 또는 채권추심업을 하기에 충분한 전문성을 갖출 것의 요건을 갖추어야 한다고 규정하고 있으며(동법 제6조제1항), 본인신용정보관리회사는 해당 영업을 하는 동안에는 동법 제6조(허가의 요건)제1항제1호에 따른 요건을 계속 유지하여야 한다고 규정하고 있다(동봅 제6조제3항). 한편 신용정보법은 이 법 제6조제1항에 따른 허가의 세부요건에 관하여 필요한 사항은 대통령령으로 정한다고 규정하고 있다(동법 제6조제2항).

신용정보법은 본인신용정보관리회사가 그 사업의 전부 또는 일부를 양도·양수 또는 분할하거나, 다른 법인과 합병(「상법」 제530조의2(회사의 분할·분할합병)에 따른 분할합병을 포함한다)하려는 경우에는 대통령령으로 정하는 바에 따라 금융위원회의 인가를 받아야 한다고 규정하고 있으며(동법 제10조제1항), 본인신용정보관리회사가 영업의 전부 또는 일부를 일시적으로 중단하거나 폐업하려면 총리령으로 정하는 바에 따라 미리 금융위원회에 신고하여야 한다고 규정하고 있다(동법 제10조제4항).

(나) 본인신용정보관리회사 허가 등의 취소와 업무정지

1) 본인신용정보관리회사 허가 등의 취소

신용정보법은 금융위원회는 본인신용정보관리회사가 다음, 1. 거짓이나 그 밖의 부정한 방법으로 이 법 제4조(신용정보업 등의 허가)제2항에 따른 허가를 받거나 동법 제10조(양도·양수 등의 인가 등)제1항에 따른 인가를 받은 경우, 2. 동법 제5조(신용정보

---

48) 신용정보법은 이 법 제22조의8(본인신용정보관리회사의 임원의 자격요건)에서 본인신용정보관리회사의 임원에 관하여는 「금융회사의 지배구조에 관한 법률」 제5조(임원의 자격요건)를 준용한다고 규정하고 있다(신용정보법 제22조의8).

업 등의 허가를 받을 수 있는 자)제1항제1호·제2항제4호·제3항제1호에 따른 금융기관 등의 출자요건을 위반한 경우(다만, 신용정보회사 및 채권추심회사의 주식이 「자본시장과 금융투자업에 관한 법률」 제8조의2(금융투자상품시장 등)제4항제1호에 따른 증권시장에 상장되어 있는 경우로서 신용정보법 제5조(신용정보업 등의 허가를 받을 수 있는 자)제1항제1호에 따른 금융기관 등이 100분의 33 이상을 출자한 경우에는 제외한다), 4. 본인신용정보관리회사[허가를 받은 날부터 3개 사업연도(개인신용평가업, 개인사업자신용평가업 및 기업신용조회업이 포함된 경우에는 5개 사업연도)가 지나지 아니한 경우는 제외한다]의 자기자본(최근 사업연도 말 현재 재무상태표상 자산총액에서 부채총액을 뺀 금액을 말한다)이 신용정보법 제6조(허가의 요건) 제2항에 따른 자본금 또는 기본재산의 요건에 미치지 못한 경우, 5. 업무정지명령을 위반하거나 업무정지에 해당하는 행위를 한 자가 그 사유발생일 전 3년 이내에 업무정지처분을 받은 사실이 있는 경우, 6. 동법 제22조의7(신용조사회사의 행위규칙)제1항제1호를 위반하여 의뢰인에게 허위 사실을 알린 경우, 6의2. 동법 제22조의7제1항제2호를 위반하여 신용정보에 관한 조사 의뢰를 강요한 경우, 6의3. 동법 제22조의7제1항제3호를 위반하여 신용정보 조사 대상자에게 조사자료의 제공과 답변을 강요한 경우, 6의4. 동법 제22조의7제1항제4호를 위반하여 금융거래 등 상거래관계 외의 사생활 등을 조사한 경우, 9. 허가 또는 인가의 내용이나 조건을 위반한 경우, 10. 정당한 사유 없이 1년 이상 계속하여 허가받은 영업을 하지 아니한 경우의 어느 하나에 해당하는 경우에는 허가 또는 인가를 취소할 수 있으나, 다만 본인신용정보관리회사가 다음 각 호의 어느 하나에 해당하더라도 대통령령으로 정하는 사유에 해당하면 6개월 이내의 기간을 정하여 허가 또는 인가를 취소하기 전에 시정명령을 할 수 있다고 규정하고 있는데(신용정보법 제14조 제1항), 신용정보법 시행령은 이 법 제14조(허가 등의 취소와 업무의 정지)제1항 단서에서 "대통령령으로 정하는 사유"란 본인신용정보관리회사가 동법 제14조제1항제2호, 제4호 또는 제9호에 따른 허가 또는 인가의 취소사유에 해당하는 경우를 말하나, 다만 취소사유가 해소될 가능성이 매우 적거나 공익을 해칠 우려가 있는 등 시정명령의 실익(實益)이 없다고 인정되는 경우는 제외한다고 규정하고 있다(신용정보법 시행령 제12조).

2) 본인신용정보관리회사 허가 등의 업무정지

신용정보법은 금융위원회는 본인신용정보관리회사가 다음, 1. 이 법 제6조(허가의 요건)제4항을 위반한 경우, 2. 동법 제11조(겸영업무) 및 제11조의2(부수업무)를 위반한 경우, 4. 동법 제17조(처리의 위탁)제4항 또는 동법 제19조(신용정보전산시스템의 안전보호)를 위반하여 신용정보를 분실·도난·유출·변조 또는 훼손당한 경우, 5. 동법 제22조의8(본인신용정보관리회사의 임원의 자격요건)을 위반한 경우, 5의2. 동법 제22조의9(본인신용정보관리회사의 행위규칙) 제3항을 위반하여 신용정보를 수집하거나 같은 조 제4항을 위반하여 개인신용정보를 전송한 경우, 5의3. 동법 제33조(개인신용정보의 이용)제2항을 위반한 경우, 7. 동법 제40조(신용정보회사등의 금지사항)제1항제5호를 위반하여 정보원, 탐정, 그 밖에 이와 비슷한 명칭을 사용한 경우, 8. 동법 제42조(업무 목적 외 누설금지 등)제1항·제3항 또는 제4항을 위반한 경우, 9. [별표]에 규정된 처분 사유에 해당하는 경우, 11. 그 밖에 법령 또는 정관을 위반하거나 경영상태가 건전하지 못하여 공익을 심각하게 해치거나 해칠 우려가 있는 경우의 어느 하나에 해당하는 경우에는 6개월의 범위에서 기간을 정하여 그 업무의 전부 또는 일부의 정지를 명할 수 있다고 규정하고 있다(동법 제14조제2항).

(3) 본인신용정보관리회사의 겸영업무와 부수업무

앞에서 금융회사의 고유업무, 겸영업무, 부수업무에 대하여 설명하였는데, 고유업무는 금융회사가 영위하는 고유사업으로, 겸영업무는 금융규제기관으로부터 별도의 승인(承認)을 통해 다른 고유업무를 영위하는 것으로, 부수업무는 본업인 고유업무는 아니지만 이와 관련성이 높은 업무로서 금융규제기관에 별도로 신고(申告)하면 영위할 수 있는 사업으로 이해된다. 신용정보법은 본인신용정보관리회사는 총리령으로 정하는 바에 따라 금융위원회에 미리 신고하고 신용정보주체 보호 및 건전한 신용질서를 저해할 우려가 없는 업무(이하 "겸영업무"라 한다)를 겸영할 수 있는데, 이 경우 이 법 및 다른 법률에 따라 행정관청의 인가·허가·등록 및 승인 등의 조치가 필요한 겸영업무는 해당 개별 법률에 따라 인가·허가·등록 및 승인 등을 미리 받아야 할 수 있다고 규정하고 있다(신용정보법 제11조제1항).

한편 신용정보법은 본인신용정보관리회사의 겸영업무는 다음, 1. 「자본시장과 금융투자업에 관한 법률」 제6조(금융투자업)제1항제4호 또는 제5호에 따른 투자자문업 또는 투자일임업(신용정보주체의 보호 및 건전한 신용질서를 저해할 우려가 없는 경우로서 대통령령으로 정하는 경우로 한정한다), 2. 그 밖에 신용정보주체 보호 및 건전한 거래질서를 저해할 우려가 없는 업무로서 대통령령으로 정하는 업무와 같다고 규정하고 있으며(동법 제11조제6항), 금융위원회는 이 법 제11조제1항 각 호 외의 부분 전단에 따른 신고를 받은 경우 그 내용을 검토하여 이 법에 적합하면 신고를 수리하여야 한다고 규정하고 있다(동법 제11조제8항). 신고(申告)는 법적 성격을, 1. 신고가 수리되어야 신고의 효과가 발생하는 강학(講學)상의 수리를 요하는 신고(행위요건(行爲要件)적 공법행위로서의 신고)와 2. 강학(講學)상의 수리를 요하지 않는 신고(자기완결(自己完結)적 또는 자체완성(自體完成)적 공법행위로서의 신고)로 구분할 수 있는데 겸영신고에 대한 신고는 수리를 요하는 신고인 승인(承認)으로 해석되며, 실무적으로도 개별 본인신용정보관리회사들이 각각 금융위원회로부터 승인을 받아야 하는 것으로 이해된다.

신용정보법은 본인신용정보관리회사는 해당 허가를 받은 영업에 부수하는 업무(이하 "부수업무"라 한다)를 할 수 있으며, 이 경우 본인신용정보관리회사는 그 부수업무를 하려는 날의 7일 전까지 이를 금융위원회에 신고하여야 한다고 규정하고 있다(신용정보법 제11조의2제1항). 또한 신용정보법은 본인신용정보관리회사의 부수업무는 다음, 1. 해당 신용정보주체에게 제공된 본인의 개인신용정보를 기초로 그 본인에게 하는 데이터 분석 및 컨설팅 업무, 2. 신용정보주체 본인에게 자신의 개인신용정보를 관리·사용할 수 있는 계좌를 제공하는 업무, 3. 이 법 제39조의3(신용정보주체의 권리행사 방법 및 절차)제1항 각 호의 권리를 대리 행사하는 업무, 4. 그 밖에 신용정보주체 보호 및 건전한 신용질서를 저해할 우려가 없는 업무로서 대통령령으로 정하는 업무와 같다고 규정하고 있으며(동법 제11조의2제6항), 신용정보법 시행령은 이 법 제11조의2(부수업무)제6항제4호에서 "대통령령으로 정하는 업무"란 다음, 1. 금융상품에 대한 광고, 홍보 및 컨설팅, 2. 본인신용정보관리업과 관련된 연수, 교육 및 출판, 행사기획 등 업무, 3. 본인신용정보관리업과 관련된 연구·조사 용역 및 상담업무, 4. 본인인증 및 신용정보주체의 식별확인 업무, 5. 그 밖에 금융위원회가 정하여[49] 고시하는 업무를 말한다고 규정하고 있다(동법 시행령 제11조의2제4항). 부수업무의 신고도 강학(講學)상의 수리

---

[49] 신용정보업감독규정은 신용정보법 시행령 제11조의2(부수업무)제4항제5호에서 "그 밖에 금융위원회가 정하여 고시하는 업무"란 다음, 1. 업무용 부동산의 임대차, 2. 기업 및 법인 또는 그 상품 홍보·광고, 3. 가명정보나 익명처리한 정보를 이용·제공하는 업무, 4. 데이터 판매 및 중개 업무, 5. 신용정보주체의 전송요구권의 행사 및 전송요구 철회 등을 보조·지원하는 업무를 말한다고 규정하고 있다(신용정보업감독규정 제13조의4제4항).

를 요하는 신고로서, 실무적으로는 하나의 본인신용정보관리회사가 금융위원회에 부
수업무 신고를 하게 되면 동일한 사안에 대해서는 다른 본인신용정보관리회사들의 추
가적인 신고는 요구되지 않는 것으로 이해된다.

한편 금융위원회는 부수업무에 관한 신고내용이 다음, 1. 본인신용정보관리회사의
경영건전성을 해치는 경우와 2. 신용정보주체의 보호 및 건전한 신용질서 유지를 위
하여 필요한 경우로서 대통령령으로 정하는 경우의 어느 하나에 해당하는 경우 그 부
수업무를 하는 것을 제한하거나 시정할 것을 명할 수 있다고 규정하고 있으나(동법 제
11조의2제8항), 동법 제11조의2제8항에 따른 제한명령 또는 시정명령은 그 내용 및 사
유가 구체적으로 적힌 문서로 하여야 한다고 규정하고 있다(동법 제11조의2제9항).

(4) 본인신용정보관리회사의 행위규칙 등

신용정보법은 본인신용정보관리회사는 다음, 1. 개인인 신용정보주체에게 개인신
용정보의 전송요구를 강요하거나 부당하게 유도하는 행위와 2. 그 밖에 신용정보주체
보호 또는 건전한 신용질서를 저해할 우려가 있는 행위로서 대통령령으로 정하는 행
위의 어느 하나에 해당하는 행위를 하여서는 아니 된다고 규정하고 있으며(신용정보법
제22조의9제1항), 신용정보법 시행령은 이 법 제22조의9(본인신용정보관리회사의 행위규칙)제
1항제2호에서 "대통령령으로 정하는 행위"란 다음, 1. 본인신용정보관리회사 자신에
대해서만 전송요구를 하도록 강요하거나 부당하게 유도하는 행위, 2. 본인신용정보관
리회사 자신이 아닌 제3자에게 전송요구를 하지 않도록 강요 · 유도하거나 제3자에 대
한 전송요구를 철회하도록 강요하는 행위(본인신용정보관리회사 자신에게 전송요구를 하는 방
법보다 제3자에게 전송요구를 하는 방법을 어렵게 하는 행위를 포함한다), 3. 동법 제39조의3(신
용정보주체의 권리행사 방법 및 절차)제1항의 권리에 대한 대리행사를 강요하거나 부당하게
유도하는 행위, 4. 본인신용정보관리회사 자신 또는 제3자에 대한 전송요구의 변경
및 철회의 방법을 최초 전송요구에 필요한 절차보다 어렵게 하는 행위, 5. 본인신용
정보관리회사 자신에게 전송요구를 철회한다는 이유로 정당한 이유 없이 수수료, 위
약금 등 금전적, 경제적 대가를 요구하는 행위, 6. 본인신용정보관리회사의 이익을
위해 금융소비자에게 적합하지 않다고 인정되는 계약 체결을 추천 또는 권유하는 행
위, 7. 금융소비자에게 금융상품에 관한 중요한 사항을 이해할 수 있도록 설명하지

않는 행위, 8. 개인인 신용정보주체의 요구에도 불구하고 해당 신용정보주체의 신용정보를 즉시 삭제하지 않는 행위, 9. 본인신용정보관리회사 자신이 보유한 개인인 신용정보주체의 신용정보 삭제 방법을 전송요구에 필요한 절차보다 어렵게 하는 행위, 10. 개인인 신용정보주체의 동의 없이 전송요구의 내용을 변경하거나 동법 제22조의9제3항제1호에 따른 신용정보제공·이용자등(이하 "신용정보제공·이용자등"이라 한다)에게 신용정보주체 본인이 전송요구한 범위 이상의 개인신용정보를 요구하는 행위, 11. 그 밖에 동법 시행령 제18조의6(본인신용정보관리회사의 행위규칙 등)제1항제1호부터 제10호까지와 유사한 행위로서 금융위원회가 정하여 고시하는[50] 행위의 어느 하나에 해당하는 행위를 말한다고 규정하고 있다(동법 시행령 제18조의6제1항).

---

[50] 신용정보업감독규정은 신용정보법 시행령 제18조의66(본인신용정보관리회사의 행위규칙 등)제1항제11호에서 "금융위원회가 정하여 고시하는 행위"란 다음, 1. 특정 고객의 이익을 해하면서 자기 또는 제3자의 이익을 도모하는 행위, 2. 신용정보주체를 대리하여 이 법 제39조의3(신용정보주체의 권리행사 방법 및 절차)제1항제5호, 제7호, 제8호에 따른 권리를 행사하는 경우 개인신용평가회사가 제공한 개인신용정보 및 그 산출에 이용된 개인신용정보를 신용정보주체가 열람한 후에 개인신용정보주체의 별도 동의 없이 저장하는 행위, 3. 개인식별정보 등을 신용정보주체 동의 없이 유·무선 마케팅등에 활용하거나 제3의 기관에 제공하는 행위, 4. 개인인 신용정보주체의 요구에도 불구하고 전송요구를 즉시 철회·변경하지 않는 행위, 5. 개인인 신용정보주체의 전송요구를 이유로 신용정보제공·이용자등의 전산 설비에 과도하게 접근하여 부하를 일으키는 행위, 6. 개인신용정보 전송 시 정기적 전송 여부 등을 고의로 변경하는 등 동법 제22조의9(본인신용정보관리회사의 행위규칙)제6항에 따른 비용의 지불을 회피하는 행위, 7. 경제적 가치가 3만원을 초과하는 금전·편익·물품 등(추첨 등을 통하여 제공할 경우 평균 제공금액을 의미한다)을 제공하거나 제공할 것을 조건으로 하여 자신에 대해 전송요구권의 행사를 유도하거나 본인신용정보관리 서비스의 가입 등을 유도하는 행위, 8. 본인신용정보관리 서비스의 개발 및 주요기능 변경시 서비스 기능 등에 대해 금융보안원으로부터 적합성 심사를 받지 않거나 금융보안원,「전자금융감독규정」제37조의3((전자금융기반시설의 취약점 분석·평가 전문기관의 지정 등)제1항에 따른 "평가전문기관" 또는 같은 규정 제37조의2(전자금융기반시설의 취약점 분석·평가 주기, 내용 등)제2항에 따른 "자체전담반"으로부터 서비스 보안성에 대해 연 1회 이상 보안취약점 점검을 수행하지 않는 행위, 9. 다음, 가. 동 고시 제3조의3(본인신용정보관리업)제2항 각 호의 정보와 나. 만 19세 미만 신용정보주체의 개인신용정보의 어느 하나에 해당하는 정보를 신용정보주체 본인 조회·분석 목적 이외의 목적으로 이용하거나 제3자에게 제공하는 행위, 10. 만 19세 미만의 신용정보주체에게 본인신용정보관리 서비스를 제공하려는 경우 다음, 가. 만 19세 미만인 신용정보주체의 법정대리인이 본인신용정보관리 서비스 이용에 동의했는지 여부를 확인하지 아니하는 행위, 나. 만 19세 미만인 신용정보주체와 관련되어 다음, 1)「금융소비자 보호에 관한 법률」제3조(금융상품의 유형)제1호에 따른 예금성 상품, 2)「여신전문금융업법」제2조(정의)제6호 및 제8호에 따른 직불카드 및 선불카드, 3)「전자금융거래법」제2조(정의)제13호 및 제14호에 따른 직불전자지급수단 및 선불전자지급수단, 4) 그 밖에 동 고시 제23조의3제1항제11호의나목1)부터 3)까지의 규정에 따른 금융상품과 유사한 상품으로서 금융감독원장이 정하는 금융상품의 어느 하나에 해당하지 않는 금융상품과 관련된 정보를 수집·제공하는 행위를 말한다고 규정하고 있다(신용정보업감독규정 제23조의3제1항).

신용정보법은 본인신용정보관리회사는 이 법 제11조(겸영업무)제6항에 따른 업무 및 동법 제11조의2(부수업무)제6항제3호에 따른 업무를 수행하는 과정에서 개인인 신용정보주체와 본인신용정보관리회사 사이에 발생할 수 있는 이해상충을 방지하기 위한 내부관리규정을 마련하여야 한다고 규정하고 있는데(동법 제22조의9제2항), 신용정보법 시행령은 이 법 제22조의9제2항에 따른 내부관리규정에 포함돼야 할 세부 사항은 금융위원회가 정하여 고시한다고 규정하고 있으며(동법 시행령 제23조의3제2항), 신용정보업감독규정은 신용정보법 시행령 제18조의6제2항에 따라 내부관리규정에 포함되어야 할 사항은 다음, 1. 개인신용정보 수집 · 처리의 기록과 보관에 관한 사항, 2. 개인신용정보 관리체계의 구성 및 운영절차에 관한 사항, 3. 금융소비자(「금융소비자 보호에 관한 법률」제2조(정의)에 따른 금융소비자를 말한다)와의 이해상충이 발생할 수 있는 행위 발생 방지에 관한 사항(금융소비자의 이익에 부합하는 금융상품 추천 · 권유 알고리즘 운영 및 점검에 관한 사항을 포함한다), 4. 개인인 신용정보주체의 신용정보를 편향 · 왜곡하여 분석하지 않도록 방지하기 위한 사항, 5. 다음, 가. 임직원의 내부관리기준 준수 여부를 확인하는 절차 · 방법와 나. 불공정행위, 금지 및 제한 사항의 위반을 방지하기 위한 절차나 기준에 관한 사항을 포함한 임직원이 임무를 수행할 때 준수하여야 하는 절차에 관한 사항, 6. 개인신용정보 관리계획 및 임직원에 대한 교육계획 수립 · 운영에 관한 사항을 말한다고 규정하고 있다(신용정보업감독규정 제23조의3제2항).

한편 신용정보법은 본인신용정보관리회사는 다음, 1. 대통령령으로 정하는[51] 신용정보제공 · 이용자나 「개인정보 보호법」에 따른 공공기관으로서 대통령령으로 정하는[52] 공공기관 또는 본인신용정보관리회사(이하 이 조 및 이 법 제33조의2(개인신용정보의

---

51) 신용정보법 시행령은 이 법 제22조의9(본인신용정보관리회사의 행위규칙)제3항제1호에서 "대통령령으로 정하는 신용정보제공 · 이용자"란 다음, 1. 이 법 시행령 제2조(정의)제6항제7호가목부터 허목까지 및 제21조(신용정보의 집중관리 · 활용)제2항 각 호의 자, 2. 「전자금융거래법」제2조(정의)제4호에 따른 전자금융업자, 3. 「자본시장과 금융투자업에 관한 법률」에 따른 한국거래소 및 예탁결제원, 4. 신용정보회사, 본인신용정보관리회사 및 채권추심회사, 5. 「여신전문금융업법」제2조(정의)제16호에 따른 겸영여신업자, 6. 「전기통신사업법」제6조(기간통신사업의 등록 등)에 따른 기간통신사업을 등록한 전기통신사업자, 7. 「한국전력공사법」에 따른 한국전력공사, 8. 「한국수자원공사법」에 따른 한국수자원공사. 9. 그 밖에 동법 시행령 제18조의6제3항제1호부터 제8호까지의 규정에 따른 자와 유사한 자로서 금융위원회가 정하여 고시하는 자를 말한다고 규정하고 있다(신용정보법 시행령 제18조의6제4항).
52) 신용정보법 시행령은 이 법 제22조의9(본인신용정보관리회사의 행위규칙)제3항제1호에서 "대통령령으로 정하는 공공기관"이란 다음, 1. 행정안전부, 2. 보건복지부, 3. 고용노동부, 4. 국세청, 5. 관세청, 6. 조달청, 7. 「공무원연금법」제4조(공무원연금공단의 설립)에 따른 공무원연금공단, 8. 「주택도시기

전송요구)에서 "신용정보제공·이용자등"이라 한다)가 선정하여 사용·관리하는 신용정보주체 본인에 관한 수단으로서 「전자금융거래법」 제2조(정의)제10호에 따른 접근매체, 2. 본인임을 확인 받는 수단으로서 본인의 신분을 나타내는 증표 제시 또는 전화, 인터넷 홈페이지의 이용 등 대통령령으로 정하는[53] 방법의 수단을 대통령령으로 정하는[54] 방식으로 사용·보관함으로써 신용정보주체에게 교부할 신용정보를 수집하여서는 아니 된다고 규정하고 있다(동법 제22조의9제3항).

신용정보법은 신용정보제공·이용자등은 개인인 신용정보주체가 본인신용정보관리회사에 본인에 관한 개인신용정보의 전송을 요구하는 경우에는 정보제공의 안전성과 신뢰성이 보장될 수 있는 방식으로서 대통령령으로 정하는[55] 방식으로 해당 개인인 신용정보주체의 개인신용정보를 그 본인신용정보관리회사에 직접 전송하여야 한다고 규정하고 있으나(동법 제22조의9제4항), 이 법 제22조의9제4항에도 불구하고 신용정보제

금법」 제16조(설립)에 따른 주택도시보증공사, 9. 「한국주택금융공사법」에 따른 한국주택금융공사, 10. 「산업재해보상보험법」 제10조(근로복지공단의 설립)에 따른 근로복지공단, 11. 「서민의 금융생활 지원에 관한 법률」 제56조(설립)에 따른 신용회복위원회(이하 "신용회복위원회"라 한다), 12. 지방자치단체 및 지방자치단체조합, 13. 「국민건강보험법」 제13조(보험자)에 따른 국민건강보험공단, 14. 국민연금공단, 15. 그 밖에 금융위원회가 정하여 고시하는 기관을 말한다고 규정하고 있다(신용정보법 시행령 제18조의6제5항).

53) 신용정보법 시행령은 이 법 제22조의9(본인신용정보관리회사의 행위규칙)제3항제2호에서 "대통령령으로 정하는 방법"이란 신용정보주체가 신용정보회사등에 본인의 신분을 나타내는 증표를 내보이거나, 전화 또는 인터넷 홈페이지 등을 이용하여 본인임을 확인받은 경우를 말한다고 규정하고 있다(신용정보법 시행령 제18조의6제6항).

54) 신용정보법 시행령은 이 법 제22조의9(본인신용정보관리회사의 행위규칙)제3항 각 호 외의 부분에서 "대통령령으로 정하는 방식"이란 같은 항 각 호의 수단(이하 "접근수단"이라 한다)을 다음, 1. 접근수단을 직접 보관하는 방법, 2. 개인인 신용정보주체의 접근수단에 접근할 수 있는 권한을 확보하는 방법, 3. 접근수단에 대한 지배권, 이용권 또는 접근권 등을 사실상 확보하는 방법, 4. 그 밖에 동법 시행령 제18조의6(본인신용정보관리회사의 행위규칙 등)제3항제1호부터 제3호까지의 규정에 따른 방법과 유사한 방법으로서 금융위원회가 정하여 고시하는 방법의 어느 하나에 해당하는 방법을 통해 위임·대리·대행, 그 밖에 이와 유사한 방식으로 신용정보주체의 이름으로 열람하는 것을 말한다고 규정하고 있다(신용정보법 시행령 제18조의6제3항).

55) 신용정보법 시행령은 이 법 제22조의9(본인신용정보관리회사의 행위규칙)제4항에서 "대통령령으로 정하는 방식"이란 동법 제22조의9제3항에 따른 방식 외의 방식으로서 다음, 1. 개인신용정보를 전송하는 자와 전송받는 자 사이에 미리 정한 방식일 것, 2. 개인신용정보를 전송하는 자와 전송받는 자가 상호 식별·인증할 수 있는 방식일 것, 3. 개인신용정보를 전송하는 자와 전송받는 자가 상호 확인할 수 있는 방식일 것, 4. 정보 전송 시 상용 암호화 소프트웨어 또는 안전한 알고리즘을 사용하여 암호화하는 방식일 것, 5. 그 밖에 금융위원회가 정하여 고시하는 요건을 갖출 것의 요건을 모두 갖춘 방식을 말한다고 규정하고 있다(신용정보법 시행령 제18조의6제7항).

공·이용자등의 규모, 금융거래 등 상거래의 빈도 등을 고려하여 대통령령으로 정하는56) 경우에 해당 신용정보제공·이용자등은 대통령령으로 정하는57) 중계기관을 통하여 본인신용정보관리회사에 개인신용정보를 전송할 수 있다고 규정하고 있는데(동법 제22조의9제5항), 신용정보법 시행령은 이 법 제22조의9(본인신용정보관리회사의 행위규칙)제4항 및 제5항에 따라 개인신용정보를 전송한 신용정보제공·이용자등과 개인신용정보를 전송받은 중계기관 및 본인신용정보관리회사는 전송내역에 대한 기록을 작성하고 보관해야 하며, 본인신용정보관리회사는 전송받은 신용정보내역에 관한 기록을 신용정보주체에게 연 1회 이상 통지해야 한다고 규정하고 있다(동법 시행령 제18조의6제10항).

한편 신용정보법은 신용정보제공·이용자등은 이 법 제33조의2(개인신용정보의 전송요구)제4항에 따라 개인신용정보를 정기적으로 전송할 경우에는 필요한 범위에서 최소한의 비용을 본인신용정보관리회사가 부담하도록 할 수 있다고 규정하고 있으며(동법 제22조의9제6항), 동법 제22조의9제4항 및 제5항의 전송의 절차·방법, 제6항에 따른 비용의 산정기준 등에 대해서는 대통령령으로 정한다고 규정하고 있는데(동법 제22조의9제7항), 신용정보법 시행령은 이 법 제22조의9(본인신용정보관리회사의 행위규칙)제7항에 따른 비용의 산정기준 등은 전송요구권 행사 대상 개인신용정보의 특성·처리비용 및 요청한 개인신용정보의 범위·양 등을 고려하여 금융위원회가 정하여 고시한다고 규정하고 있다(동법 시행령 제18조의6제11항).

---

56) 신용정보법 시행령은 이 법 제22조의9(본인신용정보관리회사의 행위규칙)제5항에서 "대통령령으로 정하는 경우"란 신용정보제공·이용자등의 특성을 고려하여 자산 규모, 관리하고 있는 개인신용정보의 수, 시장 점유율, 외부 전산시스템 이용 여부 등 금융위원회가 정하여 고시하는 기준에 해당하는 경우를 말한다고 규정하고 있다(신용정보법 시행령 제18조의6제8항).

57) 신용정보법 시행령은 이 법 제22조의9(본인신용정보관리회사의 행위규칙)제5항에서 "대통령령으로 정하는 중계기관"이란 다음, 1. 종합신용정보집중기관, 2. 「민법」 제32조(비영리법인의 설립과 허가)에 따라 금융위원회의 허가를 받아 설립된 사단법인 금융결제원, 3. 「상호저축은행법」 제25조(설립)에 따른 상호저축은행중앙회, 각 협동조합의 중앙회 및 「새마을금고법」 제54조(목적과 설립)에 따른 새마을금고중앙회, 4. 「온라인투자연계금융업 및 이용자 보호에 관한 법률」 제33조(중앙기록관리기관)에 따른 중앙기록관리기관, 5. 그 밖에 동법 시행령 제18조의6제9항제1호부터 제4호까지의 규정에 따른 기관과 유사한 기관으로서 금융위원회가 지정하는 기관을 말한다고 규정하고 있으며(시행령 제18조의6제9항), 신용정보업감독규정은 이 법 시행령 제18조의6(본인신용정보관리회사의 행위규칙 등)제9항제5호에서 "금융위원회가 지정하는 기관"이란 다음, 1. 행정안전부, 2. 「상법」에 따라 설립된 주식회사 코스콤, 3. 「방송통신발전 기본법」에 따라 설립된 한국정보통신진흥협회의 어느 하나에 해당하는 기관을 말한다고 규정하고 있다(신용정보업감독규정 제23조의3제4항).

1. **마이데이터 2.0.** 금융위원회는 2024년 4월 「마이데이터 2.0 추진 방안」을 마련하여[58] 발표하였고,[59] 2024년 9월 마이데이터 2.0 시행을 위한 제도적 기반 마련을 위해 「신용정보업감독규정」 및 「마이데이터 가이드라인」의 개정 추진을 발표한 바 있다.[60] 우선 마이데이터 2.0 추진 방안은, 1. 고령층과 저시력자 같은 디지털 취약계층 및 14세 이상 청소년도 마이데이터 이용이 가능하도록 하였으며, 2. 상세 결제내역의 제공과 함께 금융 · 비금융정보의 결합 확대 및 겸영 · 부수 업무 규제 완화를 통해 사업자의 맞춤형 자산관리 서비스 지원하는 한편, 3. 한 번에 모든 금융자산을 조회하고 어카운트인포(Account Info)를 연계하여 자산관리 플랫폼 기능을 강화하며, 4. 마이데이터 정보보호와 보안을 강화하는 것을 주요 내용으로 포함하고 있다. 「신용정보업감독규정」 개정(안)은, 1. 마이데이터 사업자가 대면(對面, Off-line) 영업을 할 수 있도록 하고, 2. 법정대리인의 동의 없이 스스로 마이데이터를 이용할 수 있는 연령을 현재 19세 이상에서 14세 이상으로 변경하며, 3. 마이데이터 사업자의 정보결합기준을 명확화하는 한편, 4. 마이데이터 사업자가 정보주체의 동의를 얻어 제3자에 정보 판매 시 금융보안원에 구축된 '안심제공 시스템'을 이용하도록 의무화하는 것을 주요 내용으로 포함하고 있다. 한편 「마이데이터 가이드라인」 개정(안)은, 1. 업권별로 전체 금융자산을 한 번에 연결 · 조회할 수 있게 하고 휴면 예금 · 보험을 제공 정보에 추가하며 또한 판매자의 상호 등을 결제내역 정보 제공 시 함께 제공되도록 함으로써 마이데이터 서비스에서 보다 상세하고 다양한 정보를 제공하도록 하고, 2. 마이데이터 서비스와 어카운트 인포(Account Info)를 연계하여 소액 비활성화 계좌를 조회 · 해지할 수 있도록 하고 중복된 전송요구 절차를 통합하여 기존 2단계의 동의 절차를 1단계로 간소화함으로써 마이데이터 서비스 이용자 측면에서 편의성을 제고하는 한편, 3. 이용자의 가입 유효기간을 현행 1년에서 최대 5년으로 연장하되, 이용자가 6개월 이상 미접속시 정기적 전송을 중단하고 1년 이상 미접속 시 개인신용정보를 삭제하도록 장기 미접속자에 대한 정보보호 조치를 신설함으로써 마이데이터 서비스의 정보보호를 강화하는 것을 주요 내용으로 포함하고 있다.

2. **PSD2(Payment Services Directive 2, EU의 지급결제 서비스 지침 2).** EU PSD2는 EEA(European Economic Area, 유럽 경제 지역(EU 회원국과 아이슬란드, 리히텐슈타인, 노르웨이))의 결제 서비스를 규제하기 위한 규정으로 2015년 유럽 의회에서 제정된 후 2019년 9월 시행되었으며 금융정보에 대한 자기결정권 확보라는 점에서 의미가 있다고 생각된다.[61] GDPR이 전 분야에 대한 정보주체의 개인정보 이동권을 규정하고 있다면 PSD2는 금융 분야의 데이터 이동권을 규정함으로써 금융 분야의 데이터 활용산업 발전을 도모하기 위한 것으로 이해된다. PSD2는 사업구조에 따라 사업자를 AISP(Account Information Services Provider, 계정 정보 서비스 제공자)와 PISP(Payment Initiation Service Provider, 지급 개시 대행 서비스 제공자)로

〈그림 20〉과 같이 구분하고 있는데,[62] AISP는 금융회사가 보유한 고객의 금융정보에 대한 통합조회 서비스와 고객자산관리·맞춤형 금융상품 소개와 같은 금융상품 추천 서비스 등을 제공하는 사업자이며, PISP는 소비자와 판매자 간 거래에 필요한 정보(계좌정보, 거래내역 등)를 중계하고 요청에 따라 소비자의 계좌에서 판매자의 계좌로 거래대금을 지급결제하는 사업자이다. 금융 분야에서 중요한 것 중 하나로 계좌(Account)를 들 수 있는데 금융계좌를 통해야만 금융 주체의 식별이 가능하고 지급결제와 금융거래가 이루어질 수 있기 때문이다. 금융계좌는 전통적으로 금융시장의 안정을 위해 은행을 통해서만 부여되었는데 PSD2는 계좌를 은행뿐만 아니라 다른 금융회사들도 금융계좌를 발급할 수 있게 함으로써 금융시장과 산업의 경쟁을 촉진할 수 있는 제도로 생각된다. 또한 신용정보법의 마이데이터(My data)를 활성화하기 위한 정책적 수단이 될 수 있을 것으로 생각된다.

그림 20 AISP와 PISP의 비교

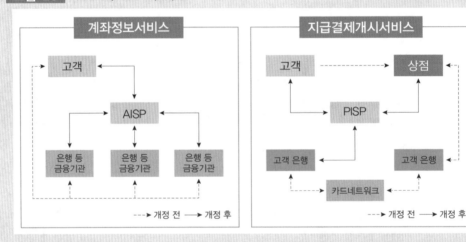

3. **금융서비스 중계.** 신용정보법의 마이데이터(My data)는 내 손안의 금융비서라는 개념으로 활성화가 기대되었는데 금융 분야 마이데이터 활성화와 관련된 논란 중 하나로 금융서비스 중계 문제를 들 수 있다. 금융회사들은 마이데이터(My data)를 기반으로 금융상품의 판매, 중개, 자문, 모집, 일임 등 종합 금융서비스 제공을 통한 종합 금융서비스 플랫폼으로의 진화를 도모하고 있는 것으로 이해되는데, 금융 당국은 일부 온라인 금융 플랫폼 서비스인 정보제공, 비교 추천, 맞춤형 금융정보 제공을 광고가 아닌 미등록 중개행위로 판단하여 관련 법령에 따른 인허가가 필요하다고 유권해석한 바 있다.[63] 즉 마이데이터 정보 등의 가입자 정보를 기반으로 하는 금융상품의 추천은 광고가 아닌 중개에 해당한다는 것이 금융위원회의 기본입장으로 이해되는데 이에 따라 온라인 금융서비스 플랫폼에 「금융소비자 보호에 관한 법률(약칭: 금융소비자보호법)」의 적용 소지가 커지게 되었고 금융 핀테크 기업들은 금융상품의 비교, 추천 등 관

련 서비스를 중단하거나 축소한 바 있다. 이러한 금융서비스 중계 논란에 대한 근원적인 문제는 무엇이며 어떻게 동 사안을 해결하는 것이 바람직하다고 생각하는가?

4. 마이데이터 제공정보의 범위와 적요(摘要) 정보. 신용정보법의 마이데이터(My data)의 활성화와 관련되어 논란 중인 사항으로 제공정보의 범위와 적요 정보를 들 수 있는데, 제공정보의 범위에 상품이나 서비스 주문내역이 포함되는가와 적요(摘要) 정보, 즉 금융기관의 입출금 거래 관련 수취인과 송금인의 이름, 거래유형, 메모 등의 정보가 포함되는지의 문제로 이해된다. 상품이나 서비스 주문내역은 마이데이터 서비스의 편리성과 완결성을 담보하기 위한 중요한 요소로 생각되는데, 예를 들어 전자상거래 결제정보 중 결제한 신용카드, 결제 시간, 결제 금액, 가맹점명만 확인되고 주문한 상품의 주문내역이 확인되지 않는다면 마이데이터 서비스 제공자와 이용자 모두 개인의 소비성향을 파악할 수 없을 것이다. 마이데이터 제공정보의 범위에 주문내역이 포함되는지에 대해 전자상거래 업체와 금융회사 간 논란이 격화되었고[64] 이에 금융위원회는 주문내역 정보를 가전 · 전자, 도서 · 문구, 패션 · 의류, 스포츠, 화장품, 아동 · 유아, 식품, 생활 · 가구, 여행 · 교통, 문화 · 레저, 음식, e쿠폰 · 기타 서비스, 기타의 13개 범주(Category)로 구분하여 운영하기로 한 바 있다.[65] 한편 적요 정보는 모바일 가계부 서비스와 같은 금융서비스의 제공을 위해서 필수적으로 요구되는 정보로서, 예를 들면 수취인과 송금인의 이름이 없다면 반쪽짜리 가계부가 될 것인데, 금융위원회는 은행 계좌 등의 적요 정보를 마이데이터 정보제공 범위에 포함시키고 마케팅 이용과 제3자 제공 등은 금지하기로 한 바 있다.[66] 주문내역과 적요 정보는 민감한 사생활 영역을 침해할 수 있는 정보가 포함될 수 있고 제3자의 개인정보가 포함될 수 있다는 논란이 제기되고 있는데, 마이데이터 제공정보에 주문내역과 적요 정보를 포함시키는 것에 대한 당신의 입장은 무엇이며 바람직한 개선방안은 무엇이라고 생각하는가?

---

58) 금융위원회는 마이데이터 서비스 이용의 불편사항 및 발전방향에 대해 태스크포스(Task force, TF)를 구성하고 수차 례의 회의를 개최하여 전문가, 업계, 유관기관 등으로부터 의견을 청취하였으며, 그 논의를 바탕으로 「마이데이터 2.0 추진 방안」을 마련하였는데, 그동안 마이데이터 서비스와 관련하여, 1. 마이데이터 이용자의 금융자산 · 부채, 거래내역이 불완전하게 제공되고, 2. 오프라인 영업 및 겸영 · 부수업무 제한 등으로 서비스 확장에 제약이 있으며, 3. 이용자의 정보관리가 어렵고 번거로운 절차로 인한 불편함이 발생하고, 4. 제3자 정보 제공 및 장기 미사용자 정보 등에 대한 정보 유출 우려가 존재한다는 등의 문제점이 지적되었고 동 정책 방안은 이를 개선하기 위한 것으로 이해된다.

59) 금융위원회, 국민의 자산관리에 실질적 도움이 될 수 있는 마이데이터 2.0을 추진하겠습니다, 보도자료 (2024.4.4.).

60) 금융위원회, 「마이데이터 2.0」 시행을 위한 제도적 기반을 마련하겠습니다, 보도자료(2024.9.30.).

61) 지불 서비스 지침(Payment Services Directive)은 모든 유럽 경제 지역의 지불에 대해 동일한 규칙을 적용하여 효율적이고 통합된 시장을 만들기 위한 공통 규칙으로서, 비은행권의 결제 산업 참여가 가능하게 하여 유럽 전체의 경쟁력을 강화하고 소비자 보호와 결제 제공자의 권리와 의무를 조화시켜 공평한 거래 환경을 제공하는 것에 목적으로 하고 있는데, PSD1(Payment Services Directive 1)은

2005년 처음 제안되어 2007년 12월에 제정되었으며 PSD1 보다 값싸고 안전하며 혁신적인 결제 서비스를 제공하기 위해 PSD2로 개정된 것으로 이해된다.

62) 한국핀테크지원센터, 헬로, 핀테크!(개정판): 개인신용정보 관리 및 활용(2021), p281.

63) 오는 25일부터 네이버파이낸셜 카카오페이 토스 등 빅테크(대형 IT기업)·핀테크 금융 플랫폼에서 이용자에게 펀드, 연금 등 다른 금융사 투자상품을 비교·추천할 수 없게 된다. 또 신용카드나 보험 상품을 연계 판매하는 것도 불법으로 간주된다. 금융사 상품 비교·추천을 통한 판매 제휴 영업을 하면서 덩치를 키우고 있는 핀테크 업체들은 감독당국의 이 같은 조치에 대해 "플랫폼 존립 기반을 흔드는 것"이라고 반발하고 있다. 금융소비자들도 당장 혼란이 불가피할 전망이다. 금융위원회와 금융감독원은 7일 제5차 금융소비자보호법 시행상황 점검반 회의를 열고 온라인 플랫폼 서비스에 대한 법 적용 검토 결과를 현장과 공유했다고 밝혔다. 금융당국은 "일부 플랫폼이 중개 서비스를 '단순 광고 대행'으로 보고 영업해왔지만, 검토 결과 미등록 중개 행위로 판단돼 시정을 요구했다"며 "금소법 계도 기간이 이달 24일로 종료되는 만큼 (유사 업체들도) 조속히 위법 소지를 해소해줄 것"을 주문했다. 이날 당국 지침에 따르면 금융 플랫폼이 타사 펀드·연금을 판매하는 행위가 사실상 어려워진다. 그동안 빅테크·핀테크 업체들이 광고로 판단했던 대부분의 영업 행위를 '중개'로 규정했기 때문이다. 금융소비자를 보호하기 위한 조치라지만 오히려 소비자의 편익만 줄일 수 있다는 비판이 나온다. 정소람 한국경제 기자, 핀테크 "웬 날벼락"…펀드·보험 '추천 판매' 못한다, 2023.9.15. (https://www.hankyung.com/article/2021090788231).

64) '마이데이터(본인신용정보관리업)' 정보 제공 범위에 '주문내역'을 포함시킬지를 결정하기 위해 금융위원회가 주최한 관계자 2차 회의가 불발된 이후 한달이 넘도록 3차 회의가 개최되지 않고 있다. 마이데이터 예비허가 신청을 받으면서 마이데이터 사업이 본격화하고 있는데 여전히 정보 제공 범위 등 가이드라인도 명확히 정하지 못해 삐걱거리고 있다. 전자금융업자는 마이데이터사업자에게 제공해야 할 신용정보 범위에 '주문내역' 정보가 포함되자 강하게 반발하고 있다. 전자상거래업체들은 주문내역 정보는 고객의 신용을 판단할 수 있는 '신용정보'가 아니라 고객의 사생활 침해 우려가 있는 '개인정보'라고 주장한다. 또 금융사와 핀테크업체 등 전자금융업자들은 주문내역 정보를 가지고 있지 않아, 통신판매업을 하는 전자상거래업체들만 더 많은 정보를 제공해야 해 불공평하다는 입장이다.반면 금융당국은 주문내역 정보가 신용정보에 해당한다고 이야기한다. 현행 신용정보법상 신용정보 개념에는 '신용정보주체의 거래내용을 판단할 수 있는 정보'가 포함되는데 '상법상 상행위에 따른 상거래의 종류·기간·내용·조건 등에 관한 정보'도 여기에 해당된다는 것이다. 은행 등 금융사도 신용카드 승인 내역 등을 모두 마이데이터 사업자에 내놓아야 하는데, 전자상거래업체만 세부 주문 내역을 주지 않는 것은 형평성에 어긋난다고 주장한다. 한 금융사 관계자는 "비금융분야 신용정보까지 결합해 개인 맞춤형 서비스를 제공한다는 게 마이데이터의 취지"라며 "디테일한 내역이 쓰일 수록 더욱 경쟁력 있는 데이터 활용이 가능할 것"이라고 했다. 박소정 조선Biz 기자, '주문내역'이 뭐길래… "달라" "못 준다" 마이데이터 사업 '삐걱', 2020.10.14. (https://biz.chosun.com/site/data/html_dir/2020/10/13/2020101301989.html).

65) 본인신용정보관리업(이하 마이데이터) 제공정보 범위에 12개로 범주화된 주문내역 정보가 포함됐다. 금융위원회는 22일 정보 제공범위, 운영절차, 법령상 의무, 유의사항 등을 담은 마이데이터 가이드라인을 발간했다고 밝혔다. 전자금융업자의 경우 선불발행정보(잔액, 충전계좌), 거래내역(일시, 금액), 12개로 범주화된 주문내역 정보 등을 제공한다. 앞서 금융당국과 전자상거래 업계는 주문내역 정보 제공이 사생활 침해라는 점을 두고 이견을 보인 바 있다. 이에 금융위는 주문내역 정보의 경우 최소수집·목적 명확성 원칙하에 가전·전자, 도서·문구, 패션·의류, 스포츠, 화장품, 아동·유아, 식품, 생활·가구, 여행·교통, 문화·레저, 음식, e쿠폰·기타 등 12개로 범주화한 정보를 제공하는 것으로 규정했다. 김예원 연합인포맥스 기자, 마이데이터 제공정보에 '주문내역 정보' 포함, 2021.2.22. (https://news.einfomax.co.kr/news/articleView.html?idxno=4133441).

66) '내손안의 금융비서'로 불리는 본인신용정보관리업(마이데이터)의 정보제공 범위에 은행계좌 등의 적요

<table>
<tr><td>제7절</td><td>정보주체 이외로부터 수집한 개인정보의 수집 출처
등 통지</td></tr>
</table>

〈개인정보 보호법〉 제20조(정보주체 이외로부터 수집한 개인정보의 수집 출처 등 통지) ① 개인
　정보처리자가 정보주체 이외로부터 수집한 개인정보를 처리하는 때에는 정보주체의 요구가
　있으면 즉시 다음 각 호의 모든 사항을 정보주체에게 알려야 한다.
　1. 개인정보의 수집 출처
　2. 개인정보의 처리 목적
　3. 제37조에 따른 개인정보 처리의 정지를 요구하거나 동의를 철회할 권리가 있다는 사실
② 제1항에도 불구하고 처리하는 개인정보의 종류·규모, 종업원 수 및 매출액 규모 등을 고
　려하여 대통령령으로 정하는 기준에 해당하는 개인정보처리자가 제17조제1항제1호에 따라
　정보주체 이외로부터 개인정보를 수집하여 처리하는 때에는 제1항 각 호의 모든 사항을
　정보주체에게 알려야 한다. 다만, 개인정보처리자가 수집한 정보에 연락처 등 정보주체에
　게 알릴 수 있는 개인정보가 포함되지 아니한 경우에는 그러하지 아니하다.
③ 제2항 본문에 따라 알리는 경우 정보주체에게 알리는 시기·방법 및 절차 등 필요한 사항
　은 대통령령으로 정한다.
④ 제1항과 제2항 본문은 다음 각 호의 어느 하나에 해당하는 경우에는 적용하지 아니한다.
　다만, 이 법에 따른 정보주체의 권리보다 명백히 우선하는 경우에 한한다.
　1. 통지를 요구하는 대상이 되는 개인정보가 제32조제2항 각 호의 어느 하나에 해당하는
　　개인정보파일에 포함되어 있는 경우
　2. 통지로 인하여 다른 사람의 생명·신체를 해할 우려가 있거나 다른 사람의 재산과 그
　　밖의 이익을 부당하게 침해할 우려가 있는 경우

정보가 포함되지만 마케팅 이용·제3자 제공 등은 금지된다. 금융위원회는 22일 제23차 정례회의를
열고 이같은 내용의 '신용정보업감독규정 개정안'을 의결했다. 개정안은 내년 1월1일부터 시행된다. 개
정안에 따르면 마이데이터 정보주체의 전송요구 대상 정보에 은행계좌 등 적요정보를 명시적으로 포
함했다. 적요정보는 금융기관 입출금 거래시 거래유형, 거래상대방명 등 신용정보주체의 계좌거래 내
역과 그 입출금 거래 과정에서 계좌거래 내역에 기록하거나 기록을 요청한 정보를 말한다. 적요정보
를 제공하지 않으면 구체적인 입출금 내용이 포함된 계좌통합조회 서비스와 수입·지출관리 서비스
등이 제한된다. 개정안에는 개인정보 보호 강화 등을 위해 적요정보와 미성년자 정보의 마케팅 이용,
제3자 제공 등을 금지하고 정보 이용 목적을 신용 정보주체 본인 조회·분석 목적으로 제한하는 내용
도 담겼다. 민선희 뉴스1 기자, 마이데이터 정보제공에 '적요정보' 포함…마케팅·제3자 제공은 금지,
2021.12.22. (https://www.news1.kr/articles/?4531596).

1. 정보주체 이외로부터 수집한 개인정보의 수집 출처 등 통지의 의의

개인정보 보호법은 개인정보처리자가 정보주체 이외로부터 수집한 개인정보를 처리하는 때에는 정보주체의 요구가 있으면 즉시 다음, 1. 개인정보의 수집 출처, 2. 개인정보의 처리 목적, 3. 이 법 제37조(개인정보의 처리정지 등)에 따른 개인정보 처리의 정지를 요구하거나 동의를 철회할 권리가 있다는 사실의 모든 사항을 정보주체에게 알려야 한다고 규정하고 있는데(개인정보 보호법 제20조제1항), 동 조항은 통신과 컴퓨터 기술의 발전으로 인해 인터넷 웹사이트 등을 통한 개인정보의 공개와 게시가 확대되고 있고 이렇게 공개된 출처 또는 정보주체가 아닌 제3자 등 정보주체 이외로부터 수집된 개인정보는 수집ㆍ이용목적 등을 정보주체에게 알리는 것이 불가능한 경우가 많으므로 정보주체의 요구가 있는 때에는 개인정보의 수집 출처와 처리 목적 및 처리 정지 요구권 또는 동의 철회권이 있음을 알리도록 한 것으로 이해된다.

정보주체 이외로부터 수집한 개인정보로는 제3자로부터 제공 받은 개인정보, 인터넷 웹사이트ㆍ신문ㆍ잡지 등에 공개되어 있어 수집된 정보와 같은 것은 여기에 해당이 되나, 개인정보처리자가 자체적으로 생산하거나 개인정보처리자로부터 자체적으로 생성된 정보는 제외된다고 해석된다. 예를 들면 인물DB 사업자가 학교나 기관의 인터넷 홈페이지 등에 공개된 자료를 통해 개인정보를 수집하는 경우가 정보주체 이외로부터 수집한 개인정보라 하겠다. 앞에서 설명한 바와 같이, 공적 생활에서 형성되거나 이미 공개된 개인정보에 대해 대법원은 "정보주체의 의사에 따라 국민 누구나가 일반적으로 접근할 수 있는 정보원(情報源)에 공개된 개인정보로서 그 내용 또한 민감정보나 고유식별정보에 해당하지 않고 대체적으로 공적인 존재의 직업적 정보에 해당하며, 영리 목적으로 개인정보를 수집하여 제3자에게 제공하였더라도 그에 의하여 얻을 수 있는 법적 이익이 그와 같은 정보처리를 막음으로써 얻을 수 있는 정보주체의 인격적 법익에 비하여 우월하다고 할 것이므로, 정보주체의 개인정보자기결정권 침해하는 위법한 행위가 있었다고 평가할 수 없다."고 판시한 바 있다.[67]

한편 개인정보 보호법은 이 법 제20조(정보주체 이외로부터 수집한 개인정보의 수집 출처

---

67) 대법원 2016. 8. 17. 선고 2014다235080.

등 통지)제4항은 다음, 1. 통지를 요구하는 대상이 되는 개인정보가 제32조(개인정보파일의 등록 및 공개)제2항 각 호의[68] 어느 하나에 해당하는 개인정보파일에 포함되어 있는 경우와 2. 통지로 인하여 다른 사람의 생명·신체를 해할 우려가 있거나 다른 사람의 재산과 그 밖의 이익을 부당하게 침해할 우려가 있는 경우의 어느 하나에 해당하는 경우에는 적용하지 아니하나, 다만 이 법에 따른 정보주체의 권리보다 명백히 우선하는 경우에 한한다고 규정하고 있다(동법 제20조제4항).

2. 대량 개인정보처리자인 경우의 개인정보 수집 출처 등 통지

정보주체의 입장에서 본인의 개인정보가 공개된 출처 또는 제3자로부터 수집된 경우 이러한 사실을 아는 것이 현실적으로 어려운 점을 고려하여, 개인정보 보호법은 이 법 제20조(정보주체 이외로부터 수집한 개인정보의 수집 출처 등 통지)제1항에도 불구하고 처리하는 개인정보의 종류·규모, 종업원 수 및 매출액 규모 등을 고려하여 대통령령으로 정하는 기준에 해당하는 개인정보처리자가 동법 제17조(개인정보의 제공)제1항제1호에 따라 정보주체 이외로부터 개인정보를 수집하여 처리하는 때에는 동법 제20조제1항 각 호의 모든 사항인, 1. 개인정보의 수집 출처, 2. 개인정보의 처리 목적, 3. 동법 제37조(개인정보의 처리정지 등)에 따른 개인정보 처리의 정지를 요구하거나 동의를 철회할 권리가 있다는 사실을 정보주체에게 알려야 하나, 다만 개인정보처리자가 수집한 정보에 연락처 등 정보주체에게 알릴 수 있는 개인정보가 포함되지 아니한 경우에는 그러하지 아니하다고 규정하고 있다(개인정보 보호법 제20조제2항).

한편 개인정보 보호법 시행령은 이 법 제20조제2항 본문에서 "대통령령으로 정하는 기준에 해당하는 개인정보처리자" 다음, 1. 5만명 이상의 정보주체에 관하여 동법

---

[68] 개인정보 보호법은 이 법 제32조(개인정보파일의 등록 및 공개)제2항 각 호는, 1. 국가 안전, 외교상 비밀, 그 밖에 국가의 중대한 이익에 관한 사항을 기록한 개인정보파일, 2. 범죄의 수사, 공소의 제기 및 유지, 형 및 감호의 집행, 교정처분, 보호처분, 보안관찰처분과 출입국관리에 관한 사항을 기록한 개인정보파일, 3. 「조세범처벌법」에 따른 범칙행위 조사 및 「관세법」에 따른 범칙행위 조사에 관한 사항을 기록한 개인정보파일, 4. 일회적으로 운영되는 파일 등 지속적으로 관리할 필요성이 낮다고 인정되어 대통령령으로 정하는 개인정보파일, 5. 다른 법령에 따라 비밀로 분류된 개인정보파일로 규정하고 있다(개인정보 보호법 제32조제2항).

제23조(민감정보의 처리 제한)에 따른 민감정보(이하 "민감정보"라 한다) 또는 동법 제24조(고유식별정보의 처리 제한)제1항에 따른 고유식별정보(이하 "고유식별정보"라 한다)를 처리하는 자와 2. 100만명 이상의 정보주체에 관하여 개인정보를 처리하는 자의 어느 하나에 해당하는 개인정보처리자를 말하며, 이 경우 규정된 정보주체의 수는 전년도 말 기준 직전 3개월 간 일일평균을 기준으로 산정한다고 규정되어 있는데(동법 시행령 제15조의2제1항), 이러한 개인정보처리자는 대량의 개인정보를 처리하는 대량 개인정보처리자로 이해된다.

또한 개인정보 보호법은 이 법 제20조(정보주체 이외로부터 수집한 개인정보의 수집 출처 등 통지)제4항은 다음, 1. 통지를 요구하는 대상이 되는 개인정보가 제32조(개인정보파일의 등록 및 공개)제2항 각 호의 어느 하나에 해당하는 개인정보파일에 포함되어 있는 경우와 2. 통지로 인하여 다른 사람의 생명·신체를 해할 우려가 있거나 다른 사람의 재산과 그 밖의 이익을 부당하게 침해할 우려가 있는 경우의 어느 하나에 해당하는 경우에는 적용하지 아니하나, 다만 이 법에 따른 정보주체의 권리보다 명백히 우선하는 경우에 한한다고 규정하고 있다(동법 제20조제4항).

3. 개인정보 수집 출처 등 통지의 시기와 방법 및 절차 등

개인정보 보호법은 이 법 제20조(정보주체 이외로부터 수집한 개인정보의 수집 출처 등 통지)제2항 본문에 따라 알리는 경우 정보주체에게 알리는 시기·방법 및 절차 등 필요한 사항은 대통령령으로 정한다고 규정하고 있는데(개인정보 보호법 제20조제3항), 개인정보 보호법 시행령은 동법 시행령 제15조의2제1항 각 호의 어느 하나에 해당하는 개인정보처리자인, 즉 대량의 개인정보처리자는 동법 제20조(정보주체 이외로부터 수집한 개인정보의 수집 출처 등 통지)제1항 각 호의 사항을 다음, 1. 서면·전자우편·전화·문자전송 등 정보주체가 통지 내용을 쉽게 확인할 수 있는 방법과 2. 재화 및 서비스를 제공하는 과정에서 정보주체가 쉽게 알 수 있도록 알림창을 통해 알리는 방법의 어느 하나에 해당하는 방법으로 개인정보를 제공받은 날부터 3개월 이내에 정보주체에게 알려야 하나, 다만 동법 제17조(개인정보의 제공) 제2항제1호부터 제4호까지의 사항에 대하여 같은 조 제1항제1호에 따라 정보주체의 동의를 받은 범위에서 연 2회 이상 주기적으로 개인정보를 제공받아 처리하는 경우에는 개인정보를 제공받은 날부터 3개월 이내에 정보주체에게 알리거나 그 동의를 받은 날부터 기산하여 연 1회 이상 정보주체에게 알려야 한다고 규정하고 있다(동법 시행령 제15조의2제2항).

또한 개인정보 보호법 시행령은 개인정보처리자는 다음, 1. 이 법 제20조제2항에 따른 개인정보의 수집 출처 등 통지, 2. 동법 제20조의2(개인정보 이용·제공 내역의 통지)제1항에 따른 개인정보 이용·제공 내역의 통지, 3. 동법 시행령 제42조의6(개인정보 전송 방법 등)제11항 본문에 따른 개인정보 전송 내역 통지를 함께 할 수 있다고 규정하고 있다(동법 시행령 제15조의2제3항).

한편 개인정보 보호법 시행령은 이 법 시행령 제15조의2제1항 각 호의 어느 하나에 해당하는 개인정보처리자인, 즉 대량의 개인정보처리자는 동법 시행령 제15조의2제2항에 따라 알린 경우 다음, 1. 정보주체에게 알린 사실, 2. 알린 시기, 3. 알린 방법의 사항을 동법 제21조(개인정보의 파기) 또는 이 법 제37조제5항에 따라 해당 개인정보를 파기할 때까지 보관·관리하여야 한다고 규정하고 있다(동법 시행령 제15조의2제4항).

제 8 절 개인정보 이용·제공 내역의 통지와 신용조회사실의 통지 요청 등

〈개인정보 보호법〉 제20조의2(개인정보 이용·제공 내역의 통지) ① 대통령령으로 정하는 기준에 해당하는 개인정보처리자는 이 법에 따라 수집한 개인정보의 이용·제공 내역이나 이용·제공 내역을 확인할 수 있는 정보시스템에 접속하는 방법을 주기적으로 정보주체에게 통지하여야 한다. 다만, 연락처 등 정보주체에게 통지할 수 있는 개인정보를 수집·보유하지 아니한 경우에는 통지하지 아니할 수 있다.

〈신용정보법〉 제38조의2(신용조회사실의 통지 요청) ① 신용정보주체는 개인신용평가회사, 개인사업자신용평가회사에 대하여 본인의 개인신용정보가 조회되는 사실을 통지하여 줄 것을 요청할 수 있다. 이 경우 신용정보주체는 금융위원회가 정하는 방식에 따라 본인임을 확인받아야 한다.

〈신용정보법〉 **제35조(신용정보 이용 및 제공사실의 조회)** ① 신용정보회사등은 개인신용정보를 이용하거나 제공한 경우 대통령령으로 정하는 바에 따라 다음 각 호의 구분에 따른 사항을 신용정보주체가 조회할 수 있도록 하여야 한다. 다만, 내부 경영관리의 목적으로 이용하거나 반복적인 업무위탁을 위하여 제공하는 경우 등 대통령령으로 정하는 경우에는 그러하지 아니하다.

  1. 개인신용정보를 이용한 경우: 이용 주체, 이용 목적, 이용 날짜, 이용한 신용정보의 내용, 그 밖에 대통령령으로 정하는 사항

  2. 개인신용정보를 제공한 경우: 제공 주체, 제공받은 자, 제공 목적, 제공한 날짜, 제공한 신용정보의 내용, 그 밖에 대통령령으로 정하는 사항

② 신용정보회사등은 제1항에 따라 조회를 한 신용정보주체의 요청이 있는 경우 개인신용정보를 이용하거나 제공하는 때에 제1항 각 호의 구분에 따른 사항을 대통령령으로 정하는 바에 따라 신용정보주체에게 통지하여야 한다.

1. 개인정보 이용 · 제공 내역 통지와 신용조회사실의 통지 요청 등의 의의

개인정보 보호법은 대통령령으로 정하는 기준에[69] 해당하는 개인정보처리자는 이 법에 따라 수집한 개인정보의 이용 · 제공 내역이나 이용 · 제공 내역을 확인할 수 있는 정보시스템에 접속하는 방법을 주기적으로 정보주체에게 통지하여야 하나, 다만 연락처 등 정보주체에게 통지할 수 있는 개인정보를 수집 · 보유하지 아니한 경우에는 통지하지 아니할 수 있다고 규정하고 있는데(개인정보 보호법 제20조의2제1항), 동 조항은 2023년 개인정보 보호법의 개정을 통해 신설된 조항로서 2023년 개정 전 이 법 제39조의8(개인정보 이용내역의 통지)을 삭제하면서[70] 온라인과 오프라인상의 모든 개인정

---

69) 개인정보 보호법 시행령은 이 법 제20조의2(개인정보 이용 · 제공 내역의 통지)제1항 본문에서 "대통령령으로 정하는 기준에 해당하는 개인정보처리자"란 다음, 1. 5만명 이상의 정보주체에 관하여 민감정보 또는 고유식별정보를 처리하는 자와 2. 100만명 이상의 정보주체에 관하여 개인정보를 처리하는 자의 어느 하나에 해당하는 개인정보처리자를 말하며, 이 경우 규정된 정보주체의 수는 전년도 말 기준 직전 3개월 간 일일평균을 기준으로 산정한다고 규정하고 있다(개인정보 보호법 시행령 제15조의3제1항).

70) 2023년 개인정보 보호법 개정을 통해 전체가 삭제된 제6장 정보통신서비스 제공자 등의 개인정보 처리 등 특례 중 제39조의8(개인정보 이용내역의 통지)제1항은 정보통신서비스 제공자 등으로서 대통령령으로 정하는 기준에 해당하는 자는 제23조(민감정보의 처리 제한), 제39조의3(개인정보의 수집 · 이용 동의 등에 대한 특례)에 따라 수집한 이용자의 개인정보의 이용내역(제17조(개인정보의 제공)에 따

보처리자를 대상으로 개인정보 이용과 제공 내역의 통지 의무를 일원화(一元化)한 것으로 이해된다.

개정 전 (구)개인정보 보호법 제39조의8에 따른 개인정보 이용내역의 통지제도는 2011년 발생한 SK커뮤니케이션즈의 네이트·싸이월드 커뮤니티·포털 서비스 개인정보 유출사건으로 약 3,500만명의 ID, 비밀번호, 주민등록, 성명, 생년월일 등이 유출된 것을 계기로 당시 「정보통신망법」에 도입되어 일정 규모 이상의 정보통신서비스 제공자 등이 이용자에게 1년마다 주기적으로 개인정보 이용내역을 통지하도록 의무화한 것이었다. 이러한 개인정보 이용내역 통지는 취지는 좋으나 현실적인 문제점도 많은 제도로 생각되는데, 1. 동 제도는 전 세계에서 우리나라에만 있는 제도로서 해외 사업자에 대해서는 집행력이 부족하여 소위 기울어진 운동장의 역차별 소지가 크고, 2. 개인정보 이용내역 통지를 가장한 피싱(Phishing)으로[71] 인해 오히려 개인정보 침해사고 발생 가능성이 있으며, 3. 개인정보 이용내역 통지에 대한 정보주체인 개인들의 열람률이 매우 낮아 실효성보다는 불필요한 비용만을 유발한다는 비판을[72] 피하기 어려운 것으로 이해된다.

한편 앞에서 설명한 바와 같이 2023년 개인정보 보호법 개정을 통해 2023년 개정 전 이 법 제39조의8(개인정보 이용내역의 통지)제1항에서 "정보통신서비스 제공자 등으로서 대통령령으로 정하는 기준에 해당하는 자는 제23조, 제39조의3에 따라 수집한 이용자의 개인정보의 이용내역(제17조에 따른 제공을 포함한다)을 주기적으로 이용자에게 통지하여야 한다. 다만, 연락처 등 이용자에게 통지할 수 있는 개인정보를 수집하지 아니한 경우에는 그러하지 아니한다."로 규정하고 있던 조항을 삭제하고, 이 법

른 제공을 포함한다)을 주기적으로 이용자에게 통지하여야 하나, 다만 연락처 등 이용자에게 통지할 수 있는 개인정보를 수집하지 아니한 경우에는 그러하지 아니하다고 규정하고 있었고((구)개인정보 보호법 제39조의8제1항), 또한 제1항에 따라 이용자에게 통지하여야 하는 정보의 종류, 통지주기 및 방법, 그 밖에 이용내역 통지에 필요한 사항은 대통령령으로 정한다고 규정하고 있었다(동법 제39조의8제2항).

71) 피싱(phishing)은 전자우편 또는 메신저를 사용하여 신뢰할 수 있는 사람 또는 기업이 보낸 메시지인 것처럼 가장함으로써 비밀번호 및 신용카드 정보와 같은 개인정보를 부정하게 얻기 위해 시도하는 행위로 이해된다.

72) 한국인터넷기업협회가 회원사를 대상으로 최근 5년간 이용내역 통지의 발송대비 열람률을 조사한 결과, 열람률은 연 평균 4.97%이며, 메일을 열어 상세보기 페이지로 연결되는 링크를 클릭한 비율(실질적 열람률)은 평균 0.32%에 불과한 것으로 나타났다. 국회 정무위원회, 개인정보 보호법 일부개정법률안 검토 보고, 제391회 국회(정기회) 제7차 정무위원회(2021.11.), p52.

제20조의2(개인정보 이용·제공 내역의 통지)제1항에서 "대통령령으로 정하는 기준에 해당하는 개인정보처리자는 이 법에 따라 수집한 개인정보의 이용·제공 내역이나 이용·제공 내역을 확인할 수 있는 정보시스템에 접속하는 방법을 주기적으로 정보주체에게 통지하여야 한다. 다만, 연락처 등 정보주체에게 통지할 수 있는 개인정보를 수집·보유하지 아니한 경우에는 통지하지 아니할 수 있다."고 규정하고 있는데, 2023년 개정 전 "주기적으로 이용자에게 통지하여야 한다"에서 "개인정보의 이용·제공 내역이나 이용·제공 내역을 확인할 수 있는 정보시스템에 접속하는 방법을 주기적으로 정보주체에게 통지하여야 한다"로 방식을 다양화하였고, 2023년 개정 전 "통지할 수 있는 개인정보를 수집하지 아니한 경우에는 그러하지 아니한다"에서 "통지할 수 있는 개인정보를 수집·보유하지 아니한 경우에는 통지하지 아니할 수 있다"로 예외의 범위도 넓히려 한 것과 같은 제도적 보완은 이해되나 동 제도가 앞서 설명한 바와 같이 과연 필요하고 바람직한지에 대해 고민이 요구된다고 생각한다.

신용정보법은 신용정보주체는 개인신용평가회사, 개인사업자신용평가회사에 대하여 본인의 개인신용정보가 조회되는 사실을 통지하여 줄 것을 요청할 수 있으며, 이 경우 신용정보주체는 금융위원회가 정하는 방식에 따라73) 본인임을 확인받아야 한다고 규정하고 있고(신용정보법 제38조의2제1항), 신용정보회사등은 개인신용정보를 이용하거나 제공한 경우 대통령령으로 정하는 바에 따라 다음, 1. 개인신용정보를 이용한 경우에는 이용 주체, 이용 목적, 이용 날짜, 이용한 신용정보의 내용, 그 밖에 대통령령으로 정하는 사항,74) 2. 개인신용정보를 제공한 경우에는 제공 주체, 제공받은 자, 제공 목적, 제공한 날짜, 제공한 신용정보의 내용, 그 밖에 대통령령으로 정하는 사항을75) 신용정보주체가 조회할 수 있도록 하여야 하나, 다만, 내부 경영관리의 목적으로 이용하거나 반복적인 업무위탁을 위하여 제공하는 경우 등 대통령령으로 정하는 경우에는 그러하지 아니하다고 규정하고 있다(동법 제35조제1항).

---

73) 신용정보업감독규정은 신용정보법 제38조의2(신용조회사실의 통지 요청)제1항에 따른 "금융위원회가 정하는 방식"이란 이 법 시행령 제30조(신용정보 이용 및 제공사실의 조회 등)제3항에 따른 방식을 말한다고 규정하고 있다(신용정보업감독규정 제43조의2제1항).
74) 신용정보법 제35조제1항제1호에서 "대통령령으로 정하는 사항"이란 해당 개인신용정보의 보유기간 및 이용기간을 말한다(신용정보법 시행령 제30조제5항).
75) 신용정보법 제35조제1항제2호에서 "대통령령으로 정하는 사항"이란 해당 개인신용정보를 제공받은 자의 보유기간 및 이용기간을 말한다(신용정보법 시행령 제30조제6항).

또한 신용정보법은 신용정보회사등은 이 법 제35조(신용정보 이용 및 제공사실의 조회) 제1항에 따라 조회를 한 신용정보주체의 요청이 있는 경우 개인신용정보를 이용하거나 제공하는 때에 동조 제1항 각 호의 구분에 따른 사항을 대통령령으로 정하는 바에 따라 신용정보주체에게 통지하여야 하며(동법 제35조제2항), 신용정보회사등은 신용정보주체에게 동조 제2항에 따른 통지를 요청할 수 있음을 알려주어야 한다고 규정하고 있다(동법 제35조제3항).

신용조회사실의 통지 요청과 신용정보 이용 및 제공사실의 조회는 개인정보 보호법상의 개인정보 이용·제공 내역의 통지 보다 개인정보의 활용을 고려하고 운영의 실효성을 높이는 제도로 생각되는데, 이는 동 조항들이 "개인신용정보가 조회되는 사실을 통지하여 줄 것을 요청할 수 있다"고 규정되어 있으며 "신용정보주체가 조회할 수 있도록 하여야 하나, 다만 내부 경영관리의 목적으로 이용하거나 반복적인 업무위탁을 위하여 제공하는 경우 등 대통령령으로 정하는 경우에는 그러하지 아니하다고" 규정되어 있고, "요청이 있는 경우 개인신용정보를 이용하거나 제공하는 때에 이 법 제35조제1항 각 호의 구분에 따른 사항을 대통령령으로 정하는 바에 따라 신용정보주체에게 통지하여야 한다"고 규정되어 있는 점에서 그러하다고 생각된다.

한편 신용정보법은 신용정보제공·이용자가 개인신용평가회사, 개인사업자신용평가회사, 기업신용조회회사(기업정보조회업무만 하는 기업신용조회회사는 제외한다) 및 신용정보집중기관으로부터 제공받은 개인신용정보로서 대통령령으로 정하는[76] 정보에 근거하여 상대방과의 상거래관계 설정을 거절하거나 중지한 경우에는 해당 신용정보주체의 요구가 있으면 그 거절 또는 중지의 근거가 된 정보 등 대통령령으로 정하는[77]

---

[76] 신용정보법 시행령은 이 법 제36조(상거래 거절 근거 신용정보의 고지 등)제1항에서 "대통령령으로 정하는 정보"란 다음, 1. 동법 제2조(정의)제1호의4에 따른 신용정보, 2. 동법 제2조(정의)제1호의6 각 목의 신용정보(다만, 같은 호 라목, 마목 및 사목의 신용정보는 제외하며, 같은 호 아목의 신용정보는 제2조(정의)제17항제3호(체납 관련 정보에 한정한다), 제5호 및 제6호의 정보에 한정한다)의 신용정보를 말한다고 규정하고 있다(신용정보법 시행령 제31조제1항).

[77] 신용정보법 시행령은 이 법 제36조(상거래 거절 근거 신용정보의 고지 등)제1항에서 "거절 또는 중지의 근거가 된 정보 등 대통령령으로 정하는 사항"이란 다음, 1. 상거래관계 설정의 거절이나 중지의 근거가 된 신용정보, 동법 시행령 제31조(상거래 거절 근거 신용정보의 고지 등)제2항제1호의 정보를 제공한 개인신용평가회사, 개인사업자신용평가회사, 기업신용조회회사 및 신용정보집중기관의 명칭·주소 및 전화번호 등, 3. 개인신용평가회사, 개인사업자신용평가회사, 기업신용조회회사 및 신용정보집중기관이 상거래관계의 설정을 거절하거나 중지하도록 결정한 것이 아니라는 사실 및 개인신용평가회사, 개인사업자신용평가회사, 기업신용조회회사 또는 신용정보집중기관으로부터 제공받은 정보 외에

사항을 본인에게 고지하여야 한다고 규정하고 있으며(동법 제36조제1항), 신용정보법은 신용정보주체는 이 법 제36조(상거래 거절 근거 신용정보의 고지 등)제1항에 따라 고지받은 본인정보의 내용에 이의가 있으면 제1항에 따른 고지를 받은 날부터 60일 이내에 해당 신용정보를 수집·제공한 개인신용평가회사, 개인사업자신용평가회사, 기업신용조회회사(기업정보조회업무만 하는 기업신용조회회사는 제외한다) 및 신용정보집중기관에게 그 신용정보의 정확성을 확인하도록 요청할 수 있다고 규정하고 있다(동법 제36조제2항).

2. 개인정보 이용·제공 내역 통지의 대상과 방법 및 절차 등

개인정보 보호법은 이 법 제20조의2(개인정보 이용·제공 내역의 통지)제1항에 따른통지의 대상이 되는 정보주체의 범위, 통지 대상 정보, 통지 주기 및 방법 등에 필요한 사항은 대통령령으로 정한다고 규정하고 있는데(개인정보 보호법 제20조의2제2항), 우선 개인정보 보호법 시행령은 이 법 제20조의2(개인정보 이용·제공 내역의 통지)제1항 본문에서 "대통령령으로 정하는 기준에 해당하는 개인정보처리자"란 다음, 1. 5만명 이상의 정보주체에 관하여 민감정보 또는 고유식별정보를 처리하는 자와 2. 100만명 이상의 정보주체에 관하여 개인정보를 처리하는 자의 어느 하나에 해당하는 개인정보처리자를 말하며, 이 경우 규정된 정보주체의 수는 전년도 말 기준 직전 3개월 간 일일 평균을 기준으로 산정한다고 규정하고 있는데(개인정보 보호법 시행령 제15조의3제1항), 이러한 개인정보처리자는 대량의 개인정보처리자로 이해된다.

또한 개인정보 보호법 시행령은 동법 제20조의2제1항에 따른 통지의 대상이 되는 정보주체는 다음, 1. 통지에 대한 거부의사를 표시한 정보주체, 2. 개인정보처리자가 업무수행을 위해 그에 소속된 임직원의 개인정보를 처리한 경우 해당 정보주체, 3. 개인정보처리자가 업무수행을 위해 다른 공공기관, 법인, 단체의 임직원 또는 개인의 연락처 등의 개인정보를 처리한 경우 해당 정보주체, 4. 법률에 특별한 규정이 있거나 법령 상 의무를 준수하기 위하여 이용·제공한 개인정보의 정보주체, 5. 공공기관이 법령 등에서 정하는 소관 업무의 수행을 위하여 이용·제공한 개인정보의 정보주

다른 정보를 함께 사용했을 경우에는 그 사실과 그 다른 정보의 사항을 말한다고 규정하고 있다(신용정보법 시행령 제31조제2항).

체를 제외한 정보주체로 한다고 규정하고 있다(동법 시행령 제15조의3제2항).

한편 개인정보 보호법 시행령은 이 법 제20조의2제1항에 따라 정보주체에게 통지해야 하는 정보는 다음, 1. 개인정보의 수집·이용 목적 및 수집한 개인정보의 항목과 2. 개인정보를 제공받은 제3자와 그 제공 목적 및 제공한 개인정보의 항목(다만, 「통신비밀보호법」 제13조(범죄수사를 위한 통신사실 확인자료제공의 절차), 제13조의2(법원에의 통신사실확인자료제공), 제13조의4(국가안보를 위한 통신사실 확인자료제공의 절차 등) 및 「전기통신사업법」 제83조(통신비밀의 보호)제3항에 따라 제공한 정보는 제외한다)과 같다고 규정하고 있으며(동법 시행령 제15조의3제3항), 동법 제20조의2제1항에 따른 통지는 다음, 1. 서면·전자우편·전화·문자전송 등 정보주체가 통지 내용을 쉽게 확인할 수 있는 방법과 2. 재화 및 서비스를 제공하는 과정에서 정보주체가 쉽게 알 수 있도록 알림창을 통해 알리는 방법(동법 제20조의2제1항에 따른 개인정보의 이용·제공 내역을 확인할 수 있는 정보시스템에 접속하는 방법을 통지하는 경우로 한정한다)의 어느 하나에 해당하는 방법으로 연 1회 이상 해야 한다고 규정하고 있다(동법 시행령 제15조의3제4항).

3. 신용조회사실의 통지 요청의 대상과 방법 및 절차 등

신용정보법은 신용정보주체는 개인신용평가회사, 개인사업자신용평가회사에 대하여 본인의 개인신용정보가 조회되는 사실을 통지하여 줄 것을 요청할 수 있으며, 이 경우 신용정보주체는 금융위원회가 정하는 방식에 따라[78] 본인임을 확인받아야 한다고 규정하고 있으며(신용정보법 제38조의2제1항), 이 법 제38조의2(신용조회사실의 통지 요청)제1항의 요청을 받은 개인신용평가회사 또는 개인사업자신용평가회사는 명의도용 가능성 등 대통령령으로 정하는 사유에 해당하는 개인신용정보 조회가 발생한 때에는 해당 조회에 따른 개인신용정보의 제공을 중지하고 그 사실을 지체 없이 해당 신용정보주체에게 통지하여야 한다고 규정하고 있다(동법 제38조의2제2항).

한편 신용정보법은 이 법 제38조의2제2항의 정보제공 중지 및 통지 방법, 통지에

---

[78] 신용정보업감독규정은 신용정보법 제38조의2(신용조회사실의 통지 요청)제1항에 따른 "금융위원회가 정하는 방식"이란 이 법 시행령 제30조(신용정보 이용 및 제공사실의 조회 등)제3항에 따른 방식을 말한다고 규정하고 있다(신용정보업감독규정 제43조의2제1항).

따른 비용 부담 등에 필요한 사항은 대통령령으로 정한다고 규정하고 있는데(동법 제38조의2제3항), 신용정보법 시행령은 개인신용평가회사 또는 개인사업자신용평가회사는 이 법 제38조의2제2항에 따라 신용정보주체로부터 같은 조 제1항의 요청을 받은 경우로서 다음, 1. 해당 신용정보주체의 개인신용정보가 누설된 사실, 2. 해당 신용정보주체가 신분증을 분실한 사실, 3. 이 법 시행령 제33조의2(정보제공 중지의 요건 및 신용정보주체에 대한 통지사항 등)제1항제1호 또는 제2호와 비슷한 사실로서 금융위원회가 정하여 고시하는 사실의 어느 하나에 해당하는 사실이 발생함에 따라 그 요청을 받은 것으로 인정되는 경우에 그 사실로 인하여 그 신용정보주체의 개인신용정보가 도용됨으로써 신용정보제공·이용자, 그 밖의 이용자(이하 이 조에서 "정보제공의뢰자"라 한다)로부터 개인신용정보의 제공을 의뢰받은 것으로 의심되면 지체 없이 해당 신용정보주체의 개인신용정보를 정보제공의뢰자에게 제공하는 행위를 중지해야 한다고 규정하고 있다(동법 시행령 제33조의2제1항).

또한 신용정보법 시행령은 이 법 제38조의2제1항 전단 및 제2항에 따라 개인신용평가회사 또는 개인사업자신용평가회사가 신용정보주체에게 통지해야 할 사항은 다음, 1. 정보제공의뢰자에게 해당 신용정보주체의 개인신용정보를 제공하여 법 제38조의2제1항에 따라 통지한 경우에는 개인신용정보를 제공받은 자, 제공의 목적, 제공한 내용, 제공한 날짜와 2. 정보제공의뢰자에게 해당 신용정보주체의 개인신용정보를 제공하지 아니하고 법 제38조의2제2항에 따라 통지한 경우에는 정보제공의뢰자, 의뢰의 목적, 의뢰된 날짜 각 호의 구분에 따른다고 규정하고 있으며(동법 시행령 제33조의3제2항), 개인신용평가회사 또는 개인사업자신용평가회사는 동법 제38조의2제3항에 따라 다음, 1. 서면, 2. 전화, 3. 전자우편, 4. 휴대전화 문자메시지, 5. 동법 시행령 제33조의2제3항제1호부터 제4호까지의 규정에 따른 방법과 비슷한 방법, 6. 그 밖에 신용정보주체에게 개인신용정보 조회 등에 관한 사항을 통지하기에 적합하다고 금융위원회가 인정하여 고시하는 방법 각 호의 어느 하나에 해당하는 방법으로 해당 신용정보주체에게 제2항 각 호의 구분에 따른 사항을 통지해야 한다고 규정하고 있다(동법 시행령 제33조의2제3항).

4. 신용정보 이용 및 제공사실 조회의 대상과 방법 및 절차 등

신용정보법 시행령은 신용정보회사등은 이 법 제35조(신용정보 이용 및 제공사실의 조회)제1항 각 호 외의 부분 본문에 따라 다음, 1. 신용정보회사등으로서 다음 각 목의 어느 하나에 해당하는 자인, 가. 신용정보집중기관, 나. 개인신용평가회사, 다. 개인사업자신용평가회사, 라. 기업신용조회회사, 마. 본인신용정보관리회사, 바. 이 법 시행령 제2조(정의)제6항제7호가목부터 허목까지의 기관(개인신용정보를 관리하는 전산시스템이 없는 기관으로서 1만명 미만의 신용정보주체에 관한 개인신용정보를 보유한 기관은 제외한다), 사. 이 법 시행령 제21조(신용정보의 집중관리·활용)제2항제1호부터 제23호까지의 규정에 따른 기관(개인신용정보를 관리하는 전산시스템이 없는 기관으로서 1만명 미만의 신용정보주체에 관한 개인신용정보를 보유한 기관은 제외한다)의 경우에는 신용정보주체가 조회사항을 편리하게 확인할 수 있도록 하기 위한 개인신용정보조회시스템을 구축하고, 인터넷 홈페이지 등에 그 개인신용정보조회시스템을 이용하는 방법 및 절차 등을 게시하는 방법과 2. 신용정보회사등으로서 이 법 시행령 제30조(신용정보 이용 및 제공사실의 조회 등)제1항제1호에서 정하는 자 외의 자의 경우에는 동법 시행령 제30조제1항제1호에서 정하는 방법 또는 사무소·점포 등에서 신용정보주체가 조회사항을 열람하게 하는 방법으로 개인신용정보를 이용하거나 제공한 날부터 금융위원회가 정하여 고시하는 기간 이내에 신용정보주체에게 조회사항(같은 항 각 호의 구분에 따른 사항을 말한다. 이하 이 조에서 같다)을 조회할 수 있도록 해야 하나, 다만 이 법 제32조(개인신용정보의 제공·활용에 대한 동의)제7항 단서에 따른 불가피한 사유가 있는 경우에는 [별표 2의2]에 따라 알리거나 공시하는 시기에 조회할 수 있도록 해야 한다고 규정하고 있으며(신용정보법 시행령 제30조제1항), 신용정보법감독규정은 신용정보법 시행령 제30조제1항 본문에 따른 "금융위원회가 정하여 고시하는 기간"이란 7일 이내를 말하나, 다만, 법, 영 및 그 밖에 다른 법령에서 달리 정하는 경우에는 그 법령에서 정하는 바에 따른다고 규정하고 있다(신용정보업감독규정 제39조의5).

또한 신용정보법 시행령은 이 법 시행령 제30조제1항에 따라 신용정보회사등이 신용정보주체에게 조회할 수 있도록 하여야 하는 조회사항은 그 조회가 의뢰된 날을 기준으로 최근 3년간의 조회사항으로 한다고 규정하고 있으며(동법 시행령 제30조제2항), 신용정보회사등은 이 법 시행령 제30조제1항에 따라 조회사항을 신용정보주체가 조회할 수 있도록 하는 경우에는 그 조회를 요구하는 사람이 그 조회사항에 관한 신용정보주체 본인인지 여부를 확인하여야 하는데, 이 경우 신용정보회사등은 금융거래 등 상거래관계의 유형·특성·위험도 등을 고려하여 본인 확인의 안전성과 신뢰성이 확보될 수 있는 수단을 채택하여 활용할 수 있다고 규정하고 있다(동법 시행령 제30조제3항).

한편, 신용정보법 시행령은 이 법 제35조제1항 단서에서 "내부 경영관리의 목적으로 이용하거나 반복적인 업무위탁을 위하여 제공하는 경우 등 대통령령으로 정하는 경우"란 다음, 1. 신용위험관리 등 위험관리와 내부통제, 2. 고객분석과 상품 및 서비스의 개발, 3. 성과관리, 4. 위탁업무의 수행, 5. 업무와 재산상태에 대한 검사, 5의2. 이 법 제33조의2(개인신용정보의 전송요구)제3항에 따른 신용정보제공·이용자등의 개인신용정보 전송, 6. 그 밖에 다른 법령에서 정하는 바에 따른 국가 또는 지방자치단체에 대한 자료 제공 각 호의 목적으로 이용하거나 제공하는 경우를 말하나, 다만 상품 및 서비스를 소개하거나 구매를 권유할 목적으로 이용하거나 제공하는 경우는 제외한다고 규정하고 있으며(동법 시행령 제30조제4항), 신용정보회사등은 이 법 제35조제2항에 따라 신용정보주체로부터 통지의 요청을 받으면 금융위원회가 정하여 고시하는 서식 및 방법에 따라 그 요청을 받은 때부터 정기적으로 해당 신용정보주체에게 조회사항을 통지하여야 한다고 규정하고 있다(동법 시행령 제30조제7항).

또한 신용정보법 시행령은 신용정보회사등은 이 법 시행령 제30조제1항에 따른 조회나 제7항에 따른 통지에 직접 드는 비용을 그 신용정보주체에게 부담하게 할 수 있으나, 다만 동법 시행령 제30조제1항에 따른 개인신용정보조회시스템을 통하여 조회사항을 조회할 수 있도록 한 경우에는 신용정보주체가 1년에 1회 이상 무료로 조회할 수 있도록 하여야 한다고 규정하고 있으며(동법 시행령 제30조제8항), 신용정보회사등은 이 법 시행령 제30조제1항에 따라 신용정보주체가 조회한 내용과 제7항에 따라 신용정보주체에게 통지한 내용을 3년간 보존하여야 한다고 규정하고 있다(동법 시행령 제30조제9항).

제 9 절	손해배상의 보장

〈**개인정보 보호법**〉 **제39조의7(손해배상의 보장)** ① 개인정보처리자로서 매출액, 개인정보의 보유 규모 등을 고려하여 대통령령으로 정하는 기준에 해당하는 자는 제39조 및 제39조의2에 따른 손해배상책임의 이행을 위하여 보험 또는 공제에 가입하거나 준비금을 적립하는 등 필요한 조치를 하여야 한다.

② 제1항에도 불구하고 다음 각 호의 어느 하나에 해당하는 자는 제1항에 따른 조치를 하지 아니할 수 있다.

1. 대통령령으로 정하는 공공기관, 비영리법인 및 단체
2. 「소상공인기본법」 제2조제1항에 따른 소상공인으로서 대통령령으로 정하는 자에게 개인정보 처리를 위탁한 자
3. 다른 법률에 따라 제39조 및 제39조의2에 따른 손해배상책임의 이행을 보장하는 보험 또는 공제에 가입하거나 준비금을 적립한 개인정보처리자

〈**신용정보법**〉 **제43조의3(손해배상의 보장)** 대통령령으로 정하는 신용정보회사등은 제43조에 따른 손해배상책임의 이행을 위하여 금융위원회가 정하는 기준에 따라 보험 또는 공제에 가입하거나 준비금을 적립하는 등 필요한 조치를 하여야 한다.

1. 손해배상 보장의 의의

개인정보 보호법 제39조의7(손해배상의 보장)과 신용정보법 제43조의3(손해배상의 보장)에 규정되어 있는 손해배상 책임보장 제도는 통신과 컴퓨터 기술이 발달함에 따라 제4차 산업혁명 시대의 신기술인 빅데이터(Big data) 분석, IoT(Internet of Things, 사물인터넷), AI(Artificial Intelligence, 인공지능), 클라우드 (Cloud computing) 등의 확산으로 인해 개인정보의 중요성이 증대되는 한편, 해킹(Hacking) 등 사이버 공격(Cyber attack)의 대상과 규모가 확대되어 개인정보와 개인신용정보의 유출로 인한 정보주체와 개인인 신용정보주체들의 피해 사례도 증가하고 있음에도 불구하고 개인정보처리자나 신용정보회사등의 배상(賠償) 능력이 부족할 경우 정보주체와 개인인 신용정보주체가 개인정보 또는 개인신용정보 유출 사고에 대한 손해배상을 청구하더라도 피해구제가 어려운 점을 고려하여 피해구제 제도의 실효성을 제고하기 위하여 개인정보처리자와 신

용정보회사등으로 하여금 손해배상책임의 이행을 보장하도록 보험 또는 공제에 가입하거나 준비금을 적립하도록 의무화한 것으로 이해된다.

신용정보법은 2020년 데이터 3법(개인정보 보호법, 신용정보법, 정보통신망법) 개정 이전인 2015년에 이 법 제43조의3(손해배상의 보장)을 신설하여 "대통령령으로 정하는 신용정보회사등은 동법 제43조(손해배상의 책임)에 따른 손해배상책임의 이행을 위하여 금융위원회가 정하는 기준에 따라 보험 또는 공제에 가입하거나 준비금을 적립하는 등 필요한 조치를 하여야 한다"고 규정하고 있으며(신용정보법 제43조의3), 정보통신망법도 2018년에 이 법 제32조의3(손해배상의 보장)을 신설하여 "정보통신서비스 제공자등은 동법 제32조(손해배상) 및 제32조의2(법정손해배상의 청구)에 따른 손해배상책임의 이행을 위하여 보험 또는 공제에 가입하거나 준비금을 적립하는 등 필요한 조치를 하여야 한다고 규정하고 있었다(정보통신망법 제32조의3제1항).

한편 2020년 개인정보 보호법 개정 시 정보통신망법 제32조의3(손해배상의 보장)은 개인정보 보호법 제39조의9(손해배상의 보장)에 특례조항으로 이관되게 되었고, 2023년 개인정보 보호법 개정 시 온라인과 오프라인 개인정보처리자에 대한 규제 일원화(一元化)를 위해 이 법 제6장 정보통신서비스 제공자 등의 개인정보 처리 등 특례(特例) 전체를 삭제하게 되어 (구)개인정보 보호법 제39조의9를 삭제하고 동법 제39조의7(손해배상의 보장)를 신설하여 온라인과 오프라인 개인정보처리자 모두 동일 규범을 적용받도록 일반규정으로 전환한 바가 있다.

2. 개인정보 보호법의 손해배상 보장

개인정보 보호법은 개인정보처리자로서 매출액, 개인정보의 보유 규모 등을 고려하여 대통령령으로 정하는 기준에 해당하는 자는 이 법 제39조(손해배상책임) 및 제39조의2(법정손해배상의 청구)에 따른 손해배상책임의 이행을 위하여 보험 또는 공제에 가입하거나 준비금을 적립하는 등 필요한 조치를 하여야 한다고 규정하고 있으며(개인정보 보호법 제39조의7제1항), 동법 제39조의7(손해배상의 보장)제1항 및 제2항에 따른 개인정보처리자의 손해배상책임 이행 기준 등에 필요한 사항은 대통령령으로 정한다고 규정하고 있다(동법 제39조의7제3항).

가 손해배상책임의 이행을 위한 보험 등 가입 대상자의 범위 및 기준 등

(1) 손해배상책임의 이행을 위한 보험 등 가입 대상자의 범위

개인정보 보호법 시행령은 이 법 제39조의7(손해배상의 보장)제1항에서 "대통령령으로 정하는 기준에 해당하는 자"란 다음, 1. 전년도(법인의 경우에는 직전 사업연도를 말한다)의 매출액등이 10억원 이상일 것과 2. 전년도 말 기준 직전 3개월간 그 개인정보가 저장·관리되고 있는 정보주체(동법 시행령 제15조의3(개인정보 이용·제공 내역의 통지)제2항제2호에[79] 해당하는 정보주체는 제외한다. 이하 이 조에서 같다)의 수가 일일평균 1만명 이상일 것. 다만, 해당 연도에 영업의 전부 또는 일부의 양수, 분할·합병 등으로 개인정보를 이전받은 경우에는 이전받은 시점을 기준으로 정보주체의 수가 1만명 이상일 것의 요건을 모두 갖춘 자(이하 "가입대상개인정보처리자"라 한다)를 말한다고 규정하고 있다(개인정보 보호법 시행령 제48조의7제1항).

(2) 손해배상책임의 이행을 위한 보험 등 가입 기준 등

개인정보 보호법 시행령은 가입대상개인정보처리자가 보험 또는 공제에 가입하거나 준비금을 적립할 경우 최저가입금액(준비금을 적립하는 경우 최소적립금액을 말한다. 이하 이 조에서 같다)의 기준은 [별표 1의5]와 같으나, 다만, 가입대상개인정보처리자가 보험 또는 공제 가입과 준비금 적립을 병행하는 경우에는 보험 또는 공제 가입금액과 준비금 적립금액을 합산한 금액이 [별표 1의5]에서 정한 최저가입금액의 기준 이상이어야 한다고 규정하고 있는데(개인정보 보호법 시행령 제48조의7제1항), 자세한 내용은 〈표 18〉과 같다.

---

[79] 개인정보 보호법 시행령은 이 법 제20조의2(개인정보 이용·제공 내역의 통지)제1항에 따른 통지의 대상이 되는 정보주체는 다음, 2. 개인정보처리자가 업무수행을 위해 그에 소속된 임직원의 개인정보를 처리한 경우 해당 정보주체를 제외한 정보주체로 한다고 규정하고 있다(개인정보 보호법 시행령 제15조의3제2항).

표 18 개인정보 보호법상 손해배상책임의 이행을 위한 최저가입금액(최소적립금액)의 기준

가입 대상 개인정보처리자의 가입금액 산정요소		최저가입금액 (최소적립금액)
정보주체 수	매출액	
100만명 이상	800억원 초과	10억원
	50억원 초과 800억원 이하	5억원
	10억원 이상 50억원 이하	2억원
10만명 이상 100만명 미만	800억원 초과	5억원
	50억원 초과 800억원 이하	2억원
	10억원 이상 50억원 이하	1억원
1만명 이상 10만명 미만	800억원 초과	2억원
	50억원 초과 800억원 이하	1억원
	10억원 이상 50억원 이하	5천만원

정보주체의 수란 개인정보 보호법 제39조의7(손해배상의 보장)제1항에 따라 보험 또는 공제에 가입하거나 준비금을 적립해야 할 연도의 전년도 말 기준 직전 3개월간 저장·관리되고 있는 개인정보의 일일평균 수이므로, 전년도 10월 1일부터 12월 31일까지 매일 개인정보를 보유하고 있는 정보주체 수의 총합계를 92일로 나눈 수를 의미하는 것으로 해석되고 단순히 인터넷 웹사이트(Web site) 등의 일일 방문자 수를 의미하지 않으며 페이지 뷰(Page view, PV), 순수 방문자 수(Unique visitor, UV)와는 무관하다고 이해된다. 한편 보험 또는 공제에 가입하는 것이 아닌 준비금80)으로 적립하는 때에는 자본계정인 임의적립금81)으로 별도의 계좌에 적립하고 주주총회 결의를 통해 해당 임의적립금이 개인정보 보호법 제39조의7의 의무 이행을 위한 것임을 명확히 하여야 할 것으로 생각된다. 즉 만일 별도의 계좌로 예치한 동 준비금을 다른 목적으

---

80) 준비금이란 회사가 순자산액으로부터 자본금을 공제한 금액(잉여금) 중 일부를 장래 생길지도 모르는 필요에 대비하기 위하여 회사의 적립해 두는 금액으로서 적립금이라고도 한다. 정찬형, 상법강의(상) 제19판, 박영사(2016), p1153.

81) 임의적립금(또는 임의준비금)이란 법률의 규정에 따라 그 적립이 강제되지 않고 정관 또는 주주총회의 결의를 통해 적립되는 준비금을 말하는데, 반면 법률의 규정에 따라 적립이 강제되는 준비금을 법정준비금이라 하며, 상법상의 법정준비금으로는 이익준비금과 자본준비금이 있다. 정찬형, 앞의 책, pp1154~1157.

로 유용하여 금액이 변동이 있다면 개인정보 손해배상책임 보장제도를 이행하였다고 보기는 어렵다고 생각된다.

나 손해배상 보장의 적용 제외

개인정보 보호법은 이 법 제39조의7(손해배상의 보장)제1항에도 불구하고 다음, 1. 대통령령으로 정하는 공공기관, 비영리법인 및 단체, 2. 「소상공인기본법」 제2조(정의)제1항에 따른 소상공인으로서 대통령령으로 정하는 자에게 개인정보 처리를 위탁한 자, 3. 다른 법률에 따라 동법 제39조(손해배상책임) 및 제39조의2(법정손해배상의 청구)에 따른 손해배상책임의 이행을 보장하는 보험 또는 공제에 가입하거나 준비금을 적립한 개인정보처리자의 어느 하나에 해당하는 자는 동법 제39조의7제1항에 따른 조치를 하지 아니할 수 있다고 규정하고 있는데(개인정보 보호법 제39조의7제2항), 개인정보 보호법 시행령은 이 법 제39조의7제2항제1호에서 "대통령령으로 정하는 공공기관, 비영리법인 및 단체"란 다음, 1. 공공기관(다만, 이 법 시행령 제2조(공공기관의 범위)제2호부터 제5호까지에 해당하는 공공기관으로서 동법 제32조(개인정보 보호책임자의 업무 및 지정요건 등)제4항 각 호에 해당하는 공공기관은 제외한다.), 2. 「공익법인의 설립·운영에 관한 법률」 제2조(적용 범위)에 따른 공익법인, 3. 「비영리민간단체 지원법」 제4조(등록)에 따라 등록한 단체의 기관을 말한다고 규정하고 있으며(동법 시행령 제48조의7제2항), 개인정보 보호법 시행령은 이 법 제39조의7제2항제2호에서 "대통령령으로 정하는 자"란 다음, 1. 「소상공인기본법」 제2조(정의)제1항에 따른 소상공인으로부터 개인정보가 분실·도난·유출·위조·변조 또는 훼손되지 않도록 개인정보의 저장·관리 업무를 위탁받은 자와 2. 동법 시행령 제48조의7제3항제1호에 따라 위탁받은 업무에 대하여 동법 제39조(손해배상책임) 및 제39조의2(법정손해배상의 청구)에 따른 손해배상책임의 이행을 보장하는 보험 또는 공제에 가입하거나 준비금을 적립하는 등 필요한 조치를 한 자의 요건을 모두 갖춘 자를 말한다고 규정하고 있다(동법 시행령 제48조의7제3항).

3. 신용정보법의 손해배상 보장

가 손해배상책임의 이행을 위한 보험 등 가입 대상

신용정보법은 대통령령으로 정하는 신용정보회사등은 이 법 제43조(손해배상의 책임)에 따른 손해배상책임의 이행을 위하여 금융위원회가 정하는 기준에 따라 보험 또는 공제에 가입하거나 준비금을 적립하는 등 필요한 조치를 하여야 한다고 규정하고 있는데(신용정보법 제43조의3), 신용정보법 시행령은 이 법 제43조의3(손해배상의 보장)에서 "대통령령으로 정하는 신용정보회사등"이란 다음, 1. 신용정보집중기관, 2. 신용정보회사, 2의2. 본인신용정보관리회사, 2의3. 채권추심회사, 3. 동법 제2조(정의)제6항제7호가목부터 허목까지의 자, 4. 동법 제21조(신용정보의 집중관리·활용) 제2항 각 호의 어느 하나에 해당하는 자 중에서 금융위원회가 정하여 고시하는 자를 말한다고 규정하고 있다(동법 시행령 제35조의9).

나 손해배상책임의 이행을 위한 보험 등 가입 기준

신용정보업감독규정은 신용정보법 시행령 제35조의9(손해배상 책임의 이행을 위한 보험 등 가입의무가 있는 신용정보회사등의 범위)에 따른 "금융위원회가 정하여 고시하는 자" 및 그 자가 이 법 제43조의3(손해배상의 책임)에 따라 보험 또는 공제에 가입하는 경우의 그 최소 가입금액은 다음, 1. 신용정보집중기관, 개인신용평가회사(전문개인신용평가회사는 제외한다), 개인사업자신용평가회사, 동법 시행령 제2조제6항제7호가목, 마목, 너목, 어목(지방은행 및 「은행법」 제58조(외국은행의 은행업 인가 등)에 따라 인가를 받은 외국은행의 국내지점은 제외한다), 처목, 터목부터 허목까지의 자는 20억원, 2. 전문개인신용평가회사, 기업신용조회회사, 본인신용정보관리회사, 동법 시행령 제2조(정의)제6항제7호나목, 바목, 사목, 더목, 버목, 서목(정리금융회사는 제외한다), 같은 호 어목 중 지방은행, 외국은행의 국내지점, 같은 호 저목(명의개서대행회사는 제외한다)의 자 및 동법 시행령 제21조제2항제9호에 해당하는 자는 10억원, 3. 이 법 시행령 제35조의9 각 호의 어느 하나에 해당하는 자 중 신용정보업감독규정 제43조의9(손해배상책임의 이행을 위한 보험 등 가입 기준)제1항제1호 및 제2호 이외의 자(동법 시행령 제21조(신용정보의 집중관리·활용)제2

항제8호 및 제27호에 해당하는 자는 제외한다), 신용조사회사, 채권추심회사는 5억원과 같으나(신용정보업감독규정 제43조의9제1항), 다만 동법 시행령 제2조(정의)제6항제7호다목, 라목, 아목부터 거목, 러목, 머목 및 커목에 해당하는 자가 소속 중앙회 또는 연합회를 통하여 신용정보처리 관련 기술부문의 주요부분을 공동으로 이용하는 경우, 중앙회 또는 연합회가 공동 이용 금융회사 전체의 사고를 보장하는 내용으로 동 고시 제43조의9(손해배상책임의 이행을 위한 보험 등 가입 기준)제1항제1호의 금액 이상의 보험 또는 공제에 가입하면 공동 이용 금융회사는 본호의 보험 또는 공제에 가입한 것으로 본다고 규정하고 있으며(동 고시 제43조의9제1항 단서), 신용정보업감독규정 제43조의9제1항제1항 각 호의 자가 준비금을 적립하는 경우 이 고시 제43조의9제1항제1항 각 호에서 정하는 금액 이상의 금액을 보유하여야 한다고 규정하고 있다(동 고시 제43조의9제2항). 한편 신용정보법상 손해배상 보장의 적용대상과 최소 가입금액 또는 최소 적립준비금액은 〈표 19〉와 같다.

표 19 신용정보법상 손해배상 보장의 적용대상과 최소 가입금액 또는 최소 적립준비금액

적용대상(가입 의무자)	최소 가입금액 또는 최소 적립준비금액
신용정보집중기관, 개인신용평가회사(전문개인신용평가회사 제외), 개인사업자신용평가회사, 금융지주회사, 농협은행, 수협은행, 은행(외국은행의 국내지점은 제외), 중소기업은행, 한국산업은행, 한국수출입은행, 한국주택금융공사	20억원
전문개인신용평가회사, 기업신용조회회사, 본인신용정보관리회사, 기술보증기금, 한국무역보험공사, 보험회사, 신용보증기금, 여신전문금융회사, 예금보험공사 및 정리금융회사(정리금융회사는 제외), 지방은행, 외국은행의 국내지점, 금융투자업자 · 증권금융회사 · 종합금융회사 · 자금중개회사 및 명의개서대행회사(명의개서대행회사는 제외), 체신관서	10억원
신용정보법 시행령 제35조의9 각 호의 어느 하나에 해당하는 자 중 신용정보업감독규정 제43조의9제1항제1호 및 제2호 이외의 자(동법 시행령 제21조제2항제8호 및 제27호에 해당하는 자는 제외), 신용조사회사, 채권추심회사	5억원

신용정보업감독규정은 이 고시 제49조의3제1항 각 호의 자가 보험 또는 공제 가입과 준비금 적립을 병행하는 경우 보험 또는 공제의 최소 가입금액은 동 고시 제49조의3제1항 각 호에서 정한 금액에서 적립한 준비금을 뺀 금액으로 한다고 규정하고 있으며(동 고시 제49조의3제3항), 「전자금융거래법」제9조(금융회사 또는 전자금융업자의 책임) 제4항에 따라 가입한 보험·공제 또는 적립한 준비금이 신용정보법 제43조에 따른 손해배상 책임의 이행을 보장하는 경우 동 고시 제49조의3제1항에서 정한 금액에서 그 금액을 뺀 금액이상으로 한다고 규정하고 있다(동 고시 제49조의3제4항). 한편 신용정보업감독규정은 이 고시 제49조의3제1항부터 제4항까지의 규정은 500명 이상의 신용정보주체에 관한 개인신용정보를 수집·이용·처리하지 않는 자에 대하여는 적용하지 아니한다고 규정하고 있다(동 고시 제49조의3제5항).

참고자료 및 질문

1. **보험(保險, Insurance).** 보험(保險, Insurance)이란 우발(偶發)적으로 발생하는 일정한 위험 또는 사고에서 발생하는 경제적 손해나 부담을 경감해 주기 위하여 다수의 경제주체가 협동하여 합리적으로 산정(算定)된 금액을 조달하고 이를 지급하는 경제적 제도로 이해된다. 한편 보험법(保險法) 관련 용어들에 대한 이해가 필요한데, 보험계약(保險契約)은 당사자 일방이 약정한 보험료를 지급하고 재산 또는 생명이나 신체에 불확정한 사고가 발생할 경우에 상대방이 일정한 보험금이나 그 밖의 급여를 지급할 것을 약정함으로써 효력이 생기는 계약이다(상법 제638조). 이러한 보험계약에서 보험자(保險者)란 보험계약의 직접 당사자로서 보험사고가 발생한 때 보험금액을 지급할 의무를 지는 자인 보험회사이며, 피보험자(被保險者)란 손해보험에서는 피보험이익의 주체로서 손해의 보상을 받을 권리를 받을 자로서 보험금청구권을 갖는다.[82] 또한 보험계약을 이해하기 위해서는 보험계약자와 보험수익자 또는 보험수급자의 개념을 이해하는 것이 요구되는데, 보험계약(契約)자는 보험자와 보험계약을 체결하고 보험료 납입의 의무를 지는 자이며, 보험수익(受益)자 또는 보험수급(受給)자는 보험자로부터 보험금을 받을 자로 지정된 자이다. 따라서 보험계약을 체결하는 보험계약자와 피보험자는 일치하는 것이 일반적이나 반드시 일치하는 것은 아니라 하겠으며, 또한 손해의 보상을 받을 권리를 갖는 피보험자와 실제 손해배상을 받는 보험수익자 또는 보험수급자가 반드시 일치하는 것은 아닌 것으로 이해된다.

2. **AI(Artificial Intelligence, 인공지능)와 딥러닝(Deep learning).** AI(인공지능, Artificial Intelligence)는 생각하고 이해하며 행동하는 능력인 인간의 지능(知能)을 갖는 컴퓨터 시스템이며, 인공지능의 대부 John McCarthy는 인공지능을 지능형 기계를 만드는 과학 및 공학으로 정의한 바 있다.

인공지능 기술의 이론적 근거는 이미 1950년대부터 정립되었으나 그동안 컴퓨터 H/W(Hardware, 하드웨어)와 S/W(Software, 소프트웨어)의 처리능력(Computing power)이 부족하여 발전이 정체되었었다. 그러나 지난 10년간 AI 기술의 발전이 급속도로 진행되고 있는데 이는 GPU(Graphic Process Unit) 등 H/W의 발전으로 인한 비약적인 처리능력의 향상, 문제해결 방식인 알고리즘(Algorithm, 문제를 해결하기 위한 절차)이 아닌 주어진 데이터로부터 모델을 학습하는 기계학습(Machine learning), 인간의 뇌를 모방한 인공 신경망(Artificial Neural Network) 등의 발명, 다양한 개인정보를 포함한 빅데이터의 확보 등에 기인한 것이다. 인공지능 연구는 인간의 두뇌가 일하는 방식을 모방함으로써 시작되었는데 1950년대 프랭크 로젠블래트(Frank Rosenblatt)는 신경세포(Neuron)의 구조와 기능을 모방한 퍼셉트론(Perceptron), 즉 인공 신경망의 개념을 제시하였다. 퍼셉트론(Perceptron)은 〈그림 21〉과 같이 입력에 가중치(Weight)를 곱하고 편향(Bias)을 더하여 값이 임계치(Limit)를 초과하면 출력이 되는 단순한 구조인데, 두뇌의 가지돌기(Dendrite)에서 신호를 받고 이 신호가 일정한 수치 이상의 크기를 갖게 되면 축삭돌기(Axon)를 통하여 신호를 전달하는 신경세포(Neuron)의 작용과 유사한 것을 이해된다.

신경세포(Neuron)와 인공 신경망(Perceptron)

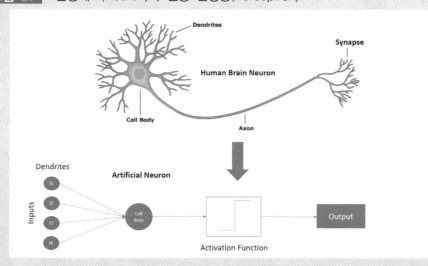

인공지능은 사람과 같은 지능을 갖는 강한 인공지능(Strong AI)과 특정 문제를 해결하고 사람의 행동을 흉내 낼 수 있는 약한 인공지능(Weak AI 또는 Narrow AI)으로 구분된다. 인공지능은 음성·영상인식과 처리, 법률·의료 분야 등의 문제해결을 위한 전문가 시스템(Expert system), 빅데이터(Big data) 분석, 자동화된 의사결정(Automated decision) 등에 다양하게 활용되고 있으며 앞으로 활용의 폭이 더 확대될 것으로 예상된다. 한편 인공지능은 머신러닝(Machine learning)을 포함하며 머신러닝은 딥러닝(Deep learning)을 포함하는 것으로 이해되는데. 머신러닝은 컴퓨터가 스스로 학습하여 인공지능의 성능을 스스로 향상시키는 기술이며, 딥러닝은 인간의 신경망(Neuron)과 비슷한 인공 신경망 방식으로 정보를 처리하는 기술을 말한다. 머신러닝은 〈그림 22〉와 같이 입력된 정보로부터 특징을 추출한 후 이를 분류하여 출력하는 것인 반면, 딥러닝은 특징추출과 분류를 합하고 다층화함으로써 생성된 인간의 신경망과 유사한 일종의 Black box에 데이터를 입력하여 출력하는 것으로 이해된다.

그림 22 머신러닝과 딥러닝의 비교

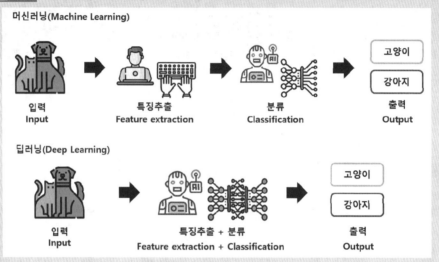

한편 인공지능은 입력되는 데이터가 부족할 경우 수집된 데이터가 대표성을 갖지 못해 잘못된 결과를 도출하는 오버피팅(Over-fitting) 등과 같은 문제가 발생할 수 있는데, 예를 들면 수험생이 시험 범위인 문제집은 10권이나 1권만 공부하였다면 1권의 내용을 다 이해하여 맞추었더라도 시험을 잘 볼 수 없는 것과 같이 수집된 데이터가 부족하다면 인공지능은 잘못된 결과를 도출할 것이다. 따라서 인공지능의 발전을 위해서는 대규모 데이터의 수집과 이용이 불가피하며 이에 따라 개인정보 수집과 이용의 중요성도 더욱 증대될 것으로 생각된다.

3. **생성형 인공지능(Generative AI).** 생성형 인공지능은 대화, 이야기, 이미지, 동영상, 음악 등 새로운 콘텐츠와 아이디어를 만들 수 있는 인공지능의 일종으로서 이용자의 특정 요구에 따라 결과를 생성해 내는 인공지능이다. AI와 생성형 AI(Generative AI)의 관계는 〈그림 23〉과 같이 이해된다.

그림 23 인공지능과 생성형 AI(Generative AI)

Artificial Intelligence (AI)
Any technique that enables a computer to imitate human intelligence using logic, if-then statements, or machine learning

Machine Learning (ML)
A subset of AI that uses machines to search for patterns in data to build logic models automatically.

Deep Learning (DL)
A subset of ML that is composed of deeply multi-layered neural networks that perform tasks like speech and image recognition.

Generative AI
A subset of DL that is powered by "foundation models" — large models that are pre-trained on vast datasets.

생성형 인공지능은 단순히 콘텐츠의 패턴을 학습하여 추론 결과로 새로운 콘텐츠를 만들어 내는 것을 넘어 콘텐츠의 생성자와 만들어진 콘텐츠를 평가하는 판별자가 끊임없이 서로 대립하고 경쟁하며 새로운 콘텐츠를 생성해 내는 기술로서 가짜 뉴스, 특정 인물로 조작된 음란물 등에도 악용될 수 있어 인공지능 활용의 윤리적 문제에 관한 경각심과 사회적 합의에 관한 문제와 논란을 야기하고 있다고 생각되며, 인공지능의 발전이 문제가 되는 것은 기존에는 인간이 만든 알고리즘(Algorithm, 문제를 해결하기 위한 절차)에 개인정보와 데이터가 입력되어 결과가 산출되는 반면, 최근의 인공지능은 주어진 데이터와 개인정보를 바탕으로 학습하여 스스로 알고리즘을 만들게 되어 인간의 통제를 벗어나게 되는 점에 있다고 생각한다. 2022년 11월 등장한 챗GPT(ChatGPT)는 기업과 소비자가 작업 자동화와 창의적인 아이디어 지원, 심지어 소프트웨어 코딩에까지 생성형 AI를 활용할 수 있게 함으로써 새로운 변화와 논란이 야기되고 있는데, 생성형 AI를 통해 사람의 의도를 읽고 답을 내놓는 데 도움을 주는 LLM이 주요한 역할을 하고 있으며, LLM(Large Language Model, 거대 언어모델)은 문장 내 단어 사이의 관계를 파악하고 이어 나가는 데 초점을 맞추는 기술로 이해된다.

---

82) 정찬형, 상법강의(하) 제18판, 박영사(2016), pp540~542.

제 5 장

개인정보와 개인신용정보의
침해에 대한 처분과 구제를
어떻게 하는가?

통신과 컴퓨터 기술의 발달로 인해 과거에는 문제가 되지 않았던 외부인에 의한 해킹(Hacking)이나 내부 직원의 고의 또는 과실로 인해 개인정보와 개인신용정보의 유출 등 개인정보와 개인신용정보에 대한 침해(侵害)의 발생이 증가하고 있으며 이로 인한 경제적·사회적 피해가 확대되고 있다. 이러한 개인정보와 개인신용정보의 침해에 대한 개인정보보호위원회나 금융위원회와 같은 규제기관의 시정조치와 제재뿐만 아니라 개인정보와 개인신용정보의 유출 등으로 인한 정보주체나 개인인 신용정보주체의 손해르 배상하는 문제의 중요성 또한 증대하는 상황이다. 제5장에서는 개인정보 보호법과 신용정보법에 규정되어 있는 과징금, 시정조치와 고발 및 징계권고 등, 과태료, 벌칙 밈 몰수와 추징, 손해배상과 법정손해배상, 개인정보 분쟁조정위원회, 집단분쟁조정, 행정심판과 행정소송 등에 대해 설명하고자 한다.

제1절 　과징금

〈개인정보 보호법〉 제64조의2(과징금의 부과) ① 보호위원회는 다음 각 호의 어느 하나에 해당하는 경우에는 해당 개인정보처리자에게 전체 매출액의 100분의 3을 초과하지 아니하는 범위에서 과징금을 부과할 수 있다. 다만, 매출액이 없거나 매출액의 산정이 곤란한 경우로서 대통령령으로 정하는 경우에는 20억원을 초과하지 아니하는 범위에서 과징금을 부과할 수 있다.

1. 제15조제1항, 제17조제1항, 제18조제1항·제2항(제26조제8항에 따라 준용되는 경우를 포함한다) 또는 제19조를 위반하여 개인정보를 처리한 경우
2. 제22조의2제1항(제26조제8항에 따라 준용되는 경우를 포함한다)을 위반하여 법정대리인의 동의를 받지 아니하고 만 14세 미만인 아동의 개인정보를 처리한 경우
3. 제23조제1항제1호(제26조제8항에 따라 준용되는 경우를 포함한다)를 위반하여 정보주체의 동의를 받지 아니하고 민감정보를 처리한 경우
4. 제24조제1항·제24조의2제1항(제26조제8항에 따라 준용되는 경우를 포함한다)을 위반하여 고유식별정보 또는 주민등록번호를 처리한 경우
5. 제26조제4항에 따른 관리·감독 또는 교육을 소홀히 하여 수탁자가 이 법의 규정을 위반한 경우

6. 제28조의5제1항(제26조제8항에 따라 준용되는 경우를 포함한다)을 위반하여 특정 개인을 알아보기 위한 목적으로 정보를 처리한 경우

7. 제28조의8제1항(제26조제8항 및 제28조의11에 따라 준용되는 경우를 포함한다)을 위반하여 개인정보를 국외로 이전한 경우

8. 제28조의9제1항(제26조제8항 및 제28조의11에 따라 준용되는 경우를 포함한다)을 위반하여 국외 이전 중지 명령을 따르지 아니한 경우

9. 개인정보처리자가 처리하는 개인정보가 분실·도난·유출·위조·변조·훼손된 경우. 다만, 개인정보가 분실·도난·유출·위조·변조·훼손되지 아니하도록 개인정보처리자가 제29조(제26조제8항에 따라 준용되는 경우를 포함한다)에 따른 안전성 확보에 필요한 조치를 다한 경우에는 그러하지 아니하다.

〈신용정보법〉 제42조의2(과징금의 부과 등) ① 금융위원회(제45조의3제1항에 따른 상거래기업 및 법인이 다음 각 호의 어느 하나에 해당하는 행위를 한 경우에는 보호위원회를 말한다)는 다음 각 호의 어느 하나에 해당하는 행위가 있는 경우에는 전체 매출액의 100분의 3 이하에 해당하는 금액을 과징금으로 부과할 수 있다. 다만, 제1호에 해당하는 행위가 있는 경우에는 50억원 이하의 과징금을 부과할 수 있다.

1. 제19조제1항을 위반하여 개인신용정보를 분실·도난·누출·변조 또는 훼손당한 경우

1의2. 제32조제6항제9호의2에 해당하지 아니함에도 제32조제1항 또는 제2항을 위반하여 신용정보주체의 동의를 받지 아니하고 개인신용정보를 제3자에게 제공한 경우 및 그 사정을 알면서도 영리 또는 부정한 목적으로 개인신용정보를 제공받은 경우

1의3. 제32조제6항제9호의2 및 제33조제1항제4호에 해당하지 아니함에도 제33조제1항을 위반하여 개인신용정보를 이용한 경우

1의4. 제40조의2제6항을 위반하여 영리 또는 부정한 목적으로 특정 개인을 알아볼 수 있게 가명정보를 처리한 경우

2. 제42조제1항을 위반하여 개인비밀을 업무 목적 외에 누설하거나 이용한 경우

3. 제42조제3항을 위반하여 불법 누설된 개인비밀임을 알고 있음에도 그 개인비밀을 타인에게 제공하거나 이용한 경우

---

1. 과징금의 의의

과징금(課徵金)은 행정법상 의무를 불이행하였거나 위반한 자에 대하여 당해 위반행위로 얻은 경제적 이익을 박탈하기 위하여 부과하거나 사업의 취소와 정지에 갈음하여 부과되는 금전상의 제재로서, 과징금은 형벌이 아니므로 형벌과 병과(竝科)될 수

있는 것으로 이해된다.[1] 법원도 과징금은 위반행위에 대하여 제재를 가하는 행정상의 제재금으로서의 기본적 성격과 함께 부당이득에 대한 환수적 요소도 포함되어 있는 것으로서, 헌법 제13조제1항에서 금지하는 국가형벌권 행사로서의 처벌에 해당된다고 할 수 없다고 판시한 바 있으며,[2] 이중처벌 금지의 원칙(Double jeopardy)에 위반된다거나 무죄추정의 원칙에 위반된다고 할 수 없다고 판시한 바 있다.[3]

2020년 데이터 3법(개인정보 보호법, 신용정보법, 정보통신망법) 개정 전 개인정보 보호법은 이 법 제34조의2(과징금의 부과 등)에 개인정보처리자가 주민등록번호에 대한 안전성 확보조치 미이행으로 인해 주민등록번호를 분실 · 도난 · 유출 · 위조 · 변조 또는 훼손을 당한 경우에 대한 과징금을 규정하고 있었고, 개인정보 보호 위반 관련 과징금은 정보통신망법 제64조의3(과징금의 부과 등)에서 정보통신서비스 제공자등에게 동 사안에 대한 위반행위와 관련한 매출액의 100분의 3 이하에 해당하는 금액을 과징금으로 부과할 수 있도록 하고 있었다. 그러나 2020년 2월, 개인정보 보호법 개정 시 기존 정보통신망법 제64조의3(과징금의 부과 등)은 개인정보 보호법 제39조의15(과징금의 부과 등에 대한 특례)로 이관 · 통합되었고, 또한 개인정보 보호법 제28조의6(가명정보 처리에 대한 과징금 부과 등)을 신설하여 개인정보보호위원회는 개인정보처리자가 제28조의5(가명정보 처리 시 금지의무 등)제1항을 위반하여 특정 개인을 알아보기 위한 목적으로 정보를 처리한 경우 전체 매출액의 100분의 3 이하에 해당하는 금액을 과징금으로 부과할 수 있도록 한 바가 있다.

한편 2023년 개인정보 보호법 개정을 통해 기존에 규정되어 있던 이 법 제28조의6과 동법 제34조의2 및 동법 제39조의15의 과징금 조항을 삭제하고 개인정보 보호법 제64조의2(과징금의 부과)를 신설하여 삭제된 조항들을 통합하였다. 또한 2023년 개정에서는 기존 과징금 조항들의 과징금 산정기준이 '전체 매출액' 혹은 '관련 매출액' 등으로 조항별로 다르게 규정되어 있던 것을 '전체 매출액'으로 일원화하였는데, EU GDPR 등이 과징금 부과를 위한 산정기준을 전체 매출액으로 규정하고 있는 해외사례를 참고한 것으로 이해되나 우리나라는 개인정보 보호법 위반에 대한 형사처벌 조

---

1) 홍정선, 앞의 책, p415.
2) 헌법재판소 2003. 7. 24. 선고 2001헌가25.
3) 대법원 2004. 3. 12. 선고 2001두7220.

항을 입법하고 있는 전 세계에서 보기 드문 국가인 점을 고려할 때 2023년 개인정보 보호법 개정 시 형사처벌 조항을 전면적으로 폐지하지 아니하고 일부 삭제하면서 과징금 산정기준을 기존의 관련 매출액이 아닌 전체 매출액으로 개정한 것이 과연 바람직한가에 대해서는 논란의 소지가 크다고 생각한다. 신용정보법은 금융위원회는 신용정보법상의 행위가 있는 경우에는 전체 매출액의 100분의 3 이하에 해당하는 금액을 과징금으로 부과할 수 있다고 규정하고 있는데(신용정보법 제42조의2제1항), 자세한 내용은 뒤에서 설명하고자 한다.

2. 개인정보 보호법의 과징금

가 과징금의 부과 대상

개인정보 보호법은 개인정보보호위원회는 다음, 1. 이 법 제15조(개인정보의 수집·이용)제1항, 동법 제17조(개인정보의 제공)제1항, 동법 제18조(개인정보의 목적 외 이용·제공 제한)제1항·제2항(동법 제26조(업무위탁에 따른 개인정보의 처리 제한)제8항에 따라 준용되는 경우를 포함한다) 또는 동법 제19조(개인정보를 제공받은 자의 이용·제공 제한)를 위반하여 개인정보를 처리한 경우, 2. 동법 제22조의2(아동의 개인정보 보호)제1항(제26조제8항에 따라 준용되는 경우를 포함한다)을 위반하여 법정대리인의 동의를 받지 아니하고 만 14세 미만인 아동의 개인정보를 처리한 경우, 3. 동법 제23조(민감정보의 처리 제한)제1항제1호(동법 제26조제8항에 따라 준용되는 경우를 포함한다)를 위반하여 정보주체의 동의를 받지 아니하고 민감정보를 처리한 경우, 4. 동법 제24조(고유식별정보의 처리 제한)제1항·제24조의2(주민등록번호 처리의 제한)제1항(제26조제8항에 따라 준용되는 경우를 포함한다)을 위반하여 고유식별정보 또는 주민등록번호를 처리한 경우, 5. 동법 제26조(업무위탁에 따른 개인정보의 처리 제한)제4항에 따른 관리·감독 또는 교육을 소홀히 하여 수탁자가 이 법의 규정을 위반한 경우, 6. 동법 제28조의5(가명정보 처리 시 금지의무 등)제1항(동법 제26조제8항에 따라 준용되는 경우를 포함한다)을 위반하여 특정 개인을 알아보기 위한 목적으로 정보를 처리한 경우, 7. 동법 제28조의8(개인정보의 국외 이전)제1항(동법 제26조제8항 및 제28조의11(준용규정)에 따라 준용되는 경우를 포함한다)을 위반하여 개인정보를 국외로 이전한 경우, 8. 동법 제28조의9(개인정보의 국외 이전 중지 명령)제1항(동법 제26조제8항 및 제28조의 11에 따라 준용되는 경우를 포함한다)을 위반하여 국외 이전 중지 명령을 따르지 아니한 경우, 9. 개인정보처리자가 처리하는 개인정보가 분실·도난·유출·위조·변조·훼손된 경우(다만, 개인정보가 분실·도난·유출·위조·변조·훼손되지 아니하도록 개인정보처리자가 동법 제29조((안전조치의무), 제26조제8항에 따라 준용되는 경우를 포함한다)에 따른 안전성 확보에 필요한 조치를 다한 경우에는 그러하지 아니하다)의 어느 하나에 해당하는 경우에는 해당 개인정보처리자에게 전체 매출액의 100분의 3을 초과하지 아니하는 범위에서 과징금을 부과할 수 있으나, 다만 매출액이 없거나 매출액의 산정이 곤란한 경우로서 대통령령으로 정하는 경우에는 20억원을 초과하지 아니하는 범위에서 과징금을 부과할 수 있다고 규정하고 있다(개인정보 보호법 제64조의2제1항).

한편 개인정보 보호법 시행령은 이 법 제64조의2(과징금의 부과)제1항 각 호 외의 부분 단서에서 "대통령령으로 정하는 경우"란 다음, 1. 다음, 가. 영업을 개시하지 않은 경우, 나. 영업을 중단한 경우, 다. 수익사업을 영위하지 않는 등 가목 및 나목에 준하는 경우의 어느 하나에 해당하는 사유로 영업실적이 없는 경우와 2. 재해 등으로 인하여 매출액 산정자료가 소멸되거나 훼손되는 등 객관적인 매출액의 산정이 곤란한 경우의 어느 하나에 해당하는 경우를 말한다고 규정하고 있다(동법 시행령 제60조의2제2항).

나 과징금의 산정기준과 절차

개인정보 보호법은 개인정보보호위원회는 이 법 제64조의2(과징금의 부과)제1항에 따른 과징금을 부과하려는 경우 전체 매출액에서 위반행위와 관련이 없는 매출액을 제외한 매출액을 기준으로 과징금을 산정한다고 규정하고 있는데(개인정보 보호법 제64조의2제2항), 개인정보 보호법 시행령은 이 법 제64조의2제1항 각 호 외의 부분 본문에 따른 전체 매출액은 위반행위가 있었던 사업연도(이하 이 조에서 "해당사업연도"라 한다) 직전 3개 사업연도의 해당 개인정보처리자의 연평균 매출액으로 하나, 다만 해당사업연도의 첫날 현재 사업을 개시한 지 3년이 되지 않은 경우에는 그 사업개시일부터 직전 사업연도 말일까지의 매출액을 연평균 매출액으로 환산한 금액으로 하며, 해당사업연도에 사업을 개시한 경우에는 사업개시일부터 위반행위일까지의 매출액을 연매출액으로 환산한 금액으로 한다고 규정하고 있다(동법 시행령 제60조의2제1항).

또한 개인정보 보호법 시행령은 이 법 제64조의2제2항에 따른 위반행위와 관련이 없는 매출액은 동법 시행령 제60조의2(과징금의 산정기준 등)제1항에 따른 전체 매출액 중 다음, 1. 개인정보의 처리와 관련이 없는 재화 또는 서비스의 매출액, 2. 동법 시행령 제60조의2제4항에 따라 제출받은 자료 등에 근거하여 개인정보보호위원회가 위반행위로 인하여 직접 또는 간접적으로 영향을 받는 재화 또는 서비스의 매출액이 아닌 것으로 인정하는 매출액의 어느 하나에 해당하는 금액으로 한다고 규정하고 있다(동법 시행령 제60조의2제3항).

한편 개인정보 보호법은 개인정보보호위원회는 이 법 제64조의2제1항에 따른 과징금을 부과하려는 경우 개인정보처리자가 정당한 사유 없이 매출액 산정자료의 제출을 거부하거나 거짓의 자료를 제출한 경우에는 해당 개인정보처리자의 전체 매출액을 기준으로 산정하되 해당 개인정보처리자 및 비슷한 규모의 개인정보처리자의 개인정보 보유 규모, 재무제표 등 회계자료, 상품·용역의 가격 등 영업현황 자료에 근거하여 매출액을 추정할 수 있다고 규정하고 있으며(동법 제64조의2제3항), 개인정보 보호법 시행령은 개인정보보호위원회는 이 법 제64조의2제1항부터 제3항까지의 규정에 따른 매출액 산정 등을 위하여 재무제표 등의 자료가 필요한 경우 20일 이내의 기간을 정하여 해당 개인정보처리자에게 관련 자료의 제출을 요청할 수 있다고 규정하고 있다(동법 시행령 제60조의2제4항).

다 과징금의 부과와 납부 및 독촉 등

(1) 과징금의 부과

개인정보 보호법은 개인정보보호위원회는 개인정보 보호법 제64조의2(과징금의 부과)제1항에 따른 과징금을 부과하는 경우에는 위반행위에 상응하는 비례성과 침해 예방에 대한 효과성이 확보될 수 있도록 다음, 1. 위반행위의 내용 및 정도, 2. 위반행위의 기간 및 횟수, 3. 위반행위로 인하여 취득한 이익의 규모, 4. 암호화 등 안전성 확보 조치 이행 노력, 5. 개인정보가 분실·도난·유출·위조·변조·훼손된 경우 위반행위와의 관련성 및 분실·도난·유출·위조·변조·훼손의 규모, 6. 위반행위로 인한 피해의 회복 및 피해 확산 방지 조치의 이행 여부, 7. 개인정보처리자의 업무형태 및 규모, 8. 개인정보처리자가 처리하는 개인정보의 유형과 정보주체에게 미치는 영향, 9. 위반행위로 인한 정보주체의 피해 규모, 10. 개인정보 보호 인증, 자율적인 보호 활동 등 개인정보 보호를 위한 노력, 11. 개인정보보호위원회와의 협조 등 위반행위를 시정하기 위한 조치 여부의 사항을 고려하여야 한다고 규정하고 있다(개인정보 보호법 제64조의2제4항).

또한 개인정보 보호법은 개인정보보호위원회는 다음, 1. 지급불능·지급정지 또는 자본잠식 등의 사유로 객관적으로 과징금을 낼 능력이 없다고 인정되는 경우, 2. 본인의 행위가 위법하지 아니한 것으로 잘못 인식할 만한 정당한 사유가 있는 경우, 3. 위반행위의 내용·정도가 경미하거나 산정된 과징금이 소액인 경우, 4. 그 밖에 정보주체에게 피해가 발생하지 아니하였거나 경미한 경우로서 대통령령으로 정하는 사유가 있는 경우의 어느 하나에 해당하는 사유가 있는 경우에는 과징금을 부과하지 아니할 수 있다고 규정하고 있으며(동법 제64조의2제5항), 개인정보 보호법 시행령은 이 법 제64조의2제5항제4호에서 "대통령령으로 정하는 사유가 있는 경우"란 해당 개인정보처리자가 위반행위를 시정하고 개인정보보호위원회가 정하여 고시하는 기준에 해당되는 경우를 말한다고 규정하고 있다(동법 시행령 제60조의2제5항).

한편 개인정보 보호법은 이 법 제64조의2제1항에 따른 과징금은 동법 제64조의2제2항부터 제5항까지를 고려하여 산정하되, 구체적인 산정기준과 산정절차는 대통령령으로 정한다고 규정하고 있으며(동법 제64조의2제6항), 개인정보 보호법 시행령은 이 법 제64조의2제6항에 따른 과징금의 산정기준과 산정절차는 [별표 1의6]과 같다고 규정하고 있다(동법 시행령 제60조의2제6항).

(2) 과징금의 납부 및 독촉 등

개인정보 보호법은 개인정보보호위원회는 개인정보 보호법 제64조의2(과징금의 부과)제1항에 따른 과징금을 내야 할 자가 납부기한까지 이를 내지 아니하면 납부기한의 다음 날부터 내지 아니한 과징금의 연 100분의 6에 해당하는 가산금을 징수하는데, 이 경우 가산금을 징수하는 기간은 60개월을 초과하지 못한다고 규정하고 있으며(동법 제64조의2제7항), 개인정보보호위원회는 이 법 제64조의2제1항에 따른 과징금을 내야 할 자가 납부기한까지 내지 아니한 경우에는 기간을 정하여 독촉하고, 독촉으로 지정한 기간 내에 과징금과 동법 제64조의2제7항에 따른 가산금을 내지 아니하면 국세강제징수의 예에 따라 징수한다고 규정하고 있다(동법 제64조의2제8항).

또한 개인정보 보호법은 개인정보보호위원회는 법원의 판결 등의 사유로 동법 제64조의2제1항에 따라 부과된 과징금을 환급하는 경우에는 과징금을 낸 날부터 환급하는 날까지의 기간에 대하여 금융회사 등의 예금이자율 등을 고려하여 대통령령으로 정하는[4] 이자율을 적용하여 계산한 환급가산금을 지급하여야 한다고 규정하고 있는데(동법 제64조의제9항), 개인정보보호위원회는 동법 제64조의제9항에도 불구하고 법원의 판결에 따라 과징금 부과처분이 취소되어 그 판결이유에 따라 새로운 과징금을 부과하는 경우에는 당초 납부한 과징금에서 새로 부과하기로 결정한 과징금을 공제한 나머지 금액에 대해서만 환급가산금을 계산하여 지급한다고 규정하고 있다(동법 제64조의9제10항).

3. 신용정보법의 과징금

가 과징금의 부과 대상

신용정보법은 금융위원회(이 법 제45조의3(보호위원회의 자료제출 요구·조사 등)제1항에 따른 상거래기업 및 법인이 다음 각 호의 어느 하나에 해당하는 행위를 한 경우에는 개인정보보호위원회를 말한다)는 다음, 1. 동법 제19조(신용정보전산시스템의 안전보호)제1항을 위반하여 개인신용정보를 분실·도난·누출·변조 또는 훼손당한 경우, 1의2. 동법 제32조(개인신용정보의 제공·활용에 대한 동의)제6항제9호의2에 해당하지 아니함에도 동법 제32조제1항 또는 제2항을 위반하여 신용정보주체의 동의를 받지 아니하고 개인신용정보를 제3자에게 제공한 경우 및 그 사정을 알면서도 영리 또는 부정한 목적으로 개인신용정보를 제공받은 경우, 1의3. 동법 제32조제6항제9호의2 및 제33조(개인신용정보의 이용)제1항제4호에 해당하지 아니함에도 제33조제1항을 위반하여 개인신용

---

4) 개인정보 보호법 시행령은 이 법 제64조의2(과징금의 부과)제9항에서 "대통령령으로 정하는 이자율"이란 「국세기본법 시행령」 제43조의3(국세환급가산금)제2항 본문에 따른 이자율을 말한다고 규정하고 있다(개인정보 보호법 시행령 제60조의5).

정보를 이용한 경우, 1의4. 동법 제40조의2(가명처리·익명처리에 관한 행위규칙)제6항을 위반하여 영리 또는 부정한 목적으로 특정 개인을 알아볼 수 있게 가명정보를 처리한 경우, 2. 동법 제42조(업무 목적 외 누설금지 등)제1항을 위반하여 개인비밀을 업무 목적 외에 누설하거나 이용한 경우, 3. 제42조제3항을 위반하여 불법 누설된 개인비밀임을 알고 있음에도 그 개인비밀을 타인에게 제공하거나 이용한 경우의 어느 하나에 해당하는 행위가 있는 경우에는 전체 매출액의 100분의 3 이하에 해당하는 금액을 과징금으로 부과할 수 있으나, 다만, 이 법 제42조의2(과징금의 부과 등)제1항제1호인 동법 제19조(신용정보전산시스템의 안전보호)제1항을 위반하여 개인신용정보를 분실·도난·누출·변조 또는 훼손당한 경우에는 50억원 이하의 과징금을 부과할 수 있다고 규정하고 있다(신용정보법 제42조의2제1항).

나 과징금의 산정기준과 절차

신용정보법 시행령은 이 법 제42조의2(과징금의 부과 등)제1항 각 호 외의 부분 본문에 따른 전체 매출액은 해당 신용정보회사등의 직전 3개 사업연도의 연평균 매출액(이하 이 조에서 "연평균 매출액"이라 한다)으로 하나, 다만 다음, 1. 해당 사업연도 첫날을 기준으로 사업을 개시한지 3년이 되지 아니한 경우에는 그 사업개시 후 직전 사업연도 말일까지의 매출액을 연평균 매출액으로 환산한 금액과 2. 해당 사업연도에 사업을 개시한 경우에는 사업개시일부터 위반행위일까지의 매출액을 연평균 매출액으로 환산한 금액의 구분에 따른 경우에는 그 금액을 연평균 매출액으로 한다고 규정하고 있다(신용정보법 시행령 제35조의3제1항).

한편 신용정보법은 이 법 제42조의2제1항에 따른 과징금을 부과하는 경우 신용정보회사등이 매출액 산정자료의 제출을 거부하거나 거짓의 자료를 제출한 때에는 해당 신용정보회사등과 비슷한 규모의 신용정보회사등의 재무제표나 그 밖의 회계자료 등의 자료에 근거하여 매출액을 추정할 수 있으나, 다만 매출액이 없거나 매출액의 산정이 곤란한 경우로서 대통령령으로 정하는 경우에는 200억원 이하의 과징금을 부과할 수 있다고 규정하고 있는데(동법 제42조의2제2항), 신용정보법 시행령은 이 법 제42조의2제2항 단서에서 "대통령령으로 정하는 경우"란 다음, 1. 영업을 개시하지 아니하거나 영업을 중단하는 등의 사유로 영업실적이 없는 경우와 2. 재해 등으로 인하여 매출액 산정자료가 소멸되거나 훼손되는 등 객관적인 매출액의 산정이 곤란한 경우의 어느 하나에 해당하는 경우를 말한다고 규정하고 있다(동법 시행령 제35조의3제2항).

또한 신용정보법 시행령은 이 법 제42조의2에 따른 과징금의 산정기준은 [별표 2의3]과 같다고 규정하고 있으며(동법 시행령 제35조의3제3항), 동법 법 제42조의2제2항 단서에 해당하는 경우에는 다음, 1. 해당 신용정보회사등과 비슷한 규모의 신용정보회사등의 연평균 매출액의 100분의 3, 2. 해당 신용정보회사등과 같은 종류의 신용정보회사등의 연평균 매출액의 100분의 3, 3. 200억원의 금액 중 가장 적은 금액을 과징금 부과의 최고한도 금액으로 한다고 규정하고 있다(동법 시행령 제35조의3제4항).

다 과징금의 부과와 납부 및 독촉 등

(1) 과징금의 부과

신용정보법은 금융위원회 또는 개인정보보호위원회는 이 법 제42조의2(과징금의 부과 등)제1항에 따른 과징금을 부과하려면 다음, 1. 위반행위의 내용 및 정도, 2. 위반행위의 기간 및 횟수, 3. 위반행위로 인하여 취득한 이익의 규모의 사항을 고려하여야 한다고 규정하고 있으며(신용정보법 제42조의2제3항), 이 법 제42조의2제1항에 따른 과징금은 동법 제42조의2제3항을 고려하여 산정하되, 구체적인 산정기준과 산정절차는 대통령령으로 정한다고 규정하고 있다(동법 제42조의3제4항). 신용정보법 시행령은 금융위원회(상거래 기업 및 법인에 대해 과징금을 부과하는 경우에는 개인정보보호위원회를 말한다. 이하 이 법 시행령 제35조의4(의견제출)부터 제35조의7(결손처분)까지에서 같다)는 동법 시행령 제35조의3제1항에 따른 매출액 산정을 위하여 재무제표 등 자료가 필요한 경우 20일 이내의 기간을 정하여 해당 신용정보회사등에 관련 자료의 제출을 요청할 수 있다고 규정하고 있다(동법 시행령 제35조의3제6항).

(2) 과징금의 납부 및 독촉 등

금융위원회 또는 개인정보보호위원회는 동법 제42조의2(과징금의 부과 등)제1항에 따른 과징금을 내야 할 자가 납부기한까지 이를 내지 아니하면 납부기한의 다음 날부터 내지 아니한 과징금의 연 100분의 6에 해당하는 가산금을 징수하나, 이 경우 가산금을 징수하는 기간은 60개월을 초과하지 못한다고 규정하고 있으며(동법 제42조의2제5항), 금융위원회 또는 개인정보보호위원회는 동법 제42조의2제1항에 따른 과징금을 내야 할 자가 납부기한까지 이를 내지 아니한 경우에는 기간을 정하여 독촉을 하고, 그 지정된 기간에 과징금과 동법 제42조의2제5항에 따른 가산금을 내지 아니하면 국세 체납처분의 예에 따라 징수한다고 규정하는 한편(동법 제42조의2제6항), 법원의 판결 등의 사유로 동법 제42조의2제1항에 따라 부과된 과징금을 환급하는 경우에는 과징금을 낸 날부터 환급하는 날까지 연 100분의 6에 해당하는 환급가산금을 지급하여야 한다고 규정하고 있다(동법 제42조의2제7항).

한편 신용정보법은 신용정보제공·이용자가 위탁계약을 맺고 거래하는 모집인(「여신전문금융업법」 제14조의2(신용카드회원의 모집)제2호에 따른 모집인을 말한다) 등 대통령령으로 정하는[5] 자가 동법 제42조의2제1항 각 호에 해당하는 경우에는 그 위반행위의 범위에서 해당 신용정보제공·이용자의 직원으로 보나, 다만 그 신용정보제공·이용자가 그 모집인 등의 위반행위를 방지하기 위하여 상당한 주의와 감독을 다한 경우에는 그러하지 아니하다고 규정하고 있으며(동법 제42조의2제8항), 그 밖에 과징금의 부과·징수에 관하여 필요한 사항은 대통령령으로 정한다고 규정하고 있다(동법 제42조의2제9항).

참고자료 및 질문

1. **금지행위(禁止行爲).** 개인정보 보호법은 개인정보를 처리하거나 처리하였던 자는 다음, 1. 거짓이나 그 밖의 부정한 수단이나 방법으로 개인정보를 취득하거나 처리에 관한 동의를 받는 행위, 2. 업무상 알게 된 개인정보를 누설하거나 권한 없이 다른 사람이 이용하도록 제공하는 행

---

5) 신용정보법 시행령은 이 법 제42조의2(과징금의 산정기준 등)제8항에서 "대통령령으로 정하는 자"란 동법 제35조의2(모집업무수탁자의 모집경로 확인 등)제1항 각 호의 어느 하나에 해당하는 자를 말한다고 규정하고 있는데(신용정보법 시행령 제35조의3제7항), 동법 시행령 제35조의2는 이 법 제41조의22(모집업무수탁자의 모집경로 확인 등)제1항에 따른 모집업무수탁자는 다음, 1. 「여신전문금융업법」 제14조의2(신용카드회원의 모집)제1항제2호 또는 제3호에 따라 신용카드회원을 모집할 수 있는 자, 2. 「여신전문금융업법」에 따른 가맹점모집인, 3. 「보험업법」에 따른 보험설계사, 4. 「보험업법」에 따른 보험대리점, 5. 「자본시장과 금융투자업에 관한 법률」 제51조(투자권유대행인의 등록 등)제9항에 따른 투자권유대행인, 6. 「대부업 등의 등록 및 금융이용자 보호에 관한 법률」 제3조(등록 등)제1항 단서에 따른 대출모집인의 어느 하나에 해당하는 자로 한다고 규정하고 있다(동법 시행령 제35조의2).

위, 3. 정당한 권한 없이 또는 허용된 권한을 초과하여 다른 사람의 개인정보를 이용, 훼손, 멸실, 변경, 위조 또는 유출하는 행위의 어느 하나에 해당하는 행위를 하여서는 아니 된다고 규정하고 있으며(개인정보 보호법 제59조), 이 법 제71조(벌칙)에서 다음, 9. 동법 제59조(금지행위)제2호를 위반하여 업무상 알게 된 개인정보를 누설하거나 권한 없이 다른 사람이 이용하도록 제공한 자 및 그 사정을 알면서도 영리 또는 부정한 목적으로 개인정보를 제공받은 자와 10. 동법 제59조제3호를 위반하여 다른 사람의 개인정보를 이용, 훼손, 멸실, 변경, 위조 또는 유출한 자의 어느 하나에 해당하는 자는 5년 이하의 징역 또는 5천만원 이하의 벌금에 처한다고 규정하고 있다(동법 제71조) 또한 개인정보 보호법은 제72조(벌칙)에서 다음, 2. 동법 제59조(금지행위)제1호를 위반하여 거짓이나 그 밖의 부정한 수단이나 방법으로 개인정보를 취득하거나 개인정보 처리에 관한 동의를 받는 행위를 한 자 및 그 사정을 알면서도 영리 또는 부정한 목적으로 개인정보를 제공받은 자의 어느 하나에 해당하는 자는 3년 이하의 징역 또는 3천만원 이하의 벌금에 처한다고 규정하고 있다(동법 제72조). 개인정보 보호법의 금지행위는 금지행위의 위반에 대해 형사적 제재(制裁)에 주안점을 두고 있는 것으로 생각되는데, 이에 반해 전기통신사업법은 전기통신사업자는 공정한 경쟁 또는 이용자의 이익을 해치거나 해칠 우려가 있는 다음 각 호의 어느 하나에 해당하는 행위(이하 "금지행위"라 한다)를 하거나 다른 전기통신사업자 또는 제3자로 하여금 금지행위를 하도록 하여서는 아니 된다고 규정하고 있으며(전기통신사업법 제50조제1항), 이 법 제99조(벌칙)에서 동법 제50조(금지행위)제1항 각 호의 금지행위(동법 제50조제1항제5호의 행위 중 이용약관과 다르게 전기통신서비스를 제공하는 행위 및 같은 항 제5호의2의 행위는 제외한다)를 한 자는 3억원 이하의 벌금에 처한다고 규정하고 있을 뿐(동법 제99조). 금지행위 위반에 대한 제재(制裁)로 동법 제52조(금지행위에 대한 조치), 동법 제52조의2(금지행위 관련 조치에 대한 이행강제금), 동법 제53조(금지행위 등에 대한 과징금의 부과)를 통해 금지행위에 위반행위로 인해 생긴 경제적 이익의 흡수에 주안(主眼)점을 둔 비형사적인 제재가 중심이 되어 있는 점에서 큰 차이가 있다고 생각된다. 한편 2023년 개인정보 보호법 개정을 통해 기존 금지행위 조항인 "정당한 권한 없이 또는 허용된 권한을 초과하여 다른 사람의 개인정보를 훼손, 멸실, 변경, 위조 또는 유출하는 행위"에서 "정당한 권한 없이 또는 허용된 권한을 초과하여 다른 사람의 개인정보를 이용, 훼손, 멸실, 변경, 위조 또는 유출하는 행위"로 이용이 추가되었다. 이러한 개정은 최근 대학수학능력시험 중 수험생 응시원서의 개인정보를 취득하여 사적으로 연락을 취한 수학능력시험 감독관에 대하여 감독관의 행위가 부적절하다는 점을 인정하면서도 해당 행위가 현행법상 금지행위로 규정되어 있지 않아 이를 이유로 처벌할 수 없다고 법원이 판시한 사건이 있었는데[6], 동 사건과 같이 개인정보를 처리하거나 처리하였던 자의 개인정보 무단 이용을 방지함으로써 정보주체의 개인정보 침해에 따른 피해를 줄이고자 하는 입법 취지는 이해되나 형법이 아닌 세계에서 유래를 찾기 힘들게 개인정보 보호법에서 동 사안을 처벌하는 것이 정당한가에 대한 논란이 있다고 하겠으며, 개인정보 보호법은 개인정보파일의 처리를 전제로 법체계가 구성되어 있음에도 불구하고 개인정보 침해 자체에 대해 처벌조항을 두는 것이 과연 바람직한지 여부에 대해 문제가 있다고 생각한다. 이러한 금지규정 개정에 대한 당신의 입장과 의견은 무엇이며 이와 함께 문제점과 개선방안이 있다면 무엇이라고 생각하는가?

2. 사전 실태점검. 개인정보 보호법은 개인정보보호위원회는 다음. 1. 이 법을 위반하는 사항을 발견하거나 혐의가 있음을 알게 된 경우, 2. 이 법 위반에 대한 신고를 받거나 민원이 접수된 경우, 3. 그 밖에 정보주체의 개인정보 보호를 위하여 필요한 경우로서 대통령령으로 정하는 경우의 어느 하나에 해당하는 경우에는 개인정보처리자에게 관계 물품·서류 등 자료를 제출하게 할 수 있다고 규정하고 있으며(개인정보 보호법 제63조제1항), 개인정보 보호법 시행령은 이 법 제63조(자료제출 요구 및 검사)제1항제3호에서 "대통령령으로 정하는 경우"란 개인정보 유출 등 정보주체의 개인정보에 관한 권리 또는 이익을 침해하는 사건·사고 등이 발생하였거나 발생할 가능성이 상당히 있는 경우를 말한다고 규정하고 있다(동법 시행령 제60조제1항). 개인정보 보호법 위반행위에 대한 조사는 신고(申告), 인지(認知), 기획(企劃)을 통해 개시되는 것으로 이해되는데, 2023년 개인정보 보호법의 개정을 통해 이 법 제63조의2(사전 실태점검)에 사전 실태점검이 추가되었다. 개인정보 보호법은 개인정보보호위원회는 이 법 제63조제1항 각 호에 해당하지 아니하는 경우로서 개인정보 침해사고 발생의 위험성이 높고 개인정보 보호의 취약점을 사전에 점검할 필요성이 인정되는 개인정보처리자에 대하여 개인정보 보호실태를 점검할 수 있고 규정하고 있으며(동법 제63조의2제1항), 개인정보보호위원회는 제1항에 따른 실태점검을 실시하여 이 법을 위반하는 사항을 발견한 경우 해당 개인정보처리자에 대하여 시정방안을 정하여 이에 따를 것을 권고할 수 있다고 규정하고 있다(동법 제63조의2제2항). 또한 개인정보 보호법은 이 법 제63조의2제2항에 따른 시정권고를 받은 개인정보처리자는 이를 통보받은 날부터 10일 이내에 해당 권고를 수락하는지 여부에 관하여 개인정보보호위원회에 통지하여야 하며, 그 이행 결과를 동 위원회가 고시로 정하는 바에 따라 개인정보보호위원회에 알려야 한다고 규정하고 있으며(동법 제63조의2제3항), 동법 제63조의2제2항에 따른 시정권고를 받은 자가 해당 권고를 수락한 때에는 동법 제64조(시정조치 등)제1항에 따른 시정조치 명령(중앙행정기관, 지방자치단체, 국회, 법원, 헌법재판소, 중앙선거관리위원회의 경우에는 제64조제3항에 따른 권고를 말한다)을 받은 것으로 본다고 규정하고 있다(동법 제63조의2제4항). 사전 실태점검은 수사(搜査) 개시 이전 단계인 내사(內査)에 비유될 수 있으며 자료제출 요구 및 검사를 통한 조사는 수사에 비유될 수 있다고 생각된다. 한편 개인정보 보호법의 자료제출 요구 및 검사는 임의(任意)조사로서 「사법경찰관리의 직무를 수행할 자와 그 직무범위에 관한 법률(약칭: 사법경찰직무법)」에 따른 특별사법경찰권과 같은 강제(強制)조사와 달리 제출을 거부하는 자료 등에 대한 압수수색 등과 같은 권한은 없는 것으로 이해된다.

---

6) 서울중앙지방법원 2019. 12. 12. 선고 2019고단3278.

제 2 절 의견제시와 개선권고 및 시정조치 등

〈개인정보 보호법〉 제61조(의견제시 및 개선권고) ① 보호위원회는 개인정보 보호에 영향을 미치는 내용이 포함된 법령이나 조례에 대하여 필요하다고 인정하면 심의·의결을 거쳐 관계기관에 의견을 제시할 수 있다.

② 보호위원회는 개인정보 보호를 위하여 필요하다고 인정하면 개인정보처리자에게 개인정보 처리 실태의 개선을 권고할 수 있다. 이 경우 권고를 받은 개인정보처리자는 이를 이행하기 위하여 성실하게 노력하여야 하며, 그 조치 결과를 보호위원회에 알려야 한다.

〈개인정보 보호법〉 제64조(시정조치 등) ① 보호위원회는 이 법을 위반한 자(중앙행정기관, 지방자치단체, 국회, 법원, 헌법재판소, 중앙선거관리위원회는 제외한다)에 대하여 다음 각 호에 해당하는 조치를 명할 수 있다.

1. 개인정보 침해행위의 중지
2. 개인정보 처리의 일시적인 정지
3. 그 밖에 개인정보의 보호 및 침해 방지를 위하여 필요한 조치

〈신용정보법〉 제45조의2(금융위원회의 조치명령권) 금융위원회는 신용정보주체를 보호하고 건전한 신용질서를 확립하기 위하여 신용정보회사등에 다음 각 호의 사항에 관하여 자료제출, 처리중단, 시정조치, 공시 등 필요한 조치를 명할 수 있다.

1. 신용정보회사등이 보유하는 신용정보에 관한 사항
2. 신용정보의 처리에 관한 사항
3. 신용정보회사등의 업무 개선에 관한 사항
4. 신용정보활용체제의 공시에 관한 사항
5. 그 밖에 신용정보주체 보호 또는 건전한 신용질서 확립을 위하여 필요한 사항으로서 대통령령으로 정하는 사항

〈신용정보법〉 제45조의4(보호위원회의 시정조치) 보호위원회는 상거래정보보호규정과 관련하여 개인신용정보가 침해되었다고 판단할 상당한 근거가 있고 이를 방치할 경우 회복하기 어려운 피해가 발생할 우려가 있다고 인정되면 상거래기업 및 법인에 대하여 다음 각 호에 해당하는 조치를 명할 수 있다.

1. 개인신용정보 침해행위의 중지
2. 개인신용정보 처리의 일시적인 정지
3. 그 밖에 개인정보의 보호 및 침해 방지를 위하여 필요한 조치

1. 의견제시 및 개선권고

개인정보 보호법은 개인정보보호위원회는 개인정보 보호에 영향을 미치는 내용이 포함된 법령이나 조례에 대하여 필요하다고 인정하면 심의·의결을 거쳐 관계 기관에 의견을 제시할 수 있다고 규정하고 있으며(개인정보 보호법 제61조제1항), 개인정보보호위원회는 개인정보 보호를 위하여 필요하다고 인정하면 개인정보처리자에게 개인정보 처리 실태의 개선을 권고할 수 있는데, 이 경우 권고를 받은 개인정보처리자는 이를 이행하기 위하여 성실하게 노력하여야 하며 그 조치 결과를 개인정보보호위원회에 알려야 한다고 규정하고 있다(동법 제61조제2항). 한편 개인정보 보호법은 관계 중앙행정기관의 장은 개인정보 보호를 위하여 필요하다고 인정하면 소관 법률에 따라 개인정보처리자에게 개인정보 처리 실태의 개선을 권고할 수 있는데, 이 경우 권고를 받은 개인정보처리자는 이를 이행하기 위하여 성실하게 노력하여야 하며 그 조치 결과를 관계 중앙행정기관의 장에게 알려야 한다고 규정하고 있으며(동법 제61조제3항), 중앙행정기관, 지방자치단체, 국회, 법원, 헌법재판소, 중앙선거관리위원회는 그 소속 기관 및 소관 공공기관에 대하여 개인정보 보호에 관한 의견을 제시하거나 지도·점검을 할 수 있다고 규정하고 있다(동법 제62조제4항).

2. 시정조치 등

가 시정조치 등의 의의

시정조치는 법률의 위반에 의해 야기(惹起)된 위법한 상태를 제거하도록 명하는 행정행위로서 동 시정명령을 이행하지 않는 경우에는 일정한 법적 강제가 수반되는 법적 효력이 있는 행위로 이해되는데, 개인정보 보호법과 신용정보법은 신고(申告),[7] 인

---

7) 개인정보 보호법은 개인정보처리자가 개인정보를 처리할 때 개인정보에 관한 권리 또는 이익을 침해받은 사람은 개인정보보호위원회에 그 침해 사실을 신고할 수 있다고 규정하고 있으며(개인정보 보호법 제62조제1항), 개인정보보호위원회는 이 법 제62조(침해 사실의 신고 등)제1항에 따른 신고의 접수·처리 등에 관한 업무를 효율적으로 수행하기 위하여 대통령령으로 정하는 바에 따라 전문기관을 지정할 수 있는데, 이 경우 전문기관은 개인정보침해 신고센터(이하 "신고센터"라 한다)를 설치·운영하여야 한다고 규정하고 있다(동법 제62조의제1항). 또한 개인정보 보호법 시행령은 개인정보보호위원회는

지(認知), 기획(企劃)에 따른 조사를 통해 개인정보처리자나 신용정보회사등에게 위법행위를 시정(是正)하기 위한 시정조치 등을 명할 수 있도록 하고 있다. 한편 2023년 개인정보 보호법 개정 이전에는 "개인정보가 침해되었다고 판단할 상당한 근거가 있고 이를 방치할 경우 회복하기 어려운 피해가 발생할 우려가 있다고 인정되면"이라는 단서 조항이 있었으나 2023년 개정을 통해 동 단서를 삭제하였다. 개정 전에는 시정조치 명령의 요건이 엄격하게 규정되어 법 위반상태가 지속되고 있음에도 신속하게 위법 상태가 해소되지 못한다는 문제가 제기되었으나, 시정조치 명령의 요건을 완화함으로써 시정조치 제도의 실효성을 제고하기 위한 취지로 이해된다.

나 개인정보 보호법의 시정조치 등

개인정보 보호법은 개인정보보호위원회는 이 법을 위반한 자(중앙행정기관, 지방자치단체, 국회, 법원, 헌법재판소, 중앙선거관리위원회는 제외한다)에 대하여 다음, 1. 개인정보 침해행위의 중지, 2. 개인정보 처리의 일시적인 정지, 3. 그 밖에 개인정보의 보호 및 침해 방지를 위하여 필요한 조치에 해당하는 조치를 명할 수 있다고 규정하고 있으며 (개인정보 보호법 제64조제1항), 지방자치단체, 국회, 법원, 헌법재판소, 중앙선거관리위원회는 그 소속 기관 및 소관 공공기관이 이 법을 위반하였을 때에는 동법 제64조(시정조치 등)제1항 각 호에 해당하는 조치를 명할 수 있다고 규정하고 있다(동법 제64조제2항). 한편 개인정보 보호법은 개인정보보호위원회는 중앙행정기관, 지방자치단체, 국회, 법원, 헌법재판소, 중앙선거관리위원회가 이 법을 위반하였을 때에는 해당 기관의 장에게 동법 제64조제1항 각 호에 해당하는 조치를 하도록 권고할 수 있는데, 이 경우 권고를 받은 기관은 특별한 사유가 없으면 이를 존중하여야 한다고 규정하고 있다(동법 제64조제3항).

이 법 제62조제2항에 따라 개인정보에 관한 권리 또는 이익 침해 사실 신고의 접수·처리 등에 관한 업무를 효율적으로 수행하기 위한 전문기관으로 한국인터넷진흥원을 지정한다고 규정하고 있다(동법 시행령 제59조).

다 신용정보법의 조치명령권 등

신용정보법은 금융위원회는 신용정보주체를 보호하고 건전한 신용질서를 확립하기 위하여 신용정보회사등에 다음, 1. 신용정보회사등이 보유하는 신용정보에 관한 사항, 2. 신용정보의 처리에 관한 사항, 3. 신용정보회사등의 업무 개선에 관한 사항, 4. 신용정보활용체제의 공시에 관한 사항, 5. 그 밖에 신용정보주체 보호 또는 건전한 신용질서 확립을 위하여 필요한 사항으로서 대통령령으로 정하는8) 사항에 관하여 자료제출, 처리중단, 시정조치, 공시 등 필요한 조치를 명할 수 있다고 규정하고 있으며(신용정보법 제45조의2), 이 법 제45조의4(보호위원회의 시정조치)에서 개인정보보호위원회는 상거래정보보호규정과 관련하여 개인신용정보가 침해되었다고 판단할 상당한 근거가 있고 이를 방치할 경우 회복하기 어려운 피해가 발생할 우려가 있다고 인정되면 상거래기업 및 법인에 대하여 다음, 1. 개인신용정보 침해행위의 중지, 2. 개인신용정보 처리의 일시적인 정지, 3. 그 밖에 개인정보의 보호 및 침해 방지를 위하여 필요한 조치를 명할 수 있다고 규정하고 있다(동법 제45조의4).

한편 신용정보법은 금융위원회는 신용정보회사등이 이 법(채권추심회사의 경우에는 「채권의 공정한 추심에 관한 법률」을 포함한다. 이하 이 항에서 같다) 또는 이 법에 따른 명령을 위반하여 신용정보 관련 산업의 건전한 경영과 신용정보주체의 권익을 해칠 우려가 있다고 인정하면 다음, 1. 신용정보회사등에 대한 주의 또는 경고, 2. 임원에 대한 주의 또는 경고, 3. 직원에 대한 주의 및 정직, 감봉, 견책 등의 문책 요구, 4. 임원에 대한 해임권고, 직무정지 또는 직원에 대한 면직 요구, 5. 위반행위에 대한 시정명령, 6. 신용정보제공의 중지의 어느 하나에 해당하는 조치를 하거나, 금융감독원장으로 하여금 이 법 제45조(감독·검사 등)제7항제1호부터 제3호까지의 규정에 해당하는 조치를 하게 할 수 있다고 규정하고 있다(동법 제45조제7항).

---

8) 신용정보법 시행령은 이 법 제45조의2(금융위원회의 조치명령권)제5호에서 "대통령령으로 정하는 사항"이란 다음, 1. 동법 제11조(겸영업무)제1항에 따른 겸영업무(이하 "겸영업무"라 한다) 및 동법 제11조의2(부수업무)에 따른 부수업무(이하 "부수업무"라 한다)에 관한 사항, 2. 동법 제22조의5(개인사업자신용평가회사의 행위규칙)제3항에 따른 내부통제기준에 관한 사항, 3. 동법 제22조의6(기업신용조회회사의 행위규칙)제3항 및 제4항에 따른 내부통제기준 및 이용자관리규정에 관한 사항, 4. 신용정보회사등의 서비스 운영에 관한 사항, 5. 신용정보회사등의 영업, 재무 및 위험에 관한 사항, 6. 업무 내용의 보고에 관한 사항을 말한다고 규정하고 있다(신용정보법 시행령 제36조의3).

제3절 | 고발과 징계권고 및 결과의 공표

〈개인정보 보호법〉 제65조(고발 및 징계권고) ① 보호위원회는 개인정보처리자에게 이 법 등 개인정보 보호와 관련된 법규의 위반에 따른 범죄혐의가 있다고 인정될 만한 상당한 이유가 있을 때에는 관할 수사기관에 그 내용을 고발할 수 있다.

② 보호위원회는 이 법 등 개인정보 보호와 관련된 법규의 위반행위가 있다고 인정될 만한 상당한 이유가 있을 때에는 책임이 있는 자(대표자 및 책임있는 임원을 포함한다)를 징계할 것을 해당 개인정보처리자에게 권고할 수 있다. 이 경우 권고를 받은 사람은 이를 존중하여야 하며 그 결과를 보호위원회에 통보하여야 한다.

〈신용정보법〉 제45조(감독·검사 등) ⑦ 금융위원회는 신용정보회사등이 이 법(채권추심회사의 경우에는 「채권의 공정한 추심에 관한 법률」을 포함한다. 이하 이 항에서 같다) 또는 이 법에 따른 명령을 위반하여 신용정보 관련 산업의 건전한 경영과 신용정보주체의 권익을 해칠 우려가 있다고 인정하면 다음 각 호의 어느 하나에 해당하는 조치를 하거나, 금융감독원장으로 하여금 제1호부터 제3호까지의 규정에 해당하는 조치를 하게 할 수 있다.

1. 신용정보회사등에 대한 주의 또는 경고
2. 임원에 대한 주의 또는 경고
3. 직원에 대한 주의 및 정직, 감봉, 견책 등의 문책 요구
4. 임원에 대한 해임권고, 직무정지 또는 직원에 대한 면직 요구
5. 위반행위에 대한 시정명령
6. 신용정보제공의 중지

〈개인정보 보호법〉 제66조(결과의 공표) ① 보호위원회는 제61조에 따른 개선권고, 제64조에 따른 시정조치 명령, 제64조의2에 따른 과징금의 부과, 제65조에 따른 고발 또는 징계권고 및 제75조에 따른 과태료 부과의 내용 및 결과에 대하여 공표할 수 있다.

② 보호위원회는 제61조에 따른 개선권고, 제64조에 따른 시정조치 명령, 제64조의2에 따른 과징금의 부과, 제65조에 따른 고발 또는 징계권고 및 제75조에 따른 과태료 부과처분 등을 한 경우에는 처분 등을 받은 자에게 해당 처분 등을 받았다는 사실을 공표할 것을 명할 수 있다.

1. 고발 및 징계권고

고발(告發)이란 범죄의 피해자 또는 그와 일정한 관계에 있는 고소권자가 수사기관에 대하여 범죄사실을 특정하여 신고하고, 범인의 처벌을 구하는 의사표시인 고소(告訴)와 다르게 범인 또는 고소권자 이외의 제3자가 누구든지 고소와 마찬가지로 범죄사실을 수사기관에 신고하여 범인의 소추를 구하는 의사표시이며,9) 공무원은 그 직무를 행함에 있어서 범죄가 있다고 사료(思料)하는 때에는 고발의 의무가 있는 것으로 이해되는데, 한편 법원은 "형사소송법 제234조(고발)제2항의 공무원이 그 직무를 행함에 있어 범죄가 있다고 사료하는 때에는 고발하여야 한다는 규정이 있으나 공무원이 그 직무수행중 범죄를 인지하였다고 하더라도 가벌성이 없다고 인정되거나 기타 사정으로 고발하지 아니함이 상당하다고 인정되는 경우에는 재량에 따라서 고발하지 아니할 수 있다"라고 판시하고 있다.10)

개인정보 보호법은 신고(申告), 인지(認知), 기획(企劃)에 따른 조사를 통해 개인정보처리자의 이 법의 위반사실이 확인된 경우 범죄행위에 대해서는 고발 또는 징계권고를 할 수 있도록 하고 있는데, 개인정보 보호법은 개인정보보호위원회는 개인정보처리자에게 이 법 등 개인정보 보호와 관련된 법규의 위반에 따른 범죄혐의가 있다고 인정될 만한 상당한 이유가 있을 때에는 관할 수사기관에 그 내용을 고발할 수 있다고 규정하고 있으며(개인정보 보호법 제65조제1항), 개인정보보호위원회는 이 법 등 개인정보 보호와 관련된 법규의 위반행위가 있다고 인정될 만한 상당한 이유가 있을 때에는 책임이 있는 자(대표자 및 책임있는 임원을 포함한다)를 징계할 것을 해당 개인정보처리자에게 권고할 수 있는데, 이 경우 권고를 받은 사람은 이를 존중하여야 하며 그 결과를 개인정보보호위원회에 통보하여야 한다고 규정하고 있다(동법 제65조제2항).

한편 개인정보 보호법은 관계 중앙행정기관의 장은 소관 법률에 따라 개인정보처리자에 대하여 개인정보 보호법 제65조(고발 및 징계권고)제1항에 따른 고발을 하거나 소속 기관·단체 등의 장에게 이 법 제65조제2항에 따른 징계권고를 할 수 있는데, 이 경우 동법 제65조제2항에 따른 권고를 받은 사람은 이를 존중하여야 하며 그 결

---

9) 이재상, 형사소송법 제6판, 박영사(2002), p197.
10) 서울고등법원 1970. 9. 3. 선고 69노558.

과를 관계 중앙행정기관의 장에게 통보하여야 한다고 규정하고 있다(동법 제65조제3항). 다만 관계 중앙행정기관의 장은 소관 법률에 따라 개인정보처리자에 대하여 고발하거나 소속 기관·단체 등의 장에게 징계를 권고할 수 있으므로 만일 소관 법률이 없다면 개인정보 보호법에 따라서는 고발이나 징계권고를 할 수 없는 것으로 해석된다.

2. 결과의 공표

가 결과 공표의 의의

결과의 공표는 강학(講學)상의 명단의 공표로서[11] 행정법상의 의무 위반 또는 불이행이 있는 경우에 그 위반자의 성명, 위반 사실 등을 일반인에게 공개하여 명예 또는 신용에 침해를 가함으로써 심리적인 압박감을 가하여 행정법상의 의무이행을 확보하는 간접 강제수단으로 이해된다. 한편 법원은 "시정조치 등을 명령받은 사실의 공표는 양심이나 확신에 반하여 사죄 또는 사과를 하라는 것이 아닌 단순히 시정조치 명령 등을 받았다는 객관적 내용을 신문에 게재하라는 것에 불과하므로 헌법에 위반되지 않는다"라고 판시한 바 있다.[12] 개인정보 보호법은 개인정보보호위원회는 이 법 제61조(의견제시 및 개선권고)에 따른 개선권고, 동법 제64조(시정조치 등)에 따른 시정조치 명령, 동법 제64조의2(과징금의 부과)에 따른 과징금의 부과, 동법 제65조(고발 및 징계권고)에 따른 고발 또는 징계권고 및 동법 제75조(과태료)에 따른 과태료 부과의 내용 및 결과에 대하여 공표할 수 있다고 규정하고 있으며(개인정보 보호법 제66조제1항), 개인정보보호위원회는 개인정보 보호법 제61조에 따른 개선권고, 이 법 제64조에 따른 시정조치 명령, 동법 제64조의2에 따른 과징금의 부과, 동법 제65조에 따른 고발 또는 징계권고 및 동법 제75조에 따른 과태료 부과처분 등을 한 경우에는 처분 등을 받은 자에게 해당 처분 등을 받았다는 사실을 공표할 것을 명할 수 있다고 규정하고 있다(동법 제66조제2항). 한편 2023년 개인정보 보호법 개정 이전에는 과징금의 처분에 대한 공표제도는 규정되어 있지 않았으나 2023년 개정을 통해 개인정보 보호법 제64

---

11) 박균성, 행정법강의(제15판), 박영사(2018), p412.
12) 대법원 1994. 3. 11. 선고 93누19726.

조의2에 따른 과징금의 부과에 대해서도 결과의 공표를 할 수 있게 되었는데, 개인정보 보호법상의 행정처분 간의 형평성을 제고하고 현행법 위반에 관한 개인정보처리자의 경각심을 제고하는 한편, 국민의 알권리를 실현하기 위한 입법으로 이해된다.

나 결과 공표의 방법과 기준 및 절차 등

개인정보 보호법은 이 법 제66조(결과의 공표)제1항 및 제2항에 따른 개선권고 사실 등의 공표 및 공표명령의 방법, 기준 및 절차 등은 대통령령으로 정한다고 규정하고 있는데(개인정보 보호법 제66조제3항), 개인정보 보호법 시행령은 개인정보보호위원회는 이 법 제66조제1항에 따라 다음, 1. 위반행위의 내용, 2. 위반행위를 한 자, 3. 개선권고, 시정조치 명령, 과징금의 부과, 고발, 징계권고, 과태료 부과의 내용 및 결과의 사항을 개인정보보호위원회 인터넷 홈페이지 등에 게재하여 공표할 수 있으며(동법 시행령 제61조제1항), 개인정보보호위원회는 동법 제66조제2항에 따라 개선권고, 시정조치 명령, 과징금의 부과, 고발, 징계권고 및 과태료 부과처분 등(이하 이 조에서 "처분등"이라 한다)을 받은 자에게 다음, 1. 위반행위의 내용, 2. 위반행위를 한 자, 3. 처분등을 받았다는 사실의 사항을 공표할 것을 명할 수 있으나, 이 경우 공표의 내용·횟수, 매체와 지면의 크기 등을 정하여 명해야 하며, 처분등을 받은 자와 공표 문안 등에 관하여 협의할 수 있다고 규정하고 있다(동법 시행령 제61조제2항).

개인정보 보호법 시행령은 개인정보보호위원회는 이 법 시행령 제61조(결과의 공표)제1항에 따라 공표하려는 경우 또는 동법 시행령 제61조제2항에 따라 공표할 것을 명하려는 경우에는 위반행위의 내용 및 정도, 위반 기간 및 횟수, 위반행위로 인하여 발생한 피해의 범위 및 결과 등을 고려해야 한다고 규정하고 있으며(동법 시행령 제61조제3항), 개인정보보호위원회는 공표 또는 공표명령에 대한 심의·의결 전에 처분등을 받은 자에게 소명자료를 제출하거나 의견을 진술할 수 있는 기회를 주어야 한다고 규정하고 있다(동법 시행령 제61조제4항).

1. **개인정보 보호법 위반행위와 인과관계(APT 공격을 통한 해킹 사건).** 개인정보 보호법 위반행위와 과징금 부과 처분 간의 인과관계에 대한 논란이 제기되고 있는데, APT(Advanced Persistent Threat, 지능적 지속 위협) 공격을 통한 해킹(Hacking)과 이로 인한 개인정보 유출에 대한 과징금 부과 간의 인과관계에 대한 사건이 그 논란의 사건으로 이해된다. 법원은 2011년 싸이월드 개인정보유출 사건에 대해서는 Idle time-out(최대 접속 시간 후 자동 로그 아웃 제한 기능) 미설정 행위와 해킹을 당한 것 사이에 상당한 인과관계가 없다는 이유로 싸이월드의 법적 책임이 없다고 판결하였으나.[13] 방송통신위원회가 Idle time-out을 하지 않은 점 등을 이유로 44억 8천만원의 과징금을 부과한 2016년 인터파크 개인정보유출 사건에 대해 인터파크가 행정소송을 제기하였고 동 사건은 대법원까지 상고되었으나 결국 패소판결이 확정된 바 있다.[14] APT 공격이란 과거의 불특정 다수를 노렸던 공격과는 달리 하나의 대상을 목표로 정한 후에 내부로의 침입이 성공할 때까지 다양한 정보통신기술과 공격방식을 기반으로 다양한 보안 위협을 생산하여 공격을 멈추지 않는 것이 특징이기 때문에 굉장히 위험한 공격으로 생각된다. 한편 개인정보 보호법 위반행위와 과징금 부과 처분 간의 인과관계에 대해 두 판례의 결과가 다른 점은, 즉 인터파크 개인정보유출 사건에 대해서 유출사고가 난 이상 이것과 법위반 행위 사이의 인과관계가 입증되지 않았더라도 과징금을 부과할 수 있다고 판결한 것은 〈표 20〉과 같이 정보통신망법 법률 제11322호는 동법 상 조치를 하지 아니하여 이용자의 개인정보를 유출한 경우에는 과징금을 부과한다는 구조로서 미조치가 유출의 원인이 되어야 한다는 뜻이 명확했던 반면, 2014년 개정된 정보통신망법 법률 제12681호의 법조문은 이용자의 개인정보를 유출한 경우로서 법상 조치를 하지 아니한 경우에는 과징금을 부과한다는 형식으로 바뀌었는데 이를 근거로 법원은 유출이라는 결과와 미조치 행위가 인정되기만 하면 둘 사이의 인과관계는 요구되지 않는다고 해석한 것으로 이해된다.

표 20 정보통신망법 법률 제11322호와 법률 제12681호의 비교

정보통신망법 [법률 제11322호, 2012.2.17, 일부개정]	정보통신망법 [법률 제12681호, 2014.5.28, 일부개정]
제64조의3(과징금의 부과 등) ① 방송통신위원회는 다음 각 호의 어느 하나에 해당하는 행위가 있는 경우에는 해당 정보통신서비스 제공자등에게 위반행위와 관련한 매출액의 100분의 1 이하에 해당하는 금액을 과징금으로 부과할 수 있다. 다만, 제6호에 해당하는 행위가 있는 경우에는 1억원 이하의 과징금을 부과할	제64조의3(과징금의 부과 등) ① 방송통신위원회는 다음 각 호의 어느 하나에 해당하는 행위가 있는 경우에는 해당 정보통신서비스 제공자등에게 위반행위와 관련한 매출액의 100분의 3 이하에 해당하는 금액을 과징금으로 부과할 수 있다.

수 있다. 6. 제28조제1항제2호부터 제5호까지의 조치를 하지 아니하여 이용자의 개인정보를 분실·도난·누출·변조 또는 훼손한 경우	6. 이용자의 개인정보를 분실·도난·누출·변조 또는 훼손한 경우로서 제28조제1항제2호부터 제5호까지의 조치를 하지 아니한 경우

즉 법원은 헌법상 자기책임의 원칙에는 특수한 입법목적을 달성하기 위해 일정한 예외가 설정될 수 있는데, 개인정보 유출 사고가 지속하여 발생하고 있고 특히 정보통신망을 통한 개인정보 유출은 그 피해 정도가 지대하며 유출된 개인정보는 2차 피해 발생 가능성도 높으므로 사전에 개인정보가 유출되지 못하도록 법적·제도적 장치를 마련할 필요성이 있는 점에 비추어 볼 때, 위와 같이 인과관계가 요구되지 않는 것으로 해석하는 것이 헌법상 자기책임 원칙에 반한다고 할 수 없다고 판시하였다. 이에 대해 민사법과 형사법의 영역에서는 자신의 행위와 인과관계 없는 결과에 대해서 법적 책임을 부담하는 경우는 있을 수 없는데, 형법 제17조(인과관계) 및 민법 제750조(불법행위의 내용) 모두 인과관계를 법적 책임의 성립요건으로 요구하고 있으며 이것이 법의 대원칙이므로 행정상의 제재 또한 특별한 사정이 없다면 마찬가지여야 한다는 주장이 제기되고 있다.[15] 또한 이 판결에 의하면 취약점과 해킹(Hacking) 간 인과관계를 굳이 입증할 필요가 없기 때문에 정부는 고객정보를 해킹당한 기업에게 조사를 나가서 아무 취약점이나 적발하면 과징금을 부과할 수 있게 되는 반면, 정작 개인정보를 유출당한 정보주체가 기업에게 민사소송을 제기하면 민법상 손해배상 요건에는 인과관계가 명시되어 있기 때문에 취약점과 해킹(Hacking) 간 인과관계가 없다는 이유로 손해배상을 받지 못할 수 있는, 즉 인과관계가 입증되지 않으면 정부의 과징금 부과가 가능하더라도 정작 피해자가 손해배상을 받지 못하는 불합리한 점이 발생할 수 있다는 주장도 제기되고 있다.[16] 동 판결과 반대 주장에 대한 당신의 입장과 의견은 무엇인가?

2. 개인정보 침해로 인한 구체적인 손해의 발생과 손해배상(In Re Spokeo 사건). 미국의 개인정보보호 관련 판례 중 살펴볼 필요가 있다고 생각되는 판례로 Spokeo, Inc v. Robins(Hereafter In Re Spokeo)가 있는데,[17] 동 판결은 개인정보 침해에 대한 손해배상 소송의 원고적격(Standing)과 관련하여 개별적(Particularized)이고 구체적인(Concrete) 이익침해(Injury-in-fact)가 있어야 원고적격이 인정된다고 판시한 것이다. 피고인 Spokeo는 온라인과 오프라인을 통해 개인의 신상정보를 수집하여 이를 필요로 하는 채용기관 등에 제공하는 개인신용 평가기관으로서 인물 검색엔진(People search engine)을 운영하였고, 이는 개인신용평가와 취업 정보와 관련된 개인정보 등을 보호하기 위한 FCRA(Fair Credit Reporting Act, 공정한 신용평가에 관한 법률)의 적용 대상이었다. 한편 원고인 Robins는 Spokeo가 고의로 FCRA를 위반하여 학력, 재산 수준, 나이 등 자신에 관한 정보를 부정확하게 수집함으로써 구직(求職)에 실패하였다는 것

을 이유로 단체소송(Class action)을 제기하였다. 이에 대해 최초 연방지방법원은 원고적격이 없다며 원고의 주장을 각하(却下)하는 판결을 하였으나, 연방항소법원(Ninth Circuit)은 원고적격이 있다고 인정하여 원심을 파기한 반면에, 최종심인 연방대법원은 연방항소법원(Ninth Circuit)의 판결을 파기 환송하였는데, 동 사건은 최종적으로 원고인 Robins이 개별적(Particularized)이고 구체적인(Concrete) 이익침해(Injury-in-fact)가 없어 원고적격이 인정되지 않는다고 결정한 사례로 이해된다. 즉 EU의 경우 개인정보가 인격권(人格權)의 측면이 있어서 위자료(慰藉料) 성격의 손해배상이 인정될 소지가 있는 반면에, 미국의 경우 개인정보는 인격권의 측면보다는 구체적인 경제적 손실이 있어야 손해배상이 인정될 수 있음을 보여주는 판례라 하겠는데[18], 우리 법원도 2008년 GS칼텍스의 수탁사 직원에 의한 개인정보 유출 사고[19]와 2013년 롯데카드의 2차 개인정보 유출 사고[20]에서 개인정보가 유출되었더라도 유통되지 않았다면 손해배상이 인정되지 않는다고 판시하였으며 지금까지 이러한 판례의 입장은 유지되고 있다고 생각된다. 개인정보의 침해로 인해 구체적인 손해의 발생이 없을 경우 손해배상을 제한하는 판례의 태도에 대한 당신의 입장과 의견은 무엇인가?

제 4 절   과태료

〈개인정보 보호법〉 제75조(과태료) ① 다음 각 호의 어느 하나에 해당하는 자에게는 5천만원 이하의 과태료를 부과한다.

  1. 제25조제2항(제26조제8항에 따라 준용되는 경우를 포함한다)을 위반하여 고정형 영상정보처리기기를 설치·운영한 자

---

13) 대법원 2018. 6. 28. 선고 2014다20905.
14) 서울행정법원 2018. 7. 5. 선고 2017구합53156, 서울고등법원 2019. 5. 21. 선고 2018누56291, 대법원 2020. 3. 12. 선고 2019두60851.
15) 전승재 변호사, 해킹과 인과관계 없는 취약점도 과징금 부과대상인가, 법률신문 판례평석, https://m.lawtimes.co.kr/Content/Case-Curation?serial=158301(2019.12.23.).
16) 전승재 변호사, [이슈칼럼] 인터파크 해킹, 대법원 심리불속행 판결에 유감, 보안뉴스, https://www.boannews.com/media/view.asp?idx=87127(2020.3.23.).
17) Spokeo, Inc. v. Robins, 578 U.S. 330(2016).
18) Harvard Law Review, Robins v. Spokeo, Inc., Ninth Circuit Allows Fair Credit Reporting Act Class Action to Proceed Past Standing Challenge(2018 Jan), pp894~901.
19) 대법원 2012. 12. 26. 선고 2011다59834.
20) 대법원 2018. 12. 13. 선고 2018다219994.

2. 제25조의2제2항(제26조제8항에 따라 준용되는 경우를 포함한다)을 위반하여 이동형 영상
정보처리기기로 사람 또는 그 사람과 관련된 사물의 영상을 촬영한 자
⑤ 제1항부터 제4항까지에 따른 과태료는 대통령령으로 정하는 바에 따라 보호위원회가 부
과·징수한다. 이 경우 보호위원회는 위반행위의 정도·동기·결과, 개인정보처리자의 규모
등을 고려하여 과태료를 감경하거나 면제할 수 있다.

〈개인정보 보호법〉 제76조(과태료에 관한 규정 적용의 특례) 제75조의 과태료에 관한 규정을
적용할 때 제64조의2에 따라 과징금을 부과한 행위에 대하여는 과태료를 부과할 수 없다.

〈신용정보법〉 제52조(과태료) ① 다음 각 호의 어느 하나에 해당하는 자에게는 1억원 이하의
과태료를 부과한다.
1. 제9조의2제2항을 위반하여 보고를 하지 아니하거나 거짓으로 보고한 자
2. 제9조의2제3항에 따른 금융위원회의 자료 또는 정보의 제공 요구에 따르지 아니하거나
거짓 자료 또는 정보를 제공한 자
⑥ 제1항부터 제5항까지의 규정에 따른 과태료는 대통령령으로 정하는 바에 따라 금융위원
회가 부과·징수한다. 다만, 상거래기업 및 법인의 상거래정보보호규정 위반과 관련된 제2
항부터 제5항까지의 규정에 따른 과태료 부과는 대통령령으로 정하는 바에 따라 보호위원
회가 부과·징수한다.

1. 과태료의 의의

개인정보 보호법은 이 법 제75조(과태료)에서 이 법을 위반한 자에 대하여 과태료
를 부과하고 있으며, 신용정보법은 이 법 제52조(과태료)에서 동법을 위반한 자에 대
하여 과태료를 부과하고 있다. 과태료(過怠料)는 행정질서벌로서, 행정질서벌(行政秩序罰)
은 행정벌(行政罰)의 일종이나, 행정 법규나 행정법상 의무를 위반하여 형법(刑法)에 형
의 이름이 있는 사형, 징역, 금고, 자격상실과 정지, 벌금, 구류, 과료, 몰수와 같은
형벌을 과하는 행정벌의 일종인 행정형벌(行政刑罰)과 달리[21], 행정질서벌은 일반 사회
법익에 직접적인 영향을 미치지는 않으나 신고(申告) 의무 위반과 같이 행정 목적을
간접적으로 침해하는 행정 법규나 행정법상 의무 위반행위에 대해 부과되는 것으로
이해된다.[22] 행정질서벌인 과태료는 행정법의 간접적인 의무이행 확보 수단이며 과태

---

21) 박균성, 행정법강의(제15판), 박영사(2018), p404.

료에 대한 일반법으로 「질서위반행위규제법」이 있는데, 질서위반행위규제법은 행정청
이 질서위반행위에 대하여 과태료를 부과하고자 하는 때에는 미리 당사자(이 법 제11조
(법인의 처리 등)제2항에 따른 고용주등을 포함한다)에게 대통령령으로 정하는 사항을 통지하
고, 10일 이상의 기간을 정하여 의견을 제출할 기회를 주어야 하나, 이 경우 지정된
기일까지 의견 제출이 없는 경우에는 의견이 없는 것으로 본다고 규정하고 있으며(질
서위반행위규제법 제16조제1항), 행정청은 당사자가 동법 제16조(사전통지 및 의견 제출 등)에
따른 의견 제출 기한 이내에 과태료를 자진하여 납부하고자 하는 경우에는 대통령령
으로 정하는 바에 따라 과태료를 감경할 수 있다고 규정하고 있다(동법 제18조제1항).
한편 행정질서벌인 과태료와 행정형벌의 병과(並科) 가능성에 대해서는 뒤의 벌칙 부
분에서 설명하고자 한다.

개인정보 보호법은 이 법 제75조(과태료)제1항부터 제4항까지에 따른 과태료는 대
통령령으로 정하는 바에 따라 개인정보보호위원회가 부과·징수하나, 이 경우 개인정
보보호위원회는 위반행위의 정도·동기·결과, 개인정보처리자의 규모 등을 고려하여
과태료를 감경하거나 면제할 수 있다고 규정하고 있으며(개인정보 보호법 제75조제5항),
개인정보 보호법 시행령은 이 법 제75조에 따른 과태료의 부과기준은 [별표 2]와 같
다고 규정하고 있다(동법 시행령 제63조). 한편 개인정보 보호법은 이 법 제75조의 과태
료에 관한 규정을 적용할 때 동법 제64조의2(과징금의 부과)에 따라 과징금을 부과한
행위에 대하여는 과태료를 부과할 수 없다고 규정하고 있는데(동법 제76조),[23] 행정질
서벌인 과태료는 위반행위로 인해 발생한 경제적 이익을 흡수하기 위한 과징금과 법
적 성격이 다르므로 병과(並科)가 가능하나 양자(兩者)는 행정 법규나 행정법상 의무 위
반에 대한 금전적 제재로서의 성격을 갖고 있으므로 중복 제재를 최소화하기 위한 취
지로 이해된다.

---

22) 홍정선, 신행정법특강, 박영사(2018), pp375~379.
23) 2023년 개정 이전에는 개인정보 보호법 제76조는 이 법 제75조의 과태료에 관한 규정을 적용할 때
   동법 제34조의2(과징금의 부과 등)에 따라 과징금을 부과한 행위에 대하여는 과태료를 부과할 수 없
   다고 규정하고 있었는데((구)개인정보 보호법 제76조), 개정 전 개인정보 보호법 제34조의2는 개인정
   보보호위원회는 개인정보처리자가 처리하는 주민등록번호가 분실·도난·유출·위조·변조 또는 훼손
   된 경우에는 5억원 이하의 과징금을 부과·징수할 수 있다고 규정하고 있었기(동법 제34조의2제1항)
   때문에, 2023년 개정된 개인정보 보호법 제64조의2(과징금의 부과)와 같이 과징금 부과 대상 전체가
   아닌 주민등록번호의 분실·도난·유출·위조·변조 또는 훼손에 대한 과징금 부과의 경우로 한정되
   었던 것으로 이해된다.

신용정보법은 이 법 제52조(과태료)제1항부터 제5항까지의 규정에 따른 과태료는 대통령령으로 정하는 바에 따라 금융위원회가 부과·징수하나, 다만 상거래기업 및 법인의 상거래정보보호규정 위반과 관련된 동법 제52조제2항부터 제5항까지의 규정에 따른 과태료 부과는 대통령령으로 정하는 바에 따라 개인정보보호위원회가 부과·징수한다고 규정하고 있으며(신용정보법 제52조제6항), 신용정보법 시행령은 이 법 제52조(과태료)제1항부터 제5항까지의 규정에 따른 과태료의 부과기준은 [별표 4]와 같다고 규정하고 있다(동법 시행령 제38조).

2. 개인정보 보호법의 과태료

개인정보 보호법 시행령 [별표 2]는 과태료의 부과기준 중, 1. 일반기준으로, 가. 위반행위의 횟수에 따른 과태료의 가중된 부과기준은 최근 3년간 같은 위반행위로 과태료 부과처분을 받은 경우에 적용하며(이 경우 기간의 계산은 위반행위에 대하여 과태료 부과처분을 받은 날과 그 처분 후 다시 같은 위반행위를 하여 적발된 날을 기준으로 한다), 나. 가목에 따라 가중된 부과처분을 하는 경우 가중처분의 적용 차수는 그 위반행위 전 부과처분 차수(가목에 따른 기간 내에 과태료 부과처분이 둘 이상 있었던 경우에는 높은 차수를 말한다)의 다음 차수로 한다고 규정하고 있다.

또한 개인정보 보호법 시행령 [별표 2]는 과태료의 부과기준 중, 1. 일반기준으로, 다. 부과권자는 다음, 1) 위반행위가 사소한 부주의나 오류로 인한 것으로 인정되는 경우, 2) 위반의 내용·정도가 경미하다고 인정되는 경우, 3) 위반행위자가 「중소기업기본법」 제2조(정의)에 따른 중소기업자인 경우 등 위반행위자의 업무 형태 및 규모에 비해 과중하다고 인정되는 경우, 4) 위반행위자가 법 위반상태를 시정하거나 해소하기 위하여 노력한 것이 인정되는 경우, 5) 위반행위자가 위반행위로 인한 피해의 회복 및 피해 확산 방지 조치를 이행한 경우, 6) 위반행위자가 개인정보 보호법 제32조의2(개인정보 보호 인증)에 따른 개인정보 보호 인증을 받거나 자율적인 보호 활동을 하는 등 개인정보 보호를 위하여 노력한 것이 인정되는 경우, 7) 위반행위자가 위반행위 사실을 자진신고한 경우, 8) 그 밖에 위반행위의 정도, 위반행위의 동기와 그 결과 등을 고려하여 과태료 금액을 줄이거나 면제할 필요가 있다고 인정되는 경우의 어느 하나에 해당하는 경우에는 이 법 시행령 [별표 2] 제2호의 개별기준에 따른 과태료 금액을 줄이거나 면제할 수 있으나, 다만 과태료를 체납하고 있는 위반행위자에 대해서는 그렇지 않다고 규정하고 있으며, 라. 부과권자는 다음, 1) 위반의 내용·정도가 중대하여 정보주체 등에게 미치는 피해가 크다고 인정되는 경우와 2) 그 밖에 위반행위의 정도·기간, 위반행위의 동기와 그 결과 등을 고려하여 과태료 금액을 늘릴 필요가 있다고 인정되는 경우의 어느 하나에 해당하는 경우에는 동법 시행령 [별표 2] 제2호의 개별기준에 따른 과태료의 2분의 1 범위에서 그 금액을 늘려 부과할 수 있으나, 다만 늘려 부과하는 경우에도 동법 제75조(과태료)제1항부터 제4항까지의 규정에 따른 과태료 금액의 상한을 넘을 수 없다고 규정하고 있다.

한편 개인정보 보호법 시행령 [별표 2]는 과태료의 부과기준 중, 2. 개별기준을 구체적으로 규정하고 있다.

가 5천만원 이하의 과태료

개인정보 보호법은 다음, 1. 이 법 제25조(고정형 영상정보처리기기의 설치·운영 제한)제2항(동법 제26조(업무위탁에 따른 개인정보의 처리 제한)제8항에 따라 준용되는 경우를 포함한다)을 위반하여 고정형 영상정보처리기기를 설치·운영한 자와 2. 동법 제25조의2(이동형 영상정보처리기기의 운영 제한)제2항(동법 제26조제8항에 따라 준용되는 경우를 포함한다)을 위반하여 이동형 영상정보처리기기로 사람 또는 그 사람과 관련된 사물의 영상을 촬영한 자의 어느 하나에 해당하는 자에게는 5천만원 이하의 과태료를 부과한다고 규정하고 있다(개인정보 보호법 제75조제1항).

나 3천만원 이하의 과태료

개인정보 보호법은 다음, 1. 이 법 제16조(개인정보의 수집 제한)제3항·동법 제22조(동의를 받는 방법)제5항(동법 제26조(업무위탁에 따른 개인정보의 처리 제한)제8항에 따라 준용되는 경우를 포함한다)을 위반하여 재화 또는 서비스의 제공을 거부한 자, 2. 동법 제20조(정보주체 이외로부터 수집한 개인정보의 수집 출처 등 통지)제1항·제2항을 위반하여 정보주체에게 같은 조 제1항 각 호의 사실을 알리지 아니한 자, 3. 동법 제20조의2(개인정보 이용·제공 내역의 통지)제1항을 위반하여 개인정보의 이용·제공 내역이나 이용·제공 내역을 확인할 수 있는 정보시스템에 접속하는 방법을 통지하지 아니한 자, 4. 동법 제21조(개인정보의 파기)제1항(제26조제8항에 따라 준용되는 경우를 포함한다)을 위반하여 개인 정보의 파기 등 필요한 조치를 하지 아니한 자, 5. 동법 제23조(민감정보의 처리 제한)제 2항·동법 제24조(고유식별정보의 처리 제한)제3항·동법 제25조(고정형 영상정보처리기기의 설치·운영 제한)제6항(제25조의2(이동형 영상정보처리기기의 운영 제한)제4항에 따라 준용되는 경우를 포함한다)·동법 제28조의4(가명정보에 대한 안전조치의무 등)제1항·동법 제29조 ((안전조치의무), 동법 제26조제8항에 따라 준용되는 경우를 포함한다)를 위반하여 안전성 확보 에 필요한 조치를 하지 아니한 자, 6. 동법 제23조제3항(동법 제26조제8항에 따라 준용되 는 경우를 포함한다)을 위반하여 민감정보의 공개 가능성 및 비공개를 선택하는 방법을 알리지 아니한 자, 7. 동법 제24조의2(주민등록번호 처리의 제한)제1항(동법 제26조제8항에 따라 준용되는 경우를 포함한다)을 위반하여 주민등록번호를 처리한 자, 8. 동법 제24조의 2제2항(동법 제26조제8항에 따라 준용되는 경우를 포함한다)을 위반하여 암호화 조치를 하지 아니한 자, 9. 동법 제24조의2제3항(동법 제26조제8항에 따라 준용되는 경우를 포함한다)을 위반하여 정보주체가 주민등록번호를 사용하지 아니할 수 있는 방법을 제공하지 아니 한 자, 10. 동법 제25조제1항(동법 제26조제8항에 따라 준용되는 경우를 포함한다)을 위반하 여 고정형 영상정보처리기기를 설치·운영한 자, 11. 동법 제25조의2제1항(동법 제26조 제8항에 따라 준용되는 경우를 포함한다)을 위반하여 사람 또는 그 사람과 관련된 사물의 영상을 촬영한 자, 12. 동법 제26조(업무위탁에 따른 개인정보의 처리 제한)제3항을 위반하 여 정보주체에게 알려야 할 사항을 알리지 아니한 자, 13. 동법 제28조의5(가명정보 처 리 시 금지의무 등)제2항(동법 제26조제8항에 따라 준용되는 경우를 포함한다)을 위반하여 개인 을 알아볼 수 있는 정보가 생성되었음에도 이용을 중지하지 아니하거나 이를 회수· 파기하지 아니한 자, 14. 동법 제28조의8(개인정보의 국외 이전)제4항(동법 제26조제8항 및 동법 제28조의11(준용규정)에 따라 준용되는 경우를 포함한다)을 위반하여 보호조치를 하 지 아니한 자, 15. 동법 제32조의2(개인정보 보호 인증)제6항을 위반하여 인증을 받지 아니하였음에도 거짓으로 인증의 내용을 표시하거나 홍보한 자, 16. 동법 제33조(개인 정보 영향평가)제1항을 위반하여 영향평가를 하지 아니하거나 그 결과를 개인정보보호 위원회에 제출하지 아니한 자, 17. 동법 제34조(개인정보 유출 등의 통지·신고)제1항(동법

제26조제8항에 따라 준용되는 경우를 포함한다)을 위반하여 정보주체에게 같은 항 각 호의 사실을 알리지 아니한 자, 18. 동법 제34조제3항(제26조제8항에 따라 준용되는 경우를 포함한다)을 위반하여 개인정보보호위원회 또는 대통령령으로 정하는 전문기관에 신고하지 아니한 자, 19. 동법 제35조(개인정보의 열람)제3항(제26조제8항에 따라 준용되는 경우를 포함한다)을 위반하여 열람을 제한하거나 거절한 자, 20. 동법 제35조의3(개인정보관리 전문기관)제1항에 따른 지정을 받지 아니하고 같은 항 제2호의 업무를 수행한 자, 21. 동법 제35조의3제3항을 위반한 자, 22. 동법 제36조(개인정보의 정정·삭제)제2항(제26조제8항에 따라 준용되는 경우를 포함한다)을 위반하여 정정·삭제 등 필요한 조치를 하지 아니한 자, 23. 동법 제37조(개인정보의 처리정지 등)제3항 또는 제5항(제26조제8항에 따라 준용되는 경우를 포함한다)을 위반하여 파기 등 필요한 조치를 하지 아니한 자, 24. 동법 제37조의2(자동화된 결정에 대한 정보주체의 권리 등)제3항(제26조제8항에 따라 준용되는 경우를 포함한다)을 위반하여 정당한 사유 없이 정보주체의 요구에 따르지 아니한 자, 25. 동법 제63조(자료제출 요구 및 검사)제1항(제26조제8항에 따라 준용되는 경우를 포함한다)에 따른 관계 물품·서류 등 자료를 제출하지 아니하거나 거짓으로 제출한 자, 26. 동법 제63조제2항(제26조제8항에 따라 준용되는 경우를 포함한다)에 따른 출입·검사를 거부·방해 또는 기피한 자, 27. 동법 제64조(시정조치 등)제1항에 따른 시정조치 명령에 따르지 아니한 자의 어느 하나에 해당하는 자에게는 3천만원 이하의 과태료를 부과한다고 규정하고 있다(개인정보 보호법 제75조제2항).

다 2천만원 이하의 과태료

개인정보 보호법은 다음, 1. 이 법 제26조(업무위탁에 따른 개인정보의 처리 제한)제6항을 위반하여 위탁자의 동의를 받지 아니하고 제3자에게 다시 위탁한 자와 2. 동법 제31조의2(국내대리인의 지정)제1항을 위반하여 국내대리인을 지정하지 아니한 자의 어느 하나에 해당하는 자에게는 2천만원 이하의 과태료를 부과한다고 규정하고 있다(개인정보 보호법 제75조제3항).

라 1천만원 이하의 과태료

개인정보 보호법은 다음, 1. 이 법 제11조의2(개인정보 보호수준 평가)제2항을 위반하여 정당한 사유 없이 자료를 제출하지 아니하거나 거짓으로 제출한 자, 2. 동법 제21조(개인정보의 파기)제3항(동법 제26조(업무위탁에 따른 개인정보의 처리 제한)제8항에 따라 준용되는 경우를 포함한다)을 위반하여 개인정보를 분리하여 저장·관리하지 아니한 자, 3. 동법 제22조(동의를 받는 방법)제1항부터 제3항까지(제26조제8항에 따라 준용되는 경우를 포함한다)를 위반하여 동의를 받은 자, 4. 동법 제26조(업무위탁에 따른 개인정보의 처리 제한)제1항을 위반하여 업무 위탁 시 같은 항 각 호의 내용이 포함된 문서로 하지 아니한 자, 5. 동법 제26조제2항을 위반하여 위탁하는 업무의 내용과 수탁자를 공개하지 아니한 자, 6. 동법 제27조(영업양도 등에 따른 개인정보의 이전 제한)제1항·제2항(동법 제26조제8항에 따라 준용되는 경우를 포함한다)을 위반하여 정보주체에게 개인정보의 이전 사실을 알리지 아니한 자, 7. 동법 제28조의4(가명정보에 대한 안전조치의무 등)제3항(동법 제26조제8항에 따라 준용되는 경우를 포함한다)을 위반하여 관련 기록을 작성하여 보관하지 아니한 자, 8. 동법 제30조(개인정보 처리방침의 수립 및 공개)제1항 또는 제2항(동법 제26조제8항에 따라 준용되는 경우를 포함한다)을 위반하여 개인정보 처리방침을 정하지 아니하거나 이를 공개하지 아니한 자, 9. 동법 제31조(개인정보 보호책임자의 지정)제1항(동법 제26조제8항에 따라 준용되는 경우를 포함한다)을 위반하여 개인정보 보호책임자를 지정하지 아니한 자, 10. 동법 제35조(개인정보의 열람)제3항·제4항, 동법 제36조(개인정보의 정정·삭제)제2항·제4항 또는 동법 제37조(개인정보의 처리정지 등)제4항(동법 제26조제8항에 따라 준용되는 경우를 포함한다)을 위반하여 정보주체에게 알려야 할 사항을 알리지 아니한 자, 11. 동법 제45조(자료의 요청 및 사실조사 등)제1항에 따른 자료를 정당한 사유 없이 제출하지 아니하거나 거짓으로 제출한 자, 12. 동법 제45조제2항에 따른 출입·조사·열람을 정당한 사유 없이 거부·방해 또는 기피한 자의 어느 하나에 해당하는 자에게는 1천만원 이하의 과태료를 부과한다고 규정하고 있다(개인정보 보호법 제75조제4항).

3. 신용정보법의 과태료

신용정보법 시행령 [별표 4]는 과태료의 부과기준 중, 1. 일반기준으로, 가. 하나의 위반행위가 둘 이상의 과태료 부과기준에 해당하는 경우에는 그 중 금액이 큰 과태료 부과기준을 적용하며, 나. 금융위원회 또는 개인정보보호위원회는 다음, 1) 위반행위가 사소한 부주의나 오류로 인한 것으로 인정되는 경우, 2) 위반행위자의 법 위반상태를 시정하거나 해소하기 위한 노력이 인정되는 경우, 3) 그 밖에 위반행위의 정도, 위반행위의 동기와 그 결과 등을 고려하여 그 금액을 줄이거나 면제할 필요가 있다고 인정되는 경우의 어느 하나에 해당하는 경우에는 이 법 시행령 [별표 4] 제2호의 개별기준에 따른 과태료 금액을 줄이거나 면제할 수 있으나, 다만 과태료를 체납하고 있는 위반행위자의 경우에는 그렇지 않다고 규정하고 있는 한편, 다. 금융위원회 또는 개인정보보호위원회는 다음, 1) 위반의 내용·정도가 중대하여 신용정보주체 등에 미치는 영향이 크다고 인정되는 경우, 2) 법 위반상태의 기간이 6개월 이상인 경우, 3) 그 밖에 위반행위의 정도, 위반행위의 동기와 그 결과 등을 고려하여 그 금액을 늘릴 필요가 있다고 인정되는 경우의 어느 하나에 해당하는 경우에는 동법 시행령 [별표 4호] 제2호에 따른 과태료 금액의 2분의 1의 범위에서 그 금액을 늘릴 수 있으나, 다만 동법 제52조(과태료)제1항부터 제5항까지의 규정에 따른 과태료 금액의 상한을 넘을 수 없다고 규정하고 있다.

한편 신용정보법 시행령 [별표 4]는 과태료의 부과기준 중, 2. 개별기준을 구체적으로 규정하고 있다.

가 1억원 이하의 과태료

신용정보법은 다음, 1. 이 법 제9조의2(최대주주의 자격심사 등)제2항을 위반하여 보고를 하지 아니하거나 거짓으로 보고한 자와 2. 동법 제9조의2제3항에 따른 금융위원회의 자료 또는 정보의 제공 요구에 따르지 아니하거나 거짓 자료 또는 정보를 제공한 자의 어느 하나에 해당하는 자에게는 1억원 이하의 과태료를 부과한다고 규정하고 있다(신용정보법 제52조제1항).

나 5천만원 이하의 과태료

신용정보법은 다음, 1. 이 법 제12조(유사명칭의 사용 금지)를 위반하여 허가받은 신용정보회사, 본인신용정보관리회사, 채권추심회사 또는 신용정보집중기관이 아님에도 불구하고 상호 또는 명칭 중에 신용정보·신용조사·개인신용평가·신용관리·마이데이터(MyData)·채권추심 또는 이와 비슷한 명칭을 사용한 자, 2. 동법 제15조(수집 및 처리의 원칙)제2항을 위반한 자, 2의2. 동법 제17조의2(정보집합물의 결합 등)제2항을 위반하여 가명처리 또는 익명처리가 되지 아니한 상태로 전달한 자, 3. 동법 제19조(신용정보전산시스템의 안전보호)를 위반한 자, 4. 동법 제20조(신용정보 관리책임의 명확화 및 업무처리기록의 보존)제6항을 위반한 자, 4의2. 동법 제22조의9(본인신용정보관리회사의 행위규칙)제3항을 위반하여 신용정보를 수집한 자, 4의3. 동법 제22조의9제4항 및 제5항을 위반하여 개인신용정보를 전송한 자, 4의4. 채권추심회사 소속 위임직채권추심인이 제27조(채권추심업 종사자 및 위임직채권추심인 등)제9항제1호의 위반행위를 한 경우 해당 채권추심회사(다만, 채권추심회사가 그 위반행위를 방지하기 위하여 해당 업무에 관한 관리에 상당한 주의를 게을리하지 아니한 경우는 제외한다), 5. 동법 제32조(개인신용정보의 제공·활용에 대한 동의)제4항 또는 제5항(동법 제34조(개인식별정보의 수집·이용 및 제공)에 따라 준용하는 경우를 포함한다)을 위반한 자, 5의2. 동법 제39조의2(채권자변동정보의 열람 등)제3항을 위반하여 분리하여 보관하지 아니한 자, 6. 동법 제41조의2(모집업무수탁자의 모집경로 확인 등)제2항을 위반하여 모집업무수탁업자와 위탁계약을 해지하지 아니한 자, 7. 동법 제45조(감독·검사 등)제2항부터 제4항까지의 규정에 따른 명령에 따르지 아니하거나 검사 및 요구를 거부·방해 또는 기피한 자, 8. 동법 제47조(업무보고서의 제출)를 위반하여 보고서를 제출하지 아니하거나 사실과 다른 내용의 보고서를 제출한 자의 어느 하나에 해당하는 자에게는 5천만원 이하의 과태료를 부과한다고 규정하고 있다(신용정보법 제52조제2항).

다 3천만원 이하의 과태료

신용정보법은 다음, 1. 이 법 제17조(처리의 위탁)제4항을 위반한 자, 2. 동법 제20조(신용정보 관리책임의 명확화 및 업무처리기록의 보존)제1항 또는 제3항을 위반한 자, 2의

2. 동법 제20조제3항 및 제4항을 위반하여 신용정보관리·보호인을 지정하지 아니한 자, 3. 동법 제20조의2(개인신용정보의 보유기간 등)제2항을 위반한 자, 4. 동법 제21조(폐업 시 보유정보의 처리)를 위반한 자, 4의2. 동법 제22조의4(개인신용평가회사의 행위규칙)제1항 및 제2항을 위반하여 신용상태를 평가한 자, 4의3. 동법 제22조의4제3항을 위반하여 불공정행위를 한 자, 4의4. 동법 제22조의5(개인사업자신용평가회사의 행위규칙)제1항 및 동법 제22조의6(기업신용조회회사의 행위규칙)제1항을 위반하여 신용상태를 평가한 자, 4의5. 동법 제22조의5제2항을 위반한 자, 4의6. 동법 제22조의5제3항을 위반한 자, 4의7. 동법 제22조의6제2항을 위반한 자, 4의8. 동법 제22조의6제3항을 위반한 자, 4의9. 동법 제22조의9(본인신용정보관리회사의 행위규칙)제1항을 위반한 자, 4의10. 동법 제22조의9제2항을 위반한 자, 5. 동법 제23조(공공기관에 대한 신용정보의 제공 요청 등)제5항을 위반한 자, 5의2. 채권추심회사 소속 위임직채권추심인이 동법 제27조(채권추심업 종사자 및 위임직채권추심인 등)제9항제2호의 위반행위를 한 경우 해당 채권추심회사(다만, 채권추심회사가 그 위반행위를 방지하기 위하여 해당 업무에 관한 관리에 상당한 주의를 게을리하지 아니한 경우는 제외한다), 6. 동법 제32조(개인신용정보의 제공·활용에 대한 동의)제8항 또는 제9항(동법 제34조(개인식별정보의 수집·이용 및 제공)에 따라 준용하는 경우를 포함한다)을 위반한 자, 6의2. 동법 제33조의2(개인신용정보의 전송요구)제3항 또는 제4항을 위반하여 개인신용정보를 전송하지 아니한 자, 6의3. 동법 제34조의2(개인신용정보 등의 활용에 관한 동의의 원칙)제1항을 위반하여 신용정보주체에게 알려야 할 사항을 알리지 아니한 자, 6의4. 동법 제34조의2제3항 단서를 위반하여 신용정보주체가 요청하였음에도 불구하고 이에 따르지 아니한 자, 6의5. 동법 제34조의2제4항을 위반하여 별도로 요청할 수 있음을 알리지 아니한 자, 6의6. 동법 제35조의3(신용정보제공·이용자의 사전통지)제1항을 위반하여 통지하지 아니한 자, 7. 동법 제36조(상거래 거절근거 신용정보의 고지 등)제1항 또는 제3항을 위반한 자, 7의2. 동법 제36조의2(자동화평가 결과에 대한 설명 및 이의제기 등)제1항을 위반하여 설명을 하지 아니한 자, 8. 동법 제37조(개인신용정보 제공 동의 철회권 등)제3항을 위반한 자, 9. 동법 제38조(신용정보의 열람 및 정정청구 등)제3항부터 제6항까지 또는 제8항을 위반한 자, 10. 동법 제38조의2(신용조회사실의 통지 요청)를 위반한 자, 11. 동법 제38조의3(개인신용정보의 삭제 요구)을 위반한 자, 12. 동법 제39조(무료 열람권)를 위반한 자, 13. 동법 제39조의4(개인신용정보 누

설통지 등)제1항을 위반하여 신용정보주체에게 같은 항 각 호의 사실을 알리지 아니한 자, 14. 동법 제39조의4제3항을 위반하여 조치결과를 신고하지 아니한 자, 15. 동법 제40조(신용정보회사등의 금지사항)제2항을 위반하여 영리목적의 광고성 정보를 전송하는 행위에 이용한 자, 16. 동법 제40조의2(가명처리·익명처리에 관한 행위규칙)제1항을 위반하여 가명처리에 사용한 추가정보를 분리하여 보관하거나 삭제하지 아니한 자, 17. 동법 제40조의2제2항을 위반하여 가명처리한 개인신용정보에 대하여 기술적·물리적·관리적 보안대책을 수립·시행하지 아니한 자, 18. 동법 제40조의2제7항을 위반하여 처리를 중지하거나 정보를 즉시 삭제하지 아니한 자의 어느 하나에 해당하는 자에게는 3천만원 이하의 과태료를 부과한다고 규정하고 있다(신용정보법 제52조제3항).

라 2천만원 이하의 과태료

신용정보법은 이 법 제10조(양도·양수 등의 인가 등)제4항 또는 동법 제17조(처리의 위탁)제7항을 위반한 자에게는 2천만원 이하의 과태료를 부과한다고 규정하고 있다(신용정보법 제52조제4항).

마 1천만원 이하의 과태료

신용정보법은 다음, 1. 이 법 제8조(신고 및 보고 사항)제1항을 위반한 자, 2. 동법 제11조(겸영업무)제1항을 위반하여 금융위원회에 신고하지 아니하고 겸영업무를 한 자, 2의2. 동법 제11조의2(부수업무)제1항을 위반하여 금융위원회에 신고하지 아니하고 부수업무를 한 자, 2의3. 동법 제11조의2제8항에 따른 금융위원회의 제한명령 또는 시정명령에 따르지 아니한 자, 2의4. 동법 제13조(임원의 겸직 금지)를 위반하여 금융위원회의 승인 없이 다른 영리법인의 상무에 종사한 자, 4. 동법 제17조(처리의 위탁)제5항을 위반한 자, 5. 동법 제18조(신용정보의 정확성 및 최신성의 유지)제1항을 위반한 자, 6. 동법 제20조의2(개인신용정보의 보유기간 등)제1항·제3항 또는 제4항을 위반한 자, 7. 동법 제22조의2(신용정보회사 임원의 자격요건 등)를 위반하여 금융위원회에 보고를 하지 아니한 자, 7의2. 동법 제22조의6(기업신용조회회사의 행위규칙)제4항을 위반하여 이용자관리규정을 정하지 아니한 자, 8. 동법 제27조(채권추심업 종사자 및 위임직채권추심인 등)제8항을 위반하여 채권추심업무를 할 때 증표를 내보이지 아니한 자, 9. 동법 제31조(신용정보활용체제의 공시)를 위반한 자, 10. 동법 제32조(개인신용정보의 제공·활용에 대한 동의)제3항·제7항 또는 제10항(동법 제34조(개인식별정보의 수집·이용 및 제공)에 따라 준용하는 경우를 포함한다)을 위반한 자, 11. 동법 제35조(신용정보 이용 및 제공사실의 조회)를 위반한 자, 11의2. 동법 제35조의2(개인신용평점 하락 가능성 등에 대한 설명의무)를 위반하여 해당 신용정보주체에게 설명하지 아니한 자, 11의3. 동법 제40조의2(가명처리·익명처리에 관한 행위규칙)제8항을 위반하여 개인신용정보를 가명처리하거나 익명처리한 기록을 보존하지 아니한 자, 12. 동법 제41조의2(모집업무수탁자의 모집경로 확인 등)제3항을 위반하여 위탁계약 해지에 관한 사항을 알리지 아니한 자의 어느 하나에 해당하는 자에게는 1천만원 이하의 과태료를 부과한다고 규정하고 있다(신용정보법 제52조제5항).

제5절 벌칙 및 몰수와 추징 등

1. 벌칙

〈개인정보 보호법〉 **제70조(벌칙)** 다음 각 호의 어느 하나에 해당하는 자는 10년 이하의 징역 또는 1억원 이하의 벌금에 처한다.
1. 공공기관의 개인정보 처리업무를 방해할 목적으로 공공기관에서 처리하고 있는 개인정보를 변경하거나 말소하여 공공기관의 업무 수행의 중단·마비 등 심각한 지장을 초래한 자
2. 거짓이나 그 밖의 부정한 수단이나 방법으로 다른 사람이 처리하고 있는 개인정보를 취득한 후 이를 영리 또는 부정한 목적으로 제3자에게 제공한 자와 이를 교사·알선한 자

〈신용정보법〉 **제50조(벌칙)** ① 제42조제1항 또는 제3항을 위반한 자는 10년 이하의 징역 또는 1억원 이하의 벌금에 처한다.

가 벌칙의 의의

개인정보 보호법은 이 법 제10장 벌칙에서 동법 제70조(벌칙)부터 동법 제73조(벌칙)까지 동법을 위반한 자에 대하여 징역 또는 벌금에 처하도록 하고 있으며, 신용정보법은 이 법 제50조(벌금)에서 동법을 위반한 자에 대하여 징역 또는 벌금에 처하도록 하고 있다. 개인정보 보호법과 신용정보법의 벌칙(罰則)은 행정형벌로서, 행정형벌(行政刑罰)은 행정벌(行政罰)의 일종으로 행정 법규나 행정법상 의무를 위반한 자에게 형법에 규정되어 있는 형벌이 가해지는 것이며 형법(刑法) 제41조(형의 종류)는 형의 종류는 다음, 1. 사형, 2. 징역, 3. 금고, 4. 자격상실, 5. 자격정지, 6. 벌금, 7. 구류, 8. 과료, 9. 몰수와 같다고 규정하고 있다(형법 제41조).

행정벌 중 행정질서벌인 과태료와 행정형벌의 병과(竝課) 가능성에 대하여, 1. 행정형벌과 행정질서벌은 그 목적이나 성질이 다르다고 볼 것이므로 과태료 부과 처분 후 행정형벌을 과하여도 일사부재리 원칙(一事不再理, 이중처벌 금지의 원칙(Double jeopardy))에 반하지 않는다는 긍정설과 2. 행정형벌과 행정질서벌은 모두 행정벌이므로 동일 법규 위반행위에 대하여 양자를 같이 부과할 수 없다는 부정설이 대립하고 있는데, 대법원은 행정법상의 질서벌인 과태료의 부과 처분과 형사처벌은 그 성질이나 목적을 달리하는 것이므로 행정질서벌인 과태료를 납부한 후에 형사처벌을 한다고 하여 이를 일사부재리의 원칙에 반하는 것이라고 할 수는 없다고 판시하여[24] 긍정설을, 헌법재판소는 행정질서벌로서의 과태료는 목적과 기능이 중복되는 면이 없지 않으므로 행위를 대상으로 하여 형벌을 부과하면서 아울러 행정질서벌로서의 과태료까지를 부과하는 것은 이중처벌 금지의 원칙(Double jeopardy)에 배치되어 국가 입법권의 남용으로 인정될 소지가 있다고 판시하여[25] 부정설을 취하고 있는 것으로 이해되나,[26] 행정질서벌인 과태료와 형사벌은 제재의 목적과 성질이 다르므로 병과가 가능한 것으로 생각된다.

앞에서 이미 설명한 바와 같이 우리나라의 개인정보 보호법은 위반행위에 대해 형사처벌을 하는 전 세계에서 드문 입법례를 갖고 있는데 2023년 개인정보 보호법 개정 시 과징금의 부과 기준을 "관련 매출액"에서 "전체 매출액"으로 상향하면서 형벌

---

24) 대법원 2000. 10. 27. 선고 2000도3874.
25) 헌법재판소 1994. 6. 30. 선고 92헌바38.
26) 박균성, 행정법강의 제15판, 박영사(2018). pp400~406.

조항을 정비하여 형벌 중심의 과도한 처벌로 인한 부담을 완화하고자 하였다고는 하나 과연 개인정보 보호법에 형사처벌을 유지하는 것이 바람직한가에 대해 재고(再考)의 여지가 크다고 생각되며 경제적 제재로의 전환이 바람직하다고 생각한다. 한편 앞에서 이미 설명한 바와 같이 2023년 개인정보 보호법 개정을 통해 이 법 제59조(금지행위)제3호를 "정당한 권한 없이 또는 허용된 권한을 초과하여 다른 사람의 개인정보를 훼손, 멸실, 변경, 위조 또는 유출하는 행위"에서 "정당한 권한 없이 또는 허용된 권한을 초과하여 다른 사람의 개인정보를 이용, 훼손, 멸실, 변경, 위조 또는 유출하는 행위"로 이용이 추가되도록 개정되면서, 동법 제71조(벌칙)제10호도 "동법 제59조(금지행위)제3호를 위반하여 다른 사람의 개인정보를 이용, 훼손, 멸실, 변경, 위조 또는 유출한 자"로 개정되었는데 개인정보를 처리하거나 처리하였던 자가 자신의 권한을 초과하여 다른 사람의 개인정보를 이용하는 행위를 금지함으로써 개인정보의 무분별한 이용에 따른 정보주체의 권리 침해를 방지하려는 취지로 이해된다.

나 개인정보 보호법의 벌칙

(1) 10년 이하의 징역 또는 1억원 이하의 벌금

개인정보 보호법은 다음, 1. 공공기관의 개인정보 처리업무를 방해할 목적으로 공공기관에서 처리하고 있는 개인정보를 변경하거나 말소하여 공공기관의 업무 수행의 중단·마비 등 심각한 지장을 초래한 자와 2. 거짓이나 그 밖의 부정한 수단이나 방법으로 다른 사람이 처리하고 있는 개인정보를 취득한 후 이를 영리 또는 부정한 목적으로 제3자에게 제공한 자와 이를 교사·알선한 자의 어느 하나에 해당하는 자는 10년 이하의 징역 또는 1억원 이하의 벌금에 처한다고 규정하고 있다(개인정보 보호법 제70조).

(2) 5년 이하의 징역 또는 5천만원 이하의 벌금

개인정보 보호법은 다음, 1. 이 법 제17조(개인정보의 제공)제1항제2호에 해당하지 아니함에도 같은 항 제1호(동법 제26조(업무위탁에 따른 개인정보의 처리 제한)제8항에 따라 준용되는 경우를 포함한다)를 위반하여 정보주체의 동의를 받지 아니하고 개인정보를 제3자에게 제공한 자 및 그 사정을 알면서도 개인정보를 제공받은 자, 2. 동법 제18

조(개인정보의 목적 외 이용·제공 제한)제1항·제2항, 동법 제27조(영업양도 등에 따른 개인정보의 이전 제한)제3항 또는 동법 제28조의2((가명정보의 처리 등), 동법 제26조제8항에 따라 준용되는 경우를 포함한다), 동법 제19조(개인정보를 제공받은 자의 이용·제공 제한) 또는 동법 제26조(업무위탁에 따른 개인정보의 처리 제한)제5항을 위반하여 개인정보를 이용하거나 제3자에게 제공한 자 및 그 사정을 알면서도 영리 또는 부정한 목적으로 개인정보를 제공받은 자, 3. 동법 제22조의2(아동의 개인정보 보호)제1항(동법 제26조제8항에 따라 준용되는 경우를 포함한다)을 위반하여 법정대리인의 동의를 받지 아니하고 만 14세 미만인 아동의 개인정보를 처리한 자, 4. 동법 제23조(민감정보의 처리 제한)제1항(동법 제26조제8항에 따라 준용되는 경우를 포함한다)을 위반하여 민감정보를 처리한 자, 5. 동법 제24조(고유식별정보의 처리 제한)제1항(동법 제26조제8항에 따라 준용되는 경우를 포함한다)을 위반하여 고유식별정보를 처리한 자, 6. 동법 제28조의3(가명정보의 결합 제한)제1항(동법 제26조제8항에 따라 준용되는 경우를 포함한다)을 위반하여 개인정보보호위원회 또는 관계 중앙행정기관의 장으로부터 전문기관으로 지정받지 아니하고 가명정보를 결합한 자, 7. 동법 제28조의3제2항(동법 제26조제8항에 따라 준용되는 경우를 포함한다)을 위반하여 전문기관의 장의 승인을 받지 아니하고 결합을 수행한 기관 외부로 결합된 정보를 반출하거나 이를 제3자에게 제공한 자 및 그 사정을 알면서도 영리 또는 부정한 목적으로 결합된 정보를 제공받은 자, 8. 동법 제28조의(가명정보 처리 시 금지의무 등)5제1항(동법 제26조제8항에 따라 준용되는 경우를 포함한다)을 위반하여 특정 개인을 알아보기 위한 목적으로 가명정보를 처리한 자, 9. 동법 제59조(금지행위)제2호를 위반하여 업무상 알게 된 개인정보를 누설하거나 권한 없이 다른 사람이 이용하도록 제공한 자 및 그 사정을 알면서도 영리 또는 부정한 목적으로 개인정보를 제공받은 자, 10. 동법 제59조제3호를 위반하여 다른 사람의 개인정보를 이용, 훼손, 멸실, 변경, 위조 또는 유출한 자의 어느 하나에 해당하는 자는 5년 이하의 징역 또는 5천만원 이하의 벌금에 처한다고 규정하고 있다(개인정보 보호법 제71조).

(3) 3년 이하의 징역 또는 3천만원 이하의 벌금

개인정보 보호법은 다음, 1. 이 법 제25조(고정형 영상정보처리기기의 설치·운영 제한)제5항(동법 제26조(업무위탁에 따른 개인정보의 처리 제한)제8항에 따라 준용되는 경우를 포함한다)

을 위반하여 고정형 영상정보처리기기의 설치 목적과 다른 목적으로 고정형 영상정보처리기기를 임의로 조작하거나 다른 곳을 비추는 자 또는 녹음기능을 사용한 자, 2. 동법 제59조(금지행위)제1호를 위반하여 거짓이나 그 밖의 부정한 수단이나 방법으로 개인정보를 취득하거나 개인정보 처리에 관한 동의를 받는 행위를 한 자 및 그 사정을 알면서도 영리 또는 부정한 목적으로 개인정보를 제공받은 자, 3. 동법 제60조(비밀유지 등)를 위반하여 직무상 알게 된 비밀을 누설하거나 직무상 목적 외에 이용한 자의 어느 하나에 해당하는 자는 3년 이하의 징역 또는 3천만원 이하의 벌금에 처한다고 규정하고 있다(개인정보 보호법 제72조).

(4) 2년 이하의 징역 또는 2천만원 이하의 벌금

개인정보 보호법은 다음, 1. 이 법 제36조(개인정보의 정정·삭제)제2항(동법 제26조(업무위탁에 따른 개인정보의 처리 제한)제8항에 따라 준용되는 경우를 포함한다)을 위반하여 정정·삭제 등 필요한 조치를 하지 아니하고 개인정보를 계속 이용하거나 이를 제3자에게 제공한 자, 2. 동법 제37조(개인정보의 처리정지 등)제2항(동법 제26조제8항에 따라 준용되는 경우를 포함한다)을 위반하여 개인정보의 처리를 정지하지 아니하고 개인정보를 계속 이용하거나 제3자에게 제공한 자, 3. 국내외에서 정당한 이유 없이 동법 제39조의4(비밀유지명령)에 따른 비밀유지명령을 위반한 자, 4. 동법 제63조(자료제출 요구 및 검사)제1항(동법 제26조제8항에 따라 준용되는 경우를 포함한다)에 따른 자료제출 요구에 대하여 법 위반사항을 은폐 또는 축소할 목적으로 자료제출을 거부하거나 거짓의 자료를 제출한 자, 5. 동법 제63조제2항(동법 제26조제8항에 따라 준용되는 경우를 포함한다)에 따른 출입·검사 시 자료의 은닉·폐기, 접근 거부 또는 위조·변조 등을 통하여 조사를 거부·방해 또는 기피한 자의 어느 하나에 해당하는 자는 2년 이하의 징역 또는 2천만원 이하의 벌금에 처한다고 규정하고 있는데(개인정보 보호법 제73조제1항), 한편 동법 제73조(벌칙)제1항제3호의 죄인 국내외에서 정당한 이유 없이 동법 제39조의4(비밀유지명령)에 따른 비밀유지명령을 위반한 자에 대해서는 비밀유지명령을 신청한 자의 고소가 없으면 공소를 제기할 수 없다고 규정하고 있다(동법 제73조제2항).

다 신용정보법의 벌칙

(1) 10년 이하의 징역 또는 1억원 이하의 벌금

신용정보법은 이 법 제42조(업무 목적 외 누설금지 등)제1항 또는 제3항을 위반한 자는 10년 이하의 징역 또는 1억원 이하의 벌금에 처한다고 규정하고 있다(신용정보법 제50조제1항).

(2) 5년 이하의 징역 또는 5천만원 이하의 벌금

신용정보법은 다음, 1. 이 법 제4조(신용정보업 등의 허가)제1항을 위반하여 신용정보업, 본인신용정보관리업 또는 채권추심업 허가를 받지 아니하고 신용정보업, 본인신용정보관리업 또는 채권추심업을 한 자, 2. 거짓이나 그 밖의 부정한 방법으로 동법 제4조제2항 또는 동법 제10조(양도·양수 등의 인가 등)제1항에 따른 허가 또는 인가를 받은 자, 4. 동법 제17조(처리의 위탁)제6항을 위반한 자, 4의2. 동법 제17조의2(정보집합물의 결합 등)제1항을 위반하여 정보집합물을 결합한 자, 5. 권한 없이 동법 제19조(신용정보전산시스템의 안전보호)제1항에 따른 신용정보전산시스템의 정보를 변경·삭제하거나 그 밖의 방법으로 이용할 수 없게 한 자 또는 권한 없이 신용정보를 검색·복제하거나 그 밖의 방법으로 이용한 자, 5의2. 동법 제25조(신용정보집중기관)제1항을 위반하여 신용정보집중기관 허가를 받지 아니하고 신용정보집중기관 업무를 한 자, 5의3. 동법 제27조의2(무허가 채권추심업자에 대한 업무위탁의 금지)를 위반하여 채권추심회사 외의 자에게 채권추심업무를 위탁한 자, 6. 동법 제32조(개인신용정보의 제공·활용에 대한 동의)제1항 또는 제2항(동법 제34조(개인식별정보의 수집·이용 및 제공)에 따라 준용하는 경우를 포함한다)을 위반한 자 및 그 사정을 알고 개인신용정보를 제공받거나 이용한 자, 7. 동법 제33조((개인신용정보의 이용), 동법 제34조에 따라 준용하는 경우를 포함한다)를 위반한 자, 7의2. 동법 제40조의2(가명처리·익명처리에 관한 행위규칙)제6항을 위반하여 영리 또는 부정한 목적으로 특정 개인을 알아볼 수 있게 가명정보를 처리한 자, 8. 동법 제42조(업무 목적 외 누설금지 등)제4항을 위반한 자의 어느 하나에 해당하는 자는 5년 이하의 징역 또는 5천만원 이하의 벌금에 처한다고 규정하고 있다(신용정보법 제50조제2항).

(3) 3년 이하의 징역 또는 3천만원 이하의 벌금

신용정보법은 다음, 1. 이 법 제14조(허가 등의 취소와 업무의 정지)제2항에 따른 업무 정지 기간에 업무를 한 자, 1의2. 동법 제22조의7(신용조사회사의 행위규칙)제1항제1호를 위반하여 의뢰인에게 허위 사실을 알린 자, 1의3. 동법 제22조의7제1항제2호를 위반하여 신용정보에 관한 조사 의뢰를 강요한 자, 1의4. 동법 제22조의7제1항제3호를 위반하여 신용정보 조사 대상자에게 조사자료 제공과 답변을 강요한 자, 1의5. 동법 제22조의7제1항제4호를 위반하여 금융거래 등 상거래관계 외의 사생활 등을 조사한 자, 2. 신용정보집중기관이 아니면서 동법 제25조(신용정보집중기관)제6항에 따른 공동 전산망을 구축한 자, 3. 동법 제40조(신용정보회사등의 금지사항)제1항제4호 본문을 위반하여 특정인의 소재등을 알아낸 자, 3의2. 동법 제40조제1항제5호를 위반하여 정보원, 탐정, 그 밖에 이와 비슷한 명칭을 사용한 자, 4. 동법 제41조(채권추심회사의 금지사항)제1항을 위반한 자, 5. 동법 제41조의2(모집업무수탁자의 모집경로 확인 등)제1항을 위반하여 모집업무수탁자가 불법취득신용정보를 모집업무에 이용하였는지 등을 확인하지 아니한 자의 어느 하나에 해당하는 자는 3년 이하의 징역 또는 3천만원 이하의 벌금에 처한다고 규정하고 있다(신용정보법 제50조제3항).

(4) 1년 이하의 징역 또는 1천만원 이하의 벌금

신용정보법은 다음, 1. 이 법 제9조(대주주의 변경승인 등)제1항을 위반하여 금융위원회의 승인 없이 신용정보회사, 본인신용정보관리회사 및 채권추심회사의 주식에 대하여 취득등을 하여 대주주가 된 자, 1의2. 동법 제9조제2항을 위반하여 승인 신청을 하지 아니한 자, 2. 동법 제9조제3항에 따른 명령을 위반하여 승인 없이 취득한 주식을 처분하지 아니한 자, 4. 동법 제18조(신용정보의 정확성 및 최신성의 유지)제2항을 위반한 자, 5. 동법 제20조(신용정보 관리책임의 명확화 및 업무처리기록의 보존)제2항을 위반한 자, 6. 동법 제27조(채권추심업 종사자 및 위임직채권추심인 등)제3항을 위반하여 위임직채권추심인으로 금융위원회에 등록하지 아니하고 채권추심업무를 한 자, 7. 동법 제27조제4항을 위반한 자, 8. 동법 제27조제5항을 위반하여 추심채권이 아닌 채권을 추심하거나 등록되지 아니한 위임직채권추심인, 다른 채권추심회사의 소속으로 등록된 위임직채권추심인 또는 업무정지 중인 위임직채권추심인을 통하여 채권추심업무를 한 자, 9. 동법 제27조제7항에 따른 업무정지 중에 채권추심업무를 한 자의 어느 하나에 해당하는 자는 1년 이하의 징역 또는 1천만원 이하의 벌금에 처한다고 규정하고 있다 (신용정보법 제50조제4항).

2. 양벌규정

〈개인정보 보호법〉 제74조(양벌규정) ① 법인의 대표자나 법인 또는 개인의 대리인, 사용인, 그 밖의 종업원이 그 법인 또는 개인의 업무에 관하여 제70조에 해당하는 위반행위를 하면 그 행위자를 벌하는 외에 그 법인 또는 개인을 7천만원 이하의 벌금에 처한다. 다만, 법인 또는 개인이 그 위반행위를 방지하기 위하여 해당 업무에 관하여 상당한 주의와 감독을 게을리하지 아니한 경우에는 그러하지 아니하다.
② 법인의 대표자나 법인 또는 개인의 대리인, 사용인, 그 밖의 종업원이 그 법인 또는 개인의 업무에 관하여 제71조부터 제73조까지의 어느 하나에 해당하는 위반행위를 하면 그 행위자를 벌하는 외에 그 법인 또는 개인에게도 해당 조문의 벌금형을 과(科)한다. 다만, 법인 또는 개인이 그 위반행위를 방지하기 위하여 해당 업무에 관하여 상당한 주의와 감독을 게을리하지 아니한 경우에는 그러하지 아니하다.

〈신용정보법〉 제51조(양벌규정) 법인의 대표자나 법인 또는 개인의 대리인, 사용인, 그 밖의 종업원이 그 법인 또는 개인의 업무에 관하여 제50조의 위반행위를 하면 그 행위자를 벌하는 외에 그 법인 또는 개인에게도 해당 조문의 벌금형을 과(科)한다. 다만, 법인 또는 개인이 그 위반행위를 방지하기 위하여 해당 업무에 관하여 상당한 주의와 감독을 게을리하지 아니한 경우에는 그러하지 아니하다.

개인정보 보호법은 법인의 대표자나 법인 또는 개인의 대리인, 사용인, 그 밖의 종업원이 그 법인 또는 개인의 업무에 관하여 이 법 제70조(벌칙)에 해당하는 위반행위를 하면 그 행위자를 벌하는 외에 그 법인 또는 개인을 7천만원 이하의 벌금에 처하나, 다만 법인 또는 개인이 그 위반행위를 방지하기 위하여 해당 업무에 관하여 상당한 주의와 감독을 게을리하지 아니한 경우에는 그러하지 아니하다고 규정하고 있으며(개인정보 보호법 제74조제1항), 법인의 대표자나 법인 또는 개인의 대리인, 사용인, 그 밖의 종업원이 그 법인 또는 개인의 업무에 관하여 제71조(벌칙)부터 제73조(벌칙)까지의 어느 하나에 해당하는 위반행위를 하면 그 행위자를 벌하는 외에 그 법인 또는 개인에게도 해당 조문의 벌금형을 과(科)하나, 다만 법인 또는 개인이 그 위반행위를 방지하기 위하여 해당 업무에 관하여 상당한 주의와 감독을 게을리하지 아니한 경우에는 그러하지 아니하다고 규정하고 있다(동법 제74조제2항). 한편 신용정보법은 법인의 대표자나 법인 또는 개인의 대리인, 사용인, 그 밖의 종업원이 그 법인 또는 개인의 업무에 관하여 이 법 제50조의 위반행위를 하면 그 행위자를 벌하는 외에 그 법인 또는 개인에게도 해당 조문의 벌금형을 과(科)하나, 다만, 법인 또는 개인이 그 위반행위를 방지하기 위하여 해당 업무에 관하여 상당한 주의와 감독을 게을리하지 아니한 경우에는 그러하지 아니하다고 규정하고 있다(신용정보법 제51조).

동 조항들은 형법(刑法)상의 양벌규정으로서 이러한 양벌규정(兩罰規定)은 어떠한 범죄가 범해진 때에 행위자뿐만 아니라 그 행위와 일정한 관계가 있는 자연인 또는 법인인 타인에 대해서도 형을 과하도록 한 규정을 말하며 일종의 사용자 책임을 묻기 위한 것으로 이해되는데, 양벌규정에 대해서는 전통적인 대륙법계의 법인의 책임능력 부인 이론에 따라 양벌규정을 비판하는 견해가 있다.[27] 개인정보 보호법에 형사처벌 조항을 둔다면 법인의 경제·사회적 활동과 기능이 강화되는 추세 등을 고려할 때 이에 합당하도록 법인에도 형벌을 병과(並科)하는 것이 필요하다는 견해가 있을 수 있겠으나, 앞에서 설명한 바와 같이 개인정보 보호법에 형사처벌을 두는 것이 세계적으로 흔한 입법(立法)은 아니며, 개인정보 보호 관련 실무자에 대한 처벌로 인해 현실적으로 동 업무에 종사하는 자에 대한 과도한 부담과 종사 예정자들의 회피 현상이 발생하고 있는 점 등을 고려하여 양벌규정뿐만 아니라 형사처벌 규정들의 폐지도 고민할 필요가 있다고 생각한다.

헌법재판소는 양벌규정에 대해 "형법상의 책임주의 원칙에 따라 법인의 대리인과 사용인, 기타의 종업원("종업원 등")의 범죄행위에 관해 범죄행위에 대해 비난할 근거가 되지 않는 법인의 의사결정 및 행위구조, 즉 종업원 등이 저지를 행위의 결과에 대한 법인의 독자적인 책임에 관해 전혀 규정하지 않은 채, 단순히 법인이 고용한 종업원 등이 업무에 관해 범죄행위를 하였다는 이유만으로 법인에 대해 형사처벌을 하는 것은, 타인의 범죄에 대해 그 책임의 유무를 묻지 않고 형벌을 부과하는 것으로서, 헌

---

27) 이재상 외, 형법총론 제8판, 박영사(2015), pp97~101.

법상 법치국가의 원리 및 죄형법정주의로부터 도출되는 책임주의에 위배 된다"라고 판시한 바 있다.[28] 만일 형사처벌조항과 동 양벌규정을 폐지하지 못한다면 향후 법인이나 법인의 대표자 등이 타인의 행위로 인해 책임을 지고 양벌규정에 따라 처벌을 받게 되는 때에는 고의나 과실이 없는 경우에는 처벌할 수 없는 것으로 해석하고 이러한 해석을 반영하여 동 조문을 개정하는 것이 바람직하다고 생각된다.

3. 몰수와 추징

〈개인정보 보호법〉 제74조의2(몰수·추징 등) 제70조부터 제73조까지의 어느 하나에 해당하는 죄를 지은 자가 해당 위반행위와 관련하여 취득한 금품이나 그 밖의 이익은 몰수할 수 있으며, 이를 몰수할 수 없을 때에는 그 가액을 추징할 수 있다. 이 경우 몰수 또는 추징은 다른 벌칙에 부가하여 과할 수 있다.

개인정보 보호법은 이 법 제70조(벌칙)부터 제73조(벌칙)까지의 어느 하나에 해당하는 죄를 지은 자가 해당 위반행위와 관련하여 취득한 금품이나 그 밖의 이익은 몰수할 수 있으며, 이를 몰수할 수 없을 때에는 그 가액을 추징할 수 있는데, 이 경우 몰수 또는 추징은 다른 벌칙에 부가하여 과할 수 있다고 규정하고 있다(개인정보 보호법 제74조의2). 동 조항은 2015년 7월 도입된 제도로서 개인정보 보호법 위반행위로 취득한 부정한 이익을 환수하기 위해 몰수와 추징제도를 도입한 것으로 이해된다.

몰수(沒收)는 범죄 반복의 방지나 범죄에 의한 이득의 금지를 목적으로 범죄행위와 관련된 재산을 박탈하는 것을 내용으로 하는 재산형(財産刑)으로서,[29] 형법은 범인 외의 자의 소유에 속하지 아니하거나 범죄 후 범인 외의 자가 사정을 알면서 취득한 다음, 1. 범죄행위에 제공하였거나 제공하려고 한 물건, 2. 범죄행위로 인하여 생겼거나 취득한 물건, 3. 이 법 제48조(몰수의 대상과 추징)제1항제1호 또는 제2호의 대가로 취득한 물건은 전부 또는 일부를 몰수할 수 있다고 규정하고 있으며(형법 제48조제1항), 문서, 도화(圖畵), 전자기록(電磁記錄) 등 특수매체기록 또는 유가증권의 일부가 몰수의

---

28) 헌법재판소 2012. 10. 25. 선고 2012헌가18.
29) 이재상 외, 앞의 책, p540.

대상이 된 경우에는 그 부분을 폐기한다고 규정하고 있다(동법 제48조제3항). 또한 형법은 몰수는 타형에 부가하여 과하나, 단 행위자에게 유죄의 재판을 아니할 때에도 몰수의 요건이 있는 때에는 몰수만을 선고할 수 있다고 규정하고 있다(동법 제49조).

한편 법원은 몰수에 대해 "몰수는 비례의 원칙에 의한 제한을 받으며, 몰수가 비례의 원칙에 위반되는 여부를 판단하기 위하여는, 몰수 대상물건(이하 '물건'이라 한다)이 범죄 실행에 사용된 정도와 범위 및 범행에서의 중요성, 물건의 소유자가 범죄 실행에서 차지하는 역할과 책임의 정도, 범죄 실행으로 인한 법익 침해의 정도, 범죄 실행의 동기, 범죄로 얻은 수익, 물건 중 범죄 실행과 관련된 부분의 별도 분리 가능성, 물건의 실질적 가치와 범죄와의 상관성 및 균형성, 물건이 행위자에게 필요불가결한 것인지 여부, 물건이 몰수되지 아니할 경우 행위자가 그 물건을 이용하여 다시 동종 범죄를 실행할 위험성 유무 및 그 정도 등 제반 사정이 고려되어야 한다"라고 판시한 바 있다.[30]

추징(追徵)은 물건을 몰수하기 불능한 때에는 몰수에 갈음하여 그 가액의 납부를 명하는 사법처분(司法處分)으로서, 형법은 이 법 제48조제1항 각 호의 물건을 몰수할 수 없을 때에는 그 가액(價額)을 추징한다고 규정하고 있다(동법 제48조제2항). 몰수와 추징은 위반행위로 인한 경제적 이익의 흡수를 목적으로 하는 것이므로 앞에서 이미 설명한 바와 같이 형사벌이 아닌 과징금을 통해 위반행위에 대한 경제적 이익을 흡수하는 것이 바람직하다고 생각한다.

참고자료 및 질문

1. 개인정보처리 수탁자의 위반행위에 대한 위탁자의 양벌규정 적용 여부(택배영업소의 개인정보 유출 사건). 피고인인 수탁자의 개인정보보호 관련 규정 위반행위에 대해 (구)정보통신망법 제66조(양벌규정)에 따른 양벌규정의 책임을 위탁자가 부담하는지에 대한 사안으로서, 택배회사와 택배위수탁계약을 체결하고 택배회사로부터 위탁받은 택배화물을 고객들에게 운송하는 일을 담당한 공소외인 택배영업소가 제품의 배송을 위하여 정보통신서비스제공자인 주식회사로부터 제공받아 택배회사가 관리하는 고객들의 전화번호, 주소 등 개인정보를 유출한 사건이다. 법원은 "양벌규정에 있어서 법인의 사용인 그 밖의 종업원에는 법인과 고용계약이 체결되어 근무하는

30) 대법원 2013. 5. 23. 선고 2012도11586.

자뿐만 아니라 법인의 사업경영과정에 있어서 직접 또는 간접적으로 법인의 통제, 감독하에 그 사업에 종사하는 자도 포함된다고 할 것이고, 법인의 사용인이 법인의 업무에 관하여 위반행위를 한 때에는 그 행위자를 처벌하는 외에 법인도 처벌하도록 한 규정은 엄격한 무과실책임은 아니라 하더라도 그 과실의 추정을 강하게 하는 한편, 그 입증책임도 법인에게 부과함으로써 양벌규정의 실효를 살리자는 데 그 목적이 있다고 할 것인바, 피고인이 공소외인에게 통합택배 정보시스템에 접근할 수 있는 권한을 부여하고 배송업무와 관련하여 콜센터의 역할까지 하도록 한 이상 택배위수탁계약 체결시 공소외인의 자격 등을 자체적으로 심사하였고 위 계약상 고객의 정보 등에 대하여 비밀유지의무를 규정하였으며 그에 대한 다짐과 각서를 받았다고 하더라도 그와 같은 일반적이고 추상적인 감독을 하였다거나 공소외인이 피고인에게 알리지 않고 혼자 위반행위를 하였다는 사정만으로는 피고인이 사용인의 위반행위를 방지하기 위하여 당해 업무에 대하여 상당한 주의와 감독을 한 것이 증명되었다고 할 수 없으므로 피고인에게 형사책임을 지울 수 없다고도 할 수 없다고" 판시하여,[31] 피고인이 위반행위를 방지하기 위해 당해 업무에 대한 상당한 주의와 감독을 하였다고 보기 어려워 양벌규정에 따른 형사책임을 면할 수 없다고 본 바 있다.

2. 공무원의 개인정보 목적외 이용에 대한 형사처벌(공무원의 사적 목적을 위한 지명수배 자료열람 사건). 피고인인 경찰서 지구대 근무 경찰공무원이 자신이 돈을 빌려준 지역주택조합장과 연락이 되지 않게 되자 자신의 금전채권 회수를 위한 목적으로 지구대 사무실에서 여러 번에 경찰 전산망에 자신의 아이디(ID), 비밀번호(Password)를 입력하여 접속한 후 지역주택조합장의 이름, 출생년도의 인적 사항을 입력하여 수배 조회를 함으로써 수배자료 열람을 통해 지역주택조합장의 수배 여부, 소재, 주민등록번호 등 인적 사항, 죄명 등 구체적인 수배 내용, 검거 여부 등을 확인한 사건에 대해 법원은 제1심판결에서 "피고인이 개인정보처리자로서 개인정보 보호법 제18조(개인정보의 목적 외 이용·제공 제한)제1항에 따라 법령 등에서 정한 소관 업무의 수행을 위하여 불가피한 경우의 이용 범위를 초과하여 개인정보를 이용할 수 없음에도 불구하고 이를 초과하여 개인정보를 이용함으로써 이 법 제71조(벌칙)제2호에 해당하여 유죄라고"[32] 판시하였으며, 항소심인 제2심 판결에서 "개인정보보호법 제71조(벌칙)제2호는 개인정보처리자가 개인정보를 수집목적의 범위를 초과하여 이용하는 경우 개인정보처리자를 처벌하도록 규정한 신분범(身分犯) 규정이고 피고인은 개인정보처리자가 아니라 개인정보처리자의 지휘·감독을 받아 개인정보를 처리하는 개인정보취급자에 불과하므로, 이 법 제71조제2호의 주체가 될 수 없으나, 피고인은 비록 개인정보처리자는 아니나 '당해 업무를 실제로 집행하는 자'로서 동법 제74조(양벌규정)제2항의 양벌규정에 의하여 처벌범위가 확장되어 동법 제71조제2호의 적용대상자가 된다 할 것이다"라고 판시하였다.[33] 한편 대법원은 "원심판결 이유를 원심이 적법하게 채택한 증거들과 관련 법리에 비추어 살펴보면 원심의 판단은 정당한 것으로 수긍이 가고, 거기에 상고이유의 주장과 같이 「개인정보보호법」 제74조에 관한 법리나 「개인정보 보호법」상

개인정보의 범위에 관한 법리를 오해하는 등으로 판결 결과에 영향을 미친 위법이 없다"라고 판시하여[34] 상고를 모두 기각하였다.

3. 업무상 알게 된 개인정보의 범위(개인정보가 기재된 A4 용지 전달 사건). 피고인 B는 부동산 개발업을 영위하는 주식회사의 대표이사이고, 피해자는 주식회사에서 근무하다가 2016년 8월경 퇴사한 사람으로 피해자는 퇴사하면서 자신이 관리하던 서류를 놓고 갔고 피고인 B는 피해자가 재직하던 중 저질렀다고 의심되는 비리 등에 대해 조사하면서 그 서류를 정리하여 서울 강남구 주식회사 사무실 내에서 보관하고 있었다. 피고인 B는 2016년 11월 중순경 주식회사 사무실에서 피고인 A에게 피해자가 퇴사한 이후 피해자로부터 사업과 관련하여 사기죄로 고소당하였고, 노동청에 고발당하는 등 법률적 분쟁이 있었다고 말하자, 피고인 A는 피고인 B에게 그러면 내가 만나서 잘 해결하겠으니 사진이나 전화번호 등을 달라고 말하였으며, 이에 피고인 B는 위와 같이 보관하고 있던 서류 사이에서 피해자의 사진, 이름, 주민등록번호, 전화번호, 주소 등의 개인정보가 기재된 A4용지(이하 '이 사건 A4용지'라 한다)를 꺼내어 이를 피고인 A에게 보여주었고, 피고인 A은 피고인 B의 위와 같은 분쟁을 해결해 줄 목적으로 이 사건 A4 용지에 기재된 피해자의 위 개인정보를 지득하였다. 이로써 피고인 B는 피해자의 개인정보를 처리하는 자로서 업무상 알게 된 피해자의 개인정보를 권한 없이 피고인 A가 이용하도록 제공하였고, 피고인 A는 그러한 사정을 알면서도 부정한 목적으로 피해자 L의 개인정보를 제공받은 사건으로 개인정보 보호법 제71조(벌칙)제5호, 이 법 제59조(금지행위) 위반죄로 기소된 사안이다. 법원은 제1심판결에서 "개인의 자유와 권리를 보호하고 개인의 존엄과 가치를 구현하는 등의 개인정보보호법의 입법목적에 비추어 보더라도 '업무상 알게 된'을 '개인정보를 처리하는 업무로 알게 된'으로 좁혀 해석할 특별한 이유를 찾을 수가 없다. 결국 위 '업무상 알게 된'은 개인정보 처리 업무뿐만 아니라 개인의 사적인 생활 이외에 개인정보 처리가 귀속되는 사회적 단위의 업무로 알게 된'으로 이해하여야 한다"라고[35] 판시하였으나, 항소심인 2심 판결에서 "업무상 알게 된 개인정보를 개인정보를 처리하거나 처리하였던 자가 담당한 모든 업무 과정에서 알게 된 일체의 개인정보로 해석할 경우에는 개인정보를 처리하거나 처리하였던 자라는 신분을 가진 자에 대한 개인정보 누설행위에 대한 처벌범위가 지나치게 확대될 위험이 있을 뿐 아니라, 개인정보를 처리하거나 처리하였던 자가 아닌 자가 업무상 알게 된 개인정보를 누설한 경우에는 별도의 처벌규정이 없는 것과 형평이 맞지 않는 점 등에 비추어 보면, 동법 제59조제2호의 "업무상 알게 된 개인정보"란 '개인정보를 처리하거나 처리하였던 자'가 그 업무 즉 개인정보를 처리하는 업무와 관련하여 알게 된 개인정보만을 의미하는 것이지, 개인정보 처리와 관련 없이 '개인정보를 처리하거나 처리하였던 자'가 담당한 모든 업무 과정에서 알게 된 일체의 개인정보를 의미하는 것은 아니라고 보아야 한다"라고 상반(相反)되게 판시한[36] 바 있다. 한편 대법원은 "원심은 피고인들에 대한 공소사실에 대하여 범죄의 증명이 없다고 보아, 이를 유죄로 판단한 제1심판결을 파기하고 무죄를 선고하였다. 원심판결 이유를 관련 법리와

기록에 비추어 살펴보면 개인정보 보호법 제59조(금지행위)제2호에서 정한 '업무상 알게 된 개인정보'에 관한 법리를 오해한 잘못이 없으므로 상고를 모두 기각한다"라고[37] 판시하였다.

제6절 손해배상책임과 법정손해배상

〈개인정보 보호법〉 **제39조(손해배상책임)** ① 정보주체는 개인정보처리자가 이 법을 위반한 행위로 손해를 입으면 개인정보처리자에게 손해배상을 청구할 수 있다. 이 경우 그 개인정보처리자는 고의 또는 과실이 없음을 입증하지 아니하면 책임을 면할 수 없다.
③ 개인정보처리자의 고의 또는 중대한 과실로 인하여 개인정보가 분실·도난·유출·위조·변조 또는 훼손된 경우로서 정보주체에게 손해가 발생한 때에는 법원은 그 손해액의 5배를 넘지 아니하는 범위에서 손해배상액을 정할 수 있다. 다만, 개인정보처리자가 고의 또는 중대한 과실이 없음을 증명한 경우에는 그러하지 아니하다.

〈개인정보 보호법〉 **제39조의2(법정손해배상의 청구)** ① 제39조제1항에도 불구하고 정보주체는 개인정보처리자의 고의 또는 과실로 인하여 개인정보가 분실·도난·유출·위조·변조 또는 훼손된 경우에는 300만원 이하의 범위에서 상당한 금액을 손해액으로 하여 배상을 청구할 수 있다. 이 경우 해당 개인정보처리자는 고의 또는 과실이 없음을 입증하지 아니하면 책임을 면할 수 없다.

〈신용정보법〉 **제43조(손해배상의 책임)** ① 신용정보회사등과 그로부터 신용정보를 제공받은 자가 이 법을 위반하여 신용정보주체에게 손해를 가한 경우에는 해당 신용정보주체에 대하여 그 손해를 배상할 책임이 있다. 다만, 신용정보회사등과 그로부터 신용정보를 제공받은 자가 고의 또는 과실이 없음을 증명한 경우에는 그러하지 아니하다.
② 신용정보회사등이나 그 밖의 신용정보 이용자(수탁자를 포함한다. 이하 이 조에서 같다)가 고

---

31) 수원지방법원 2005. 7. 29. 선고 2005고합160.
32) 서울중앙지방법원 2014. 7. 3. 선고 2013고단8015.
33) 서울중앙지방법원 2015. 2. 10. 선고 2014노2566.
34) 대법원 2015. 12. 10. 선고 2015도3540.
35) 의정부지방법원 2018. 8. 24. 선고 2017고합458.
36) 서울고등법원 2019. 1. 10. 선고 2018노2498.
37) 대법원 2019. 6. 13. 선고 2019도1143.

의 또는 중대한 과실로 이 법을 위반하여 개인신용정보가 누설되거나 분실·도난·누출·변조 또는 훼손되어 신용정보주체에게 피해를 입힌 경우에는 해당 신용정보주체에 대하여 그 손해의 5배를 넘지 아니하는 범위에서 배상할 책임이 있다. 다만, 신용정보회사등이나 그 밖의 신용정보 이용자가 고의 또는 중대한 과실이 없음을 증명한 경우에는 그러하지 아니하다.

〈신용정보법〉 **제43조의2(법정손해배상의 청구)** ① 신용정보주체는 신용정보회사등이나 그로부터 신용정보를 제공받은 자가 이 법의 규정을 위반한 경우에는 신용정보회사등이나 그로부터 신용정보를 제공받은 자에게 제43조에 따른 손해배상을 청구하는 대신 300만원 이하의 범위에서 상당한 금액을 손해액으로 하여 배상을 청구할 수 있다. 이 경우 해당 신용정보회사등이나 그로부터 신용정보를 제공받은 자는 고의 또는 과실이 없음을 입증하지 아니하면 책임을 면할 수 없다.

1. 손해배상

가 손해배상의 의의

손해배상은 타인이 고의 또는 과실로 야기(惹起)한 위법한 행위로 인해 발생한 손해를 전보(塡補)하여 손해가 없던 상태로 되돌리는 것으로서,[38] 국가나 지방자치단체 또는 공공기관의 적법한 공권력의 행사로 손실이 발생했을 경우 보상해주는 손실보상과 구별되는 것으로 이해된다. 개인정보 보호법은 정보주체는 개인정보처리자가 이 법을 위반한 행위로 손해를 입으면 개인정보처리자에게 손해배상을 청구할 수 있는데, 이 경우 그 개인정보처리자는 고의 또는 과실이 없음을 입증하지 아니하면 책임을 면할 수 없다고 규정하고 있으며(개인정보 보호법 제39조제1항), 신용정보법은 신용정보회사등과 그로부터 신용정보를 제공받은 자가 이 법을 위반하여 신용정보주체에게 손해를 가한 경우에는 해당 신용정보주체에 대하여 그 손해를 배상할 책임이 있으나, 다만 신용정보회사등과 그로부터 신용정보를 제공받은 자가 고의 또는 과실이 없음을 증명한 경우에는 그러하지 아니하다고 규정하고 있는데(신용정보법 제43조제1항), 정보주

---

38) 김동희, 행정법 I (제19판), 박영사(2013), p544.

체나 개인인 신용정보주체가 손해배상을 받기 위해서는 개인정보처리자 또는 신용정보회사등과 그로부터 신용정보를 제공받은 자의 위법행위가 있어야 하며 또한 위법행위로 인해 재산 또는 경제적 손해뿐만 아니라 비재산적 또는 정신적 손해도 포함될 수 있다고 해석된다.

나 손해배상의 입증책임

위법행위로 인한 손해의 발생은 손해배상책임을 주장하는 정보주체나 개인인 신용정보주체가 입증책임(또는 증명책임)을 부담하게 된다고 이해되는데, 손해의 발생과 위반행위 사이에는 상당인과관계, 즉 어떤 행위 또는 원인이 있으면 경험칙상 통상적으로 결과 또는 손해가 발생할 것으로 인정(認定)되는 관계가 있어야 하며, 손해의 배상 범위는 통상의 손해를 한도로 하고 위반행위와 손해의 발생 간의 상당인과관계에 대한 입증책임은 손해의 발생을 주장하는 정보주체나 개인인 신용정보주체가 부담하는 것으로 해석된다. 또한 특별한 사정으로 인한 손해에 대해서는 원칙적으로 개인정보처리자 또는 신용정보회사등과 그로부터 신용정보를 제공받은 자의 손해배상책임이 발생하지 않으나, 민법 제393조(손해배상의 범위)와 동법 제764조(준용규정)에 따라 개인정보처리자가 그 사정을 알았거나 알 수 있었을 때에는 손해배상책임이 발생할 수 있다고 해석되며, 개인정보처리자나 신용정보회사등과 그로부터 신용정보를 제공받은 자가 그 사정을 알았거나 알 수 있었을 것이라는 사실에 대해서는 손해를 주장하는 정보주체 또는 개인인 신용정보주체가 입증책임을 지는 것으로 이해된다.

한편 개인정보 보호법은 개인정보처리자는 고의 또는 과실이 없음을 입증하지 아니하면 책임을 면할 수 없다고 규정하고 있으며(개인정보 보호법 제39조제1항 후단), 신용정보법은 다만, 신용정보회사등과 그로부터 신용정보를 제공받은 자가 고의 또는 과실이 없음을 증명한 경우에는 그러하지 아니하다고 규정하고 있는데(신용정보법 제43조제1항 단서), 동 조항들은 고의와 과실의 입증책임을 손해배상책임을 주장하는 정보주체나 개인인 신용정보주체에서 손해를 배상하는 개인정보처리자 또는 신용정보회사등과 그로부터 신용정보를 제공받은 자에게로 입증책임을 전환(轉換)시키기 위한 규정으로서, 입증책임(또는 증명책임)의 전환이란 입증책임에 대한 일반원칙의 경우 불법행위에 의한 손해배상청구 시 원고인 정보주체나 개인인 신용정보주체가 고의 또는 과실의 입증책임을 지는 것을 동 조항들과 같이 특별한 경우에 입법(立法)을 통해 손해를 배상하는 개인정보처리자 또는 신용정보회사등과 그로부터 신용정보를 제공받은 자로 전환하는 것과 같이 수정을 가하는 것으로 이해된다.[39]

개인정보처리자 또는 신용정보회사등과 그로부터 신용정보를 제공받은 자에게 고의 또는 과실에 대한 입증책임을 부담하게 한 것은 개인인 정보주체나 신용정보주체가 기업이나 단체 또는 공공기관의 고의와 과실을 증명하는 것이 현실적으로 어려운 점을 반영하여 정보주체나 개인인 신용정보주체가 신속하고 공정하게 피해구제를 받을 수 있도록 하는 동시에 개인정보처리자나 신용정보회사등과 그로부터 신용정보를 제공받은 자가 개인정보 보호법과 신용정보법을 준수하도록 책임성을 강화하기 위한 것으로 생각된다. 고의는 개인정보처리자 또는 신용정보회사등과 그로부터 신용정보를 제공받은 자가 개인정보 보호법과 신용정보법의 위반을 알면서도 그 행위를 하는 것이며, 과실은 개인정보처리자나 신용정보회사등과 그로부터 신용정보를 제공받은 자의 경력과 경험 등 사회적 지위를 고려할 때 신의성실의 원칙상 요구되는 선량한 관리자로서의 주의를 하지 못하여 개인정보 보호법과 신용정보법의 위반을 인식하지 못하는 것으로 이해된다. 한편 신용정보법은 이 법 제17조(처리의 위탁)제1항에 따라 신용정보의 처리를 위탁받은 자가 동법을 위반하여 신용정보주체에게 손해를 가한 경우에는 위탁자는 수탁자와 연대하여 그 손해를 배상할 책임이 있다고 규정하고 있다(신용정보법 제43조제6항).

2. 징벌적 손해배상

가 징벌적 손해배상의 의의

징벌적 손해배상(Punitive damages)이란 영미법(英美法, Common law)에서 유래된 것으로서 악의(惡意)적 또는 고의적인 불법행위의 경우에 3배에서 5배 이상의 징벌적 배상을 명하는 일종의 준형사적(準刑事的)인 제재 수단으로 이해된다.[40] 개인정보 보호법

---

39) 이시윤, 신민사소송법 제12판, 박영사(2018), p548.

과 신용정보법이 징벌적 손해배상 제도를 도입한 것은 개인정보처리자 또는 신용정보회사등이나 그 밖의 신용정보 이용자(수탁자를 포함)의 고의 또는 중과실로 인한 위법행위가 있는 경우에 초래될 사회에 미치는 크나큰 악영향의 최소화, 고의와 같은 악의적인 악성 위법행위에 대한 강력한 위하력(威嚇力)의 제고, 위법행위로 인한 피해구제의 강화 필요성 등을 고려한 것으로 생각된다. 개인정보 보호법은 종래에는 "손해가 발생한 때에는 법원은 그 손해액의 3배를 넘지 아니하는 범위에서 손해배상액을 정할 수 있으나"라고 규정하고 있었는데, 2023년 개정을 통해 "손해가 발생한 때에는 법원은 그 손해액의 5배를 넘지 아니하는 범위에서 손해배상액을 정할 수 있다"라고 징벌적 손해배상의 배상 범위를 확대하였다.

한편 개인정보 보호법은 다만, 개인정보처리자가 고의 또는 중대한 과실이 없음을 증명한 경우에는 그러하지 아니하다고 규정하고 있으며(개인정보 보호법 제39조제3항 단서), 신용정보법은 다만, 신용정보회사등이나 그 밖의 신용정보 이용자가 고의 또는 중대한 과실이 없음을 증명한 경우에는 그러하지 아니하다고 규정하고 있는데(신용정보법 제43조제2항 단서), 동 조항들은 앞에서 설명한 바와 같이 고의 또는 중대한 과실의 입증책임을 손해를 주장하는 정보주체나 개인인 신용정보주체에서 손해를 배상하는 개인정보처리자 또는 신용정보회사등이나 그 밖의 신용정보 이용자(수탁자를 포함)에게로 입증책임을 전환(轉換)시킨 것으로 이해된다.

나 개인정보 보호법의 징벌적 손해배상

개인정보 보호법은 개인정보처리자의 고의 또는 중대한 과실로 인하여 개인정보가 분실·도난·유출·위조·변조 또는 훼손된 경우로서 정보주체에게 손해가 발생한 때에는 법원은 그 손해액의 5배를 넘지 아니하는 범위에서 손해배상액을 정할 수 있으나, 다만 개인정보처리자가 고의 또는 중대한 과실이 없음을 증명한 경우에는 그러하지 아니하다고 규정하고 있으며(개인정보 보호법 제39조제3항), 법원은 이 법 제39조(손해배상책임)제3항의 배상액을 정할 때에는 다음, 1. 고의 또는 손해 발생의 우려를 인식한 정도, 2. 위반행위로 인하여 입은 피해 규모, 3. 위법행위로 인하여 개인정보처리

---

40) 이시윤, 앞의 책, p638.

자가 취득한 경제적 이익, 4. 위반행위에 따른 벌금 및 과징금, 5. 위반행위의 기간·횟수 등, 6. 개인정보처리자의 재산상태, 7. 개인정보처리자가 정보주체의 개인정보 분실·도난·유출 후 해당 개인정보를 회수하기 위하여 노력한 정도, 8. 개인정보처리자가 정보주체의 피해구제를 위하여 노력한 정도의 사항을 고려하여야 한다고 규정하고 있다(동법 제39조제4항).

다 신용정보법의 징벌적 손해배상

신용정보법은 신용정보회사등이나 그 밖의 신용정보 이용자(수탁자를 포함한다. 이하 이 조에서 같다)가 고의 또는 중대한 과실로 이 법을 위반하여 개인신용정보가 누설되거나 분실·도난·누출·변조 또는 훼손되어 신용정보주체에게 피해를 입힌 경우에는 해당 신용정보주체에 대하여 그 손해의 5배를 넘지 아니하는 범위에서 배상할 책임이 있으나, 다만 신용정보회사등이나 그 밖의 신용정보 이용자가 고의 또는 중대한 과실이 없음을 증명한 경우에는 그러하지 아니하다고 규정하고 있으며(신용정보법 제43조제2항), 법원은 이 법 제43조(손해배상의 책임)제2항의 배상액을 정할 때에는 다음, 1. 고의 또는 손해 발생의 우려를 인식한 정도, 2. 위반행위로 인하여 입은 피해 규모, 3. 위반행위로 인하여 신용정보회사등이나 그 밖의 신용정보 이용자가 취득한 경제적 이익, 4. 위반행위에 따른 벌금 및 과징금, 5. 위반행위의 기간·횟수 등, 6. 신용정보회사등이나 그 밖의 신용정보 이용자의 재산상태, 7. 신용정보회사등이나 그 밖의 신용정보 이용자의 개인신용정보 분실·도난·누출 후 해당 개인신용정보 회수 노력의 정도, 8. 신용정보회사등이나 그 밖의 신용정보 이용자의 피해구제 노력의 정도의 사항을 고려하여야 한다고 규정하고 있다(동법 제43조제3항).

3. 법정손해배상

가 법정손해배상의 의의

개인정보 보호법은 이 법 제39조(손해배상책임)제1항에도 불구하고 정보주체는 개인정보처리자의 고의 또는 과실로 인하여 개인정보가 분실·도난·유출·위조·변조 또는 훼손된 경우에는 300만원 이하의 범위에서 상당한 금액을 손해액으로 하여 배상을 청구할 수 있으며, 이 경우 해당 개인정보처리자는 고의 또는 과실이 없음을 입증하지 아니하면 책임을 면할 수 없다고 규정하고 있으며(개인정보 보호법 제39조의2제1항), 신용정보법은 신용정보주체는 신용정보회사등이나 그로부터 신용정보를 제공받은 자가 이 법의 규정을 위반한 경우에는 신용정보회사등이나 그로부터 신용정보를 제공받은 자에게 이 법 제43조(손해배상의 책임)에 따른 손해배상을 청구하는 대신 300만원 이하의 범위에서 상당한 금액을 손해액으로 하여 배상을 청구할 수 있으나, 이 경우 해당 신용정보회사등이나 그로부터 신용정보를 제공받은 자는 고의 또는 과실이 없음을 입증하지 아니하면 책임을 면할 수 없다고 규정하고 있는데(신용정보법 제43조의2제1항), 개인정보 보호법과 신용정보법은 동 조항들을 통해 법정손해배상 제도를 도입한 것으로 이해된다.

개인정보 보호법과 신용정보법이 법정손해배상을 도입한 것은 정보주체와 개인인 신용정보주체의 피해구제에 대한 어려움을 완화함으로써 실질적인 보호와 함께 개인정보처리자와 신용정보회사등이나 그로부터 신용정보를 제공받은 자의 책임성을 강화하기 위하여 정보주체와 개인인 신용정보주체의 손해배상액의 증명에 대한 부담을 완화하기 위한 것으로 생각된다. 즉 대량의 개인정보나 개인신용정보 유출 사고 등에도 불구하고 정보주체나 개인인 신용정보주체가 실질적으로 손해배상을 통해 구제를 받는 경우는 많지 않은데, 실질적으로 구제를 받지 못하는 주요한 이유 중 하나가 정보주체나 개인인 신용정보주체가 손해를 증명하지 못한 점에 있음을 고려하여 법정손해배상이 도입된 것으로 이해된다.

나 법정손해배상의 절차와 입증책임 등

개인정보 보호법은 법원은 이 법 제39조의2(법정손해배상의 청구)제1항에 따른 청구가 있는 경우에 변론 전체의 취지와 증거조사의 결과를 고려하여 동법 제39조의2제1항의 범위에서 상당한 손해액을 인정할 수 있다고 규정하고 있으며(개인정보 보호법 제39조의2제2항), 동법 제39조(손해배상책임)에 따라 손해배상을 청구한 정보주체는 사실심(事實審)의 변론이 종결되기 전까지 그 청구를 동법 제39조의2제1항에 따른 청구로 변경할 수 있다고 규정하고 있는데(동법 제39조의2제3항), 동 조문에 대한 반대(反對)해석으로 법정손해배상을 청구한 정보주체는 사실심(事實審)의 변론이 종결되기 전까지 손해의 발생을 증명함으로써 동법 제39조에 따른 손해배상청구로 변경하는 것이 가능하다고 해석된다.

한편 개인정보 보호법은 이 경우 해당 개인정보처리자는 고의 또는 과실이 없음을 입증하지 아니하면 책임을 면할 수 없다고 규정하고 있으며(개인정보 보호법 제39조의2제1항 후단), 신용정보법은 이 경우 해당 신용정보회사등이나 그로부터 신용정보를 제공받은 자는 고의 또는 과실이 없음을 입증하지 아니하면 책임을 면할 수 없다고 규정하고 있는데(신용정보법 제43조의2제1항 후단), 동 조항들은 앞에서 설명한 바와 같이 고의 또는 과실의 입증책임을 손해를 주장하는 정보주체나 개인인 신용정보주체에서 손해를 배상하는 개인정보처리자 또는 신용정보회사등이나 그 밖의 신용정보 이용자에게로 입증책임을 전환(轉換)시킨 것으로 이해된다. 또한 신용정보법은 이 법 제43조의2(법정손해배상의 청구)제1항에 따른 손해배상 청구의 변경 및 법원의 손해액 인정에 관하여는 「개인정보 보호법」 제39조의2(법정손해배상의 청구)제2항 및 제3항을 준용한다고 규정하고 있다(신용정보법 제43조의2제2항).

4. 자료의 제출과 비밀유지명령

가 자료의 제출

개인정보 보호법은 법원은 이 법을 위반한 행위로 인한 손해배상청구소송에서 당사자의 신청에 따라 상대방 당사자에게 해당 손해의 증명 또는 손해액의 산정에 필요한 자료의 제출을 명할 수 있으나, 다만 제출명령을 받은 자가 그 자료의 제출을 거부할 정당한 이유가 있으면 그러하지 아니하다고 규정하고 있으며(개인정보 보호법 제39조의3제1항), 법원은 동법 제39조의3(자료의 제출)제1항에 따른 제출명령을 받은 자가 그 자료의 제출을 거부할 정당한 이유가 있다고 주장하는 경우에는 그 주장의 당부(當否)를 판단하기 위하여 자료의 제시를 명할 수 있는데, 이 경우 법원은 그 자료를 다른 사람이 보게 하여서는 아니 된다고 규정하고 있다(동법 제39조의3제2항).

또한 개인정보 보호법은 이 법 제39조의3제1항에 따라 제출되어야 할 자료가 「부정경쟁방지 및 영업비밀보호에 관한 법률」 제2조(정의)제2호에 따른 영업비밀(이하 "영업비밀"이라 한다)에 해당하나 손해의 증명 또는 손해액의 산정에 반드시 필요한 경우에는 동법 제39조의3제1항 단서에 따른 정당한 이유로 보지 아니하며, 이 경우 법원은 제출명령의 목적 내에서 열람할 수 있는 범위 또는 열람할 수 있는 사람을 지정하여야 한다고 규정하고 있다(동법 제39조의3제3항). 한편 개인정보 보호법은 법원은 이 법 제39조의3제1항에 따른 제출명령을 받은 자가 정당한 이유 없이 그 명령에 따르지 아니한 경우에는 자료의 기재에 대한 신청인의 주장을 진실한 것으로 인정할 수 있다고 규정하고 있으며(동법 제39조의3제4항), 법원은 동법 제39조의3제4항에 해당하는 경우 신청인이 자료의 기재에 관하여 구체적으로 주장하기에 현저히 곤란한 사정이 있고 자료로 증명할 사실을 다른 증거로 증명하는 것을 기대하기도 어려운 경우에는 신청인이 자료의 기재로 증명하려는 사실에 관한 주장을 진실한 것으로 인정할 수 있다고 규정하고 있다(동법 제39조의3제5항).

나 비밀유지명령

(1) 비밀유지명령의 의의

비밀유지명령 제도는 특허침해 등 민사소송 절차에서 당사자가 주장하는 사실 또는 제출하는 증거 중에 영업비밀이 포함되어 있을 때 그 영업비밀을 소송수행의 목적 이외에 사용하거나 비밀유지명령을 받은 자 이외의 자에 대하여 공개하는 것을 금하는 명령을 내리고 이에 위반하는 경우 형사벌을 부과하는 제도로[41] 이해되는데, 개인정보 보호법의 비밀유지명령은 2023년 개정으로 도입된 바 있다. 개인정보 보호법은 법원은 이 법을 위반한 행위로 인한 손해배상청구소송에서 당사자의 신청에 따른 결정으로 다음, 1. 다른 당사자(법인인 경우에는 그 대표자를 말한다), 2. 당사자를 위하여 해당 소송을 대리하는 자, 3. 그 밖에 해당 소송으로 영업비밀을 알게 된 자에게 그 당사자가 보유한 영업비밀을 해당 소송의 계속적인 수행 외의 목적으로 사용하거나 그

---

41) 전효숙, 지식재산소송절차와 비밀유지명령 제도, 법학논집 제17권, 이화여자대학교 법학연구소(2012), p34.

영업비밀에 관계된 이 항에 따른 명령을 받은 자 외의 자에게 공개하지 아니할 것을 명할 수 있으나, 다만 그 신청 시점까지 동법 제39조의4(비밀유지명령)제1항 각 호의 자가 준비서면의 열람이나 증거조사 외의 방법으로 그 영업비밀을 이미 취득하고 있는 경우에는 그러하지 아니하다고 규정하고 있는데(개인정보 보호법 제39조의4제1항), 법원은 "비밀유지명령은 소송절차에서 공개된 영업비밀의 보호를 목적으로 하는 것으로서 소송절차와 관계없이 다른 당사자 등이 이미 취득하고 있는 영업비밀은 위와 같은 목적과는 아무런 관련이 없으므로, 영업비밀 침해소송에서 자기의 영업비밀을 다른 당사자 등이 부정하게 취득하여 사용하고 있다고 주장하면서 그 영업비밀에 대하여 한 비밀유지명령 신청은 받아들일 수 없다고 보아야 한다"라고 판시한[42] 바가 있다.

(2) 비밀유지명령의 절차와 효력 및 취소 등

(가) 비밀유지명령의 절차와 효력 등

개인정보 보호법은 이 법 제39조의4(비밀유지명령)제1항에 따른 명령(이하 "비밀유지명령"이라 한다)을 신청하는 자는 다음, 1. 이미 제출하였거나 제출하여야 할 준비서면, 이미 조사하였거나 조사하여야 할 증거 또는 동법 제39조의3(자료의 제출)제1항에 따라 제출하였거나 제출하여야 할 자료에 영업비밀이 포함되어 있다는 것과 2. 동법 제39조의3제2항제1호의 영업비밀이 해당 소송 수행 외의 목적으로 사용되거나 공개되면 당사자의 영업에 지장을 줄 우려가 있어 이를 방지하기 위하여 영업비밀의 사용 또는 공개를 제한할 필요가 있다는 것의 사유를 모두 소명하여야 한다고 규정하고 있으며(개인정보 보호법 제39조의4제2항), 비밀유지명령의 신청은 다음, 1. 비밀유지명령을 받을 자, 2. 비밀유지명령의 대상이 될 영업비밀을 특정하기에 충분한 사실, 3. 동법 제39조의4제2항 각 호의 사유에 해당하는 사실의 사항을 적은 서면으로 하여야 한다고 규정하고 있다(동법 제39조의4제3항).

개인정보 보호법은 법원은 비밀유지명령이 결정된 경우에는 그 결정서를 비밀유지명령을 받을 자에게 송달하여야 한다고 규정하고 있으며(동법 제39조의4제4항), 비밀유지명령은 동법 제39조의4제4항의 결정서가 비밀유지명령을 받을 자에게 송달된 때부터 효력이 발생한다고 규정하고 있다(동법 제39조의4제5항). 한편 개인정보 보호법은 비

---

42) 대법원 2015. 1. 16. 선고 2014마1688.

밀유지명령의 신청을 기각하거나 각하한 재판에 대해서는 즉시항고를 할 수 있다고 규정하고 있다(동법 제39조의4제6항).

개인정보 보호법은 비밀유지명령이 내려진 소송(모든 비밀유지명령이 취소된 소송은 제외한다)에 관한 소송기록에 대하여「민사소송법」제163조(비밀보호를 위한 열람 등의 제한) 제1항에 따라 열람 등의 신청인을 당사자로 제한하는 결정이 있었던 경우로서 당사자가 같은 항에서 규정하는 비밀 기재부분의 열람 등의 청구를 하였으나 그 청구 절차를 해당 소송에서 비밀유지명령을 받지 아니한 자가 밟은 경우에는 법원서기관, 법원사무관, 법원주사 또는 법원주사보(이하 이 조에서 "법원사무관등"이라 한다)는 같은 항의 신청을 한 당사자(그 열람 등의 청구를 한 자는 제외한다. 이하 제3항에서 같다)에게 그 청구 직후에 그 열람 등의 청구가 있었다는 사실을 알려야 한다고 규정하고 있다(동법 제39조의6제1항).

또한 개인정보 보호법은 법원사무관등은 이 법 제39조의6(소송기록 열람 등의 청구 통지 등)제1항의 청구가 있었던 날부터 2주일이 지날 때까지(그 청구 절차를 밟은 자에 대한 비밀유지명령 신청이 그 기간 내에 이루어진 경우에는 그 신청에 대한 재판이 확정되는 시점까지를 말한다) 그 청구 절차를 밟은 자에게 동법 제39조의6제1항의 비밀 기재부분의 열람 등을 하게 하여서는 아니 된다고 규정하고 있으며(동법 제39조의6제2항), 동법 제39조의6 제2항은 제1항의 열람 등의 청구를 한 자에게 제1항의 비밀 기재부분의 열람 등을 하게 하는 것에 대하여「민사소송법」제163조제1항의 신청을 한 당사자 모두가 동의하는 경우에는 적용되지 아니한다고 규정하고 있다(동법 제39조의6제3항).

(나) 비밀유지명령의 취소

개인정보 보호법은 비밀유지명령을 신청한 자 또는 비밀유지명령을 받은 자는 이 법 제39조의4(비밀유지명령)제2항 각 호의 사유에 부합하지 아니하는 사실이나 사정이 있는 경우 소송기록을 보관하고 있는 법원(소송기록을 보관하고 있는 법원이 없는 경우에는 비밀유지명령을 내린 법원을 말한다)에 비밀유지명령의 취소를 신청할 수 있다고 규정하고 있으며(개인정보 보호법 제39조의5제1항), 법원은 비밀유지명령의 취소신청에 대한 재판이 있는 경우에는 그 결정서를 그 신청을 한 자 및 상대방에게 송달하여야 한다고 규정하고 있다(동법 제39조의5제2항). 한편 개인정보 보호법은 비밀유지명령의 취소신청에 대한 재판에 대해서는 즉시항고를 할 수 있으며(동법 제39조의5제3항), 비밀유지명령을 취소하는 재판은 확정되어야 효력이 발생한다고 규정하고 있다(동법 제39조의5제4항). 또한 개인정보 보호법은 비밀유지명령을 취소하는 재판을 한 법원은 비밀유지명령의 취소신청을 한 자 또는 상대방 외에 해당 영업비밀에 관한 비밀유지명령을 받은 자가 있는 경우에는 그 자에게 즉시 비밀유지명령의 취소 재판을 한 사실을 알려야 한다고 규정하고 있다(동법 제39조의5제5항).

참고자료 및 질문

1. **벌칙 적용 시의 공무원 의제.** 개인정보 보호법은 개인정보보호위원회의 위원 중 공무원이 아닌 위원 및 공무원이 아닌 직원은 「형법」이나 그 밖의 법률에 따른 벌칙을 적용할 때에는 공무원으로 본다고 규정하고 있으며(개인정보 보호법 제69조제1항), 개인정보보호위원회 또는 관계 중앙행정기관의 장의 권한을 위탁한 업무에 종사하는 관계 기관의 임직원은 「형법」 제129조(수뢰, 사전수뢰)부터 제132조(알선수뢰)까지의 규정을 적용할 때에는 공무원으로 본다고 규정하고 있는데(동법 제69조제2항), 공무원 의제를 규정하고 있는 것은 개인정보보호 업무의 특성상 공무원에 준하는 청렴(淸廉) 의무가 부과되기 때문으로서 공무원으로 본다는 것은 일반인의 경우 처벌받지 않을 행위라도 그를 공무원으로 보아 처벌하겠다는 의미로 이해된다.

2. **비밀유지 의무.** 개인정보 보호법은 다음. 1. 개인정보 보호법 제7조의8(보호위원회의 소관 사무) 및 제7조의9(보호위원회의 심의·의결 사항 등)에 따른 개인정보보호위원회의 업무, 2. 이 법 제28조의3(가명정보의 결합 제한)에 따른 전문기관의 지정 업무 및 전문기관의 업무, 3. 동법 제32조의2(개인정보 보호 인증)에 따른 개인정보 보호 인증 업무, 4. 동법 제33조(개인정보 영향평가)에 따른 영향평가 업무, 5. 동법 제35조의3(개인정보관리 전문기관)에 따른 개인정보 관리 전문기관의 지정 업무 및 개인정보관리 전문기관의 업무, 6. 동법 제40조(설치 및 구성)에 따른 개인정보 분쟁조정위원회의 분쟁조정 업무에 종사하거나 종사하였던 자는 직무상 알게 된 비밀을 다른 사람에게 누설하거나 직무상 목적 외의 용도로 이용하여서는 아니 되나, 다만 다른 법률에 특별한 규정이 있는 경우에는 그러하지 아니하다고 규정하고 있는데(개인정보 보호법 제60조), 동 조항을 둔 것은 개인정보 보호법에 따른 조사, 검사, 심의, 평가, 조정 등의 업무에 종사하거나 하였던 자들은 타인의 사생활이나 영업비밀을 다룰 기회가 많으므로 이들에게 업무상 비밀의 준수 의무를 부과하여 국민이 안심하고 자료 제출, 의견 개진, 시설 공개 등에 협조할 수 있도록 하기 위한 것으로 이해된다. 한편 다른 법률에 특별한 규정이 있는 경우의 예로는 「국회에서의 증언·감정 등에 관한 법률」 제2조(증인출석 등의 의무)와 동법 제4조(공무상 비밀에 관한 증언·서류등의 제출), 「형사소송법」제147조(공무상비밀과 증인자격)와 동법 제149조(업무상비밀과 증언거부) 등이 있다.

> 〈개인정보 보호법〉 **제40조(설치 및 구성)** ① 개인정보에 관한 분쟁의 조정(調停)을 위하여 개인정보 분쟁조정위원회(이하 "분쟁조정위원회"라 한다)를 둔다.

1. 개인정보 분쟁조정위원회의 의의

사회 변화와 발전에 따라 사회 구성원 간 분쟁의 양상이 다양해지고 복잡화해지고 있으나 소송(訴訟) 등 종래의 사법적 구제 절차는 많은 시간과 비용을 요한다는 점 등에서 분쟁을 원만하고 신속하게 해결하는 데 한계가 드러나게 되었는데, 소송 등 기존 사법적 구제 절차의 한계점을 보완하고 대체하려는 수단으로 등장한 제도 중 하나가 대체적 분쟁해결제도(ADR, Alternative Dispute Resolution)로서,[43] 대체적 분쟁해결제도는 협상·조정·중재 등의 방법을 통해 신속하고 저렴한 분쟁 해결을 가능하게 하고 당사자 간 자율적인 협조를 기반으로 원만한 해결을 도모하는 제도로 이해된다. 대체적 분쟁해결제도는 〈표 21〉과 같이 법률상 '알선(斡旋, 합의주선)', '조정(調整, 화해시킴)', '재정(裁定, 재정결정)', '중재(仲裁, 중재판정)' 등으로 구분될 수 있는데, 이렇게 구분되는 대체적 분쟁해결제도들은 제3자의 개입 정도와 불복 절차 등에서 차이가 있는 것으로 생각된다.

---

43) 신종철, 통신법 해설(개정판), 진한M&B(2019), p405.

표 21 대체적 분쟁해결제도의 비교

구 분	알선(斡旋) '합의주선'	조정(調停) '화해시킴'	재정(裁定) '재정결정'	중재(仲裁) '중재판정'
제3자 개입 정도	낮음	중간	높음	매우 높음
사례	방송통신위(통신) 대한상사중재원 환경분쟁조정위	방송통신위(방송) 소비자분쟁조정위 환경분쟁조정위	방송통신위(통신) 환경분쟁조정위 특허청장	노동위원회 대한상사중재원 언론중재위
신청절차	당사자 신청	당사자 신청	당사자 신청	중재합의를 전제로 당사자 신청
준사법적 절차	미해당 (의견진술)	미해당 (의견진술, 사실확인)	해당 (의견진술, 사실조사, 변론 보장, 대심구조)	해당 (의견진술, 사실조사, 변론 보장, 대심구조)
성립여부	당사자간 합의서 작성	조정안 당사자 수락	일정기간 내 소송 미제기	중재판정이 내려진 때
효력	민사상 합의	민사상 합의, 재판상 화해	민사상 합의, 재판상 화해	재판상 화해
불복	–	조정안 미수락	소송 제기	엄격한 요건이 만족되었을 경우에만 취소의 소 제기 가능

개인정보 분쟁조정제도는 개인정보의 침해와 관련된 분쟁을 소송외적(訴訟外的)으로 원만히 조정하기 위하여 도입된 제도로서 개인정보의 유출과 오남용 등으로 발생하는 손해에 대한 소송(訴訟)을 통한 사법적 구제는 절차에 드는 비용과 시간에 비해 배상받는 손해가 적은 경우가 많아 정보주체의 실질적인 손해배상을 담보하기 위한 대체적 분쟁해결제도가 필요한 점 등을 고려하여 개인정보 보호법은 제7장에 개인정보 분쟁조정위원회를 두고 있으며, 이 법 제40조(설치 및 구성)는 개인정보에 관한 분쟁의 조정(調停)을 위하여 개인정보 분쟁조정위원회(이하 "분쟁조정위원회"라 한다)를 둔다고 규정하고 있다(개인정보 보호법 제40조제1항).

한편 2023년 개인정보 보호법 개정을 통해 개인정보 분쟁조정제도에 많은 변화가 생겼는데 우선 이 법 제43조(조정의 신청 등)제3항에 규정되어 있던 "공공기관이 동법 제43조제2항에 따른 분쟁조정의 통지를 받은 경우에는 특별한 사유가 없으면 분쟁조정에 응하여야 한다"에서 "개인정보처리자가 동법 제43조제2항에 따른 분쟁조정의 통지를 받은 경우에는 특별한 사유가 없으면 분쟁조정에 응하여야 한다"로 분쟁조정 신청 대상의 범위가 공공기관에서 개인정보처리자로 확대되었으며, 동법 제47조(분쟁의 조정)제3항에 규정되어 있던 "동법 제47조제2항에 따라 조정안을 제시받은 당사자가 제시받은 날부터 15일 이내에 수락 여부를 알리지 아니하면 조정을 거부한 것으로 본다"에서 "동법 제47조제2항에 따라 조정안을 제시받은 당사자가 제시받은 날부터 15일 이내에 수락 여부를 알리지 아니하면 조정을 수락한 것으로 본다"로 조정안에 대한 미응답 시 기존 거부에서 수락으로 변경하였다. 또한 2023년 개인정보 보호법 개정을 통해 동법 제40조제2항에 규정되어 있던 "분쟁조정위원회는 위원장 1명을 포함한 20명 이내의 위원으로 구성하며, 위원은 당연직위원과 위촉위원으로 구성한다"에서 "분쟁조정위원회는 위원장 1명을 포함한 30명 이내의 위원으로 구성하며, 위원은 당연직위원과 위촉위원으로 구성한다"로 개인정보 분쟁조정위원회의 정원을 20명에서 30명으로 증원한 바가 있다.

이와 함께 2023년 개인정보 보호법 개정을 통해 이 법 제45조(자료의 요청 등)제2항에 규정되어 있던 "분쟁조정위원회는 필요하다고 인정하면 분쟁당사자나 참고인을 분쟁조정위원회에 출석하도록 하여 그 의견을 들을 수 있다"에서 동법 제45조(자료의 요청 및 사실조사 등)제2항에 "분쟁조정위원회는 분쟁의 조정을 위하여 사실 확인이 필요한 경우에는 분쟁조정위원회의 위원 또는 대통령령으로 정하는 사무기구의 소속 공무원으로 하여금 사건과 관련된 장소에 출입하여 관련 자료를 조사하거나 열람하게 할 수 있다"로 개정하여 개인정보 분쟁조정 사실조사 제도를 도입하였으며, 동법 제45조의2(진술의 원용 제한)에 "조정절차에서의 의견과 진술은 소송(해당 조정에 대한 준재심은 제외한다)에서 원용(援用)하지 못한다"라는 규정과 함께 동법 제50조의2(개선의견의 통보)에 "분쟁조정위원회는 소관 업무 수행과 관련하여 개인정보 보호 및 정보주체의 권리 보호를 위한 개선의견을 개인정보보호위원회 및 관계 중앙행정기관의 장에게 통보할 수 있다"라는 규정들을 신설한 바 있다.

한편 개인정보 보호법은 국가 및 지방자치단체, 개인정보 보호단체 및 기관, 정보주체, 개인정보처리자는 정보주체의 피해 또는 권리침해가 다수의 정보주체에게 같거나 비슷한 유형으로 발생하는 경우로서 대통령령으로 정하는 사건에 대하여는 분쟁조정위원회에 일괄적인 분쟁조정(이하 "집단분쟁조정"이라 한다)을 의뢰 또는 신청할 수 있다고 규정하여(동법 제49조제1항), 개인정보 집단분쟁조정 제도를 도입하고 있다.

2. 개인정보 분쟁조정위원회의 구성과 운영

가 개인정보 분쟁조정위원회의 설치와 구성 및 운영

(1) 개인정보 분쟁조정위원회의 설치와 구성

개인정보 보호법은 개인정보에 관한 분쟁의 조정(調停)을 위하여 개인정보 분쟁조정위원회(이하 "분쟁조정위원회"라 한다)를 두고(개인정보 보호법 제40조제1항), 개인정보 분쟁조정위원회는 위원장 1명을 포함한 30명 이내의 위원으로 구성하며, 위원은 당연직위원과 위촉위원으로 구성한다고 규정하고 있다(동법 제40조제2항). 또한 개인정보 보호법은 개인정보 분쟁조정위원회는 분쟁조정 업무를 효율적으로 수행하기 위하여 필요하면 대통령령으로 정하는 바에 따라 조정사건의 분야별로 5명 이내의 위원으로 구성되는 조정부를 둘 수 있는데, 이 경우 조정부가 개인정보 분쟁조정위원회에서 위임받아 의결한 사항은 개인정보 분쟁조정위원회에서 의결한 것으로 본다고 규정하고 있으며(동법 제40조제6항), 한편 개인정보 보호법 시행령은 개인정보 분쟁조정위원회는 개인정보에 관한 분쟁의 조정과 관련된 사항의 전문적인 검토를 위하여 개인정보 분쟁조정위원회에 분야별 전문위원회(이하 "분쟁조정전문위원회"라 한다)를 둘 수 있다고 규정하고 있는데(동법 시행령 제49조의2제1항), 개인정보 분쟁조정전문위원회는 2023년 개인정보 보호법 개정에 따른 이 법의 시행령 개정 시 도입된 것이다. 이외에도 개인정보 보호법 시행령은 이 법 제40조(설치 및 구성)제8항에 따른 분쟁조정 접수 및 사실 확인 등 분쟁조정에 필요한 사무처리는 개인정보보호위원회의 사무기구가 수행한다고 규정하고 있다(동법 시행령 제50조제1항).

(가) 조정부의 구성과 운영

개인정보 보호법은 개인정보 분쟁조정위원회는 분쟁조정 업무를 효율적으로 수행하기 위하여 필요하면 대통령령으로 정하는 바에 따라 조정사건의 분야별로 5명 이내의 위원으로 구성되는 조정부를 둘 수 있으며, 이 경우 조정부가 개인정보 분쟁조정위원회에서 위임받아 의결한 사항은 개인정보 분쟁조정위원회에서 의결한 것으로 본다고 규정하고 있는데(개인정보 보호법 제40조제6항), 이 법 시행령은 동법 제40조(설치 및 구성)제6항에 따른 조정부(이하 "조정부"라 한다)는 개인정보 분쟁조정위원회 위원장이 지명하는 5명 이내의 위원으로 구성하되, 그 중 1명은 변호사 자격이 있는 위원으로 한다고 규정하고 있다(동법 시행령 제49조제1항).

개인정보 보호법 시행령은 개인정보 분쟁조정위원회 위원장은 조정부의 회의를 소집하는데(동법 시행령 제49조제2항), 개인정보 분쟁조정위원회의 위원장은 조정부의 회의를 소집하려면 회의 날짜·시간·장소 및 안건을 정하여 회의 개최 7일 전까지 조정부의 각 위원에게 알려야 하나, 다만 긴급한 사정이 있는 경우에는 그러하지 아니하다고 규정하고 있다(동법 시행령 제49조제3항). 또한 개인정보 보호법 시행령은 조정부의 장은 조정부 위원 중에서 호선(互選)하며(동법 시행령 제49조제4항), 이 법 시행령 제49조(조정부의 구성 및 운영)제1항부터 제4항까지의 규정에서 정한 사항 외에 조정부의 구성 및 운영 등에 필요한 사항은 개인정보 분쟁조정위원회의 의결을 거쳐 개인정보 분쟁조정위원회의 위원장이 정한다고 규정하고 있다(동법 시행령 제49조제5항).

(나) 분쟁조정전문위원회의 구성과 운영

개인정보 보호법 시행령은 개인정보 분쟁조정위원회는 개인정보에 관한 분쟁의 조정과 관련된 사항의 전문적인 검토를 위하여 개인정보 분쟁조정위원회에 분야별 전문위원회(이하 "분쟁조정전문위원회"라 한다)를 둘 수 있다고 규정하고 있으며(동법 시행령 제49조의2제1항), 개인정보 분쟁조정전문위원회는 위원장 1명을 포함한 10명 이내의 위원으로 구성한다고 규정하고 있다(동법 시행령 제49조의2제2항).

개인정보 보호법 시행령은 개인정보 분쟁조정전문위원회 위원은 다음, 1. 개인정보 분쟁조정위원회 위원, 2. 개인정보 보호 관련 업무를 담당하는 중앙행정기관의 관계 공무원, 3. 대학에서 개인정보 보호 분야의 조교수 이상으로 재직하고 있거나 재직하였던 사람, 4. 공인된 연구기관에서 개인정보 보호 관련 분야의 5년 이상 연구경력이 있는 사람, 5. 변호사 자격을 취득한 후 개인정보 보호 관련 분야에 1년 이상 경력이 있는 사람, 6. 그 밖에 개인정보 보호 및 분쟁의 조정과 관련하여 전문지식과 경험이 풍부한 사람의 사람 중에서 개인정보 분쟁조정위원회 위원장이 임명하거나 위촉하고, 개인정보 분쟁조정전문위원회 위원장은 개인정보 분쟁조정전문위원회 위원 중에서 개인정보 분쟁조정위원회 위원장이 지명한다고 규정하고 있으며(동법 시행령 제49조의2제3항), 이 법 시행령 제49조의2(분쟁조정 전문위원회)제1항부터 제3항까지에서 규정한 사항 외에 분쟁조정전문위원회의 구성 및 운영 등에 필요한 사항은 분쟁조정위원회의 의결을 거쳐 분쟁조정위원회 위원장이 정한다고 규정하고 있다(동법 시행령 제49조의2제4항).

(2) 개인정보 분쟁조정위원회의 운영

개인정보 보호법은 개인정보 분쟁조정위원회 또는 조정부는 재적위원 과반수의 출석으로 개의하며 출석위원 과반수의 찬성으로 의결한다고 규정하고 있으며(개인정보 보호법 제40조제7항), 개인정보보호위원회는 분쟁조정 접수, 사실 확인 등 분쟁조정에 필요한 사무를 처리할 수 있다고 규정하고 있는데(동법 제40조제8항), 개인정보 보호법 시행령은 이 법 제40조(설치 및 구성)제8항에 따른 개인정보 분쟁조정 접수 및 사실 확인 등 분쟁조정에 필요한 사무처리는 개인정보보호위원회의 사무기구가 수행한다고 규정하고 있으며(동법 시행령 제50조제1항), 사무기구는 개인정보 분쟁조정 접수·진행 및 당사자 통지 등 분쟁조정에 필요한 사무를 전자적으로 처리하기 위하여 개인정보 분쟁조정업무시스템을 구축하여 운영할 수 있다고 규정하고 있다(동법 시행령 제50조제2항).

한편 개인정보 보호법은 이 법에서 정한 사항 외에 개인정보 분쟁조정위원회 운영에 필요한 사항은 대통령령으로 정한다고 규정하고 있는데(동법 제40조제9항), 개인정보 보호법 시행령은 개인정보 분쟁조정위원회 위원장은 개인정보 분쟁조정위원회의 회의를 소집하며, 그 의장이 된다고 규정하고 있으며(동법 시행령 제51조제1항), 개인정보 분쟁조정위원회 위원장이 개인정보 분쟁조정위원회의 회의를 소집하려면 회의 날짜·시간·장소 및 안건을 정하여 회의 개최 7일 전까지 각 위원에게 알려야 하나, 다만 긴급한 사정이 있는 경우에는 그러하지 아니하다고 규정하고 있다(동법 시행령 제51조제2항). 또한 개인정보 보호법 시행령은 개인정보 분쟁조정위원회 및 조정부의 회의는 공개하지 아니하나, 다만 필요하다고 인정되는 경우에는 개인정보 분쟁조정위원회의 의결로 당사자 또는 이해관계인에게 방청을 하게 할 수 있다고 규정하고 있다(동법 시행령 제51조제3항).

개인정보 보호법 시행령은 개인정보 분쟁조정위원회, 조정부 및 개인정보 분쟁조정전문위원회의 회의에 출석한 위원 등에게는 예산의 범위에서 수당과 여비를 지급할 수 있으나, 다만 공무원인 위원이 그 소관 업무와 직접적으로 관련되어 출석하는 경우에는 그러하지 아니하다고 규정하고 있으며(동법 시행령 제56조), 개인정보 보호법 및 이 법 시행령에서 규정한 사항 외에 분쟁의 조정절차 및 조정업무의 처리 등 개인정보 분쟁조정위원회의 운영 및 개인정보 집단분쟁조정을 위하여 필요한 사항은 개인정보 분쟁조정위원회의 의결을 거쳐 개인정보 분쟁조정위원회의 위원장이 정한다고 규정하고 있다(동법 시행령 제57조).

나 개인정보 분쟁조정위원회 위원

(1) 개인정보 분쟁조정위원회 위원의 임명

개인정보 보호법은 위촉위원은 다음, 1. 개인정보 보호업무를 관장하는 중앙행정기관의 고위공무원단에 속하는 공무원으로 재직하였던 사람 또는 이에 상당하는 공공부문 및 관련 단체의 직에 재직하고 있거나 재직하였던 사람으로서 개인정보 보호업무의 경험이 있는 사람, 2. 대학이나 공인된 연구기관에서 부교수 이상 또는 이에 상당하는 직에 재직하고 있거나 재직하였던 사람, 3. 판사ㆍ검사 또는 변호사로 재직하고 있거나 재직하였던 사람, 4. 개인정보 보호와 관련된 시민사회단체 또는 소비자단체로부터 추천을 받은 사람, 5. 개인정보처리자로 구성된 사업자단체의 임원으로 재직하고 있거나 재직하였던 사람의 어느 하나에 해당하는 사람 중에서 개인정보보호위원회 위원장이 위촉하고, 대통령령으로 정하는 국가기관 소속 공무원은 당연직위원이 된다고 규정하고 있는데(동법 제40조제3항), 개인정보 보호법 시행령은 개인정보 분쟁조정위원회의 당연직위원은 개인정보보호위원회의 고위공무원단에 속하는 일반직공무원으로서 개인정보 보호에 관한 업무를 담당하는 사람 중 개인정보보호위원회 위원장이 지명하는 사람으로 한다고 규정하고 있다(동법 시행령 제48조의14). 또한 개인정보 보호법은 개인정보 분쟁조정위원회 위원장은 위원 중에서 공무원이 아닌 사람으로 개인정보보호위원회 위원장이 위촉한다고 규정하고 있으며(동법 제40조제4항), 위원장과 위촉위원의 임기는 2년으로 하되, 1차에 한하여 연임할 수 있다고 규정하고 있다(동법 제40조제5항).

(2) 개인정보 분쟁조정위원회 위원의 신분보장과 제척·기피·회피

개인정보 분쟁조정제도는 준사법(準司法)적 절차이므로 조정의 독립성과 공정성이 보장되어야 하는 점 등을 고려하여 개인정보 보호법은 개인정보 분쟁조정위원회 위원의 신분보장과 제척·기피·회피를 규정하고 있다. 제척(除斥)은 구체적 사건에 대하여 법률에 규정되어 있는 사유에 해당하는 때에 배제(排除)시키는 제도이고, 기피(忌避)는 공정을 기대하기 어려운 사정이 있는 경우 당사자의 신청을 통하여 배제시키는 제도이며, 회피(回避)는 스스로 제척 또는 기피 사유가 있는 때 자발적으로 배제하는 제도로 이해된다.

개인정보 보호법은 개인정보 분쟁조정위원회 위원은 자격정지 이상의 형을 선고받거나 심신상의 장애로 직무를 수행할 수 없는 경우를 제외하고는 그의 의사에 반하여 면직되거나 해촉되지 아니한다고 규정하고 있는 한편(개인정보 보호법 제41조), 개인정보 분쟁조정위원회의 위원은 다음, 1. 개인정보 분쟁조정위원회 위원 또는 그 배우자나 배우자였던 자가 그 사건의 당사자가 되거나 그 사건에 관하여 공동의 권리자 또는 의무자의 관계에 있는 경우, 2. 개인정보 분쟁조정위원회 위원이 그 사건의 당사자와 친족이거나 친족이었던 경우, 3. 개인정보 분쟁조정위원회 위원이 그 사건에 관하여 증언, 감정, 법률자문을 한 경우, 4. 개인정보 분쟁조정위원회 위원이 그 사건에 관하여 당사자의 대리인으로서 관여하거나 관여하였던 경우의 어느 하나에 해당하는 경우에는 개인정보 보호법 제43조(조정의 신청 등)제1항에 따라 개인정보 분쟁조정위원회에 신청된 분쟁조정사건(이하 이 조에서 "사건"이라 한다)의 심의·의결에서 제척(除斥)된다고 규정하고 있다(동법 제42조제1항).

또한 개인정보 보호법은 당사자는 개인정보 분쟁조정위원회 위원에게 공정한 심의·의결을 기대하기 어려운 사정이 있으면 위원장에게 기피(忌避)신청을 할 수 있는데, 이 경우 개인정보 분쟁조정위원회 위원장은 기피신청에 대하여 개인정보 분쟁조정위원회의 의결을 거치지 아니하고 결정한다고 규정하고 있으며(동법 제42조제2항), 개인정보 보호위원회 위원이 이 법 제42조(위원의 제척·기피·회피)제1항 또는 제2항의 사유에 해당하는 경우에는 스스로 그 사건의 심의·의결에서 회피(回避)할 수 있다고 규정하고 있다(동법 제42조제3항).

3. 개인정보 분쟁조정의 절차와 효력

가 개인정보 분쟁조정의 절차

개인정보 분쟁조정은 조정의 신청, 의견진술 등을 포함하는 자료요청 및 사실조사, 조정안(調停案)의 작성, 조정의 수락 또는 거절의 절차에 따라 진행되게 되는데, 분쟁은 당사자 간의 자발적 합의에 따라 스스로 처리하는 것이 가장 바람직하므로 당사자 간 자율적 분쟁 해결의 기회를 부여하기 위하여, 개인정보 보호법은 개인정보 분쟁조정위원회는 이 법 제43조(조정의 신청 등)제1항에 따라 분쟁조정 신청을 받았을 때에는 당사자에게 그 내용을 제시하고 조정 전 합의를 권고할 수 있다고 규정하고 있다(개인정보 보호법 제46조). 개인정보 보호법은 개인정보 분쟁조정위원회는 이 법 제43조제1항에 따른 개인정보 분쟁조정 신청을 받은 날부터 60일 이내에 이를 심사하여 조정안을 작성하여야 하나, 다만 부득이한 사정이 있는 경우에는 개인정보 분쟁조정위원회의 의결로 처리기간을 연장할 수 있다고 규정하고 있는데(동법 제44조제1항), 개인정보 분쟁조정위원회는 이 법 제44조(처리기간)제1항 단서에 따라 처리기간을 연장한 경우에는 기간연장의 사유와 그 밖의 기간연장에 관한 사항을 신청인에게 알려야 한다고 규정하고 있다(동법 제44조제2항). 한편 개인정보 보호법은 이 법 제43조(조정의 신청 등)부터 제49조(집단분쟁조정)까지의 규정에서 정한 것 외에 분쟁의 조정방법, 조정절차 및 조정업무의 처리 등에 필요한 사항은 대통령령으로 정한다고 규정하고 있으며(동법 제50조제1항), 개인정보 분쟁조정위원회의 운영 및 분쟁조정 절차에 관하여 이 법에서 규정하지 아니한 사항에 대하여는 「민사조정법」을 준용한다고 규정하고 있다(동법 제50조제2항).

(1) 조정의 신청 등

개인정보 보호법은 개인정보와 관련한 분쟁의 조정을 원하는 자는 개인정보 분쟁조정위원회에 분쟁조정을 신청할 수 있다고 규정하고 있는데(동법 제43조제1항), 개인정보 분쟁조정위원회는 당사자 일방으로부터 분쟁조정 신청을 받았을 때에는 그 신청내용을 상대방에게 알려야 한다고 규정하고 있으며(동법 제43조제2항), 개인정보처리자가 이 법 제43조제2항에 따른 분쟁조정의 통지를 받은 경우에는 특별한 사유가 없으면 분쟁조정에 응하여야 한다고 규정하고 있다(동법 제43조제3항).

(2) 자료의 요청 및 사실조사 등

개인정보 보호법은 개인정보 분쟁조정위원회는 이 법 제43조제1항에 따라 분쟁조정 신청을 받았을 때에는 해당 분쟁의 조정을 위하여 필요한 자료를 분쟁당사자에게 요청할 수 있는데, 이 경우 분쟁당사자는 정당한 사유가 없으면 요청에 따라야 한다고 규정하고 있으며(동법 제45조제1항), 개인정보 분쟁조정위원회는 분쟁의 조정을 위하여 사실 확인이 필요한 경우에는 개인정보 분쟁조정위원회의 위원 또는 대통령령으로 정하는[44] 사무기구의 소속 공무원으로 하여금 사건과 관련된 장소에 출입하여 관련 자료를 조사하거나 열람하게 할 수 있는데,[45] 이 경우 분쟁당사자는 해당 조사·열람을 거부할 정당한 사유가 있을 때에는 그 사유를 소명하고 조사·열람에 따르지 아니할 수 있다고 규정하고 있다(동법 제45조제2항).[46] 또한 개인정보 보호법은 이 법 제45조(자료의 요청 및 사실조사 등)제2항에 따른 조사·열람을 하는 개인정보 분쟁조정위원회의 위원 또는 공무원은 그 권한을 표시하는 증표를 지니고 이를 관계인에게 내보여야 한다고 규정하고 있으며(동법 제45조제3항), 개인정보 분쟁조정위원회는 분쟁의 조정을 위하여 필요하다고 인정하면 관계 기관 등에 자료 또는 의견의 제출 등 필요한 협조를 요청할 수 있다고 규정하고 있다(동법 제45조제4항). 그리고 개인정보 보호법은 개인정보 분쟁조정위원회는 필요하다고 인정하면 분쟁당사자나 참고인을 위원회에 출석하도록 하여 그 의견을 들을 수 있다고 규정하고 있다(동법 제45조제5항).[47] 개인정보 보

---

44) 개인정보 보호법 시행령은 이 법 제45조(자료의 요청 및 사실조사 등)제2항 전단에서 "대통령령으로 정하는 사무기구"란 동법 시행령 제50조(사무기구)제1항에 따라 개인정보 분쟁조정에 필요한 사무처리를 담당하는 개인정보보호위원회의 사무기구를 말한다고 규정하고 있다(개인정보 보호법 시행령 제51조의3제1항).

45) 개인정보 보호법 시행령은 개인정보 분쟁조정위원회는 이 법 제45조(자료의 요청 및 사실조사 등)제2항에 따라 조사·열람을 하려는 경우에는 그 7일 전까지 조사·열람 대상자에게 다음, 1. 조사·열람의 목적, 2. 조사·열람의 기간과 장소, 3. 조사·열람을 하는 사람의 직위와 성명, 4. 조사·열람의 범위와 내용, 5. 정당한 사유가 있는 경우 조사·열람을 거부할 수 있다는 사실, 6. 정당한 사유 없이 조사·열람을 거부·방해 또는 기피할 경우 불이익의 내용, 7. 그 밖에 분쟁조정을 위한 조사·열람에 필요한 사항을 문서로 알려야 하나, 다만 조사·열람 목적을 침해할 우려가 있는 경우에는 미리 알리지 않을 수 있다고 규정하고 있다(개인정보 보호법 시행령 제51조의3제2항).

46) 개인정보 보호법 시행령은 개인정보 분쟁조정위원회는 이 법 제45조(자료의 요청 및 사실조사 등)제2항에 따라 조사·열람을 할 때에는 분쟁당사자 또는 분쟁당사자가 지명하는 자가 입회하거나 의견을 진술하도록 요청할 수 있다고 규정하고 있다(개인정보 보호법 시행령 제51조의3제3항).

호법의 자료요청 및 사실조사는 임의(任意)조사로서 「사법경찰관리의 직무를 수행할 자와 그 직무범위에 관한 법률(약칭: 사법경찰직무법)」에 따른 특별사법경찰권과 같은 강제(強制)조사와 달리 제출을 거부하는 자료 등에 대한 압수수색 등과 같은 권한은 없는 것으로 이해된다.

한편 2023년 개인정보 보호법 개정 시 이 법 제45조의2(진술의 원용 제한)에 "조정절차에서의 의견과 진술은 소송(해당 조정에 대한 준재심은 제외한다)에서 원용(援用)하지 못한다"라는 규정을 신설하였는데, 동 조항은 민사조정법 제23조(진술의 원용 제한)의 "조정절차에서의 의견과 진술은 민사소송(해당 조정에 대한 준재심은 제외한다)에서 원용(援用)하지 못한다"라는 규정을 반영한 것으로써 조정절차에서 당사자들이 분쟁을 해결할 목적으로 제시된 의견이나 제안의 내용이 추후 소송절차에서 사실인정의 자료로 사용될 수 있다는 가능성에 대한 우려 없이 자유롭게 조정 시 의견과 진술을 표명할 수 있도록 하여 조정을 활성화하고자 하는 취지로[48] 이해된다.

(3) 조정안의 작성과 분쟁의 조정

개인정보 보호법은 개인정보 분쟁조정위원회는 다음, 1. 조사 대상 침해행위의 중지, 2. 원상회복, 손해배상, 그 밖에 필요한 구제조치, 3. 같거나 비슷한 침해의 재발을 방지하기 위하여 필요한 조치의 어느 하나의 사항을 포함하여 조정안을 작성할 수 있다고 규정하고 있으며(개인정보 보호법 제47조제1항), 개인정보 분쟁조정위원회는 이 법 제47조(분쟁의 조정)제1항에 따라 조정안을 작성하면 지체 없이 각 당사자에게 제시하여야 한다고 규정하고 있다(동법 제47조제2항). 한편 개인정보 보호법은 당사자가 조정내용을 수락한 경우(동법 제47조제3항에 따라 수락한 것으로 보는 경우를 포함한다) 개인정보 분쟁조정위원회는 조정서를 작성하고, 개인정보 분쟁조정위원회의 위원장과 각 당사자가 기명날인 또는 서명을 한 후 조정서 정본을 지체 없이 각 당사자 또는 그 대리인에게 송달하여야 하나, 다만 동법 제47조제3항에 따라 수락한 것으로 보는 경우에는 각 당

---

47) 개인정보 보호법 시행령은 개인정보 분쟁조정위원회는 이 법 제45조(자료의 요청 및 사실조사 등)제5항에 따라 의견을 들으려면 회의 일시 및 장소를 정하여 회의 개최 15일 전까지 분쟁당사자 또는 참고인에게 출석을 통지해야 한다고 규정하고 있다(개인정보 보호법 시행령 제51조의3제4항).
48) 김일룡, 민사조정법상 진술의 원용제한 규정에 대한 미국법제에서의 시사점, 저스티스 통권 제123호 (2011.4.), p127.

사자의 기명날인 및 서명을 생략할 수 있다고 규정하고 있다(동법 제47조제4항).

개인정보 보호법은 개인정보 분쟁조정위원회는 분쟁의 성질상 개인정보 분쟁조정위원회에서 조정하는 것이 적합하지 아니하다고 인정하거나 부정한 목적으로 조정이 신청되었다고 인정하는 경우에는 그 조정을 거부할 수 있는데, 이 경우 조정거부의 사유 등을 신청인에게 알려야 한다고 규정하고 있으며(동법 제48조제1항), 개인정보 분쟁조정위원회는 신청된 조정사건에 대한 처리절차를 진행하던 중에 한쪽 당사자가 소를 제기하면 그 조정의 처리를 중지하고 이를 당사자에게 알려야 한다고 규정하고 있다(동법 제48조제2항).

나 개인정보 분쟁조정의 효력

개인정보 보호법은 제47조(분쟁의 조정)제4항에 따른 조정의 내용은 재판상 화해와 동일한 효력을 갖는다고 규정하고 있는데(개인정보 보호법 제47조제5항), 재판상 화해(和解)란 소송 계속(繫屬) 중 소송물인 권리관계에 대해 당사자 쌍방의 합의가 성립하여 이를 조서(調書)화 하면 소송이 종결되는 것으로서, 조서에 기재한 당사자 간의 합의는 확정판결과 동일(同一)한 효력이 있는 것으로 이해된다.[49] 따라서 조정안의 수락으로 분쟁은 최종적으로 종료되고 민사소송법 제220조(화해, 청구의 포기·인낙조서의 효력)에 따라[50] 조정조서에 의해서도 강제집행이 가능하게 되는데, 즉 조정내용에 대해 불복 사유가 발견되더라도 소송을 통해서는 더 이상 다툴 수 없고 민사소송법 제461조(준재심)에 따라 준재심의 절차에 의해서만 다툴 수 있는 것이라 하겠다.

민사소송법은 이 법 제220조의 조서 또는 즉시항고로 불복할 수 있는 결정이나 명령이 확정된 경우에 동법 제451조(재심사유)제1항에 규정된 사유가 있는 때에는 확정판결에 대한 동법 제451조 내지 제460조(결과가 정당한 경우의 재심기각)의 규정에 준하여 재심을 제기할 수 있다고 규정하고 있으며(민사소송법 제461조), 다음, 1. 법률에 따라 판결법원을 구성하지 아니한 때, 2. 법률상 그 재판에 관여할 수 없는 법관이 관여한 때, 3. 법정대리권·소송대리권 또는 대리인이 소송행위를 하는 데에 필요한 권한의

---

49) 이시윤, 앞의 책, pp513~514
50) 민사소송법은 화해, 청구의 포기·인낙을 변론조서·변론준비기일조서에 적은 때에는 그 조서는 확정판결과 같은 효력을 가진다고 규정하고 있다(민사소송법 제220조).

수여에 흠이 있는 때(다만, 동법 제60조(소송능력 등의 흠과 추인) 또는 제97조(법정대리인에 관한 규정의 준용)의 규정에 따라 추인한 때에는 그러하지 아니하다), 4. 재판에 관여한 법관이 그 사건에 관하여 직무에 관한 죄를 범한 때, 5. 형사상 처벌을 받을 다른 사람의 행위로 말미암아 자백을 하였거나 판결에 영향을 미칠 공격 또는 방어방법의 제출에 방해를 받은 때, 6. 판결의 증거가 된 문서, 그 밖의 물건이 위조되거나 변조된 것인 때, 7. 증인·감정인·통역인의 거짓 진술 또는 당사자신문에 따른 당사자나 법정대리인의 거짓 진술이 판결의 증거가 된 때, 8. 판결의 기초가 된 민사나 형사의 판결, 그 밖의 재판 또는 행정처분이 다른 재판이나 행정처분에 따라 바뀐 때, 9. 판결에 영향을 미칠 중요한 사항에 관하여 판단을 누락한 때, 10. 재심을 제기할 판결이 전에 선고한 확정판결에 어긋나는 때, 11. 당사자가 상대방의 주소 또는 거소를 알고 있었음에도 있는 곳을 잘 모른다고 하거나 주소나 거소를 거짓으로 하여 소를 제기한 때 각호 가운데 어느 하나에 해당하면 확정된 종국판결에 대하여 재심의 소를 제기할 수 있으나, 다만 당사자가 상소에 의하여 그 사유를 주장하였거나, 이를 알고도 주장하지 아니한 때에는 그러하지 아니하다고 규정하고 있다(민사소송법 제451조제1항).

4. 개인정보 집단분쟁조정

가 개인정보 집단분쟁조정의 의의

개인정보 보호법은 국가 및 지방자치단체, 개인정보 보호단체 및 기관, 정보주체, 개인정보처리자는 정보주체의 피해 또는 권리침해가 다수의 정보주체에게 같거나 비슷한 유형으로 발생하는 경우로서 대통령령으로 정하는 사건에 대하여는 개인정보 분쟁조정위원회에 일괄적인 분쟁조정(이하 "집단분쟁조정"이라 한다)을 의뢰 또는 신청할 수 있다고 규정하고 있는데(개인정보 보호법 제49조제1항), 개인정보 보호법 시행령은 이 법 제49조(집단분쟁조정)제1항에서 "대통령령으로 정하는 사건"이란 다음, 1. 피해 또는 권리침해를 입은 정보주체의 수가 다음, 가. 개인정보처리자와 분쟁해결이나 피해보상에 관한 합의가 이루어진 정보주체, 나. 같은 사안으로 다른 법령에 따라 설치된 분쟁조정기구에서 분쟁조정 절차가 진행 중인 정보주체, 다. 해당 개인정보 침해로 인한 피해에 대하여 법원에 소(訴)를 제기한 정보주체를 제외하고 50명 이상일 것과 2. 사건의 중요한 쟁점이 사실상 또는 법률상 공통될 것의 요건을 모두 갖춘 사건을 말한다고 규정하고 있다(동법 시행령 제52조). 개인정보 집단분쟁조정 제도를 도입한 것은 대규모의 개인정보 유출 또는 오남용 사고 등은 대부분 피해의 유형이 유사하므로 이러한 사건들을 개별적인 개인정보 분쟁조정 절차를 통해 처리하는 것은 시간과 비용의 낭비가 되는 점 등을 고려하여 집단적 분쟁 사건에 대해 하나의 분쟁조정 절차를 통해 일괄적으로 해결하도록 한 것으로 이해된다.

나 개인정보 집단분쟁조정의 절차와 효력

(1) 개인정보 집단분쟁조정의 절차

개인정보 보호법은 이 법 제49조(집단분쟁조정)제1항에 따라 집단분쟁조정을 의뢰받거나 신청받은 개인정보 분쟁조정위원회는 그 의결로써 동법 제49조제3항부터 제7항까지의 규정에 따른 집단분쟁조정의 절차를 개시할 수 있는데, 이 경우 개인정보 분쟁조정위원회는 대통령령으로 정하는 기간 동안 그 절차의 개시를 공고하여야 한다고 규정하고 있으며(개인정보 보호법 제49조제2항), 개인정보 보호법 시행령은 이 법 제49조제2항 후단에서 대통령령으로 정하는 기간이란 14일 이상의 기간을 말하며(동법 시행령 제53조제1항), 동법 제49조제2항 후단에 따른 집단분쟁조정 절차의 개시 공고는 개인정보 분쟁조정위원회의 인터넷 홈페이지 또는 「신문 등의 진흥에 관한 법률」에 따라 전국을 보급지역으로 하는 일반일간신문에 게재하는 방법으로 한다고 규정하고 있다(동법 시행령 제53조제2항).

개인정보 보호법은 개인정보 분쟁조정위원회는 집단분쟁조정의 당사자가 아닌 정보주체 또는 개인정보처리자로부터 그 분쟁조정의 당사자에 추가로 포함될 수 있도록 하는 신청을 받을 수 있다고 규정하고 있는데(동법 제49조제3항), 개인정보 보호법 시행령은 이 법 제49조(집단분쟁조정)에 따른 집단분쟁조정(이하 "집단분쟁조정"이라 한다)의 당사자가 아닌 정보주체 또는 개인정보처리자가 이 법 제49조제3항에 따라 추가로 집단분쟁조정의 당사자로 참가하려면 동법 제49조제2항 후단의 공고기간에 문서로 참가 신청을 하여야 한다고 규정하고 있으며(동법 시행령 제54조제1항), 개인정보 분쟁조정위원회는 이 법 시행령 제54조(집단분쟁조정 절차에 대한 참가 신청)제1항에 따라 집단분쟁조정 당사자 참가 신청을 받으면 동법 시행령 제54조제1항의 신청기간이 끝난 후 10일 이내에 참가 인정 여부를 문서로 알려야 한다고 규정하고 있다(동법 시행령 제54조제2항).

한편 개인정보 보호법은 개인정보 분쟁조정위원회는 그 의결로써 동법 제49조 제1항 및 제3항에 따른 집단분쟁조정의 당사자 중에서 공동의 이익을 대표하기에 가장 적합한 1인 또는 수인을 대표당사자로 선임할 수 있다고 규정하고 있다(동법 제49조제4항). 개인정보 보호법 시행령은 집단분쟁조정 절차가 개시된 후 이 법 시행령 제52조(집단분쟁조정의 신청 대상)제1호가목부터 다목까지의 어느 하나에 해당하게 된 정보주체는 당사자에서 제외된다고 규정하고 있으며(동법 시행령 제55조제1항), 개인정보 분쟁조정위원회는 동법 시행령 제52조 각 호의 요건을 모두 갖춘 사건에 대하여 집단분쟁조정 절차가 개시되고 나면 그 후 집단분쟁조정 당사자 중 일부가 같은 조 제1호가목부터 다목까지의 어느 하나에 해당하게 되어 같은 조 제1호의 요건을 갖추지 못하게 되더라도 집단분쟁조정 절차를 중지하지 아니한다고 규정하고 있다(동법 시행령 제55조제2항). 또한 개인정보 보호법은 이 법 제48조(조정의 거부 및 중지)제2항에도 불구하고 개인정보 분쟁조정위원회는 집단분쟁조정의 당사자인 다수의 정보주체 중 일부의 정보주체가 법원에 소를 제기한 경우에는 그 절차를 중지하지 아니하고, 소를 제기한 일부의 정보주체를 그 절차에서 제외한다고 규정하고 있다(동법 제49조제6항).

(2) 개인정보 집단분쟁조정의 효력

개인정보 보호법은 개인정보 분쟁조정위원회는 개인정보처리자가 개인정보 분쟁조정위원회의 집단분쟁조정의 내용을 수락한 경우에는 집단분쟁조정의 당사자가 아닌 자로서 피해를 입은 정보주체에 대한 보상계획서를 작성하여 개인정보 분쟁조정위원회에 제출하도록 권고할 수 있다고 규정하고 있는데(동법 제49조제5항), 개인정보 집단분쟁조정이 성립된 경우에 동 조정의 효력은 앞에서 설명한 개인정보 분쟁조정과 같은 재판상 화해와 동일한 효력으로 이해된다. 또한 당사자는 개인정보 집단분쟁조정안을 제시받은 날부터 15일 이내에 동 조정안에 대한 수락 여부를 개인정보 분쟁조정위원회에 알려야 하며, 15일 이내에 수락 여부를 알리지 않으면 동 조정안을 수락한 것으로 해석된다. 그리고 개인정보 집단분쟁조정을 신청 또는 참가한 자들의 일부만이 집단분쟁조정안을 수락한 때에는 수락한 자들에 대해서만 재판상 화해의 효력이 미치는 것으로 이해된다. 한편 개인정보 보호법은 집단분쟁조정의 기간은 이 법 제49조제2항에 따른 공고가 종료된 날의 다음 날부터 60일 이내로 하나, 다만 부득이한 사정이 있는 경우에는 개인정보 분쟁조정위원회의 의결로 처리기간을 연장할 수 있다고 규정하고 있다(동법 제49조제7항).

제8절 개인정보 단체소송

〈개인정보 보호법〉 제51조(단체소송의 대상 등) 다음 각 호의 어느 하나에 해당하는 단체는 개인정보처리자가 제49조에 따른 집단분쟁조정을 거부하거나 집단분쟁조정의 결과를 수락하지 아니한 경우에는 법원에 권리침해 행위의 금지·중지를 구하는 소송(이하 "단체소송"이라 한다)을 제기할 수 있다.

1. 「소비자기본법」 제29조에 따라 공정거래위원회에 등록한 소비자단체로서 다음 각 목의 요건을 모두 갖춘 단체
   가. 정관에 따라 상시적으로 정보주체의 권익증진을 주된 목적으로 하는 단체일 것
   나. 단체의 정회원수가 1천명 이상일 것
   다. 「소비자기본법」 제29조에 따른 등록 후 3년이 경과하였을 것
2. 「비영리민간단체 지원법」 제2조에 따른 비영리민간단체로서 다음 각 목의 요건을 모두 갖춘 단체
   가. 법률상 또는 사실상 동일한 침해를 입은 100명 이상의 정보주체로부터 단체소송의 제기를 요청받을 것
   나. 정관에 개인정보 보호를 단체의 목적으로 명시한 후 최근 3년 이상 이를 위한 활동 실적이 있을 것
   다. 단체의 상시 구성원수가 5천명 이상일 것
   라. 중앙행정기관에 등록되어 있을 것

1. 개인정보 단체소송의 의의

통신과 컴퓨터 기술의 발전과 개인정보를 활용하는 산업과 시장의 확대 등으로 인해 개인정보의 유출과 오남용 등으로 인한 피해의 규모가 대형화되고 있음에도 불구하고, 개인정보 유출과 오남용 등으로 피해를 당한 정보주체들은 불특정 다수의 개인으로서 비조직적이고 원자화되어 있어 이러한 피해를 발생시킨 개인정보처리자 등과 피해를 당한 정보주체들간의 비대칭성(非對稱性, Asymmetry)으로 인한 정보주체들의 피해 구제에 어려움이 많은 것이 현실이라고 생각된다. 즉 기업과 같은 개인정보처리자 등의 우월적 지위(Bargaining power)로 인해 개인정보 침해에 대한 구제를 정보주체인 개인에게만 맡겨두면 실질적인 피해 구제가 어려우므로, 이러한 집단적 피해의 발생과 확대 방지 및 집단적 해결을 위한 소송제도가 필요한데 이러한 소송제도가 〈표 22〉의 유럽식 단체소송(團體訴訟, Verbandsklage)과 미국식 집단소송(集團訴訟, Class action) 제도로 이해된다.[51]

표 22 단체소송과 집단소송

구분	단체소송(Verbandsklage)	집단소송(Class action)
청구권자	일정 요건을 갖춘 소비자단체 등(단체가 소송수행)	이해관계가 밀접한 다수의 피해자집단(대표당사자가 소송수행)
소송목적	위법행위의 금지·중지	금전적 피해구제(손해배상 청구)
기대효과	피해의 확산방지 및 예방	피해의 사후적 구제
기판력(旣判力, 판결의 효력)	다른 단체에게도 판결의 효력이 미침	모든 피해자에게 판결의 효력이 미침(다만, 제외 신청자는 제외)

단체소송은 일정한 자격을 갖춘 단체로 하여금 전체 피해자들의 이익을 위하여 소송을 제기할 수 있는 권한을 부여하는 제도이며, 집단소송은 피해집단에 속해있는 개인에게 당사자적격(Standing)을 인정하여 그 개인으로 하여금 집단구성원 전원을 위해 소송을 수행할 수 있도록 하는 제도라 하겠는데, 개인정보 보호법은 이

---

51) 이시윤, 앞의 책, pp770~773.

법 제51조(단체소송의 대상 등)에서 「소비자기본법」 제29조(소비자단체의 등록)에 따라 공정거래위원회에 등록한 소비자단체와 「비영리민간단체 지원법」 제2조에 따른 비영리민간단체는 개인정보처리자가 동법 제49조(집단분쟁조정)에 따른 집단분쟁조정을 거부하거나 집단분쟁조정의 결과를 수락하지 아니한 경우에는 법원에 권리침해 행위의 금지·중지를 구하는 소송(이하 "단체소송"이라 한다)을 제기할 수 있다고 규정함으로써(개인정보 보호법 제51조), 유럽식 단체소송을 도입하고 있는 것으로 이해된다.

2. 개인정보 단체소송의 대상과 청구범위 및 원고적격

개인정보 보호법은 다음, 1. 「소비자기본법」 제29조(소비자단체의 등록)에 따라 공정거래위원회에 등록한 소비자단체로서, 다음, 가. 정관에 따라 상시적으로 정보주체의 권익증진을 주된 목적으로 하는 단체일 것, 나. 단체의 정회원수가 1천명이상일 것, 다. 「소비자기본법」 제29조(소비자단체의 등록)에 따른 등록 후 3년이 경과하였을 것의 요건을 모두 갖춘 단체와 2. 「비영리민간단체 지원법(약칭: 비영리단체법)」 제2조(정의)52)에 따른 비영리민간단체로서 다음, 가. 법률상 또는 사실상 동일한 침해를 입은 100명 이상의 정보주체로부터 단체소송의 제기를 요청받을 것, 나. 정관에 개인정보 보호를 단체의 목적으로 명시한 후 최근 3년 이상 이를 위한 활동실적이 있을 것, 다. 단체의 상시 구성원수가 5천명 이상일 것, 라. 중앙행정기관에 등록되어 있을 것의 요건을 모두 갖춘 단체의 어느 하나에 해당하는 단체는 개인정보처리자가 이 법 제49조(집단분쟁조정)에 따른 집단분쟁조정을 거부하거나 집단분쟁조정의 결과를 수락하지 아니한 경우에는 법원에 권리침해 행위의 금지·중지를 구하는 소송(이하 "단체소송"이라 한다)을 제기할 수 있다고 규정하고 있다(개인정보 보호법 제51조).

---

52) 비영리민간단체 지원법은 이 법에 있어서 "비영리민간단체"라 함은 영리가 아닌 공익활동을 수행하는 것을 주된 목적으로 하는 민간단체로서 다음, 1. 사업의 직접 수혜자가 불특정 다수일 것, 2. 구성원 상호간에 이익분배를 하지 아니할 것, 3. 사실상 특정정당 또는 선출직 후보를 지지·지원 또는 반대할 것을 주된 목적으로 하거나, 특정 종교의 교리전파를 주된 목적으로 설립·운영되지 아니할 것, 4. 상시 구성원수가 100인 이상일 것, 5. 최근 1년 이상 공익활동실적이 있을 것, 6. 법인이 아닌 단체일 경우에는 대표자 또는 관리인이 있을 것의 요건을 갖춘 단체를 말한다고 규정하고 있다(비영리민간단체 지원법 제2조).

개인정보 단체소송의 대상이 되는 개인정보처리자의 행위는 개인정보 보호법의 위반 여부와 관계 없이 개인정보의 처리와 관련한 정보주체의 권리를 침해하는 행위로 이해되며, 개인정보 단체소송의 청구범위는 권리침해 행위의 금지와 중지이므로 손해배상이나 원상회복 청구는 개인정보 단체소송을 통해서는 청구할 수 없다고 해석되는데, 만일 정보주체가 손해배상이나 원상회복을 청구하고자 한다면 별도의 민사소송을 제기해야 할 것으로 이해된다.

한편 개인정보 단체소송을 제기할 수 있는 자는 「소비자기본법」 제29조(소비자단체의 등록)에 따라 공정거래위원회에 등록한 소비자단체와 「비영리민간단체 지원법」 제2조에 따른 비영리민간단체로 한정되며 개인정보 단체소송을 제기하기 위해서는 개인정보 보호법 제49조(집단분쟁조정)에 따른 개인정보 집단분쟁조정 절차를 반드시 거치도록 하고 있는데 이는 불필요한 소송의 남발을 최소화하기 위한 것으로 이해된다.

3. 개인정보 단체소송의 절차 및 판결의 효력 등

가 개인정보 단체소송의 절차

개인정보 보호법은 단체소송을 제기하는 단체는 소장과 함께 다음, 1. 원고 및 그 소송대리인, 2. 피고, 3. 정보주체의 침해된 권리의 내용의 사항을 기재한 소송허가신청서를 법원에 제출하여야 한다고 규정하고 있으며(개인정보 보호법 제54조제1항), 이 법 제54조(소송허가신청)제1항에 따른 소송허가신청서에는 다음, 1. 소제기단체가 이 법 제51조(단체소송의 대상 등)에 해당하는 요건을 갖추고 있음을 소명하는 자료와 2. 개인정보처리자가 조정을 거부하였거나 조정결과를 수락하지 아니하였음을 증명하는 서류의 자료를 첨부하여야 한다고 규정하고 있다(동법 제54조제2항).

또한 개인정보 보호법은 단체소송의 원고는 변호사를 소송대리인으로 선임하여야 한다고 규정하고 있는데(동법 제53조), 개인정보 집단분쟁조정의 경우 개인정보 분쟁조정위원회가 그 의결로써 집단분쟁조정의 당사자 중에서 공동의 이익을 대표하기에 가장 적합한 1인 또는 수인을 대표당사자로 선임할 수 있다고 규정한 것(동법 제49조제4항)과 다르게 개인정보 단체소송의 원고는 변호사를 소송대리인으로 선임하여야 하므로 만일 변호사가 소송대리인으로 선임되어 있지 않거나 변호사인 소송대리인이 사망 또는 사임하거나 해임이 된 경우에는 소의 각하(却下) 또는 소송절차 중지(中止)의 사유가 되는 것으로 해석된다.

개인정보 보호법은 단체소송의 소는 피고의 주된 사무소 또는 영업소가 있는 곳, 주된 사무소나 영업소가 없는 경우에는 주된 업무담당자의 주소가 있는 곳의 지방법원 본원 합의부의 관할에 전속한다고 규정하고 있으며(동법 제52조제1항), 이 법 제52조(전속관할)제1항을 외국사업자에 적용하는 경우 대한민국에 있는 이들의 주된 사무소 · 영업소 또는 업무담당자의 주소에 따라 정한다고 규정하고 있다(동법 제52조제2항).

한편 개인정보 보호법은 법원은 다음, 1. 개인정보처리자가 분쟁조정위원회의 조정을 거부하거나 조정결과를 수락하지 아니하였을 것과 2. 이 법 제54조(소송허가신청)에 따른 소송허가신청서의 기재사항에 흠결이 없을 것의 요건을 모두 갖춘 경우에 한하여 결정으로 단체소송을 허가한다고 규정하고 있으며(동법 제55조제1항), 단체소송을 허가하거나 불허가하는 결정에 대하여는 즉시항고할 수 있다고 규정하고 있다(동법 제55조제2항). 민사소송법은 항고(抗告)의 대상으로 소송절차에 관한 신청을 기각한 결정이나 명령에 대하여 불복하면 항고할 수 있다고 규정하고 있고(민사소송법 제439조), 즉시항고는 재판이 고지된 날로부터 1주 이내에 하여야 한다고 규정하고 있으며(동법 제444조제1항), 이 법 제444조(즉시항고)제1항의 기간은 불변기간으로 한다고 규정하고 있는데(동법 제444조제2항), 즉시항고는 항고제기의 기간에 제한이 없이 항고의 이익이 있는 한 언제든지 제기할 수 있는 통상항고 또는 보통항고와 이러한 점에서 다른 것으로 이해된다.

나 개인정보 단체소송 판결의 효력 등

개인정보 보호법은 원고의 청구를 기각하는 판결이 확정된 경우 이와 동일한 사안에 관하여는 이 법 제51조(단체소송의 대상 등)에 따른 다른 단체는 단체소송을 제기할 수 없으나, 다만 다음, 1. 판결이 확정된 후 그 사안과 관련하여 국가 · 지방자치단체 또는 국가 · 지방자치단체가 설립한 기관에 의하여 새로운 증거가 나타난 경우와 2. 기각판결이 원고의 고의로 인한 것임이 밝혀진 경우의 어느 하나에 해당하는 경우에는 그러하지 아니하다고 규정하고 있다(개인정보 보호법 제56조). 원고 패소 판결뿐만 아니라 승소 판결의 경우에도 판결의 효과는 전체 소비자단체와 비영리단체에 미친다고 이해되나 개별 정보주체들은 개인정보 단체소송의 결과와 관계 없이 권리침해 행위의 금지와 중지를 구하는 소송 또는 손해배상청구 소송을 제기할 수 있는 것으로 해석된다.

한편 개인정보 보호법은 단체소송에 관하여 이 법에 특별한 규정이 없는 경우에는 「민사소송법」을 적용한다고 규정하고 있으며(동법 제57조제1항), 이 법 제55조(소송허가요건 등)에 따른 단체소송의 허가결정이 있는 경우에는 「민사집행법」 제4편에 따른 보전처분을 할 수 있다고 규정하는 한편(동법 제57조제2항), 단체소송의 절차에 관하여 필요한 사항은 대법원규칙으로 정한다고 규정하고 있다(동법 제57조제3항).

참고자료 및 질문

1. **신용정보산업.** 신용정보산업은 신용정보의 체계적인 관리와 유통을 영업으로 하는 회사와 이를 가능하게 하는 인프라(Infrastructure, 기반시설)를 의미하는 것으로 이해되는데, 우리나라의 신용정보산업은 〈그림 24〉와 같이 신용정보 사업자로서의 CB(Credit Bureau, 신용조회회사)와 인프라인 신용정보집중기관으로 구성되어 있으며, 신용조회회사(Credit Bureau)는 개인과 기업에 대한 신용정보를 수집 · 제공 · 관리하고 금융거래 등을 위해 신용을 평가하는 업무를 수행하고 있다. 한편 신용정보집중기관은 금융회사와 공공기관 등으로부터 신용정보를 집중관리하여 CB사와 금융회사 등과 공유하는데, 한국신용정보원이 신용정보집중기관 업무를 수행 중이며 신용정보원은 민법상 비영리사단법인으로 2015년 12월 「신용정보법」에 따른 종합신용정보집중기관으로 허가를 받고 2016년 1월부터 5개 금융협회(은행연합회, 금융투자협회, 생명보험협회, 손해보험협회, 여신금융협회)와 보험개발원의 신용정보업무를 승계받아 통합 출범한 바 있다.

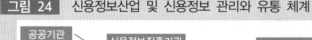
그림 24 신용정보산업 및 신용정보 관리와 유통 체계

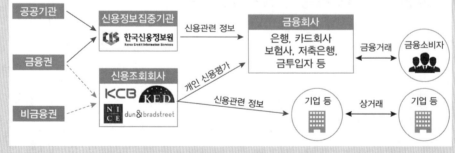

2. **신용정보법 개정과 신용정보산업 재편.** 2020년 데이터 3법(개인정보 보호법, 신용정보법, 정보통신망법)의 개정으로 신용정보법에 따른 신용정보산업의 재편이 진행되고 있는데, 신용정보산업은 〈그림 25〉와 같이 개정 이전에는 개인 CB(개인신용평가업), 기업 CB(기업신용조회업), 신용조사업으로 구성되어 있었으나, 신용정보법 개정을 통해 개인사업자 CB(개인사업자신용평가업), 비금융정보 전문 CB(비금융정보신용평가업), 마이데이터(My data, 본인신용정보관리업)가 도입됨으로써 신용정보산업에 새로운 Player로서 진입할 수 있게 되었다. 개인사업자 CB(SOHO CB, 개인사업자신용평가업)는 소상공인, 영세자영업자 등 개인사업자 대출의 특수성을 반영한 신용평가체계를 운영하는 신용평가회사로서 개인사업자에 대한 정보를 다량으로 보유하고 있는 신용카드사에 대해 개인사업자 CB 업무의 겸영을 허용한 바 있다. 비금융정보 전문 CB는 비금융 개인신용정보(통신·전기·가스 요금납부, 온라인 쇼핑 내역, SNS 정보 등)만을 활용하여 개인신용을 평가하는 전문 신용평가회사로서 금융 이력이 부족한 씬파일러(Thin-filer)의 경우 신용평가가 어려운 현실의 문제를 최소화하고 비금융정보를 체계적으로 활용함으로써 신용평가의 공정성과 정확성을 높이기 위해 도입된 것으로 이해된다.[53]

그림 25   신용정보법 개정과 신용정보산업 재편

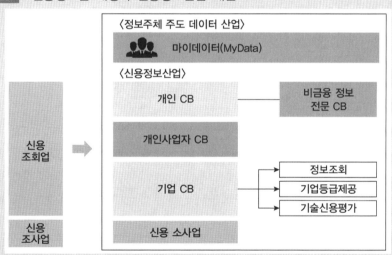

또한 마이데이터 사업자, 개인사업자 CB, 비금융 정보 CB 신설과 함께 신용정보산업 허가 체계를 전반적으로 정비하였는데, CB업의 허가 단위를 업무 실질에 따라 개인 CB(개인신용평가업), 개인사업자 CB(개인사업자신용평가업), 기업 CB(기업신용조회업)로 〈표 23〉과 같이 구분하였다.

표 23 CB 종류별 주요 업무와 자본금

구분	개인 CB	개인사업자 CB	기업 CB
처리정보	개인 신용정보	개인사업자 신용정보	기업 신용정보
활용목적	여신 등 금융거래	여신 등 금융거래 위주	금융거래, 상거래
평가방식	통계모형 등 정량평가	통계모형 등 정량평가	주로 정성적 평가
자본금	최소 50억원	최소 50억원	최소 5억원 이상 또는 최소 20억원 이상

한편 업무내용이 다양한 기업 CB업(기업신용조회업)은 기업정보조회업(기업신용정보를 수집·통합·분석·가공하여 조회자에게 제공, 자본금 5억원 이상), 기업신용등급제공업(기업·법인의 신용평가를 통해 등급을 생성·제공, 자본금 20억원 이상), 기술신용평가업(기업의 기술가치 등을 평가하여 기술신용정보를 생성·제공, 자본금 20억원 이상)으로 세분화되었다.

---

53) 금융위원회, 데이터 경제 활성화를 위한 신용정보산업 선진화 방안, 보도자료(2018. 11. 21.).

제6장

누가 개인정보와 개인신용정보를 규제하는가?

2020년 데이터 3법(개인정보 보호법, 신용정보법, 정보통신망법) 개정 이전에는 개인정보 보호 관련 업무는 행정안전부, 방송통신위원회, 금융위원회, (구)개인정보보호위원회, 교육부, 보건복지부 등 소관 부처로 분산되어 있었으나, 2020년 2월 개인정보 보호법의 개정을 통해 기존의 행정안전부와 방송통신위원회의 개인정보보호 관련 업무와 기능을 개인정보보호위원회로 이관하여 통합함으로써 개인정보보호 감독기구의 일원화를 추진한 바 있다. 한편 신용정보법에서 개인신용정보에 대한 소관을 금융위원회로 규정하고 있어 금융 분야에 대한 개인정보는 금융위원회가 규제하고 있는 것으로 이해된다. 제6장에서는 개인정보보호위원회, 금융위원회, 다른 법률과의 관계 등에 대하여 설명하고자 한다.

제1절 개인정보보호위원회

〈개인정보 보호법〉 제7조(개인정보 보호위원회) ① 개인정보 보호에 관한 사무를 독립적으로 수행하기 위하여 국무총리 소속으로 개인정보 보호위원회(이하 "보호위원회"라 한다)를 둔다.
② 보호위원회는 「정부조직법」 제2조에 따른 중앙행정기관으로 본다. 다만, 다음 각 호의 사항에 대하여는 「정부조직법」 제18조를 적용하지 아니한다.
  1. 제7조의8제3호 및 제4호의 사무
  2. 제7조의9제1항의 심의·의결 사항 중 제1호에 해당하는 사항

1. 개인정보보호위원회의 의의

가 개인정보보호위원회의 연혁

개인정보 보호법은 개인정보 보호에 관한 사무를 독립적으로 수행하기 위하여 국무총리 소속으로 개인정보보호위원회(이하 "보호위원회"라 한다)를 둔다고 규정하고 있다(개인정보 보호법 제7조제1항). 2020년 2월 개인정보 보호법 개정 이전 우리나라의 개인

정보보호 관련 법과 제도 및 집행체계는 행정안전부, 방송통신위원회, 금융위원회, (구)개인정보보호위원회, 교육부, 보건복지부 등 소관 부처들로 분산되어 있었고 오프라인과 공공분야에 대해서는 (구)개인정보 보호법에 따라 행정안전부와 개인정보보호위원회가 온라인과 민간분야에 대해서는 (구)정보통신망법에 따라 방송통신위원회가 소관 업무를 담당해 왔다. 2011년 9월 (구)개인정보 보호법이 제정되면서 기존 「공공기관의 개인정보 보호에 관한 법률」 제20조(공공기관개인정보보호심의위원회)에 규정되어 있었던 국무총리 소속의 공공기관개인정보보호심의위원회를 개편하여 대통령 소속의 개인정보보호위원회가 출범하였으며, 개인정보 보호법 제9조(기본계획)에 따른 개인정보 보호법상 기본계획의 수립, 이 법 제8조의2(개인정보 침해요인 평가)에 따른 개인정보 침해요인 평가 등 법과 제도 및 정책에 대한 개인정보보호 관련 정책의 총괄조정 역할은 개인정보보호위원회에 부여되었으나, 동법 제64조(시정조치)에 따른 시정조치권, 동법 제34조의2(과징금의 부과 등)에 따른 과징금 및 동법 제75조(과태료)에 따른 과태료 부과 등의 구체적인 집행기능은 행정안전부장관을 포함한 관계 중앙행정기관의 장에게 부여되고 있었으며, 정보통신 분야 및 금융과 신용 분야에 대한 개인정보 보호기능과 권한은 각각 정보통신망법과 신용정보법에 따라 방송통신위원회와 금융위원회에 부여되어 있었다. 그러나 개인정보보호에 관한 감독 기능, 조사와 집행기능, 민원 처리 및 지원 기능, 정책형성 기능 등이 여러 행정기관에 분산되어 있어 업무상 중복을 초래하였을 뿐만 아니라 효율적인 법의 집행을 어렵게 한다는 비판이 지속 제기되어 왔다.

　2017년 7월 정부는 개인정보보호 거버넌스(Governance, 정부 구조) 강화 및 개인정보보호 체계 효율화 등을 위해 범정부 거버넌스 TF(Task Force, 대책 위원회)를 구성하여 운영하였고 또한 4차산업혁명위원회를 구성 및 운영하여 2018년 2월과 4월 해커톤(Hackathon) 자유토론을 실시한 바가 있으며, 국회는 4차산업혁명특별위원회를 구성하여 2018년 5월 정책과 입법 권고를 포함하는 특별권고를 제시한 바가 있다. 당시의 정책권고로는 「개인정보 보호법」, 「정보통신망 이용촉진 및 정보보호 등에 관한 법률」, 「위치정보 보호 및 이용 등에 관한 법률」, 「신용정보 이용 및 보호에 관한 법률」 등 개인정보를 규정하고 있는 법률에서 중복조항을 정비하고 개인정보 보호 관련 거버넌스에 대한 논의를 실시할 것이었으며, 입법 권고로는 행정안전부 산하인 (구)개인정보보호위원회를 독립기구로 위상을 강화해 개인정보보호 방안을 총괄하게 하고 전향적인 정보 활용 방안을 마련할 것이었다. 이러한 변화의 요구에 대응하여 2020년 2월 개인정보 보호법이 개정되었는데 이를 통해 기존 행정안전부와 방송통신위원회의 소관이었던 개인정보 업무들이 개인정보보호위원회로 이관 및 통합되고 개인정보보호위원회는 국무총리 소속의 장관급 중앙행정기관으로 격상되었다.

한편 개인정보 보호법은 개인정보보호위원회는 「정부조직법」 제2조(중앙행정기관의 설치와 조직 등)에 따른 중앙행정기관으로 보나, 다만 다음, 1. 이 법 제7조의8(보호위원회의 소관 사무)제3호 및 제4호의 사무인 정보주체의 권리침해에 대한 조사 및 이에 따른 처분에 관한 사항과 개인정보의 처리와 관련한 고충처리·권리구제 및 개인정보에 관한 분쟁의 조정과 2. 이 법 제7조의9(보호위원회의 심의·의결 사항 등)제1항의 심의·의결 사항 중 제1호에 해당하는 사항인 동법 제8조의2(개인정보 침해요인 평가)에 따른 개인정보 침해요인 평가에 관한 사항에 대하여는 「정부조직법」 제18조(국무총리의 행정감독권)를 적용하지 아니한다고 규정함으로써(동법 제7조제2항), 국무총리의 지휘와 감독권을 배제하고 있는 것으로 이해된다.

나 신용정보법의 개인정보보호위원회

신용정보법은 개인정보보호위원회는 다음, 1. 상거래기업 및 법인이 다음, 가. 신용정보법 제15조(수집 및 처리의 원칙) 및 제17조(처리의 위탁), 나. 이 법 제19조(신용정보전산시스템의 안전보호) 및 제20조의2(개인신용정보의 보유기간 등), 다. 동법 제32조(개인신용정보의 제공·활용에 대한 동의)·제33조(개인신용정보의 이용)·제34조(개인식별정보의 수집·이용 및 제공)·제36조(상거래 거절 근거 신용정보의 고지 등)·제37조(개인신용정보 제공 동의 철회권 등)·제38조(신용정보의 열람 및 정정청구 등)·제38조의3(개인신용정보의 삭제 요구)·제39조의4(개인신용정보 누설통지 등)·제40조의2(가명처리·익명처리에 관한 행위규칙) 및 제42조(업무 목적 외 누설금지 등)의 규정(이하 "상거래정보보호규정"이라 한다)을 위반하는 사항을 발견하거나 혐의가 있음을 알게 된 경우, 2. 상거래기업 및 법인의 상거래정보보호규정 위반에 대한 신고를 받거나 민원이 접수된 경우, 3. 그 밖에 개인신용정보 보호를 위하여 필요한 경우로서 대통령령으로 정하는[1] 경우의 어느 하나에 해당하는 경우에는 신용정보법 제45조(감독 · 검사 등)에 따라 금융위원회의 감독을 받지 아니하는 신용정보제공 · 이용자(이하 "상거래기업 및 법인"이라 한다)에게 관계 물품 · 서류 등 자료를 제출하게 할 수 있다고 규정하고 있다(신용정보법 제45조의3제1항).

또한 신용정보법은 개인정보보호위원회는 상거래정보보호규정과 관련하여 개인신용정보가 침해되었다고 판단할 상당한 근거가 있고 이를 방치할 경우 회복하기 어려운 피해가 발생할 우려가 있다고 인정되면 상거래기업 및 법인에 대하여 다음, 1. 개인신용정보 침해행위의 중지, 2. 개인신용정보 처리의 일시적인 정지, 3. 그 밖에 개인정보의 보호 및 침해 방지를 위하여 필요한 조치에 해당하는 조치를 명할 수 있다고 규정하고 있다(동법 제45조의4).

한편 신용정보법은 이 법 제45조의3(보호위원회의 자료제출 요구 · 조사 등)제1항에 따른 상거래기업 및 법인이 다음 각 호의 어느 하나에 해당하는 행위를 한 경우에는 개인정보보호위원회가 다음 각 호의 어느 하나에 해당하는 행위가 있는 경우에는 전체 매출액의 100분의 3 이하에 해당하는 금액을 과징금으로 부과할 수 있다고 규정하고 있으며(동법 제42조의2제1항), 상거래기업 및 법인의 상거래정보보호규정 위반과 관련된 동법 제52조(과태료)제2항부터 제5항까지의 규정에 따른 과태료 부과는 대통령령으로 정하는 바에 따라 개인정보보호위원회가 부과 · 징수한다고 규정하고 있다(동법 제52조제6항).

2. 개인정보보호위원회의 구성 및 운영 등

가 개인정보보호위원회의 구성

〈개인정보 보호법〉 제7조의2(보호위원회의 구성 등) ① 보호위원회는 상임위원 2명(위원장 1명, 부위원장 1명)을 포함한 9명의 위원으로 구성한다.

---

[1] 신용정보법 시행령은 이 법 제45조의3(보호위원회의 자료제출 요구 · 조사 등)제1항제3호에서 "대통령령으로 정하는 경우"란 개인신용정보 누설 등 신용정보주체의 개인신용정보에 관한 권리 또는 이익을 침해하는 사건 · 사고 등이 발생했거나 발생할 가능성이 높은 경우를 말한다고 규정하고 있다(신용정보법 시행령 제36조의4제1항).

개인정보 보호법은 개인정보보호위원회는 상임위원 2명(위원장 1명, 부위원장 1명)을 포함한 9명의 위원으로 구성한다고 규정하고 있으며(개인정보 보호법 제7조의2제1항), 위원장과 부위원장은 정무직 공무원으로 임명한다고 규정하는 한편(동법 제7조의2제3항), 위원장, 부위원장, 이 법 제7조의13(사무처)에 따른 사무처의 장은 「정부조직법」 제10조(정부위원)에도 불구하고 정부위원이 된다고 규정하고 있다(동법 제7조의2제4항).

또한 개인정보 보호법은 개인정보보호위원회의 사무를 처리하기 위하여 개인정보보호위원회에 사무처를 두며, 이 법에 규정된 것 외에 개인정보보호위원회의 조직에 관한 사항은 대통령령으로 정한다고 규정하고 있는데(동법 제7조의13), 개인정보 보호법 시행령은 개인정보보호위원회는 이 법 제7조의9(보호위원회의 심의·의결 사항 등)제1항에 따른 심의·의결 사항에 대하여 사전에 전문적으로 검토하기 위하여 개인정보보호위원회에 다음, 1. 개인정보의 국외 이전 분야와 2. 그 밖에 개인정보보호위원회가 필요하다고 인정하는 분야별 전문위원회(이하 "전문위원회"라 한다)를 둔다고 규정하고 있다(동법 시행령 제5조제1항). 개인정보 보호법 시행령은 개인정보 보호 정책의 일관성 있는 추진과 개인정보 보호 관련 사안에 대한 관계 중앙행정기관 간 협의를 위하여 개인정보보호위원회에 개인정보 보호 정책협의회(이하 "정책협의회"라 한다)를 둘 수 있다고 규정하고 있으며(동법 시행령 제5조의2제1항), 개인정보 보호 정책의 효율적인 추진과 자율적인 개인정보 보호 강화를 위하여 특별시, 광역시, 특별자치시, 도, 특별자치도(이하 "시·도"라 한다)에 시·도 개인정보 보호 관계 기관 협의회(이하 "시·도협의회"라 한다)를 둘 수 있다고 규정하고 있다(동법 시행령 제5조의3제1항).

한편 개인정보 보호법은 개인정보보호위원회는 효율적인 업무 수행을 위하여 개인정보 침해 정도가 경미하거나 유사·반복되는 사항 등을 심의·의결할 소위원회를 둘 수 있다고 규정하고 있는데(동법 제7조의12제1항), 소위원회는 3명의 위원으로 구성한다고 규정하고 있으며(동법 제7조의12제2항), 소위원회가 이 법 제제7조의12(소위원회)제1항에 따라 심의·의결한 것은 개인정보보호위원회가 심의·의결한 것으로 본다고 규정하고 있는 한편(동법 제7조의12제3항), 소위원회의 회의는 구성위원 전원의 출석과 출석위원 전원의 찬성으로 의결한다고 규정하고 있다(동법 제7조의12제4항).

1. **전문위원회.** 개인정보 보호법 시행령은 개인정보보호위원회는 이 법 제7조의9(보호위원회의 심의·의결 사항 등)제1항에 따른 심의·의결 사항에 대하여 사전에 전문적으로 검토하기 위하여 개인정보보호위원회에 다음. 1. 개인정보의 국외 이전 분야와 2. 그 밖에 개인정보보호위원회가 필요하다고 인정하는 분야별 전문위원회(이하 "전문위원회"라 한다)를 둔다고 규정하고 있는데 (개인정보 보호법 시행령 제5조제1항), 이 법 시행령 제5조(전문위원회)제1항에 따라 전문위원회를 두는 경우 각 전문위원회는 위원장 1명을 포함한 20명 이내의 위원으로 성별을 고려하여 구성하되, 전문위원회 위원은 다음. 1. 개인정보보호위원회 위원. 2. 개인정보 보호 관련 업무를 담당하는 중앙행정기관의 관계 공무원. 3. 개인정보 보호에 관한 전문지식과 경험이 풍부한 사람. 4. 개인정보 보호와 관련된 단체 또는 사업자단체에 속하거나 그 단체의 추천을 받은 사람 중에서 개인정보보호위원회 위원장이 임명하거나 위촉하고, 전문위원회 위원장은 개인정보보호위원회 위원장이 전문위원회 위원 중에서 지명한다고 규정하고 있다(동법 시행령 제5조제2항). 한편 개인정보 보호법 시행령 제5조제1항 및 제2항에서 규정한 사항 외에 전문위원회의 구성 및 운영 등에 필요한 사항은 개인정보보호위원회의 의결을 거쳐 개인정보보호위원회 위원장이 정한다고 규정하고 있다(동법 시행령 제5조제3항).

2. **개인정보 보호 정책협의회.** 개인정보 보호법 시행령은 개인정보 보호 정책의 일관성 있는 추진 및 개인정보 보호 관련 사안에 관한 관계 중앙행정기관 간 협의를 위해 개인정보 보호 정책협의회(이하 "협의회"라 한다)를 둘 수 있다고 규정하고 있는데(개인정보 보호법 시행령 제5조의2제1항), 개인정보보호 정책협의회는 다음. 1. 이 법 제9조(기본계획)에 따른 개인정보 보호 기본계획 및 동법 제10조(시행계획)에 따른 시행계획 등 개인정보 보호와 관련된 주요 정책. 2. 개인정보 보호 관련 주요 법령 제·개정. 3. 개인정보 보호 주요 정책의 협력 및 의견조정. 4. 개인정보 침해사고 예방 및 대응. 5. 개인정보 보호 기술개발 및 전문인력의 양성. 6. 그 밖에 개인정보 보호와 관련하여 중앙행정기관 간 협의가 필요한 사항을 협의한다고 규정하고 있다 (동법 시행령 제5조의2제2항). 개인정보 보호법 시행령은 개인정보 보호 정책협의회는 관계 중앙행정기관의 고위공무원단에 속하는 공무원 또는 그에 상당하는 공무원으로서 개인정보 보호와 관련된 업무를 담당하는 사람 중 소속 기관의 장이 지명하는 사람으로 구성하되, 정책협의회의 의장(이하 이 조에서 "의장"이라 한다)은 개인정보보호위원회의 부위원장으로 한다고 규정하고 있으며(동법 시행령 제5조의2제3항), 개인정보 보호 정책협의회는 업무를 수행하기 위하여 필요한 경우에는 동 정책협의회에 실무협의회 또는 분야별 협의회를 둘 수 있다고 규정하는 한편(동법 시행령 제5조의2제4항), 실무협의회 및 분야별 협의회의 의장은 개인정보보호위원회의 소속 공무원 중에서 의장이 임명한다고 규정하고 있다(동법 시행령 제5조의2제5항). 또한 개인정보 보호법 시행령은 개인정보 보호 정책협의회, 실무 협의회 및 분야별 협의회는 업무를

수행하기 위하여 필요한 경우 관계 기관단체 및 전문가 등에게 출석, 자료 또는 의견의 제출 등 필요한 협조를 요청할 수 있다고 규정하고 있으며(동법 시행령 제5조의2제6항), 이 법 시행령 제5조의2(개인정보 보호 정책협의회)제1항부터 제6항까지에서 규정한 사항 외에 정책협의회의 운영 등에 필요한 사항은 정책협의회의 의결을 거쳐 의장이 정한다고 규정하고 있다(동법 시행령 제5조의2제7항).

3. **시·도 개인정보 보호 관계 기관 협의회.** 개인정보 보호법 시행령은 개인정보 보호 정책의 효율적인 추진과 자율적인 개인정보 보호 강화를 위해 특별시, 광역시, 특별자치시, 도, 특별자치도(이하 "시·도"라 한다)에 시·도 개인정보보호 관계기관 협의회(이하 "시·도협의회"라 한다)를 둘 수 있다고 규정하고 있으며(개인정보 보호법 시행령 제5조의3제1항), 시·도 협의회는 다음. 1. 시·도 개인정보 보호 정책. 2. 관계기관단체 등의 의견 수렴 및 전달. 3. 개인정보 보호 우수사례 공유. 4. 그 밖에 개인정보 보호와 관련하여 사·도협의회의 협의가 필요한 사항을 협의한다고 규정하고 있다(동법 시행령 제5조의3제2항). 한편 개인정보 보호법 시행령은 이 법 시행령 제5조의3(시·도 개인정보 보호 관계 기관 협의회)제1항 및 제2항에서 규정한 사항 외에 시·도협의회의 구성 및 운영 등에 필요한 사항은 시·도의 조례로 정한다고 규정하고 있다(동법 시행령 제5조의3제3항).

나 개인정보보호위원회의 위원장과 위원

(1) 개인정보보호위원회 위원장

> 〈개인정보 보호법〉 **제7조의3(위원장)** ① 위원장은 보호위원회를 대표하고, 보호위원회의 회의를 주재하며, 소관 사무를 총괄한다.

개인정보 보호법은 위원장은 개인정보보호위원회를 대표하고, 개인정보보호위원회의 회의를 주재하며, 소관 사무를 총괄한다고 규정하는 한편(개인정보 보호법 제7조의3제1항), 위원장이 부득이한 사유로 직무를 수행할 수 없을 때에는 부위원장이 그 직무를 대행하고, 위원장·부위원장이 모두 부득이한 사유로 직무를 수행할 수 없을 때에는 개인정보보호위원회가 미리 정하는 위원이 위원장의 직무를 대행한다고 규정하고 있다(동법 제7조의3제2항). 또한 개인정보 보호법은 위원장은 국회에 출석하여 개인정보보호위원회의 소관 사무에 관하여 의견을 진술할 수 있으며, 국회에서 요구하면 출석하여 보고하거나 답변하여야 한다고 규정하고 있는 한편(동법 제7조의3제3항), 위원장은 국무회의에 출석하여 발언할 수 있으며, 그 소관 사무에 관하여 국무총리에게 의안 제출을 건의할 수 있다고 규정하고 있다(동법 제7조의3제4항).

(2) 개인정보보호위원회 위원

〈개인정보 보호법〉 제7조의2(보호위원회의 구성 등) ② 보호위원회의 위원은 개인정보 보호에 관한 경력과 전문지식이 풍부한 다음 각 호의 사람 중에서 위원장과 부위원장은 국무총리의 제청으로, 그 외 위원 중 2명은 위원장의 제청으로, 2명은 대통령이 소속되거나 소속되었던 정당의 교섭단체 추천으로, 3명은 그 외의 교섭단체 추천으로 대통령이 임명 또는 위촉한다.
1. 개인정보 보호 업무를 담당하는 3급 이상 공무원(고위공무원단에 속하는 공무원을 포함한다)의 직에 있거나 있었던 사람
2. 판사·검사·변호사의 직에 10년 이상 있거나 있었던 사람
3. 공공기관 또는 단체(개인정보처리자로 구성된 단체를 포함한다)에 3년 이상 임원으로 재직하였거나 이들 기관 또는 단체로부터 추천받은 사람으로서 개인정보 보호 업무를 3년 이상 담당하였던 사람
4. 개인정보 관련 분야에 전문지식이 있고 「고등교육법」 제2조제1호에 따른 학교에서 부교수 이상으로 5년 이상 재직하고 있거나 재직하였던 사람

(가) 개인정보보호위원회 위원의 자격과 결격사유

1) 개인정보보호위원회 위원의 자격

개인정보 보호법은 개인정보보호위원회의 위원은 개인정보 보호에 관한 경력과 전문지식이 풍부한 다음, 1. 개인정보 보호 업무를 담당하는 3급 이상 공무원(고위공무원단에 속하는 공무원을 포함한다)의 직에 있거나 있었던 사람, 2. 판사·검사·변호사의 직에 10년 이상 있거나 있었던 사람, 3. 공공기관 또는 단체(개인정보처리자로 구성된 단체를 포함한다)에 3년 이상 임원으로 재직하였거나 이들 기관 또는 단체로부터 추천받은 사람으로서 개인정보 보호 업무를 3년 이상 담당하였던 사람, 4. 개인정보 관련 분야에 전문지식이 있고 「고등교육법」 제2조(학교의 종류)제1호에 따른 학교에서 부교수 이상으로 5년 이상 재직하고 있거나 재직하였던 사람 중에서 위원장과 부위원장은 국무총리의 제청으로, 그 외 위원 중 2명은 위원장의 제청으로, 2명은 대통령이 소속되거

나 소속되었던 정당의 교섭단체 추천으로, 3명은 그 외의 교섭단체 추천으로 대통령이 임명 또는 위촉한다고 규정하고 있다(동법 제7조의2제2항).

  2) 개인정보보호위원회 위원의 결격사유

개인정보 보호법은 다음, 1. 대한민국 국민이 아닌 사람, 2. 「국가공무원법」 제33조(결격사유) 각 호의 어느 하나에2) 해당하는 사람, 3. 「정당법」 제22조(발기인 및 당원의 자격)에 따른 당원의 어느 하나에 해당하는 사람은 위원이 될 수 없다고 규정하고 있으며(개인정보 보호법 제7조의7제1항), 위원이 이 법 제7조의7(결격사유)제1항 각 호의 어느 하나에 해당하게 된 때에는 그 직에서 당연 퇴직하나, 다만 「국가공무원법」 제33조제2호는 파산선고를 받은 사람으로서 「채무자 회생 및 파산에 관한 법률」에 따라 신청 기한 내에 면책신청을 하지 아니하였거나 면책불허가 결정 또는 면책 취소가 확정된 경우만 해당하고, 같은 법 제33조제5호는 「형법」 제129조(수뢰, 사전수뢰)부터 제132조(알선수뢰)까지, 「성폭력범죄의 처벌 등에 관한 특례법」 제2조(정의), 「아동·청소년의 성보호에 관한 법률」 제2조(정의)제2호 및 직무와 관련하여 「형법」 제355조(횡령, 배임) 또는 제356조(업무상의 횡령과 배임)에 규정된 죄를 범한 사람으로서 금고 이상의 형의 선고유예를 받은 경우만 해당한다고 규정하고 있다(동법 제7조의7제2항).

---

2) 국가공무원법은 다음, 1. 피성년후견인, 2. 파산선고를 받고 복권되지 아니한 자, 3. 금고 이상의 실형을 선고받고 그 집행이 끝나거나(집행이 끝난 것으로 보는 경우를 포함한다) 집행이 면제된 날부터 5년이 지나지 아니한 자, 4. 금고 이상의 형의 집행유예를 선고받고 그 유예기간이 끝난 날부터 2년이 지나지 아니한 자, 5. 금고 이상의 형의 선고유예를 받은 경우에 그 선고유예 기간 중에 있는 자, 6. 법원의 판결 또는 다른 법률에 따라 자격이 상실되거나 정지된 자, 6의2. 공무원으로 재직기간 중 직무와 관련하여 「형법」 제355조(횡령, 배임) 및 제356조(업무상의 횡령과 배임)에 규정된 죄를 범한 자로서 300만원 이상의 벌금형을 선고받고 그 형이 확정된 후 2년이 지나지 아니한 자, 6의3. 다음, 가. 「성폭력범죄의 처벌 등에 관한 특례법」 제2조(정의)에 따른 성폭력범죄, 나. 「정보통신망 이용촉진 및 정보보호 등에 관한 법률」 제74조(벌칙)제1항제2호 및 제3호에 규정된 죄, 다. 「스토킹범죄의 처벌 등에 관한 법률」 제2조(정의)제2호에 따른 스토킹범죄의 어느 하나에 해당하는 죄를 범한 사람으로서 100만원 이상의 벌금형을 선고받고 그 형이 확정된 후 3년이 지나지 아니한 사람, 6의4. 미성년자에 대한 다음, 가. 「성폭력범죄의 처벌 등에 관한 특례법」 제2조(정의)에 따른 성폭력범죄와 나. 「아동·청소년의 성보호에 관한 법률」 제2조(정의)제2호에 따른 아동·청소년대상 성범죄의 어느 하나에 해당하는 죄를 저질러 파면·해임되거나 형 또는 치료감호를 선고받아 그 형 또는 치료감호가 확정된 사람(집행유예를 선고받은 후 그 집행유예기간이 경과한 사람을 포함한다), 7. 징계로 파면처분을 받은 때부터 5년이 지나지 아니한 자, 8. 징계로 해임처분을 받은 때부터 3년이 지나지 아니한 자의 어느 하나에 해당하는 자는 공무원으로 임용될 수 없다고 규정하고 있다(국가공무원법 제33조).

(나) 개인정보보호위원회 위원의 임기와 신분보장 및 겸직금지 등

1) 개인정보보호위원회 위원의 임기와 신분보장

개인정보 보호법은 위원의 임기는 3년으로 하되, 한 차례만 연임할 수 있다고 규정하고 있으며(개인정보 보호법 제7조의4제1항), 위원이 궐위된 때에는 지체 없이 새로운 위원을 임명 또는 위촉하여야 하나, 이 경우 후임으로 임명 또는 위촉된 위원의 임기는 새로이 개시된다고 규정하고 있다(동법 제7조의4제2항). 또한 개인정보 보호법은 위원은 다음, 1. 장기간 심신장애로 인하여 직무를 수행할 수 없게 된 경우, 2. 이 법 제7조의7(결격사유)의 결격사유에 해당하는 경우, 3. 이 법 또는 그 밖의 다른 법률에 따른 직무상의 의무를 위반한 경우의 어느 하나에 해당하는 경우를 제외하고는 그 의사에 반하여 면직 또는 해촉되지 아니한다고 규정하고 있으며(동법 제7조의5제1항), 위원은 법률과 양심에 따라 독립적으로 직무를 수행한다고 규정하고 있다(동법 제7조의5제2항).

2) 개인정보보호위원회 위원의 겸직금지 등

개인정보 보호법은 위원은 재직 중 다음, 1. 국회의원 또는 지방의회의원, 2. 국가공무원 또는 지방공무원, 3. 그 밖에 대통령령으로 정하는 직(職)을 겸하거나 직무와 관련된 영리업무에 종사하여서는 아니 된다고 규정하고 있으며(동법 제7조의6제1항), 이 법 제7조의6(겸직금지 등)제1항에 따른 영리업무에 관한 사항은 대통령령으로 정한다고 규정하고 있는데(동법 제7조의6제2항), 개인정보 보호법 시행령은 이 법 제7조(개인정보 보호위원회)제1항에 따른 개인정보보호위원회(이하 "보호위원회"라 한다)의 위원은 동법 제7조의6제1항에 따라 영리를 목적으로 다음, 1. 동법 제7조의9(보호위원회의 심의·의결 사항 등)제1항에 따라 개인정보보호위원회가 심의·의결하는 사항과 관련된 업무와 2. 동법 제40조(설치 및 구성)제1항에 따른 개인정보 분쟁조정위원회(이하 "분쟁조정위원회"라 한다)가 조정하는 사항과 관련된 업무의 어느 하나에 해당하는 업무에 종사해서는 안 된다고 규정하고 있다(동법 시행령 제4조의2). 또한 개인정보 보호법은 위원은 정치활동에 관여할 수 없다고 규정하고 있다(동법 제7조의6제3항).

다 개인정보보호위원회의 운영

<개인정보 보호법> 제7조의10(회의) ① 보호위원회의 회의는 위원장이 필요하다고 인정하거나 재적위원 4분의 1 이상의 요구가 있는 경우에 위원장이 소집한다.
② 위원장 또는 2명 이상의 위원은 보호위원회에 의안을 제의할 수 있다.
③ 보호위원회의 회의는 재적위원 과반수의 출석으로 개의하고, 출석위원 과반수의 찬성으로 의결한다.

(1) 개인정보보호위원회의 심의와 의결 사항

개인정보 보호법은 개인정보보호위원회는 다음, 1. 이 법 제8조의2(개인정보 침해요인 평가)에 따른 개인정보 침해요인 평가에 관한 사항, 2. 동법 제9조(기본계획)에 따른 기본계획 및 제10조(시행계획)에 따른 시행계획에 관한 사항, 3. 개인정보 보호와 관련된 정책, 제도 및 법령의 개선에 관한 사항, 4. 개인정보의 처리에 관한 공공기관 간의 의견조정에 관한 사항, 5. 개인정보 보호에 관한 법령의 해석·운용에 관한 사항, 6. 동법 제18조(개인정보의 목적 외 이용·제공 제한)제2항제5호에 따른 개인정보의 이용·제공에 관한 사항, 6의2. 동법 제28조의9(개인정보의 국외 이전 중지 명령)에 따른 개인정보의 국외 이전 중지 명령에 관한 사항, 7. 동법 제33조(개인정보 영향평가)제4항에 따른 영향평가 결과에 관한 사항, 8. 동법 제64조의2(과징금의 부과)에 따른 과징금 부과에 관한 사항, 9. 동법 제61조(의견제시 및 개선권고)에 따른 의견제시 및 개선권고에 관한 사항, 9의2. 동법 제63조의2(사전 실태점검)제2항에 따른 시정권고에 관한 사항, 10. 동법 제64조(시정조치 등)에 따른 시정조치 등에 관한 사항, 11. 동법 제65조(고발 및 징계권고)에 따른 고발 및 징계권고에 관한 사항, 12. 동법 제66조(결과의 공표)에 따른 처리 결과의 공표 및 공표명령에 관한 사항, 13. 동법 제75조(과태료)에 따른 과태료 부과에 관한 사항, 14. 소관 법령 및 개인정보보호위원회 규칙의 제정·개정 및 폐지에 관한 사항, 15. 개인정보 보호와 관련하여 개인정보보호위원회의 위원장 또는 위원 2명 이상이 회의에 부치는 사항, 16. 그 밖에 이 법 또는 다른 법령에 따라 개인정보보호위원회가 심의·의결하는 사항을 심의·의결한다고 규정하고 있다(개인정보 보호법 제7조의9제1항).

(2) 개인정보보호위원회의 운영 절차 등

개인정보 보호법은 개인정보보호위원회의 회의는 위원장이 필요하다고 인정하거나 재적위원 4분의 1 이상의 요구가 있는 경우에 위원장이 소집한다고 규정하고 있으며(개인정보 보호법 제7조의10제1항), 위원장 또는 2명 이상의 위원은 개인정보보호위원회에 의안을 제의할 수 있는데(동법 제7조의10제2항), 개인정보보호위원회의 회의는 재적위원 과반수의 출석으로 개의하고, 출석위원 과반수의 찬성으로 의결한다고 규정하고 있다(동법 제7조의10제3항).

한편 개인정보 보호법은 개인정보보호위원회는 이 법 제7조의9(보호위원회의 심의·의결 사항 등)제1항 각 호의 사항을 심의·의결하기 위하여 필요한 경우 다음, 1. 관계 공무원, 개인정보 보호에 관한 전문 지식이 있는 사람이나 시민사회단체 및 관련 사업자로부터의 의견 청취와 2. 관계 기관 등에 대한 자료제출이나 사실조회 요구의 조치를 할 수 있다고 규정하고 있는데(동법 제7조의9제2항), 동법 제7조의9제2항제2호에 따른 요구인 관계 기관 등에 대한 자료제출이나 사실조회 요구를 받은 관계 기관 등은 특별한 사정이 없으면 이에 따라야 한다고 규정하고 있으며(동법 제7조의9제3항), 개인정보보호위원회는 동법 제7조의9제1항제3호의 사항인 개인정보 보호와 관련된 정책, 제도 및 법령의 개선에 관한 사항을 심의·의결한 경우에는 관계 기관에 그 개선을 권고할 수 있다고 규정하는 한편(동법 제7조의9제4항), 개인정보보호위원회는 동법 제7조의9제4항에 따른 권고 내용의 이행 여부를 점검할 수 있다고 규정하고 있다(동법 제7조의9제5항). 또한 개인정보 보호법은 이 법과 다른 법령에 규정된 것 외에 보호위원회의 운영 등에 필요한 사항은 개인정보보호위원회의 규칙으로 정한다고 규정하고 있는데(동법 제7조의14), 이에 따라 개인정보 보호위원회 운영규칙(개인정보보호위원회 고시 제2024-2호(2024.4.9.))이 제정·시행되고 있다.

개인정보 보호법 시행령은 개인정보보호위원회의 의사(議事)는 공개하나, 다만 개인정보보호위원회 위원장이 필요하다고 인정하는 경우에는 공개하지 아니할 수 있다고 규정하고 있으며(동법 시행령 제6조), 개인정보보호위원회는 그 업무 수행을 위하여 필요하다고 인정하는 경우에는 공공기관에 그 소속 공무원 또는 임직원의 파견을 요청할 수 있다고 규정하고 있는 한편(동법 시행령 제7조), 개인정보보호위원회, 전문위원회 또는 정책협의회에 출석한 위원, 이 법 제7조의9제2항에 따라 개인정보보호위원회에 출석한 사람, 전문위원회에 출석한 사람 또는 정책협의회에 출석한 사람에게는 예산의 범위에서 수당·여비, 그 밖에 필요한 경비를 지급할 수 있으나, 다만 공무원이 그 소관 업무와 직접 관련되어 출석하는 경우에는 그렇지 않다고 규정하고 있다(동법 시행령 제9조). 또한 개인정보 보호법 시행령은 개인정보보호위원회는 이 법 제7조의9 제4항에 따라 관계 기관에 정책·제도 및 법령의 개선을 권고하는 경우에는 그 내용과 사유 등을 함께 통보해야 한다고 규정하고 있으며(동법 시행령 제9조의2제1항), 개인정보보호위원회는 동법 제7조의9제5항에 따른 권고내용의 이행여부를 점검하기 위하여 관계 기관에 권고사항의 이행결과에 대한 자료 제출을 요청할 수 있다고 규정하고 있다(동법 시행령 제9조의2제2항).

(3) 개인정보보호위원회 위원의 제척과 기피 및 회피

개인정보 보호법은 위원은 다음, 1. 위원 또는 그 배우자나 배우자였던 자가 해당 사안의 당사자가 되거나 그 사건에 관하여 공동의 권리자 또는 의무자의 관계에 있는 경우, 2. 위원이 해당 사안의 당사자와 친족이거나 친족이었던 경우, 3. 위원이 해당 사안에 관하여 증언, 감정, 법률자문을 한 경우, 4. 위원이 해당 사안에 관하여 당사자의 대리인으로서 관여하거나 관여하였던 경우, 5. 위원이나 위원이 속한 공공기관·법인 또는 단체 등이 조언 등 지원을 하고 있는 자와 이해관계가 있는 경우의 어느 하나에 해당하는 경우에는 심의·의결에서 제척된다고 규정하고 있으며(개인정보 보호법 제7조의11제1항), 위원에게 심의·의결의 공정을 기대하기 어려운 사정이 있는 경우 당사자는 기피 신청을 할 수 있고, 개인정보보호위원회는 의결로 이를 결정한다고 규정하는 한편(동법 제7조의11제2항), 위원이 이 법 제7조의11(위원의 제척·기피·회피)제1항 또는 제2항의 사유가 있는 경우에는 해당 사안에 대하여 회피할 수 있다고 규정하고 있다(동법 제7조의11제3항). 앞에서 설명한 바와 같이 제척(除斥)은 구체적 사건에 대하여 법률에 규정되어 있는 사유에 해당하는 때에 배제(排除)시키는 제도이고, 기피(忌避)는 공정을 기대하기 어려운 사정이 있는 경우 당사자의 신청을 통하여 배제시키는 제도이며, 회피(回避)는 스스로 제척 또는 기피 사유가 있는 때 자발적으로 배제하는 제도로서 제척과 기피 및 회피는 개인정보보호위원회의 심의와 의결의 투명성과 공정성을 담보하기 위한 것으로 이해된다.

3. 개인정보보호위원회의 기능 등

<개인정보 보호법> 제7조의8(보호위원회의 소관 사무) 보호위원회는 다음 각 호의 소관 사무를 수행한다.

1. 개인정보의 보호와 관련된 법령의 개선에 관한 사항
2. 개인정보 보호와 관련된 정책·제도·계획 수립·집행에 관한 사항
3. 정보주체의 권리침해에 대한 조사 및 이에 따른 처분에 관한 사항
4. 개인정보의 처리와 관련한 고충처리·권리구제 및 개인정보에 관한 분쟁의 조정
5. 개인정보 보호를 위한 국제기구 및 외국의 개인정보 보호기구와의 교류·협력
6. 개인정보 보호에 관한 법령·정책·제도·실태 등의 조사·연구, 교육 및 홍보에 관한 사항
7. 개인정보 보호에 관한 기술개발의 지원·보급, 기술의 표준화 및 전문인력의 양성에 관한 사항
8. 이 법 및 다른 법령에 따라 보호위원회의 사무로 규정된 사항

가 개인정보보호위원회의 소관 사무

개인정보 보호법은 개인정보보호위원회는 다음, 1. 개인정보의 보호와 관련된 법령의 개선에 관한 사항, 2. 개인정보 보호와 관련된 정책·제도·계획 수립·집행에 관한 사항, 3. 정보주체의 권리침해에 대한 조사 및 이에 따른 처분에 관한 사항, 4. 개인정보의 처리와 관련한 고충처리·권리구제 및 개인정보에 관한 분쟁의 조정, 5. 개인정보 보호를 위한 국제기구 및 외국의 개인정보 보호기구와의 교류·협력, 6. 개인정보 보호에 관한 법령·정책·제도·실태 등의 조사·연구, 교육 및 홍보에 관한 사항, 7. 개인정보 보호에 관한 기술개발의 지원·보급, 기술의 표준화 및 전문인력의 양성에 관한 사항, 8. 이 법 및 다른 법령에 따라 개인정보보호위원회의 사무로 규정된 사항의 소관 사무를 수행한다고 규정하고 있다(개인정보 보호법 제7조의8).

나 개인정보 보호 기본계획과 시행계획

개인정보 보호법은 개인정보보호위원회는 개인정보의 보호와 정보주체의 권익 보장을 위하여 3년마다 개인정보 보호 기본계획(이하 "기본계획"이라 한다)을 관계 중앙행정

기관의 장과 협의하여 수립한다고 규정하고 있으며(개인정보 보호법 제9조제1항), 기본계획에는 다음, 1. 개인정보 보호의 기본목표와 추진방향, 2. 개인정보 보호와 관련된 제도 및 법령의 개선, 3. 개인정보 침해 방지를 위한 대책, 4. 개인정보 보호 자율규제의 활성화, 5. 개인정보 보호 교육·홍보의 활성화, 6. 개인정보 보호를 위한 전문인력의 양성, 7. 그 밖에 개인정보 보호를 위하여 필요한 사항이 포함되어야 한다고 규정하고 있다(동법 제9조제2항).

개인정보 보호법 시행령은 개인정보보호위원회는 3년마다 이 법 제9조(기본계획)에 따른 개인정보 보호 기본계획(이하 "기본계획"이라 한다)을 그 3년이 시작되는 해의 전년도 6월 30일까지 수립해야 하며(동법 시행령 제11조제1항), 개인정보보호위원회는 동법 시행령 제11조(기본계획의 수립절차 등)제1항에 따라 기본계획을 작성하는 경우에는 관계 중앙행정기관의 장으로부터 개인정보 보호 관련 중장기 계획과 시책 등을 반영한 부문별 계획을 제출받아 기본계획에 반영할 수 있는데, 이 경우 개인정보보호위원회는 기본계획의 목표, 추진방향 및 부문별 계획의 작성 지침 등에 관하여 관계 중앙행정기관의 장과 협의하여야 하고(동법 시행령 제11조제2항), 개인정보보호위원회는 기본계획이 확정되면 지체 없이 관계 중앙행정기관의 장에게 통보하여야 한다고 규정하고 있다(동법 시행령 제11조제3항).

개인정보 보호법은 중앙행정기관의 장은 기본계획에 따라 매년 개인정보 보호를 위한 시행계획을 작성하여 개인정보보호위원회에 제출하고, 개인정보보호위원회의 심의·의결을 거쳐 시행하여야 한다고 규정하고 있으며(동법 제10조제1항), 시행계획의 수립·시행에 필요한 사항은 대통령령으로 정한다고 규정하고 있는데(동법 제10조제2항), 개인정보 보호법 시행령은 개인정보보호위원회는 매년 6월 30일까지 다음 해 시행계획의 작성방법 등에 관한 지침을 마련하여 관계 중앙행정기관의 장에게 통보해야 한다고 규정하는 한편(동법 시행령 제12조제1항), 관계 중앙행정기관의 장은 이 법 시행령 제12조(시행계획의 수립절차 등)제1항의 지침에 따라 기본계획 중 다음 해에 시행할 소관 분야의 시행계획을 작성하여 매년 9월 30일까지 개인정보보호위원회에 제출해야 한다고 규정하고 있으며(동법 시행령 제12조제2항), 개인정보보호위원회는 동법 시행령 제12조제2항에 따라 제출된 시행계획을 그 해 12월 31일까지 심의·의결해야 한다고 규정하고 있다(동법 시행령 제12조제3항). 2020년 개인정보 보호법 개정 이전에는 개인정보 보호 기본계획과 시행계획의 수립부터 시행까지 최대 2년의 시차로 인해 정책과 현장 간의 괴리가 있다는 지적이 제기되어 왔는데 이러한 문제를 해소하기 위해 개인정보 보호 기본계획과 시행계획의 수립 시기가 2020년 개인정보 보호법 개정 시 조정된 바 있다. 다만 개인정보 보호법은 국회, 법원, 헌법재판소, 중앙선거관리위원회는 해당 기관(그 소속 기관을 포함한다)의 개인정보 보호를 위한 기본계획을 수립·시행할 수 있다고 규정하고 있다(동법 제9조제3항).

한편 개인정보 보호법은 개인정보보호위원회는 기본계획을 효율적으로 수립하기 위하여 개인정보처리자, 관계 중앙행정기관의 장, 지방자치단체의 장 및 관계 기관·단체 등에 개인정보처리자의 법규 준수 현황과 개인정보 관리 실태 등에 관한 자료의 제출이나 의견의 진술 등을 요구할 수 있다고 규정하고 있으며(동법 제11조제1항), 개인정보보호위원회는 개인정보 보호 정책 추진, 성과평가 등을 위하여 필요한 경우 개인정보처리자, 관계 중앙행정기관의 장, 지방자치단체의 장 및 관계 기관·단체 등을 대상으로 개인정보관리 수준 및 실태파악 등을 위한 조사를 실시할 수 있다고 규정하는 한편(동법 제11조제2항), 중앙행정기관의 장은 시행계획을 효율적으로 수립·추진하기 위하여 소관 분야의 개인정보처리자에게 이 법 제11조(자료제출 요구 등)제1항에 따른 자료제출 등을 요구할 수 있다고 규정하고 있는데(동법 제11조제3항), 동법 제11조제1항부터 제3항까지에 따른 자료제출 등을 요구받은 자는 특별한 사정이 없으면 이에 따라야 한다고 규정하고 있다(동법 제11조제4항). 또한 개인정보 보호법은 이 법 제11조제1항부터 제3항까지에 따른 자료제출 등의 범위와 방법 등 필요한 사항은 대통령령으로 정한다고 규정하고 있다(동법 제11조제5항).

참고자료 및 질문

1. **개인정보 보호지침.** 개인정보 보호법은 개인정보보호위원회는 개인정보의 처리에 관한 기준, 개인정보 침해의 유형 및 예방조치 등에 관한 표준 개인정보 보호지침(이하 "표준지침"이라 한다)을 정하여 개인정보처리자에게 그 준수를 권장할 수 있다고 규정하고 있는데(개인정보 보호법 제12조제1항), 개인정보 보호지침은 개인정보 보호법의 집행에 있어서 이 법을 보충하기 위한 것으로 이해된다. 개인정보 보호법은 개인정보 보호에 관한 일반법이므로 개인정보 보호에 대한 모든 사항을 세세하게 담기는 사실상 불가능하므로 개인정보 보호를 위한 구체적인 처리

기준, 보호조치 등을 분야별·산업별 특성을 고려하여 개별적으로 구체화하는 것이 필요하다고 생각되는데, 개인정보 보호지침은 개인정보 보호법에서 필요한 사항들을 구체화한 것이므로 동 지침에 따라 개인정보를 처리할 때에는 적법한 개인정보 처리로 추정될 것으로 생각된다. 또한 개인정보 보호법은 중앙행정기관의 장은 표준지침에 따라 소관 분야의 개인정보 처리와 관련한 개인정보 보호지침을 정하여 개인정보처리자에게 그 준수를 권장할 수 있다고 규정하고 있으며(동법 제12조제2항), 국회, 법원, 헌법재판소 및 중앙선거관리위원회는 해당 기관(그 소속 기관을 포함한다)의 개인정보 보호지침을 정하여 시행할 수 있다고 규정하고 있다(동법 제12조 제3항).

2. **연차보고.** 개인정보 보호법은 개인정보보호위원회는 관계 기관 등으로부터 필요한 자료를 제출받아 매년 개인정보 보호시책의 수립 및 시행에 관한 보고서를 작성하여 정기국회 개회 전까지 국회에 제출(정보통신망에 의한 제출을 포함한다)하여야 한다고 규정하고 있으며(개인정보 보호법 제67조제1항), 이 법 제67조(연차보고)제1항에 따른 보고서에는 다음, 1. 정보주체의 권리 침해 및 그 구제현황, 2. 개인정보 처리에 관한 실태조사 및 개인정보 보호수준 평가 등의 결과, 3. 개인정보 보호시책의 추진현황 및 실적, 4. 개인정보 관련 해외의 입법 및 정책 동향, 5. 주민등록번호 처리와 관련된 법률·대통령령·국회규칙·대법원규칙·헌법재판소규칙·중앙선거관리위원회규칙 및 감사원규칙의 제정·개정 현황, 6. 그 밖에 개인정보 보호시책에 관하여 공개 또는 보고하여야 할 사항의 내용이 포함되어야 한다고 규정하고 있다(동법 제67조제2항).

3. **개인정보 보호의 날.** 개인정보 보호법은 개인정보의 보호 및 처리의 중요성을 국민에게 알리기 위하여 매년 9월 30일을 개인정보 보호의 날로 지정한다고 규정하고 있으며(개인정보 보호법 제13조의2제1항), 국가와 지방자치단체는 개인정보 보호의 날이 포함된 주간에 개인정보 보호 문화 확산을 위한 각종 행사를 실시할 수 있다고 규정하고 있는데(동법 제13조의2제2항), 개인정보 보호의 날 관련 조항은 2023년 개인정보 보호법 개정 시 신설된 사안이다. 한편 개인정보 보호의 날 외에도 사이버 위협 예방과 국민의 정보보호 생활화를 위하여 2012년부터 매년 7월 둘째 수요일로 지정된 법정기념일인 정보보호의 날이 있다.

다 개인정보 보호 자율 규제의 촉진 및 지원

개인정보 보호법은 개인정보보호위원회는 개인정보처리자의 자율적인 개인정보 보호활동을 촉진하고 지원하기 위하여 다음, 1. 개인정보 보호에 관한 교육·홍보, 2. 개인정보 보호와 관련된 기관·단체의 육성 및 지원, 3. 개인정보 보호 인증마크의 도입·시행 지원, 4. 개인정보처리자의 자율적인 규약의 제정·시행 지원, 5. 그 밖에 개인정보처리자의 자율적 개인정보 보호활동을 지원하기 위하여 필요한 사항의 필요한 시책을 마련하여야 한다고 규정하고 있는데(개인정보 보호법 제13조), 개인정보 보호법 시행령은 개인정보보호위원회는 이 법 제13조(자율규제의 촉진 및 지원)제2호에 따라 개인정보처리자의 자율적인 개인정보 보호활동을 촉진하기 위하여 예산의 범위에서 개인정보 보호와 관련된 기관 또는 단체에 필요한 지원을 할 수 있다고 규정하고 있다(동법 시행령 제14조). 한편 2023년 개인정보 보호법 개정 시 개인정보 보호 자율규제단체의 지정 근거와 자율규제단체 연합회의 설립 근거 신설이 추진된 바 있었으나 입법 과정에서 삭제된 바 있다.

라 개인정보 보호 국제협력

개인정보 보호법은 정부는 국제적 환경에서의 개인정보 보호 수준을 향상시키기 위하여 필요한 시책을 마련하여야 한다고 규정하고 있으며(개인정보 보호법 제14조제1항), 정부는 개인정보 국외 이전으로 인하여 정보주체의 권리가 침해되지 아니하도록 관련 시책을 마련하여야 한다고 규정하고 있는데(동법 제14조제2항), 특히 앞에서 설명한 바와 같이 미국 등 선진국들이 주장하는 정보의 자유로운 이전(Free flow of data)과 이에 반대하는 개발도상국들이 주장하는 개인정보의 현지화 또는 국내 서버 설치 의무화(국지화(局地化), Server localization) 간의 대립 등이 커지고 있는 상황에서 〈표 24〉와 같은 개인정보보호 관련 국제기구와 단체들과의 국제협력의 중요성이 증대하고 있다고 생각된다.

표 24 개인정보보호 관련 국제기구와 단체

국제기구명	조직성격	주요현황
GPA (前 ICDPPC)	개인정보 보호 감독 기구 간 협의체	1. 국제 개인정보보호 기구 협의체 2. 개인정보 보호기구간 협력방안 모색 및 개인정보보호 주요 이슈를 결의문 형태로 발표 3. ICDPPC(International Conference of Data Protection and Privacy Commissioners, 국제 개인정보보호 감독기관 회의)가 GPA(Global Privacy Assembly, 국제 개인정보보호 감독기관 협의체)로 개편
IWG DPT		4. 주로 정보통신기술로 인한 프라이버시 현안 논의 5. 개인정보보호 이슈 보고서 작성 후, ICDPPC에 상정(AI · 블록체인 등 신규 서비스의 개인정보보호 이슈 및 데이터 이동성 논의) 6. IWGDPT(International Working Group on Data Protection in Tele-communications, 국제 정보토신 개인정보보호 작업반)
APPA		1. 아태지역 개인정보보호 기구 협의체 2. 아시아·태평양 지역의 감독기구 간 프라이버시 이슈 및 대응방안을 논의 3. APPA(Asia Pacific Privacy Authorities, 아시아·태평양 프라이버시 감독기관 협의체)
APEC	정부 간 국제기구	1. APEC SOM(Senior Officer Meeting, 고위관료회의)은 분과별 위원회, 작업반 등으로 구성
DESG (前ECSG)		2 DESG(Digital Economy Steering Group, 디지털 경제 운영그룹)는 SOM의 산하 위원회로, 역내 디지털 경제 활성화와 CBPR(Cross Border Privacy Rules, 글로벌 개인정보보호 인증제도) 확산 논의 3. ECSG(Electronic Commerce Steering Group, 전자상거래 운영그룹)이 DESG로 개편
CPEA		4. 국경 간 프라이버시 집행 협정(Cross-border Privacy Enforcement Arrangement)
OECD	정부 간 국제기구	1. OECD(Organization for Economic Cooperation and Development, 경제협력개발기구)는 1961년 설립된 국제기구
WPDGP		2. WPDGP는 OECD 정보통신위원회 산하의 실무 작업반의 하나로서, 개인정보보호와 프라이버시에 관한 실질적인 업무 담당 3. 기존 WPISP(Working Party on Information Security and Privacy,

		정보안전 및 프라이버시 작업반)가 WPDGP(Data Governance and Privacy, 데이터 거버넌스와 프라이버시), WPSDE(Security in Digital Economy, 디지털 경제 정보보호) 2개로 분리
GPEN	개인정보 보호 감독 기구 간 협의체	4. OECD 회원국을 중심으로 국가 간 정보이전 관련 협의체 설립 5. GPEN(Global Privacy Enforcement Network, 국제프라이버시 너트워크)
CoE108	국가 간 협의체	1. 개인정보보호 분야 법적 구속력을 갖는 국제조약으로 유럽시민 등의 개인정보보호와 국경 간 개인정보보호를 위해 맺은 조약 2. CoE(Council of Europe, 유럽평의회)

4. 권한의 위임과 위탁 및 민감정보와 고유식별번호의 처리

가 권한의 위임과 위탁

개인정보 보호법은 이 법에 따른 개인정보보호위원회 또는 관계 중앙행정기관의 장의 권한은 그 일부를 대통령령으로 정하는 바에 따라 특별시장, 광역시장, 도지사, 특별자치도지사 또는 대통령령으로 정하는 전문기관에 위임하거나 위탁할 수 있다고 규정하고 있는데(개인정보 보호법 제68조제1항), 개인정보 보호법 시행령은 개인정보보호위원회는 이 법 제68조(권한의 위임·위탁)제1항에 따라 동법 제24조의2(주민등록번호 처리의 제한)제4항에 따른 대체가입수단 제공의 지원에 관한 업무를 다음, 1.「전자정부법」제72조(한국지역정보개발원의 설립 등)제1항에 따른 한국지역정보개발원, 2. 한국인터넷진흥원, 3. 대체가입수단의 개발·제공·관리 업무를 안전하게 수행할 수 있는 기술적·재정적 능력과 설비를 보유한 것으로 인정되어 개인정보보호위원회가 정하여 고시하는 법인·기관·단체의 어느 하나의 기관에 위탁할 수 있다고 규정하고 있으다(동법 시행령 제62조제2항).

개인정보 보호법 시행령은 개인정보보호위원회(이 법 시행령 제62조제3항제10호의 경우 개인정보보호위원회 외의 지정권자를 포함한다. 이하 동법 시행령 제62조제4항 각 호 외의 부분 및 제5항에서 같다)는 동법 제68조제1항에 따라 다음, 1. 동법 제7조의8(보호위원회의 소관 사무)제5호에 따른 개인정보 보호를 위한 국제기구와 외국의 개인정보 보호기구와의 교류·협력, 2. 동법 제7조의8제6호에 따른 개인정보 보호에 관한 법령·정책·제도·실태 등의 조사·연구, 3. 동법 제7조의8제7호에 따른 개인정보 보호에 관한 기술개발의 지원·보급, 4. 동법 제13조(자율규제의 촉진 및 지원)제1호에 따른 개인정보 보호에 관한 교육·홍보, 5. 동법 제13조제2호에 따른 개인정보 보호와 관련된 기관·단체의 육성 및 지원, 6. 동법 제33조(개인정보 영향평가)제6항에 따른 관계 전문가의 육성 및 영향평가 기준의 개발, 7. 동법 제35조(개인정보의 열람)제2항에 따른 열람 요구의 접수 및 처리, 8. 동법 제63조(자료제출 요구 및 검사)에 따른 자료제출 요구 및 검사 중 다음, 가. 동법 제34조(개인정보 유출 등의 통지·신고)제3항 전단에 따른 신고에 대한 기술지원과 나. 동법 제62조(침해 사실의 신고 등)에 따라 개인정보침해 신고센터에 접수된 신고의 접수·처리 및 상담의 사항과 관련된 자료제출 요구 및 검사, 9. 동법 제36조(평가기관의 지정 및 지정취소)제2항에 따른 평가기관 지정신청서의 접수 및 같은 조 제6항에 따른 신고 사항의 접수의 사항에 관한 업무, 10. 동법 제35조의3(개인정보 관리 전문기관)에 따른 개인정보관리 전문기관의 지정에 관한 다음, 가. 동법 시행령 제42조의10(개인정보관리 전문기관의 지정 신청 등)제4항에 따른 개인정보관리 전문기관 지정에 관한 예비심사, 나. 동법 시행령 제42조의10제1항에 따른 개인정보관리 전문기관 지정 신청의 접수 및 신청 내용의 확인, 다. 동법 시행령 제42조의12(개인정보관리 전문기관의 지정 등)제1항 후단에 따른 지정 조건의 이행 여부 확인의 사항, 11. 동법 제35조의4(개인정보 전송 관리 및 지원)제2항에 따른 개인정보전송지원플랫폼의 운영을 동법 시행령 제62조(업무의 위탁)제4항에 따른 기관에 위탁할 수 있다고 규정하고 있다(동법 시행령 제62조제3항).

또한 개인정보 보호법 시행령은 개인정보보호위원회가 동법 시행령 제62조제3항 각 호의 사항에 관한 업무를 위탁할 수 있는 기관은 다음, 1. 한국인터넷진흥원과 2. 개인정보 보호 분야에 전문성을 갖춘 것으로 인정되어 개인정보보호위원회가 정하여 고시하는 법인·기관 또는 단체와 같다고 규정하고 있으며(동법 시행령 제62조제4항), 개인정보보호위원회가 동법 시행령 제62조제2항부터 제4항까지의 규정에 따라 업무를 위탁하는 경우에는 위탁받는 기관과 위탁업무의 내용을 관보나 개인정보보호위원회의 인터넷 홈페이지에 공고해야 한다고 규정하고 있다(동법 시행령 제62조제5항).

한편 개인정보 보호법은 이 법 제68조제1항에 따라 개인정보보호위원회 또는 관계 중앙행정기관의 장의 권한을 위임 또는 위탁받은 기관은 위임 또는 위탁받은 업무의 처리 결과를 개인정보보호위원회 또는 관계 중앙행정기관의 장에게 통보하여야 한다고 규정하고 있으며(동법 제68조제2항), 개인정보보호위원회는 동법 제68조제1항에 따른 전문기관에 권한의 일부를 위임하거나 위탁하는 경우 해당 전문기관의 업무 수행을 위하여 필요한 경비를 출연할 수 있다고 규정하고 있다(동법 제68조제3항).

나 민감정보와 고유식별번호의 처리

개인정보 보호법 시행령은 개인정보보호위원회(이 법 시행령 제62조(업무의 위탁)제3항에 따라 개인정보보호위원회의 권한을 위탁받은 자를 포함한다)는 다음, 1. 동법 제7조의9(보호위원회의 심의·의결 사항 등)제1항제4호부터 제6호까지의 규정에 따른 사항의 심의·의결에 관한 사무, 2. 동법 제24조의2(주민등록번호 처리의 제한)제4항에 따른 주민등록번호 대체 방법 제공을 위한 시스템 구축 등 제반조치 마련 및 지원에 관한 사무, 3. 삭제, 4. 동법 제62조(침해 사실의 신고 등)제3항에 따른 개인정보침해 신고센터의 업무에 관한 사무, 5. 동법 제63조(자료제출 요구 및 검사)제1항 및 제2항에 따른 자료의 제출 및 검사에 관한 사무, 6. 동법 제63조의2(사전 실태점검)에 따른 사전 실태점검에 관한 사무, 7. 동법 제64조의2(과징금의 부과)에 따른 과징금의 부과 및 징수에 관한 사무를 수행하기 위하여 불가피한 경우 민감정보와 동법 제19조(고유식별정보의 범위)에 따른 주민등록번호, 여권번호, 운전면허의 면허번호 또는 외국인등록번호가 포함된 자료를 처리할 수 있다고 규정하고 있다(개인정보 보호법 시행령 제62조의2제1항).

또한 개인정보 보호법 시행령은 개인정보 분쟁조정위원회는 이 법 제45조(자료의 요청 및 사실조사 등), 동법 제47조(분쟁의 조정) 및 제49조(집단분쟁조정)에 따른 개인정보 분쟁 조정에 관한 사무를 수행하기 위하여 불가피한 경우 민감정보와 동법 제19조에 따른 주민등록번호, 여권번호, 운전면허의 면허번호 또는 외국인등록번호가 포함된 자료를 처리할 수 있다고 규정하고 있는데(동법 시행령 제62조의2제1항), 개인정보보호위원회와 개인정보 분쟁조정위원회의 민감정보와 고유식별번호의 처리는 업무의 수행을 위해 불가피한 것으로 이해되나 업무의 수행을 위하여 필요

최소한으로 처리되어야 할 것으로 생각된다. 한편 개인정보 보호법 시행령은 정보전송자 및 중계 전문기관은 이 법 제35조의2(개인정보의 전송 요구)에 따른 개인정보의 전송 요구에 관한 사무를 수행하기 위하여 불가피한 경우 동법 제19조(개인정보를 제공받은 자의 이용·제공 제한)에 따른 주민등록번호, 여권번호, 운전면허의 면허번호 또는 외국인등록번호가 포함된 자료를 처리(보유하고 있는 주민등록번호 등으로 본인여부 확인을 하는 경우로 한정한다)할 수 있다고 규정하고 있다(동법 시행령 제62조의2제3항).

제2절 **금융위원회**

> 〈금융위원회법〉 제3조(금융위원회의 설치 및 지위) ① 금융정책, 외국환업무 취급기관의 건전성 감독 및 금융감독에 관한 업무를 수행하게 하기 위하여 국무총리 소속으로 금융위원회를 둔다.
> ② 금융위원회는 「정부조직법」 제2조에 따라 설치된 중앙행정기관으로서 그 권한에 속하는 사무를 독립적으로 수행한다.

1. 금융위원회의 의의

금융위원회는 개인정보 중 개인신용정보에 대한 규제를 담당하고 있는데, 「금융위원회의 설치 등에 관한 법률(약칭: 금융위원회법)」은 금융정책, 외국환업무 취급기관의 건전성 감독 및 금융감독에 관한 업무를 수행하게 하기 위하여 국무총리 소속으로 금융위원회를 둔다고 규정하고 있으며(금융위원회법 제3조제1항), 금융위원회는 「정부조직법」 제2조(중앙행정기관의 설치와 조직 등)에 따라 설치된 중앙행정기관으로서 그 권한에 속하는 사무를 독립적으로 수행한다고 규정하고 있다(동법 제3조제2항).

2. 권한의 위임과 위탁

신용정보법은 이 법에 따른 금융위원회의 권한 중 대통령령으로 정하는 권한은 대통령령으로 정하는 바에 따라 특별시장·광역시장·특별자치시장·도지사·특별자치도지사, 금융감독원장, 종합신용정보집중기관, 데이터전문기관, 신용정보협회, 그 밖에 대통령령으로 정하는 자에게 위임하거나 위탁할 수 있다고 규정하고 있는데(신용정보법 제49조), 신용정보법 시행령은 이 법 제49조(권한의 위임·위탁)에서 "대통령령으로 정하는 권한"이란 동법 시행령 제37조(권한의 위임 또는 위탁)제2항부터 제6항까지의 규정에 따른 권한 및 업무를 말하며, "대통령령으로 정하는 자"란 금융보안원을 말한다고 규정하고 있다(동법 시행령 제37조제1항). 한편 신용정보법 시행령은 금융감독원장, 종합신용정보집중기관, 데이터전문기관, 신용정보협회 및 금융보안원은 이 법 시행령 제37조(권한의 위임 또는 위탁)제2항부터 제6항까지의 규정에 따라 위탁받은 업무의 처리 내용을 6개월마다 금융위원회에 보고해야 한다고 규정하고 있다(동법 시행령 제37조제2항).

가 금융위원장에 위탁하는 권한의 범위

신용정보법 시행령은 금융위원회는 이 법 제49조(권한의 위임·위탁)에 따라 [별표 3]에 따른 권한을 금융감독원장에게 위탁한다고 규정하고 있는데(신용정보법 시행령 제37조제2항), 신용정보법 시행령 [별표 3]은 금융위원회가 금융감독원장에게 위탁하는 권한의 범위는 다음, 1. 이 법 제4조(영업의 허가 신청)에 따른 신용정보업, 본인신용정보관리업 및 채권추심업 허가신청서 내용의 심사, 2. 동법 제8조(신고 및 보고 사항)에 따른 허가받은 사항 변경에 관한 신고의 수리 또는 보고의 접수, 3. 동법 제9조(대주주 변경승인 등)제1항에 따른 대주주 변경승인 신청서 내용의 심사, 4. 동법 제9조의2(최대주주의 자격심사 등)제1항에 따른 최대주주 자격심사의 심사 및 같은 조 제2항에 따른 보고의 접수, 5. 동법 제10조(양도·양수 등의 인가 등)제1항에 따른 신용정보업, 본인신용정보관리업, 채권추심업의 양도·양수·분할·합병 인가 신청서 내용의 심사, 6. 동법 제10조제4항에 따른 신용정보업, 본인신용정보관리업, 채권추심업의 전부 또는 일부의 휴업·폐업에 관한 신고의 수리, 7. 동법 제11조(겸영업무)제1항에 따른 겸영업무 신고 신청의 접수 및 수리, 8. 동법 제11조의2(부수업무)제1항에 따른 부수업무 신고 신청의 접수 및 수리, 9. 동법 제13조(임원의 겸직 금지)에 따른 신용정보회사, 본인신용정보관리회사 및 채권추심회사의 상임 임원이 다른 영리법인의 상무에 종사하는 것에 대한 승인 신청의 접수, 10. 동법 제22조의2(신용정보 등의 보고)에 따른 개인신용평가회사, 개인사업자신용평가회사, 기업신용조회회사 및 본인신용정보관리회사의 보고의 접수(동법 시행령 제18조의2(신용정보 등의 보고)제2항에 따른 개선권고를 포함한다), 11. 동법 제25조(신용정보집중기관)제1항에 따른 신용정보집중기관의 허가 신청서 내용의 심사, 12. 동법 제26조(신용정보집중관리위원회)제3항에 따른 신용정보집중관리위원회의 결정사항 보고의 접수 및 제22조제5항에 따른 신용정보집중관리위원회의 결정사항에 대한 변경 권고, 13. 동법 제26조의3(개인신용평가체계 검증위원회)제3항에 따른 개인신용평가체계 검증위원회의 심의결과의 보고의 접수, 14. 동법 제32조(개인신용정보의 제공·활용에 대한 동의)제8항에 따른 제공 대상 신용정보의 범위 등에 대한 승인 신청서 내용의 심사, 15. 동법 제38조(신용정보의 열람 및 정정청구 등)제5항에 따른 신용정보회사등의 처리결과에 대한 시정 요청의 접수, 16. 동법 제38조제6항에 따른 신용정보회사등에 대한 시정명령 및 그 밖에 필요한 조치, 17. 동법 제38조제8항에 따른 보고의 접수, 18. 동법 제39조의4(개인신용정보 누설통지 등)제3항에 따른 신고의 접수, 19. 동법 제39조의4제6항에 따른 신용정보회사등에 대한 시정 요구, 20. 동법 시행령 제35조의2(모집업무수탁자의 모집경로 확인 등)제6항 및 제7항에 따른 보고의 접수, 21. 동법 제41조의2(모집업무수탁자의 모집경로 확인 등)제3항에 따른 위탁계약 해지 보고의 접수, 22. 동법 제45조(감독·검사 등)제1항에 따른 신용정보회사등에 대한 감독, 23. 동법 제46조(퇴임한 임원 등에 대한 조치 내용의 통보)에 따른 퇴임한 임원 등에 대한 조치 내용의 통보의 사항으로 규정하고 있다(동법 시행령 [별표 3]).

나 종합신용정보집중기관에 위탁하는 권한의 범위

신용정보법 시행령은 금융위원회는 이 법 제49조(권한의 위임·위탁)에 따라 다음, 1. 동법 제26조의3(개인신용평가체계 검증위원회)제4항에 따른 개인신용평가체계 검증위원회의 심의결과의 공개와 2. 동법 제34조의3(정보활용 동의등급)에 따른 정보활용 동의등 급의 부여 및 취소·변경의 업무를 종합신용정보집중기관에 위탁한다고 규정하고 있 다(신용정보법 시행령 제37조제3항).

다 데이터전문기관에 위탁하는 권한의 범위

신용정보법 시행령은 금융위원회는 이 법 제49조(권한의 위임·위탁)에 따라 다음, 1. 동법 제40조의2(가명처리·익명처리에 관한 행위규칙)제3항에 따른 익명처리의 적정성 심사 요청 접수와 2. 동법 제40조의2제4항에 따른 익명처리의 적정성 인정의 업무를 데이터전문기관에 위탁한다고 규정하고 있다(신용정보법 시행령 제37조제4항).

라 신용정보협회에 위탁하는 권한의 범위

신용정보법 시행령은 금융위원회는 이 법 제49조(권한의 위임·위탁)에 따라 동법 제 27조(채권추심업 종사자 및 위임직채권추심인 등)제3항에 따른 위임직채권추심인의 등록업무 를 신용정보협회에 위탁한다고 규정하고 있다(신용정보법 시행령 제37조제5항).

마 금융보안원에 위탁하는 권한의 범위

신용정보법 시행령은 금융위원회는 이 법 제49조(권한의 위임·위탁)에 따라 다음, 1. 동법 제20조(신용정보 관리책임의 명확화 및 업무처리기록의 보존)제6항에 따른 개인신용 정보의 관리 및 보호 실태 점검 결과의 접수와 2. 동법 제45조의5(개인신용정보 활용· 관리 실태에 대한 상시평가) 제1항에 따른 신용정보관리·보호인의 점검 결과 제출의 확 인, 그 결과의 점수 또는 등급 표시 및 같은 조 제2항에 따른 그 결과의 송부의 업무 를 금융보안원에 위탁한다고 규정하고 있다(신용정보법 시행령 제37조제6항).

제3절 | 다른 법률과의 관계

〈**개인정보 보호법**〉 **제6조(다른 법률과의 관계)** ① 개인정보의 처리 및 보호에 관하여 다른 법률에 특별한 규정이 있는 경우를 제외하고는 이 법에서 정하는 바에 따른다.

② 개인정보의 처리 및 보호에 관한 다른 법률을 제정하거나 개정하는 경우에는 이 법의 목적과 원칙에 맞도록 하여야 한다

〈**신용정보법**〉 **제3조의2(다른 법률과의 관계)** ① 신용정보의 이용 및 보호에 관하여 다른 법률에 특별한 규정이 있는 경우를 제외하고는 이 법에서 정하는 바에 따른다.

② 개인정보의 보호에 관하여 이 법에 특별한 규정이 있는 경우를 제외하고는 「개인정보 보호법」에서 정하는 바에 따른다.

1. 다른 법률과의 관계의 의의

다른 법률과의 관계는 해당 법률이 어떠한 대상을 규율하는가의 문제로서 법률해석의 출발점으로 이해된다. 2020년 2월 개인정보 보호법의 개정 이전에는 개인정보에 대한 규제 관련 법률은 개인정보 보호법과 정보통신망법으로 이원화(二元化)되어 있었으며, 당시 개인정보보호 관련 일반 법률인 개인정보 보호법에 대해 특별법인 정보통신망법이 특별법 우선의 원칙에 따라 정보통신망을 활용하는 민간 분야와 온라인의 개인정보 보호에 대해 우선하여 적용되었는데, 통신과 컴퓨터 기술이 발달로 인해 대다수의 개인정보는 인터넷 등 온라인을 통해 처리되고 있으므로 정보통신망법이 개인정보보호에 대한 사실상 지배적인 법률이었다고 평가된다. 즉 개정 전 개인정보 보호법은 사실상 공공분야와 오프라인에 한정되어 적용되었다고 이해된다.

그러나 2020년 데이터 3법(개인정보 보호법, 신용정보법, 정보통신망법)의 개정 시 개인정보 보호법의 개정을 통해 기존 정보통신망법에서 규율하던 개인정보 관련 사항들이 모두 개인정보 보호법으로 이관되어 개인정보 보호법 제6장의 정보통신서비스 제공자 등의 개인정보 처리 등 특례에 반영됨에 따라 개인정보 보호법은 민간과 공공분야 및 온라인과 오프라인 모두에 적용되는 개인정보보호 관련 일반법이 되었다고 생각된다. 한편 데이터 3법의 개정 시 개인정보 보호법의 개정과 함께 신용정보법의 큰 개정이

동시에 진행되었는데, 신용정보법상의 금융위원회의 감독을 받지 아니하는 신용정보 제공·이용자인 일반 상거래기업 및 법인에 대한 개인정보보호 관련 기능은 개인정보 보호위원회로 이관되었으나, 신용정보법은 개인신용정보를 규율 대상으로 하므로 신용정보법의 적용 범위에 대한 논란은 불가피하다고 생각한다.

특히 개인정보 보호법은 개인정보 보호에 주안점을 두고, 신용정보법은 개인정보 활용에 좀 더 주안점을 두고 개정되었으므로 두 법률 간의 차이로 인해 어떤 법을 적용하는가가 실무상 큰 의미를 갖게 되었다고 이해된다. 예를 들면 개인정보보호위원회의 규제 대상인 일반 상거래기업 및 법인이 금융 관련 상업적 신용정보를 제3자에 제공하거나, 신용정보법의 적용을 받는 금융회사들과 개인정보 보호법의 적용을 받는 비금융회사들간의 가명정보의 결합 시 어떠한 법이 근거 법률이 되어야 하는가 등이 지속하여 논란이 될 수 있다고 생각된다.

한편 개인정보 보호법은 개인정보의 처리 및 보호에 관한 다른 법률을 제정하거나 개정하는 경우에는 이 법의 목적과 원칙에 맞도록 하여야 한다고 규정하고 있으며(개인정보 보호법 제6조제2항), 신용정보법은 신용정보의 이용 및 보호에 관하여 다른 법률에 특별한 규정이 있는 경우를 제외하고는 이 법에서 정하는 바에 따른다고 규정하고 있다(신용정보법 제3조의2제1항).

2. 다른 법률과의 관계 관련 해석 문제

다른 법률 간의 관계, 즉 개인정보 보호법과 신용정보법 간의 관계에 대하여, 1. 신용정보법은 개인정보 보호법에 대해 특별법의 성격을 가지므로 신용정보법이 우선하여 적용된다는 해석, 2. 신용정보법은 개인신용정보에 대해서만 특별법의 지위가 인정되므로 신용정보법을 한정적으로 개인정보 보호법에 우선 적용하여야 한다는 해석, 3. 두 법률의 적용에 대해 수범자(垂範者)에게 선택권을 부여해야 한다는 해석 등이 제기되고 있는데, 개인신용정보에 대해 규율하게 되는 때에는 신용정보법을 우선하여 적용하여야 하고 개인신용정보와 개인정보가 혼재(混在)되어 있는 때에는 신용정보법을 우선하여 적용해야 하는 것으로 해석된다. 개인신용정보는 개인정보의 특별한 사항이며 신용정보법은 개인신용정보를 규율하는 법으로서 개인정보를 규율하는 일반

법인 개인정보 보호법에 대해 특별법 우선의 원칙이 적용되어야 하는 것으로 이해되기 때문이다.

개인정보 보호법은 개인정보의 처리 및 보호에 관하여 다른 법률에 특별한 규정이 있는 경우를 제외하고는 이 법에서 정하는 바에 따른다고 규정하고 있으며(개인정보 보호법 제6조제1항), 신용정보법은 개인정보의 보호에 관하여 이 법에 특별한 규정이 있는 경우를 제외하고는 「개인정보 보호법」에서 정하는 바에 따른다고 규정하고 있는데(신용정보법 제3조의2제2항), 동 조항들을 문리해석(文理解釋, Plain meaning rule)하면 신용정보법과 개인정보 보호법이 경합(競合)하는 때에는 신용정보법이 우선하여 적용된다고 해석된다. 대법원은 "일반적으로 특별법이 일반법에 우선하고 신법이 구법에 우선한다는 원칙은 동일한 형식의 성문법규인 법률이 상호모순·저촉되는 경우에 적용된다. 이때 법률이 상호모순·저촉되는지는 법률의 입법목적, 규정사항 및 적용범위 등을 종합적으로 검토하여 판단하여야 한다."라고 판시한 바 있다.[3] 판례의 취지를 고려할 때 일반법인 개인정보 보호법과 특별법인 신용정보법에 서로 다른 내용의 규정이 있는 경우 중, 1. 신용정보법이 개인정보 보호법을 배제하려는 입법 취지와 목적이 분명한 경우와 2. 일반법인 개인정보 보호법 규정의 적용으로 인해 특별법인 신용정보법 규정의 적용에 모순, 불합리, 왜곡된 결과가 발생될 경우에는 신용정보법의 규정이 우선 적용된다고 생각된다.

참고자료 및 질문

1. **블록체인(Block chain).** 블록체인이란 〈그림 26〉과 같이 거래 데이터를 중앙집중형 서버에 기록·보관하는 기존 방식과 달리 거래 참가자 모두에게 내용을 공유하는 분산형 디지털 장부(Ledger)를 의미하는데, 블록체인이 이용하는 분산원장 기술(Distributed Ledger Technology)은 거래 정보를 기록한 원장을 특정 기관의 중앙집중형 서버가 아닌 P2P(Peer-to-Peer, 동등계층 간 통신망(同等階層間通信網) 네트워크에 분산하여 참가자가 공동으로 기록하고 관리하는 기술이다. 즉 블록체인은 분산된 네트워크의 컴퓨팅 자원(Computing resource)을 모아 거대한 연산 능력을 확보하고 이를 기반으로 중앙집중형 서버 없이 모든 작업을 처리하고 검증하는 분산형 정보처리(Computing) 기술로 이해된다. 블록체인은 다음, 1. 네트워크 구성원들이 새로운 데이

---

3) 대법원 2016. 11. 25. 선고 2014도14166.

터를 상호감시하는 탈중앙화, 2. 모든 거래는 데이터의 발생 시점부터 경로추적이 가능한 거래 투명성, 3. 체인(Chain, 사슬) 구조로 이전과 이후 데이터가 모두 연결되어 위조와 변조가 불가능한 보안성, 4. 중앙 집중형 시스템을 통한 관리가 아닌 동일 데이터를 분산하여 공유하므로 단일 장애가 발생해도 네트워크가 정상적으로 운영되는 단일 장애 방지의 특성이 있다. 블록체인은 공인인증서를 대체하는 인증 서비스, 거래내역 또는 자산내역 등을 블록체인에 저장하는 원장 서비스 등에 활용될 것으로 생각된다.

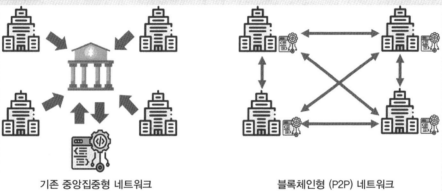

그림 26 블록체인(Block chain)

기존 중앙집중형 네트워크   블록체인형 (P2P) 네트워크

한편 블록체인 기술은 개인정보가 네트워크상에 분산된 개별 블록에 분산되어 있게 되어 파기가 어려운 점 등 개인정보 보호와 관련된 새로운 쟁점을 야기하고 있는데, 이러한 블록체인으로 인해 나타날 문제점과 해결 방안은 무엇이라고 생각하는가?

2. 클라우드 컴퓨팅(Cloud computing). 클라우드 컴퓨팅(Cloud computing)은 〈그림 27〉과 같이 인터넷인 클라우드를 통해 가상화된 컴퓨터의 시스템 자원(IT Resource, H/W나 S/W 등)을 이용자가 필요할 때마다 요구하는 즉시 제공(On-demand)하는 서비스인데, 인터넷 기반 컴퓨팅(Computing)의 일종이며 정보를 자신의 컴퓨터가 아닌 클라우드에 연결된 다른 정보처리 시스템으로 처리하는 기술로서, 클라우드 컴퓨팅 기술은 앞에서 설명한 분산형 정보처리 기술인 블록체인과 달리 집중형 정보처리(Computing) 기술로 이해된다. 「클라우드컴퓨팅 발전 및 이용자 보호에 관한 법률(약칭: 클라우드컴퓨팅법)」은 클라우드컴퓨팅(Cloud Computing)이란 집적·공유된 정보통신기기, 정보통신설비, 소프트웨어 등 정보통신자원(이하 "정보통신자원"이라 한다)을 이용자의 요구나 수요 변화에 따라 정보통신망을 통하여 신축적으로 이용할 수 있도록 하는 정보처리체계를 말한다고 규정하고 있다(클라우트컴퓨팅법 제2조제1호). 클라우드 컴퓨팅 기술은 다음, 1. 서버, 저장장치, 네트워크 등 H/W 시스템 자원을 제공하는 IaaS(Infrastructure as a Service, 인프라 서비스), 2. 응용 프로그램 등 S/W의 개발·배포·운영·관리를 위한 환경인 플랫폼을 제공

하는 PaaS(Platform as a Service, 플랫폼 서비스), 3. 응용 프로그램 등 S/W 또는 Application을 제공하는 서비스인 SaaS(Software as a Service, 소프트웨어 서비스)로 구분된다.

그림 27 클라우드 컴퓨팅(Cloud computing)

클라우드 컴퓨팅 서비스를 제공하는 기업들로는 Amazon의 AWS(Amazon Web Service), 마이크로소프트의 Azure, KT의 KT 클라우드, 네이버의 NCP(Naver Cloud Platform) 등이 있다. 한편 집중형 정보처리 기술인 클라우드 컴퓨팅 기술은 개인정보의 이전과 위탁 처리 등으로 인해 개인정보가 동 시스템에 집적이 증가하고 이로 인한 개인정보의 유출과 침해에 대한 우려가 제기되고 있다.

3. **엣지 컴퓨팅(Edge computing).** 엣지 컴퓨팅(Edge computing)이란 데이터의 수집 현장, 예를 들면 이동전화 단말기와 키오스크(Kiosk) 등 말단기기에서 바로 데이터를 처리하는 분산형 정보처리 기술로 이해된다. 엣지 컴퓨팅 기술은 중앙집중형 정보처리 기술인 클라우드 컴퓨팅(Cloud computing)의 문제점을 보완하기 위해 등장했다고 생각되는데, 예를 들면 클라우드 컴퓨팅 기술은 중앙에 집중된 서버(Server) 등까지 데이터가 이전되어 처리되어야 하므로, 데이터 집중으로 인한 과부화와 지연의 문제가 나타날 가능성이 높고 개인정보의 집중으로 해킹(Hacking)이나 내부 직원의 고의 또는 과실로 인해 개인정보가 유출될 가능성도 커지게 된다. 따라서 이러한 문제들을 보완하기 위해 분산형 정보처리 기술의 활용이 요구되게 되었는데 엣지 컴퓨팅은 이를 위한 기술로 이해된다. 특히 IoT(Internet of Things, 사물인터넷), 자율주행 자동차 등과 같이 초저지연(超低遲延, Low latency)이 요구되는 기술의 확산을 위해서는 엣지 컴퓨팅을 통한 실시간 처리가 요구된다고 하겠다. 〈그림 28〉은 엣지 컴퓨팅(Edge computing)의 개념을 나타낸 것인데, 클라우드(Cloud)로 데이터가 처리되기 위해 중앙 집중되지 않고 각종 단말기기와 이동전화 기지국 등 현장에서 데이터의 수집과 처리가 이루어짐으로써 분산 처리된다.

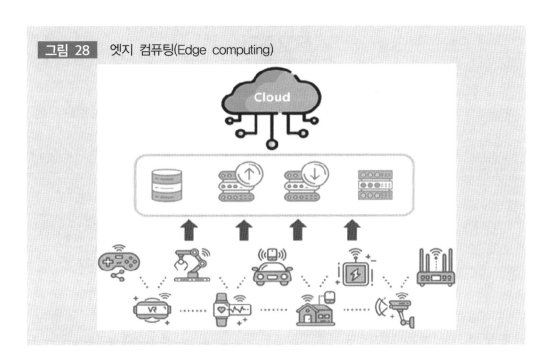

그림 28 엣지 컴퓨팅(Edge computing)

참고문헌

강혜경 데일리팜 기자, 약정원-IMS 개인정보법 위반 사건 11년만에 무죄 확정, 2024. 7. 11.
(https://www.dailypharm.com/Users/News/NewsView.html?ID=313496)

개인정보보호위원회, 개인정보위, 「개인정보 안심구역」 신규 기관 공모, 보도자료(2024.4.23.)

개인정보보호위원회, 개인정보 필수동의 관행 개선한다, 보도자료(2024.9.12)

개인정보보호위원회와 한국인터넷진흥원, 생체정보 보호 가이드라인(2021)

공정거래위원회, 구글의 시정 권고 이행에 따라 불공정 약관 시정 완료, 보도자료(2019.5.30.)

곽윤직, 민법총칙, 박영사(2010)

국무조정실 등 관계부처 합동, 개인정보 비식별조치 가이드라인(2016)

국회 과학기술정보방송통신위원회, 정보통신망 이용촉진 및 정보보호 등에 관한 법률
일부개정법률안(이상민 의원 대표 발의, 2018.11.29./2016887) 검토보고서(2019년 3월)

국회 정무위원회, 개인정보 보호법 일부개정법률안 검토 보고, 제391회 국회(정기회) 제7차
정무위원회(2021.11.)

권수현 연합뉴스 기자, 민간기업도 가명정보 결합기관으로 지정…'셀프결합'은 안돼, 2020. 8. 26
(https://www.yna.co.kr/view/AKR20200826124800530)

권영성, 헌법학원론(2009년판), 법문사(2009)

금융위원회, 국민의 자산관리에 실질적 도움이 될 수 있는 마이데이터 2.0을 추진하겠습니다,
보도자료(2024.4.4.)

금융위원회, 「금융분야 망분리 개선 로드맵」 발표, 보도자료(2024.8.13)

금융위원회, 데이터 경제 활성화를 위한 신용정보산업 선진화 방안, 보도자료(2018.11.21.)

금융위원회, 「마이데이터 2.0」 시행을 위한 제도적 기반을 마련하겠습니다,
보도자료(2024.9.30.)

금융위원회, 이종산업간 데이터 결합·활용 활성화를 위해 데이터 결합 제도를 합리적으로
개선하겠습니다(신용정보법 시행령 및 감독규정 개정안 입법예고 및 안내서 개정), 보도자료
(2022.1.7.)

금융위원회, 클라우드 이용절차 합리화 및 망분리 규제 완화를 위한 「전자금융감독규정」 개정안
금융위 의결 - 클라우드 및 망분리 규제 개선방안(2022.4.14.), 보도자료 (2022.11.23.)

김광현 iT조선 기자, 정보보호·개인정보보호관리체계 간편인증 제도 시행, 2024.7.23.
(https://it.chosun.com/news/articleView.html?idxno=2023092119986)

김동희, 행정법 I (제19판), 박영사(2013)

김면수 이투데이 기자, 행안부, 10월부터 주민번호 뒷자리 지역표시번호 폐지, 2020.5.25.
    (https://www.etoday.co.kr/news/view/1898434)
김성휘 머니투데이 기자, [런치리포트] 비식별조치, 빅데이터 시대 방아쇠, 2016.11.3.
    (https://news.mt.co.kr/mtview.php?no=2016110308367652246)
김순석 외, 데이터 3법 개정에 따른 개인정보 비식별조치의 이해와 활용, 에이콘(2020)
김영섭 연합뉴스 기자, 법원 "SKT, 개인정보 활용 목적 가명처리 중단해야": 2심도 가입자
    승소…원고 측 "처리정지 요구권 인정 의미", 2023.12.20
    (https://www.yna.co.kr/view/AKR20231220064651004)
김예원 연합인포맥스 기자, 마이데이터 제공정보에 '주문내역 정보' 포함, 2021.2.22.
    (https://news.einfomax.co.kr/news/articleView.html?idxno=4133441)
김용주 전자신문 기자, 구글 · 페북, 국내 서버 설치 의무화된다…변재일 의원 법안 발의,
    2018.9.3. (https://m.etnews.com/20180903000328)
김윤구 연합뉴스 기자, 챗GPT 한국 이용자 687명 정보 유출…과태료 360만원, 2023. 7. 27.
    (https://www.yna.co.kr/view/AKR20230727055500530)
김윤현, 이태승, 인터넷사이트 쿠키(Cookie)의 주요 이슈 및 취약점 분석, 한국인터넷진흥원
    (2014년 8월)
김일룡, 민사조정법상 진술의 원용제한 규정에 대한 미국법제에서의 시사점, 저스티스 통권
    제123호(2011.4.)
김정진 연합뉴스 기자, "연계정보 강제 생성 · 처리는 위법"…시민단체 헌법소원 제기, 2024.10.16
    (https://www.yna.co.kr/view/AKR20241016083200004)
김준호, 민법강의(제21판), 법문사(2015)
김지선 전자신문 기자, "가명정보 결합전문기관 확대?…셀프결합 허용부터", 2021.8.19.
    (https://www.etnews.com/20210819000180)
김평화 iT조선 기자, CISO 겸업 금지 "CPO는 예외해 달라", 2020.5.13.
    (https://it.chosun.com/site/data/html_dir/2020/05/13/2020051300609.html).
문일호 · 이새하 기자, 시행앞둔 데이터3법, 개인정보 규제 과도해…행안부 추가 의견 수렴,
    2020.7.6. (https://www.mk.co.kr/news/economy/view/2020/07/692204/)
미래창조과학부, 전자상거래 규제개선 추진현황 및 주요성과, 보도자료(2015.5.4.)
민선희 뉴스1 기자, 마이데이터 정보제공에 '적요정보' 포함…마케팅 · 제3자 제공은 금지,
    2021.12.22. (https://www.news1.kr/articles/?4531596)
박균성, 행정법강의(제15판), 박영사(2018)
박소정 조선Biz 기자, '주문내역'이 뭐길래… "달라" "못 준다" 마이데이터 사업 '삐걱', 2020.10.14.
    (https://biz.chosun.com/site/data/html_dir/2020/10/13/2020101301989.html)

박은비 뉴시스 기자, 검찰, '개인정보 결합' 무혐의 처분…시민단체 반발, 2019.4.1.
(https://newsis.com/view/?id=NISX20190401_0000605948&cID=10201&pID=10200)

박해수 조선일보 기자, 개인정보 떠다니는 한국… 너도나도 "주민번호 바꿔달라", 2019.6.11.
(http://news.chosun.com/site/data/html_dir/2019/06/11/2019061100320.html)

방송통신위원회, 위치정보 산업 활성화를 위한 위치정보법 공포 – 위치정보사업 진입은
간편하게, 보호는 엄격하게 –, 보도자료(2021.10.12.)

방송통신위원회와 한국인터넷진흥원, 바이오정보 보호 가이드라인(2017)

방송통신위원회와 한국인터넷진흥원, 개인정보 처리에서의 프로파일링 사례집(2020)

방송통신위원회와 행정안전부, 우리 기업을 위한 EU 일반 개인정보 보호법 가이드북(개정판),
한국인터넷진흥원(2018)

방송통신위원회와 행정자치부, 방통위·행자부, 글로벌 개인정보보호 인증제도 가입,
보도자료(2017.6.12.)

백연식 디지털투데이 기자, LG유플러스 개인정보 약 30만건 유출…"보안 시스템·인력 투자
부족", 2023.4.23. (https://www.digitaltoday.co.kr/news/articleView.html?idxno=475109)

법률신문, EU Digital Services Act (DSA) 본격 시행, 2024.8.30.
(https://www.lawtimes.co.kr/LawFirm-NewsLetter/191283)

법제처, 행정기본법 해설서(2021)

법제처 11-0134, 행정안전부 –「민원사무처리에 관한 법률 시행령」제24조제1항에 따른
'지체없이'의 의미(2011.6.16.)

서강대학교 산학협력단, 개인정보보호 전문인력 지정제도 도입방안 연구, 한국인터넷진흥원
(2019년 12월)

성지은 아이뉴스24 기자, 공공아이핀 사라진다…7월부터 민간아이핀과 일원화, 2018.2.1.
(https://www.inews24.com/view/1075131)

송영진, 미국 CLOUD Act 통과와 역외 데이터 접근에 대한 시사점, 형사정책연구 제29권
제2호(통권 제114호, 2018 여름)

송혜리 뉴시스 기자, 개인정보보호전문가 국가 자격증 신설 추진, 2024.8.20.
(https://www.newsis.com/view/NISX20240819_0002854390)

신종철 외, Why Data? : 알기 쉬운 데이터와 금융의 이해, 진한 M&B(2022)

신종철, 개인정보보호법 해설, 진한M&B(2020)

신종철, 전파법 해설, 진한M&B(2013)

신종철, 통신법 해설(개정판), 진한M&B(2019)

안상희 조선Biz 기자, [단독] SK텔레콤vs가입자 간 소송 대법원 간다…개인정보 가명처리
정지 요구권 인정될까, 2024.1.26.

(https://biz.chosun.com/it-science/ict/2024/01/26/XHJUGTHFANCQHEMU7K5PEA5
6RQ/)

유병철 머니투데이 기자, 여고생 딸 '임신' 엄마보다 마트가 먼저안다? 빅데이터가 '돈'이다…
빅데이터 활용, 프라이버시 침해 '우려', 2013.5.19.
(https://news.mt.co.kr/mtview.php?no=2013050910338060817)

윤광석과 이건, 공공데이터 활용 행정 촉진을 위한 거버넌스 모색: 영국의 ADRN 사례를
중심으로, 국가정책연구 제31권 제1호(2016년 12월)

이다원 이투데이 기자, "인증하셨나요?" 민간인증서 시장, 경쟁 '확전', 2021.9.27.
(https://www.etoday.co.kr/news/view/2064393)

이상우 보안뉴스 기자, CISO 겸직제한 완화… CPO 등 유사 업무도 수행 가능해진다,
2021.6.1. (https://www.boannews.com/media/view.asp?idx=97971)

이선율 iT조선 기자, 사이버 침해사고 실효성 높인다…'정보통신망법' 개정안 시행,
2024.8.13. (https://it.chosun.com/news/articleView.html?idxno=2023092121403)

이소연 조선Biz 기자, 첫 정보보호 공시 분석해보니… 삼성은 7000억 투자, 네·카
350억·140억 불과, 2022.7.6. (https://biz.chosun.com/it-science/ict/2022/07/06/
SVYUKHADSFD7RLYXPQJQOMGS5Q/)

이수지 중앙일보 기자, EU-미국, 새 개인정보공유 협정 타결, 2016.2.13.
(https://news.joins.com/article/19522049)

이순규 법률신문 기자, '1㎜ 깨알고지' 홈플러스… 법원 "고객에 10만원씩 배상", 2017.10.2.5.
(https://m.lawtimes.co.kr/Content/Case-Curation?serial=122226)

이시윤, 신민사소송법 제12판, 박영사(2018)

이영호·길재식 전자신문 기자, 재택-원격근무 '언감생심' ICT스타트업…획일적 망분리에
'올스톱' 2020.3.19. (https://www.etnews.com/20200319000235)

이재상, 형사소송법 제6판, 박영사(2002)

이재상 외, 형법총론 제8판, 박영사(2015)

전승재 변호사, 해킹과 인과관계 없는 취약점도 과징금 부과대상인가, 법률신문 판례평석,
https://m.lawtimes.co.kr/Content/Case-Curation?serial=158301(2019.12.23.)

전승재 변호사, [이슈칼럼] 인터파크 해킹, 대법원 심리불속행 판결에 유감, 보안뉴스,
https://www.boannews.com/media/view.asp?idx=87127(2020.3.23.)

전효숙, 지식재산소송절차와 비밀유지명령 제도, 법학논집 제17권(2012), 이화여자대학교
법학연구소

정민하 조선일보 기자, 유럽사법재판소 "EU-美 데이터 전송 합의 무효", 2020.7.1.6.
(https://biz.chosun.com/site/data/html_dir/2020/07/16/2020071604652.html)

정빛나 연합뉴스 기자, EU 디지털시장법 오늘 전면 시행…'빅테크 갑질' 막을까, 2024.3.7
(https://www.yna.co.kr/view/AKR20240306163700098)

정소람 한국경제 기자, 핀테크 "웬 날벼락"…펀드 · 보험 '추천 판매' 못한다, 2023.9.15.
(https://www.hankyung.com/article/2021090788231).

정영일 전자신문 기자, 자율에 맡긴 '정보보호공시제도' 지지부진…4년간 25개 기업만 참여,
2019.7.14. (https://www.etnews.com/20190712000131)

정진호 연합뉴스 기자, 유튜브, 아동 개인정보 불법수집으로 2천억원 벌금…역대 최대,
2019.9.5. (https://www.yna.co.kr/view/AKR20190905001051071)

정찬형, 상법강의(상) 제19판, 박영사(2016)

정찬형, 상법강의(하) 제18판, 박영사(2016)

제4차산업혁명위원회, 제3차 규제 · 제도혁신 해커톤 개최, 보도자료(2018.4.5.)

조선일보, 제품 약관 제대로 안 읽었다가 영혼까지 '판' 소비자들, 2010.4.18.
(https://www.chosun.com/site/data/html_dir/2010/04/18/2010041801174.html)

조상록 iT조선 기자, 국가 망분리 개선안 로드맵 나왔다…'분리' 아닌 '연결'에 초점,
2024.9.12 (https://it.chosun.com/news/articleView.html?idxno=2023092123325)

조재학 전자신문 기자, 마이데이터 '통신 약정' 핵심정보 빠졌다, 2024.9.24.
(https://www.etnews.com/20240813000177)

조재학 · 함봉균 전자신문 기자, 마이데이터 확대 '유통'은 제외된다…개보위 "규개위 권고
수용", 2024.8.13. (https://www.etnews.com/20240813000177)

천호성 한겨레 신문 기자, '유럽 개인정보법' 적정성 심사 통과…한-EU 데이터 교류 늘어날
듯, 2021.12.17. (https://www.hani.co.kr/arti/economy/it/1023792.html)

최민영, 한겨레 신문 기자, 법원 "SKT, 개인정보 가명처리 중단하라"…가입자 승소 판결,
2023.1.19. (https://www.hani.co.kr/arti/society/society_general/1076479.html).

최민지 디지털데일리 기자, [법/제도] 개인정보보호 관리체계 'ISMS-P'로 일원화, 2018.7.4.
(http://www.ddaily.co.kr/news/article/?no=170335).

한국인터넷진흥원, 개인정보 비식별화 관련 해외 현황 및 사례, KISA Report(2016년 5월)

한국인터넷진흥원, 온라인 환경에서 아동에 특화된 개인정보보호 연구, 수탁기관 : 서울대학교
소비자 정보 · 유통 연구실(2019년 12월)

한국지능정보사회진흥원, 2020 인터넷 이용실태조사, NIA 통계 · 실태조사(2023년 5월)

한수현 법률신문 기자, [판결] "'SK텔레콤 전자처방전 서비스' 개인정보보호법 · 의료법 위반
아냐", 2024. 8. 9 (https://www.lawtimes.co.kr/news/200483)

한승곤 아시아 경제 기자, [뉴스속 용어]눈속임 설계 '다크패턴', 2023.1.12.
(https://www.asiae.co.kr/article/2023011209114539856)

한국핀테크지원센터, 헬로, 핀테크!(개정판): 개인신용정보 관리 및 활용(2021)

행정안전부, 개인정보 보호법 개정안 설명자료(2019년 4월)

행정안전부, 개인정보 보호법 후속입법 상황 및 주요의견 검토, 설명자료(2020년 6월)

행정안전부·방송통신위원회·금융위원회, 데이터 3법 시행령 개정안 입법예고,
　보도자료(2020.3.30.)

홍정선, 신행정법특강, 박영사(2018)

황정빈 ZDNET 기자, 민간기관도 가명정보 자체결합 허용된다: 개인정보위, '가명정보의 결합
　및 반출 등에 관한 고시' 일부 개정안 의결, 2022. 12. 29
　(https://zdnet.co.kr/view/?no=20221229094502)

Anne Cavoukian, Privacy by Design: The 7 Foundational princiles, Infomation and
　Privacy Commissioner, Ontario, Canada(2011)

Article 29 Data Protection Working Party, Opinion 05/2014 on Anonymisation
　Techniques(2014)

Douwe Korff and Marie George, DPO Handbook(2016)

European Union, General Data Protection Regulation

Https://gdpr.eu/gdpr-consent-requirements/

Harvard Law Review, Robins v. Spokeo, Inc., Ninth Circuit Allows Fair Credit
　Reporting Act Class Action to Proceed Past Standing Challenge(2018 Jan)

IBM, What are large language models(LLMs)?
　https://www.ibm.com/topics/large-language-models (2024. 8. 7)

IBM, What is generative AI? https://www.ibm.com/topics/generative-ai　(2024. 8. 7)

ITGP, EU GDPR: An implementation and compliance guide(3rd Ed, 2019)

Neil Richards, Why privacy matters, Oxford University Press(2022)

Richard Scott Carnell, The Law of Financial Institutions(6th Ed), Wolters
　Kluwer(2017)

Samuel D. Warren and Louise D. Brandeis, The Right to Privacy, 4 Harv. L. Rev.
　193(1890)

William McGevern, Privacy and Data Protection Law, Foundation press(2016)

판례색인

사항색인

저자 약력

연세대학교 행정학 학사
서울대학교 행정학 석사
미국 일리노이주립대학교(Southern Illinois University) Law School 법학박사(J.D.)
행정고시 합격(41회)
미국 일리노이주 변호사(Attorney at Law in Illinois)
정보통신부 사무관
방송통신위원회 서기관
국가경쟁력강화위원회 과장
미래창조과학부 과장
방송통신위원회 과장
방송통신위원회 행정법무담당관
개인정보보호위원회 혁신기획담당관
BC카드 전무
한양대학교 언론정보대학원 겸임교수
연세대학교 정보대학원 겸임교수
연세대학교 법무대학원 겸임교수
연세대학교 법무대학원 객원교수

주요 저서

통신법 해설, 진한M&B, 2013
전파법 해설, 진한M&B, 2013
단말기유통법 해설, 진한M&B, 2016
전기통신사업법 연구(공저), 법문사, 2016
통신법 해설(개정판), 진한M&B, 2018
방송법 연구(공저), 법문사, 2019
개인정보보호법 해설, 진한M&B, 2020
Why data?: 알기 쉬운 데이터와 금융의 이해(공저), 진한M&B, 2022
개인정보보호법과 신용정보법 해설, 진한M&B, 2023
AI와 Data: 시장과 정부, 진한M&B, 2024

개인정보보호법과 신용정보법

초판발행	2025년 2월 28일
지은이	신종철
펴낸이	안종만·안상준
편 집	윤혜경
기획/마케팅	조성호
표지디자인	BEN STORY
제 작	고철민·김원표
펴낸곳	(주) 박영사
	서울특별시 금천구 가산디지털2로 53, 210호(가산동, 한라시그마밸리)
	등록 1959. 3. 11. 제300-1959-1호(倫)
전 화	02)733-6771
f a x	02)736-4818
e-mail	pys@pybook.co.kr
homepage	www.pybook.co.kr
ISBN	979-11-303-4916-9 93360

copyright©신종철, 2025, Printed in Korea

정 가   48,000원